EZ

MICHAEL REYNOLDS

EIN GEGNER WIE STAHL

DAS I. SS-PANZERKORPS IN DER NORMANDIE 1944

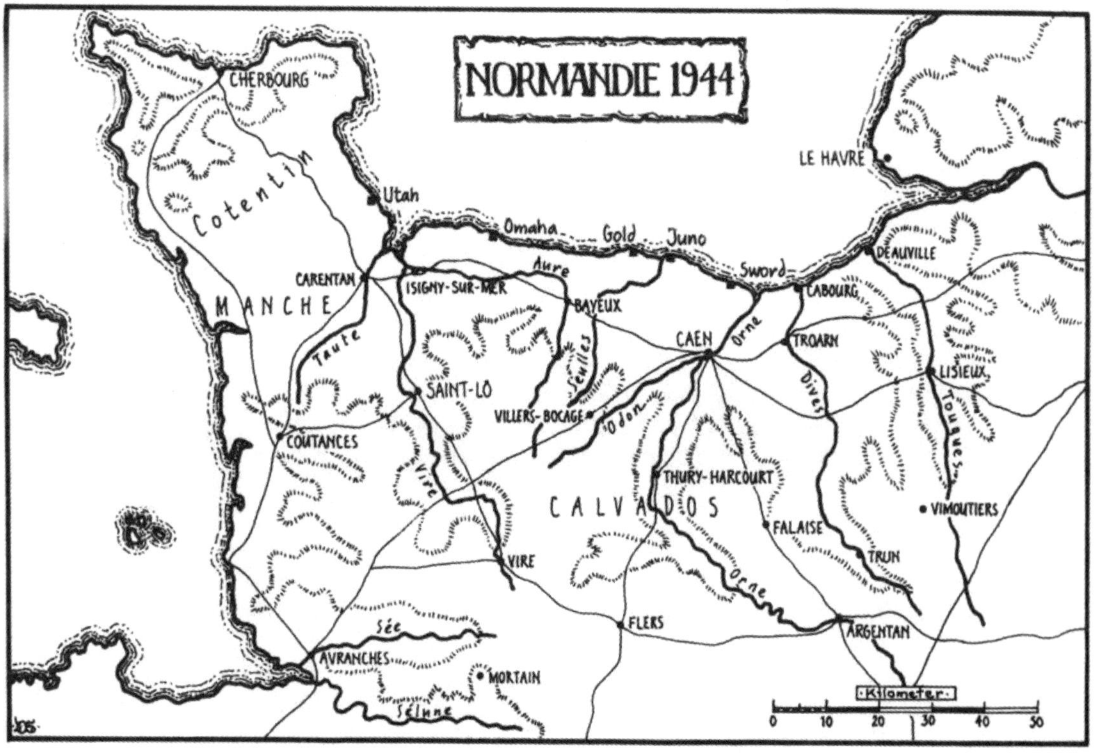

EDITION ZEITGESCHICHTE

Aus dem Englischen übersetzt von Jutta Schlie

Bibliographische Information der Deutschen Bibliothek
Die Deutsche Bibliothek verzeichnet diese Publikation in der Deutschen Nationalbibliographie; detaillierte bibliographische Daten sind im Internet über http://dnb.ddb.de abrufbar.

Titel der englischen Ausgabe:
Steel Inferno – I SS Panzer Corps in Normandy: The Story of the 1st and 12th SS Panzer Divisions in the 1944 Normandy Campaign

ISBN 978-3-942145-27-5

Edition Zeitgeschichte
Postfach 52, D-24236 Selent

Gedruckt in der Europäischen Union

Danksagung

Ich bin einer Reihe von Leuten und Organisationen zu Dank verpflichtet, ohne deren Hilfe dieses Buch nicht geschrieben worden wäre. In erster Linie denke ich an meinen britischen Verleger, Jamie Wilson, der mir ein lieber Freund geworden ist. Nachdem er mein erstes Buch herausgegeben hatte, ermutigte er mich, vorliegendes Buch zu schreiben.

Als nächstes möchte ich einem Amerikaner danken – Jay Karamales. Noch einmal hat er meine handgezeichneten Karten und Skizzen zur Hand genommen und sie so ausgezeichnet überarbeitet, wie sie in diesem Buch erscheinen; genauso wichtig war es, daß er für mich unschätzbare Informationen vom US-Nationalarchiv einholte. Sein eigenes Buch, *Against the Panzers*, unter Mitwirkung von Allyn R. Vannoy, wurde 1996 von McFarland herausgegeben; es enthält weitere Einzelheiten des Gegenangriffs von Mortain.

Was das Archivmaterial angeht, so bin ich Viscount Montgomery of Alamein sehr dankbar, weil er mir erlaubt hat, aus seines Vaters privaten Briefen zu zitieren, und ferner dem Montgomery Collections Committee des Kuratoriums des Königlichen Kriegsmuseums in London für die Erlaubnis, aus den Montgomery-Papieren zu zitieren. Mein Dank geht auch an die hilfsbereite Belegschaft des Public Record Office in Kew, ganz besonders an Mike Rogers, John Harding von der Historischen Abteilung der British Army sowie an Krzysztof Barbarski und die Belegschaft des Polnischen Instituts und des Sikorski-Museums in London.

Zu ganz besonderem Dank bin ich John Fedorowicz und Michael Olive, Präsident bzw. Vizepräsident der J. J. Fedorowicz Publishing Inc. of Winnipeg, Kanada, verpflichtet, die mir die Erlaubnis erteilt haben, Material von den in der Bibliographie aufgeführten Fedorowicz-Büchern zu benutzen. Ihre Zustimmung war von großer Bedeutung für die zufriedenstellende Vollendung dieses Buches.

Jeff Dugdale und Mike Wood sind anerkannte Experten für die Gefechtsaufstellung und den Bestand der Ausrüstungsgegenstände der Deutschen im Jahre 1944. Sie gaben ihr Wissen an mich weiter. Dafür bin ich sehr dankbar.

Deutsche, französische und polnische Dokumente übersetzten für mich Vic Lawson und seine Frau Lotte, Marie-France Grégoire, Michael Young, Stanislaw Grabowski und John Suchcitz – ich bin äußerst dankbar.

Frank Warnock, ein Amerikaner, lieh mir freundlicherweise zwei Dokumente, die für die anschauliche Darstellung der Operation „Cobra" und des Gegenangriffs von Mortain sehr wichtig waren. Er wurde beim Infanterieregiment 117 in der Normandie verwundet und bekam später das Kreuz für besondere Verdienste in der Ardennenschlacht verliehen. Leider starb er, während ich dieses Buch schrieb. Ich hoffe und glaube, er hätte es gern gelesen. Wir trafen uns nie persönlich, aber wir korrespondierten regelmäßig, und ich habe das Gefühl, daß ich ihn gut kannte.

Mein Dank geht an Zbigniew Mieczkowski, der mich freundlicherweise zu den Gedenkfeierlichkeiten von 25 Kriegsveteranen der 1. polnischen Panzerdivision in der Normandie im Jahre 1996 einlud. Er, Stanislaw Grabowski und John Suchcitz scheuten keine Mühe, mir die Orte zu zeigen, an denen verschiedene Aktionen stattfanden, und es war eine große Hilfe, daß sie mir Dokumente, Übersetzungen und Fotografien zur Verfügung stellten.

Der kanadische Historiker und Autor Don Graves machte mir seine persönliche Sammlung deutscher und kanadischer Dokumente zugänglich, was sehr zu meinem Verständnis gewisser Abschnitte der Schlacht beitrug. Ich bin ihm zu Dank verpflichtet. Sein eigenes Buch, *South Albertas: A Canadian Regiment at War* (1998), beschreibt im einzelnen die kanadische Teilnahme an den Einkesselungskämpfen bei Falaise.

Während mehrerer Besuche in Frankreich, die zu meiner Information über die Orte, an denen die Kriegshandlungen stattfanden, dienen sollten, wohnte ich bei Mike und Rosemary Chilcott auf ihrem bezaubernden Landsitz Au Pont Rouge in der Nähe von Bayeux. Mike ist Normandie-Experte, und ich danke ihm für die Beurteilung verschiedener Aspekte der Schlacht.

Mein alter Sandhurst-Kollege und großer Freund Brigadegeneral Tony Baxter korrigierte meinen maschinengeschriebenen Text und beriet mich, wie einige Aspekte dieses Buches am besten dargestellt werden könnten. Und ein anderer ehemaliger Angehöriger der Armed Forces, Bill Sumpter, gab mir unschätzbare Hilfestellung bei meiner Computerarbeit; ich wünschte, ich hätte ein wenig von seinem technischen Fachwissen. Beiden bin ich sehr dankbar.

Und endlich muß ich auch meiner Frau Anne für ihre Geduld und Unterstützung danken – ganz zu schweigen von einigen guten Ideen, die sie hatte.

Michael Reynolds
Sussex, England

Einführung

Nationen und Völker bestehen im großen und ganzen aus den Geschichten, an die sie selbst glauben. Wenn sie sich Unwahrheiten erzählen, werden sie deren Folgen später erdulden müssen. Erzählen sie sich aber Geschichten, die ihre eigene Echtheit widerspiegeln, werden sie sich von der Vergangenheit befreien können und eine zukünftige Blütezeit erleben.

Ben Okri

Nach der Veröffentlichung meines ersten Buches, *The Devil's Adjutant: Jochen Peiper, Panzer Leader*, schrieben mir viele Leute, auch solche, die im Zweiten Weltkrieg gegen die Deutschen gekämpft hatten, daß sie, obgleich sie niemals die Verbrechen und Greueltaten mancher Angehöriger der Wehrmacht, besonders der Waffen-SS, vergessen könnten, dennoch ihre militärische Leistung und erstaunliche Beweglichkeit bewundern müßten. Ein älterer britischer Offizier schrieb: „Trotz all ihrer Niederlagen und Verluste schienen sie immer einen endlosen Ersatz an Kompanieführern und Bataillonskommandeuren zu haben. Bedauerlicherweise war dies bei unserer eigenen Armee nicht immer der Fall, wie John Keegan in seinem Buch *Six Armies in Normandy* bemerkte. Ich würde gern wissen, wie die Deutschen in Krisensituationen immer in der Lage waren, gute Führer hervorzubringen. Sie verstanden es auch besser als die alliierten Armeen, verschiedene Einheiten und Waffen der Versorgungstruppe in einer Gruppe zusammenzufassen und dann wie die Tiger zu kämpfen! Sollte unsere Armee etwas von ihnen lernen können?"

Diese Gedanken brachten mich dazu, wieder einige besondere Leistungen und Operationen des deutschen Heeres und die außergewöhnlichen Verluste, die sie ohne Zusammenbruch der Moral zu ertragen schienen, zu betrachten. Ich denke besonders an die Kämpfe in der Normandie im Sommer 1944, als die Deutschen gegen die Streitkräfte nicht nur einer Nation, sondern von vier Nationen kämpften. Als Ergebnis kam dieses Buch heraus, das sich bewußt auf zwei besondere Waffen-SS-Divisionen konzentriert, die Hitler im Sommer 1943 dazu ausersah, sein neues I. SS-Panzerkorps zu bilden, und die in jeder größeren Schlacht in der Normandie kämpften. Es waren die 1. SS-Panzergrenadierdivision „Leibstandarte SS Adolf Hitler" und die 12. SS-Panzergrenadierdivision „Hitlerjugend". Beide wurden später als Panzerdivisionen bezeichnet.

Obgleich andere Divisionen, solche wie die 21. Panzerdivision und Panzer-Lehrdivision, während der Schlacht in der Normandie dem I. SS-Panzerkorps unterstellt wurden, wird dieses Buch nur die Einsätze der ausersehenen Divisionen des Korps und der schweren SS-Panzerabteilung 101, die ein eigener Teil davon war, beschreiben – nur jener Einheiten, deren Angehörige ermächtigt waren, Hitlers Namen auf ihren Ärmeln und das „Dietrich"-Emblem an ihren Fahrzeugen zu tragen. Das Buch wird also nicht auf die strategischen Aspekte der Schlacht in der Normandie eingehen – damit haben sich schon viele andere Bücher beschäftigt. Es will vielmehr der Taktik in der Schlacht nachspüren, wie sie den kämpfenden

Soldaten betraf. Ich hoffe dazu beizutragen, Stärken und Schwächen der Waffen-SS zu erklären. Ich hoffe ferner, daß zukünftige Soldaten von den Qualen, die ihre Vorfahren 1944 in der Normandie erleiden mußten – von welcher Nation auch immer –, lernen mögen. Ich hoffe auch, daß der Leser es als ausgewogen und vorurteilsfrei beurteilen wird.

Kurz nachdem ich anfing, dieses Buch zu schreiben, stieß ich zufällig auf eine alte Ausgabe des *House Journal of the British Army*. Ein Artikel darin deutete an, daß sich Historiker oft revisionistischem Denken und Schreiben hingeben und in der akademischen Abgeschiedenheit zu voreilig frühere Kommandeure kritisieren und glauben, daß ihre Soldaten schlecht ausgebildet, ausgerüstet und oft auch zu wenig motiviert waren. Ich bin mir dessen bewußt, daß dieses Buch mir sehr wohl solche Kritik einbringen kann. Ich halte es aber für richtig und angebracht, Feldzüge wahrheitsgemäß zu dokumentieren, entstandene Mythen aufzudecken und offensichtliche Fehler und Auslassungen darzulegen. Während es das Ziel jedes Feldzuges sein muß, den Gegner zu besiegen, kann es später nicht falsch sein, die entstandenen Kosten zu bewerten und die richtigen Schlüsse zu ziehen. Die Geschichte der amphibischen Landung, die mit Gallipoli beginnt, ist solch ein Fall – hier hatten die Alliierten ebenfalls die für die Normandie notwendige Lektion gelernt.

Während meiner eigenen militärischen Karriere kämpfte ich Seite an Seite mit amerikanischen und kanadischen Truppen in Korea und begleitete sogar eine US-Infanteriekompanie bei einem Einsatz. Später diente ich zwei Jahre lang als Austauschoffizier bei der kanadischen Armee in Kanada, mit Unterbrechungen 16 Jahre lang in Deutschland und drei Jahre lang unter Amerikanern in Deutschland. Ich hatte auch das große Privileg, sowohl amerikanische, kanadische und deutsche als auch britische Soldaten während meiner dreijährigen Tätigkeit als Kommandeur der NATO's International Mobile Force in den 1980er Jahren zu führen. Daher hatte ich die einzigartige Gelegenheit, Stärken und Schwächen dieser Armeen und ihrer Soldaten zu studieren, sowohl in menschlicher als auch in materieller Hinsicht. Diese konnte ich mit denen der Vorgänger im Jahre 1944 vergleichen. Ich bin dankbar, daß wir in irgendeinem zukünftigen Krieg wohl alle auf derselben Seite stehen werden.

Die wichtigsten Truppenführer während der Kämpfe in der Normandie

Deutsche

Gerd von Rundstedt, Generalfeldmarschall	Oberbefehlshaber West bis 2. Juli 1944
Hans von Kluge, Generalfeldmarschall	Oberbefehlshaber West 2. Juli bis 17. August 1944
Walter Model, Generalfeldmarschall	Oberbefehlshaber West 17. August 1944 bis zum Ende des Feldzuges
Erwin Rommel, Generalfeldmarschall	Oberbefehlshaber Heeresgruppe B bis 17. Juli 1944
Leo Freiherr Geyr von Schweppenburg, General der Panzertruppe	Oberbefehlshaber Panzergruppe West bis 2. Juli 1944
Friedrich Dollmann, Generaloberst	Oberbefehlshaber 7. Armee bis 28. Juni 1944
Paul Hausser, Oberstgruppenführer und Generaloberst der Waffen-SS	Kommandierender General II. SS-Panzerkorps bis 28. Juni 1944, danach Oberbefehlshaber 7. Armee
Heinrich Eberbach, General der Panzertruppe	Oberbefehlshaber Panzergruppe West ab 2. Juli 1944, 5. Panzerarmee ab 5. August 1944 und Panzergruppe Eberbach ab 9. August 1944
Sepp Dietrich, Oberstgruppenführer und Generaloberst der Waffen-SS	Kommandierender General I. SS-Panzerkorps bis 9. August 1944, danach Oberbefehlshaber 5. Panzerarmee

Alliierte

Dwight D. Eisenhower, General	Oberbefehlshaber der Alliierten Expeditions-Streitkräfte
Sir Bernard Montgomery, General	Oberbefehlshaber 21. Armeegruppe
Omar Bradley, Generalleutnant	Oberbefehlshaber 1. US-Armee bis 31. Juli 1944, da nach Kommandeur 12. US-Armeegruppe
George Patton, General	Oberbefehlshaber 3. US-Armee
Courtney Hodges, Generalleutnant	Oberbefehlshaber 1. US-Armee ab 1. August 1944
Miles Dempsey, Generalleutnant	Oberbefehlshaber 2. britische Armee
Henry Crerar, Generalleutnant	Oberbefehlshaber 1. kanadische Armee
John Crocker, Generalleutnant	Kommandierender General I. britisches Korps
Guy Simonds, Generalleutnant	Kommandierender General II. kanadisches Korps
Sir Richard O'Connor, Generalleutnant	Kommandierender General VIII. britisches Korps
Gerard Bucknall, Generalleutnant	Kommandierender General XXX. britisches Korps

Prolog

Anfang Juni 1941 beherrschte Hitler Europa vom Nordkap bis zu den Pyrenäen, vom Ärmelkanal und der Nordseeküste bis zu den Grenzen der Sowjetunion und der Türkei. Nur das Britische Empire führte Krieg mit Deutschland und Italien. Genau drei Jahre später hatten die US-Amerikaner, Briten und Kanadier die für die Zerstörung des Dritten Reiches erforderlichen Streitkräfte zusammengezogen und bereitgestellt, um ihren Feldzug von Westen her zu beginnen, während Stalins Armeen unaufhaltsam von Osten her vorrückten.

Am 6. Juni 1944, kurz nach Mitternacht, besetzte eine kleine Einheit von Lastenseglern, etwa 200 Mann aus der 6. britischen Luftlandebrigade, die Übergänge über den Kanal bei Caen und den Fluß Orne bei Ranville. Das war die erste Aktion der Alliierten bei der Invasion in der Normandie. Um 2.40 Uhr hatten 1.200 Transportflugzeuge und 700 Lastensegler fast 24.000 amerikanische und britische Fallschirmjäger an den Flanken des geplanten Brückenkopfes von 80 Kilometern Ausdehnung abgesetzt.

In rauher See vor der Küste standen neun Schlachtschiffe, 23 Kreuzer und 73 Zerstörer der Alliierten bereit, die deutschen Verteidigungslinien zu bombardieren. Weitere 31 Zerstörer und 71 Korvetten gaben beinahe 6.500 umgewandelten Passagierdampfern, Frachtschiffen und Panzerlandegeräten Schutz mit ihren 150.000 Soldaten und 800 Panzern, die noch vor Tagesende an Land gesetzt werden sollten.

Im unmittelbaren Invasionsgebiet an der Küste waren hinter dem Atlantikwall fünf nichtsahnende deutsche Infanteriedivisionen und ein Fallschirmjägerregiment aufgestellt. Von den deutschen Kommandeuren, die die Verantwortung für die Verteidigung der Kanalküste trugen, waren viele nicht einmal auf ihren Befehlsständen anwesend. Als einzige Eingreiftruppe mit Schlagkraft im Küstenbereich stand die berühmte 21. Panzerdivision bereit, aber ohne die persönliche Genehmigung des Oberbefehlshabers der Heeresgruppe B, Generalfeldmarschall Rommel, durfte sie nicht für den Einsatz freigegeben werden, und Rommel befand sich 1.000 Kilometer entfernt bei Ulm in Deutschland.

Das Bombardement der Alliierten von See her begann kurz vor 5.30 Uhr; um 6.20 Uhr war die Aufgabe von 1.600 alliierten schweren und mittleren Bombern gegen die Küstenverteidigung und Infrastruktur ausgeführt. Zehn Minuten später wateten die ersten amerikanischen Truppen an den „Utah"-Strand; um 7.25 Uhr landeten britische Minenräumpanzer an der Ostseite des „Sword"-Strandes. Jäger und Jagdbomber der taktischen Luftflotte der Alliierten dröhnten darüber hin und unterstützten die bisher größte und komplizierteste Landungsoperation in der Geschichte der Kriegführung.

Die einzigen deutschen Formationen mit Aussicht auf Niederwerfung der Invasion der Alliierten – ein Kommando zur See oder in der Luft gab es nicht einmal für kurze Zeit – waren die sechs in Frankreich und Belgien aufgestellten Panzerdivisionen. Zwei davon waren insofern einzigartig, als sie als einzige Divisionen in der deutschen Wehrmacht Hitlers Namen trugen – die eine, die 12. SS-Panzerdivision „Hitlerjugend" war noch unerprobt, sollte sich aber schon bald einen ehrfurchtgebietenden Ruf erwerben; und die andere, die 1. SS-Panzerdivision „Leibstandarte SS Adolf Hitler", hatte seit September 1939 beinahe ununterbrochen gekämpft und war die wahrscheinlich gefürchtetste Waffen-SS-Division. Beide waren vom Führer dazu ausersehen, sein I. SS-Panzerkorps zu bilden. Obgleich in diesem Stadium des Krieges alles gegen sie sprach, glaubten die Angehörigen dieses einzigartigen Korps noch an den Endsieg. Ein selbstsicherer Regimentskommandeur der Waffen-SS drückte es in der Nacht der Landungen so aus: „Kleine Fische – wir werden sie am Morgen zurück ins Meer werfen."

Die Geschichte dieses Versuchs der Deutschen und der Kämpfe, die schließlich zu ihrer Vernichtung führten, sind das Thema des vorliegenden Buches.

Kapitel I

Ursprung

Der Ursprung des I. SS-Panzerkorps lag in der Stabswache in Berlin. Diese Wache wurde Anfang 1933 aufgestellt und sollte das bereits bestehende Führerbegleitkommando verstärken, das für die Sicherheit der Person Adolf Hitlers verantwortlich war. Der Führer ernannte Sepp Dietrich, einen vertrauten Mitkämpfer und früheren Leibwächter, zum Kommandeur dieser neuen Einheit. Sämtliche SS-Einheiten wurden aufgefordert, für deren Besetzung jeweils drei zuverlässige junge Männer bereitzustellen. Sie sollten jünger als 25 Jahre sein und mindestens 1,80 Meter groß, bei guter Gesundheit sowie ohne Eintrag ins Strafregister und mußten der SS vor dem 30. Januar 1933 beigetreten sein.[1] Bis Ende Februar 1933 hatte Sepp Dietrich 117 Männer für die SS-Stabswache Berlin – wie diese Truppe ursprünglich hieß – ausgewählt. Sie versammelten sich am 17. März in der Kaiserin-Augusta-Victoria-Kaserne in der Friesenstraße nahe der Staatskanzlei. In der Tat eine erlesene Gruppe: drei dieser 117 Männer wurden Divisionskommandeure, mindestens acht wurden Regimentskommandeure, 15 wurden Bataillons- bzw. Abteilungskommandeure, und mehr als 30 wurden Kompanie- bzw. Batteriechefs, alle im Rahmen der gesamten Waffen-SS.[2] Es kommt nicht von ungefähr, daß zwei von ihnen – Theodor (Teddy) Wisch und Fritz Witt – jene beiden SS-Panzerdivisionen kommandierten, die Ende Juni 1944 das I. SS-Panzerkorps in der Normandie bildeten. Ein anderer Mann, Wilhelm Mohnke, kommandierte zur selben Zeit ein Regiment, und Dietrich selbst war der Kommandierende General des Panzerkorps.

Eine ebenfalls in der Kaserne Friesenstraße stationierte Abteilung der Preußischen Staatspolizei unterstützte die neue Wache bei Verwaltung und Grundausbildung. Im April erhielt es die neue Bezeichnung SS-Sonderkommando Berlin und zog in die berühmte Kaserne Lichterfelde; diese hatte Kaiser Wilhelm I. im Jahre 1873 als Kadettenschule für die Preußische Armee eröffnet. Der erste öffentliche Auftritt erfolgte als Ehrenspalier für Hitler am 8. April im Berliner Sportpalast, wo er sich an eine Versammlung der Sturmabteilung (SA) wandte, und kurz danach bezog die erste Wache, bestehend aus zwölf Mann, ihren Posten in der Reichskanzlei. Zwölf Jahre später war Mohnke erneut in Berlin, diesmal jedoch als Kampfkommandant der Reichskanzlei und Generalmajor der Waffen-SS und zu einem Zeitpunkt, da Hitler schon tot war und die Sowjets unmittelbar vor den Toren des Gebäudes standen.

Bis zum Ende des Jahres 1933 hatte sich die neue Wachmannschaft zügig erweitert, aber die Vorschriften für den Beitritt waren streng, einige sogar extrem: keine Zahnfüllungen, wohlproportionierte Körper – das Größenverhältnis von Rumpf und Beinen einerseits sowie von Ober- und Unterschenkel andererseits mußte stimmen –, zudem eine tadellose Ahnentafel, für Soldaten bis zum Jahr 1800 und für Offiziere bis 1750.

In Jüterbog und Zossen wurden zwei separate Ausbildungseinheiten eingerichtet, die SS-Sonderkommandos. Es gab auch ein Musikkorps und eine Kavallerieeinheit. Im Juli bezog das 1. Wachkommando unter der Führung von Teddy Wisch den Posten auf Hitlers Sommersitz am Berghof oberhalb von Berchtesgaden.[3] Das war ein Hinweis darauf, daß der Führer das SS-Sonderkommando Berlin als seine persönliche Leibwache ansah und nicht nur als Truppe zum Bewachen der Reichskanzlei.

Nachdem die drei SS-Sonderkommandos zu einer einzigen Einheit zusammengeschmolzen waren, legten alle 835 Männer am 9. November einen Treueid auf den Führer ab. Es war eine Zeremonie beiFackelschein vor dem Ehrenmal der Feldherrnhalle in München.[4] Der Einheit wurde eine neue Standarte mit dem Namen „Adolf Hitler" verliehen, die nun in „Leibstandarte Adolf Hitler" umbenannt worden war, wenn auch kurz darauf „SS" eingefügt wurde und die Benennung sich auf LSSAH verkürzte. Als Kennzeichen ihres einzigartigen Status trugen die Männer den Namen des Führers auf den Ärmelstreifen.

Die neue Wachmannschaft gliederte sich in zwei Bataillone; das 1. Bataillon hatte zwei Wachkompanien und eine Maschinengewehrkompanie, während das 2. Bataillon zwei Wachkompanien und eine motorisierte Kompanie hatte. Nicht nur bei der Reichskanzlei zogen die Wachen der LAH auf, sie waren auch auf zwei Berliner Flughäfen eingesetzt, beim Reichswirtschaftsrat, dem Reichsernährungsministerium und den Wohnungen von Himmler und vom Chef des Sicherheitsdienstes, dem berüchtigten Reinhard Heydrich.

Am 30. Juni 1934 beteiligte sich die Leibstandarte an der „Nacht der langen Messer", in der Hitler gegen Ernst Röhm, den Stabschef der SA, und gegen andere ranghohe Mitglieder der Organisation, die ihm zur Macht verholfen hatten und ausdrücklich für politische Indoktrination und Zwangsmaßnahmen vorgesehen waren, vorging. Sechs Mitglieder der Wache hatten unter Sepp Dietrichs Führung sechs SA-Männer in München exekutiert; in der Kaserne Lichterfelde in Berlin erschossen acht Offiziere und der Tambour-Major der Leibstandarte drei weitere ranghohe Mitglieder der SA. Am nächsten Tag wurden wiederum elf getötet. Dabei sollte man vielleicht folgendes bedenken: In der halboffiziellen Geschichte der Leibstandarte[5] wird ausdrücklich betont, es sei für Dietrich persönlich unvorstellbar gewesen, daß Hitler jemals einen illegalen Befehl erlassen könnte. Wenn der Führer sagte, daß die Leute des Hochverrats schuldig waren, dann genügte das, und er vollstreckte nichts anderes als ein ganz legales Urteil. Andererseits darf man aber auch nicht vergessen, daß in der „Nacht der langen Messer" und am nächsten Tag weit mehr als nur die genannten 20 Männer starben.

Von 1933 bis 1934 organisierten die Nationalsozialisten in größeren Städten Deutschlands Truppen für politische Aktionen. Diese Truppen schlossen sich nach und nach zur sogenannten SS-Verfügungstruppe (VT) zusammen. „Truppen für besondere Zwecke", diese Bezeichnung trifft vielleicht am ehesten den Kern der Sache. Im April 1935 hatten diese Truppen aus der „Leibstandarte-SS Adolf Hitler" eine Stärke von mehr als 2.500 Mann, außerdem bestanden sie noch aus den anderen Standarten oder Regimentern – der „Germania" und der „Deutschland". In Bad Tölz und Braunschweig wurden zudem zwei Schulen für die Ausbildung des Führernachwuchses eingerichtet.

Im Jahre 1935 wurde die Leibwache fortwährend vergrößert, und zwei Bataillone der LAH überschritten am 1. März dieses Jahres als erste deutsche Soldaten die Grenze zum Saarland.[6] Das Leben in der Leibstandarte gestaltete sich zu dieser Zeit äußerst angenehm, wenn auch manchmal vielleicht etwas eintönig. Schließlich war es eine Wachmannschaft mit allem, was dazu gehört. Das Bereitstellen von Ehrenkompanien wie etwa bei den Olympischen Winterspielen 1936 zahlte sich offensichtlich aus. (Bis heute werden weltweit alte Filme aus dem Dritten Reich ausgestrahlt, in denen die Leibstandarte zu sehen ist. Jene Soldaten in schwarzen Uniformen mit weißem Lederzeug sind die Angehörigen dieser Wachmannschaft.) Daß sie bei ihren Landsleuten in der Wehrmacht als „Asphaltsoldaten" galten, hat diese selbstbewußten Männer der Kaserne Lichterfelde sicherlich nicht weiter gekümmert. Waren sie doch in der Nähe ihres charismatischen Führers und wurden erfolgreich bei vielen staatlichen Anlässen eingesetzt, beispielsweise in Österreich nach dem Anschluß 1938 oder am Vorabend von Hitlers 50. Geburtstag im Jahre 1939, als er die neue sieben Kilometer lange Ost-West-Achse (ehemals Tiergartenstraße) in Berlin eröffnete, indem er sie in voller Länge abfuhr. Seine Leibwache war es, in den eindrucksvollen schwarzen Uniformen mit dem weißen Lederzeug, mit den glänzenden Stiefeln und den Ärmelstreifen, die den Namen des Mannes trug, der bereits die gesamte Nation in seinen Bann geschlagen hatte, seine Leibwache war es, die als Ehrenwache am Anfang und Ende dieses prachtvollen Boulevards Spalier stand.[7] Die Fairneß gebietet es festzuhalten, daß zwar ein großer Teil der LSSAH die beim feierlichen Zeremoniell erforderlichen Wacheinheiten bereitstellte, daß die übrige Truppe jedoch eine Ausbildung absolvierte, wie sie für eine potentielle Kampfeinheit üblich war. Die Härte eines solchen Trainings wird heutzutage vielfach übertrieben. Absurd ist die Behauptung, daß von einem Rekruten verlangt worden sei, still zu stehen, während auf seinem Helm eine Granate explodierte. In Wirklichkeit war die Ausbildung ähnlich wie im Heer, nur wurde hier der Sport stärker betont.

Überraschen mag vielleicht die Zwanglosigkeit innerhalb der Leibstandarte und zwischen den Dienstgraden. Sehr viel Wert wurde auf Ehre und Vertrauen gelegt, das ging so weit, daß an den persönlichen Spinden Schlösser verboten waren. Das Motto der SS lautete: „Meine Ehre heißt Treue." Die Tatsache, daß alle Offiziere in unteren Rängen gedient hatten, ehe sie das Offizierspatent erhielten, hat viel zum Entstehen eines Vertrauensverhältnisses beigetragen.

Im März 1938 begleitete das Regiment der Leibstandarte deutsche Truppen beim Einmarsch in Österreich.[8] Vier Monate später wurde eine vierte VT-Standarte in Wien gebildet, sie trug den Namen „Der Führer". Im selben Monat hatte Hitler angeordnet, daß in Kriegszeiten sämtliche VT-Standarten dem Heer unterstellt werden sollten.[9] So war bis 1943 aus der Leibstandarte die 1. SS-Panzerdivision „Leibstandarte" geworden, die Standarten „Deutschland" und „Der Führer" bildeten die 2. SS-Panzerdivision „Das Reich", und die „Germania" wurde Teil der 5. SS-Panzerdivision „Wiking".

Im Oktober 1938 nahm die Leibstandarte an der Besetzung des Sudetenlandes teil.[10] Unrichtig ist aber, daß sie auch bei der „Kristallnacht", der ersten offenen Einschüchterung der jüdischen Bevölkerung, eine Rolle gespielt hätte.

Bei Ausbruch des Zweiten Weltkrieges im September 1939 war die LSSAH ein vollständiges Regiment mit drei Infanteriebataillonen, einer Artillerieabteilung und Panzerabwehr-, Aufklärungs-, Kradschützeneinheiten, schweren Infanteriegeschützen sowie Pionier- und Fernmeldeeinheiten. Für Aufgaben bei Bewachung und Zeremoniell wurde im Dezember 1939 ein viertes „Wach"-Bataillon gegründet. Es sollte aber betont werden, daß die LSSAH völlig getrennt war von der allgemeinen SS und den Totenkopf-Standarten, die von Theodor Eicke für spätere Aufgaben in Konzentrationslagern gebildet wurden und aus denen dann die 3. SS-Totenkopf-Division hervorging. Das soll natürlich nicht heißen, daß von diesen Verbänden im Verlauf des Krieges kein Einfluß ausging. Gleichermaßen konnte ein nicht mehr kriegsverwendungsfähiger Soldat der Leibstandarte in die nichtkämpfenden Teile der SS eingegliedert werden.

Zum besseren Verständnis dieser Organisation, die in Rußland und in der Normandie unglaubliche Verluste hinnehmen mußte und dennoch weiterkämpfte, muß man die von Hitler für die Waffen-SS (bis März 1940 SS-Verfügungstruppe) verfaßten Leitgedanken berücksichtigen. Sie wurden im August 1940 wie folgt niedergelegt: „Das Großdeutsche Reich in seiner endgültigen Gestalt wird mit seinen Grenzen nicht ausschließlich Volkskörper umspannen, die von vornherein dem Reich wohlwollend gegenüberstehen.

Über den Kern des Reiches hinaus ist es daher notwendig, eine Staatstruppen-Polizei zu unterhalten, die in jeder Situation befähigt ist, die Autorität des Reiches im Innern zu vertreten und durchzusetzen.

Diese Aufgabe kann nur eine Staatspolizei erfüllen, die in ihren Reihen Männer besten deutschen Blutes hat und sich ohne jeden Vorbehalt mit der das Großdeutsche Reich tragenden Weltanschauung identifiziert. Ein so zusammengesetzter Verband allein wird auch in kritischen Zeiten zersetzenden Einflüssen widerstehen. Ein solcher Verband wird im Stolz auf seine Sauberkeit niemals mit dem Proletariat und der die tragende Idee unterhöhlenden Unterwelt fraternisieren.

In unserem zukünftigen Großdeutschen Reich wird aber auch eine Polizeitruppe nur dann den anderen Volksgenossen gegenüber die notwendige Autorität besitzen, wenn sie soldatisch ausgerichtet ist.

Unser Volk ist durch die ruhmvollen Ereignisse kriegerischer Art und die Erziehung durch die nationalsozialistische Partei derart soldatisch eingestellt, daß eine ‚strumpfstrickende Polizei' (1848) oder eine ‚verbeamtete Polizei' (1918) sich nicht mehr durchsetzen kann. Daher ist es notwendig, daß sich diese ‚Staatspolizei' in geschlossenen Verbänden an der Front ebenso bewährt und ebenso Blutopfer bringt wie jeder Verband der Wehrmacht.

In den Reihen des Heeres nach Bewährung im Felde in die Heimat zurückgekehrt, werden die Verbände der Waffen-SS die Autorität besitzen, ihre Aufgaben als ‚Staatspolizei' durchzuführen.

Diese Verwendung der Waffen-SS im Innern liegt ebenso im Interesse der Wehrmacht selbst. Es darf niemals mehr in Zukunft geduldet werden, daß die deutsche Wehrmacht der allgemeinen Dienstpflicht bei kritischen Lagen im Innern gegen Volksgenossen mit der Waffe eingesetzt wird. Ein solcher Schritt ist der Anfang vom Ende. Ein Staat, der zu diesen Mitteln greifen muß, ist nicht mehr in der Lage, seine Wehrmacht gegen den äußeren Feind einzusetzen und gibt sich damit selbst auf. Unsere Geschichte hat dafür traurige Beispiele. Die Wehrmacht ist für alle Zukunft einzig und allein zum Einsatz gegen die äußeren Feinde des Reiches bestimmt.

Um sicherzustellen, daß die Qualität der Menschen in den Verbänden der Waffen-SS hochwertig bleibt, muß die Aufstellung der Verbände begrenzt bleiben.

Der Führer sieht die Begrenzung darin, daß die Verbände der Waffen-SS im allgemeinen die Stärke von fünf bis zehn Prozent der Friedensstärke des Heeres nicht überschreiten."[11]

Während es eher unwahrscheinlich ist, daß die Männer der Leibstandarte diese geheimen Direktiven im einzelnen kannten, wußten sie sich doch ohne Zweifel einer Eliteorganisation zugehörig, die von Heer und Polizei völlig getrennt war. Sie befanden sich auf dem Gipfel einer Hysterie, die in den dreißiger Jahren mit dem Begriff der „Herrenrasse" die gesamte deutsche Nation ergriffen hatte. Bald schon sahen sie sich selbst als Nachkommen alter teutonischer Ritter. Es schmeichelte ihnen, das „zukünftige aristokratische Rückgrat der deutschen Nation" zu sein, und Himmlers Worte: „Wir marschieren nach ewigen Gesetzen. Wir sind auf dem Weg in eine ferne Zukunft. Wir wollen nicht nur besser als vergangene Generationen kämpfen, sondern wir wollen zukünftige Generationen schaffen, um das ewige Leben des deutschen Volkes zu garantieren." wurden fraglos anerkannt. Wie wir noch sehen werden, hat gerade dieses Gefühl der ethischen Überlegenheit daran mitgewirkt, daß die Waffen-SS auch dann noch in der Lage war weiterzukämpfen, wenn andere schon längst kapituliert hätten. Diese Gewißheit der Überlegenheit war bei vielen Angehörigen auch dann noch lebendig, als bereits alles zusammengebrochen war, wofür sie gekämpft hatten.

Bemerkenswert für die Leibstandarte ist es, daß sich in ihren Rängen – als sie 1939 in den Krieg zog – der künftige Kommandeur des I. SS-Panzerkorps Sepp Dietrich befand, ebenso die beiden zukünftigen Divisionskommandeure Teddy Wisch und Kurt Meyer, die drei späteren Regimentskommandeure Mohnke, Sandig und Frey, die drei zukünftigen Bataillons- bzw. Abteilungskommandeure Hans Becker, Max Hansen und Ullerich sowie ein zukünftiger Divisionsoffizier, Hubert Meyer, vom I. SS-Panzerkorps, die fünf Jahre später in der Normandie kämpfen sollten. Fritz Witt, ein weiterer Divisionskommandeur, war vorübergehend zur SS-Standarte „Deutschland" versetzt worden, aber Wilhelm Bittrich, der spätere Kommandeur des II. SS-Panzerkorps in der Normandie, war auch zu dieser Zeit in dem Regiment. Außerdem gehörten zwei hohe Führer der Waffen-SS des Zweiten Weltkrieges 1939 ebenfalls zur Leibstandarte, sie waren aber zu Kriegsbeginn abkommandiert – Max Wünsche als Adjutant Adolf Hitlers und Jochen Peiper als Adjutant Heinrich Himmlers. Auch sie werden noch eine interessante Rolle bei den Kämpfen in der Normandie spielen.

Am 1. September 1939 überschritt die Leibstandarte die Grenze zu Polen und beteiligte sich an den zunächst höchst erfolgreichen Operationen des Blitzkrieges. Der Feldzug dauerte weniger als einen Monat und forderte mehr als 400 Opfer.[12] In den Augen der Armee waren diese Opfer und die anderer Einheiten der SS-Verfügungstruppe unnötig groß und ein Beweis für mangelhafte Ausbildung.

Obwohl Wacheinheiten der LSSAH den Krieg hindurch in Berlin und Berchtesgaden blieben, kehrten die kämpfenden Truppen nie in die Kaserne Lichterfelde zurück. Zuerst halfen sie bei der Sicherung des Protektorats Böhmen und Mähren, im November danach wurden sie in die Region Bad Ems/Nassau bei Koblenz verlegt. Dies war die Zeit, als die VT-Division, die die Standarten „Deutschland", „Germania" und „Der Führer" umfaßte, und die SS-Totenkopf-Division aus Eickes Totenkopfverbänden und aus der SS-Heimwehr Danzig gebildet wurde. Himmler stellte zudem eine SS-Polizei-Division auf.

Am 23. Dezember 1939 besuchte Hitler sein Leibwache-Regiment, das im Kurhotel von Bad Ems zusammengekommen war.[13] Die Weihnachtsfeiern standen an. Jedes Mitglied bekam einen Weihnachtskuchen, eine Flasche Wein und Tabak. Nach den Darbietungen eines Chores und nach humoristischen Sketchen hielt Hitler eine Rede an „seine" Standarte. Darin sagte er: „Solange ich die Ehre habe, an der Spitze dieses Kampfes zu stehen, ist es für euch, Männer meiner Leibstandarte, eine Ehre, die Spitze dieses Kampfes zu sein."

In der ersten Zeit des Jahres 1940 wurde die LSSAH zu einem völlig unabhängigen motorisierten Infanterieregiment erweitert, dem eine Sturmgeschützbatterie hinzugefügt wurde.

Am 10. Mai überschritt die LSSAH die Grenze zu Holland. Bereits am 15. Mai war der Feldzug erfolgreich beendet. Er kostete das Regiment fünf Tote und sieben Verwundete.[14] Zwei weitere Regimentskommandeure, die später in der Normandie eingesetzt wurden, nämlich Wünsche und Steineck, waren auch dabei gewesen, ebenso die vier späteren Bataillons- bzw. Abteilungskommandeure Bremer, Scappini, Weidenhaupt und Steinert.

Danach wurde die Leibwache im Frankreichfeldzug eingesetzt, auch das ein erfolgreicher Blitzkrieg. Inzwischen war Jochen Peiper vorübergehend von seinen Pflichten bei Himmler entbunden, um seine Sporen als Kompaniechef zu verdienen, wobei er für seine Leistungen mit dem Eisernen Kreuz 2. und 1. Klasse ausgezeichnet wurde. Er sollte später ein Panzerregiment in der Normandie befehligen.

Dieser kurze Feldzug war es, bei dem die LSSAH ihr erstes Aufeinandertreffen mit der britischen Armee hatte, die nach inoffizieller Darstellung „mit großem Mut kämpfte und zähen

Widerstand leistete".[15] Damals ereignete sich ein merkwürdiger Vorfall. Bei Wormhoudt nahe Dünkirchen starben am 28. Mai 80 bis 90 britische Soldaten der 48. Division unter Umständen, bei denen die LSSAH unter Tatverdacht geriet. In mehreren Büchern, ja sogar im britischen Parlament, wurde Wilhelm Mohnke, damals Bataillonskommandeur und später Regimentskommandeur in der Normandie, als für die Greueltat verantwortlicher Offizier genannt. In dem Versuch, etwas Licht in diese Angelegenheit zu bringen, bat der Verfasser im Jahre 1994 das British Public Service Office in Kew bei London, Einsicht in eine besondere Akte nehmen zu dürfen. Hier sind Dokumente über angebliche Greueltaten im Europa des Zweiten Weltkrieges enthalten, die vom britischen Mitglied des Supreme Headquarters Allied Expeditionary Force (Untersuchungsausschuß des Alliierten Oberkommandos; SHAEF), Oberstleutnant Scotland, stammen. Dem Verfasser wurde mitgeteilt, die Akte sei „geschlossen", und man ließ ihm folgende Erklärung zugehen: „Dieses Verbrechen wurde nach dem Kriege gründlich untersucht, jedoch befanden sich viele Leute, auch Mohnke, nicht unter britischer Kontrolle, und trotz erheblicher Bemühungen war es daher nicht möglich, irgend jemanden vor Gericht zu stellen. Im Jahre 1988 wurde der Fall von den deutschen Behörden auf Ersuchen eines Überlebenden wieder aufgegriffen. Dieser hatte herausgefunden, daß Mohnke aus russischer Gefangenschaft entlassen war und in Deutschland lebte. Die britischen Nachkriegsaufzeichnungen über Untersuchungen von Kriegsverbrechen sind abgeschlossen, wurden aber dem deutschen Ankläger zur Verfügung gestellt, der wegen weiterer Nachforschungen auch vorsprach. ... Er hat nunmehr festgestellt, daß es nicht ausreichend Beweismaterial gibt, um Mohnke anzuklagen."

Meine dringende Bitte an den Premierminister John Major um Akteneinsicht erbrachte folgende Antwort seines Beauftragten: „Diese Dokumente bleiben zur Zeit verschlossen, weil sie Teil einer kleinen Sammlung von Akten sind, die für spätere deutsche Untersuchungen vermeintlicher Greueltaten auf den Kanalinseln sachdienlich sein können."

Zwei Jahre später – das vorliegende Buch wird gerade geschrieben – ist die Situation noch immer die gleiche. Dem Autor wurde zu verstehen gegeben, daß die Akte bis zum Jahre 2024 geschlossen bleiben wird. Es ist interessant, daß Mohnke tatsächlich am 10. Oktober 1955 von den Russen entlassen wurde und seitdem völlig unbehelligt in der Bundesrepublik Deutschland lebte.*

Im Anschluß an den Frankreichfeldzug, in dem die LSSAH weitere 501 Opfer zu beklagen hatte, wurde sie nach Metz verlegt. Hier wurde ihr von Himmler im Auftrag Hitlers die „Führerstandarte" übergeben – die Briten sprechen von Regimentsfarben. Dieses neue Feldzeichen war eine Nachbildung der Standarte, die am offiziellen Fahrzeug des Führers und auf der Reichskanzlei aufgezogen war, um seine Anwesenheit anzuzeigen – auch dies eine Gewohnheit britischer Monarchen. Auf roter Seide zeigte sie ein schwarzes Hakenkreuz im weißen Feld, umwunden von einem Kranz aus goldenem Eichenlaub, der von vier Hoheitsadlern umgeben war.

Im April 1941 nahm die Leibstandarte an Kriegshandlungen in Jugoslawien und Griechenland teil. Vier weitere zukünftige Bataillons- bzw. Abteilungskommandeure der Normandie gehörten dazu, und zwar Krause, Olboeter, Prinz und Knittel.

Anfänglich wurde das Regiment im Balkanfeldzug in Reserve gehalten und stieß erst am 7. April nach Jugoslawien; ein jugoslawischer Luftangriff hatte jedoch am Tag zuvor[16] SS-Sturmbannführer Wilhelm Mohnke, der eine der vier Kampfgruppen des Regiments kommandierte, schwer verwundet – er verlor dabei einen Fuß.

* Wilhelm Mohnke starb am 6. August 2001. – Anm. d. Verlags

An dem organisatorischen Aufbau der LSSAH bei dem äußerst erfolgreichen Griechenlandfeldzug wird deutlich, wie weit entwickelt das militärische Denken in Deutschland schon in diesem frühen Kriegsstadium war; denn jeder Kampfverband bestand aus einer Mischung sämtlicher Waffengattungen: Infanterie, leichte und schwere Geschütze, Panzerabwehr- und Flakeinheiten, Artillerie- und Pioniereinheiten. Diese geschickte Gliederung war nur die eine Seite, dazu trat für die Bodentruppen noch die Möglichkeit, sofortige Luftunterstützung anzufordern. Für diesen Zweck befanden sich Fliegerverbindungsoffiziere der Luftwaffe unmittelbar bei den angreifenden Verbänden. Vor diesem Hintergrund werden die Ursachen für den Erfolg der Blitzkriege besser verständlich. Interessanterweise gibt es auch Beweise, daß die Deutschen schon 1941 bereits auf Regimentsebene Funksignale abgefangen hatten, um beim Griechenlandfeldzug den Bewegungen der Briten folgen zu können.[17]

Am 10. April traf die LAH das zweite Mal auf britische Truppen, diesmal waren es Panzerwagen. Schwerwiegender ist aber wohl der erste Angriff der Royal Air Force[18] – eine Streitkraft, die noch viele Opfer fordern und drei Jahre später in der Normandie ihre große zerstörerische Schlagkraft unter Beweis stellen sollte.

Der großartige Erfolg der LSSAH bei der Rückeroberung des nach Griechenland führenden Klidi-Passes von der 6. australischen Division, wobei dem Gegenangriff der 1. britischen Panzerbrigade Widerstand geleistet werden mußte, und die folgenden Operationen beim Klissura-Paß haben sehr zum glücklichen Ausgang dieses kurzen Feldzuges beigetragen und taten viel für das Ansehen des Regiments und seines Kommandeurs Sepp Dietrich. Ein britischer Kriegsgefangener, der Kavallerist Sir George Kennard, machte der Leibstandarte ein ungewöhnliches Kompliment: „Während des ganzen Kampfes hatten sie sich tapfer und ritterlich verhalten, und gegen Ende haben sie sogar unter beträchtlichem eigenem Risiko ihre Linie verlassen, um den Gegner gefangenzunehmen, anstatt ihn zu vernichten."[19]

Diese Meinung steht in krassem Gegensatz zum Urteil der 48. britischen Division, die mit der LSSAH im Mai 1940 in Frankreich aufeinandertraf. Im Osten war ein solches Verhalten später wohl eher die Ausnahme.

Am 8. Mai, nach einer Siegesparade in Athen und einer kurzen Auffrischung in der Region Larissa, wurde bekanntgegeben, daß die Leibstandarte nach Böhmen verlegen würde, um sich auf das Unternehmen „Barbarossa" – den Angriff auf die Sowjetunion – vorzubereiten. Auf Hitlers Befehl wurde sie zu einer Division aufgestockt und erhielt die Bezeichnung SS-Division „Leibstandarte SS Adolf Hitler". Auf den Schulterstücken trugen die Männer der LAH die verschlungene Buchstabenkombination „LAH".

Der Zusammenprall zwischen Hitlers Drittem Reich und Stalins Sowjetimperium war aus zwei Gründen von militärischer Bedeutung – zum einen wegen seines Ausmaßes und zum anderen wegen seiner Barbarei. Geographisch war dies der größte Landfeldzug des Krieges; und die Barbarei hat wohl kaum überrascht, denn es war ein Kampf zwischen zwei autokratischen politischen Systemen, die beide dazu entschlossen waren, das jeweils andere auszulöschen. Keine Seite duldete einen Dissent, beide Seiten zeigten kaum Barmherzigkeit, noch wurde sie erwartet.

Der Anfangserfolg des deutschen Blitzkrieges in Rußland ist legendär: Mitte Juli 1941, nicht einmal einen Monat nach Grenzüberschreitung, näherten sich Hitlers Armeen Leningrad im Norden und Kiew im Süden. In der Mitte hatte man Smolensk eingenommen, nur etwa 450 Kilometer von Moskau entfernt. Es sah so aus, als werde der Krieg im Osten sehr schnell mit einem totalen Sieg beendet.

Aufgrund der letzten Umgliederung war die Leibstandarte nicht in der Lage, schon zu Beginn an den Vorstößen teilzunehmen. Sie wurde erst am 2. Juli, als Teil von Rundstedts Heeresgruppe Süd an den erbitterten Kämpfen am rechten Ufer des Dnjepr und bei der Verfolgung der Sowjetarmee entlang des Asowschen Meeres, eingesetzt. Am 21. November hatte das III. Panzerkorps – dem die LAH nun unterstellt war – Rostow am Don genommen. In drei Tagen hatte das Korps 10.000 Gefangene gemacht, 159 Geschütze erbeutet, dazu 56 Panzer und zwei gepanzerte Eisenbahnzüge.[20] Aber jetzt war der gefürchtete russische Winter angebrochen, er kam gerade rechtzeitig zur Rettung der heimischen Bevölkerung, und die Division „Leibstandarte-SS Adolf Hitler" war erschöpft. Sie hatte von insgesamt 9.994 Männern 5.281 Offiziere und Mannschaften verloren.[21] Die durchschnittliche Kompaniestärke betrug nur noch 66 von ursprünglich knapp unter 200 Mann. Nur 15 Prozent der Fahrzeuge waren einsatzbereit – es war jetzt offensichtlich an der Zeit, in die Verteidigung überzugehen. Aber die LAH hatte sich ganz klar ihre Sporen verdient, und das Gerede von den „Asphaltsoldaten" war längst verstummt. Ganz im Gegenteil, die ursprüngliche Leibwache war auf dem Weg zu einem neuen Titel: „Feuerwehr des Führers". Am 26. Dezember 1941 schrieb der Korpskommandeur, General von Mackensen, dem Reichsführer-SS folgende Worte: „Ich kann Ihnen versichern, der Name der Leibstandarte hat nicht nur bei ihren Vorgesetzten, sondern auch bei ihren Kameraden vom Heere den allerbesten Klang. Jede Division wünscht sich die Leibstandarte zum Nachbarn sowohl im Angriff wie in der Verteidigung. Ihre innere Disziplin, ihr frisches Draufgängertum, ihre fröhliche Unternehmungslust, ihre durch nichts zu erschütternde Krisenfestigkeit, auch wenn es mal schwer oder sehr schwer ist, ihre Härte sind beispielhaft, ihre Kameradschaftlichkeit – das möchte ich besonders betonen – vorbildlich und nicht zu übertreffen. Dabei zeichnet ihr Führungskorps eine wohltuende Bescheidenheit im Auftreten nach außen aus. Eine wahre Elitetruppe."[22]

Das Durchschnittsalter ihrer Soldaten betrug 19,35 Jahre.

Im Juli 1942, nach einem Jahr in Rußland, sollte die LAH aufgefrischt und zu einer Panzergrenadierdivision umgerüstet werden. Sie wurde nach Frankreich verlegt und marschierte bei einer feierlichen Parade durch Paris vor Feldmarschall von Rundstedt vorbei. Zwischen August und Dezember wurde die Umrüstung in der Gegend von Evreux, westlich von Paris, weiter fortgeführt. Bereits vor der Verlegung aus Rußland war eine Sturmgeschützabteilung hinzugekommen, aber jetzt wurden zwei Panzergrenadierregimenter jeweils mit drei Bataillonen, Flak, Infanteriegeschützen und Panzerabwehrkompanien gebildet, ferner ein Artillerieregiment mit vier Abteilungen, eine Flak-Abteilung mit sechs Batterien und – am allerwichtigsten – ein Panzerregiment mit zwei mittleren Panzerabteilungen, eine schwere Kompanie (Tiger I), und eine Panzerpionierkompanie.[23] Dadurch erreichte die Division die Stärke von fast 21.000 Mann. Es gab jedoch den Nachteil der strengen Beitrittsbestimmungen. Diese mußten gelockert werden, um auch die Volksdeutschen, die zwar deutsche Vorfahren hatten, aber außerhalb der Reichsgrenzen wohnten, zuzulassen.

Im Oktober verlegte die Division in die Normandie und konnte so schon einmal den künftigen Kampfschauplatz für das Jahr 1944 in Augenschein nehmen; aber dann wurde im Januar 1943 die 1. SS-Panzergrenadierdivision „Leibstandarte Adolf Hitler" in die Ukraine verlegt. Ihr Einsatz war dringend erforderlich, um die russische Winteroffensive aufzuhalten. Sie unterstand dem Generalkommando des SS-Panzerkorps von SS-General Hausser. Dieses war ursprünglich im Mai 1942 in Bergen-Belsen in Norddeutschland aufgestellt worden. Aber seine Divisionen, die „LSSAH", „Das Reich" und „Totenkopf" wurden erst im Januar 1943 voll unterstellt. Das SS-Panzerkorps wurde zur Verteidigung des Flusses Donez und der Stadt Charkow eingesetzt. Während der erbitterten Kämpfe wurde die Stadt aufgegeben und geräumt. Hitler war wütend darüber. Aber dann wurde sie nach einem heftigen Kampf am 14. März zurückerobert – von der Division „Leibstandarte"! Für diesen Einsatz erhielt Sepp Dietrich von Hitler das Eichenlaub mit Schwertern des Ritterkreuzes des Eisernen Kreuzes.

Bis zum 27. März, als nach der Einnahme von Belgorod und der Wiederherstellung der deutschen Front am Donez die Auffrischung befohlen wurde, hatte die LAH 167 Offiziere und 4.373 Mannschaften verloren – 44 Prozent ihrer Kampfkraft.[24] Die Kämpfe in Charkow führten jedoch auch zu Anklagen wegen größerer Greueltaten durch Dietrichs Soldaten. Erst im Jahre 1976 brachten die Sowjets Anschuldigungen vor, nämlich daß 300 verwundete russische Soldaten gestorben seien, als die Division „Leibstandarte" in Charkow ein Krankenhaus niedergebrannt hatte, und daß mindestens 400 Offiziere in ihren Betten eines Isolationshospitals erschossen worden seien.[25] Niemals wurden diese Behauptungen bewiesen, aber es besteht wohl kein Zweifel daran, daß die Kampfeswut auf beiden Seiten zu barbarischen Handlungen geführt hat. *Die Leibstandarte im Bild* zeigt eine Fotografie, die schon am 3. Juli 1941 entstanden war und die Gräber einer ganzen deutschen Radfahrerkompanie zeigt, die bei Olyka „bestialisch ermordet" wurde[26], und in einem anderen Band werden Verstümmelungen an gefallenen Deutschen genannt, die ihnen teilweise schon vor dem Tode beigebracht wurden.

Die Auffrischung dauerte bis Ende Juni und war nicht nur als Urlaub vorgesehen, den der Führer nach der Rückeroberung von Charkow wieder eingeführt hatte, sondern diente auch der Eingliederung des Nachersatzes und einer neuerlichen Umgliederung. Anlaß dafür waren einige erstaunliche Nachrichten, die Dietrich mitbrachte, als er von der Verleihung der Schwerter durch Hitler am 21. März aus Berlin zurückkam. Nach zehn Jahren als Kommandeur der Leibstandarte wurde er nun Kommandierender General des neuen I. SS-Panzerkorps, das den Vorrang vor Haussers SS-Panzerkorps bekommen sollte. Letzteres wurde infolgedessen zum II. SS-Panzerkorps umbenannt. Ebenso erstaunlich war die Nachricht, daß alle Führer in diesem neuen Korpsstab von der Division „Leibstandarte" kommen sollten. Was aber wohl am meisten verwundert: Aus der Organisation der Hitlerjugend sollte eine neue SS-Division aufgebaut werden, und alle Regiments- und Bataillons- bzw. Abteilungskommandeure sowie die Mehrzahl der Kompanie- bzw. Batteriechefs sollten ebenfalls von der LAH kommen! Die Entscheidung für diesen radikalen Wechsel und die Erweiterung hatte Hitler getroffen, nachdem Himmler und wahrscheinlich auch Gottlob Berger, Chef des Ergänzungswesens der Waffen-SS, im vergangenen Februar deswegen bei Hitler vorstellig geworden waren. Abgesehen von Himmlers Wunsch nach mehr SS-Truppen gab es einen dringenden Bedarf an zusätzlichen Divisionen für das gesamte Heer.

Von jeder Armee würde man zu Recht erwarten, daß eine Division mit dem Auftrag, einen neuen Korpsstab mit Personal zu besetzen und gleichzeitig den Kader für eine neue Division abzustellen, erst einmal längere Zeit in die Heimat geschickt würde, um die Neuorganisation und Vorbereitung in die Wege zu leiten. Nicht so bei der Waffen-SS – ganz im Gegenteil. Dietrich übergab das Kommando der LAH am 4. Juni an Teddy Wisch, und am 5. Juli wurde die Division in die größte Panzerschlacht des Krieges geworfen – nach Kursk. Im April und Mai wurde die Division aufgefrischt, um erlittene Verluste und Versetzungen aufzufangen. Die Ergänzungsmannschaften rekrutierten sich jedoch auch aus 2.500 Mann Luftwaffenpersonal[27], die sich nicht einmal freiwillig zur Wehrmacht gemeldet hatten, geschweige denn zur Waffen-SS. Und es gab auch Nichtfreiwillige von den Ergänzungseinheiten der Waffen-SS. Schon wieder wurde die Reinheit der LAH geschwächt. Es mag seltsam anmuten, aber all diese quasi „Dahergelaufenen" waren schon bald begeisterte Soldaten der Division. Das war eine unglaubliche Glanzleistung, aber schließlich war auch die Leibstandarte eine unglaubliche Organisation. In nur zehn Jahren hatte ihre Kampfmoral einen Ruf erworben, der seinesgleichen sucht. In dieser kurzen Zeit hatte sie erreicht, wonach andere Armeen und Regimenter zwar ebenfalls streben, dafür aber Jahrzehnte, wenn nicht sogar Jahrhunderte brauchen. Aber darüber hinaus schuf sie auch etwas Neues, das noch keine Armee je erreicht hatte: eine Division mit allen Waffengattungen – Infanterie, Panzertruppen, Artillerie, Pioniereinheiten etc. –, und alles dies wurde durch denselben Geist und „Familiensinn" wie in einem Regiment zusammengehalten und geeint. Hinzu kam das vorzüglich entwickelte militärische Denken, das damals in der deutschen Wehrmacht überall zu spüren war, eine Denkweise, die die Taktik des Blitzkrieges und die Entwicklung der zur Kriegführung erforderlichen Ausrüstung hervorbrachte. Es herrschte ein Gemeinschaftsgeist, der das Zusammenwirken der verschiedenen Verbände auf dem Schlachtfeld und die Zusammenarbeit auch zwischen Luft- und Bodeneinheiten ermöglichte. So etwas war bei anderen Nationen unbekannt.

Wie konnte die SS-Panzerdivision „Leibstandarte" diesen Geist hervorbringen und bewahren? Zwei Faktoren machten es möglich: zum einen die Eigenschaft als Wacheinheit des Staatsoberhauptes und zum anderen der ständige aktive Dienst. Die LAH war länger als fünfeinhalb Jahre im Krieg gewesen und konnte ab Juli 1941 nur auf zehn Monate ohne Frontdienst zurückblicken, aber selbst in dieser Zeit war sie in von Deutschland besetzten Ländern eingesetzt und hatte oft gegen Partisanen zu kämpfen. War es das Gefühl, eine Elitetruppe zu sein? Vielleicht das Bewußtsein, eine dritte Einheit neben Wehrmacht und Polizei zu sein und „darüber" zu stehen? Aber da gab es noch etwas anderes, das der LAH ihren einzigartigen Charakter verlieh. Ein Hinweis findet sich in dem Brief, den von Mackensen im Dezember 1941 schrieb. Die LAH wie auch andere der ältesten Waffen-SS-Divisionen, beispielsweise „Das Reich", hatten eine eigene Philosophie des Soldatentums entwickelt. Sie verherrlichten den Kampf um des Kampfes willen. Der Todesgefahr begegneten sie mit Todesverachtung.

Ein SS-Hauptsturmführer der Leibstandarte hat diese Haltung, die unserem modernen westlichen Denken so fremd ist, folgendermaßen beschrieben: „Es waren diese Verteidigungskämpfe in Rußland, die mir immer unvergeßlich sein werden, nicht wegen der siegreichen Vorstöße, sondern vielmehr wegen der bloßen Schönheit des Kampfes. Viele von uns sind auf schreckliche Weise umgekommen, einige sogar als Feiglinge, aber für die Lebenden – auch wenn sie nur kurz dort waren – haben sich diese furchtbare Leiden und die Gefahr gelohnt. Nach einiger Zeit hatten wir einen Punkt erreicht, wo wir nicht mehr um uns selbst oder gar um Deutschland besorgt waren, sondern nur auf den nächsten Zusammenprall hin lebten, auf die nächste Begegnung mit dem Feind. Es war ein gewaltiges Hochgefühl des ‚Daseins', eine erhebende Erregung, jeder Nerv war für den Kampf angespannt."

Diese Denkweise und Lebensanschauung übertrug sich unmittelbar auf die Angehörigen des neuen I. SS-Panzerkorps; es war eine ungewöhnliche Mischung aus Führern, die im Schmelztiegel der Ostfront gehärtet und gestählt worden waren, sowie aus begeisterten jungen Soldaten, die durch ihre Zugehörigkeit zur Hitlerjugend vollständig von der Denkweise des Nationalsozialismus geprägt waren. Ein mächtiges Bündnis.

Kapitel II

Aufbau und Struktur

Hitlers Entscheidung, einen Stab für ein Korps sowie eine neue SS-Division auf der Grundlage von Kadern der 1. SS-Panzergrenadierdivision „LSSAH" zu bilden, hatte natürlich großen Einfluß auf diese Division. Nicht weniger schwerwiegend war der Verlust des bewunderten und inzwischen sehr erfahrenen Kommandeurs. Sepp Dietrichs militärische Fähigkeiten sind in den Nachkriegsjahren viel kritisiert worden. Schuld daran sind Bemerkungen wie „anständig, aber dumm"[1], eine Äußerung des von Rundstedt, oder Bittrichs Kommentar: „Einmal versuchte ich eineinhalb Stunden lang, Sepp Dietrich mit Hilfe einer Karte eine bestimmte Situation zu erklären. Das war völlig nutzlos. Er verstand überhaupt nichts."[2] Sicher hat Hitler übertrieben, wenn er Dietrich „ein Phänomen derselben Klasse wie Frundsberg, Ziethen und Seydlitz"[3] nannte, aber zweifellos stimmte seine Charakterisierung: „listig, tatkräftig und brutal" und schließlich: „Für das deutsche Volk ist Sepp Dietrich eine nationale Institution." Das war er auch für seine Leute, die er seine „Jungs" nannte; und es ist nicht ohne Bedeutung, daß das Abzeichen der Leibstandarte, das später von der Division „Hitlerjugend" wie auch von dem I. SS-Panzerkorps übernommen wurde, ein Nachschlüssel war, denn „Dietrich" ist ja ein anderes deutsches Wort hierfür.

Max Wünsche, ein ehemaliger Adjutant Hitlers und hochdekorierter Führer der LAH, war 1940 in Frankreich ein enger Vertrauter Dietrichs und sein Adjutant im Balkanfeldzug 1941. In bezug auf Griechenland sagte er: „Wären unsere Soldaten nicht so motiviert gewesen und hätte Sepp Dietrich in den entscheidenden Phasen nicht zur richtigen Zeit mit seinen Befehlen und Entscheidungen am richtigen Ort gestanden, dann wäre der Feldzug anders verlaufen."[4]

Rudolf Lehmann war seit Anfang 1941 ranghoher Offizier in Dietrichs Stab und schrieb über ihn: „Sicher – unser alter Kommandeur – unter uns Obersepp genannt – war kein strategisches Genie, dafür aber ein Soldaten-, ein Menschenführer von hohen Graden. Diese Gabe konnte er weder als Kommandierender General noch als Oberbefehlshaber einer Armee nutzen; darunter hat er sehr gelitten. Es war auch nicht seine Stärke, formvollendet eine taktische Beurteilung der Lage zu formulieren, dafür besaß er ein besonderes Gespür für sich bildende Krisenherde, besonders aber für sich abzeichnende günstige Situationen. Seine seltenen und dann kurzen Ansprachen an seine Männer enthielten keine Geistesblitze, dafür waren sie alle spürbar herzlich gemeint und gingen von Herz zu Herz. Erstaunlich war die Ausstrahlung seiner Person. Wer ihn erlebt hat, wie er in einer Krisennacht, in der alles nach rückwärts strebte, sich – Mantelkragen hoch, beide Hände bis zu den Ellbogen in den Manteltaschen, dabei unverständliche, aber im Ton zornige Laute von sich gebend – der Menschenwoge entgegenstemmte und sie nicht nur zum Stehen, sondern mit eingezogenem Genick zur Umkehr brachte, kann sich nur mit Staunen und Bewunderung daran erinnern.

Unvergessen auch seine Mahnung an Truppenführer aller Grade, die sich zum Gefecht abmeldeten: ‚Bring mir meine Männer zurück!'"[5]

Dies also war der Mann, den Hitler auserwählt hatte, das neue I. SS-Panzerkorps zu befehligen. Es blieb abzuwarten, ob er in der Lage war, eine so komplexe und große Formation zu führen. Der frühere Hauptfeldwebel aus dem Ersten Weltkrieg mit dem Eisernen Kreuz 1. Klasse hatte eine Menge erreicht: Am 23. Juni 1943, kurz nach dem Verlassen der LAH, wurde er in den hohen Rang eines SS-Obergruppenführers und Panzergenerals der Waffen-SS befördert.

Der neue Divisionskommandeur war SS-Brigadeführer Teddy Wisch, einer der ersten 117 Männer der SS-Stabswache Berlin. Er sollte sich als würdiger Nachfolger erweisen.

Zwischen Ende März und Ende Juni 1943 wurden fünf SS-Obersturmbannführer, ein SS-Sturmbannführer, drei SS-Hauptsturmführer und drei SS-Untersturmführer aus dem Divisionsstab herausgelöst und in den neuen Stab des I. SS-Panzerkorps versetzt.[6] Alle waren erfahrene Männer. Zwar ist es verhältnismäßig einfach, Staboffiziere zu ersetzen; schwierig ist es jedoch, kurzfristig erstklassige Führer im Gefecht zu finden. Die Herausnahme der Kommandeure beider Panzergrenadierregimenter der Division, der gesamten I. Abteilung des SS-Panzerregiments 1 mit Kommandeur, die Herauslösung des Kommandeurs mitsamt einer Kompanie der Aufklärungsabteilung, eines Batteriechefs von der Sturmgeschützabteilung, des Regimentskommandeurs und einer ganzen Abteilung des Artillerieregiments, des Abteilungskommandeurs und eines Batteriechefs von der Flak-Abteilung und der Kompaniechefs der Nachrichten- und Versorgungseinheiten[7], all dies hat selbstverständlich eine größere Krise heraufbeschworen. Folgende Männer – von denen die meisten später noch in der Normandie kämpften –, wurden als Ersatz herangezogen: Frey mit dem Kommando über das SS-Panzergrenadierregiment 1, Kraas kommandierte das SS-Panzergrenadierregiment 2, Schiller und Becker kamen zu Panzergrenadierbataillonen, Mertsch und de Vries zur Artillerie, Knittel zur Aufklärung und Ullerich zu der Flak-Abteilung.[8] Der Verlust Wünsches und der I. Abteilung des SS-Panzerregiments 1 konnte nicht wiedergutgemacht werden. Die LAH begann die Operation „Zitadelle", die Schlacht von Kursk, mit nur einer einzigen Panzerabteilung und der 13. (schweren) Tigerkompanie.[9]

Es war kein geringes Problem, die dringend benötigte Verstärkung in die Kampfeinheiten der Division einzugliedern. Als Dietrich hörte, daß 2.500 Mann Verstärkung aus der Luftwaffe kommen sollten, flog er zu Görings Hauptquartier und verhandelte dahingehend, daß es nicht, wie ursprünglich vorgesehen, nur ranghöhere Unteroffiziere sein sollten, sondern 25 Prozent Feldwebel und 25 Prozent Mannschaftsdienstgrade.[10] Nach der Ankunft meldeten sich aber nur wenige freiwillig für die Kampfeinheiten der Division, statt dessen bevorzugten sie natürlich die Ersatzeinheiten. Dietrich war zwar entsetzt, akzeptierte es aber, denn als Luftwaffenangehörige, die formlos und größtenteils ohne Ausbildung in die angesehene Kampfdivision der Waffen-SS gestoßen wurden, hatten sie eine schlechte Behandlung zu erwarten. Die Art und Weise, wie solche Ergänzungseinheiten mit der LAH zusammengeschweißt wurden, ist bereits beschrieben worden.

Die gigantische Schlacht bei Kursk kam schließlich am 13. Juli zum Stillstand. Bis dahin hatte die Division „Leibstandarte" mehr als ein Drittel ihrer Panzerfahrzeuge verloren und 2.753 Opfer zu beklagen, darunter 474 Tote.[11]

Ein Grund, warum Hitler die Kursk-Offensive abgebrochen hatte, war die Invasion der Alliierten in Sizilien und seine Sorge um die Südflanke. Infolgedessen übergab die LAH die übrigen Panzer Ende Juli an die Divisionen „Das Reich" und „Totenkopf" und verlegte nach Norditalien. In der ersten Augusthälfte, nach dem Zusammenbruch von Mussolinis faschistischer Diktatur, entwaffnete sie die italienische Armee in der Po-Ebene. Dann war sie für die Verteidigung von Norditalien und Kroatien vorgesehen. Zu dieser Zeit wurde die I. Abteilung des Panzerregiments wieder der Division zugeführt.

Zu dieser Zeit wurde auch in Italien die LAH vermehrt wegen Brutalität angeklagt. Jochen Peiper, Kommandeur des III. SS-Panzergrenadierbataillons, und zwei seiner Offiziere wurden beschuldigt, in der kleinen Stadt Boves italienische Zivilisten getötet zu haben, nachdem unbekannte Personen zwei seiner Unterscharführer entführt hatten. Angeblich hatte Peiper sein gesamtes SS-Panzergrenadierbataillon für ihre Befreiung eingesetzt und die Stadt mit 15-cm-Infanteriegeschützen beschossen, wobei 34 Einwohner den Tod fanden. Selbstverständlich bekam er seine Leute zurück, aber 1968 beschuldigten ihn die italienischen Behörden vor einem Stuttgarter Gericht des Mordes. Das Gericht befand, „daß bei keinem Angeklagten genügend Verdachtsmomente krimineller Handlungen gegeben seien, die eine Strafverfolgung rechtfertigten".[12] Im selben Jahr jedoch überführte ein Schwurgericht in Osnabrück fünf ehemalige Angehörige der Division „Leibstandarte" des Mordes oder der Beihilfe zum Mord an Juden, die in Städten am Lago Maggiore in Norditalien lebten.[13] Das ereignete sich zur gleichen Zeit wie das Vorkommnis in Boves. Obgleich diese Verfahren wegen Verjährung wieder fallengelassen wurden, war der Ruf der LAH beeinträchtigt.*

Nach einigen weiteren Wochen in der verhältnismäßig friedlichen Gegend Norditaliens war nun für die 1. SS-Panzerdivision „LSSAH", wie sie ab dem 22. Oktober 1943 wieder genannt wurde[14], die Zeit zur Rückkehr in die Ukraine gekommen, wo ihr weitere sechs Monate erbitterten Kampfes bevorstanden. Aber sie wurde noch einmal geschwächt, denn jetzt sollte sie das neue I. SS-Panzerkorps aufstellen. Im Oktober, kurz vor dem Fronteinsatz, wurden die Sturmgeschützabeilung und eine Sanitätskompanie zur 12. SS-Panzergrenadierdivision „Hitlerjugend" verlegt.[15]

Der Winterfeldzug war härter als je zuvor. Die Division mußte sich sogar aus den Entladebahnhöfen herauskämpfen. In den folgenden Wochen nahm die Division „Leibstandarte" an vielen verzweifelten Aktionen teil, die das Vorrücken der Sowjets aufhalten sollten, und bis zum 28. Februar 1944 war sie auf eine Kampfgruppe von nur drei Panzern und vier einsatzfähigen Sturmgeschützen zusammengeschrumpft.[16] Zwei Wochen später, nach dem Rückzug nach Galizien, hatte die Division als solche aufgehört zu existieren; die Gefechtsstärke betrug 41 Führer und 1.188 Unterführer und Männer.[17]

Generalfeldmarschall von Manstein schrieb: „Die Stärke der Regimenter war auf Bruchteile ihrer früheren Bestände abgesunken, und auch die Kräfte waren durch dauernde Überbeanspruchung erschöpft. Der in zu geringem Maße zugeführte, noch nicht kriegsgewohnte Ersatz konnte den Ausfall an erfahrenen Unterführern und Kämpfern nicht ausgleichen. Der Kern der Truppe war also weitgehend verzehrt. Wie sollten noch wirksame Gegenschläge geführt werden, wenn z.B. ein ganzes Panzerkorps nur mehr über 24 einsatzfähige Panzer verfügte?"[18]

Am 18. April, als die armseligen Überreste der 1. SS-Panzerdivision die Ostfront verließen, hatte Sandigs SS-Panzergrenadierregiment 2 869 Ausfälle: Von einer ursprünglichen Kampfstärke von 2.296 Mann waren 418 gefallen. Dieses Regiment war der einzige Teil der LAH, für den gesicherte Zahlen zur Verfügung stehen, aber er war typisch für die gesamte Division. Weitere 1.388 waren verwundet, wovon 297 beim Regiment verblieben.[19] Es waren wieder einmal die wenigen erfahrenen Kämpfer der Division, die die Stämme für eine neue Leibstandarte bildeten.

* 1970 hob der BGH die Osnabrücker Urteile wieder auf. Hintergrund war eine Gesetzesänderung, laut der nur bei direkter Tatbeteiligung von nicht verjährendem Mord auszugehen war, in allen anderen Fällen aber wie in diesem Fall von seit 1960 verjährtem Totschlag.

In der Zwischenzeit konnte sich der Kommandeur des I. SS-Panzerkorps einer ziemlich ruhigen Zeit erfreuen. Dietrich hatte seinen neuen Stab am 26. Juli 1943 in der Kaserne Lichterfelde in Berlin aufgestellt.[20] Im Monat zuvor hatte dort der Stab der Division „Hitlerjugend" unter SS-Brigadeführer Fritz Witt seine Dienststelle eingerichtet. Dietrich machte Oberst Fritz Kraemer zu seinem Chef des Stabes. Kraemer kam 1934 von der Kriegsakademie in Berlin, gehörte dann bis Ende 1942 zum Personal einer Panzerdivision und wurde schließlich der vorgesetzte Verwaltungsoffizier des I. SS-Panzerkorps. Er war die ideale Besetzung, wenn er sich auch später, im Jahre 1946 mit Dietrich in Dachau wegen Kriegsverbrechen verantworten mußte.

Die LAH stand während des Einsatzes zur Sicherung des oberitalienischen Raumes unter dem Kommando von Haussers II. SS-Panzerkorps, da sich der Stab von Dietrichs I. SS-Panzerkorps noch im Aufbau befand. Letzterer befand sich in Merano, unmittelbar südlich des Brenner-Passes, und erhielt die relativ einfache Aufgabe, die Region zu sichern.

Nach der Rückverlegung aus Italien im Oktober hatte Dietrich zwar einen Korpsstab, jedoch nur einen einzigen Truppenteil zu führen, die 12. SS-Panzerdivision „Hitlerjugend", und die war in Belgien mit der Aufstellung beschäftigt, also nicht einsatzfähig. Seine zweite Division, die LAH, kämpfte noch in der Ukraine. Die nächsten sechs Monate würde er sie nicht zu Gesicht bekommen, und auch dann wäre sie nicht unter seinem Befehl. Im Dezember richtete Dietrich seinen Korpsstab in Brüssel ein, dort blieb er bis Anfang April und zog dann nach Septeuil westlich von Paris. Er enthielt eine Artillerieabteilung unter SS-Standartenführer Staudinger, eine Nachrichtenabteilung, eine Feldgendarmeriekompanie und eine Sicherungskompanie.

Die Division „Hitlerjugend" war in vieler Hinsicht einzigartig. Ein Führerbefehl vom 24. Juni 1943 verfügte, daß eine SS-Panzergrenadierdivision „Hitlerjugend" auf dem Truppenübungsplatz Beverloo, südöstlich von Antwerpen, aufzustellen sei, Aufstellungsdatum der Einheit war der 1. Juni 1943. Am 30. Oktober wurde die Bezeichnung in 12. SS-Panzerdivision „Hitlerjugend" geändert. Die älteren Führer der neuen Division waren sehr erfahren, ihren persönlichen Mut hatten sie schon oft bewiesen. Generalmajor der Waffen-SS, Fritz Witt, der Divisionskommandeur, gehörte zu den ursprünglich 117 Mitgliedern der Stabswache Berlin vom März 1933. Geboren wurde er im Mai 1908 in Höhenlimburg und hatte schon früh das Ritterkreuz für Tapferkeit und Führungsleistungen während des Frankreichfeldzuges 1940 errungen. Er war der erste Kommandeur des SS-Panzergrenadierregiments 1 der Division „Leibstandarte" und wurde wegen seiner Verdienste in Rußland im Jahr 1943 mit dem Eichenlaub zum Ritterkreuz des Eisernen Kreuzes ausgezeichnet. Witt stand in hohem Ansehen bei Mannschaft und Offizieren.

Der Kommandeur des SS-Panzerregiments 12 war Max Wünsche, ein Vorkriegsadjutant bei Hitler. Gutaussehend, mit blauen Augen und blondem Haar – Wünsche entsprach jedermanns Vorstellung von einem typischen SS-Offizier. Im April 1936 wurde er mit Jochen Peiper zur LSSAH kommandiert und hatte sich bald an der Front bewährt. Er wurde verwundet und erhielt 1940 in Frankreich beide Eiserne Kreuze; später wurde er mit dem Deutschen Kreuz in Gold und dem Ritterkreuz für seine Verdienste in Rußland ausgezeichnet. Auch er war eine herausragende Führungspersönlichkeit.

Kurt Meyer und Wilhelm Mohnke waren die Kommandeure der beiden SS-Panzergrenadierregimenter der Division „Hitlerjugend". Kurt „Panzermeyer", der die Division nach dem frühen Tod von Witt beim Normandiefeldzug führen sollte, gehört zu den bekanntesten Führern der Waffen-SS. Er war der uneheliche Sohn eines Arbeiters und Hauptfeldwebels des Ersten Weltkrieges. Vor seiner Aufnahme in die Leibstandarte im Mai 1934 war er Polizist gewesen. Er hatte Glück mit seinem Eintritt, denn er war nur 1,75 Meter groß und mußte wegen einer Beinverletzung einen orthopädisch erhöhten linken Schuh tragen, aber entscheidend waren seine Begeisterung, sein Rang und seine Erfahrung als Polizist. In der Leibstandarte fand Meyer seine Heimat, und bis 1937 war er zum Hauptsturmführer der Waffen-SS befördert und führte eine Kradschützenkompanie. Er kämpfte in Polen und Frankreich, wo er das Eiserne Kreuz 1. Klasse erwarb, aber es war 1941 in Griechenland, wo er sich einen Namen als Kommandeur der Aufklärungsabteilung der LAH machte und das Ritterkreuz verliehen bekam. Hinzu kam 1943 das Eichenlaub für seine Tapferkeit in Rußland. Er war ein geborener Soldat und eine herausragende Führungspersönlichkeit. Mit 34 Jahren war er der jüngste Kommandeur einer Division des deutschen Feldheeres.

Wilhelm Mohnke, Kommandeur des SS-Panzergrenadierregiments 26, war ebenfalls ursprünglich ein Mitglied der Leibwache von 1933 gewesen; wir erinnern uns, daß er im April dieses Jahres die Reichskanzleiwache bezog. Er übernahm 1940 in Frankreich das Kommando über ein SS-Infanteriebataillon, als sein Vorgesetzter verwundet wurde, und zu diesem Zeitpunkt hatte sich auch sein Name mit dem Kriegsverbrechen bei Wormhoudt gegen britische Soldaten verbunden. Der Leser wird sich auch erinnern, daß Mohnke bei einem Luftangriff 1941 in Jugoslawien einen Fuß verlor. Wegen dieser Verwundung sollte er das Ausbildungs- und Ersatzbataillon der Division „Leibstandarte" in Berlin führen, das war im März 1942, aber ein Jahr später, als die Division „Hitlerjugend" aufgestellt wurde, sah er seine Chance zur Rückkehr in den aktiven Dienst und bekam das Kommando über eines ihrer Regimenter. Mohnke war der einzige ältere Offizier in den Divisionen „Leibstandarte" und „Hitlerjugend", der noch nicht das Ritterkreuz trug.

Schließlich kommen wir zum SS-Sturmbannführer Gerhard Bremer, dem Kommandeur des SS-Aufklärungsabteilung der Division. In Frankreich war er 1940 in demselben Bataillon der Division „Leibstandarte" wie Kurt Meyer, Jochen Peiper, Max Hansen, Hugo Kraas und Max Wünsche. Als ihm 1941 das Ritterkreuz verliehen wurde, war er einer der jüngsten Kompaniechefs, die diese begehrte Auszeichnung trugen. Bevor er im Jahr 1943 zur Division „Hitlerjugend" versetzt wurde, hatte er an allen Einsätzen der Division „Leibstandarte" in Rußland teilgenommen. Es ist interessant, daß nach dem Krieg der General der Panzertruppe Heinrich Eberbach, von dem wir noch einiges mehr hören werden und der die Division „Hitlerjugend" gut kannte, Witt, Meyer und Wünsche als Waffen-SS-Idealisten beschrieb, Mohnke und Bremer jedoch als Schinder und Krakeeler.

Die 12. SS-Panzerdivision war insofern einzigartig, als sie sich hauptsächlich aus den Hitlerjungen zusammensetzte, die im ersten Halbjahr 1926 geboren worden waren. Das bedeutet, daß die jüngsten der 10.000 jungen Männer, die sich in der Kaserne Lichterfelde in Berlin im Juli 1943 zum Dienst meldeten, mindestens 17 Jahre alt waren, und ein Jahr später beim Kampf in der Normandie älter als 18. Das ist ein wichtiger Punkt, denn nach dem Krieg kam die Mär auf, daß bei der 12. SS-Panzerdivision Kinder als Soldaten gekämpft hätten. Eine erbeutete Namensliste des I. Bataillons des Panzergrenadierregiments 25 der Division „Hitlerjugend", das im Juli 1944 in der Normandie kämpfte, ergab folgendes: 65 Prozent des Personals waren 18 Jahre alt, 17 Prozent 19, und der Rest älter als 20.[21] Zudem sollte nicht verschwiegen werden, daß auch Großbritannien seine jungen Leute im Zweiten Weltkrieg mit 18 einberufen hat und daß weltweit 18jährige auf britischen Soldatenfriedhöfen liegen. Der Autor selbst wurde 1948 mit 18 Jahren und einem Monat Soldat, und mehr als 65 Prozent seiner Zugführer im Koreakrieg waren nur 18 oder 19 Jahre alt. Die Division „Hitlerjugend" hob sich hiervon nur insofern ab, als in ihr *hauptsächlich* 18jährige dienten.

Nach der Vorstellung von Hitler und Himmler sollte die neue Division ein Symbol für die Bereitschaft der deutschen Jugend sein, sich für den Endsieg einzusetzen; daher war es durchaus wichtig, daß alle neue Rekruten Freiwillige waren. Diese Forderung führte anfangs zu Problemen, denn oft zögerten Eltern, Lehrer und die Industrie, die jungen Männer vor Abschluß ihrer Ausbildung und Lehre in den Krieg ziehen zu lassen. Das hieß, der Zeitplan für die Aufstellung der neuen Division konnte nicht eingehalten werden. Mögliche Rekruten mußten eine Mindestgröße von 1,70 Meter für Infanterieeinheiten und von 1,68 Meter für die Panzer-, Fernmelde- und Aufklärungseinheiten aufweisen, vorausgesetzt, sie hatten bereits Spezialkenntnisse. Trotz dieser Schwierigkeiten und Einschränkungen konnte die Division „Hitlerjugend" bis Anfang April 1944 ein Übersoll von 5.718 Soldaten melden. Jedoch waren Führer und Unterführer immer noch äußerst knapp vertreten – es fehlten mehr als 2.000, und dies trotz der kräftigen Zuversetzung erfahrener Führer und Unterführer aus der Leibstandarte im Jahr 1943, wie im vorigen Kapitel beschrieben. Dieses Manko führte dazu, daß mehr als 50 Offiziere, die nicht zur SS gehörten, aus dem Heer übernommen wurden. Die Überkapazität der Division bei einer personell höchst mangelhaften Ausstattung der 1. SS-Panzerdivision, die in Rußland ausgeblutet war, machte im Mai 1944 die Versetzung von 2.055 Mann aus der Division „Hitlerjugend" in die Division „Leibstandarte" erforderlich. Zu dieser Gruppe gehörten auch 13 Führer.

Der Aufbau der 12. SS-Panzerdivision litt zusätzlich unter einem Mangel an Ausrüstung, Treibstoff und Munition. Anfang Januar 1944 verfügte sie erst über 40 von 221 Panzern und über ein Drittel der SPW und Aufklärungsfahrzeuge, wie sie für eine SS-Panzerdivision notwendig waren. Viele Lastwagen waren veraltete, erbeutete italienische Fahrzeuge.

Die Ausbildung der jungen Angehörigen der Division „Hitlerjugend" unterschied sich von der im übrigen Heer. Ab 1942 erhielten alle Hitlerjungen eine vormilitärische Ausbildung von 160 Stunden, dazu gehörten Kleinkaliberschießen und Geländeübungen. Das war eine vernünftige Grundlage für die spätere militärische Ausbildung in Belgien und Frankreich. Der Unterschied zur Ausbildung in den Kadettenkorps der meisten britischen Internatsschulen damaliger Zeit war nur gering. Auffallend ausgeprägt jedoch war die andersgeartete Motivation: Die Deutschen waren stark von nationalsozialistischem und völkischem Gedankengut beeinflußt.

Der Divisionskommandeur Fritz Witt hatte die Ausbildungsschwerpunkte wie folgt festgelegt: körperliche Ertüchtigung, charakterliche Erziehung sowie Waffen- und Gefechtsausbildung – in dieser Reihenfolge. Weil am Anfang aber kaum genügend Uniformen der Waffen-SS mit ihrer Tarnkleidung zur Verfügung standen, absolvierten die Jungen ihre Ausbildung vielfach in Zivil oder in den Uniformen der Hitlerjugend. Rauchen und Trinken sowie Bordellbesuch waren verboten. Tatsächlich war denjenigen, die noch keine 18 Jahre alt waren, der Umgang mit Mädchen untersagt.

Die Division verteilte sich weitläufig in Belgien, der Mittelpunkt war Beverloo, aber das Panzerregiment befand sich auf einem französischen Übungsplatz bei Mailly-le-Camp; im Januar 1944 wurde es nach Hasselt in die Unterkunft der Division verlegt.

In seinem Buch *Grenadiere* hat Kurt Meyer ausführlich die Ausbildungsmethoden für die jungen Rekruten der Division „Hitlerjugend" beschrieben: „Da die Jungen noch in der Entwicklung standen, mußten die Erziehungsgrundsätze und -formen andere sein als normalerweise bei einer Truppe, die Rekruten älterer Jahrgänge auszubilden und zu erziehen hat. Viele überkommene Grundsätze der militärischen Erziehung wurden durch neue ersetzt, die ihren Ursprung letzten Endes in der deutschen Jugendbewegung hatten, die nach der Jahrhundertwende entstand.

Es herrschte kein ausgeprägtes Vorgesetztenverhältnis, das nur Befehlen und bedingungslosen Gehorsam kennt. Das Verhältnis zwischen Offizieren, Unteroffizieren und Mannschaften war das zwischen älteren erfahrenen und jüngeren Kameraden. Die Autorität der Offiziere bestand darin, daß sie Vorkämpfer und Vertraute ihrer jungen Soldaten waren. Es wurde ein enges Verhältnis zum Elternhaus angestrebt, soweit dies unter den Kriegsumständen möglich war.

Die Jungen wurden zu Verantwortungsbewußtsein, Gemeinschaftsgefühl, Opferbereitschaft, Entschlußfreudigkeit, Selbstbeherrschung, Kameradschaft und zum Mitdenken erzogen bzw. diese Anlagen weiterentwickelt. Die Führung der Division war der Überzeugung, daß die Jungen mehr leisten würden, wenn sie den Sinn ihres jeweiligen Einsatzes und ihrer Tätigkeit erkennen und bejahen würden. Es wurde daher zur selbstverständlichen Übung, alle Befehle folgerichtig aus einer eingehenden Lagedarstellung zu entwickeln.

In der Ausbildung war jeder Kasernenhofdrill verpönt. Parademarsch und ähnliche Dinge wurden nicht geübt. Alles war auf Gefechtsausbildung eingestellt, und diese fand unter möglichst kriegsmäßigen Verhältnissen statt. Körperliche Abhärtung wurde durch Sport erzielt; Gepäckmärsche wurden als unnötig und schädlich abgelehnt. Auf Anregung von General v. Geyr wurde an der Entwicklung einer fortschrittlichen Schießausbildung gearbeitet. Sie fand ausschließlich im Gelände statt. Zielübungen auf dem Kasernenhof unterblieben völlig."

Bei der Ausbildung und Motivation wurde großer Wert auf Übungen bei Nacht und Nahkampf gelegt, was sonst so im Heer nicht üblich war. Am erstaunlichsten ist aber, daß Panzerbesatzungen und Offiziere auf Max Wünsches Initiative hin acht bis 14 Tage in der Panzerproduktion bei MAN in Nürnberg arbeiteten.[22]

Am 1. April 1944 wurde die 12. SS-Panzerdivision „Hitlerjugend" in die Normandie verlegt, wo die Ausbildung weiterging, wegen der Luftbedrohung durch die Alliierten jedoch meistens nachts. Am 1. Juni 1944 gab Fritz Witt bekannt: „Die Division ist im Westen für jede Aufgabe einsatzbereit."[23] Und das, obwohl die Panzerjägerabteilung keine Jagdpanzer IV hatte und die Werferabteilung keine Zugmaschinen. Aber dessenungeachtet bestand kein Zweifel daran, daß die Moral in Witts Division sehr hoch war. Es war so, wie ein 18jähriger schrieb: „Nun, wir wußten, daß wir flink, behende und guten Mutes waren. Auf unsere kampferprobten Führer und Unterführer war Verlaß. Wir kannten sie seit dem Beginn unserer Ausbildungszeit. Bei Gefechtsübungen im scharfen Schuß hatten wir uns darüber gefreut, wenn sie mit Stahlhelm und Maschinenpistole mit uns im Dreck lagen."[24]

Inzwischen war die ältere Division im I. SS-Panzerkorps, die 1. SS-Panzerdivision „Leibstandarte SS Adolf Hitler", aus Galizien zur Auffrischung eingetroffen und bezog die ehemalige Unterkunft der Division „Hitlerjugend" in Belgien. Mit ihrem Stab in Turnhout und anderen Truppenteilen in nahen Städten wie Hasselt und Herentals war sie bis zum 25. April 1944 einsatzbereit. Der Divisionskommandeur, Generalmajor der Waffen-SS Teddy Wisch, nahm aus gesundheitlichen Gründen einen Monat Genesungsurlaub, während sein 1. Generalstabsoffizier, Rudolf Lehmann, vorübergehend das Kommando übernahm; später erkrankte dieser ernstlich und mußte am 26. Mai durch SS-Obersturmbannführer Grensing vertreten werden.

Bei der Ankunft in Belgien erhielt die Division „Leibstandarte" den Befehl, Jagdkommandos in der Stärke von einem Offizier und 24 Unteroffizieren und Mannschaften zur Abwehr feindlicher Fallschrimjäger bereitzustellen. Hauptsächlich sollte die Division aber neue Ausrüstung zugeführt bekommen und neue Soldaten ausbilden. Die erste Aufgabe wurde erleichtert durch einen Führerbefehl vom 3. Mai[25], dem zufolge Waffen für seine Division „Leibstandarte" zu beschlagnahmen waren, aber selbst durch diese hohe Priorität konnten neue Panzer und anderes Gerät nicht vor der zweiten Monatshälfte beschafft werden. Manches kam direkt von der Fabrik. Aber auch dann machten die hoffnungslose Treibstoffknappheit, unwegsames Gelände und mangelnder Schutz vor belgischen Partisanen, der sogenannten „White Army", eine Fahrerausbildung praktisch unmöglich und erschwerten andere Ausbildungszweige ganz erheblich. Die Beschwerde seitens des Chefs des Stabes des I. SS-Panzerkorps, Generalmajor der Waffen-SS Fritz Kraemer, daß vom Oberkommando der Wehrmacht große Treibstoffmengen für die Ausbildung der verbundenen Waffen zur Verfügung gestellt wurden[26], fand sicher kein Gehör auf Divisionsebene. Interessant ist, daß die „White Army" es fertigbrachte, die Stellungen von 61 Panzern der Division „Leibstandarte" per 1. Juni genau zu lokalisieren und nach London durchzugeben. Dies war möglich, obwohl die Panzer als Schutz vor Luftangriffen in kleinen Gruppen von fünf oder sechs in den umliegenden Dörfern und Städten wie Hamont, Hasselt, Lummen und Zwartberg aufgelockert eingesetzt waren.[27]

Die Ausbildung der neuen jungen Männer, der sogenannten „jungen Dachse" durch die erfahrenen sogenannten „alten Hasen" war sehr intensiv. Wie bereits gesagt, kamen viele 18jährige vom Ausbildungs- und Ersatzbataillon der Division „Leibstandarte" über das Ausbildungslager der Division „Hitlerjugend" in Beverloo. Während die älteren Offiziere Übungen mit Karten und Fernmeldegeräten abhielten, „taktische Übungen ohne Truppen" und Planspiele durchführten[28], arbeiteten die jungen Rekruten schwer für die Ehre, die Runen der Waffen-SS tragen zu dürfen. Sie vergötterten ihre Vorgesetzten Wisch, Peiper, Frey und Max Hansen, von deren Großtaten sie vom Tag ihres Eintritts in die Waffen-SS an gehört hatten, aber Zuversetzte aus aufgelösten Luftwaffeneinheiten und der Marine brauchten natürlich länger, bis sie in die einzelnen Verbände integriert werden konnten, und das Schicksal vieler war es, die Kriegskunst auf dem schwierigsten Weg zu erlernen – nämlich in der Schlacht in der Normandie.

Andere Armeen hätten die 1. SS-Panzerdivision als kampfuntauglich beurteilt. Als sie den Befehl zum Zurückwerfen der alliierten Landungstruppen in der Normandie erhielt, besaß sie kaum ihre volle Stärke. Die Mehrzahl war nicht einmal einen Monat bei der Division, noch weniger Zeit war geblieben, um sich mit dem Großgerät vertraut zu machen. Wichtige Teileinheiten waren untauglich und mußten beim Ausrücken der Division am 9. Juni zurückgelassen werden. Ein Nachkommando sollte die fehlenden Fahrzeuge und Waffen aufnehmen.[29] Eine Ausbildung über Kompanieniveau war unmöglich gewesen. Die 1. SS-Panzerdivision vom Juni 1944 war nur noch ein Schatten der LAH, die im letzten Winterfeldzug gegen die Sowjets gekämpft hatte, mehr denn je mußte sie sich auf ihre kampferprobten Offiziere und Unteroffiziere verlassen, von denen die meisten schon fast fünf Jahre mitgekämpft hatten.

Sie waren unbestritten eine außergewöhnliche Truppe. Zur Erinnerung: Teddy Wisch, der Divisionskommandeur, war im Jahr 1933 der ursprünglichen Leibwache des Führers beigetreten. Von 1934 bis 1939 hatte er in jeder Ehrenwache gedient, er hatte eine Kompanie im Polenfeldzug kommandiert, mit 35 Jahren war er SS-Brigadeführer und Kommandeur eines Panzergrenadierregiments in Rußland gewesen und wurde schon mit dem Eisernen Kreuz 2. und 1. Klasse, dem Ritterkreuz mit Eichenlaub und dem Deutschen Kreuz in Gold ausgezeichnet. Wenn er auch nicht das Charisma von Dietrich ausstrahlte, so besaß er doch das Vertrauen und die Bewunderung seiner Männer.

Der Kommandeur des 1. SS-Panzerregiments, Jochen Peiper, wurde später in England „Siegfried der Waffen-SS" genannt. Als gutaussehender und schneidiger Führer hatte er sich in Rußland einen Namen gemacht, wo er das Ritterkreuz mit Eichenlaub verliehen bekam, das Deutsche Kreuz in Gold und sogar die Nahkampfspange in Silber, er hatte also mindestens 30 Nahkampftage gehabt, an denen er „das Weiße im Auge des Feindes" gesehen hatte. Seine Leute vergötterten ihn. Er war 29 Jahre alt.

SS-Obersturmbannführer Albert Frey, der das SS-Panzergrenadierregiment 1 führte, gehörte der LAH bereits vor dem Feldzug gegen Polen an und hatte an sämtlichen Schlachten teilgenommen; im Dezember 1943 erhielt er als 359. Soldat das Eichenlaub zum Ritterkreuz.

Max Hansen, Kommandeur eines Panzergrenadierbataillons, war schon achtmal verwundet gewesen! Sein Beitritt erfolgte 1934, er war einer der ersten Ausbildungsoffiziere im Ausbildungslager Jüterbog. Die LAH hat er niemals verlassen, sondern nahm an jedem Feldzug teil, wobei er mit dem Ritterkreuz und dem Eichenlaub ausgezeichnet wurde.

Rudolf Sandig, der das SS-Panzergrenadierregiment 2 führte, war ebenfalls im Ausbildungslager Jüterbog, wo er einer der zwölf „Spieße" war, wie man die Hauptfeldwebel dort nannte. Auch er war Ritterkreuzträger, und er galt als harter Ausbilder ohne viel Mitgefühl.

Gustav Knittel wurde als Führer eines Aufklärungszuges beim Frankreichfeldzug im Mai 1940 verwundet; jetzt war er Kommandeur der SS-Aufklärungsabteilung 1 und bekam in Rußland das Ritterkreuz verliehen.

Weitere Träger dieser Auszeichnung waren Heinrich Heimann, Kommandeur der SS-Sturmgeschützabteilung 1, Herbert Kuhlmann als Kommandeur der I. Abteilung des SS-Panzerregiments 1, Werner Wolff, der Peipers Adjutant war und nun die 7. SS-Panzerkompanie führte, sowie Paul Guhl, der von Jochen Peiper das III. Bataillon des SS-Panzergrenadierregiments 2 übernommen hatte. Die Überlebensrate dieser Männer war schon in der Vergangenheit erstaunlich hoch gewesen und sollte es auch weiterhin bleiben.

Kapitel III

Die Kriegsmaschinen

Um die wohlerprobte Taktik des Blitzkrieges voll zu nutzen, hatten die Deutschen hochmodernes Gerät entworfen, entwickelt und produziert. Auf praktisch jedem Gebiet waren sie den Alliierten überlegen, und bevor wir uns der Schlacht in der Normandie zuwenden, ist es daher wichtig, die 1944 beiden Seiten zur Verfügung stehende Bewaffnung zu betrachten, ohne zu sehr in die technischen Einzelheiten zu gehen. Mit ihren Panzern waren die Deutschen zweifellos in jeder Kategorie überlegen. Rein numerisch war der Panzer IV der bedeutendste deutsche Panzer im Zweiten Weltkrieg. Er wog 25 Tonnen und besaß eine weitreichende 7,5-cm-Kanone sowie zwei 7,92-mm-Maschinengewehre. Die Bewaffnung dieses relativ „leichten" Panzers selbst war dem amerikanischen Sherman und dem britischen Cromwell, denen er später in der Normandie begegnete, überlegen. Der Panther war sicherlich der beste Panzer, der im Zweiten Weltkrieg hergestellt wurde. Mit drei 7,92-mm-Maschinengewehren und ebenfalls einer weitreichenden 7,5-cm-Kanone hatte er ein Gewicht von 45 Tonnen. Der Tiger I, mit dem die schwere Panzerabteilung 101 des I. SS-Panzerkorps ausgerüstet war, wog mächtige 57 Tonnen und war mit der berühmten 8,8-cm-Kanone sowie drei 7,92-mm-Maschinengewehren ausgestattet. Die Frontpanzerung war 100 mm stark. Trotz der niedrigen Höchstgeschwindigkeit von 38 km/h und der langsamen Turmschwenkung hatte er bis 1944 schon den von der deutschen Propaganda beabsichtigten gefürchteten Ruf erworben. Obwohl einige Tiger II oder Königstiger, wie sie auch genannt wurden, tatsächlich in der Normandie zum Einsatz kamen, gehörten sie nicht zur Ausstattung des I. SS-Panzerkorps. Sämtliche deutschen Panzer fuhren mit Benzin (Dieselmotoren waren noch zu schwach, um Panzer anzutreiben). Sie hatten eine fünfköpfige Besatzung: Kommandant, Fahrer, Richtschütze, Ladeschütze und Funker und eine durchschnittliche Reichweite von etwa 200 Kilometern. Sämtliche Typen führten für die Bordkanone ungefähr 80 Granaten mit.

Diesem beeindruckenden Aufgebot an deutschen Panzern standen die Shermans, Cromwells, Churchills und Stuarts der Alliierten gegenüber. Sie waren zwar verschwenderisch ausgestattet, hatten aber sonst wenig Empfehlenswertes. Der M4 Sherman war der mittlere Standardpanzer der Amerikaner, Kanadier und Polen und stellte zwei Drittel der britischen Panzereinheiten in der Normandie. Mit seiner Besatzung von fünf Mann und seiner 75-mm-Kurzrohrkanone mit niedriger Mündungsgeschwindigkeit hatte er eine Frontpanzerung von nur 50 mm und ein Gewicht von knapp über 30 Tonnen. Sämtliche deutschen Panzer und die Panzerfaust hatten leichtes Spiel mit ihm, er galt als leicht verwundbar und hatte sich bald den Spitznamen „The Ronson Lighter" (Feuerzeug der Marke Ronson) eingehandelt, weil er nach einem Treffer meistens Feuer fing. Er war aber sehr zuverlässig und hatte eine hohe Feuergeschwindigkeit. Die Briten montierten ihre weitreichende 17-pdr-Hochgeschwindigkeitskanone auf dem Chassis des Sherman und nannten das „Firefly"; die Wirkung war stärker als beim 75-mm-Sherman, jedoch waren nur vier Panzer in jeder Kompanie derart ausgerüstet. Natürlich waren sie bevorzugte Ziele deutscher Panzer und Panzerabwehrkanonen. Die britischen Cromwells und Churchills waren mit ihren 75-mm-Kanonen mit niedriger Mündungsgeschwindigkeit unterbewaffnet, obgleich der Cromwell mit 60 km/h im Vergleich mit dem schweren, gut gepanzerten und pedantischen Churchill mit 20 km/h schnell war, dessen einziger Vorzug in der frontalen Panzerung lag, die stärker als die des Tigers war. Die Briten statteten ihre gepanzerten Aufklärungseinheiten mit Cromwells aus und fügten ihren Panzerdivisionen damit tatsächlich ein zusätzliches Bataillon mittlerer Panzer hinzu. Der amerikanische Leichtpanzer M3 Stuart mit einer 37-mm-Kanone war praktisch nutzlos, außer für Funkverbindung, leichte Aufklärung und Begleitschutz.

Es ist eine traurige Tatsache, daß alle Panzer der Alliierten innerhalb einer Entfernung von 1.000 Metern von den deutschen Panzern ohne weiteres kampfunfähig geschossen werden konnten, während die alliierten Richtschützen schon viel Glück haben mußten, um die Kette, die Optik oder die Kanone eines deutschen Panzers außer Gefecht zu setzen. Meistens war der Tiger selbst bei sehr kurzen Entfernungen unverwundbar, abgesehen von einem Beschuß durch den Firefly oder einen Raketenangriff aus der Luft. Die Verantwortung für diese skandalöse und unzureichende Ausstattung alliierter Panzer ist bei den Generalen und nationalen Führern zu suchen, die die Technologie der Panzer- und Waffentechnik nicht verstanden oder nicht daran interessiert waren. Die alliierten Nachrichtendienste und die technischen Stäbe kannten die Leistungsfähigkeit deutscher Panzerkanonen und die Überlegenheit ihrer Panzer sehr genau. Am Ende des Sizilienfeldzuges im August 1943 hatte General Montgomery persönlich an den Vizechef des Imperial General Staff in London folgendes geschrieben: „Im Kampf kommt es auf die Wirksamkeit der Geschütze an. ... Wir müssen einen Panzer herstellen mit einer Kanone, die als Elementarwaffe der jetzigen 88-mm-Kanone des Feindes überlegen ist."

Aber er wußte, daß dies angesichts der verfügbaren Zeit vor der Invasion auf dem europäischen Festland unmöglich war. Trotzdem stellte er in einer größeren Rede am 24. März 1944 in London fest: „Es liegt auf der Hand, daß die Armeen richtig und angemessen ausgerüstet werden müssen, gut versehen mit den bestmöglichen Waffen und bester Ausstattung. Wir brauchen nicht weit in die Geschichte zurückzublicken, um zu erkennen, was geschieht, wenn dies *nicht* getan wird. Was dies anbetrifft, wird es immer als Schande auf uns zurückfallen, daß wir unsere Soldaten mit einer völlig unzureichenden Bewaffnung und Ausrüstung in diesen höchst modernen Krieg geschickt haben. Das Unglück, das uns dafür im Feld einholte, haben wir nur uns selbst zuzuschreiben. So etwas dürfen und werden wir nie wieder zulassen."[1]

In einem Aufruf an die Nation, „die Armee mit der Größe und Bedeutung der Sache zum Weiterkämpfen zu begeistern", konnte Montgomery schwerlich zugeben, daß die Panzer der Alliierten den feindlichen Panzern unterlegen waren. Andererseits riskierte er bei seinen Leuten unweigerlich einen Vertrauensverlust, wenn er sagen würde, daß sie nicht ein weiteres Mal ohne beste Ausrüstung in einen Kampf geschickt würden.

Am 19. Mai 1944 schrieb Premierminister Winston Churchill in Montgomerys Autographie: „Ich bezeuge meine Zuversicht, daß alles gut sein wird und daß Organisation und *Ausrüstung* [Hervorhebung des Autors] der Armee der Tapferkeit ihrer Soldaten und der Genialität ihres Chefs würdig sind."[2]

Selbst in Kenntnis der Mängel bei den alliierten Panzern und nach den ersten Rückschlägen in der Normandie versuchte Montgomery noch den Eindruck zu erwecken, daß alles positiv verliefe. Am 27. Juni 1944 schrieb er an Feldmarschall Sir Alan Brooke, den britischen Stabschef: „Es ist allgemein bekannt, daß bei richtigem Einsatz unserer Ausrüstung und Anwendung zweckmäßiger Taktik keinerlei Schwierigkeiten bestehen, die Deutschen zu besiegen."

Ein wenig überraschend ist jedoch seine Erklärung in einem Flugblatt vom Dezember 1944, das er persönlich unterzeichnet und an die 21. Armeegruppe gerichtet hat: „Jeder Panzer darf nicht mehr als etwa 45 Tonnen wiegen. Als Elementarwaffe ist *die bestmögliche Kanone zu wählen* [Hervorhebung des Autors], der Motor muß die für die erforderliche Geschwindigkeit nötigen Pferdestärken aufweisen, schließlich ist der Panzer bis zum zulässigen Höchstgewicht mit Panzerschutz auszurüsten."[3]

Eine bessere Beschreibung des Panther hätte er nicht geben können. Aber natürlich kamen solche Anweisungen zu spät, und was konnten seine eigenen Soldaten auch damit anfangen, stand es doch nicht in ihrer Macht, die Dinge zu verbessern. Die alliierten Panzerbesatzungen hatten schon ihren Preis gezahlt.

Ebenso war es viel zu spät und sinnlos, daß sich General Eisenhower am 3. Juli beim US-Kriegsministerium darüber beklagte, daß seine Panzerabwehrwaffen und Shermans es nicht mit Panthern und Tigern aufnehmen könnten.[4] Das Schreiben hatte mehr als zwei Jahre auf dem Tisch gelegen, nachdem eine erbeutete Achtacht-Kanone zum Zweck der Untersuchung durch technische Sachverständige quer über den Atlantik geschickt worden war.[5]

Ganz anders war die Situation auf deutscher Seite. Generale wie Guderian, Rommel und sogar Sepp Dietrich hatten ein starkes Interesse an den Waffen ihrer Mannschaften, und die Konstrukteure hörten auf sie. Es ist vielleicht sehr bezeichnend, daß Hitler höchstpersönlich ständig bei der Entwicklung des Panthers und Tigers mitsprach; er selbst war es, der darauf bestand, auf letzterem die 8,8-cm-Kanone anzubringen, und der die Versuche mit den ersten Prototypen am 20. April 1942 in Rastenburg persönlich begleitete.[6] Auch der Standpunkt jüngerer Soldaten wurde gehört und oftmals unverzüglich in die Tat umgesetzt. Als ein junger Führer der Division „Hitlerjugend", Karl-Wilhelm Krause, im Sommer 1944 auf die Idee kam, eine 20-mm-Vierlings-Flugabwehrkanone auf einem Panzer IV zu montieren, fand er die Unterstützung seiner Vorgesetzten. Das Ergebnis war ein Waffensystem, das sich im Luft- und Bodeneinsatz bewährte. Hitler war so beeindruckt, daß er befahl, sämtliche Panzereinheiten schnellstmöglich mit diesem sogenannten „Wirbelwind" auszurüsten. Möglicherweise spielte dabei auch eine Rolle, daß Krause vor dem Krieg Hitlers Adjutant gewesen war – aber wie auch immer, es entstand ein erstklassiges Waffensystem.

Die deutschen Panzerspähwagen „Puma" waren mit ihren Kanonen (entweder waren sie mit einer 5-cm-Kampfwagenkanone, einer 7,5-cm-Sturmkanone oder einer 7,5-cm-Panzerabwehrkanone ausgerüstet) und einer Geschwindigkeit von 80 km/h den amerikanischen M8 Greyhounds mit ihren 37-mm-Kanonen und den britischen Humbers mit ihren 2-pdr-Kanonen ebenfalls weit überlegen.

Andererseits waren das deutsche Halbkettenfahrzeug Sd.Kfz. 251 und das amerikanische M3 ziemlich gleichwertig. Der deutsche SPW war ein ausgezeichnetes Fahrzeug. In seiner Grundform als Mannschaftswagen beförderte es einen Kommandanten, einen Fahrer und zehn Mann und hatte zwei 7,92-mm-Maschinengewehre, das eine war vorn hinter einer Schirmwand untergebracht, das andere hinten auf einer MG-Lafette am Fahrzeugheck. Andere Varianten waren ein Kommandofahrzeug, ein Granatwerferträger, ein Fahrzeug mit Pionierausrüstung, das eine kleine Sturmbrücke sowie aufblasbare Gummiboote beförderte, ein Sanitätsfahrzeug, ein mit 7,5-cm-Sturmkanone ausgestatteter SPW für die schweren Panzergrenadierkompanien, ein Fahrzeug für den Zugführer mit einer 3,7-cm-Panzerabwehrkanone und schließlich eine Version mit einer 2-cm-Flugabwehrkanone. Das Grundmodell wog ungefähr neun Tonnen, hatte einen Fahrbereich von 200 Kilometern und eine Panzerung von 6 bis 14,5 mm Stärke. Der einzige Haken dabei war das offene Oberteil und die verhältnismäßig schmalen Gleisketten, wodurch die Geländegängigkeit eingeschränkt wurde. Der US M3 war sehr ähnlich, wies aber weniger Varianten auf.

Auch auf dem Gebiet der Sturmgeschütze und Panzerabwehrkanonen waren die Deutschen überlegen. Die 1. SS-Panzerdivision war mit dem sehr erfolgreichen Sturmgeschütz StuGesch. III bestückt. Dies war eigentlich ein Panzer ohne Turm mit einer starren 7,5-cm-Kanone mit hoher Geschoßgeschwindigkeit wie im Panzer IV. Die beiden Kompanien der Panzerjägerabteilung der Division „Hitlerjugend" mußten bis Mitte Juli auf ihre neuen Jagdpanzer IV warten. Sie waren den Sturmgeschützen weit überlegen; ihre stärkere 75-mm-Kanone war auf einem Fahrgestell des Panzers IV angebracht. Weniger als ein Drittel der US-Panzerabwehreinheiten war mit dem schwächeren Gegenstück der Amerikaner ausgerüstet, dem M 10 mit einer 3-Inch-Kanone, und nur zwei hatten den M 36 mit der 90-mm-Kanone. Die meisten Panzerabwehrkanonen der Alliierten (oder Tankvernichter, wie die Amerikaner sie nannten) wurden gezogen und waren daher für eine Offensive in der Normandie völlig ungeeignet. Beide Seiten hatten gezogene Panzerabwehrkanonen von 75 mm oder 3 Inch, und diesmal hatten die Briten mit ihrer ausrangierten Treibspiegelmunition für ihre 6- und 17-pdr-Waffen eine ähnliche Leistungsfähigkeit wie die Deutschen. Bei den Panzerabwehrwaffen der Infanterie war das anders – die deutsche Panzerfaust konnte auf 80 Meter Entfernung eine 160 mm starke Panzerung durchschlagen, aber die US-Panzerabwehrwaffe von 2,36 Inch konnte die frontale Panzerung eines deutschen Panzers nicht durchdringen, und der britische PIAT (Projector Infantry Anti-Tank) war bis zu 100 Meter effektiv, aber schwerfällig und schwierig abzufeuern.

Zur Artillerie ist zu sagen, daß die Alliierten hier ihre beste und erfolgreichste Waffengattung besaßen. Der britischen 25-pdr- und der amerikanischen 105-mm-Kanone fehlte es zwar an Durchschlagskraft, aber das Sperrfeuer war großartig. Obwohl die meisten Kanonen der Alliierten gezogene Kanonen waren, besaßen sie doch mittlere und schwere Kanonen im Überfluß; die Kaliber reichten von 90 mm über 155 mm bis zu 8 Inch. Die Deutschen hatten 10,5-cm- und 15-cm-Kanonen mit Zugmaschinen und auf Selbstfahrlafetten, und natürlich war ihre berühmte, sehr weittragende gezogene Achtacht-Kanone äußerst wirkungsvoll in der Flugabwehr, in der Panzerabwehr und im konventionellen Artillerieeinsatz. Ihre 10,5-cm-Kanone hatte eine Reichweite von fast 25 Kilometern. Und auf einem Gebiet besaßen sie ein einzigartiges und gefürchtetes Monopol – das waren die Mehrfach-Raketenwerfer, die Nebelwerfer. Sie traten in drei Größen auf, 15 cm, 21 cm und 30 cm mit einer Reichweite von 7.500, 9.000 bzw. 5.500 Metern.

Die SS-Panzergrenadiere des I. SS-Panzerkorps waren mit äußerst leistungsfähigen Handwaffen ausgerüstet, ihre sehr hohe Feuergeschwindigkeit übertraf alles bei den Alliierten. Am besten bekannt sind die Maschinenpistolen MP 38 und MP 40 und das 7,62-mm-MG 42. Wenn letzteres mit einem Zweibein oder auf einer Lafette verwendet wurde, betrug die Reichweite 600 bzw. 2.000 Meter, wobei mit 1.200 Schuß pro Minute gefeuert werden konnte. Granatwerfer gab es als 8-cm- und 12-cm-Ausführungen mit Schußweiten von 2.400 bzw. 6.000 Metern. Die Bataillone waren auch mit leichten 75-mm-Infanteriegeschützen ausgerüstet; ihre Feuergeschwindigkeit lag bei zwölf Schuß pro Minute, ihre Reichweite bei 4.500 Meter. In jedem SS-Panzergrenadierregiment gab es eine schwere Infanteriegeschützkompanie mit sechs 15-cm-Kanonen auf Selbstfahrlafetten. Sie feuerten bis zu fünf Kilometer weit und galten dem Regimentskommandeur als eigene Artillerieeinheit. Und schließlich konnte die deutsche Stielhandgranate („Kartoffelstampfer") mit ihrem langen Holzgriff viel weiter geworfen werden als eine amerikanische oder britische Handgranate – dem alliierten Infanteristen schien es so, als seien die Lehren aus dem Ersten Weltkrieg vergessen worden.

Zum Schluß kommen wir zur Luftwaffe, und hier hatten die Alliierten klare Vorteile. Zwar waren die Deutschen in der Entwicklung des Düsenantriebs führend, aber von der revolutionären Me 262 wurden nur sehr wenige hergestellt (im August 1944 waren nur 32 im Einsatz[7]), und bis zum Juni 1944 hatten die Alliierten fast die totale Luftüberlegenheit erreicht. Daher waren sie in der Lage, die deutschen Nachschublinien und -bewegungen am Tage zu lähmen. Zudem hatten sie die Typhoons und Tempests der Royal Air Force, die Panzer vernichten konnten und den Panzerdivisionen tatsächlich viel Schaden zufügen sollten. Die Deutschen hatten kein vergleichbares Waffensystem.

Hiermit sind also die wichtigsten Waffen beschrieben, die jeder Seite zur Verfügung standen. Der wichtige Unterschied bestand darin, daß die Deutschen viel Vertrauen in ihre Waffen setzten; daran mangelte es den alliierten Armeen, besonders den Infanteristen und Panzerbesatzungen.

Kapitel IV

Organisation[1] und Taktik

Im Juni 1944 hatten die 1. und 12. SS-Panzerdivision unterschiedliche Strukturen, keine entsprach der vom Oberkommando des Heeres (OKH) festgelegten Vorgabe. Zur Hauptsache lag das an der mangelhaften Ausrüstung, da aber immer noch viele Führer und Unterführer fehlten – auch wenn die Gesamtstärke ungefähr dem Soll entsprach –, wurden höhere Dienststellungen oft mit Soldaten besetzt, die nicht den entsprechenden Dienstgrad besaßen. Man muß auch wissen, daß beide Divisionskommandeure eigenmächtige Strukturveränderungen vornahmen, ohne diese dem Generalinspekteur der Panzertruppen anzugeben.[2]

Am 1. Juni zählte die Division „Leibstandarte SS Adolf Hitler" mehr als 19.500 Mann, das waren jedoch 208 Offiziere und 2.234 Unteroffiziere unterhalb der Sollstärke.[3] Am 1. Juli, drei Tage nach dem Beginn des Eintreffens auf dem Schlachtfeld der Normandie, hatte sich die Stärke auf 22.262 erhöht, aber es fehlten immer noch 182 Führer und 1.398 Unterführer.[4] Die Gesamtstärke der Division „Hitlerjugend" betrug am 1. Juni 20.540 Mann, es fehlten 144 Offiziere und 2.192 Unteroffiziere.[5] Beide Divisionen hatten eine Kampfstärke von ungefähr 12.000. Dieser Anteil von ungefähr 56 Prozent der Gesamtstärke kann dem Vergleich mit einer amerikanischen Panzerdivision von etwas unter 11.000 Mann sehr wohl standhalten, was einer Kampfstärke von nicht mehr als 5.000 oder 45 Prozent entsprach; oder den Vergleich mit einer britischen oder kanadischen Panzerdivision von etwas weniger als 15.000 Mann und einer Kampfstärke von ungefähr 7.000 oder 47 Prozent. Die offizielle britische Geschichtsschreibung nennt eine Zahl von 56 Prozent, aber natürlich kann man die Kampfstärke mit unterschiedlichen Methoden ermitteln. Der Autor dieses Buches bedient sich einer ganz einfachen Methode und akzeptiert, daß diese nicht von allen Lesern für gut befunden wird: Es werden jene Männer zugrunde gelegt, die aufgrund ihres Einsatzes tatsächlich einen feindlichen Soldaten (ausgenommen Gefangene) oder ein bemanntes Feindfahrzeug zu Gesicht bekamen.

Wenn man die Organisation der Divisionen „Leibstandarte SS Adolf Hitler" und „Hitlerjugend" im Juni 1944 näher beleuchtet, sollte der Leser auf der Hut sein vor irreführenden Behauptungen, die einige Bücher zu diesem Thema verbreiten. Eine bekannte „Autorität" schreibt, daß Waffen-SS-Panzergrenadierregimenter mit Artilleriegeschützen der Typen Hummel (15 cm) und Wespe (10,5 cm) ausgerüstet und daß sämtliche Bataillone auf Schützenpanzerwagen aufgesessen waren. Die Wirklichkeit sah ganz anders aus. Hummel und Wespe fanden sich lediglich in den Divisions-Panzerartillerieregimentern, während nur ein Panzergrenadierbataillon in der 1. und 12. SS-Panzerdivision, das als „gepanzert" galt, SPW besaß. Die anderen fünf Panzergrenadierbataillone wurden auf Lastkraftwagen befördert. Die allgemeine Annahme, daß sich die deutsche Infanterie im Gelände mit Kettenfahrzeugen bewegen konnte, während die alliierte Infanterie zu Fuß gehen mußte, ist kompletter Unfug. Ein anderer Schreiber sagt völlig richtig, daß das Panzerregiment der Divisionen „Leibstandarte" über eine Tiger-Panzerkompanie verfügte und daß ihre Panzergrenadierregimenter eigene Aufklärungs- und Panzerjägerkompanien hatten. Bis zum Frühsommer 1944 treffen beide Behauptungen zu, aber im April jenes Jahres wurde das Personal der Tiger-Kompanie der schweren SS-Panzerabteilung 101 zugeführt, und im Mai wurden Aufklärungs- und Panzerjägerkompanien herausgelöst.[6] Manche Schreiber gehen ähnlich vor und geben den SS-Panzergrenadierbataillonen jeweils fünf Kompanien; auch das stimmt, jedoch nur bis Mai 1944, als ihre Maschinengewehrkompanien aufgelöst wurden.

Die vier größeren Kampfverbände einer Panzerdivision waren das Panzerregiment, die beiden Panzergrenadierregimenter und die Panzeraufklärungsabteilung. Was die Panzer anbelangt, so hatten im Juni 1944 die 1. und 12. SS-Panzerdivision jeweils ein Panzerregiment mit zwei Panzerabteilungen, die planmäßige Panzerstärke jedes Regiments bestand aus 79 Panthern und 101 Panzern IV. Nach Eintreffen in der Normandie am 1. Juli standen der Division „Leibstandarte" 67 Panther und 103 Panzer IV zur Verfügung.[7] Die Division „Hitlerjugend", die sich schon am Tag der Landung der Alliierten in der Normandie befand, hatte 79 Panther und 96 Panzer IV.[8] Die schwere Panzerabteilung 101 des I. SS-Panzerkorps trat am selben Tag mit voller Gefechtsstärke an: 37 Tiger waren einsatzbereit und acht kurzfristig in der Instandsetzung.

Die britischen und kanadischen Panzerdivisionen und die Mehrzahl ihrer selbständigen Panzerbrigaden zeigten – was keineswegs erstaunlich ist – am Tag der alliierten Invasion volle Stärke und waren einsatzbereit; sie hatten dieselbe Zahl mittlerer Panzer wie eine deutsche SS-Panzerdivision in der Theorie – nämlich 186. Zählt man das britische divisionseigene Panzeraufklärungsregiment (Bataillon) hinzu, das mit mittleren Panzern ausgerüstet war, dann erhöht sich die Gesamtsumme auf 246. Zahlenmäßig waren sie daher viel stärker als ihre deutschen Pendants.

Der Begriff „Regiment" kann zu Verwirrung führen, denn er hat in den verschiedenen Armeen unterschiedliche Bedeutung. Für Amerikaner und Deutsche war ein „Regiment" eine feststehende Größe, die aus drei Bataillonen bestand. Die Ausnahme war ein deutsches Panzerregiment, das 1944 nur zwei Panzerabteilungen hatte. Für Briten und Kanadier jedoch war ein „Regiment" – beispielsweise ein Panzerartillerie- oder -Pionierregiment, oder das Regina Rifle Regiment – eine Einheit von der Größe eines Bataillons. Den deutschen „Regimentern" vergleichbar sind bei britischen und kanadischen Truppen die „Brigaden". Bei „Schwadron" und „Truppe" könnte bezüglich der Panzer- und Aufklärungseinheiten ähnliche Verwirrung entstehen. In der amerikanischen Armee hatte eine „Schwadron" Bataillonsgröße und eine „Truppe" die Größe einer Kompanie, wohingegen die britische und kanadische Armee darunter Kompaniestärke bzw. die Größe eines Zuges verstanden.

Obgleich die amerikanischen Panzerdivisionen geringere Personalstärke hatten, besaßen sie im Unterschied zum Gegner drei anstatt zwei Panzerbataillone und waren mit 83 leichten und 168 mittleren Panzern ausgerüstet.

Die Panzergrenadierregimenter der beiden Waffen-SS-Divisionen, die jeweils ungefähr 3.500 Mann in zwölf Kampfkompanien aufwiesen, waren mehr oder weniger planmäßig besetzt, obwohl es an erfahrenen Führern und älteren Unterführern fehlte. Anfang Juni jedoch gab es beim Panzergrenadierbataillon der Division „Leibstandarte SS Adolf Hitler" immer noch einen Fehlbestand an SPW. Ein ebensolcher Mangel an Fahrzeugen und Waffen führte zwangsläufig dazu, daß zwei Kompanien ihrer Aufklärungsabteilung nur behelfsmäßig mit geländegängigen Volkswagen ausgerüstet wurden, und daß dem SS-Panzerartillerieregiment 1 eine Batterie mit 10,5-cm-Kanonen und eine weitere mit 15-cm-Kanonen fehlte.[9]

Sehr viel besser war der Zustand der Division „Hitlerjugend". Zwar mußten die neuen Jagdpanzer IV erst noch eintreffen und es fehlten 80 Prozent der geländegängigen Fahrzeuge. Dessenungeachtet und trotz verhältnismäßig kleiner Widrigkeiten wie des Fehlens von Spezialfahrzeugen, etwa Bergepanzern, Artillerie-Zugmaschinen und gepanzerten Wagen für die Aufklärungsabteilung[10], wurde die Division aber als „für jede Aufgabe im Westen voll einsatzbereit" beurteilt.

Im Anhang 1 bis 6 wird die Grundgliederung der Division „Leibstandarte SS Adolf Hitler" vom 1. Juli und die der Division „Hitlerjugend" vom 6. Juni 1944 dargestellt.

Obgleich amerikanische, britische und kanadische Panzerdivisionen mehr Panzer hatten als die SS-Panzerdivisionen des I. SS-Panzerkorps, wurde dieser Vorteil in mancher Hinsicht durch die zahlenmäßige Unterlegenheit der alliierten Infanteristen wieder aufgehoben. Jede Waffen-SS-Division hatte 24 Panzergrenadierkompanien, insgesamt etwa 7.000 Mann. Demgegenüber standen 19 Kompanien von 3.400 Mann in einer britischen oder kanadischen Panzerdivision und nur neun Infanteriekompanien von 3.000 Mann in einer amerikanischen Panzerdivision. Hinzu kommen bei den deutschen Zahlenangaben noch die Pionierkompanien in der Panzerdivision, die besonders im Straßen- und Häuserkampf ausgebildet wurden und oft die Rolle der Infanterie übernahmen. Ohne die Bedeutung von Panzern schmälern zu wollen, diese Differenz in der Stärke der Infanterie erklärt sich dadurch, daß die Deutschen aus den erbitterten Kämpfen an der Ostfront gelernt hatten, wie wichtig es ist, die Panzer von genügend Infanteristen in engster Nähe begleiten zu lassen. Diese schmerzliche Lektion mußten die Alliierten erst noch lernen. Zwar hatten sie viele Infanteriedivisionen (27 waren es beim Überqueren der Seine in Frankreich), aber für die geplante Offensive in der Normandie waren sie weder vorgesehen noch geeignet.

In bezug auf die Infanterie- und Panzergrenadierbataillone wenden wir uns nun noch den Maschinengewehren – ausgenommen Maschinenpistolen – und den Granatwerfern beider Seiten zu. Den Amerikanern standen in ihren gepanzerten Infanteriebataillonen der Panzerdivision viel mehr Maschinengewehre zur Verfügung als den Deutschen – 859 gegenüber 655 (die Briten brachten es mit ihren 305 nur auf ein armseliges Drittel). Vergleicht man die theoretische Feuergeschwindigkeit von 1.200 Schuß pro Minute des deutschen MG 42 mit bestenfalls 500 bei den Amerikanern oder Briten, erkennt man, daß die deutsche Ausstattung mit Handwaffen-Munition für eine Gewehrschützenkompanie das amerikanische Gegenstück – im Verhältnis von 56.000 zu 21.000[11] –, um fast das Dreifache übertraf, und man versteht, warum so viele alliierte Infanteristen in der Normandie im offenen Gelände nur zögernd vorrückten. Auch bei Granatwerfen gab es einen eklatanten Unterschied: Beide SS-Divisionen hatten je ungefähr 60 mittlere und schwere Granatwerfer; demgegenüber standen 24 bei den amerikanischen, britischen und kanadischen Panzerdivisionen. Außerdem hatten die Alliierten den Mehrfach-Nebelwerfern der Deutschen nichts Vergleichbares entgegenzustellen.

Beim Eintreffen auf dem Gefechtsfeld hatte die Division „Leibstandarte SS Adolf Hitler" an Artillerie 23 10,5-cm-, 17 10,5-cm- und vier 10-cm-Kanonen aufzuweisen, zudem 17 8,8-cm- und neun 3,7-cm-Flugabwehrwaffen, die auch gegen Bodenziele eingesetzt werden konnten.[12] Die Division „Hitlerjugend" hatte am 1. Juni 1944 21 10,5-cm-, zwölf 8,8-cm- und neun 3,7-cm-Kanonen. Zu diesen eindrucksvollen Zahlen kommen noch die sechs schweren 15-cm-Infanteriegeschütze je Panzergrenadierregiment und, wie schon erwähnt, annähernd 42 Nebelwerfer der beiden SS-Werferabteilungen hinzu.[13] Jedoch verringerte sich das Ungleichgewicht in der Divisionsartillerie dadurch, daß die Alliierten die 48 bis 54 Feldkanonen und Haubitzen jeder Panzerdivision durch ein Übermaß an schnell verfügbaren Artillerieeinheiten und äußerst wirksamen Schiffsgeschützen unterstützen konnten – zumindest bis zum Angriff aus dem Brückenkopf der Normandie. Andererseits verfügte das I. SS-Panzerkorps über weitere zwei Batterien mit 17,5-cm-Geschützen und eine Batterie mit 10-cm-Geschützen, die zusammen die schwere SS-Panzerartillerieabteilung 101 bildeten. Anhang 7 und 8 zeigen die Grundgliederung der amerikanischen, britischen, kanadischen und polnischen Panzerdivisionen.

Bevor wir den Bereich der Organisation verlassen, müssen wir noch die Infanteriedivisionen der Alliierten betrachten, denn zahlenmäßig übertrafen sie ihre gepanzerten Gegenüber bei weitem und waren ein mächtiger Feind für die beiden Divisionen „Hitlerjugend" und „Leibstandarte SS Adolf Hitler". Eine amerikanische Infanteriedivision zählte annähernd 16.000 Mann, davon waren etwa 9.000 gleichmäßig auf drei Infanterieregimenter verteilt. Jedes der letzteren hatte eigene Haubitzen und Panzerabwehrkompanien. Eine Division wurde unterstützt von vier Artilleriebataillonen mit 48 Kanonen und einem Pionierbataillon. Normalerweise, wenn auch nicht von der Gliederung her, operierte ein Panzerbataillon mit 54 Shermans, ein Panzerjägerbataillon mit 36 Panzerabwehrkanonen und ein Flakbataillon mit der Infanteriedivision. Einzelheiten dieser Organisation finden sich im Anhang 9.

Britische und kanadische Infanteriedivisionen waren mit ca. 18.000 Mann ähnlich organisiert. Von diesen befanden sich ungefähr 8.000 in den drei Infanteriebrigaden. Die Divisionen hatten eigene Panzerabwehr- und Flak-Regimenter (Bataillone) und ein Maschinengewehrbataillon. Obwohl sie nur drei Artillerieregimenter (Bataillone) hatten, kamen sie auf 72 25-pdr-Geschütze; es gab keine reine Panzereinheit. Diese Grundorganisation ist im Anhang 10 dargestellt.

Wenden wir uns nun dem taktischen Einsatz dieser Männer und Waffen zu. Die Taktik des Blitzkrieges, den die Deutschen so bevorzugten, fand bereits Erwähnung. Sie erforderte im wesentlichen das Zusammenwirken von Panzern, Artillerie, Infanterie und Pionieren, zudem den Einsatz der Luftwaffe mit Luftunterstützung bei zumindest örtlicher Luftüberlegenheit. Mit Vorstößen sollte die gegnerische Verteidigung auf verhältnismäßig geringer Frontbreite so schnell und kraftvoll wie möglich durchbrochen werden. Üblich waren Frontalangriffe; auf einen Schutz der Flanken konnte keine Rücksicht genommen werden. Die Angriffsspitzen verschwendeten keine Zeit, Geländeabschnitte, die umgangen worden waren, vom Feind zu säubern; das wurde nachfolgenden Truppen überlassen. Ab September 1939 bis Mai 1944 ließen sich damit Schlachten gewinnen. Sogar Niederlagen in Rußland wurden dadurch gemildert. Zum Nachteil für das I. SS-Panzerkorps und die anderen an der Schlacht in der Normandie beteiligten deutschen Divisionen fehlte etwas ganz Wesentliches für den Erfolg im Blitzkrieg: die Überlegenheit in der Luft. Dessenungeachtet bleibt festzustellen: Gute Ausbildung im Umgang mit der Waffe, Schießfertigkeit, hoher Stand der Gefechtsausbildung, Tarnung und Nachtoperationen in Verbindung mit physischer Zähigkeit, Selbstbeherrschung und Kameradschaftsgeist gepaart mit Opferbereitschaft – all diese Faktoren schufen eine gewaltige Kampfmaschinerie.

Übungsmärsche, Exerzieren auf dem Kasernenhof und häufige Inspektionen waren zwar in der britischen und kanadischen Armee sehr beliebt, in den deutschen Ausbildungsprogrammen der Ersatzeinheiten wurden sie aber mit Verlauf des Krieges, zugunsten einer umfassenden Ausbildung im scharfen Schuß und von Übungen bei Nacht unter möglichst gefechtsnahen Bedingungen, immer weiter abgebaut. Auf dem Lehrplan standen fortschrittliche Methoden. So konnte man die gegnerischen Spitzenkräfte die eigenen versteckten Stellungen passieren lassen und dann die zweite oder sogar erst die dritte Angriffswelle bekämpfen. Dies neuartige Denken verlangte viel von den deutschen Truppen, besonders an persönlicher Disziplin, es übte aber auf die Alliierten eine verheerende Wirkung aus. Die Pflege enger Verbundenheit zwischen Soldaten aller Dienstgrade wurde nachdrücklich betont, und im Gespräch mit deutschen Veteranen begegnet man eher selten einer ständigen Kritik an den Offizieren als seitens der alliierten Soldaten. Warum ist das so? Ein Grund dafür ist sicherlich die professionelle Kompetenz, ein anderer Grund vielleicht die miteinander erlebte und geteilte Gefahr und Not im Rußlandfeldzug. Die Erfahrungen der Alliierten in Nordafrika und die ersten Monate in Italien waren damit nicht zu vergleichen.

Im Nachrichtenwesen und auf dem Gebiet der Taktik hatten die Alliierten jede Menge Nachholbedarf. Die Zusammenarbeit von Panzern und Infanterie steckte, im Vergleich mit den Deutschen, noch in den Kinderschuhen. Häufig gab es ein ausgemachtes Mißtrauen zwischen beiden Waffengattungen in den alliierten Armeen. Panzereinheiten beklagten sich oft über fehlende Unterstützung durch Infanterie, wenn sie dringend benötigt wurde, wie beispielsweise in unübersichtlichem Gelände oder in Städten und Dörfern, und daher rührte die ständige Forderung, die Infanterie solle „den Weg ebnen". Solche Forderungen waren nicht unvernünftig, etwa wenn ein Panzer – das geschah mehr als einmal – auf einer engen Dorfstraße mit einem unbequemen Tiger oder Panther fertig werden mußte. Dann war es tatsächlich realistischer und sicherer, dies der Infanterie zu überlassen. Die Haltung vieler Panzeroffiziere läßt sich in dem Kommentar zusammenfassen, daß „sämtliche Brigadegenerale der Infanterie gleich aussehen – mittleren Alters, ziemlich verbissen, schwer von Begriff und ohne jeden Sinn für Humor". Andererseits hat das Verschwinden der Panzer bei Nacht in den hinteren Linien „zum Zwecke der Wartung" wenig dazu beigetragen, sich bei den Infanteristen beliebt zu machen. Diese konnten nicht verstehen, warum die Besatzungen „Ruhe und eine gute Mahlzeit" brauchten, während sie selbst mühselig im Schützengraben ausharren mußten, in Tuchfühlung mit dem Feind. Die Panzermannschaften konnten zwar das Elend der einfachen Soldaten erfassen, die Infanteristen dagegen brachten nur wenig Verständnis auf für Hitze, Gestank und endloses Eingeschlossensein in den stählernen Ungetümen.

Die meisten Infanteristen der Alliierten waren niemals in enger Zusammenarbeit mit Panzern ausgebildet worden und hatten keine Vorstellung davon, wie man mit ihnen Verbindung aufnehmen kann, obgleich sie oft nur einen Steinwurf entfernt waren. Zum Beispiel wurde erst bei der Ankunft in England gegen Ende Februar 1944 von den Männern der 30. US-Infanteriedivision „zum ersten Mal … ernsthaft die Zusammenarbeit mit Panzern praktiziert".[14] Ein wenig spät, damit lediglich zwölf Wochen vor dem anvisierten Tag der Invasion, dem sogenannten D-Day, mit annähernd 9.000 Infanteristen und nur 70 Panzern in den verhältnismäßig winzigen und überfüllten Ausbildungsgebieten Südenglands anzufangen! Die Bordverständigungsanlage, untergebracht in einem einfachen Kasten hinten am Panzer, so daß man von draußen mit der Besatzung innen sprechen konnte, funktionierte im Juni 1944 nicht, und in den meisten Panzern der Alliierten gab es einfach nicht ausreichend Platz für ein Funkgerät, um mit der Infanterie Verbindung aufzunehmen. Viele Infanterieoffiziere wollten auch keinen Soldaten dafür abstellen, ein Funkgerät für die Verbindung mit einem Panzer tragen zu lassen. Außerdem konnten viele britische Infanterieoffiziere nicht einmal ein Funkgerät richtig bedienen – lieber verließen sie sich auf einen dafür ausgebildeten Soldaten. Selbst in Panzerdivisionen waren Befehle über Funk eher die Ausnahme als die Regel. Statt dessen gab es den zeitraubenden und gefährlichen Brauch, sämtliche Kommandeure zur Befehlsausgabe an einem Ort zusammenkommen zu lassen. Das war die normale Routine.

Warum waren die Alliierten auf diesem lebenswichtigen Gebiet der modernen Kriegführung so weit hinter den Deutschen zurück? Im Jahre 1950 veröffentlichte das britische Kriegsministerium ein Dokument, das die Kommunikationsprobleme im Zweiten Weltkrieg näher beleuchtet. Zu den Panzern heißt es da: „Das technische Hauptproblem bestand darin, ausreichend Sendeleistung mittels einer kleinen Antenne aus einem Panzerkasten auszustrahlen, um mit der ständig wachsenden Reichweite und den ungewöhnlich häufigen Störungen mitzuhalten. Ein zweites, fast ebenso bedeutendes Problem war eine angemessene Stromversorgung im begrenzten Innenraum eines Panzers. ... Ein weiteres großes Problem war die Verbindung zu anderen Waffengattungen, beispielsweise zur Royal Artillery, die die Panzer unterstützte, und zu anderen, die Unterstützung von den Panzern erhielten, wie zum Beispiel die Infanterie. Diejenigen Artilleriekräfte, die zur Unterstützung der Panzer einer Panzerdivision eingesetzt wurden, hatten im Normalfall reichlich Gelegenheit, Erfahrung zu sammeln. Bei Feldartillerie- und mittleren Artillerieregimentern, die nicht den gleichen Vorteil im Umgang mit Panzern hatten, war es schwieriger. Das Problem einer Verbindungsaufnahme mit Panzern wurde niemals zur Zufriedenheit gelöst, eine Ausnahme waren nur solche Einheiten, die längere Zeit zusammen geübt hatten. Die größte Schwierigkeit war der große Unterschied im Ausbildungsstand von Panzerfahrern, die ein Funkgerät bedienten, und dem Personal, das aus einem Infanteriebataillon zur Bedienung eines weiter vorn befindlichen Funkgeräts freigesetzt werden sollte. Das Problem wurde einigermaßen dadurch gelöst, daß neun Aufklärungsfahrzeuge der Fernmeldetruppe mit Apparaten ausgestattet wurden, wodurch Verbindungsoffiziere zu anderen Einheiten geschickt werden konnten, ohne daß im ... Netz Störungen auftraten, oder indem die beiden Kommandeure tatsächlich zusammen waren. Offiziere waren jedoch nicht immer verfügbar, und wenn man sie nicht finden konnte, bestand die Frage, ob die Infanterie in den Panzer-Funkkreis eintreten oder ein eigener Kreis eingerichtet werden solle. Natürlich zögerten die Kommandeure der Infanterie auch manchmal, zusätzliche Fahrzeuge an ihren Gefechtsstand zu holen, wenn sie überhaupt welche dorthin ließen."[15]

Dasselbe Dokument macht auch weitere überraschende Angaben zu den Problemen der Infanterie: „Es herrschte eine sehr verständliche Abneigung dagegen, schweres Gewicht mit sich herumzuschleppen und die Kampfkraft der Bataillone durch mitzutragende Funkgeräte zu schwächen. Unter den lang erprobten und erfahrenen Offizieren hielt sich auch die Auffassung, daß die jüngeren Führungskräfte zur Eigeninitiative ermuntert werden sollten, ohne bei den beweglichen Operationen drahtlos an ihre nächsten Vorgesetzten gekettet zu sein. Man war der Ansicht, daß ältere Offiziere sich um sich selbst kümmern sollten oder sich mit den Informationen zufrieden geben müßten, die ihnen von Meldern oder Verbindungsoffizieren zugestellt würden."[16]

Ebenso altmodisch war die zu dieser Zeit gelehrte Taktik. Die britische Anweisung vom Mai 1943 zum Zusammenwirken von Panzern und Infanterie bei einem beabsichtigten Angriff, wie er in der Normandie geplant war, lautete folgendermaßen: „Die Höchstbreite der Front für eine Schwadron [Kompanie] von [durchschnittlich 19] Panzern wird selten 300 Yards [275 Meter] überschreiten. Eine derart angreifende Kompanie geht in zwei Wellen voran. Daraus folgt, daß eine angreifende Division mit zwei Infanteriebataillonen und zwei Panzerbataillonen normalerweise auf einer Frontbreite nicht über 1.200 Yards [1.100 Meter] operiert. Die Panzer eines Zuges werden also einen Abstand zueinander haben, der Sichtverbindung ermöglicht. Die Bodenbeschaffenheit spielt dabei eine große Rolle. Unter bestimmten Umständen können die Panzer einer Truppe bis auf 20 Yards [18 Meter] einander nahe sein, jedoch ist das eine Ausnahme, die nur dann in Frage kommt, wenn das Gelände Deckung bietet und Nähe dringend erforderlich ist.[17]

Anscheinend war der Verfasser dieser Anweisung, die „unter der Leitung des Chefs des Generalstabes" ausgearbeitet wurde, der Auffassung, daß Panzer nur dann in Verbindung stehen können, wenn sie sich auch sehen.

Es ist auch festzuhalten, daß in vielen Infanterieeinheiten der Alliierten der Ausbildungsstand unsäglich veraltet war. Beinahe 150 Jahre vor dem Zweiten Weltkrieg hatte Sir John Moore die britischen Infanteristen die Kunst des Scharmützels gelehrt. Und bei Waterloo hatte der Herzog von Wellington den großen Wert der Stellung am Hinterhang demonstriert. In seinem Buch *The Great Duke* hat Sir Arthur Bryant britische Scharmützel im Peninsularkrieg so zusammengefaßt: „Ein Schütze im Gefecht war das Instrument in einem Orchester, in dem jede Veränderung der Position einer Person oder der Einheit durch koordiniertes Feuer geschützt wurde. Das Feuer war präzise auf den Punkt gerichtet, von dem aus eine Störung der genannten Bewegung kommen könnte."

In vielen Infanterieeinheiten war dies schon lange vergessen. Die Männer rückten im Schrittempo hinter rollenden Feuerwalzen der Artillerie vor, genau wie im Ersten Weltkrieg, oder in Begleitung von Panzern, mit denen sie keine Verbindung hatten und die sie oftmals weit zurückließen. Der einzige Unterschied zwischen Wellingtons Infanterie bei Waterloo und Montgomerys in der Normandie bestand darin, daß das Vorrücken der erstgenannten weit schneller und geschlossener erfolgte. Ein Offizier der Waffen-SS hat denn auch die Bewegungen der britischen Infanterie hinter den Panzern bei einem Gefecht am 18. Juni als „bummelnd, Hände in den Taschen, Gewehr über der Schulter, Zigaretten zwischen den Lippen" beschrieben. Und ein Offizier der Royal Scots Fusiliers, der deutsche Soldaten entdeckte, die sich bei einem Angriff am 26. Juni an einem Abhang eingegraben hatten, hielt diese Praxis geradezu für unfair, denn „an so etwas hatten wir selbst niemals gedacht!"

Gerechterweise muß gesagt werden, daß General Montgomery alles daran setzte, das Zusammenwirken der Waffengattungen zu fördern und eine sogenannte „eifrige Einsatzfreude"[18] zu verbreiten. Jedoch kamen seine Wünsche und Anordnungen meistens zu spät. Am 2. August schrieb er an den British Director of Military Operations in London: „Die alten Wüstendivisionen [Nordafrikafeldzug] werfen gern einen Blick zurück über die Schulter, um zu sehen, ob hinten alles in Ordnung ist, ob die Flanken sicher sind und so weiter. So auch die 7. Panzerdivision. Sie brauchen einen neuen General, der sie vorwärts treibt, durch die Lücken in der gegnerischen Verteidigung hindurch – ohne Rücksicht auf Flanken oder dergleichen."[19]

Das war natürlich eine Aufforderung an die Briten, die Taktik des Blitzkrieges aufzugreifen. Aber leider waren die Lektionen der letzten Jahre nicht gelernt worden, und die seit Mitte der dreißiger Jahre erzielten Fortschritte in Technik und Methodik wurden weitgehend ignoriert. Den Preis dafür zahlte man in Verlusten.

Kapitel V

Der Kriegsschauplatz

Auf deutscher Seite gab es keinen Befehl, wie eine Invasion der Alliierten in Westeuropa im Sommer 1944 abzuwehren sei. Die Debatten zwischen Generalfeldmarschall von Rundstedt, Oberbefehlshaber West, und dem General der Panzertruppe Geyr von Schweppenburg, Befehlshaber der Panzergruppe West, einerseits und Generalfeldmarschall Erwin Rommel, Oberbefehlshaber der Heeresgruppe B, andererseits sind bekannt und wurden in den meisten Büchern über den Normandiefeldzug beschrieben. Von Rundstedt war älter als Rommel, genoß jedoch nicht Hitlers Vertrauen und konnte sich nicht über dessen Ansichten hinwegsetzen.

Rommel hatte seine Erfahrungen mit den Luftstreitkräften der Alliierten und wollte sämtliche Panzerkräfte in größtmöglicher Nähe zu den mutmaßlichen Landegebieten aufgestellt wissen. Er wußte, daß die Luftwaffe seine Panzerkolonnen nicht schützen konnte, wenn sie sich bei Tage auf dem Gefechtsfeld bewegten, und daß die sehr kurzen Sommernächte als Schutz für längere Bewegungen nicht ausreichten. Er rechnete damit, daß die Deutschen daher schon bei der Aufstellung des Operationsplans ins Hintertreffen geraten würden. Von Rundstedt und von Schweppenburg hatten zwar die richtige Theorie, lagen aber in der Beurteilung der damaligen Umstände voll daneben. Sie wollten die Panzer aus dem Küstenbereich und der Reichweite der starken Schiffsgeschütze solange heraushalten, bis zu erkennen war, wo sich die größte Bedrohung entwickelte. Dann sollte ein koordinierter Gegenstoß erfolgen.

Erschwerend kam hinzu, daß das Verfahren für die Umsetzung der Operationsplanung kompliziert und untauglich war. Zum Teil war dies von Hitler beabsichtigt, der seinen Heeresgeneralen mißtraute und auf allen Ebenen neben dem Oberkommando auch die Möglichkeit zum Intervenieren behalten wollte. Dabei ging er nach dem Prinzip „Teile und herrsche" vor. Die deutsche Kommandostruktur ist in Anhang 11 dargestellt.

Von Rundstedt hatte als Oberbefehlshaber West sein Hauptquartier in St. Germain außerhalb von Paris und befehligte zwei Heeresgruppen: die Heeresgruppe B unter dem Oberbefehl von Rommel für den Teil Frankreichs nördlich der Loire, Belgien und Holland, und die Heeresgruppe G unter Blaskowitz für Frankreich südlich der Loire. Mit der Heeresgruppe G brauchen wir uns nicht zu befassen.

Rommel hatte sein luxuriöses Hauptquartier im Château la Roche-Guyon in der Nähe von Vernon an der Seine. Seinem Oberbefehl waren zwei Armeen unterstellt: die 7. Armee von der Loire bis zur Orne in der Normandie und die 15. Armee, die von dort bis Holland reichte. Dies war noch einigermaßen übersichtlich, aber bei den Panzerkräften sah es ganz anders aus. Bei der Frage, wo diese ihre Stellungen beziehen sollten, war eine strukturelle Teilung des Kommandos unvermeidlich. Dadurch wurde Sepp Dietrichs I. SS-Panzerkorps emp-

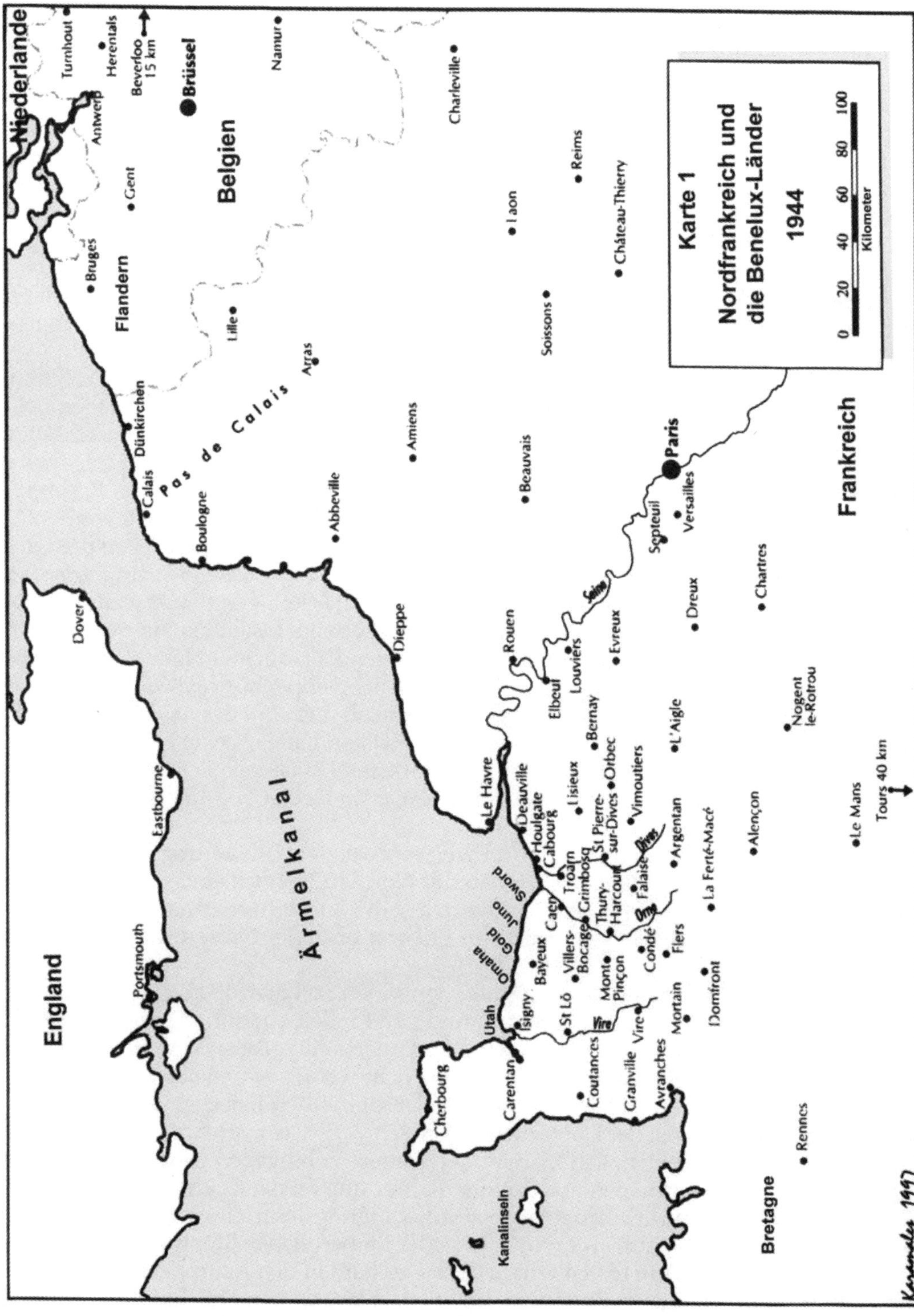
Karte 1
Nordfrankreich und die Benelux-Länder
1944
0 20 40 60 80 100
Kilometer
Niederlande
Belgien
Flandern
Frankreich
England
Bretagne
Kanalinseln
Ärmelkanal
Pas de Calais
Turnhout
Herentals
Beverloo 15 km
Brüssel
Namur
Antwerp
Gent
Bruges
Charleville
Reims
Laon
Château-Thierry
Soissons
Lille
Arras
Dünkirchen
Calais
Boulogne
Abbeville
Amiens
Beauvais
Paris
Versailles
Septeuil
Chartres
Dreux
Evreux
Seine
Rouen
Louviers
Elbeuf
Dieppe
Dover
Eastbourne
Portsmouth
Le Havre
Deauville
Houlgate
Cabourg
Lisieux
Bernay
Orbec
L'Aigle
Nogent le-Rotrou
Tours 40 km
Le Mans
Alençon
Vimoutiers
St Pierre-sur-Dives
Argentan
Dives
Troarn
Grimbosq
Falaise
La Ferté-Macé
Sword
Juno
Gold
Omaha
Utah
Caen
Thury-Harcourt
Orne
Bayeux
Villers-Bocage
Condé
Flers
Mont Pinçon
Isigny
St Lô
Vire
Mortain
Domfront
Carentan
Cherbourg
Coutances
Granville
Avranches
Rennes
Karamales 1997

findlich getroffen. Zwar lag es im Verantwortungsbereich von Rommel, dieser hatte aber keine Befehlsgewalt darüber erhalten. Rommel hatte nur das Kommando über die Hälfte der sechs verfügbaren Panzerdivisionen bekommen: über die 2., die 21. und die 116. Panzerdivision. Diese waren unter einem neuen Generalkommando, dem XXXXVII. Panzerkorps, zusammengefaßt worden, der sich gerade eingearbeitet hatte, als die Alliierten landeten. Es überrascht nicht, daß diese Divisionen in Küstennähe aufgestellt waren – die 2. zwischen Abbeville und Arras an der Straße von Dover, die 21. südlich von Caen der See am nächsten und die 116. südlich von Rouen. Diese Standorte geben Aufschluß über Rommels strategische Denkweise und darüber, wo er eine bevorstehende Landung der Alliierten vermutete. Die Verteilung schien realistisch und überlegt – aber da war noch ein Problem, vielleicht sogar von entscheidender Bedeutung: Es konnte nämlich keine Panzerdivision von den Truppenführern des Heeres, die mit der Abwehr gegen eine Invasion beauftragt waren, eingesetzt werden. Das letzte entscheidende Wort lag bei Rommel.

Für Dietrichs I. SS-Panzerkorps mit den anderen drei Panzerdivisionen war die Situation viel schlimmer und komplizierter. Verwaltung, Nachschub und Ausbildung lagen bei der Panzergruppe West bei Lisieux unter Geyr von Schweppenburg, für den Kampfeinsatz war aber der Einsatzbefehl des Oberbefehlshabers West, also von Rundstedt, nötig. Jedoch gab es wieder einmal eine Einschränkung von allergrößter Bedeutung; denn als Reserve des OKW konnte ohne Hitlers persönliche Zustimmung keine Division freigestellt werden! Und als wäre das noch nicht schlimm genug, war das Korps von Dietrich weit versprengt. Die 1. SS-Panzerdivision „Leibstandarte SS Adolf Hitler" wurde in Nordbelgien aufgefrischt und war noch nicht gefechtsbereit. Die 12. SS-Panzerdivision „Hitlerjugend" war weit in der Normandie verstreut: von Louviers nahe der Seine und Dreux im Osten bis Vimoutiers im Westen. Ursprünglich war geplant, die Division „Hitlerjugend" in direkter Nähe von Lisieux aufzustellen, aber zum Glück für die Alliierten hatte von Schweppenburg sie von der Küste weiter ins Hinterland befohlen. Zusätzlich war Dietrich auch noch mit der Ausbildung der Panzer-Lehrdivision betraut worden. Die Panzer-Lehrdivision hatte als eine Lehrtruppe begonnen, gehörte aber Ende Mai 1944 schon zu den stärksten Divisionen des deutschen Heeres. Sie war ziemlich weit im Süden eingesetzt, und zwar im Gebiet von Illiers und Nogent-le-Rotrou, zwischen Chartres und Le Mans.

Als Ergebnis dieser überregulierten und weitverzweigten Gliederung gab es weder eine starke, sofort verfügbare Panzerreserve in der Normandie noch eine starke strategische Reserve. Es überrascht daher nicht, daß Dietrich sein Hauptquartier nach Septeuil, westlich von Paris, verlegte. An diesem zentralen Ort war er in der Nähe seines Vorgesetzten, von Rundstedt.

Wie war nun die Einstellung des einfachen deutschen Soldaten 1944 in der Normandie? Dies war natürlich von Verband zu Verband und von Einheit zu Einheit verschieden. Viele, die zu rückwärtigen Diensten oder zur leichten Infanterie eingezogen worden waren, kannten nur ein wirkliches Ziel: den Krieg überleben. Nicht wenige waren aus gesundheitlichen Gründen zurückgestellt. Auch konnte man von den russischen Kriegsgefangenen, die später „freiwillig" in den Dienst der Deutschen traten, schwerlich erwarten, daß sie für das Dritte Reich zu sterben wünschten. Die Männer der Waffen-SS hingegen waren aus ganz anderem Holz geschnitzt. Sie glaubten noch an den Führer und an die Zukunft, die er für sie geplant hatte, und sie waren ohne Bedenken bereit, bedingungslos für ihn zu kämpfen, ja selbst für ihn zu sterben. Aber ob nun als Freiwilliger oder Einberufener – der deutsche Soldat war dreifach hoch motiviert: Zum ersten wußte er, daß es bald in den Kampf ging und daher alles, was er tat, sinnvoll und überlebenswichtig war. Zum zweiten ließ ihm die alliierte Forderung nach bedingungsloser Kapitulation kaum eine Wahl; er mußte einfach weiterkämpfen. Das galt besonders für die Waffen-SS, denn die hatte kaum etwas Gutes zu erwarten, falls Deutschland den Krieg verlieren sollte. Drittens war da der Morgenthau-Plan, so genannt nach dem Initiator, dem Berater von Präsident Roosevelt. Nach diesem Plan sollte der Industriestaat Deutschland in verschiedene Agrarländer aufgeteilt werden. Damit sollte verhindert werden, daß von diesem Land jemals wieder eine Bedrohung des Weltfriedens ausgehen könnte. Die Deutschen erfuhren von diesem Plan im Mai 1944, und natürlich benutzte ihn Goebbels in seiner Propaganda, um die Entschlossenheit der Deutschen zu stärken.

Und dann war da noch die Frage der Bewaffnung. Wie schon gesagt, hatte der deutsche Soldat Vertrauen in seine Waffen, und zwar aus gutem Grund. Trotz aller Verluste in Rußland und trotz des Bombenhagels der Alliierten gab es keine ernstzunehmende Verknappung der Ausrüstung. Im Dezember 1943 lag die Produktion von Waffen und Munition um 150 Prozent höher als im Februar 1942.[1] Der US-Bericht zur Strategie der Bombardierung stellte fest: „Trotz der Rückzüge und Verluste in der zweiten Hälfte 1943 war das deutsche Heer Anfang 1944 im allgemeinen besser bewaffnet als zu Beginn des Rußlandfeldzuges." Zwei Beispiele sollen genügen: Im Dezember 1942 produzierte die deutsche Industrie in einem Monat 523 Geschosse für schwere und mittlere Artillerie sowie 760 Panzer. Im Juli 1944 waren es schon 1.544 bzw. 1.669.[2]

Die Kenntnisse von der Gesamtstrategie und der Stärke der Alliierten waren auf deutscher Seite verhältnismäßig gut, wenn es aber um genaue Absichten ging, etwa um Ort und Zeitpunkt der Landung in Westeuropa, wußte man kaum etwas. Die wenigen Erkenntnisse der Abwehr unter Leitung von Admiral Canaris, die für das OKW zusammengetragen wurden, und von Himmlers Sicherheitsdienst (SD) waren oft widersprüchlich und wurden meistens falsch interpretiert. Ein wichtiger Hinweis, der künstliche schwimmende Hafen namens „Mulberry", wurde nicht einmal entdeckt. Den wenigen tatsächlich eingehenden Berichten zufolge rechneten die Deutschen mit 55 bis 60 Divisionen, die in England für die bevorstehende Invasion bereitgestellt waren. Diese Schätzung war zwar ziemlich genau, aber der Fehler lag in der Annahme, die meisten Divisionen stünden im Südwesten des Landes bereit. Bei einem solch unzulänglichen Nachrichtendienst mußten die für die Verteidigung von Frankreich und den Niederlanden Verantwortlichen allein auf ihr militärisches Urteil vertrauen. Von Rundstedt meinte, die Hauptlandung werde von der Straße von Dover her erfolgen: „Erstens würde ein Angriff von Dover gegen Calais den kürzesten Seeweg zum Kontinent bedeuten. Zweitens sind die V 1 und V 2 in diesem Gebiet in Stellung. Drittens wäre dies der kürzeste Weg zur Ruhr mitten ins deutsche Industriegebiet, und ist die Landung erst einmal erfolgt, dann steht man in nur vier Tagen am Rhein. Viertens würde diese Operation die Streitkräfte in Nordfrankreich von denen an der Mittelmeerküste abtrennen."[3]

Das OKW nahm an, der Angriff würde entweder an der Straße von Dover erfolgen oder eher in der Zone zwischen Seine und Somme um Le Havre und Abbeville. Nur Hitler, der sich auf seine Intuition verließ, hatte recht! Man muß aber sagen, daß die Täuschungsmanöver der Alliierten sehr erfolgreich waren und daß es nicht überrascht, wenn von Rundstedt und die höheren deutschen Stäbe sich irrten. Erst am 5. Juni stellte Rommel in seinem wöchentlichen Bericht zur Lage, an von Rundstedt gerichtet, folgendes fest: „Die anhaltende Verstärkung der feindlichen Luftangriffe und das intensivierte Legen von Minen in eigenen Häfen deutet auf die Vorbereitungen des Gegners für eine Invasion. Konzentration der Luftangriffe auf die Küstenverteidigung zwischen Dünkirchen und Dieppe sowie auf die Seine-Oise-Brücken bestätigt die *Vermutung* [Hervorhebung des Autors] über den Schwerpunkt einer großangelegten Landung. ... Seit dem 1.6.44 verstärkte Übertragungen des Feindes von

Sendungen oder Warnungen an den französischen Widerstand über Radio, [aber] nach den Erfahrungen bis zum heutigen Tag [ist dies] nicht als Hinweis auf eine bevorstehende Landung zu erklären ... Die Luftaufklärung ergab keine Verstärkung der Landungstruppen im Gebiet von Dover. Andere Häfen an Englands Südküste wurden *nicht* von Aufklärungsflugzeugen beobachtet."[4]

All diese Überlegungen führten schließlich dazu, daß die Deutschen keine Erkenntnisse darüber hatten, wann und wo der Angriff erfolgen würde. Daher waren im entscheidenden Moment auch viele Kommandeure nicht auf ihrem Posten. Rommel, der die Verantwortung für die gesamte Invasionsküste hatte, war zum Geburtstag seiner Frau zu Hause in Herrlingen bei Ulm – am 6. Juni! – und um Hitler auf dem Berghof zu besuchen. Von den Divisionskommandeuren der 7. Armee befanden sich die meisten in Rennes. Generaloberst Friedrich Dollmann hatte sie dorthin befohlen, der Grund waren Übungen zur Abwehr der Invasion. Ungewiß war der Aufenthaltsort von Sepp Dietrich – entweder war er zu Besuch bei Wisch und der Division „Leibstandarte" in Belgien, oder er war gerade von dort nach Septeuil zurückgekehrt. Nur von Rundstedt und Geyr von Schweppenburg waren auf ihren Gefechtsständen; der erstgenannte konnte aber die Division „Hitlerjugend" oder die Panzer-Lehrdivision ohne eine Vollmacht des OKW (Hitler) nicht antreten lassen, und von Schweppenburg hatte keine Befehlsgewalt für einen Einsatz.

Wenden wir uns jetzt den Alliierten zu. Nach einigem Hin und Her hatte man sich auf eine gemeinsame Strategie geeinigt. Oberste Priorität hatte die Niederschlagung von Hitlers Reich, zu diesem Zweck sollten sich alle Kräfte auf die Küste der Normandie konzentrieren. General Dwight D. Eisenhower wurde zum Obersten Kommandeur Westeuropas ernannt, vertreten durch einen Offizier der britischen Luftwaffe und amerikanischen Chef des Stabes. Die Briten befehligten die Seestreitkräfte der Alliierten und die Luftstreitkräfte und, was am allerwichtigsten war: General Sir Bernard Montgomery bekam für den Anfang des Feldzuges das Kommando über sämtliche Bodentruppen. Er hatte zwei Armeen: die 1. US-Armee unter Generalleutnant Omar Bradley und die 2. britische Armee unter Generalleutnant Miles Dempsey, der am D-Day auch die 3. kanadische Infanteriedivision und die 2. kanadische Panzerbrigade unterstellt war. Der Plan sah vor, daß General Eisenhower persönlich das Kommando über alle Bodentruppen übernehmen würde, sobald die 3. US-Armee unter General George Patton in Frankreich eingriff. Zu diesem Zeitpunkt würde Bradley das Kommando über die 12. US-Armeegruppe übernehmen und bei der 1. US-Armee durch Generalleutnant Courtney H. Hodges ersetzt werden. Vorgesehen war, daß die 1. kanadische Armee von Generalleutnant Henry Crerar um ungefähr dieselbe Zeit in Marsch gesetzt würde, so daß Montgomery eine andere Armee für seine 21. Armeegruppe bekäme. Obgleich dem Namen nach „kanadisch", schloß Crerars Armee auch das I. britische Korps und die 1. polnische Panzerdivision ein. Anhang 12 zeigt die Vernetzung alliierter Kommandos mit Stand vom 6. Juni 1944.

Montgomerys Gesamtplan für den Feldzug in der Normandie – es war in der Tat sein eigener Plan – ist allgemein bekannt und braucht nicht weiter erörtert zu werden. Im Anschluß an die Luftlandungen in den befohlenen Brückenköpfen sollten vier Korps der Alliierten an fünf Strandabschnitten landen, dann sollten sie am Tag der Landung (D-Day) etwa bis zu zehn Kilometer in die Tiefe vordringen und die Städte Isigny, Bayeux und Caen einnehmen. Anschließend wollte Montgomery Caen und die Hochebene unmittelbar im Süden halten, während neun Tage nach D-Day ein amerikanisches und britisches Korps die Hochebene von St. Lô über Caumont hindurch bis Villers-Bocage sichern sollte. Auch hoffte man, daß ein weiteres US-Korps in demselben Zeitrahmen den wichtigen Hafen von Cherbourg nehmen würde. Von diesem festen Stützpunkt aus könnte sich dann Bradleys 12. amerikanische Armeegruppe – wobei Pattons 3. Armee im Einsatz wäre – nach Süden ausdehnen, und 50 Tage nach D-Day sollte die befestigte Stellung dann die Häfen der Bretagne sowie Frankreich nördlich der Loire und östlich bis zur Linie Deauville – Tours umfassen. Wenn alles gut ginge, würden sich die Alliierten bis 90 Tage nach D-Day entlang der Seine festsetzen. Dies also war der Plan, den Montgomery am 15. Mai König George VI., Premierminister Churchill, General Eisenhower und allen ranghohen Befehlshabern in der St. Paul's School in London vorlegte. Die Anwesenden wurden über die Absichten Montgomerys nicht im unklaren gelassen.

Später schrieb General Omar Bradley: „Die britischen und kanadischen Armeen sollten die feindlichen Reserven täuschen und sie zum äußersten östlichen Brückenkopf der Alliierten an die Front locken. Während Montgomery den Feind bei Caen gebunden hat, sollten wir dann auf der langen Umgehungsstraße nach Paris durchbrechen. Für den Nationalstolz der Briten wurde diese Täuschung aber ein Opfergang, denn während wir um die Außenflanke herumliefen, waren die Briten an ihrem Platz festgenagelt und mußten die Deutschen binden. Strategisch jedoch war es eine logische Arbeitsteilung, denn die feindlichen Reservetruppen würden auf Caen stürmen, wenn es erst losgegangen war."[5]

Aber Montgomery beendete seine Präsentation mit folgender Erklärung: „Wir müssen uns den Weg zur Küste freisprengen und uns verschanzen, ehe der Feind genügend Reserven aufbringt, die uns wieder zurückwerfen. Panzerkolonnen müssen am D-Day tief und schnell ins Land vorstoßen. Das wird die Pläne des Feindes durcheinanderwerfen, ihn aufhalten, während wir Kräfte sammeln. Wir müssen schnell Land gewinnen und unsere Claims abstecken. Haben wir erst einmal die Kontrolle über die gegnerische Flanke Granville – Vire – Argentan – Falaise – Caen und das Land dazwischen in unserem Besitz, dann haben wir die gewünschte befestigte Stellung, und von da aus können wir uns ausweiten."[6]

Das zeitige Erwähnen von Argentan und Falaise sowie spätere Äußerungen von Montgomery gaben verschiedentlich Anlaß zu scharfen Bemerkungen und heftigen Diskussionen über seinen Plan, und zwar schon während des Kampfes in der Normandie, aber auch in den Nachkriegsjahren. Es bleibt die Tatsache, daß die Alliierten 90 Tage nach D-Day an der Seine standen und die deutsche Wehrmacht in Frankreich zerschlagen war.

Ein strategischer Aspekt hatte so starken Einfluß auf die deutschen Streitkräfte im allgemeinen und auf die Panzerdivisionen im besonderen, daß er noch erwähnt werden sollte. Es handelt sich dabei um die Luftstreitkräfte. Eisenhower hatte mit Montgomerys voller Unterstützung darauf bestanden, daß selbst die strategischen Luftstreitkräfte von Harris und Spaatz von einer Schwächung der deutschen Industrie auf die Lähmung der Schienenwege des Invasionsgebietes umschwenken sollten. Unvermeidbar wären dann zwar Verluste unter der französischen Bevölkerung, aber Eisenhowers Argumente setzten sich durch, und im Mai 1944 unterstellten die vereinigten Stabschefs die Luftstreitkräfte beider, von Harris und Spaatz, unter seine, Eisenhowers, Kontrolle. Damit konnte die Luftmacht der Alliierten mit vereinter Wucht die deutschen Panzerreserven schon auf ihrem Marsch zum Schlachtfeld stören und zerschlagen. Die Alliierten flogen allein am D-Day 10.585 strategische und taktische Einsätze, und mehr als 5.000 Jagdflieger sorgten für Deckung; demgegenüber standen nur 119 einsatzfähige deutsche Jagdflugzeuge an der Kanalfront. Vom Feind drohte also wenig Gefahr.[7]

Trotz des Risikos einer Verallgemeinerung müssen wir die Kampfmoral der alliierten Armeen betrachten. Sie war natürlich sehr unterschiedlich, nicht nur im Vergleich zwischen den Einheiten, sondern auch zwischen den Nationalitäten. Die Amerikaner waren im Kampf nicht sehr erfahren, aber sie stellten eine Keckheit und ein Selbstbewußtsein zur Schau, was als typisch für die „Neue Welt" empfunden wurde, was aber ihre Landsleute in der „Alten Welt" irritierte. Bei ihren britischen Kameraden waren sie nicht sehr beliebt, diese waren oft überheblich und betrachteten sie auf arrogante Weise als laienhafte Soldaten und berufsmäßige Amateure. Hochnäsige Bemerkungen wie: „Wo warst du eigentlich in den letzten drei Jahren?" taten nicht viel für die angloamerikanischen Beziehungen. Sogar die Art und Weise des Marschierens war bei den Amerikanern anders, ebenso die Musik, zu der sie marschierten – Briten und Kanadier fanden das nicht besonders „militärisch". Wie auch immer, insgeheim empfanden viele britische Offiziere dasselbe wie General Sir Harold Alexander, der aus Tunesien über die Amerikaner schrieb: „Sie kennen einfach nicht die Arbeit eines Soldaten; das gilt für den Höchsten wie für den Niedrigsten, vom General bis zum einfachen Soldaten. Das schwächste Glied ist vielleicht der junge Führer, der einfach nicht führt, weswegen die Männer nicht wirklich kämpfen."[8]

Vielfach entspringt solche Kritik dem Neid, Neid auf die maßgeschneiderten Uniformen mit Hemd und Schlips und Kragen für sämtliche Ränge, Neid auf weniger Disziplin und größere Freiheit, Neid auf eine Ausrüstung, die man nicht zu polieren brauchte, und vor allem Neid auf die Bezahlung. Ein britischer Landser erhielt nach drei Dienstjahren im Jahre 1944 nur einen Jahressold von 55 Pfund, ein amerikanischer Gefreiter mit gleicher Zahl an Dienstjahren bekam 200 Pfund (778 Dollar), ein britischer Leutnant 200 Pfund, ein amerikanischer 447 Pfund (1.800 Dollar), ein britischer Oberstleutnant bekam 785 Pfund, ein amerikanischer 868 Pfund (3.500 Dollar).[9] Interessant ist auch die unterschiedliche Besoldung innerhalb der einzelnen Ränge jeder Armee. Ein britischer Oberstleutnant erhielt das 14,25fache eines einfachen Soldaten, ein amerikanischer nur das 4,5fache.

Es ist oft gesagt worden, daß die US-Armee nichts weiter sei als ein Haufen von Zivilisten in Uniform. Das trifft zu, gilt aber auch für die britische und kanadische Armee im Jahre 1944. Und so wie die Amerikaner Probleme mit unfähigen Offizieren hatten (fünf Divisionskommandeure waren allein in der Normandie entlassen worden), konnten die Briten nicht verbergen, daß sie mit ähnlichen Schwierigkeiten zu kämpfen hatten. Seit Ausbruch des Krieges waren mehrere ältere Offiziere entlassen worden, wie dieses Buch noch zeigen wird, und im kommenden Feldzug sollten noch weitere gehen.

Bei den Kanadiern verhielt es sich ebenso. Die Armee war fast vollständig aus militärischen Teilzeitkräften geboren, und bei einer so geringen Bevölkerungszahl Kanadas war es unvermeidlich, daß viele Kommandeure unerfahren waren und daß sie ihre Kommandierung eher ihrer gesellschaftlichen Stellung als einer militärischen Befähigung verdankten.

Die Amerikaner ihrerseits fanden die Briten und ihren Lebensstil unbegreiflich: weder Eis- noch Kühlschränke, keine Duschen, dagegen warmes Bier, Fahren auf der linken Seite, die Tücken der englischen Aussprache und so weiter. Ohne Zentralheizung in den Lagern und Privatunterkünften war es auch bei gelegentlichen Einladungen ein Problem, nicht zu frieren. Einiges war aber doch vertraut und tröstlich – die Sprache, die Angabe von Entfernungen in Meilen und natürlich Mädchen! Weil aber Amerika von den Japanern, nicht etwa von Deutschen angegriffen worden war, konnten viele GIs nicht verstehen, warum sie sich überhaupt in Europa befanden. Dazu kam noch der Mangel an Kenntnissen der europäischen Geschichte und Geographie. Auch daß überraschend viele ihren Ursprung in Europa hatten, half nicht weiter. In der „Midland"-Region der USA (Pennsylvania, New Jersey, Delaware und Maryland) hatten in manchen Städten bis zu 70 Prozent der Einwohner deutsche Wurzeln.[10]

Die Amerikaner waren aber einigermaßen gut ausgebildet. Hier ein Beispiel: Die 30. US-Infanteriedivision, Teil der Nationalgarde, wurde am 16. September 1940 bei Fort Jackson,

Südcarolina, zum aktiven Dienst eingezogen.[11] Noch war die Wahrscheinlichkeit eines amerikanischen Eintritts in den Krieg weit entfernt, dennoch wurde schon ernsthaft mit der Ausbildung begonnen, und nach sechs Monaten Grundausbildung nahmen die Männer an Divisions- und Korpsübungen bei Fort Bragg und in Tennessee teil. Vor dem 30. September erfolgten unzählige Umgliederungen und Personalveränderungen, bevor die 30. Infanteriedivision, „Old Hickory", Anfang 1943 ihre endgültige Form erhielt. Diese Ausbildung erfolgte nach einem bewährten Muster: 13 Wochen Einzelausbildung und danach 13 Wochen in der Teileinheit. Im September verbrachte die Division mehr als zwei Monate auf dem Übungsgelände der 2. Armee, wiederum in Tennessee. Die Übungen wurden gemeinsam mit zwei anderen Infanteriedivisionen und einer Panzerdivision durchgeführt. Bis sie sich im Februar 1942 nach England einschifften (die ersten US-Truppen landeten im Januar 1942 im Vereinigten Königreich, bis zum Juni jenes Jahres waren 55.000 Mann eingetroffen), hatten sie schon längere Zeit in Uniform gesteckt und verstanden ihr Handwerk ebenso gut wie die britischen und kanadischen Kameraden, wenn nicht besser.

Spannungen gab es zwischen den alliierten Armeen wie auch innerhalb der einzelnen Armeen. Die Männer der 1. und 9. US-Infanteriedivision waren empört darüber, daß sie Sizilien verlassen mußten, um sich für die Invasion in der Normandie vorzubereiten. Besonders verärgert war die 1. Division, die an den ersten Landungen teilnehmen sollte. Sie meinte, ihre Pflicht hätte sie bereits erfüllt, und nun seien die anderen an der Reihe. Dasselbe ließe sich von den britischen Divisionen sagen, die sich schon durch Nordafrika und Sizilien hindurchgearbeitet und die ersten Einsätze in Italien bestritten hatten. Bradley und Montgomery waren aber der Ansicht, daß diese Männer wegen ihrer Erfahrung und ihres beispielgebenden Einflusses von Nutzen wären, wenn die Mission erfolgreich sein sollte. In der Waffen-SS traten Klagen dieser Art niemals auf. Diese Männer brannten geradezu darauf, zu den gefährlichsten und wichtigsten Einsätzen geschickt zu werden.

Die US-Militärdoktrin unterschied sich erheblich von der Auffassung der britischen und kanadischen Armeen, die aus gutem Grund sehr empfindlich Verlusten gegenüber eingestellt waren. Seit ihrer Aufstellung im amerikanischen Bürgerkrieg durch General Ulysses S. Grant war sie unverändert geblieben. In komprimierter Form lautete sie: „Aufspüren, stellen, vernichten!" Das paßte hervorragend für den kommenden Feldzug.

Die für die Normandie vorgesehene britische Armee umfaßte drei Divisionen, die auf manchen Kampf im mittleren Osten zurückblicken konnte. Hinzu kamen ungefähr ein Dutzend weitere, die noch niemals einen Schuß im Kampfgetümmel gehört hatten. Erstere nahmen natürlich den anderen gegenüber eine etwas gönnerhafte Haltung an, und diese Arroganz führte zu mehreren Verstößen gegen die Disziplin. Als kurz vor D-Day der Ausgang am Wochenende gestrichen wurde, kündigten die Männer eines britischen Panzerregiments an, sie hätten nicht die Absicht, im Lager zu bleiben. Nur ein „Ermunterungszuspruch" von Montgomery persönlich beendete einen Aufruhr, der einer Meuterei gleichkam.[12] Andererseits waren diejenigen auf den britischen Inseln, die schon seit Monaten, verschiedentlich sogar seit Jahren dazugehörten, gelangweilt und ausgepumpt. Wer zu einer Eliteeinheit gehörte, wollte unbedingt seine „Pflicht und Schuldigkeit" tun. In der Mehrheit aber waren sie wie die Amerikaner und Kanadier nur Zivilisten in Uniform, die nichts weiter wollten als den Krieg überleben – sie hatten keine „Liebe" für das Soldatenleben und sahen keinen Sinn in ständigen Paraden, langen Märschen und im Drill. Innerhalb der Einheit waren sie größtenteils übertrainiert, dagegen aber völlig ungeübt im Gefecht der verbundenen Waffen.

Selbst erfahrene Divisionen wie die berühmten „Wüstenratten", bei denen das Zusammenwirken von Infanterie und Panzern während der Kämpfe in Nordafrika und Italien auf ziemlich hohem Niveau stattfand, blieben während der kurzen Nachausbildung im Januar 1944 nach der Rückkehr aus Italien in ihren „Abteilungen". Es gab nur eine Divisionsübung, und ein Offizier in der Infanteriebrigade der 7. Panzerdivision erzählte dem Verfasser: „Wir haben nicht einmal daran gedacht, während unserer Ausbildung Panzer zu *sehen* [Hervorhebung des Autors]." Die Stationierung in einem Teil von England, der für einen späteren Kampf in Frankreichs Hügel- und Heckenlandschaft, der sogenannten Bocage, gänzlich ungeeignet war, und die zwangsweise Übernahme völlig fremder britischer Cromwell-Panzer, trugen wohl kaum zur Kampfwertsteigerung bei. Man verlangte von ihnen, die amerikanischen Shermans in Italien zurückzulassen, mit denen sie sich den Weg von Alamein bis Tunis erkämpft hatten. Feldwebel Bobby Bramwell vom 4. County of London Yeomanry schilderte seine Eindrücke: „Sie [die Cromwells] waren fürchterliche Panzer, zwar schnell genug, jedoch dünnhäutig und irgendwie unterbewaffnet. ... Unsere Ausbildung in Norfolk bestand zum großen Teil darin, daß wir unsere neuen Panzer säuberten, die Kanonen bedienten und justierten. An eine taktische Ausbildung kann ich mich nicht erinnern. Ich kommandierte einen Firefly-Panzer, einen Sherman-Panzer mit einer 17-pdr-Kanone – sehr gute Ausrüstung."[13]

Es ist daher kaum erstaunlich, daß sich die Kommandeure in der Normandie über einen Mangel an Initiative und Flexibilität seitens der britischen Einheiten beklagten, ebenso wie über die Unlust, Kampfbereitschaft zu zeigen. Nur wenige hatten erkannt, daß sowohl in der Bocage südlich von Bayeux als auch im offenen Gelände, das mit dörflichen Flecken bis südöstlich von Caen besiedelt war, eine enge Zusammenarbeit zwischen Infanterie und Panzern ausschlaggebend für den Erfolg sein würde. Weil die Deutschen, insbesondere die Formationen der Waffen-SS, diese Zusammenhänge voll durchschauten und begriffen, war es ihnen nach und nach trotz erheblichen Personalmangels dennoch möglich, die Truppen der Alliierten zu binden und aufzuhalten.

Letztlich muß gesagt werden, daß die britische Regimentsgliederung, die die Männer in relativ kleine Bataillone unterteilt und eine Erledigung von Angelegenheiten eher auf Regiments- als auf Armee-Ebene betont, einem starken Divisionsgeist zuwiderlief, was zu den größten Stärken der Waffen-SS zählte. Das britische System brachte auch ein oder zwei Offiziere in den Panzerbrigaden dazu, eine chauvinistische Haltung einzunehmen und Professionalismus zu verhöhnen; das führte hin und wieder zu Katastrophen. Selbst höhere Infanterieoffiziere waren nicht immun gegen die Idee, daß Krieg immer noch so etwas wie ein „Spiel" unter Gentlemen sei. Ein Bataillonskommandeur schrieb: „Wir gingen zu Bett [10. Juni] und hofften, daß unsere Fahrzeuge nachts ankämen und wir die 50. Division ablösen würden. ... [sie] müßten jetzt genug von diesem Spiel haben."

Solche Bemerkungen und Gefühle konnten die meisten Soldaten nicht begreifen. Montgomery, der sich selbst als den letzten professionellen Führer sah, tappte in dieselbe Falle, als er die Einweisung in der St. Paul's School mit folgenden Worten beendete: „Viel Glück für jeden einzelnen. Und fröhliches Jagen auf dem europäischen Festland."

Geben wir zu, daß er im Jargon jener Zeit sprach. Der aber verriet doch die arrogante Einstellung vieler Offiziere von damals. Andererseits hat die Betonung der Loyalität zur oberen Führung und die lange glorreiche Geschichte – auch trotz kleiner Übertreibungen – den britischen Regimentern eine innere Kraft verliehen, die sie in Not und Gefahr widerstandsfähig machte – besonders bei der Verteidigung.

Die kanadische Armee unterschied sich bei der Invasion in einem wichtigen Punkt von den Amerikanern und Briten: Hier hatte sich jeder einzelne freiwillig zum Dienst in Übersee gemeldet. Nach glücklosen Erfahrungen im Ersten Weltkrieg lag diese Politik voll in der Absicht der kanadischen Regierung, und sie wirkte sich in zweierlei Richtung aus: Erstens war die Motivation hoch, zweitens waren Verstärkungen zum Ausgleich von durch Kampfhandlungen oder anderweitig erlittenen Verlusten äußerst knapp. Dieser Mangel an Verstärkungskräften hatte wiederum zwei Konsequenzen: Ein Mann mit hoher Spezialausbildung konnte nur schwerlich als Ersatz für einen einfachen Infanteristen entbehrt werden. Im Verlauf des Feldzuges kam es daher zu schwerwiegenden Unterbesetzungen bei den Einheiten an der Front. Immer stärker empfand die Armee auf dem Kriegsschauplatz, daß sie ihre Opfer fern vom Rest der Nation darbrachte.

Die bitteren Erinnerungen an den schrecklichen Angriff auf Dieppe im Jahre 1942, als über 3.000 der 5.000 beteiligten kanadischen Soldaten als Opfer zu beklagen waren, waren ebenfalls nicht ohne Einfluß auf die Moral geblieben. Man mißtraute den britischen Generalen und wollte diese peinliche Niederlage rächen. Dann war da noch wie im Ersten Weltkrieg das Problem der französischen Kanadier. Obwohl sie 15 der 75 Infanteriebataillone der kanadischen Armee im Jahre 1944 stellten, konnten sie nur vier davon in voller Stärke als Freiwillige nach Übersee schicken. Es versteht sich fast von selbst, daß diese Männer den Ruhm Französisch-Kanadas auf ihren Schultern ruhen fühlten. Entsprechend war ihr Kampfeinsatz. Erst im späteren Verlauf des Feldzuges sollten sich noch mehr Probleme der kanadischen Armee herausstellen, aber am 6. Juni war es gut um die Moral bestellt, und alles in allem waren die Männer gut ausgebildet und scharf auf die Auseinandersetzung mit dem Feind.

Die Soldaten der 1. polnischen Panzerdivision waren ebenfalls Freiwillige. Nach der mutigen, aber erfolglosen Verteidigung ihres Heimatlandes im September 1939 gingen viele polnische Soldaten und Zivilisten über Rumänien, Ungarn und die baltischen Staaten nach Syrien und Frankreich. Bis zum Mai 1940 waren 84.500 Polen in diesen Ländern unter Waffen. Eine Infanteriebrigade wurde als Teil einer alliierten Streitkraft zur Verteidigung Norwegens entsandt, und zwei volle Infanteriedivisionen, zwei teilweise aufgefüllte Infanteriedivisionen und eine gepanzerte Kavalleriebrigade waren Bestandteil der Armeen, die Frankreich verteidigten. Angesichts eines zweiten Blitzkrieges der scheinbar unbesiegbaren deutschen Wehrmacht waren die Überreste dieser Divisionen jedoch wie die britische Expeditionstruppe gezwungen, Kontinentaleuropa im Laufe des Juni zu verlassen. Nur 24.000 erreichten Großbritannien. Aus diesem kleinen Kern, der später durch Freiwillige aus der ganzen Welt verstärkt wurde, baute General Sikorski, deren Oberbefehlshaber und Premierminister einer Exilregierung, bis zum April 1942 eine ausgezeichnete gepanzerte Division auf und rüstete sie aus. In General Stanislaw Maczek hatte er den richtigen Führer gefunden. Am bekanntesten war sein Ausspruch: „Der polnische Soldat kämpft für die Freiheit anderer Nationen, aber er stirbt nur für Polen." Die Soldaten seiner Division hatten vier Jahre gewartet, um sich an ihren Eroberern rächen zu können, und trugen einen erbitterten Haß auf die Deutschen im Herzen.

Wieviel wußten die Alliierten am Vorabend der Invasion über ihren Feind? Bis zum April konnten die Geheimdienste vermelden, daß alle deutschen Verstärkungstruppen des Westwalls der 15. Armee nördlich der Seine unterstellt wurden.

Es schien so, als bemerkten die Deutschen keine ernsthafte Bedrohung zwischen Le Havre und Cherbourg. Im Mai jedoch fiel dem Nachrichtendienst der verstärkte Schienenverkehr zwischen Seine und Loire auf, am bedeutendsten war aber die Verlegung der 21. Panzer- und der Panzer-Lehrdivision in die Gegend von Caen und Le Mans. Die 12. SS-Panzerdivision „Hitlerjugend" war zwischen Louviers und Vimoutier bereitgestellt, die 116. Panzerdivision befand sich auf beiden Seiten der Seine westlich von Paris. Immerhin war dies doch ein Hinweis darauf, daß die Deutschen von der geplanten Landung in der Normandie

Wind bekommen hatten und ihre Truppen entsprechend aufstellten. Es kamen noch schlimmere Nachrichten. Mitte Mai hatte eine Infanteriedivision und ein Fallschirmjägerregiment Stellung auf dem Stützpunkt der Halbinsel Cotentin bezogen, genau dort, wo zwei US-Luftdivisionen landen sollten. Gleichzeitig verlegte die 5. deutsche Fallschirmjägerdivision nach Rennes. Es schien sicher, daß die Deutschen den Plan der Alliierten entdeckt hatten. Tatsächlich war es aber nur Hitlers Intuition gewesen, und ein genaues Hinsehen auf die gesamten deutschen Vorbereitungen ergab, daß sich von den 60 Divisionen, die von Rundstedt zur Verfügung standen, nur 18 zwischen Seine und Loire befanden. Die Nachrichtendienste der Alliierten arbeiteten gut, und die Täuschungsmanöver, daß die Hauptinvasion nahe der Straße von Dover erfolgen würde, erwiesen sich als erfolgreich. Aber es gab immerhin noch acht deutsche Divisionen, darunter zwei gepanzerte, die am D-Day Widerstand gegen die Landung leisten sollten, und dazu gehörte auch die 12. SS-Panzerdivision. Weitere vier Divisionen standen nahe genug, um zwei Tage nach erfolgter Invasion eingreifen zu können.

Wir müssen uns nun das Gelände der Schlacht ansehen und zunächst die Landschaft der Bocage näher betrachten. Diesen Landschaftstyp gibt es in ganz Frankreich, die Bretagne ist voll davon, uns beschäftigt aber der Teil zwischen Calvados und La Manche. Im Jahr 1944 war die Bocage hier fast 80 Kilometer tief und lag westlich und südwestlich von Caen zwischen den Flüssen Orne und Vire. Der nördlichere Teil, der sich über 30 Kilometer erstreckte, bestand aus unregelmäßigen kleinen Feldern, die meistens kaum 100 Quadratmeter groß waren und durch hohe, mit dichtem Gebüsch und Bäumen bewachsene Erdwälle getrennt waren. Entlang dieser Erdwälle verliefen Hohlwege, oft überwachsen und manchmal so eng, daß darin Panzer weder wenden noch ihre Kanonen schwenken konnten. Diese Landschaft glich einem riesigen, unregelmäßigen Schachbrett oder einem gigantischen Busch und war natürlich das ideale Gelände für Verteidigung und Gegenangriff. Truppen und Fahrzeuge konnten sich darin sogar am Tage verhältnismäßig leicht bewegen, ohne entdeckt zu werden. Ferner liegt südwestlich eine Linie, die sich etwa von Falaise nach St. Lô hinzieht, dieser Teil der Bocage ist noch größer und unübersichtlicher. Jeder Besucher wird verstehen, warum dieser Teil die „Schweiz der Normandie" genannt wird. Hier erhebt sich 30 Kilometer südwestlich von Caen ein Plateau von ungefähr 300 Metern Höhe, beherrscht vom Mont Pinçon mit 365 Metern.

Die normannische Landschaft wird von vielen Strömen durchschnitten, die durch steile, enge Täler nordwärts fließen. Durch Überfluten hatten die Deutschen schwer gangbare Hindernisse geschaffen – an der Ostflanke entlang der Dives zwischen Cabourg und Troarn sowie im Westen an der Mündung der Vire. Seit dem Krieg ist die Bocage mancherorts verschwunden, aber an manchen Stellen kann man sie noch in ihrer ursprünglichen Beschaffenheit erleben. Das Gelände zwischen der Bocage und dem Meer ist leicht wellig, aber offen und ziemlich eben.

Und jetzt müssen wir noch einen Mythos berichtigen, der nach dem Krieg immer lauter wurde. Man macht uns nämlich glauben, daß Briten und Kanadier meistens in der Bocage kämpften, während die Amerikaner hauptsächlich auf offenem Feld operierten und daher leichter angreifen konnten. Die Wirklichkeit sah ganz anders aus. Es ist sicherlich zutreffend, daß Teile der 2. britischen Armee in der Bocage kämpften und sich möglicherweise auch hindurchkämpften. Es waren jedoch die Amerikaner, die sich laut Montgomerys Plan ihren Weg durch die Bocage *hindurch*kämpfen sollten. Wie aus seiner Ansprache in der St. Paul's School vom 15. Mai hervorgeht, sollten die Amerikaner – wenn sie erst durch die Bocage *hindurch* wären, schnell nach Rennes vorstoßen, die Halbinsel der Bretagne halten sowie gegen Paris und die Seine und auf die rechte Flanke der 2. britischen Armee vorstoßen. Doch obwohl der

Brückenkopf der Alliierten gesichert und der wichtige Hafen von Cherbourg Ende Juni eingenommen war, benötigten die Truppen dringend mehr Raum für den weiteren Vorstoß. Noch mußte von den Amerikanern ein weiterer Abschnitt von zehn bis 16 Kilometern Tiefe in der Bocage durchstoßen werden, einer Tiefe, die doppelt so groß war wie dort, wo die Briten vorrückten. Sie brauchten dafür vier US-Korps und schließlich zwölf Divisionen – kein Wunder also, daß in dieser von den Amerikanern so genannten „Heckenschlacht" nach gelungenem Durchbruch 30 Prozent mehr Opfer als bei den Briten und Kanadiern zu beklagen waren.

Der östliche Teil des Schlachtfeldes, wo viele Briten, Kanadier und Polen ihren Anteil am Leid abbekommen sollten, bestand weitgehend aus wenig durchschnittenem Gelände mit großen Kornfeldern, die ab und zu von kleinen Baumgruppen oder kleinen Waldstücken unterbrochen waren. Das Land war intensiv kultiviert und bearbeitet, und die Häuser und Mauern der vielen kleinen Ansiedlungen bestanden aus dem harten Gestein der Gegend von Caen. Diese wellige, eintönige Landschaft erstreckt sich südlich und südwestlich von Caen bis in die Ebene von Caen und Falaise. Ebenfalls erhebt sich acht Kilometer südwestlich von Caen, das heute mehr als doppelt so groß ist wie 1944, das Gelände 112 Meter hoch; von hier aus kann man tief ins Land sehen, ebenso wie von vielen anderen Punkten der Hochebene von Caen und Falaise.

Die Deutschen würden ihre Panzer einschließlich der 1. und 12. SS-Panzerdivision natürlich eher in dem offenen Gelände, auf freiem Feld, zusammenziehen.

Kapitel VI

6. Juni – D-Day

(Karten 1 und 2)

Am 6. Juni um 2.30 Uhr gab General der Infanterie Blumentritt, von Rundstedts Chef des Generalstabes, auf Ersuchen der Heeresgruppe B aus eigener Initiative den Befehl an die 12. SS-Panzerdivision, Aufklärung im Gebiet östlich der Dives und nordöstlich von Troarn zu betreiben. Der Befehl lautete: „Die 12. SS-Panzerdivision klärt sofort – unter Beibehaltung ihrer Reservefunktion des OKW – in Richtung der 711. Infanteriedivision auf ... und beobachtet den eigenen Bereich auf mögliche Luftlandungen."[1]

Die Division „Hitlerjugend" war schon durch Dietrichs Chef des Stabes, Fritz Kraemer, alarmiert worden, und das SS-Panzergrenadierregiment 25 hatte auf Kurt Meyers Initiative aus seinem Bereitstellungsraum heraus, der sich von Bernay durch Orbec bis Vimoutiers hinzog, Spähtrupps in den Raum Caen angesetzt. Entsprechend dem Befehl von Blumentritt beauftragte Witt etwa um 4 Uhr Bremers SS-Aufklärungsabteilung, herauszufinden, was im Küstenbereich von der Seinemündung bis Bayeux vor sich ging.

Um 4.45 Uhr bat Blumentritt Generaloberst Jodl, den Chef des Wehrmachtsführungsstabes, die Panzerdivisionen der strategischen Reserve zur Verfügung seines Oberbefehlshabers freizugeben. Die Bitte wurde jedoch abgeschlagen. Das Oberkommando der Wehrmacht war immer noch nicht davon überzeugt, daß die alliierten Landungen mehr als nur eine Täuschung waren.

Kurz nach 5 Uhr wurde die 12. SS-Panzerdivision „Hitlerjugend", unter ihrem Kommandeur Fritz Witt, Rommels Heeresgruppe B unterstellt, die sie wiederum dem bei St. Lô stationierten LXXXIV. Armeekorps von General der Infanterie Erich Marcks unterstellte. Witt hatte Marcks und seine Divisionen während der Geländebesichtigungen im Mai besucht und empfand große Hochachtung vor dem Können dieses Soldaten, der an der Ostfront ein Bein verloren hatte.

Um 5.45 Uhr entsprach der Oberbefehlshaber West dem Ersuchen der Heeresgruppe, die 12. SS-Panzerdivision im Raum um Lisieux zu versammeln. Dies stimmte aber nicht mit den Plänen dieser Division überein, und infolgedessen waren weder Anmarschwege noch der Bereitstellungsraum für einen solchen Marsch erkundet worden. Fritz Witt und seine Kommandeure waren entsetzt; der Bereitstellungsraum war ziemlich begrenzt und lag zu weit östlich der erwarteten Landungen. Die Straßenkreuzungen bei Lisieux boten ein zu deutliches Ziel für die alliierten Luftangriffe. Einwendungen, die an Kraemer beim I. SS-Panzerkorps gerichtet wurden, halfen nichts. So trat die Marschgruppe um ungefähr 10 Uhr an; geführt wurde sie von einem SS-Panzergrenadierbataillon des Regiments 25. Witt stellte wie folgt zusammen: die II. Abteilung des SS-Panzerregiments 12 unter SS-Sturmbannführer Prinz und die III. Abteilung des SS-Panzerartillerieregiments 12 mit Panzermeyers SS-Panzergrenadierregiment 25, die I. Panzerabteilung unter SS-Sturmbannführer Jürgensen und das SS-Panzerpionierbataillon 12 sowie die bei-

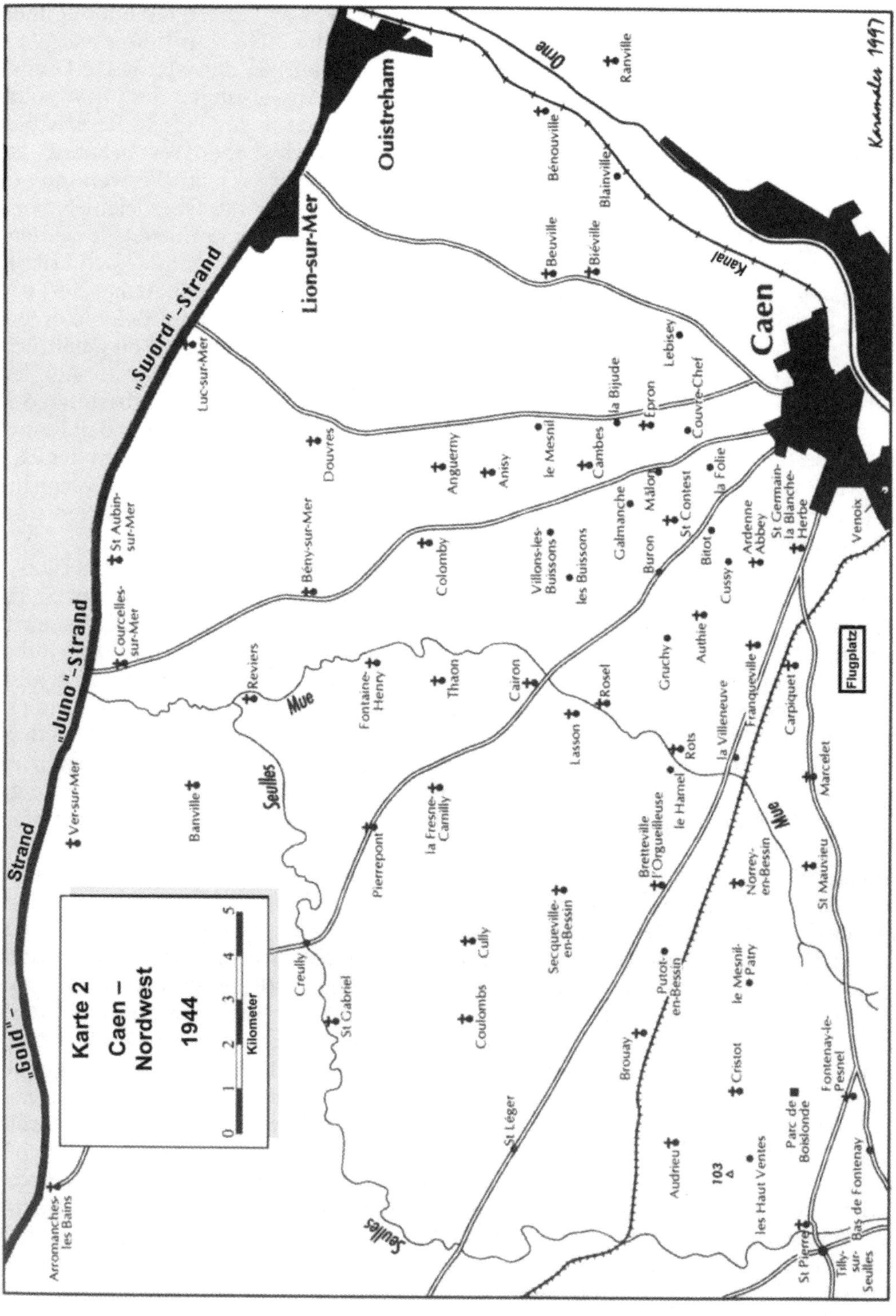
Karte 2
Caen – Nordwest
1944
0 1 2 3 4 5
Kilometer
„Gold"-Strand
„Juno"-Strand
„Sword"-Strand
Karamales 1997
Ouistreham
Lion-sur-Mer
Caen
Orne
Kanal
Ranville
Bénouville
Blainville
Beuville
Biéville
Lebisey
la Bijude
Epron
Couvre-Chef
Luc-sur-Mer
Douvres
Anguerny
Anisy
le Mesnil
Cambes
Galmanche
Mâlon
St Contest
la Folie
St Aubin-sur-Mer
Bény-sur-Mer
Colomby
Villons-les-Buissons
les Buissons
Buron
Bitot
Ardenne Abbey
St Germain-la Blanche-Herbe
Venoix
Cussy
Courcelles-sur-Mer
Reviers
Mue
Fontaine-Henry
Thaon
Cairon
Authie
Gruchy
Rosel
Lasson
Franqueville
Carpiquet
Flugplatz
la Villeneuve
Rots
le Hamel
Marcelet
Ver-sur-Mer
Banville
Seulles
la Fresne-Camilly
Pierrepont
Bretteville l'Orgueilleuse
Norrey-en-Bessin
St Mauvieu
Secqueville-en-Bessin
Cully
Creully
Putot-en-Bessin
le Mesnil-Patry
St Gabriel
Coulombs
Brouay
Cristot
Fontenay-le-Pesnel
St Léger
Parc de Boislonde
Audrieu
103
les Haut Ventes
Bas de Fontenay
Arromanches-les Bains
St Pierre
Tilly-sur-Seulles

den anderen SS-Artillerieabteilungen mit Wilhelm Mohnkes SS-Panzergrenadierregiment 26. Der Divisionsgefechtsstand verblieb vorerst bei Acon in der Nähe von Tillières-sur-Avre.

Um 14 Uhr wurde das I. SS-Panzerkorps von Sepp Dietrich, das jetzt keine Divisionen mehr hatte, Rommels Heeresgruppe B unterstellt. Nach Anweisungen des OKW sollte die 1. SS-Panzerdivision „Leibstandarte SS Adolf Hitler" in Belgien als strategische Reserve bleiben.

Zwischen 14.30 und 15 Uhr gab das OKW dem Oberbefehlshaber West bekannt, daß sowohl die Division „Hitlerjugend" als auch die Panzer-Lehrdivision zur Verwendung durch die 7. Armee freigegeben worden seien, und um 15.07 Uhr teilte der Oberbefehlshaber West der Heeresgruppe B mit, daß Dietrichs I. SS-Panzerkorps der 7. Armee unterstellt werden sollte und das Kommando über die beiden Divisionen übertragen bekommt. Nach Fritz Kraemers Aussagen sollte sich Dietrich persönlich beim Hauptquartier der 7. Armee bei Le Mans melden, um die Lage mit Generaloberst Dollmann zu besprechen und Befehle entgegenzunehmen.[2] Kraemers Antwort war, daß es für seinen Kommandeur viel zu gefährlich sei, mit einem leichten Fieseler Storch zu fliegen, und daß auf dem Straßenweg zu viel Zeit benötigt würde. Daher bat er um telefonische Befehle, die später schriftlich zu bestätigen seien. Daraufhin erhielt Dietrich den Befehl, daß die 12. SS-Panzerdivision sofort in den Raum beiderseits von Evrecy verlegen sollte. Der Auftrag lautete, „den Feind, der neben der 21. Panzerdivision im Westen durchgebrochen war, ins Meer zurückzuwerfen und zu vernichten".[3] Die Panzer-Lehrdivision sollte den Raum Flers – Vire gewinnen. Die 21. Panzer- und die 716. Infanteriedivision wurden ordnungsgemäß seiner Führung unterstellt.

Dietrich und sein Chef des Stabes trafen Fritz Witt, den Kommandeur der Division „Hitlerjugend", um ungefähr 16 Uhr an der Straßenkreuzung fünf Kilometer nördlich von St. Pierre-sur-Dives. Die Division erhielt den Befehl, sich im Raum Evrecy für einen Gegenangriff bereitzustellen. Es war fast 17 Uhr, als Witts Gefechtsstand diesen Befehl empfing, und 17.40 Uhr, als Meyers SS-Panzergrenadierregiment 25 den neuen Bereitstellungsraum erfuhr. Zu dieser Zeit hatte es schon längst die Gegend von Lisieux erreicht – tatsächlich befand es sich dort schon seit 13 Uhr. Mit dem Auftrag, zuerst nach Evrecy zu marschieren, hätte es dort um etwa 15 Uhr sein können und nicht später als 18 Uhr zum Angriff auf den alliierten Brückenkopf antreten können. Das wäre für die 2. britische Armee eine ernsthafte Bedrohung gewesen. Aber so wie die Dinge lagen, dauerte es bis 21 Uhr, die Orne zu überqueren, und bis 23 Uhr, ehe das I. Bataillon des SS-Panzergrenadierregiments 25 in der Nähe von Noyers südwestlich von Caen Stellung beziehen konnte. Der Rest der Truppe brauchte die ganze Nacht, um den Bereitstellungsraum zu erreichen. Mohnkes SS-Panzergrenadierregiment 26, das mit Jürgensens Panthern und anderen Einheiten folgte, hatte ein noch größeres Problem. Das I. Bataillon des SS-Panzergrenadierregiments 26 unter Sturmbannführer Bernhard Krause, das mit 190 Kilometern den weitesten Anmarschweg zu bewältigen hatte, konnte die Orne erst spät am 7. Juni überqueren. So war das gesamte Regiment erst in der Nacht vom 7. zum 8. Juni vollzählig im Bereitstellungsraum, und selbst dann fehlten aufgrund der Treibstoffknappheit noch Teile – Jürgensens 48 Panther benötigten nach ihrer Fahrt zum Kampfgebiet gut 30.000 Liter Treibstoff. Aber die Luftstreitkräfte der Alliierten hatten eine verheerende Wirkung auf den Nachschub und Bewegungen der Deutschen, und die Vorräte, die die Division „Hitlerjugend" in der Gegend von Evrecy zu finden hoffte, waren schon arg erschöpft.

Meyers Beschreibung seiner Fahrt zum Kampfgebiet vermittelt eine Vorstellung von der Situation am 6. Juni, wobei man nicht vergessen darf, daß er, als er lange nach Kriegsende diese Worte schrieb, noch immer überzeugter Nationalsozialist war: „Auf der Straße Caen – Falaise stoßen wir auf fliehende Franzosen. Ein Bus brennt lichterloh. Herzzerreißende Schreie schlagen uns entgegen. Wir können nicht helfen. Die Tür ist verklemmt und versperrt den Weg in die Freiheit. Zerschnittene Körper hängen in den Glasscherben und blockieren auch hier den Weg. Welch ein Grauen! Warum diese brennenden Zivilisten? Nur keine Zusammenballung! Nur nicht halten! Immer weiter und Boden nach vorn gewinnen. Waldstücke ziehen uns wie Magnete an. Immer mehr Jäger hängen über uns – wir werden erbarmungslos gejagt und dürfen keine Deckung nehmen. Das Marschband muß rollen!

Eine Kette Spitfire greift den letzten Zug der 15. Kompanie an. Raketen und Bordwaffen halten eine teuflische Ernte. Der Zug durchfährt einen Hohlweg – Ausweichen ist unmöglich. Eine alte Französin kommt uns entgegen und schreit. Mord, Mord! Ein Grenadier liegt auf der Straße. Ein Blutstrahl schießt aus seiner Kehle – die Schlagader ist durchschossen. Er stirbt unter unseren Händen. Die Munition eines Schwimmwagens fliegt knallend in die Luft – hohe Stichflammen schießen empor – krachend fliegt der Wagen auseinander. In wenigen Minuten sind die Trümmer beiseite geschoben – nur kein Halten, immer weiter!

Die Dunkelheit bricht herein. Die Straße Caen – Villers-Bocage ist von der 15. Kompanie überschritten. Ungeduldig warte ich auf das I. Bataillon – die dauernden Luftangriffe haben das Tempo gewaltig gedrückt. Endlich! Waldmüller meldet das Bataillon, und ich höre, daß die Luftangriffe keine übermäßigen Verluste verursacht haben. Gegen 23 Uhr erreicht mich ein Ordonnanzoffizier der 21. Panzerdivision. Diese Division steht bei Troarn und nördlich Caen im Kampf. Der Divisionskommandeur, Gen.-Ltn. Feuchtinger, erwartet mich auf dem Gefechtsstand der 716. I.D. Ich fahre sofort los. Tieffliegende deutsche Bomber überfliegen die Straße. Ein rasendes Abwehrfeuer schlägt ihnen entgegen, sobald sie in den Bereich der Invasionsflotte kommen. Auf der Straße brennen einzelne Lkw. Es ist eine gespenstische Fahrt.

Caen ist ein Flammenmeer. Gehetzte Menschen irren durch die Trümmer. Straßen sind blockiert, und beißender Qualm wälzt sich durch die Stadt. Ehrwürdige Kirchen sind in Trümmerberge verwandelt, und die Arbeit von Generationen ist in Schutt und Asche gesunken.

Und das alles, obgleich nicht eine einzige Kampfeinheit in der Stadt gelegen hat. Hier haben alliierte Bomber französische Zivilisten getötet und wertvolles Kulturgut für immer zerstört. Vom militärischen Standpunkt gesehen ist die Vernichtung von Caen ein grenzenloser Irrtum."[4]

Kurt Meyer schrieb weiterhin: „Caen, die Stadt Wilhelm des Eroberers, von der aus er 1066 seinen Siegeszug über den Kanal antrat, ist zerstört. Über 10.000 Männer und Frauen liegen unter den rauchenden Trümmern. Die Stadt ist ein großer Friedhof geworden."[5]

Der Stab des I. SS-Panzerkorps verließ um 16 Uhr Septeuil und zog im Laufe der Nacht in den Wäldern bei Falaise unter. Der Stab von Witts Division „Hitlerjugend" brach um 18 Uhr auf und verlegte nach Les Moutiers-en-Cinglais am Rande des Forêt de Grimbosq.

Um 16.55 Uhr bestätigte der Verbindungsoffizier beim Generalstab des Oberbefehlshabers West dem Chef des Generalstabes der 7. Armee, es sei „der Wunsch des Oberkommandos, daß der feindliche Brückenkopf bis zum Abend des 6. Juni vernichtet sei, weil die Gefahr großangelegter Luft- und Seelandungen [im Raum Calais] drohte". Es überrascht nicht, daß ihm gesagt wurde, dies sei unmöglich.[6]

Um 20 Uhr erreichten Dietrich und Kraemer den Gefechtsstand der 21. Panzerdivision in St. Pierre-sur-Dives zur Lagebesprechung[7], und zweifellos hofften sie, den geplanten Gegenangriff der SS-Panzerdivision „Hitlerjugend" und der 21. Panzerdivision koordinieren zu können. Zu ihrer tiefen Bestürzung fanden sie keinen Divisionskommandeur vor, statt dessen aber einen 1. Generalstabsoffizier, der selbst soeben erst aus Paris angekommen war. Man teilte ihnen mit, daß am späten Vormittag die 21. Panzerdivision zur Unterstützung der an der Küste befindlichen 716. Infanteriedivision eingesetzt worden sei und daß der Divisionskommandeur, Generalleutnant Edgar Feuchtinger, bei deren Kommandeur bei Caen zu Besuch sei. Der Gefechtsstand hatte keine Verbindung zu seinen Einheiten, die getrennt zu beiden Seiten der Orne operierten. Und es kam noch schlimmer: Feuchtiger hatte unverständlicherweise kein Funkgerät mitgenommen, und daher konnte Dietrich keine Verbindung mit ihm aufnehmen. Er war wütend. Schon vor fast fünf Stunden war ihm das Kommando über die Division übergeben worden, aber immer noch konnte er nicht den Einsatz seiner mehr als 80 Panzer IV und zahlreicher Sturmgeschütze mit den Panzern der 12. SS-Panzerdivision koordinieren, geschweige denn befehlen. Ein neuer Plan mußte her, und daher war es nötig, nochmals mit Fritz Witt zu reden.

Aus einem Interview mit Generalleutnant Feuchtinger im August 1945 erfahren wir seine Version der Geschehnisse an diesem schicksalsschweren Tag: „Zum ersten Mal erfuhr ich vom Beginn der Invasion durch die Meldung, daß kurz nach Mitternacht am 6. Juni Fallschirmjäger bei Troarn abgesetzt worden waren. Da ich mich ohne Anweisung aus Rommels Hauptquartier nicht rühren sollte, konnte ich weiter nichts tun, als meine Leute in Alarmbereitschaft zu halten. Die ganze Nacht wartete ich auf weitere Anweisungen, erhielt jedoch keinen einzigen Befehl von übergeordneter Stelle. Bei dem Gedanken, daß meine Panzerdivision dem Schauplatz der Handlungen am nächsten lag, beschloß ich schließlich um 6.30 morgens, etwas zu unternehmen. Ich befahl meinen Panzern, die 6. englische Luftlandedivision anzugreifen, die sich an einem Brückenkopf über der Orne verschanzt hatte. Für mich war dies die schlimmste Bedrohung der deutschen Position.

Kaum hatte ich diesen Entschluß gefaßt, als mir um 7 Uhr angekündigt wurde, daß es immer noch eine höhere Kommandoebene gibt. Die Heeresgruppe B informierte mich, daß ich nun unter dem Befehl der 7. Armee stand. Über meine Funktion wurde mir nichts weiter mitgeteilt. Um 9 Uhr wurde ich benachrichtigt, daß ich weitere Befehle vom LXXXIV. Armeekorps [General der Infanterie Erich Marcks] erhalten würde, und endlich, um 10 Uhr, bekam ich die ersten Anweisungen für den Einsatz. Der Befehl lautete, den Angriff meiner Panzer gegen die alliierten Luftlandetruppen anzuhalten und nach Westen zu drehen und die Kräfte zu unterstützen, die Caen schützten [Richters 716. Infanteriedivision]. Als ich über der Orne war, fuhr ich nach Norden zur Küste. In dieser Zeit war der Feind, der aus drei britischen und drei kanadischen Infanteriedivisionen bestand, erstaunlich weit vorangekommen und hatte bereits einen Streifen höhergelegenes Gelände, ungefähr zehn Kilometer vom Meer entfernt, eingenommen. Von hier aus hatten die ausgezeichneten Panzerabwehrkanonen der Alliierten elf meiner Panzer kampfunfähig gemacht, noch bevor ich überhaupt angefangen hatte. Jedoch gelang es einer Kampfgruppe, diese Geschütze zu umgehen und am Abend um etwa 19 Uhr die Küste bei Lion-sur-Mer zu erreichen.

Jetzt hatte ich erwartet, daß irgendwelche Verstärkung mir helfen würde, die Stellung zu halten, aber nichts kam. … Ich zog mich auf eine Linie hart nördlich von Caen zurück. Am Ende dieses ersten Tages hatte meine Division fast 25 Prozent ihrer Panzer verloren.“[8]

Es scheint demnach so, als hätte Feuchtinger auch um 19 Uhr noch keine Ahnung davon gehabt, daß er Dietrichs Kommando unterstellt war.

Um Mitternacht endlich stellte das Hauptquartier des I. SS-Panzerkorps Verbindung zu der 12. SS- und der 21. Panzerdivision sowie zu den Restteilen der 716. Infanteriedivision her. Ungefähr um diese Zeit erfuhr Dietrich von der Absicht Generaloberst Dollmanns, daß das neu gebildete I. SS-Panzerkorps mit drei Panzerdivisionen einen Gegenangriff auf den alliierten Brückenkopf im Bereich der 716. Infanteriedivision führen sollte. Vorher gab es aber noch viele Hindernisse zu überwinden. Die 21. Panzerdivision war schon durch das LXXXIV. Armeekorps für diesen Einsatz bestimmt worden, und eine Koordination mit der noch erwarteten 12. SS-Panzerdivision wäre sicher nicht einfach. Dietrich wußte auch, daß die Panzer-Lehrdivision, die mehr als 100 Kilometer entfernt zwischen Chartres und Le Mans lag, unmöglich am 7. Juni vor Tagesanbruch in Thury-Harcourt eintreffen konnte. Ihre 196 Panzer, darunter acht Tiger und 40 Sturmgeschütze, waren entscheidend für den Erfolg eines Gegenangriffs. Für Dietrich und seinen Chef des Stabes lag es auf der Hand, daß ein koordinierter Gegenangriff frühestens um die Mittagszeit des 7. Juni, wenn nicht sogar erst am Morgen des 8. Juni, möglich war. Generaloberst Dollmann wurde per Fernschreiben informiert.[9]

Der größte Gegner der 12. SS-Panzerdivision war Generalmajor R. F. L. Kellers 3. kanadische Infanteriedivision, die die 2. kanadische Panzerbrigade befehligte. Dieser Truppe wurden sehr weitgesteckte Ziele für den D-Day vorgegeben: eine Strecke von zehn Kilometern auf der Straße Bayeux – Caen, die Eisenbahnlinie von Putot-en-Bessin zum Flughafen Carpiquet und der Flughafen selbst, der vom „Juno"-Strand aus gesehen, wo die Division landen sollte, 16 Kilometer tief im Landesinneren liegt. Es erübrigt sich zu sagen, daß die Division und ihre amerikanischen und britischen Partner die für den D-Day gesetzten Ziele nicht erreichten. Es war nicht so sehr der deutsche Widerstand, der die Kanadier aufhielt – denn abseits der Strände war er kaum zu spüren –, es lag eher an den Stockungen auf den Strandabschnitten, deren Ursache schlechtes Wetter war. Die Panzer von Leutnant McCormicks Truppe, C-Kompanie, Panzerregiment 6 (1. Hussars), erreichten zwar tatsächlich den Nordrand von Secqueville-en-Bessin, waren ihrer unterstützenden Infanterie aber meilenweit voraus und entschlossen sich zur Umkehr. Trotzdem hatte die Division richtig gehandelt, und zwar besser als irgendeine andere Division der Alliierten. Trotz der 1.000 Verluste, darunter 335 Tote[10], hielt sie einen Raum von zehn Kilometern Tiefe im Binnenland besetzt, und Caen war in Sichtweite. Die deutsche 716. Infanteriedivision unter Generalleutnant Richter, durch die sich die Kanadier hindurchgekämpft hatten, hatte praktisch aufgehört zu existieren.

So hatten sich also die Kanadier um 21.15 Uhr festgesetzt.[11] Ihre Infanteriebrigade 7 – mit Unterstützung durch die Hussars – war in Banville und Reviers, ihre vordersten Kräfte standen südlich bei Cainet, Le Fresné-Camilly und Fontaine-Henry; die Infanteriebrigade 8 war in Colomby-sur-Thaon und Anguerny mit dem Panzerregiment 10 („Fort Garry Horse") als Unterstützung, und die North Nova Scotia Highlanders von der Infanteriebrigade 9 (Reserve), zusammen mit dem Panzerregiment 27 (Sherbrooke Fusiliers), waren nach Villons-les-Buisson vorgestoßen, wo sie eine starke Verteidigungsstellung errichteten. Die letztgenannte Gruppe traf als erste auf die jungen Männern der Division „Hitlerjugend". In der Dunkelheit kehrten die 1. Hussars und die „Fort Garry Horse" zum Kommando der Panzerbrigade 2 zurück und richteten sich im Gebiet von Pierrepont und Bény-sur-Mer ein. Zusammen waren zwei Kompanien der 1. Hussars nur 13 Panzer geblieben, und sie mußten zusammengelegt werden.[12]

Ein weiterer Feind der 12. SS-Panzerdivision, der schon früh in Erscheinung trat, war die 9. britische Infanteriebrigade, Teil von Generalmajor Rennies 3. britischer Infanteriedivision. Deren Ziel am D-Day war die Gegend zwischen St. Contest und Bitot, aber Stockungen auf den Strandabschnitten und die Verwundung des Brigadekommandeurs durch eine Bombe, während sein erster Spähtrupp an Land war, machten eine frühe Landung und einen schnellen Einsatz dieser Reservebrigade unmöglich. Am späten Nachmittag half sie im Gebiet von Lion-sur-Mer und bei den Luftstreitkräften an der Ostflanke der Alliierten. Dadurch kam es zu einer großen Lücke zwischen der jeweiligen britischen und kanadischen 3. Division.

Kurt Meyer meldete sich befehlsgemäß um Mitternacht auf dem Gefechtsstand von Generalleutnant Richters 716. Infanteriedivision. Nach seiner Beschreibung lag der Bunker in einer Sandgrube und war tief in die Erde getrieben, und zwar bei La Folie, drei Kilometer nördlich von Caen. Dort lagen Verwundete aus der 716. Infanterie- und der 21. Panzerdivision auf den Korridoren und stöhnten vor Schmerzen, während Ärzte und Sanitäter sie versorgten und in Sanitätswagen verluden. Später sagte Generalleutnant Richter, ein SS-Offizier hätte ihm bei der Ankunft gesagt: „Ich war ungefähr acht Stunden unterwegs zu Ihnen. Gut vier

Stunden lag ich wegen der Luftangriffe in Straßengräben. Die Marschkolonnen der Divisionen erleiden schlimme Verluste an Menschen und Material."[13]

Generalleutnant Feuchtinger von der 21. Panzer- und eine Verbindungsgruppe der Panzer-Lehrdivision warteten ebenfalls auf Meyer, man beriet dann über die Möglichkeit eines gemeinsamen Angriffs am 7. Juni durch diese drei Divisionen. Die Offiziere der Panzer-Lehrdivision gaben unmißverständlich zu bedenken, daß ihre Divisionen unmöglich rechtzeitig eintreffen konnten, und bei weniger als drei Divisionen sah Feuchtinger keine Aussicht auf Erfolg. Daß er mit seinem Hauptquartier in St. Pierre-sur-Dives keine Verbindung hatte, machte die Sache nicht besser. Im August 1945 berichtete er Milton Shulman, der damals Major in der kanadische Armee war, über das Treffen mit Meyer: „Etwa um Mitternacht kam Kurt Meyer auf dem Gefechtsstand an. Er sollte links von mir eingesetzt werden, und wir wollten am nächsten Morgen eine gemeinsame Aktion durchführen. Ich erklärte Meyer die Situation und warnte ihn vor der Stärke des Feindes. Meyer studierte die Landkarte und wandte sich voller Zuversicht mir zu: ‚Kleine Fische', sagte er, ‚wir werden sie am Morgen zurück ins Meer werfen.' Wir beschlossen, nach Douvres zu fahren, und die 12. SS-Panzerdivision sollte während der Nacht Ausgangsstellungen beziehen."[14]

Meyer und Feuchtinger hatten etwa 160 Panzer und fünf Panzergrenadierbataillone für den Gegenangriff zur Verfügung. Angesichts der großen Lücke zwischen der jeweils 3. Division der Briten und Kanadier im Raum Douvres war die Aussicht auf Erfolg durchaus gegeben, es kam nur darauf an, diese Streitkräfte rechtzeitig zu koordinieren und mit Treibstoff zu versorgen.

Meyers eigener Gefechtsstand befand sich in einem Café etwa vier Kilometer westlich von Caen bei St. Germain-la-Blanche-Herbe. Verbindungsoffiziere hatten den Kommandeuren seiner Einheit den Auftrag erteilt, sich dort schnellstmöglich bei ihm zu melden. Aber gerade als Meyer Richters Gefechtsstand verlassen wollte, kam ein Anruf von seinem eigenen Divisionskommandeur aus Feuchtingers Gefechtsstand bei St. Pierre-sur-Dives. Witt forderte eine Lagemeldung – er hatte die Sachlage ja schon mit Dietrich erörtert – und sagte dann: „Die Lage macht schnelles Handeln notwendig. Vor allem muß dem Feind Caen und der Flugplatz Carpiquet verweigert werden. Es ist anzunehmen, daß der Feind seine Verbände bereits geordnet hat und daß sie sich gründlich zur Verteidigung eingerichtet haben, soweit sie sich nicht für den weiteren Angriff bereitgestellt haben. Daher ist es falsch, die Verbände der Division in den Kampf zu werfen, wie sie eintreffen. Es kommt nur ein Angriff mit Bereitstellung zusammen mit der 21. Panzerdivision in Frage. Also, die Division greift den gelandeten Feind zusammen mit der 21. Panzerdivision an und wirft ihn ins Meer zurück. – Angriffsbeginn ist der 7.6.44, 12 Uhr."[15]

Er konnte Meyer nicht sagen, wann Mohnkes Regiment mit Jürgensens Panthern eintreffen würde. Meyer setzte Feuchtinger davon in Kenntnis, und beide Offiziere brachen auf und fuhren zu ihrem jeweiligen Gefechtsstand.

Den ersten Hinweis auf die Landungen der Alliierten erhielt die 1. SS-Panzerdivision „Leibstandarte" am Nachmittag des 6. Juni in Turnhout. Zu diesem Zeitpunkt nämlich erhielt der 1. Generalstabsoffizier, Obersturmbannführer Grensing, vom OKW den Befehl, die Division innerhalb von zwei Stunden zum Abmarsch bereitzustellen.[16] Der Deckname für den Abmarsch war „Blücher". Wir erinnern uns daran, daß die Division nicht einsatzbereit war. Es gab Befehle, man solle improvisieren und nur solche Fahrzeuge einsetzen, die den Kampfwert steigern. Über dieses Problem war sich das OKW im klaren. Hinzu kam die Einschätzung des Geheimdienstes, daß es sich bei den Landungen in der Normandie wahrscheinlich um Täuschungsmanöver handele und daß der Hauptangriff im Raum Calais zu erwarten sei. Diese Überlegungen führten zum Beschluß des Oberkommandos (Hitler selbst war zweifellos zu Rate gezogen worden), die Division „Leibstandarte" zu lassen, wo sie war – jedenfalls für den Augenblick.

Kapitel VII

7. Juni – Erster Zusammenstoß

(Karten 1, 2 und 3)

Am frühen Morgen des 7. Juni bestätigte Generalmajor Fritz Witt, Kommandeur der 12. SS-Panzerdivision, die in der Nacht an Kurt Meyer telefonisch übermittelten Befehle. Der Einsatzbefehl aus dem Divisionsgefechtsstand, der sich in Venoix befand, einem noblen Villenvorort von Caen, besagte, daß die Division „Hitlerjugend" „den gelandeten Feind im Verband mit der 21. Panzerdivision angreifen und ins Meer werfen sollte".[1] Das Angriffsziel war die Kanalküste, die Grenze zwischen den beiden Divisionen sollte die Eisenbahnlinie von Caen nach Luc-sur-Mer sein. Es wird später noch verständlich werden, warum der Beginn des Angriffs von 12 auf 16 Uhr verschoben wurde. Größter Wert wurde darauf gelegt, dem Feind um jeden Preis den Flugplatz Carpiquet zu verwehren. Witts Problem bestand darin, daß die für diesen Gegenangriff wesentlichen Teile noch nicht eingetroffen waren – insbesondere die Panzer. Es war schon 10 Uhr, als ungefähr 50 Panzer IV der II. Abeilung des SS-Panzerregiments 12 unter SS-Sturmbannführer Karl-Heinz Prinz eintrafen; die anderen 40 wurden erst später, wenn nicht sogar nach Anbruch der Dunkelheit, erwartet. Die 48 einsatzbereiten Panther von SS-Sturmbannführer Arnold Jürgensens I. Abteilung waren östlich der Orne wegen Treibstoffmangels liegengeblieben, und Wilhelm Mohnkes SS-Panzergrenadierregiment 26 und das SS-Pionier- und andere Bataillone mußten erst noch den Odon überqueren. Vor dem Eintreffen dieser zusätzlichen Streitkräfte an Meyers linker Flanke war an einen Angriff der Division nicht zu denken. Daher mußte Meyers SS-Panzergrenadierregiment 25 vorläufig zur Verteidigung übergehen.

Erinnern wir uns, daß Meyer spät am 6. Juni einen Spähtrupp in den Nordwesten von Caen angesetzt hatte; am 7. Juni um 10 Uhr meldete dieser, daß Carpiquet und Rots feindfrei seien, in Buron hielten sich versprengte Reste von Richters 716. Infanteriedivision. Villons-les-Buissons hingegen sei von feindlichen Kräften (kanadischen Sherbrooke-Fusilier-Panzern und den North Nova Scotia Highlanders) besetzt.[2] Meyer wies seine Truppen ein und sorgte dafür, daß Deckung gegen Sicht gegeben war, denn das war zum Überleben unbedingt erforderlich. Sein I. Bataillon des SS-Panzergrenadierregiments 25 und die 16. SS-Pionierkompanie richteten sich im Raum Epron und La Folie, nördlich von Caen und an der rechten Flanke neben der 21. Panzerdivision zur Verteidigung ein. Zwischen beiden Divisionen klaffte jedoch eine Lücke von drei Kilometern.

Meyers II. Bataillon des SS-Panzergrenadierregiments 25 hatte seine Stellungen in St. Contest und Bitot. Das war das Angriffsziel der 9. britischen Infanteriebrigade für den D-Day. Wie wir wissen, wurde sie wegen Schwierigkeiten bei der Landung und anderer Probleme in ihrer Bewegung eingeschränkt und sollte die Aufgaben nicht wie geplant übernehmen; dadurch kam es zu einer großen Lücke zwischen der jeweils 3. Division der Briten und Kanadier. Die linke Flanke der Kanadier war gefährlich offen und ungeschützt; von den verhängnisvollen Folgen werden wir noch erfahren. Meyers Plan sah vor, daß das III. Bataillon des SS-Panzergrenadierregiments 25 von SS-Obersturmbannführer Karl-Heinz Milius, das noch eintreffen sollte, Stellungen südostwärts von Franqueville beiderseits der Straße Caen – Bayeux beziehen sollte. Die Lastwagen wurden getarnt und südlich von Caen zurückgelassen, danach ging jedes Bataillon mit einem unterstellten Zug schwerer Infanteriegeschütze und Flakkanonen in seine befohlenen Stellungen.

Meyer richtete seinen vorgeschobenen Gefechtsstand in der Klosterruine von Ardenne ein, drei Kilometer außerhalb von Caen zwischen St. Germain-la-Blanche-Herbe und Authie.[3] Mit dicken Steinmauern, zwei Kirchtürmen und Mauern um einen großen Obstgarten war dies der ideale Platz für einen Gefechtsstand, um die kommende Schlacht zu führen. Obersturmbannführer Max Wünsche, Kommandeur des SS-Panzerregiments 12 der Division „Hitlerjugend", und SS-Sturmbannführer Karl Bartling, Kommandeur der III. (schweren) Abteilung des SS-Panzerartillerieregiments 12, bezogen ihre Gefechtsstände ebenfalls in der Abtei. Damit war volle Koordination von Panzern, Panzergrenadieren und unterstützender Artillerie gewährleistet. Als kurz nach 10 Uhr die Panzer IV von Prinz eintrafen, wurden fünf Panzer der 8. Kompanie zum I. Bataillon des SS-Panzergrenadierregiments 25 abgestellt, die 6. und 7. Kompanie gingen beiderseits des Klosters in Stellung, die 5. Kompanie an einem Hinterhang südlich von Franqueville, und die 9. Kompanie stand hinter der 5. in Reserve.[4] Nach Angaben von Hans Siegel, Chef der 8. Kompanie, betrug die Gesamtstärke an Panzern nicht mehr als 30.

Die Klostertürme waren bald mit Artilleriebeobachtern besetzt, die das Geschützfeuer der Divisionen und Korps um Caen lenken konnten, während die Werferabteilung der Division an der Nordseite der Stadt in Stellung ging. Drei Panzerkompanien von Oberst Oppeln-Bronikowskis Panzerregiment 22 und zwei Panzergrenadierbataillone – alle Bestandteil der 21. Panzerdivision – befanden sich bereits in ihren Ausgangsstellungen nahe Blainville und Biéville westlich der Orne. Der Plan war, sie vorrücken zu lassen, sobald Meyers Panzer und Panzergrenadiere sich in der Ausgangsstellung befanden. Jetzt galt es nur, auf den Rest der 12. SS-Panzerdivision zu warten und sich für den Beginn des Angriffs um 16 Uhr bereitzuhalten.

Wie war die Lage auf der Seite der Kanadier und Briten? Brigadegeneral Harry Foster, der Kommandeur der 7. kanadischen Infanteriebrigade, erteilte um 1.30 Uhr einen Befehl. Der Vormarsch sollte um 6 Uhr fortgesetzt werden, gleiche Ziele wie am D-Day. Um 8.55 Uhr, nachdem sich kaum Widerstand geregt hatte, wurde den Winnipegs und Reginas befohlen, ihre Endziele zu stürmen, und mittags waren Putot, Bretteville-d'Orgueilleuse und Norrey gesichert. Die Brigade 7 verschanzte sich. Obwohl es im Süden keinen Widerstand gab, ließ man diese großartige Gelegenheit verstreichen, die deutschen Truppen zu umgehen, besonders die wichtigen Teile der 12. SS- und 21. Panzerdivision im Norden des Carpiquet-Flughafens und der Innenstadt von Caen. Das Problem war, daß die 2. kanadische Panzerbrigade, von der Division direkt geführt, für den Gegenstoß bereitgehalten wurde und nicht, wie es bei dem deutschen Heer der Fall gewesen wäre, die Gelegenheit sofort kühn ausnutzte. Während die Infanterie ihre Ziele erreichte und sich eingrub, saßen die meisten Panzer der 1. Hussars und Fort Garry tatenlos in ihrer Bereitstellung in Pierrepont. Die einzige Aktion von Brigadegeneral Foster am späten Nachmittag des 7. Juni bestand darin, eine Kompanie der 1. Hussars und eine Infanteriekompanie der Canadian Scottish in Marsch zu setzen, um eine Lücke bei Cairon zwischen seiner Brigade und der Infanteriebrigade 9 zu schließen – das war sechs Kilometer hinter seinen vordersten Stellungen.

Für die kanadische Infanteriebrigade 8 war der 7. Juni ebenfalls ein verhältnismäßig leichter Tag. Zwei Bataillone räumten Widerstandsnester in Colomby-sur-Thaon und Anguerny, wäh-

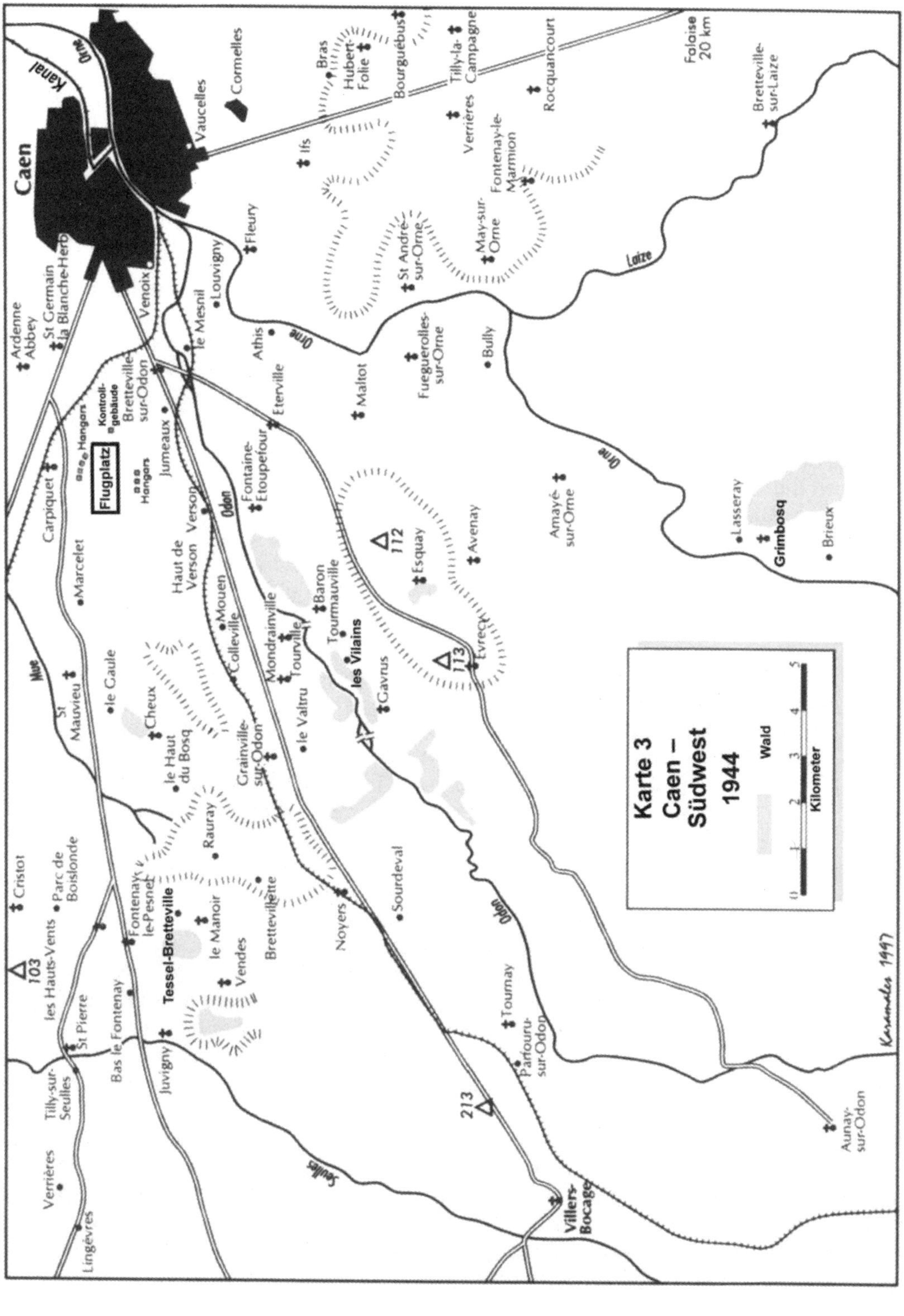
Karte 3
Caen –
Südwest
1944
Wald
Kilometer
0 1 2 3 4 5
Caen
Kanal
Orne
Vaucelles
Cormelles
Ardenne Abbey
St Germain la Blanche-Herbe
Venoix
Louvigny
Fleury
Ifs
Bras
Hubert-Folie
Bourguébus
Tilly-la-Campagne
Verrières
Rocquancourt
Falaise 20 km
Fontenay-le-Marmion
May-sur-Orne
St André-sur-Orne
Bretteville-sur-Laize
Laize
le Mesnil
Athis
Eterville
Maltot
Fontaine-Etoupefour
Feuguerolles-sur-Orne
Bully
Bretteville-sur-Odon
Kontroll-gebäude
Hangars
Flugplatz
Carpiquet
Jumeaux
Verson
Odon
Haut de Verson
Marcelet
Mouen
Baron
Tourmauville
Esquay
112
Avenay
Amayé-sur-Orne
Lasseray
Grimbosq
Brieux
Colleville
Mondrainville
Tourville
les Vilains
Gavrus
113
Evrecy
Mue
St Mauvieu
le Gaule
Cheux
le Valtru
le Haut du Bosq
Grainville-sur-Odon
Rauray
Cristot
Parc de Boislonde
Fontenay-le-Pesnel
Tessel-Bretteville
le Manoir
Brettevillette
Noyers
Sourdeval
Vendes
103
les Hauts-Vents
St Pierre
Bas le Fontenay
Juvigny
Tournay
Parfouru-sur-Odon
Tilly-sur-Seulles
213
Verrières
Lingèvres
Seulles
Villers-Bocage
Aunay-sur-Odon
Karamales 1997

rend das dritte damit beschäftigt war, zwei Radarstationen westlich von Douvres zu säubern; diese saßen in Betonbunkern, und die Kanadier stießen auf heftigen Widerstand der Deutschen. Am Ende des Tages wurde diese Aufgabe der 51. britischen Division („Highland") übergeben.

Ganz anders verlief der Tag für die Männer der 9. kanadischen und der 9. britischen Infanteriebrigade. Um 7.45 Uhr begannen kanadische Infanterie und Panzer ihren Vorstoß von Villons-les-Buissons, die Stuart-Spähpanzer als Spitze. Ziel war der Flugplatz Carpiquet. Nach den Stuarts kam die C-Kompanie von Oberstleutnant Petschs North Nova Scotia Highlanders in Mannschaftstransportern, und hinter dieser Vorhut folgten die drei weiteren Kompanien auf den Shermans von Oberstleutnant Mel Gordons Sherbrooke-Fusilier-Panzern. Die Bühne war frei für eine Katastrophe bei den Kanadiern.

Um 11.50 war Buron erreicht, und während die Shermans einen Kilometer südwestlich davon anhielten und das Feuer auf Authie eröffneten, stieß die C-Kompanie weiter vor und brach um 13 Uhr in Authie ein. Zu diesem Zeitpunkt hatten die leichten Stuart-Panzer Franqueville erreicht. Die Kompanien A und B der Highlanders waren auf halben Wege zwischen Buron und Authie abgesessen, und die Shermans stießen weiter nach Authie vor. Dies war der Moment – die kanadische Kampfgruppe war weit auseinandergezogen und befand sich außerhalb der Reichweite der unterstützenden Artillerie mit ungeschützter Flanke –, als die Panzer und die SS-Panzergrenadiere der Division „Hitlerjugend" angriffen.

Aus seinem Turm im Kloster von Ardenne hatte Kurt Meyer einen großartigen Überblick über die gesamte Gegend, sie war offen und leicht gewellt. In seinem Buch *Grenadiere* beschreibt er die folgenden Ereignisse: „Ein feindlicher Panzer schiebt sich durch die Obstgärten von Contest! Jetzt steht er. Der Kommandant öffnet die Luke und sucht das Gelände ab. Ist der Kerl blind? Hat er noch nicht gemerkt, daß er nur 200 Meter vor den Grenadieren des II. Bataillons steht und die Pak-Rohre auf ihn gerichtet sind? Scheinbar nicht. In aller Ruhe steckt er sich eine Zigarette an und blinzelt dem Rauch nach. Kein Schuß löst sich. Das Bataillon hält eine ausgezeichnete Feuerdisziplin.

Aha! Jetzt ist alles klar! Der Panzer ist zur Seitensicherung herausgeschoben. Aus Buron rollen feindliche Panzer auf Authie zu. Mein Gott! Was für eine Gelegenheit! Die Panzer fahren genau vor der Front des II. Bataillons entlang! Die Einheit bietet ungeschützt ihre Flanke dar. Ich gebe Befehl an alle Bataillone, an die Artillerie und an die bereitstehenden Panzer: ‚Nicht schießen! Feuereröffnung nur auf meinen Befehl!'

Der Kommandeur unseres Panzerregiments hat seinen Befehlswagen im Klostergarten stehen. Schnell ist eine Telefonverbindung zum Panzer hergestellt, und das Feindbild wird so vom Turm über das Mikrophon an alle Panzer übertragen. Eine Kompanie steht im Klostergelände und eine andere am Hinterhang südlich Franqueville. Zögernd, aber stetig rollen die Panzer nach Authie hinein. Sie durchstoßen die Ortschaft in Richtung auf Franqueville.

Der feindliche Kommandeur scheint nur noch den Flugplatz zu sehen – der Platz liegt unmittelbar vor ihm. Er beherrscht ihn bereits mit seinen Waffen. Aber er sieht nicht, daß am Hinterhang sein Verderben lauert. Sobald seine Panzer die Straße Caen – Bayeux überschreiten, rennen sie in die wartende Panzerkompanie der II. Abteilung. Nur wenige hundert Meter trennen die stählernen Ungeheuer voneinander.

Wie gebannt starren wir auf dies Schauspiel! Wünsche – Kommandeur des Panzerregiments – gibt die Bewegungen der feindlichen Panzer leise weiter. Keiner wagt laut zu sprechen.

Ich denke an den Angriffsbefehl der Division und an den Grundsatz Guderians: Klotzen, nicht kleckern! [Angriffsbeginn 16 Uhr] – Aber hier muß gehandelt werden. Das Regiment 26 befindet sich noch ostwärts der Orne, und die I. Abteilung Panzerregiment 12 liegt ohne Betriebsstoff 30 Kilometer ostwärts der Orne fest.

Der Betriebsstoff kann wegen der Lufttätigkeit nicht herangeführt werden. Entschluß: Sobald die feindlichen Spitzenpanzer Franqueville durchfahren haben, greift das III. Bataillon 25 mit der am Hinterhang stehenden Panzerkompanie an. Hat das Bataillon Authie erreicht, greifen auch die übrigen Bataillone in den Kampf ein. Angriffsziel: Küste.

Der Kommandeur der 21. Panzerdivision wird über die Lage orientiert und um seine Unterstützung gebeten [davon später in diesem Kapitel].

Ein ungeheurer Druck lastet auf uns. Jetzt muß es gleich geschehen. Die feindliche Spitze schiebt sich an Franqueville vorbei und ist im Begriff, die Straße zu überschreiten. Ich gebe Wünsche das Angriffszeichen und höre nur noch seinen Befehl: ‚Achtung! Panzer marsch!' Jetzt weicht die Spannung. Es kracht und blitzt bei Franqueville. Der feindliche Spitzenpanzer qualmt, und ich sehe, wie die Besatzung ausbootet. Weitere Panzer fliegen krachend auseinander.

Ein Panzer IV bleibt plötzlich brennend stehen, hohe Stichflammen schießen aus der Luke. [Bei diesem anfänglichen Zusammenstoß wurden drei Panzer IV abgeschossen.[5]] Die kanadische Infanterie versucht, die Ortschaft Authie zu erreichen und von dort aus den Kampf weiterzuführen. Aber es ist vergebens. Die Grenadiere des III. Bataillons sind vom Ehrgeiz gepackt. Sie wollen den Panzern keinen Vortritt lassen. Sie wollen in Authie einbrechen. Kaum haben die Grenadiere Authie erreicht, beginnt der Angriff des II. und I. Bataillons [15 Uhr[6]]. Der Feind ist jetzt in der tiefen Flanke gefaßt. Im schwungvollen Angriff ist Franqueville und Authie genommen. Jetzt muß Contest-Buron fallen."

Die C-Kompanie, North Nova Scotia Highlanders, in Authie war bald von den Panzern IV der 6. Kompanie des SS-Panzerregiments 12 und dem III. Bataillon des SS-Panzerregiments 25 unter Milius überrannt. Letztere griffen dann die A-Kompanie der Highlanders an, die Oberstleutnant Petch auf leicht erhöhtes Gelände südöstlich von Gruchy zurückgezogen hatte. Nach einigen heftigen Gefechten war auch sie überrannt. Dann prallten die Shermans von den Sherbrooke Fusiliers mit den Panzern IV der II. Abteilung des SS-Panzerregiments 12 südlich von Buron zusammen. Es gab Verluste auf beiden Seiten. Obgleich Oberstleutnant Gordon seinen Vorgesetzten um Hilfe bat und die Fort-Garry-Panzer um 14.30 Uhr in Alarmbereitschaft gesetzt wurden, entschied der Kommandeur der Panzerbrigade 2, Brigadegeneral Wyman, nach persönlicher Erkundung, daß man die Lage „im Griff" habe, weshalb auch keine Unterstützung gegeben wurde.[7]

Am späten Nachmittag war Buron von der Division „Hitlerjugend" genommen worden, und bald darauf erlaubte Brigadegeneral Cunningham den Überlebenden seiner führenden Kampfgruppe, sich nach Les Buissons zurückzuziehen, wo die anderen Verbände eine „Festung" gebildet hatten, wie die Kanadier sie nannten.[8] Keines der anderen beiden Bataillone der Infanteriebrigade 9 wurde zur Unterstützung der Kameraden herangezogen. In beiden Fällen schien es, als seien die kanadischen Kommandeure sich der tatsächlichen Ereignisse gar nicht bewußt gewesen. Ganz anders dagegen Panzermeyer, der ständig in vorderster Front bei seinen Spitzenkräften zu finden war und von vorne führte.

Fairerweise muß man aber hinzufügen, daß Generalmajor Keller, der kanadische Divisionskommandeur, hätte eingreifen sollen, um die Einsätze der Infanteriebrigaden 7 und 9 zu koordinieren, aber anscheinend waren ihm die Möglichkeiten und Probleme gar nicht bewußt. Daher überrascht es kaum, daß sein Kriegstagebuch für die Division ein völlig irreführendes Bild der Ereignisse wiedergibt: „Die Infanteriebrigade 9 traf Panzer und Infanterie in der Gegend von Authie. Der Angriff wurde zurückgeschlagen, aber wir beschlossen den Rückzug auf das günstigere Gelände um Villons-les-Buissons."

Man muß sagen, daß die Kanadier zwar hart und tapfer gekämpft hatten, daß aber die Zusammenarbeit zwischen Infanterie und Panzern „zu wünschen übrig ließ" und daß der Informationsfluß von vorn bis hinten äußerst dürftig war.[9]

Wir wissen aus Meyers Bericht, daß die Panzer der 5. und 6. Kompanie des SS-Panzerregiments 12 und Grenadiere von Milius' III. Bataillon ebenfalls an dem Gegenangriff um 15 Uhr beteiligt waren, als sie auf gleicher Höhe mit den beiden anderen SS-Panzergrenadierbataillonen und mit der 7. und 8. Kompanie des SS-Panzerregiments 12 waren. Im Norden von St. Contest stieß man auf drei Shermans; der Kommandeur des II. Bataillons des SS-Panzergrenadierregiments 25, Scappini, fiel – eine Panzergranate riß ihm den Kopf ab. Kurt Meyer, der auf einem Motorrad herankam, um die Lage zu beurteilen, beauftragte SS-Hauptsturmführer Schrott mit der Führung des Bataillons. Die Panzer IV der 7. Kompanie des SS-Panzerregiments 12 vertrieben die Shermans, und schon bald waren Mâlon und Galmanche genommen. Um 16.15 Uhr begann inzwischen das I. Bataillon des SS-Panzergrenadierregiments 25 von SS-Sturmbannführer Waldmüller zusammen mit Werners 16. SS-Pionierkompanie und den fünf Panzern IV der 8. Kompanie des SS-Panzerregiments 12 den Vorstoß mit Ziel Anguerny. Bald stießen sie auf britischen Truppen im Raum Gambes. Die Männer des 2. Bataillons, Royal Ulster Rifles (RUR), versammelten sich um 14 Uhr in den Wäldern nordöstlich von Mesnil und begannen ihren eigenen Angriff südlich gegen Caen; unterstützt wurden sie dabei von Shermans der 1. East Riding Yeomanry. Die Shermans und Panzer IV lieferten sich ein Gefecht auf dem völlig flachen Gelände westlich von Cambes, wobei alle fünf deutschen Panzer kampf- oder bewegungsunfähig geschossen wurden. Die SS-Panzergrenadiere gaben an, drei Shermans mit der Panzerfaust abgeschossen zu haben. Trotz der Verluste an Panzern waren die Deutschen zu stark für die Ulster Riflemen, die sich, nachdem 36 Mann gefallen waren[10], nach Mesnil zurückzogen, wo das Bataillon 1, King's Own Scottish Borderers (KOSB), in Stellung lag.[11]

Aber jetzt befand sich die alliierte Artillerie in wirksamer Reichweite und forderte nun in Verbindung mit schwerem und hochpräzisem Feuer aus Schiffsgeschützen ihren Tribut von den Deutschen – insbesondere von den SS-Panzergrenadieren. Beide Seiten waren allmählich erschöpft. Aber bedeutsamer für die Deutschen waren wohl die Bewegungen der Alliierten, die Kurt Meyer an der Westflanke festgestellt hatte und denen keine entsprechenden Bewegungen der Deutschen an der Ostflanke gegenüberstanden. Noch einmal sei aus seinem Buch *Grenadiere* zitiert: „Beim I. Bataillon stelle ich mit Schrecken fest, daß die 21. Panzerdivision den Angriff nicht unterstützt und die Panzer bei Couvre Chef [Biéville und Blainville] stehen. Die rechte Flanke des Regiments ist also offen, und feindliche Panzer stoßen in die Flanke des I. Bataillons. ... Vom Regiment 26 war bis jetzt lediglich die Aufklärungskompanie im Kampfraum eingetroffen. Die Bataillone sind durch Luftangriffe noch aufgehalten, so daß mit einem Einsatz des Regiments kaum noch gerechnet werden kann.

Die Aufklärungsabteilung 12 hat in der linken Flanke der Division noch keine Feindberührung. Die Abteilung klärt in Richtung Bayeux auf [nord- und nordwestlich von Audrieu hatte es kleinere Scharmützel mit den Spitzen der 69. Infanteriebrigade, Teil der 50. britischen Infanteriedivision, gegeben] ... sehen wir starke Feindbewegungen westlich des Muc [gewöhnlich Mue geschrieben]. Panzerkräfte stoßen in Richtung auf Bretteville vor ... Mit Spannung beobachte ich die Staubwolke westlich des Muc. Panzer auf Panzer rollt über die Höhe in Richtung Bretteville vor [dies war die 7. kanadische Infanteriebrigade]. In dem Abschnitt befinden sich keine deutschen Truppen, die den Vormarsch der feindlichen Kräfte stoppen können. Die feindlichen Panzereinheiten rollen also direkt in den Aufmarschraum des Panzergrenadierregiments 26 hinein, wenn sie ihren Vormarsch über die Straße Caen – Bayeux fortsetzen. In Bretteville selbst befinden sich zur Zeit nur wenige versprengte Infanteristen der 716. I.D. Der Weg in die tiefe Flanke ist frei ... Unter diesen Umständen muß der Angriff des Regiments 25 sofort eingestellt werden."

Auch noch nach dem Krieg hielt Meyer an seiner Kritik fest, daß die 21. Panzerdivision seinen Gegenangriff nicht unterstützt hätte. Aber in einem Interview mit Milton Shulman im August 1945 sagte Feuchtinger, der Divisionskommandeur: „Das Artilleriefeuer war so heftig, daß eine einwandfreie Koordination dieses Angriffs nicht möglich war. Meyer hat zwar einen kurzen Spurt mit etwa 50 Panzern unternommen, wurde aber zurückgetrieben. Er hat niemals die Ausgangslinie für unseren kombinierten Angriff erreicht. Die alliierten Panzerabwehrkanonen ließen ihn nicht in die richtige Stellung gelangen."[12]

Nicht ohne Grund hat Meyer diese Behauptungen kräftig widerlegt, aber Feuchtingers Zögern, nicht vor der vereinbarten Angriffsstunde um 16 Uhr anzugreifen, ist vielleicht verständlich. Zweifellos war Meyer als Kommandeur dynamisch. Aber weil er gewohnheitsmäßig auf dem Gefechtsfeld mit dem Motorrad herumfuhr, stand er natürlich längere Zeit überhaupt nicht in Verbindung mit seinem Divisionskommandeur. Es läßt sich auch denken, daß die Nachricht, er wolle drei Stunden früher angreifen, beim Kommandeur des Panzerregiments 22 zumindest beträchtliche Unruhe ausgelöst hätte. Auf keinen Fall wollte die 21. Panzerdivision vor dem Eintreffen von Meyers Männern angreifen, und das war erst um 16.15 Uhr der Fall. Es scheint so, als seien die Kanadier ebensowenig aufeinander abgestimmt gewesen wie Meyer, Witt und Feuchtinger, denen in dieser wichtigen Zeit auch keine Koordination ihrer Gefechtsführung gelang.

Bei Anbruch der Dunkelheit am 7. Juni hielten Meyers Männer eine bogenförmige Verteidigungsstellung, die von Cambes nach Franqueville reichte. Sein I. Bataillon war in Cambes, das II. Bataillon in Galmanche, das III. Bataillon in Buron. Und die Panzer IV von Prinz zusammen mit den SS-Pionier- und Aufklärungskompanien und der Flak-Batterie hielten Meyers gefürchtete Westflanke von Gruchy nach Authie und Franqueville. Zwei Achtacht-Batterien der SS-Flak-Abteilung 12 waren in den frühen Morgenstunden des 8. Juni unterwegs, um diese Flanke zu schützen.

Für beide Seiten war dies ein verlustreicher Tag gewesen. Die North Nova Scotia Highlanders erlitten 242 Ausfälle, darunter waren 84 Tote, und 128 Männer gerieten in Gefangenschaft. Die Sherbrooke Fusiliers verloren 21 Panzer, sieben wurden beschädigt, und unter den 60 Opfern an Soldaten waren 26 Gefallene.[13] Die 12. SS-Panzerdivision „Hitlerjugend" verlor neun Panzer IV, weitere wurden beschädigt (die Kanadier sprachen von 31, darunter elf Tiger und 18 Panzerabwehrkanonen[14]), und beklagten mehr als 300 Opfer, darunter mindestens 73 Gefallene.[15] Aber dies war kein Kampf mit schnellen Panzern. Die Infanterie auf beiden Seiten hatte zu Fuß gekämpft, und das gesamte Gefecht, das weniger als sechs Stunden gedauert hatte, spielte sich auf einer Fläche von nur 24 Quadratkilometern ab. Bei diesem Kampf verausgabten sich Panzermeyers Leute aber völlig. Ihre Feuerdisziplin, die Tarnung und das Schießen waren vom Feinsten gewesen (nur 40 Schuß Panzerabwehrmunition wurden abgefeuert[16]). Und sie hatten den kanadischen und britischen Vorstoß nach Carpiquet und Caen aufgehalten; es sollte einen weiteren Monat dauern, bis die Alliierten den an diesem schicksalsschweren Tag von der Division „Hitlerjugend" gewonnenen Boden zurückerobert hatten. Am Ende dieses Tages verfügten die Kanadier noch über 115 kampfbereite Panzer[17], von denen die allermeisten keinen einzigen Schuß abgefeuert hatten.

Für Sepp Dietrich war dieser 7. Juni sehr enttäuschend verlaufen. Auch wenn Kurt Meyers unmittelbarer Gegenangriff erfolgreich war, war er doch naturgemäß begrenzt, und es gab keinen geschlossenen Gegenangriff des gesamten Korps. Nach dem Besuch in Generalleutnant Richters Hauptquartier in Caen mußte Dietrich erkennen, daß die 716. Infanteriedivision als kämpfende Truppe aufgehört hatte zu existieren. Von Dietrichs Standpunkt aus gesehen war die verzögerte Ankunft der restlichen 12. SS-Division auf dem Schlachtfeld und das nicht erfolgte Eintreffen der Panzer-Lehrdivision schwerwiegender. Als Generalleutnant

Fritz Bayerlein, ihr Kommandeur, am späten Nachmittag im neuen Hauptquartier des Korps bei Amayé-sur-Orne eintraf, brachte er beunruhigende Nachrichten. Alliierte Bomber hatten die Brücke bei Thury-Harcourt zerstört. Hinzu kamen die ständigen Luftangriffe auf seine Kolonnen, so daß seine Division unmöglich vor dem Morgen des 8. Juni eintreffen konnte.

Dies wiederum bedeutete, daß sich eine beträchtliche Lücke zwischen dem I. SS-Panzerkorps und Marcks' LXXXIV. Armeekorps im Westen auftat. Dietrich schloß daraus, daß die Lage kritisch würde, sofern er am 8. Juni mit der Division „Hitlerjugend" und der Panzer-Lehrdivision keinen Gegenstoß führte. Er gab die nötigen Befehle an Bayerlein und befahl den Tigern der schweren SS-Panzerabteilung 101 des Korps, Beauvais zu verlassen.[18] Vorgesehener Sammelplatz war der Raum um Bretteville-sur-Odon. Die Männer dieser Panzerabteilung sagen, der Marsch habe auch tatsächlich um etwa 3 Uhr am 7. Juni begonnen, aber wie auch immer, die Tiger konnten erst nach mehreren Tagen eintreffen.

Der Marsch der Panzer-Lehrdivision war mit Problemen belastet. Am 6. Juni um 2.30 Uhr war Bayerleins Panther-Abteilung auf die Schiene verladen worden, sie sollte nach Polen verlegen! Diese Verlegung strich er auf eigene Verantwortung. In der *Saturday Evening Post* vom 20. Oktober 1945 schrieb er einen Bericht über die Ereignisse am 6. und 7. Juni: „Am 6. Juni um 2 Uhr wurde ich alarmiert. Die Invasionsflotte kam über den Kanal. Mir wurde befohlen, um 5 Uhr an jenem Nachmittag nach Norden aufzubrechen. Das war zu früh. Am Tage hatte es schwere Luftangriffe gegeben, und jeder wußte, daß alles, was fliegen konnte, die Invasion unterstützen würde. Meine Bitte um Aufschub bis zur Dämmerung wurde abgelehnt.

Wir brachen auf wie befohlen und gerieten sofort unter Luftangriff. Bis zur Nacht hatte ich 20 oder 30 Fahrzeuge verloren. ... Am Tage gab mir Generaloberst Dollmann, der Oberbefehlshaber der 7. Armee, den direkten Befehl weiterzumachen, etwas anderes war auch nicht zu tun ... Am Ende des Tages hatte ich 40 Lastwagen mit Treibstoffladungen verloren sowie 90 andere Wagen. Fünf meiner Panzer und 84 Halbkettenfahrzeuge, Schlepper und Geschütze mit Selbstfahrlafetten waren kampfunfähig. Das waren schwere Verluste für eine Division, die noch nicht einmal im Einsatz war."

Bayerleins Ordonnanzoffizier, Hauptmann Hartdegen, nimmt diese Geschichte auf, wie in Paul Carells Buch *Invasion – They're Coming!* zu lesen ist: „General Bayerlein, sein Fahrer, Unteroffizier Kartheus, und ich warteten auf die Vorhut des Panzergrenadierregiments 901 bei Condé-sur-Noireau, 50 Kilometer südlich von Caen. ... Die kleine Stadt ... war nur noch ein schwelender Trümmerhaufen. Auch die Straßenbrücke war von Bomben zerstört. ... Die Panzer-Lehrdivision war dem I. SS-Panzerkorps unterstellt worden. Die ganze Nacht hatten wir das Hauptquartier von Sepp Dietrich, Kommandeur des Korps, gesucht. Wir wollten seine Pläne erfahren und unsere Befehle entgegennehmen. Aber wir konnten es nicht finden. Erst am späten Nachmittag des 7. Juni entdeckten wir es, und zwar in einem kleinen Wald nördlich von Thury-Harcourt. Dietrich ordnete an, daß Bayerlein je eine Kampfgruppe in Norrey und in Brouay aufstellen sollte, und zwar am Schienenweg Caen – Bayeux am Morgen des 8. Juni. Von dort aus sollten wir zusammen mit der 12. SS-Panzerdivision ‚Hitlerjugend' auf breiter Front angreifen.

Am Abend endlich fanden wir die Spitze unserer Division bei Thury-Harcourt. Die Grenadiere waren als erste eingetroffen. Die Panzer waren noch weit hinten.

General Bayerlein diskutierte die Situation mit dem Kommandeur des Regiments, und gegen 20 Uhr zogen wir in unser Hauptquartier bei Proussy. ... Der Abschnitt von Caument nach Villers-Bocage war eine Straße des Todes."

An diesem kritischen Tag hatte Rommel – obgleich Dietrich nichts davon wußte – auch den Unterstellungswechsel des I. SS-Panzerkorps von Dollmanns 7. Armee zu General Geyr von Schweppenburgs Panzergruppe West angeordnet.

Kapitel VIII

8. bis 10. Juni – Kämpfe am Brückenkopf

(Karten 1, 2 und 3)

8. Juni

Sepp Dietrich hatte die dringende Notwendigkeit eines Gegenangriffs gegen den britischen und kanadischen Brückenkopf erkannt. Er entschloß sich zum Angriff, auch wenn die Panzer-Lehrdivision nicht rechtzeitig eintreffen sollte. Er befahl einen Angriff mit Ziel Lion-sur-Mer entlang der Straße Caen – Douvres. Die Straße war als Trennungslinie zwischen der 12. und der 21. SS-Panzerdivision vorgesehen, wobei die 12. Division links und die 21. Division rechts von ihr operieren sollte. Angriffsbeginn war auf 10 Uhr am 8. Juni festgesetzt.[1] Jedoch ergibt sich aus dem Verzeichnis der Telefongespräche der deutschen 7. Armee, daß dieser Befehl, nord- und nordöstlich von Caen anzugreifen, um 8.10 Uhr rückgängig gemacht wurde: „Feldmarschall Rommel unterbricht und befiehlt, daß das I. SS-Panzerkorps den Angriffsschwerpunkt unter Einsatz aller drei Divisionen [12. SS-Panzerdivision ‚Hitlerjugend', Panzer-Lehrdivision und 21. Panzerdivision] so schnell wie möglich nach links verlegt. Angriffsrichtung: nördlich und nordwestlich von Caen, Richtung Küste."[2]

Der Schwerpunkt und die Hauptunterstützung durch Artillerie wurde daher auf den Gefechtsstreifen der Division „Hitlerjugend" verlagert, und Generalleutnant Bayerleins Panzer-Lehrdivision sollte nach ihrem Eintreffen im Operationsgebiet zur linken Flanke stoßen.[3] Trotz dieser Befehle war sich Dietrich der Tatsache bewußt, daß Feuchtingers 21. Panzerdivision bereits in Abwehrkämpfe mit der 3. britischen Infanteriedivision verwickelt war und aus ihren Stellungen zu beiden Seiten der Orne keineswegs einen größeren Gegenangriff starten könnte. Er wußte auch, daß nur die vordersten Einheiten der Panzer-Lehrdivision in der Nacht des 7. Juni im Gebiet von Fontenay-le-Pesnel und Tilly-sur-Seulles angekommen waren und daß auch diese Division nicht in der Lage sein konnte, am Morgen des 8. Juni einen einwandfrei koordinierten Angriff vorzutragen. Es hatte den Anschein, als sei Fritz Witts 12. SS-Panzerdivision „Hitlerjugend" ziemlich auf sich allein gestellt. Aber auch Witts Division war nicht vollzählig. Panzermeyers SS-Panzergrenadierregiment 25 mit der Hälfte der Panzer IV von Prinz mußte nach dem zwar erfolgreichen, aber örtlich ziemlich begrenzten Gegenangriff am Vortag gegen die kanadische Infanteriebrigade 9 zur Verteidigung übergehen, und nur das I. Bataillon von Mohnkes Regiment 26 war am späten Nachmittag des 7. Juni im Gebiet von Cheux eingetroffen. Der Rest des Regiments kam erst nach Anbruch der Dunkelheit zu seinem Bereitstellungsraum bei Fontenay, und die restlichen Panzer der Division warteten noch an der falschen Seite der Orne auf Versorgung mit Treibstoff.

Generalmajor Keller, der die 3. kanadische Infanteriedivision führte, hielt am 8. Juni um 11 Uhr vormittags eine Konferenz ab. Seine Befehle für den Tag waren einfach, aber optimistisch, denn während er sie erteilte, wurde eine seiner Brigaden schon angegriffen. Die Brigaden 7 und 8 sollten die augenblickliche Stellung halten, während Brigade 9 Buron zurückerobern sollte. Dabei war sie von der gesamten Divisionsartillerie zu unterstützen.

Die kanadische Infanteriebrigade 7 von Brigadegeneral Foster hielt entschlossen die am Tag zuvor erreichten Stellungen. Die Winnipegs waren in Putot-en-Bessin, die Reginas in Bretteville-d'Orgueilleuse, und die 1. Canadian Scottish lagen als Reserve in Secqueville-en-Bessin. Unmittelbare Unterstützung durch Panzer war nicht gegeben.

Damit die 12. SS-Panzerdivision gemäß Dietrichs Befehlen einen Gegenangriff ansetzen konnte, war es erforderlich, daß das SS-Panzergrenadierregiment 26 von SS-Obersturmbannführer Wilhelm Mohnke das verstärkte Regiment 25 von Meyer unterstützte und die offene Westflanke schützte. Deshalb hatte Mohnke trotz fehlender Panzerunterstützung seinen Bataillonen den Angriff noch vor Einbruch der Dämmerung am 8. Juni befohlen. Krauses I. Bataillon war auf Norrey angesetzt und Siebkens II. Bataillon auf Putot. Olboeters III. Bataillon (SPW) sollte die linke Flanke des Regiments durch die Einnahme von Brouay schützen und sich mit Bremers SS-Aufklärungsabteilung 12 im Gebiet von Audrieu vereinigen. Letzteres schützte sowohl die linke Flanke des I. SS-Panzerkorps als auch die der Division „Hitlerjugend" ab. Die westliche Grenze verlief von Fontenay-le-Pesnel hinter dem westlichen Rand von Brouay zur Küste bei Ver-sur-Mer. Ohne es zu wissen, schützte sie auf ihrem Weg nach Norden zur Front auch die Panzer-Lehrdivision. Es ist nicht verwunderlich, daß Bremer in die Stellung bei Audrieu befohlen wurde – vom Punkt 103 bei Haut d'Audrieu kann man die Turmspitzen von Bayeux und das Gelände hinter Seulles südlich davon sehen. Es scheint sich jedoch niemand in der 12. SS-Panzerdivision dessen bewußt gewesen zu sein, daß außer der Aufklärungsabteilung der Panzer-Lehrdivision während der Nacht auch noch ein Panzergrenadierbataillon jener Division in dieses Gebiet vorgestoßen war.

Obgleich Krauses I. Bataillon des SS-Panzergrenadierregiments 26 rechtzeitig im Bereitstellungsraum bei Cheux eintraf, um den Angriff auf Norrey um 3 Uhr zu beginnen, mußte das II. Bataillon abseits der Marschstraße pausenlos angreifen und hatte keine Zeit, um sich geordnet zum Angriff bereitzustellen. Nach der Ankunft bei Fontenay-le-Pesnel um Mitternacht ließ das III. Bataillon die SPW dort und marschierte in den frühen Morgenstunden weiter. Bei der Ankunft in Cristot rief der Kommandeur seine Kompaniechefs in einem kleinen Wald nördlich des Dorfes zur Befehlsausgabe zusammen. Während dieser Besprechung wurde die Gruppe von Artilleriegranaten getroffen, und die beiden Kompaniechefs, die den Angriff gegen Brouay führen sollten, wurden verwundet. Die mit 7,5-cm-Kanonen ausgerüsteten SPW der (schweren) 12. SS-Kompanie bekamen den Befehl, den Angriff zu unterstützen. Olboeter befahl weiteren Teilen des Bataillons, Brouay zu nehmen und sich dort festzusetzen. Der Rest des Bataillons blieb in Cristot.

Der Angriff auf Norrey durch Krauses I. Bataillon des SS-Panzergrenadierregiments 26 verlief problematisch. Es stieß um 3 Uhr im Dunkeln über offene Felder vor, aber die Kompanie der Regina Rifles, die das Dorf verteidigte, kämpfte mit großer Verbissenheit. Der Rest der Regina Rifles war in Bretteville-d'Orgueilleuse stark verschanzt. Das unterstützende Artilleriefeuer erwies sich als zu wirkungsvoll: um 11 Uhr war Krause gezwungen, den Angriff anzuhalten. Er hatte fünf Tote und 20 Verwundete zu beklagen.[4]

Das II. Bataillon des SS-Panzergrenadierregiments 26 von SS-Sturmbannführer Bernhard Siebken kam nicht rechtzeitig an, um seinen Angriff auf Putot mit dem des I. Bataillons auf Norrey zu koordinieren. Wir erinnern uns, daß es abseits der Marschstraße angreifen mußte; die Spitzenzüge, die ebenfalls durch das offene Gelände vorstießen, trafen bei dem Versuch, die Eisenbahnlinie südlich des Dorfes um etwa 6.30 Uhr zu überqueren, auf den Feind. Die Royal Winnipeg Rifles von Oberstleutnant Meldram hatten drei Kompanien auf der Eisenbahnlinie, außerdem die D-Kompanie und den Bataillonsgefechtsstand unmittelbar östlich von Putot. Aber Siebkens junge Soldaten kämpften hartnäckig, und um 13.30 Uhr waren die Kompanien A, B und C der Winnipegs eingekesselt und abgeschnitten. Das Kriegstagebuch der Einheit klagt, daß kein Panzer zur Unterstützung beim Bataillon auftauchte. Aber Berichte, daß die rechte Hälfte des Bataillons „von feindlichen Panzerkräften abgeschnitten wurde", sind falsch. Die einzigen deutschen „Panzer" in der Gegend waren die SPW des III. Bataillons mit 7,5-cm-Kanonen, die Brouay auf der rechten Flanke angriffen. Es gelang den Resten der drei Winnipeg-Kompanien, im Schutz einer Nebelwand aus Putot herauszukommen und sich ihren Kameraden der D-Kompanie östlich des Dorfes anzuschließen; sie hatten schreckliche Verluste erlitten: 256 Mann, darunter 105 Gefallene.

Dann rückten Siebkens Männer zu ihrem zweiten Ziel vor, das war die von Bayeux nach Caen verlaufende Route Nationale 13. Aber hier trafen sie auf Stuart-Aufklärungspanzer der britischen 24. Lancers (24L), die mit der Infanteriebrigade 231 operierten, und einen Teil der 50. (Northumbrian) Division. Diese Division hatte Bayeux besetzt und stieß nun vor, um das Hochgelände im Gebiet von Villers-Bocage, etwa 20 Kilometer südlich der Stadt, in Besitz zu nehmen. Ihr Zwischenziel war Tilly-sur-Seulles – ein Name, der sich wohl für immer in das Gedächtnis vieler britischer Soldaten eingegraben hat. Die Aufklärungstruppe der 24L rückte gerade südöstlich auf der wichtigen Route Nationale 13 vor, als sie auf die 6. Kompanie von Siebkens Bataillon traf. Die SS-Aufklärungsabteilung der Division „Hitlerjugend" hatte bei St. Leger bereits einen Panzer der 24L abgeschossen. Nun zwang der Zusammenprall mit den SS-Panzergrenadieren unter heftigem Artilleriefeuer die 24L zum Rückzug in den Raum Loucelles, wo Infanteristen des 1. Dorset-Bataillons in Stellung lagen.

Inzwischen, um etwa 8 Uhr, hatten sich die 10. und 11. SS-Panzergrenadierkompanie und sechs 7,5-cm-SPW der 12. Kompanie von Olboeters III. Bataillon auf Brouay zubewegt. Als die 11. Kompanie das niedriggelegene Dorf erreichte, war sie erstaunt, dort schon einige Teile eines Bataillons der Panzer-Lehrdivision vorzufinden. Die 10. Kompanie, die sich auf der rechten Seite bewegte, erreichte das bewaldete Gelände im Südwesten von Brouay zur Mittagszeit. Die Männer waren entsetzt, dort nur noch Reste der Panzer-Lehrdivision vorzufinden – Artillerie hatte sie vernichtet. Ein deutscher Unteroffizier beschrieb die Szene wie folgt: „Hier bot sich uns das schrecklichste Bild des Krieges. Der Feind hatte eine Einheit der Panzer-Lehrdivision mit schweren Waffen regelrecht zerhackt. Auseinandergerissene Schützenpanzerwagen und Ausrüstungen, daneben lagen Körperteile der gefallenen Kameraden oder hingen in den Bäumen. Es herrschte grausame Stille."[5]

Am Ende des Tages ging das III. Bataillon des SS-Panzergrenadierregiments 26, das nur sechs Gefallene und acht Verwundete zu beklagen hatte[6], ostwärts der Eisenbahnbrücke an der Eisenbahnlinie, die Brouay durchschneidet, in Stellung.

Der Verband der Panzer-Lehrdivision in Brouay war das Spitzenbataillon der Division, das I. Bataillon von Oberst Gutmanns Panzergrenadierregiment 902. Es war während der Nacht im Bereich von Fonteney eingetroffen und rückte dann weiter nach Brouay vor, wo es mit Hilfe der SS-Aufklärungsabteilung 12 leichte Panzer des britischen Aufklärungsregiments 61 zurückwarf. Danach hatte es grauenhaft unter Artilleriefeuer und Beschuß von

Schiffsgeschützen zu leiden. Letzteres war eine neue und sehr unangenehme Erfahrung für die meisten Deutschen, die in der Normandie kämpften. Die 12-Inch- und 14-Inch-Kanonen der drei US-Schlachtschiffe und die 15-Inch- und 16-Inch-Kanonen der vier britischen Schlachtschiffe sowie die zwei Küstenpanzerschiffe (Schiffe für flaches Küstengewässer mit zwei 15-Inch-Kanonen) hatten eine Reichweite von 25 Kilometern, und die 4,5-Inch- und 6-Inch-Kanonen der alliierten Kreuzer und Zerstörer bewiesen eine Genauigkeit und Feuergeschwindigkeit, die selbst frühere Rußlandkämpfer erstaunten. Ein einziger britischer Kreuzer, die HMS „Belfast", feuerte in der Zeit vom 6. bis 14. Juni 1.996 Geschosse ab.

Es blieb nicht aus, daß die Tagesereignisse die 3. kanadische Infanteriedivision zwangen, den geplanten Angriff auf Buron durch die Infanteriebrigade 9 zu streichen und die Brigade 7 bei Cairon heranzuziehen.

Brigadegeneral Foster, der die kanadische Infanteriebrigade 7 befehligte, war entschlossen, Putot zurückzuerobern. Um 17 Uhr befahl er dem 1. Bataillon Canadian Scottish von Oberstleutnant Cabeldu und einer Kompanie der Panzer der 1. Hussars, die von zwei Artillerieregimentern unterstützt wurden, das Dorf erneut zu nehmen. Der Angriffsbeginn war auf 20.30 Uhr festgelegt. Der Angriff war ein Erfolg, und nachdem Siebkens Grenadiere auf die Eisenbahnlinie zurückgedrängt waren, räumten die Kanadier auf. Der Angriff hatte die Kanadier 125 Ausfälle gekostet, von denen 45 den Tod fanden.[7] Das SS-Bataillon hatte 19 Tote, 58 Verwundete und 21 Vermißte zu beklagen.[8]

Am Nachmittag des 8. Juni besuchte Rommel das Hauptquartier der Panzergruppe West im Château bei La Caine und das I. SS-Panzerkorps bei Amayé-sur-Orne. Er bestätigte, daß Dietrich nun unter dem Kommando von Schweppenburg stand, und wurde über die Lage unterrichtet. Danach fuhr er weiter zum Befehlsstand von Fritz Bayerleins Panzer-Lehrdivision bei Cheux, nur fünf Kilometer hinter der Hauptkampflinie (HKL), wo er um 19.05 Uhr eintraf. Bayerlein war verwundet, sein Fahrer bei einem Luftangriff an diesem Morgen gefallen, aber Rommels alter Chef des Generalstabes des Afrikakorps befand sich trotzdem im Hauptquartier. Zu dessen Überraschung legte ihm Rommel nahe, jeden Gedanken an einen Angriff im Norden mit der 12. SS-Panzerdivision fallenzulassen und statt dessen seine Division in der Nacht westwärts ins Gebiet von Tilly zu verlegen; am nächsten Morgen dann habe er auf der Straßenachse Tilly – Bayeux anzugreifen, um Bayeux wieder zu nehmen.

Alle erfahrenen deutschen Kommandeure einschließlich Kurt Meyer, den am Nachmittag Fritz Witt im Kloster Ardenne besucht hatte[9], kannten daher Rommels Absichten ganz genau und wußten, was in jener Nacht und am nächsten Tag zu tun sei. Und jedem mußte klar sein, daß als Vorbedingung für einen weiteren Angriff durch die 12. SS-Panzerdivision das überaus wichtige Gelände zwischen Meyers und Mohnkes Regimentern zu erobern sei, das zur Zeit von den Kanadiern besetzt war. Am westlichsten von Meyers Truppen standen diejenigen bei Franqueville und Authie, und Mohnkes östlichste Truppen befanden sich in St. Mauvieu (heute St. Manvieu). Der Befehl lautete, die Bahnlinie als Ausgangsstellung für spätere Vorstöße zur Küste zu sichern, zu diesem Zweck seien die Städte Bretteville, Norrey und Rots zu nehmen. Witt befahl Mohnke, Norrey in Verbindung mit einem Angriff Panzermeyers auf Rots und Bretteville zu nehmen. Für seinen Auftrag bekam Meyer etwa 40 Panther von Jürgensens I. SS-Panzerabteilung sowie die 2. Batterie (Wespe / 10,5 cm) des SS-Panzerartillerieregiments unter SS-Obersturmführer Timmerbeil. Als Infanterie stellte Meyer seine eigene 15. SS-Aufklärungskompanie unter SS-Hauptsturmführer von Büttner. Es wurde ein Nachtangriff bei Anbruch der Dunkelheit (22 Uhr) befohlen, einerseits wegen der Luftangriffe, andererseits aber auch um den Feind zu überraschen.

Die SS-Aufklärungsabteilung 12 von SS-Sturmbannführer Gerd Bremer, mit Gefechtsstand in Andrieu, hatte den ganzen Tag die Westseite vom Gefechtsstreifen des I. SS-Panzerkorps verteidigt, und in diesem Zeitraum hatten sich die meisten Männer von Bayerleins Panzer-Lehrdivision dort bereitgestellt – wichtige Ausnahme waren ihr Panzerregiment und ihre Panzerjägerabteilung. Um 20 Uhr jedoch setzte äußerst schwerer Beschuß ein; über zwei Stunden tobte das Feuer von Artillerie und Schiffsgeschützen, verbunden mit einem erfolgreichen Angriff auf St. Pierre durch Panzer der 8. britischen Panzerbrigade, die mit dem 1. Dorset- und dem 2. Devon-Bataillon der 50. britischen Infanteriedivision operierte. Dieser Beschuß und die genannten Umstände zwangen Bremer, seine Kompanien zurückzunehmen. Um ungefähr 21.30 Uhr befanden sie sich auf der Linie, die südlich von Brouay zur westlichen Seite von Cristot, zur westlichen Seite von Les Hauts Vents und in einem ungefähr 500 Meter nordöstlich von St. Pierre gelegenen Gebiet verlief. Der Ritterkreuzträger Bremer erlitt eine Verwundung durch ein Schrapnell und übergab das Kommando an SS-Hauptsturmführer von Reitzenstein.

Meyers Angriff fiel mehr oder weniger mit dem Angriff der Canadian Scottish gegen Putot zusammen, aber zum Angriffszeitpunkt waren erst zwei der erhofften Panther-Kompanien eingetroffen. Die eine, die 1., wurde von SS-Hauptsturmführer Berlin befehligt, und die andere, die 4., von dem früheren Adjutanten Hitlers SS-Hauptsturmführer Hans Pfeiffer. Da Jürgensen selbst nicht rechtzeitig zum Angriff eingetroffen war, führte Max Wünsche, Kommandeur des SS-Panzerregiments 12, in seinem Kommandeurs-Panther den Angriff. Kurt Meyer führte in seiner unnachahmlichen Art von einem Motorrad aus!

Mit seiner Beschreibung des Angriffs in seinem Buch *Grenadiere*, die stellenweise wie ein „Ritt der Walküren" anmutet, vermittelt er uns eine Vorstellung davon: „Die Panzerführer sind genauestens orientiert. Kompanie- und Zugführer haben in den Nachmittagsstunden das Gelände erkundet und kennen jede Geländefalte. Die Panzerkompanie steht jetzt in Keilform marschbereit. Die Grenadiere der Aufklärungskompanie klettern auf die Panzer. Ich fahre von Panzer zu Panzer und rufe den Jungen ein paar Worte zu.

Der Kompaniechef v. Büttner, einst mein langjähriger Adjutant, erinnert mich plötzlich an ein Versprechen, das ich der 15. Kompanie während der Gefechtsausbildung in Beverloo in Belgien gegeben habe. Damals habe ich der Kompanie zugerufen: ‚Jungs, die Aufklärungskompanie ist immer die Spitze des Regiments. Ihr tragt deshalb eine große Verantwortung, ich verspreche euch, daß ich eure Feuertaufe in euren Reihen miterleben werde.' Ja, jetzt war es soweit, die Kompanie ging ihrer Feuertaufe entgegen, also muß ich den Angriff begleiten.

Mein langjähriger Freund und Kamerad Helmut Belke kommt mit einer Beiwagenmaschine angefahren. Seit 1939 ist er ständig an meiner Seite gewesen, als Kradmelder, Gruppenführer und Staffelführer hat er mich über alle Schlachtfelder begleitet. Im Beiwagen sitzt Dr. Stift. Ich springe auf den Soziussitz und dirigiere Helmut auf die Straße Caen – Bayeux. Rechts von uns brummen die Panzer. Die Grenadiere sind nun alle aufgesessen und ducken sich hinter den Türmen.

Die Jungen winken mir zu. Sie schlagen sich gegenseitig auf die Schultern und erinnern sich wahrscheinlich an mein Versprechen. Sie zeigen auf mein Krad und schütteln ihre Köpfe, die ‚Chaise' scheint ihnen doch bedenklich zu sein.

Der Kommandeur des Panzerregiments, Max Wünsche, will seine Pantherkompanie begleiten. Auch er kämpft seit 1939 an meiner Seite. Wir kennen uns, zwischen uns bedarf es keiner Erörterungen – ein Blick, ein Zeichen, und die Panzer rollen in die Dunkelheit.

Links der Straße steht eine 8,8-cm-Batterie in Feuerstellung. In wenigen Minuten haben wir die letzten Sicherungen hinter uns gelassen. Rechts der Straße rollen die Panzer mit hoher Geschwindigkeit vor. Das Gelände hat keinerlei Tücken. Die Panzerfahrer können aufdrehen. Hinter unserem Krad fährt eine Kradschützengruppe und das Fahrzeug des Artilleriebeobachters. Die Kradschützen folgen mit einigen hundert Metern Abstand.

Unsere stärkste Waffe ist der Motor – also, hinein! Das Tempo steigert sich, die Panzer sind nur noch in ihren Umrissen zu erkennen. Vor Einbruch der Dunkelheit will ich Rots durchstoßen haben – so war es auch mit Wünsche vereinbart. Die ersten Häuser von Rots tauchen auf. Die Panzer sind halbrechts hinter uns – wir sitzen wie auf einem Vulkan, aber Helmut fährt unverdrossen weiter. Jetzt hängen wir nur noch am Krad, um ja schnell genug von der Straße verschwinden zu können. Am Dorfeingang erwarten wir die Panzer. Sie sind in wenigen Minuten da. Die erste Gruppe der Aufklärungskompanie sitzt ab und geht infanteristisch vor – das Dorf ist feindfrei und bald durchstoßen.

Die Panther müssen hintereinander durch die Ortschaft fahren. Sobald sie das Dorf hinter sich haben, bilden sie wieder die Keilform. Zwei Panther brausen die Straße nach Bretteville hinab. Die übrigen stoßen rechts und links der Straße vor. In der Dunkelheit sehe ich jetzt nur noch die glühenden Auspuffrohre der Panzer.

Norrey liegt bereits halblinks hinter uns – nur noch wenige Sekunden, und wir müssen auf die kanadischen Sicherungen stoßen. Bretteville liegt ein paar hundert Meter vor uns.

Rums! Rums! Es kracht und blitzt auf der Straße. Die beiden Spitzenpanther jagen Granate auf Granate aus den Rohren. Sie schießen uns die Straße frei und rasseln mit Höchstgeschwindigkeit in die Ortschaft hinein.

So haben wir im Osten gekämpft – ob unsere Überrumpelungstaktik auch hier zum Ziel führt?

Alle Panzer knallen jetzt in die Ortschaft hinein. Feindliches MG-Feuer antwortet. Wir haben uns hinter den zweiten Panther gehängt. Auf der Straße wird es mir jetzt zu ungemütlich – wir fahren rechts ran und arbeiten uns im Straßengraben vor.

Ich stolpere über einen gefallenen Kanadier – rechts auf der Straßenböschung steht eine kleine Panzerkette und qualmt.

Im Weitergehen höre ich jemanden stöhnen. Halblinks liegt ein Getroffener – MG-Garben pfeifen die Straße hinab. Weitere Panther mit den aufgesessenen Grenadieren stoßen in die Ortschaft hinein.

Sprungweise gehen wir im Graben weiter vor. Jetzt habe ich den Verwundeten erreicht – er liegt auf dem Rücken und stöhnt vor Schmerzen. Mein Gott! Es ist v. Büttner. Der Kompaniechef der Aufklärungstruppe hat einen Bauchschuß erhalten. Ich taste ihn ab und fühle die schwere Verwundung. Büttner erkennt mich und drückt mir die Hand. Als alter Frontsoldat weiß er, daß dies sein letzter Kampf war. Langsam, aber klar kommt es über seine Lippen: ‚Grüßen Sie meine Frau, ich habe sie sehr geliebt!' – Ich knie an seiner Seite. Der Doktor verbindet ihn inzwischen. Helmut Belke sichert und kniet einige Meter neben uns. Von der anderen Straßenseite höre ich ein Geräusch. Ein Schatten springt über die Straße. Feind oder Freund? Helmut Belke schießt noch im Fallen und erwischt den Kanadier. Mit einem Kopfschuß fällt er auf den Grabenrand. Mein langjähriger Begleiter steht nicht wieder auf – auch er hat seinen letzten Kampf gekämpft – ein schwerer Bauchschuß hat sein Soldatenleben beendet.

Ich spreche ihm Hoffnung zu – aber er wehrt ab. ‚Nein, nein, ich kenne diese Art von Schüssen – das ist das Ende. Bitte grüßen Sie meine Eltern!'

Grenadiere stürmen an uns vorbei. Feldwebel Sander, der Sohn des Bürgermeisters von Dessau, drückt Helmut die Hand. Eine Stunde später ist auch Sander gefallen.

Mir laufen die Tränen übers Gesicht – die alten Kameraden werden immer weniger. Ich springe aufs Krad, um wieder Anschluß zu finden. Nach ein paar Sekunden stehe ich plötzlich in Flammen. Der Betriebsstofftank ist durchschossen und brennt wie eine Fackel. Grenadiere reißen mich zu Boden und wälzen mich im Sommerweg. Die Flammen sind durch den Dreck erstickt. Glück im Unglück.

Im Dorf knallt es an allen Ecken. Wir haben die Dorfmitte erreicht. Der Spitzenpanzer ist abgeschossen. Der Gefechtsstand des Regiments ‚Regina Rifles' ist überrollt. Der Überrumpelungsangriff ist gelungen, aber wo bleibt die Infanterie vom Regiment 26? Allein können wir uns hier nicht halten – wir sind zu schwach, um Bretteville restlos zu nehmen, und auch zu schwach, um es zu verteidigen. Im Morgengrauen entschließe ich mich schweren Herzens zur Zurücknahme der Truppe auf die Höhe ostwärts von Rots."[10]

Es war in der Tat ein verzweifelter Kampf. Mit Hilfe der Panzerabwehrkanonen des Panzerabwehrregiments 3, der Royal Canadian Artillery mit der neuen Munition, die auch Panzerwände durchlägt, hatten die Reginas den heftigen Angriff zurückgeschlagen. Die Taktik des Frontalangriffs, mit der die Deutschen in Rußland so viel Erfolg hatten, versagte gegen die disziplinierten kanadischen Truppen. Ihr Kommandeur, Oberstleutnant Matheson, schildert seine Version der Ereignisse: „Insgesamt kreisten in der Nacht 22 Panther um den Gefechtsstand des Bataillons und um die Stellung der A-Kompanie herum; und das Chaos, das da herrschte, läßt sich nur schwer beschreiben. Die Verbindung mit allen außer zur D-Kompanie war abgerissen. Feuer und Flammen erhellten den Ort, und der Feind schien verschiedentlich der Überzeugung zu sein, daß es keinen Widerstand mehr gab ... ein deutscher Offizier fuhr seinen Volkswagen [Aufklärungsfahrzeug] vor den Gefechtsstand des Bataillons, stieg aus und sah sich sekundenlang um, bis ein aufgeregter PIAT-Schütze eine Panzerabwehrgranate abschoß, die ihn geradewegs durchschlug."[11]

Es ist interessant, daß dieser letzte Vorfall, der sich um 00.30 Uhr zugetragen haben soll, im Kriegstagebuch der Einheit gestrichen war!

Es seien die Eindrücke eines Fahrers der 4. Kompanie des SS-Panzerregiments 12 hinzugefügt: „Meine Kompanie stieß auf der Straße in den Ort vor, die Panzer hintereinander in Abständen. Wir vom IV. Zug standen auf der rechten Seite der Straße, die ins Dorf führte, geradeaus vor mir sah ich die Kirche. Wir bekamen starkes Pak-Feuer, einige Häuser brannten. Ich höre noch heute den Chef Pfeiffer schreien: ‚Schießt die Häuser in Brand, daß wir was sehen können!' Der Wagen vor mir bekam einen Volltreffer."[12]

Pfeiffers eigener Panther wurde getroffen und ging nach einer Explosion in Flammen auf. Insgesamt gingen sechs Panther verloren – nach den Angaben von Kanadiern fünf davon in der Nachbarschaft von Reginas Kommandoposten als Vergeltung für den Verlust von sieben eigenen Mannschafts-Transportfahrzeugen.[13]

Untersturmführer Fuß, ein Zugführer in der Aufklärungskompanie erzählt uns, wie es für seine Männer war: „Wir wurden von einem heftigen Pak-Feuer überrascht, der Ortsrand schien von einer großen Anzahl Panzerabwehrkanonen besetzt. In den Gräben rechts und links der von Nordosten auf Bretteville führenden baumbestandenen Straße lag kanadische Infanterie, welche die aufgesessenen Grenadiere mit wildem Gewehrfeuer beharkte. Ich befahl meinem Zug sofort (nachdem wir leider schon einige Verluste hatten), auf eigene Faust abzusitzen und infanteristisch vorzugehen. Inzwischen wurde genau an dieser Stelle Hauptsturmführer v. Büttner schwer verwundet. Neben anderen Kameraden fiel dort auch SDG Waldvogel, dies alles noch außerhalb von Bretteville. Ein Eindringen in das Dorf war unmöglich, und gleich nach den ersten 50 bis 100 Metern mußten wir uns wegen starker Feuerüberlegenheit des Gegners zurückziehen. V. Büttner war inzwischen gestorben. Panzermeyer setzte sodann zwei Stoßtrupps an: der I. Zug unter meiner Führung sollte rechts ausholend, der II. Zug unter Untersturmführer Fehling links ausholend zur Ortsmitte (Kirche) vordringen und dort Leuchtzeichen schießen, falls keine feindlichen Panzer festgestellt würden. In diesem Falle sollten dann die Panzer mit der restlichen Infanterie den Ort nehmen. Fehling wurde abgeschmiert und zog sich sofort wieder zurück (ich erfuhr dies später), während ich mit noch sieben Mann nach bitterbösen Schießereien die Kirche erreichte. Der Rest meines Zuges – ohnehin schon durch die vorausgegangenen Kämpfe dezimiert – blieb auf der Strecke. Ich schoß die vereinbarten Leuchtkugeln und verzog mich mit meinen acht Mann in das Innere der Kirche, da wir von allen Seiten Feuer erhielten. Dort erwartete ich das Nachstoßen der Panzer – die nicht kamen."[14]

Der Angriff auf Norrey durch das SS-Panzergrenadierregiment 25 scheiterte ebenfalls – erinnern wir uns, daß er schon einmal an diesem Tag fehlgeschlagen war. Max Wünsche, der beim Schußwechsel leicht verwundet worden war, fuhr mit seinem Befehls-Panther zum Dorf, wo er aber niemanden von Krauses Männern antraf, und mußte sich nach heftigem Feuer zurückziehen. Später schrieb Meyer das Scheitern des gesamten Angriffs der Tatsache zu, daß die Kanadier weiterhin Norrey hielten und damit den Zusammenschluß von seinen Panzern und Mohnkes Infanterie verhinderten.[15] Aber die Kanadier hatten großartig gekämpft, das ist um so erstaunlicher, als sie dabei keine Unterstützung durch Panzer hatten. Obgleich die Deutschen mit Panzern in der Dunkelheit angegriffen hatten, stellt das Kriegstagebuch der Reginas ziemlich ironisch fest: „Uns wurde mitgeteilt, daß bei Tagesanbruch Panzerunterstützung einträfe." Der Versuch, Bretteville und Norrey zu nehmen, kam die Deutschen teuer zu stehen – Krauses Bataillon verzeichnete 61 Ausfälle, darunter zwölf Tote, und die Kampfgruppe Meyer-Wünsche erlitt 91, darunter 31 Tote.[16] Das bedeutete, daß am Morgen des dritten Tages nach D-Day die Division „Hitlerjugend" 725 registrierte Verluste zu beklagen hatte, von denen 186 Gefallene waren.

Dessenungeachtet hatte dieser Versuch, den alliierten Vorstoß auf Caen aufzuhalten, eine entscheidende Rolle gespielt. Am 8. Juni schrieb Montgomery an den British Director of Military Operations in London: „Die Deutschen tun alles, um Caen zu halten. Ich habe mich entschlossen, Verluste weitgehend zu vermeiden, indem ich nicht auf diesen Ort zustoße, daher befahl ich der 2. Armee, Caen mächtig unter Druck zu setzen, und die Hauptanstrengungen auf Villers-Bocage und Evrecy und von dort südöstlich gegen Falaise zu richten."

Unterdessen war 400 Kilometer entfernt in Belgien die 1. SS-Panzerdivision „Leibstandarte SS Adolf Hitler" am 8. Juni damit beschäftigt, die Kampf- und Nachschubfahrzeuge für den jederzeit erwarteten Abmarsch vorzubereiten.

Wir erinnern uns, daß die schwere SS-Panzerabteilung 101 des I. SS-Panzerkorps am 7. Juni den Abmarsch von Beauvais in die Normandie begann. Die Route verlief westlich von Gournay-en-Bray und von dort südwestlich nach Les Andelys. Weil aber die Brücken über die untere Seine alle zerstört waren, führte der Weg dann südöstlich über Paris nach Versailles, wo in der Nacht zum 8. Juni bei einem Luftangriff viele Tiger I beschädigt wurden. Es blieben noch 250 Kilometer bis zum Schlachtfeld, der Weg führte über Dreux, L'Aigle und Argentan.

9. Juni

Am 9. Juni verlagerte sich der Schwerpunkt für die Heeresgruppe B und die 2. britische Armee enorm. Spät am Morgen traf General der Panzertruppe Geyr von Schweppenburg, der Oberbefehlshaber der Panzergruppe West, auf dem Gefechtsstand Kurt Meyers im Kloster Ardenne ein und bat Meyer, eine Lagebeurteilung abzugeben. Meyer zufolge hatte Schweppenburg den Entschluß gefaßt, mit allen drei Divisionen des I. SS-Panzerkorps einen Nachtangriff im nördlichen Abschnitt durchzuführen. Als Angriffsbeginn war die Nacht vom 10. auf den 11. Juni vorgesehen.[17] Meyer stimmte voller Begeisterung zu. Als von Schweppenburg fortging, wurde er Zeuge eines örtlichen Panzerangriffs, den Meyer auf eigene Initiative gegen die schwergeprüfte D-Kompanie der Regina Rifles in Norrey befohlen hatte. Der Angriff begann um 13 Uhr und wurde von einer einzigen Kompanie vorgetragen, der 3. SS-Panzerkompanie, die von Hauptmann Lüdemann geführt wurde, seitdem der eigentliche Kompaniechef, von Ribbentrop, bei einem früheren Angriff verwundet worden war; er war der Sohn des Reichsaußenministers, der für seine Tapferkeitstat in Rußland mit dem Ritterkreuz ausgezeichnet worden war. Die 3. Kompanie war spät am Abend zuvor eingetroffen und kam nicht mehr rechtzeitig für den dann gescheiterten Angriff auf Bretteville. Warum Meyer nun gerade diesen Angriff durch eine einzige Kompanie befohlen hat, ist nicht klar, vielleicht schmerzte ihn noch die Niederlage bei Bretteville, oder vielleicht glaubte er tatsächlich nach der Besprechung mit von Schweppenburg, daß es wichtig sei, Norrey zu nehmen, vielleicht als Ausgangspunkt für den geplanten Angriff am 10. Juni. Was auch immer hier der Grund sein mag, auf jeden Fall war die Bühne frei für eine deutsche Katastrophe.

Die zwölf Panther näherten sich mit der Geschwindigkeit eines altmodischen Pferdewagens. Sie wurden nicht von Infanterie unterstützt und waren somit ohne Begleitschutz. Niemand war sich dessen bewußt, daß die den Reginas versprochenen Panzer um 5.15 Uhr eingetroffen waren. SS-Oberscharführer Morawetz beschrieb den Angriff so: „In der Luft waren fast keine Jabos, wie gewöhnlich um die Mittagszeit. Kurze Zeit später fuhren wir los über das vor uns leicht ansteigende Gelände und erreichten nach etwa 500 Metern vollkommen freies, ebenes Gelände – Wiesen und Felder. Halb links vor uns lag Norrey. Ich fuhr etwa 20 bis 50 Meter links neben der Bahnlinie, die bei einem Bahnwärterhaus in einem Einschnitt verlief und an dessen linkem Rand vermutlich eine Hecke vorhanden war, die einen gewissen Sichtschutz gegeben hat. Die ganze Kompanie fuhr gemeinsam mit hohem Tempo in breiter Front nebeneinander. ... Ich fuhr schon ca. 30 Meter vor der Kompanie in einem leichten Bogen nach links, um nicht zurückzufallen, als nach einem dumpfen Knall und einem Schaukeln, als ob die Kette gerissen wäre, der Wagen zum Stehen kam.

Im Wagen war es ruhig, und ich glaubte, auf eine Mine gefahren zu sein; ich blickte nach links, um die Lage zu erfassen, und sah gerade, wie es von dem am linken Flügel fahrenden Panzer den Turm abhob. Im selben Moment fing nach einer weiteren leichten Explosion mein Wagen zu brennen an ... Der vor mir sitzende Richtschütze Paul Veith hatte anscheinend schwere Splitterverletzungen durch den Treffer. Veith rührte sich nicht ... Ich sprang heraus ... sah dann, wie es aus der geöffneten Luke wie aus einer Lötlampe herausbrannte, ... sah links von mir etwa auf der Höhe meines Wagens weitere brennende Panzer ... auch Teile der Besatzungen der anderen abgeschossenen Panzer, die ausnahmslos an Gesicht und Händen verbrannt waren. Mittlerweile merkten wir auch, daß über dem ganzen Gelände Infanteriebeschuß lag."[18]

Aus der Geschichte der 3. Kompanie des SS-Panzerregiments 12 kann hier noch ergänzend angefügt werden: „Nach dem Ausbooten versuchten die Verwundeten, die meistens mehr oder weniger schwere Brandwunden hatten, den Schutz des Straßendammes zu erreichen. Anfangs hinderte sie daran eine feindliche Maschinengewehrbedienung, die in der Bude der Streckenarbeiter an der Straße Norrey – Bretteville in Stellung gegangen war. Erst nachdem Unterscharführer Hermani dieses Hindernis mit einigen Handgranaten beseitigt hatte, wurde die Situation erträglicher. Unter konzentriertem feindlichen Feuer, manchmal aus Schiffsgeschützen, zogen sich die Verwundeten entlang den Schienen zum Ausgangspunkt des Angriffs zurück."[19]

Sieben der Panther kamen aus dem, was einer regelrechten Razzia gleichkam, nicht wieder. Zwei Soldaten waren zweifellos gefallen, 17 Offiziere und Mannschaften verwundet worden, die meisten hatten schwere Brandwunden, und 14 Mitglieder der Kompanie waren vermißt – die meisten von ihnen wahrscheinlich tot.[20] Max Wünsche, der soeben von ärztlicher Behandlung in Caen zurückkam, als er die brennenden Panzer sah, schrieb später: „Ich hätte weinen können vor Wut und Kummer."[21] Es ist seltsam, daß dieser Vorfall weder in der offiziellen kanadischen Geschichtsschreibung noch im Kriegstagebuch der Regina Rifles Erwähnung findet.

Im Verlauf des 9. Juni stießen die Briten vom Punkt 103 südlich von Audrieu weiter nach Süden auf St. Pierre vor. Das Bataillon 8 der Durham Light Infantry (DLI) und 24L-Panzer eroberten um 18.45 Uhr das Dorf, aber eine Abteilung der Panzer-Lehrdivision hielt weiter die Brücke von Seulles, und nach einem erfolgreichen Gegenangriff waren die Briten gezwungen, sich bei letztem Tageslicht in die nördlichen Außenbezirke zurückzuziehen.[22] Allerdings stellte dieser Vorstoß eine Bedrohung für die Flanke der SS-Aufklärungsabteilung 12 der Division „Hitlerjugend" bei Les Hauts Vents dar, und daher wurde die letzte eintreffende Panther-Kompanie, die 2. von SS-Untersturmführer Helmut Gaede, der Abteilung unterstellt und entsprechend eingesetzt.

Nach Schweppenburgs Besuch auf Meyers Gefechtsstand wurden die Bereiche der Divisionen und Regimenter neu abgesteckt. Hierbei kann von einer nach ausführlicher Besprechung erfolgten Übereinkunft zwischen Schweppenburg, Dietrich, Witt und Bayerlein ausgegangen werden. Die Panzer-Lehrdivision übernahm den Abschnitt westlich des Mue-Baches, und Witts östliche Grenze zur 21. Panzerdivision sollte die Eisenbahnlinie von Caen nach Luc-sur-Mer sein. Innerhalb der Division „Hitlerjugend" verlegte Mohnkes SS-Panzergrenadierregiment 26, nach Ablösung aus dem Raum Cristot und Le Mesnil-Patry, in das Gebiet östlich des Mue bis Franqueville, wo Meyers Regiment Stellung bezogen hatte. Aber noch beherrschte das Problem von Norrey das Denken der Deutschen – sie glaubten fest, daß es erst gesichert sein müsse, bevor ein späterer Gegenangriff in diesem Gebiet erfolgen könne.

Jetzt, da alle drei von Dietrichs Divisionen gebunden waren, stand für Rommel fest, daß es Zeit für eine Pause war. Er wußte, daß er für einen einwandfrei koordinierten Gegenschlag seine Panzerdivisionen aus den gegenwärtigen Verteidigungsstellungen herauslösen, durch Infanteriedivisionen ersetzen und diese für ihre eigentliche Rolle vorbereiten müßte. Montgomerys Strategie, die deutschen Panzerdivisionen eine nach der anderen auszuschalten, hatte nur zu gut funktioniert, und daher gab Rommel um 17.30 Uhr folgende neue Anweisung heraus, die im Telefontagebuch der 7. Armee verzeichnet ist: „Wiederaufnahme der Verteidigung im Bereich zwischen Vire und Orne. Der Gegenangriff ist zurückzustellen, bis sämtliche Vorbereitungen abgeschlossen sind."

Er hatte entschieden, die Ankunft des II. Fallschirmkorps aus der Bretagne abzuwarten, und nun stand es außer Frage, den von Schweppenburg geplanten Angriff schon in der Nacht zum 10. Juni vorzutragen.

Aber so wie Rommel seinen Plan abänderte, tat es auch Montgomery. Obleich er erst einen Tag zuvor beschlossen hatte, daß sein Schwerpunkt auf der Westseite von Caen in Richtung Villers-Bocage und Evrecy liegen sollte, schrieb er am 9. Juni seinem Chef des Stabes, Freddie de Guingand, daß die 7. britische Panzerdivision folgendermaßen vorgehen sollte: „Am nächsten Morgen südwärts durch Bayeux rollen, um Villers-Bocage und Noyes und dann Evrecy zu nehmen." Aber zusätzlich und zur selben Zeit würde er „die 51. Division (Highland) über die 6. Luftlandedivision hinweg über die Orne bringen, um östlich von Caen in Richtung Süden nach Cagny hin anzugreifen".

Es war klar, daß er nun Caen einkesseln wollte; und um die deutschen Kräfte, die die Stadt verteidigten, in die Falle zu locken, plante er zudem, „die 1. Division der Luftlandetruppen irgendwo südlich von Caen als einen großen Angelpunkt abzusetzen und sich von Evrecy und Cagny aus mit ihnen zu verbinden".

Weiterhin sagte er: „Falls die Deutschen offensiv werden und in unsere befestigte Stellung zwischen Caen und Bayeux eindringen wollen, können wir sie am besten durch eigene Offensive schlagen, und wenn wir damit Glück haben, wird unser Plan den Feind vollständig mattsetzen."[23]

Montgomery hatte General Geyr von Schweppenburgs Plan genau vorausgeahnt, aber Rommel wußte, daß es aussichtslos war, diesen Plan im vorgesehenen Zeitrahmen durchzuführen.

Am Freitagmorgen, es war der 9. Juni, hatte der deutsche Nachrichtendienst einen Funkspruch abgefangen und dem OKW gemeldet, daß die Alliierten am nächsten Morgen im Raum Calais eine Landung beabsichtigten. Tatsächlich war der Funkspruch nur ein geschickter Köder, der aber Wirkung zeigte, und die 1. SS-Panzerdivision „Leibstandarte SS Adolf Hitler" wurde in jener Nacht in einen neuen Bereitstellungsraum östlich von Brügge befohlen. SS-Brigadeführer Teddy Wisch, der Divisionskommandeur, bekam den Auftrag, sofort zum Gegenangriff gegen feindliche Landungen an der Scheldemündung anzutreten. Ein zweiter Auftrag lautete, gegen feindliche Luftlandungen vorzugehen.

Die Division „Leibstandarte" beendete ihre Verlegung in der Nacht zum 9. Juni und war bei Tagesanbruch in der Gegend von Ursel, Maldegem, Aardenburg, Oostburg, Terneuzen, Zelzate und Eeklo (alle zwischen Brügge und Antwerpen) untergezogen, wobei das SPW-Panzergrenadierbataillon den Leopold-Kanal zwischen Kabrijke und Ijzendijke sicherte. Es stand unter der Führung von Generalleutnant Friedrich-Wilhelm Neumanns LXXXIX. Armeekorps.

Da der 1. SS-Panzerdivision noch immer nicht alle Fahrzeuge und Waffen zur Verfügung standen, blieb ein Nachkommando im Raum Turnhout zurück, um diese aufzunehmen.

10. Juni

Der 10. Juni sollte für das I. SS-Panzerkorps ein schlechter Tag werden. Rommel besuchte Dietrich auf seinem neuen Gefechtsstand bei Baron-sur-Odon und wurde ausführlich eingewiesen. Nach dem Besuch notierte er in einem Bericht: „Die Kommandeure der Einheiten, besonders Sepp Dietrich, berichten, daß der Feind volle Kontrolle hat über das Schlachtfeld und bis 100 Kilometer hinter der Front … Sepp Dietrich informierte mich darüber, daß die feindlichen Panzerdivisionen den Kampf bis auf Entfernungen von 3.000 Metern fortführen, und zwar mit hohem Aufwand an Munition und hervorragender Unterstützung durch die feindliche Luftwaffe."[24]

Die einzige gute Nachricht, die Rommel an diesem Tag brachte, als die Briten ihren Vorstoß nach Villers-Bocage begannen, lautete dahingehend, daß, um die gefährlich Lücke zu schließen, die sich zwischen Dietrichs Korps und Marcks' LXXXIV. Armeeorps nach Westen hin entwickelte, an der linken Flanke der Panzer-Lehrdivision das XXXXVII. Panzerkorps mit zwei Panzerdivisionen eingesetzt werden würde.[25]

Später sprach Rommel mit von Schweppenburg. Im Kriegstagebuch der Panzergruppe West steht geschrieben: „Geplanter Angriff in der Nacht 10./11.6. durch I. SS-Panzerkorps findet nach Besprechung mit Gen. Feldmarschall Rommel wegen Kräftemangels und wegen Verstärkung des Gegners nicht statt."[26]

Zu dieser Zeit verlief die deutsche Frontlinie von Troarn im Osten durch Biéville nach Cambes, Buron, Franqueville, Carpiquet und von dort weiter nach Mesnil-Patry, Cristot und Tilly.

Entsprechend Montgomerys Befehlen rückte die britische Panzerbrigade 22, die ein Teil der 7. Panzerdivision war, am Morgen des 10. Juni, unterstützt von der 56. selbständigen Infanteriebrigade, auf Tilly-sur-Seulles vor. Am Ende des Tages hatte die Panzer-Lehrdivision die vereinten britischen Angriffskräfte nach beträchtlichen eigenen Verlusten auf der Linie Verrieres – Tilly zum Anhalten gezwungen.

Wir erinnern uns, daß das Problem mit Norrey noch verschiedenen Kommandeuren in der Division „Hitlerjugend" Sorge bereitete. Folglich – und weil es keine Möglichkeit gab zu erfahren, daß der für den 10. Juni geplante Angriff verschoben werden sollte –, wurde das SS-Panzerpionierbataillon 12 von SS-Sturmbannführer Siegfried Müller, das endlich eingetroffen war, Mohnkes Regiment unterstellt und erhielt den Auftrag, Norrey zu nehmen. Der Angriff wurde kurz vor Tagesanbruch am 10. Juni aus den Stellungen von Krauses I. SS-Panzergrenadierbataillon vorgetragen und geriet wiederum zur Katastrophe.

Die Schlacht dauerte den ganzen Tag und kostete die SS-Pioniere 80 Mann Verluste, darunter waren 28 Gefallene einschließlich des Führers der 1. Kompanie, Ritterkreuzträger Hauptmann d. R. Otto Toll.[27] Die kanadische Verteidigung von Norrey und Bretteville vom 8. bis 10. Juni muß als eine der besten Aktionen einer kleinen Einheit im Zweiten Weltkrieg in die Geschichte eingehen.

Ebenfalls an diesem Tag ereignete sich für von Schweppenburg eine Tragödie. Infolge einer durch das Abhörsystem ULTRA abgefangenen Meldung erging um 4.39 Uhr folgende Meldung an das Hauptquartier der 21. Armeegruppe: „Kommandoposten von Panzergruppe West am Abend des 9. Juni in La Caine." Am 10. Juni um 20.30 Uhr begannen vier Schwadronen raketenfeuernder Typhoons, gefolgt von 71 mittleren Bombern, den Angriff; sie trafen und zerstörten dabei das Hauptquartier. Schweppenburg wurde verwundet, sein Chef des Stabes und 16 andere wurden getötet. Unter den Gefallenen war Dietrichs Verbindungsoffizier, SS-Hauptsturmführer Wilhelm Beck, der in Rußland das Ritterkreuz erworben hatte. Dieser verheerende Angriff führte zur Rückverlegung des I. SS-Panzerkorps zu Dollmanns 7. Armee, zudem dazu, daß Dietrich erneut der ranghöchste Kommandeur im Gebiet von Caen war.

Die erste Phase der Schlacht in der Normandie ging jetzt zu Ende. Die Division „Leibstandarte" und die schwere SS-Panzerabteilung 101 mußten noch eingesetzt werden, aber die Division „Hitlerjugend" war schon in heftige Kämpfe verwickelt gewesen. Genaue Angaben über die Verluste sind nicht zu erhalten, aber am Morgen des 11. Juni betrugen sie bereits an die 900 Ausfälle, wovon etwa 220 gefallen waren; 25 Panzer waren verlorengegangen – es handelte sich also um 13 Prozent und nicht um 20 Prozent, wie Dietrichs Chef des Stabes 1945 angab.[28]

Kapitel IX

11. Juni – Pattsituation

(Karten 1, 2 und 3)

Uns ist noch in Erinnerung, daß der alliierte Vorstoß nach Villers-Bocage am 10. Juni durch die 22. gepanzerte und die 56. selbständige Infanteriebrigade unter dem Kommando der 7. britischen Panzerdivision auf der Linie Verrieres – Tilly zum Stehen gebracht wurde. Am 11. Juni bekam die Infanteriebrigade 69, die von den Panzern der Panzerbrigade 8 unterstützt wurde, den Befehl zum Angriff auf der Ostseite des Flusses Seulles, um Cristot zu nehmen. Dabei war das Ziel, die 50. Infanteriedivision auf gleiche Höhe mit der 7. Panzerdivision zu bringen und den weiteren Vorstoß zu unterstützen. Wir erinnern uns, daß die Truppen derselben 69. (britischen) Infanteriebrigade am 8. Juni nach Süden bis St. Pierre vorgedrungen waren. Dadurch wurde die SS-Aufklärungsabteilung der Division „Hitlerjugend" zu einigen örtlichen Rückzügen gezwungen; aber eine vorgeschobene Feldpostenlinie wurde noch gehalten, die vom Fluß Seulles westlich von Fontenay durch Fontenay-le-Pesnel und nördlich auf Cristot zu verlief, und sie hatte Panzerunterstützung.

Am selben Tag, am 11. Juni, wurde General Dempsey von Geheimdiensten gewarnt, daß sich die Deutschen für einen Gegenangriff außerhalb des Gebietes von Caen bereitstellten, wobei dieser sich kaum vergegenwärtigte, daß Rommel mit Dietrichs Einverständnis schon beschlossen hatte, diesen Angriff zu verschieben. Aufgrund dieser Information, und um den Briten beim Vorstoß gegen Villers-Bocage zu helfen, beauftragte Dempsey den Generalleutnant John Crocker, der das Kommando über das I. Korps hatte, einen mit seinen kanadischen Truppen gleichlaufenden Angriff anzusetzen. Er befahl Crocker auch, seine Panzer auf der Hochebene südlich von Douvres zu konzentrieren, wo er dem erwarteten deutschen Angriff entgegentreten könnte. Diese Zusammenziehung von Panzern war Dietrich bekannt, weil die deutsche Radarstation in Douvres – die allen Eroberungsversuchen bisher widerstanden hatte – am Morgen des 11. Juni berichtete: „Ständige Bewegung, schwere und mittlere Panzer gegen Südwesten. In einer Stunde mehr als 80 Panzer gezählt." Und um 20.45 Uhr die Meldung: „Dringend. In der Region Anguerny Zusammentreffen von bis jetzt 200 mittleren feindlichen Panzern mit Transportstaffel nach Süden hin."[1]

Diese Meldungen waren nicht übertrieben. Montgomery hatte seinem Chef des Stabes geschrieben: „Wir sind jetzt beiderseits der Straße Caen – Bayeux wegen der Verbindung der 3. Division mit der 3. kanadischen Division *sehr* stark, und falls der Feind angreift, würde er zurückgeworfen: Ich habe hier 400 Panzer."[2]

All dies, in Verbindung mit den Luftangriffen auf die Innenstadt von Caen, ließ Dietrich die Überzeugung gewinnen, daß etwas Großes bevorstünde.

Der 11. Juni war ein arbeitsreicher Tag für Generalmajor Keller, Kommandeur der 3. kanadischen Infanteriedivision. Er hatte immer noch eine gefährliche Lücke zwischen seiner 7. und 9. Infanteriebrigade, und er wußte, daß er die Division „Hitlerjugend" aus dem Tal des Mue würde werfen müssen, wollte er diese Lücke schließen. Als das britische Kommando der Royal Marine Nr. 46 seinem Kommando unterstellt wurde, übergab er es der 8. kanadischen Infanteriebrigade mit dem Befehl, das Tal bis Rots zu säubern. Von Thaon ausgehend sicherten die Marines und die A-Kompanie von der Canadian Fort Garry Horse die Dörfer Cairon, Lasson und Rosel ohne allzu große Schwierigkeiten, aber bei Le Hamel und Rots liefen sie in Krauses 1. SS-Panzergrenadierkompanie und Jürgensens 4. Kompanie des SS-Panzerregiments 12 (Panther); außerdem hatte die Begleitkompanie der Division im Park des Château und bei Villeneuve Stellung bezogen. Infolgedessen waren das überfüllte Mue-Tal und das gesamte Terrain zum Nordosten einsehbar. Weitere kanadische Panzer und eine Verstärkungskompanie von Le Régiment de la Chaudière wurden herbeigerufen, aber es dauerte bis 22 Uhr, ehe die Gegend nach sehr erbitterten Kämpfen gesäubert war und die SS-Kompanien sich nach La Villeneuve und Franqueville zurückgezogen hatten. Die Operation kostete die Marines 61 Verluste, darunter waren 17 Tote[3], die Chaudières, die Rots genommen hatten, sprachen von 122 toten SS-Leuten, die sie begruben[4]. Die Deutschen nannten lediglich Verluste von 67 Männern in diesem Gefecht.[5] Der Unterschied könnte sich aus der Zahl der nicht beerdigten Toten früherer Zusammenstöße in dieser Gegend ergeben. Ein Panther wurde auf dem Marktplatz von Rots um etwa 18 Uhr abgeschossen, und die Fort Garrys verloren sechs Shermans.[6]

Oberscharführer Wohlgemut, Führer eines Panzerabwehrkanonenzuges, vermittelte folgende Darstellung von der Härte des Kampfes: „Wir gelangten durch Gärten in die Ortsmitte zur 1. Kompanie. Hier kam es zu schweren Straßenkämpfen. Die Straße war förmlich übersät mit Toten und Verwundeten. Vorwiegend waren es Engländer. Plötzlich tauchte zu unserer Unterstützung ein Panther auf. Es war ein grauenhaftes Bild, wie sich der Panzer, Tote und Verwundete zermahlend, auf die Kreuzung zuschob, denn auf der von Häusern und Mauern eingerahmten Straße gab es kein Entrinnen. Mit seiner Unterstützung setzten wir zum Gegenstoß an. Kurz darauf ertönte der Ruf: ‚Panzer von hinten'. Unser Panzer war in einer schwierigen Lage. In der engen Straße konnte er nicht drehen. So fuhr er zurück bis zu einer Stelle, an der er wenigstens den Turm um 180 Grad drehen konnte. So rollte er langsam dem Ortsausgang entgegen. Plötzlich tauchte von vorne ein Sherman auf. Unsere Panzerbesatzung hat das offensichtlich erkannt, denn mit laut aufheulendem Motor wurde versucht, den Ortsrand zu erreichen, um dort den Turm drehen zu können. Es kam nicht mehr dazu, unser Panther wurde abgeschossen. Ob von vorne oder von hinten, kann ich nicht mehr sagen. Wie ich später hörte, soll Hauptsturmführer Pfeiffer in diesem Panzer gefallen sein."[7]

Kurt Meyer, wie üblich auf seinem Motorrad unterwegs, entkam bei diesem Kampf mit knapper Not den tödlichen Schüssen der Shermans. Er hatte gerade seine Einheiten inspiziert und befand sich zwischen St. Mauvieu und Rots. In seinem Buch *Grenadiere* beschreibt er einen Tagesbesuch beim Truppenverbandsplatz: „Auf dem Verbandsplatz des 25. Panzergrenadierregiments finde ich wieder eine ganze Reihe Verwundeter vor. Der laufende Anfall von Verwundeten, ohne daß Kampfhandlungen durchgeführt werden, gibt uns allen zu denken. Bei dieser Kampfführung werden die Panzerdivisionen vom Feuer der Schiffsartillerie und durch die Tieffliegerangriffe dezimiert, ohne daß sie selbst dazu kommen, einen Angriff zu fahren. So kann und darf es nicht mehr weitergehen! Die Panzerdivisionen müssen ihre Bewegungsfreiheit zurückerhalten."[8]

Am 10. Juni um 17 Uhr hatte General Crocker Dempseys Befehl für einen Angriff seines I. Korps zur Unterstützung des XXX. Korps erhalten. Wann Generalmajor Keller davon erfuhr, ist nicht bekannt, aber es muß ein großer Schock gewesen sein, weil die Kanadier ihren Hauptangriff gegen die Region um Cheux frühestens für den 12. Juni geplant hatten. Es kam noch hinzu, daß Crockers Befehle wohl übermäßig lange unterwegs waren, ehe sie die betreffenden Kommandeure erreichten. Es war 11 Uhr am 11. Juni, als Brigadegeneral Wyman, der die 2. kanadische Panzerbrigade befehligte, seine unterstellten Führer zur Befehlsausgabe zusammenrief.[9] Um 12 Uhr notierte das Stabstagebuch des I. Korps: „Die 3. kanad. Div. ist angewiesen, die 50. [britische] Div. laufend zu informieren über den Fortschritt der 2. kanad. Panzerbrigade, die der Brigade 69 zu Hilfe kommt." Es liegt auf der Hand, daß der kanadische Angriff nicht einwandfrei mit dem der 69. britischen Brigade koordiniert war, was in der zur Verfügung stehenden Zeit auch gar nicht möglich war. Es überrascht daher nicht, daß beide Angriffe fehlschlugen.

In den Morgenstunden des 11. Juni besuchte Fritz Witt den Gefechtsstand seiner SS-Aufklärungsabteilung 12 in Rauray. Er nahm den leicht verwundeten Abteilungsführer mit nach hinten, und Gerd Bremer übernahm wieder den Befehl. Was sie vorfanden, schockierte beide. Feindliche Artillerie, Kanonenfeuer von See her und Luftangriffe hatten die Stärke der Aufklärungskompanien stark geschwächt; viele Kompaniechefs und Zugführer waren dem zum Opfer gefallen.

Um 14.30 Uhr begann die 50. britische Infanteriedivision ihren Angriff auf der Ostseite der Seulles. Das 6. und 7. Infanteriebataillon der Green Howards rückte gegen Les Hauts Vents bzw. in die Gegend südlich von Cristot vor, wobei das 6. von Panzern der 4./7. Royal Dragoon Guards (4/7 DG) unterstützt wurde. 8 DLI hielt bereits St. Pierre und sollte durch das 5. East-Yorkshire-Bataillon entlastet werden.

Das 6. Green Howards bewegte sich um 16 Uhr durch Audrieu und verließ Le Haut d'Audrieu um etwa 18.30 Uhr. Es rückte mit Panzern der 4/7 DG weiter gegen Höhe 102, knapp südlich von Cristot, vor und wurde bald durch ein verheerendes Feuer aus Maschinengewehren, Granatwerfern und einigen Panzerabwehrkanonen der sehr geschwächten SS-Aufklärungsabteilung 12 aufgehalten, dem unmittelbar darauf ein schneller Gegenangriff der Panther der 2. Kompanie des SS-Panzerregiments 12 folgte. Bei Anbruch der Dunkelheit waren sie wieder zurück in Le Haut d'Audrieu, die Verluste lagen bei 250, darunter waren zwei Kompaniechefs; die 4/7 DG verloren sieben Panzer – in ihrem Kriegstagebuch ist diese Aktion als eine „sehr heikle und schwierige Zeit" vermerkt. Dem 7. Green Howards erging es nicht viel besser. Es kam in Brouay unter schweres Feuer von Olboeters III. Bataillon des Panzergrenadierregiments 26, sobald es sich der Eisenbahnlinie näherte, und war gezwungen, sich in der Dunkelheit auf seine Ausgangsposition zurückzuziehen. Die SS-Aufklärungsabteilung der Division „Hitlerjugend" und die wenigen begleitenden Panzer hatten ihre Stellung gehalten, allerdings nicht ohne Opfer – 67 Ausfälle, darunter 27 Gefallene.[10]

Inzwischen war der kanadische Angriff durch Norrey mit dem Ziel, das Höhengelände südlich von Cheux zu nehmen, von den Panzern der 1. Hussars und Infanteristen der Queen's Own Rifles of Canada kurz nach 14.30 Uhr vorgetragen worden. Geplant war ein Vorrücken über Le Mesnil-Patry unter Umgehung von Cheux selbst; und der Rest von Wymans Panzerbrigade 2 sollte sich mit der das Operationsziel angreifenden Truppe verbinden. In Band 3 der *Official History of the Canadian Army* schreibt Colonel C.P. Stacey in gedrängter Form, was sich ereignet hatte: „Die B-Kompanie der Hussars führte den Vorstoß mit Männern der D-Kompanie der Queen's Own auf ihren Panzern. Diese Truppe war über die ebenen Kornfelder zwischen Norrey und Le Mesnil-Patry noch nicht weit gekommen, als sehr heftiges

Mörser- und Maschinengewehrfeuer niederprasselte. Die Infanterie mußte [bei Norrey] gezwungenermaßen absitzen, die Panzer stießen weiter vor, um mit dem Widerstand fertigzuwerden. Panzer und Infanterie kämpften sich nach Le Mesnil-Patry hinein. Die Situation verschlimmerte sich, als feindliche Panzerfahrzeuge, die wir zuerst für britische Panzerabwehrkanonen hielten, in die Aktion eingriffen. Oberstleutnant Colwell von den Hussars, der die vorgerückte Gruppe führte, beorderte seine Truppen zum Rückzug auf die Ausgangslinie. Aber die B-Kompanie erhielt diesen Befehl offensichtlich nicht und wurde praktisch aufgerieben. Sämtliche Offiziere und alle Unteroffiziere bis auf drei wurden als vermißt gemeldet; nur zwei Panzer kehrten zurück. Ferner stellte sich bei der D-Kompanie der Queen's Own heraus, daß sie 96 Verluste erlitten hatte, mehr als die Hälfte galten als vermißt. Die Gesamtverluste für diesen Tag lagen bei 80 für die 1. Hussars und bei 99 für die Queen's Own Rifles, die Zahl der Todesopfer war 59 bzw. 55."

Unglücklicherweise wurden die Kanadier in ihrem Bereitstellungsraum von der Funkabhöreinheit der 12. SS-Panzerdivision ausgemacht, und man erwartete ihren Angriff. Das SS-Panzerpionierbataillon 12, das unmittelbar nördlich von Cheux lag, wurde angewiesen, die Shermans mit der Panzerfaust und Hafthohlladungen anzugreifen. Mohnke, der Regimentskommandeur, hatte die II. SS-Panzerabteilung mit den Panzern IV von Prinz gebeten, eine Kompanie bereitzustellen, um seinem II. Bataillon ein Kilometer südlich von Le Mesnil-Patry zu Hilfe zu kommen.

SS-Obersturmführer Siegel von der 8. Kompanie beschreibt lebhaft, was den drei Panzern IV und ihm zustieß: „Beim Vorfahren und während eines Beobachtungshaltes erkannte ich an den Gesten einiger Grenadiere, die erregt mit blanken Spaten in Feindrichtung zeigten, daß akute Gefahr bestand. ‚Klar zum Gefecht!' Darauf schlossen sich die Lukendeckel der drei Panzer von selbst. Rohre wurden in Schußposition heruntergekurbelt und Panzergranaten während der Fahrt schon durchgeladen. Immer noch verdeckte eine Hecke die Sicht links zum Feind hin. Doch als sie plötzlich abriß und sich der Spitzenpanzer bereits inmitten der eigenen Infanterie befand, da stampften auch schon mehrere Sherman-Panzer durch einen Obstgarten, der zu einem Gehöft gehörte, in bedrohlicher Nähe heran. Wir waren ihnen vor die Rohre gefahren und zeigten die empfindliche Flanke. ‚Feindpanzer von links – 9 Uhr – 200 Feuer frei!' Mehr konnte der Chef der 8., zugleich Kommandant im Spitzenpanzer, nicht mehr tun. Es war auch nicht nötig, denn nun bewährten sich monatelanger Drill und Kampferfahrung der Besatzung. Der Fahrer riß den Panzer nach links herum und stellte ihn dadurch in Schußposition. Noch bevor der für die Besatzung lebensnotwendige Entlüftungsventilator im Kampfraum auf Touren kam, hatte es den nächststehenden Feindpanzer schon erwischt. Innerhalb einer guten Minute brannten vier oder fünf Shermans. Nur der letzte, der am weitesten links sich auf Entfernung 100 herangearbeitet hatte, trieb dem Kommandanten den Schweiß aus den Poren. Er war gerade noch erkannt worden, als er bereits den Turm auf uns schwenkte. ‚Feindpanzer ganz links – 10 Uhr – 100!' Und nun drehte sich Rohr gegen Rohr, Mündung gegen Mündung, bis sie sich hatten, durch die Optik zum Greifen nah. Einen Augenblick noch mögen sich die Richtschützen gegenseitig das Fadenkreuz im Zielfernrohr auf den Leib gerichtet haben, dann ein Schlag, Feuer aus dem Verschluß der Kanone, die Kartusche fiel in den Sack, der andere explodierte!"[11]

Inzwischen hatte Prinz weitere, noch nicht in Kampfhandlungen verwickelte Panzer seiner Abteilung herangeführt und führte einen vernichtenden Gegenangriff gegen die C-Kompanie der Hussars. Insgesamt verloren die Hussars an diesem für die kanadischen Waffen so tragischen Tag die erstaunlich hohe Anzahl von 34 Shermans und drei Fireflys.[12] Aber die Deutschen kamen auch nicht ungeschoren davon – drei Panzer waren kampfunfähig, wenn auch einer später repariert wurde. Die Personenverluste waren viel schmerzlicher – Leutnant Sauer, dessen 2. Kompanie des SS-Panzergrenadierregiments 26 überrannt worden war, wurde mit 17 anderen des Regiments getötet. Insgesamt betrugen die Verluste beim Kampf mit 189 Mann[13] etwas mehr als bei den Kanadiern.

Und so endete die erste Phase der Schlacht um Caen. Es wurde schon gesagt, daß beide Seiten jetzt größere Angriffe in diesem Gebiet erwarteten. Aber Montgomerys Strategie und Rommels relatives Unvermögen geboten die Verlegung der Kampfhandlungen in andere Regionen – und während die Division „Leibstandarte" in Belgien unbeteiligt blieb, kam jetzt ein anderer wichtiger Faktor des I. SS-Panzerkorps ins Spiel, die SS-Panzerabteilung 101 mit ihren schweren Panzern.

Kapitel X

Kriegsverbrechen

(Karte 2)

Es wäre falsch, die Kämpfe in der Normandie vom Juni 1944 aufzuzeichnen, ohne das Thema Kriegsverbrechen zu behandeln, denn es hat wohl noch nie einen militärischen Feldzug gegeben, ohne daß Kriegsgefangene von ihren Gegnern getötet wurden. Auch gegen die Waffen-SS in der Schlacht um die Normandie gab es eine Fülle von Anklagen. Es bleibt nicht aus, daß die Besiegten am Tage der Abrechnung leiden müssen, und nicht zufällig wurde in den ersten Kriegsverbrecherprozessen nach dem Krieg der Versuch unternommen, die Verantwortung für Verbrechen, die von Soldaten begangen wurden, auf ihren Kommandeur abzuladen. Sehr bezeichnend ist aber der Entschluß, dieses Prinzip nur auf deutsche Kommandeure anzuwenden, alliierte Offiziere dagegen von solcher Verantwortung zu entlasten. So wurde den Deutschen zwangsläufig eine schmerzliche Lektion zuteil. Als sich der frühere Chef des Stabes der Division „Hitlerjugend" 1945 über die Behandlung kriegsverletzter Kameraden in einem Gefangenenlager beschwerte, antwortete ihm ein amerikanischer Offizier: „Was meinen Sie mit Genfer Konvention? Sie haben wohl vergessen, daß Sie den Krieg verloren haben!"[1]

Eine Gerichtsverhandlung über Kriegsverbrechen betraf SS-Generalmajor Kurt Meyer, den früheren Kommandeur des SS-Panzergrenadierregiments 25 und danach der 12. SS-Panzerdivision „Hitlerjugend". Sein Prozeß fand in Aurich in Deutschland statt. Die Anklage enthielt folgende fünf Punkte: das Töten von 23 kanadischen Kriegsgefangenen am 7. Juni in Authie und Buron; das Töten von elf Kriegsgefangenen im Kloster Ardenne durch Truppen, die an diesem Tag unter seinem Befehl standen; das Töten sieben anderer Gefangener bei dem Kloster entweder durch Truppen, die seinem Kommando unterstellt waren, oder aber auf seinen unmittelbaren Befehl. Zudem sollte er seine Truppen dazu angestiftet haben, keine Gefangenen zu machen. Es sei daran erinnert, daß sich Meyers Gefechtsstand bei dem Kloster Ardenne befand.

Am 27. Dezember 1945 wurde Meyer als nicht schuldig an den Morden in Authie und Buron befunden, er wurde auch nicht schuldig befunden, die Exekution einer Gruppe von sieben Gefangenen beim Kloster Ardenne angeordnet zu haben. Dagegen wurde er für schuldig erklärt, seine Truppen dazu angehalten zu haben, keine Gefangenen zu machen, schuldig auch als verantwortlicher Kommandeur des Mordes an 18 Gefangenen, die am 7. und 8. Juni 1944 im Kloster Ardenne starben. Der Vorsitzende des Gerichtes war – pikanterweise – sein früherer Gegner in den Anfangstagen des Juni 1944 sowie der Kommandeur vieler Männer, die Meyer laut Anklage getötet haben soll. Es war kein anderer als Brigadegeneral (jetzt Generalmajor) H. W. Foster, Kommandeur der 7. kanadischen Infanteriebrigade. Er verurteilte Meyer zum „Tod durch Erschießen".

Im Januar 1946 wandelte der Oberbefehlshaber der kanadischen Armee im besetzten Westdeutschland, Generalmajor Chris Vokes, Meyers Urteil in lebenslange Haft um. Die Kanadier waren empört, aber Vokes gab folgende Erklärung für seine Entscheidung: „Beim Studium des Beweismaterials gegen Meyer entdeckte ich eine starke Anhäufung von Indizien, aus denen man sicherlich folgern kann, daß er den Befehl zur Exekution der kanadischen Soldaten gegeben hat. Aber nirgendwo konnte ich darin einen wirklichen Beweis für diesen Befehl finden. Jedenfalls nicht zu meiner Zufriedenheit. Das war Material, das sich nur auf Hörensagen stützte. Nichts war unmittelbar und unzweideutig. Daher ordnete ich an, die Hinrichtung auszusetzen."[2]

Die nach dem Krieg gegründete kanadische Untersuchungseinheit Nr. 1 von Kriegsverbrechen wurde von Oberst Bruce Macdonald geleitet. Diese Einheit wurde nach der Anfangsentscheidung des Untersuchungsausschusses des Supreme Headquarters Allied Expeditionary Force (SHAEF) unter der Führung von Oberst Paul Tombaugh, US-Army, dem auch Briten und Kanadier angehörten, zusammengestellt. Dieser Ausschuß stellte fest, daß Mitglieder der Division „Hitlerjugend" den unrechtmäßigen Tod von 62 Soldaten der Alliierten, hauptsächlich Kanadiern, zwischen dem 7. und 17. Juni 1944 zu verantworten hatten.

Nach anfänglichen Untersuchungen kam Macdonald zu der Überzeugung, daß mehr als 134 Kanadier von der Division „Hitlerjugend" ermordet wurden, er wußte jedoch, daß er niemals für eine solch hohe Zahl Anklagepunkte würde vorbringen können. Trotzdem versuchte er hartnäckig, gerichtlich gegen Wilhelm Mohnke (SS-Panzergrenadierregiment 26), Siebken und Schnabel (II. Bataillon des SS-Panzergrenadierregiments 26), Milius (III. Bataillon des SS-Panzergrenaregiments 25), Müller (SS-Panzerpionierbataillon 12), Bremer und von Ritzenstein (SS-Panzeraufklärungsabteilung 12) und weitere weniger ranghohe Soldaten der Division vorzugehen. Aber damals waren einige seiner Verdächtigten schon tot, und der ranghöchste, Mohnke, war in russischer Gefangenschaft und damit außer Reichweite.

Gegen Milius, Müller oder Bremer wurden keine Prozesse angestrengt. Im Jahre 1946 wurde die kanadische Untersuchungseinheit für Kriegsverbrechen aufgelöst und die Verantwortung den britischen Behörden übertragen. So wurden 1948 der frühere Sturmbannführer Bernhard Siebken, der frühere SS-Untersturmführer Dietrich Schnabel und zwei ehemalige Soldaten der Division „Hitlerjugend" vor einem britischen Kriegsgericht in Hamburg angeklagt. Ihnen wurde zur Last gelegt, am 9. Juni 1944 in Le Mesnil-Patry den Tod von drei kanadischen Kriegsgefangenen verursacht zu haben. Die Soldaten wurden freigesprochen, beide Offiziere jedoch als schuldig befunden und am 20. Januar 1949 in Hameln gehängt.

Was auch immer nach dem Krieg mit den früheren Mitgliedern der 12. SS-Panzerdivision „Hitlerjugend" geschehen sein mag, ob richtig oder falsch, fest steht jedenfalls, daß mindestens 60 kanadische Kriegsgefangene, die sich ergeben hatten, von den Männern dieser Division in den ersten Tagen des Normandiefeldzuges kaltblütig getötet wurden. Fest steht ebenfalls, daß die meisten der Verantwortlichen niemals vor ein Gericht kamen und daß der Prozeß gegen Kurt Meyer nicht ganz ohne Fehler ablief – General Vokes stellte das bei der Überprüfung des Urteils klar heraus.

Auf der anderen Seite behaupteten die Deutschen, daß Briten und Kanadier sich ebenfalls Kriegsverbrechen schuldig gemacht hätten. Verschiedentlich wurden Fälle genannt, daß alliierte Offiziere schriftliche Mitteilungen verbreiteten oder Anweisungen erteilten, keine Gefangenen zu machen. Nach dem Wissen des Verfassers existieren heutzutage keine Beweise dieser Art. Wären solche Beweismittel jedoch damals, in der Situation jener Jahre von 1945 bis 1946 beigebracht worden, so hätte man sie sicherlich ignoriert, oder noch wahrscheinlicher, man hätte sie vernichtet. Meyer persönlich gab an, er habe mehrere Soldaten gesehen, die am 9. Juni bei Rots neben einer Straße dicht an der Eisenbahn gelegen hätten, und zwar alle mit Kopfschüssen.[3] In einem anderen Fall, der sich auf das I. SS-Panzerkorps bezieht, wird behauptet: „Der Regimentskommandeur des Panzerartillerieregiments 130, Panzer-Lehrdivision des Heeres, geriet mit dem Abteilungskommandeur, Major Zeißler, Hptm. Graf Clary-Aldringen und etwa sechs Unteroffizieren und Mannschaften am Morgen des 8. Juni 1944 in britische Gefangenschaft. Diese deutschen Offiziere und Mannschaften wurden von einem durch die deutschen Linien durchgebrochenen Panzerrudel des britischen Regiments ‚Inns of Court' gefangengenommen.

Nachdem die deutschen Offiziere sich geweigert hatten, freiwillig als Kugelfang zu dienen, wurde der schwerversehrte Oberst Luxemburger von zwei britischen Offizieren gefesselt, bewußtlos geschlagen und in blutüberströmtem Zustande auf einen britischen Panzer als Kugelfang aufgebunden.

Nach Einholung entsprechender Befehle wurden Graf Clary und Major Zeißler sowie die Mannschaften von den abrollenden britischen Panzern zusammengeschossen.

Graf Clary wurde einige Zeit später von Angehörigen des Siebkenschen Bataillons aufgefunden und zum Bataillons-Gefechtsstand transportiert. Der britische Panzer, auf dem Oberst Luxemburger als Kugelfang festgebunden war, wurde von einer deutschen Pak abgeschossen. Oberst Luxemburger starb einige Tage danach in einem Lazarett."[4]

Diese Geschichte wurde im Prozeß gegen Siebken und Schnabel von Graf Clary-Aldringen persönlich als Beweismittel vorgetragen. Das Kriegstagebuch des britischen Regiments bestätigt, daß in den Morgenstunden des 8. Juni Spähtrupps der C-Kompanie bei Cristot hinter die deutschen Reihen fuhren, wo sich folgendes abspielte: „2 und 6a nahmen drei deutsche Offiziere gefangen, darunter einen Oberst und drei Soldaten. Auf dem Rückweg wurden sie aus dem Hinterhalt überfallen und verloren sämtliche Fahrzeuge. Lt. Yodaiken, Lt. Wigram getötet, zwei ORs vermißt; vier ORs, geführt von Unteroffizier Fowler, gingen mit Kompaß zu Fuß zurück."

Fairerweise muß gesagt werden, daß es unmöglich war, in einem britischen Panzerwagen zusätzliche Personen zu befördern, daher mag es einleuchten, einen Gefangenen außen am Fahrzeug festzubinden, damit er bei der Fahrt nicht abspringen konnte. Aber selbst wenn das zuträfe, ist es keine Entschuldigung dafür, am nächsten Tag drei kanadische Soldaten als Vergeltung zu erschießen.[5] Die Genfer Konvention vertritt das hohe Prinzip, keine Vergeltungsmaßnahmen gegen Kriegsgefangene zu ergreifen, aber das wird von deutschen Verteidigern dieses Falles ignoriert. Diese drei Kanadier starben durch Tötung auf einem Verbandsplatz, wofür Siebken und Schnabel 1949 gehängt wurden.

In den Nachkriegsjahren gab es endlose Diskussionen über das Töten von Kriegsgefangenen durch ihre Gewahrsamsmacht. Es ist hinreichend bekannt, daß Kriegsverbrechen niemals nur auf einer Seite vorgekommen sind und daß sich das auch in Zukunft kaum ändern wird. In dem schönen Buch *Overlord, D-Day and the Battle for Normandy 1944* weist der Autor, Max Hastings, darauf hin, daß fast alle alliierten Zeugen, die er für seinen Bericht befragte, unmittelbar Kenntnis von der Erschießung deutscher Gefangener hatten, wenn nicht sogar eigene Erfahrung. Er schrieb ferner, daß viele britische und amerikanische Einheiten Gefangene der Waffen-SS routinemäßig erschossen.

In Tony Fosters Buch *Meeting of Generals* findet sich ein extremes Beispiel dafür, was alles in der Hitze der Schlacht möglich ist. Auf Seite 334 beschreibt ein kanadischer Feldwebel, wie französisch-kanadische Soldaten „den meisten deutschen Soldaten, die sie als Verwundete oder Tote gefunden hatten, die Kehle aufschlitzten". Das geschah bei den Kämpfen um den Flughafen Carpiquet. Diese Behauptung ist zwar nicht bestätigt, würde aber wohl von den meisten Menschen als Kriegsverbrechen angesehen. Es ist des Autors feste – vielleicht strittige – Ansicht, daß man erst einmal Soldat gewesen sein, die Hitze einer Schlacht erfahren haben und die Wut kennen muß, die hochsteigen kann, wenn Kameraden getötet oder schwer verwundet werden, um ein Recht zu haben, über solche Handlungen zu urteilen.

Dessenungeachtet gibt es keine Entschuldigung dafür, Gefangene außerhalb der Hitze des Gefechts zu töten oder zu verstümmeln; wer sich zu entsprechenden Handlungen versteigt, muß immer vor Gericht gestellt werden. Aber wie jeder Soldat weiß, kann es Anlässe geben, da man kaum eine andere Wahl hat, als Gefangene zu töten – beispielweise wenn sie entkommen wollen oder wenn es nicht genügend Bewacher gibt und sie versuchen, legale Handlungen der Sieger zu sabotieren.

Ein weiterer, wenn auch unappetitlicher Aspekt, den man kennen und verstehen sollte: Hat das Töten erst einmal angefangen, geraten unerfahrene Soldaten mitunter in einen Blutrausch. Dann lassen sich nur gut disziplinierte Truppen wieder unter Kontrolle bringen. Bedauerlicherweise waren viele Einheiten auf beiden Seiten in der Normandie nicht entsprechend diszipliniert; der genannte Fall in Tony Fosters Buch ist ein gutes Beispiel dafür, denn er fährt fort, daß „die Offiziere des Regiments die Pistolen gegen ihre eigenen Leute richten mußten, um sie wieder zur Vernunft zu bringen".

Zusammenfassend ist zu sagen, daß es die Pflicht aller Nationen ist, diejenigen vor ein Gericht zu stellen, die unbewaffnete Soldaten mißbrauchen oder töten, sofern sie sich ergeben haben und nicht versuchen zu entkommen oder die legitimen Handlungen der Sieger zu verhindern.

Kapitel XI

12. bis 14. Juni – Die Operation „Perch“ und die Schlacht von Villers-Bocage

(Karten 3 und 4)

12. Juni – Vorspiel

Montgomerys Plan, Caen einzukreisen, stützte sich auf einen größeren Hauptstoß westwärts von Tilly-sur-Seulles und weiter zum höhergelegenen Gelände nordöstlich von Villers-Bocage und dann ostwärts nach Evrecy auf der anderen Seite des Flusses Odon. Die strategische Bedeutung dieses Geländes bei Villers-Bocage kann gar nicht genug betont werden – Punkt 213 ist meilenweit sichtbar und beherrscht das umliegende Gelände.

Die Bedrohung in der Gegend von Villers-Bocage warf ein größeres Problem für die deutschen Truppenführer auf, besonders für Sepp Dietrich, denn die Truppen, die zum Schließen der sich vergrößernden Lücke zwischen seinem I. SS-Panzerkorps westlich von Seulles und dem LXXXIV. Armeekorps von General der Artillerie Erich Marcks westlich von Balleroy bestimmt waren, sollten erst noch eintreffen. Am 11. Juni hatte Marcks der 7. Armee gemeldet, daß seine 352. Infanteriedivision „zur Zeit wenig Kampfkraft besitzt und daß sich die Lücke zwischen ihr und dem Nachbarn an der rechten Flanke [Panzer-Lehrdivision] ständig vergrößert“.[1] Es war geplant, diese Lücke durch die 3. Fallschirmjägerdivision und 2. Panzerdivision zu schließen, obwohl die Panzer und Radfahrzeuge der 2. Panzerdivision erst am 14. Juni erwartet wurden und frühestens am 15. Juni einsatzbereit wären. In der Zwischenzeit sollte die Lücke mit leichten Aufklärungskräften geschlossen werden.

Die Pläne von Generaloberst Dollmann für den 12. Juni, soweit sie Dietrich betrafen, wurden der Heeresgruppe B wie folgt übermittelt: „I. SS-Panzerkorps wird momentane Linie halten und Panzerverbände für den Gegenangriff freimachen. Der linke Flügel [Panzer-Lehrdivision] wird die Lücke zur 352. Infanteriedivision mit Aufklärungseinheiten schließen.“[2]

Dietrich unterrichtete seine Kommandeure über die Lage. Er sagte ihnen, daß seiner Meinung nach kein konzentrierter Angriff möglich sei und daß er keine Reserven mehr habe. Er zitierte Friedrich den Großen: „Die wollen alles verteidigen … aber womit? Wer alles verteidigt, verteidigt nichts.“[3]

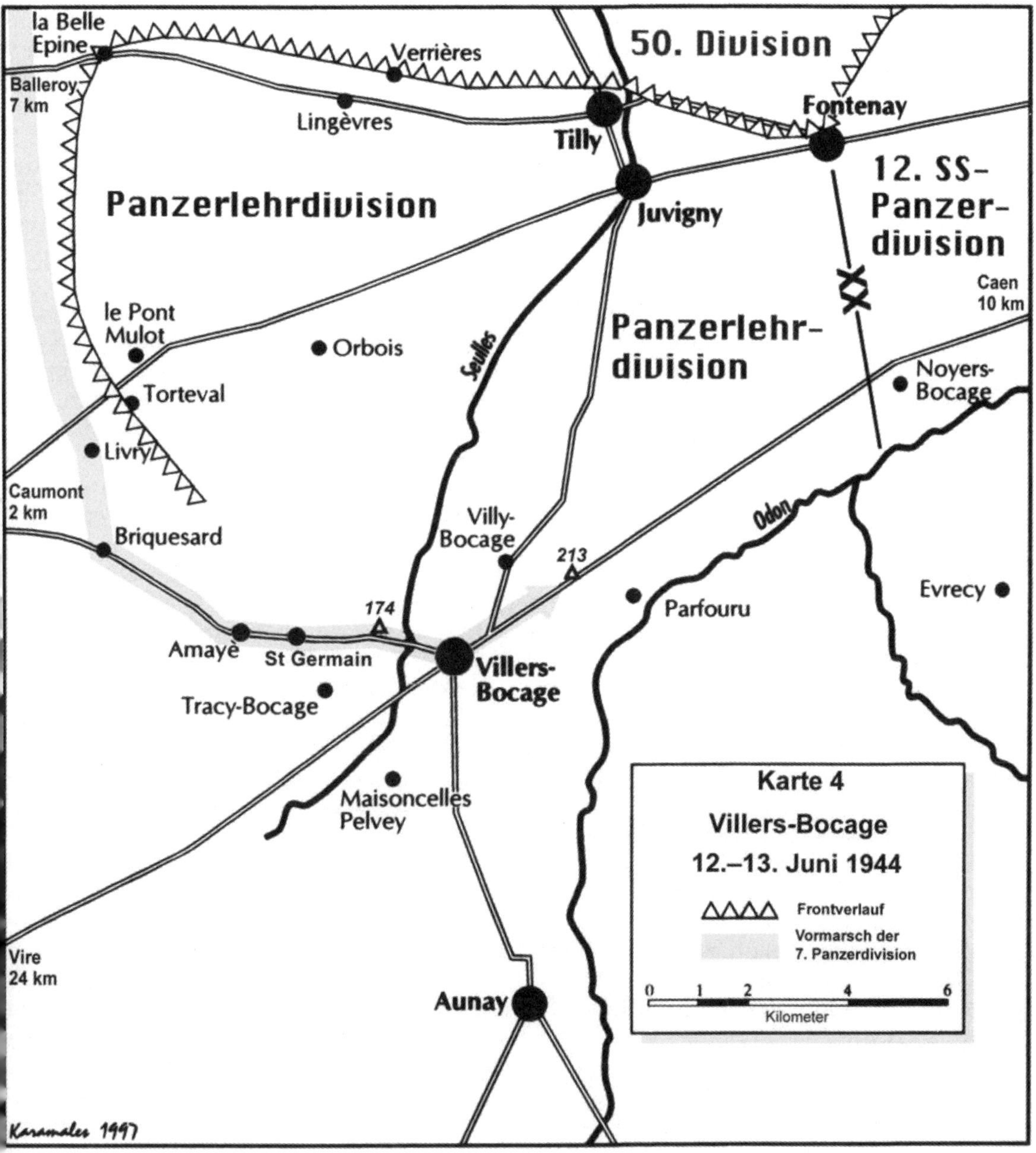

In Wirklichkeit aber hatte Dietrich noch eine Reserve für diesen Raum, sie sollte noch eine dramatische Rolle bei künftigen Ereignissen spielen: Es war die schwere SS-Panzerabteilung 101 – aber vor dem 13. Juni stand sie nicht zur Verfügung.

Die Krise kam am 12. Juni mit dem Vorrücken der amerikanischen 1. Infanteriedivision, die Caumont auf der linken US-Flanke eroberte. Dieses Dorf liegt auf einem Kamm zwischen Villers-Bocage und St. Lô und beherrscht von dort die gesamte Umgebung. An diesem Tag wurde General Marcks bei einem Jagdbomberangriff getötet; er hatte einen hastig zusammengestellten Haufen kleinerer Einheiten geführt und wollte damit in einem letzten Versuch dieses Schlüsselgelände verteidigen. Aber zu spät. Bei Einbruch der Nacht rückten die Amerikaner noch acht Kilometer vor und besetzten das Dorf.

Die Nachricht, daß die Amerikaner westlich von Tilly eine Lücke gefunden hatten, begeisterte das britische Kommando. Die 7. Panzerdivision war beim Versuch, die Verteidigung der Panzer-Lehrdivision bei Tilly zu durchbrechen, gescheitert. Ihre Männer, besonders die der Panzerbrigade 22, kämpften in einer völlig ungewohnten Gegend, denn nach der nordafrikanischen Wüste und Italien war die wiederaufgenommene Ausbildung in Moor und Heide Ostenglands kaum die geeignete Vorbereitung für die Bocage. In dem Buch *The Struggle for Europe* gibt der Autor Chester Wilmot eine perfekte Beschreibung dieser Situation: „Der Übergang zur Bocage quälte die Männer mit Klaustrophobie. Panzerkommandanten, die außerhalb des Panzers stets ohne Kopfbedeckung kämpften, wurden jetzt auf anscheinend friedlichen Wegen von Heckenschützen getötet. Besatzungen, die es gewohnt waren, sich mit dem Feind im Abstand von einer halben Meile oder mehr auseinanderzusetzen, sahen sich jetzt schon in einer Entfernung von 50 Yards [ca. 45 Meter] den feindlichen Panzerabwehrkanonen gegenüber. Oder, was noch schlimmer war, sie hatten es mit Panzernahbekämpfern zu tun, die einfach aus der Deckung von Hecken heraus auf die Panzer sprangen."

Der Schock für die Panzer-Lehrdivision war in der Bocage nicht weniger groß, denn schließlich war sie für einen operativen Bewegungskrieg auf relativ offenem Gelände ausgebildet. Nichtsdestotrotz paßte sie sich schnell an die neuen Begebenheiten an und machte den einzelnen Panzer zum Schwerpunkt ihrer Verteidigung. Jede halbwegs auf sich selbst gestellte Gruppe von Panzergrenadieren hatte als Rückhalt einen einzelnen Panzer, der ihnen zur Panzerabwehrkanone und zum gepanzerten Maschinengewehr wurde, und der Panzer führte beständig örtliche Gegenangriffe gegen alliiertes Vordringen. Fairerweise muß gesagt werden, daß es weit einfacher war, sich der Verteidigung in der Bocage anzupassen, als einen Angriff zu führen, wenn auch die Deutschen beständig in Sorge waren, daß der Feind in ihre Stellungen einsickern könnte, besonders bei Nacht.

Einsickern war als Taktik den Alliierten fast unbekannt, wenn sie auch später im Kampf hin und wieder vorkam. Der Brigadegeneral Trevor Hart Dyke beschreibt in seinem kurzen Buch *Normandy to Arnhem*, wie er am 26. Juni, als er das Hallamshire Bataillon in der britischen 49. Infanteriedivision befehligte, seinen Brigadekommandeur dazu überredete, ihn ein nächtliches Einsickern in den Tessel-Wäldern bei Fontenay-le-Pesnel versuchen zu lassen. Es gelang – ebenso wie viel später eine ähnliche Operation durch die Argylls of Canada (s. Kap. XXIV).

Am 12. Juni um 11.45 Uhr, als er dem Kommandierenden General des XXX. Korps, Generalleutnant Bucknall, am Bahnhof Bayeux traf, erfuhr General Dempsey vom amerikanischen Vorstoß bei Caumont. Bucknall sagte ihm, daß seine Aufklärungstruppen in Verbindung mit der 1. US-Infanteriedivision stünden und daß alles planmäßig verliefe. In seinem persönlichen Tagebuch schrieb Dempsey: „Ich sagte ihm, er solle sofort die 7. Panzerdivision von der Front holen und sie hinter 11H [Bucknalls Panzeraufklärungsregiment, das Caumont mit den Amerikanern erreicht hatte] durchstoßen lassen, um auf diesem Weg nach Villers-Bocage zu gelangen."[4]

In jener Nacht schickte Montgomery eine Meldung an seinen Chef des Stabes: „Hauptkampflinie wurde schnell weiter nach Westen verlegt, und Div. … erreichte Briquesard um 19 Uhr und wird morgen weiter auf Villers-Bocage und Noyers zugehen. Alles in Ordnung, morgen kann es sehr gefährlich werden für die Panzer-Lehr." In Montgomerys Augen konnte dieser Vorstoß zum „Wendepunkt des Kampfes" werden.

Angesichts der offensichtlichen Bedrohung seiner linken Flanke entschloß sich Dietrich, seine einzige Reserve unmittelbar nach Ankunft einzusetzen, noch vor Ausführung der Wartungs- und Instandsetzungsarbeiten, die für die Tiger dringend notwendig waren. Auf dem Anmarsch von Beauvais hatte die schwere SS-Panzerabteilung 101 von SS-Sturmbannführer Hein von Westerhagen schwere Verluste. Neben dem Schaden durch den Luftangriff bei Versailles hatte die Abteilung ständig verlustreiche Luftangriffe zu ertragen, bei denen 27 Männer ums Leben kamen oder Verwundungen davontrugen. Viele Panzer waren aufgrund des langen Marsches mit Kettenschäden liegengeblieben.

Wie auch immer, während der Stab und die dezimierte 3. Kompanie von SS-Untersturmführer Raasch in der Nachbarschaft von Falaise mit nur einem einsatzbereiten Panzer zurückblieben, wurde den anderen beiden geschwächten Kompanien in den späten Abendstunden des 12. Juni befohlen, Orne und Odon zu überqueren und hinter der Panzer-Lehrdivision und der Division „Hitlerjugend" als Reserve in Stellung zu gehen. Die 1. Kompanie von SS-Hauptsturmführer Rolf Möbius stand mit neun Tigern hinter der Division „Hitlerjugend" in der Gegend von Noyers-Bocage, neun Kilometer nordöstlich von Villers-Bocage. Die 2. Kompanie von SS-Untersturmführer Michael Wittmann stand mit nur fünf Panzern hinter der Panzer-Lehrdivision in einem kleinen Wald unmittelbar südlich des Dörfchens Montbrocq an dem wichtigen Geländepunkt 213, etwa zwei Kilometer nordöstlich von Villers-Bocage.

Im Juni 1944 gehörte Michael Wittmann schon zu den berühmtesten Offizieren der Waffen-SS und war ihr größtes Panzer-As. Seit 1937 gehörte er der Leibstandarte an. Als Feldwebel führte er ein Panzerfahrzeug in Polen und Frankreich und verdiente sich dann in Griechenland das Eiserne Kreuz 2. Klasse. Wittmann wurde zweimal verwundet und erhielt das Eiserne Kreuz 1. Klasse 1941 in Rußland, ehe er in die Offizierslaufbahn wechselte und im Dezember 1942 eingesetzt wurde. Nach nur einem Jahr als Panzerkommandant in Rußland wurden ihm schon 66 Panzerabschüsse zugeschrieben, und er wurde mit dem Ritterkreuz ausgezeichnet. Im Jahre 1944 wurde er zum SS-Untersturmführer befördert und erhielt zehn Tage später das Eichenlaub zum Ritterkreuz. Im April 1944 bekam er das Kommando über die 2. SS-Panzerkompanie in der schweren SS-Panzerabteilung 101. Bis dahin war ihm und seinem Richtschützen, Bobby Woll, der Abschuß von 119 feindlichen Panzerfahrzeugen anerkannt worden, eine erstaunlich hohe Zahl. Aber Woll, jetzt ebenfalls Ritterkreuzträger, hatte nun seinen eigenen Tiger bekommen. Zur Erinnerung: Die Panzer und die Panzergrenadierregimenter der Panzer-Lehrdivision lagen nach Norden und verteidigten erfolgreich die Frontlinie Le Mesnil-Patry – Tilly – Lingèvres – La Belle Epine, während die Aufklärungsabteilung so gut es ging die linke Flanke der Division deckte. Die Verbindung zwischen der SS-Panzerabteilung 101 und der Aufklärungsabteilung der Panzer-Lehrdivision wurde durch einen Verbindungsoffizier der Abteilung hergestellt, der ursprünglich bei Dietrichs Stab eingesetzt war.

Als Generalmajor Bobby Erskine, Kommandeur der 7. Panzerdivision, am 12. Juni seine neuen Befehle bekam, mußte er seine Division umgliedern, um sein Unternehmen, die Operation „Perch", tief im Rücken der Panzer-Lehrdivision durchführen zu können. Er wußte, daß er auf schmaler Front mit exponierter linker Flanke vorrücken mußte, daß aber Dietrichs Panzerdivisionen gebunden und deutsche Reserven nicht unmittelbar vorhanden waren. Eine ULTRA-Entschlüsselung am 12. Juni ergab, daß die 2. Panzerdivision unterwegs war, um die Panzer-Lehrdivision in der Nachbarschaft von Villers-Bocage zu unterstützen, bis zum

Gefechtsfeld war es aber noch ziemlich weit. Die britischen Generale hatten schon ihre Gründe, für den nächsten Tag mit Erfolgen zu rechnen – aber da wußten sie noch nichts von den neu eingetroffenen 14 Tigern.

Erskine beschloß, mit seiner 22. Panzerbrigade die Spitze zu bilden. Für diese Operation umfaßte sie zwei Panzerregimenter (Bataillone) – die 4. County of London Yeomanry „Sharpshooters" (4 CLY) und das 5. Royal Tank Regiment (5 RTR) –, ein motorisiertes Infanteriebataillon – 1. Bataillon Rifle Brigade (1 RB) –, eine Artillerieabteilung mit Panzerhaubitzen auf Selbstfahrlafetten abzüglich einer Batterie – 5. Regiment Royal Horse Artillery (5 RHA) – und die 260. Panzerabwehrbatterie. Um der Brigade mehr Infanterie für ihren Vormarsch durch die Bocage zu geben, insbesondere aber um sie bei der Einnahme von Villers-Bocage zu unterstützen, nahm Erskine ein Infanteriebataillon, das Bataillon 1 des Queen's Royal Regiment 7 (1/7 Queen's) von seiner Infanteriebrigade 131 und gab es an Brigadegeneral „Looney" Hindes Panzerbrigade 22. Seinem Spitznamen entsprechend („loony" bedeutet übergeschnappt, verrückt, hier etwa „der verrückte Looney") war Hinde ein aus dem Rahmen fallender Kavallerist, sehr bewundert wegen seiner persönlichen Tapferkeit. Die zweite Hälfte von Erskines Division war die Infanteriebrigade 131 von Brigadegeneral Michael Ekins, auf Lastwagen. Sie bestand normalerweise aus drei Bataillonen vom Queen's Royal Regiment 7 und einem weiteren gezogenen Artillerieregiment (3 RHA). Ekins, dem kürzlich das Kommando über die Brigade erteilt worden war, war als Vorgesetzter viel farbloser und bei Offizieren und Mannschaften fast unbekannt. Um den Verlust der 1/7 Queen's wettzumachen, nahm Erskine das Panzerregiment 3 der Brigade 22, das 1. Royal Panzerregiment (1 RTR) und gab dies an die Brigade 131. Einfacher ausgedrückt: Die Panzerbrigade hatte zwei Panzerbataillone und zwei Infanteriebataillone, die Infanteriebrigade hatte ein Panzerbataillon und zwei Infanteriebataillone, und jedes wurde von einem Artilleriebataillon unterstützt.

Zusätzlich zu diesen beiden Brigaden hatte Erskine ein gepanzertes Aufklärungsregiment (Bataillon), die 8. Hussars (8H), von denen eine Kompanie der Brigade 131 zugeteilt wurde, während das andere die linke Nachhut der Division bei Le Pont Mulot bewachen sollte und das letzte mit dem Schutz der rechten Flanke unter „Looney" Hindes Kommando beauftragt war. Obendrein hatte auch das Aufklärungsregiment (Bataillon) des XXX. Korps, die 11. Hussars in Panzerfahrzeugen, ebenfalls die Aufgabe, die Flanken zu schützen.

Brigadegeneral Hinde gab seine Befehle am 12. Juni um 15 Uhr heraus. Die leichten Panzer der 8H sollten in vorderster Linie stehen, danach kam Oberstleutnant Viscount Cranleys 4 CLY mit der A-Kompanie und einer Panzerabwehrabteilung von 1 RB. Ihre Aufgabe bestand darin, über Livry nach Villers-Bocage vorzurücken und dann Punkt 213 zu nehmen. Die 5 RTR, die mit einer weiteren Kompanie von 1 RB folgte, sollte das höhergelegene Gelände südwestlich der Stadt Maisoncelles-Pelvey besetzen, und die Panzerabwehrbatterie 260 von Norfolk Yeomanry mit den großartigen SP-17-pdr-Geschützen sollte die Lücke zwischen beiden Gruppen schließen. 1/7 Queen's sollte Villers-Bocage selbst besetzen. Im Verlauf der Operation sollte nach dem Plan von Erskine die Brigade 131 die Gegend von Livry besetzen.

Der Vorstoß begann am 12. Juni um 16 Uhr und traf bald auf eine einzelne deutsche Panzerabwehrkanone und einige Infanteristen bei Livry; ein Stuart wurde zerstört. Erst um 20 Uhr war man mit diesem geringen Widerstand fertiggeworden, in der Nacht wollte man ruhen und bei Tagesanbruch weiter vorrücken. Später sagte Hinde in seinem offiziellen Bericht, daß er sich zum Halt entschlossen hätte, weil „es für den Feind keinen Hinweis darauf gab, daß das eigentliche Ziel Villers-Bocage war". Dies war einer der ersten Entschlüsse, die den Briten unerbittlich zum Verhängnis wurden.

Inzwischen hatte Hitler am 12. Juni auf einer Besprechung in seinem Hauptquartier angeordnet, die 1. SS-Panzerdivision „Leibstandarte SS Adolf Hitler" schnellstmöglich mit der 12. SS-Panzerdivision „Hitlerjugend" in der Normandie unter den Befehl des I. SS-Panzerkorps zu stellen.

13. bis 14. Juni – die Schlacht[5]

Die Schlacht von Villers-Bocage ist schon oft in vielen Einzelheiten beschrieben worden. Es ist aber so, daß sich viele Berichte sehr auf die Erinnerungen der sogenannten „Augenzeugen" oder Dabeigewesenen stützen, oftmals sind sie irreführend, ungenau oder haben sich im Laufe der Zeit verklärt. Sogar das Buch *History of the Second World War: Victory in the West*, gibt in Band 1, *The Battle of Normandy* von L.F. Ellis, im Jahre 1962 von Her Majesty's Stationary Office herausgegeben, eine völlig verzerrte Darstellung der Ereignisse dieses kritischen Tages.

Der Verfasser des vorliegenden Buches hat nicht die Absicht, die Einzelheiten des Kampfes aufzuzählen, vielmehr möchte er die entscheidenden Begebenheiten mitteilen und sodann untersuchen, welche Fehlentscheidungen es gab und welche Auswirkungen diese hatten.

Das entscheidende und merkwürdige Ereignis in der Schlacht um Villers-Bocage ist, daß am Morgen des 13. Juni Michael Wittmann in einem einzelnen Tiger I mit nur geringer Unterstützung durch seine anderen vier Panzer die 7. Panzerdivision zum völligen Stillstand brachte. Wie konnte das geschehen?

Hindes Brigade setzte ihren Vorstoß am 13. Juni fort. Aus unbekannten Gründen wurde der Vorstoß weder von den Aufklärungspanzern der 8H noch von denen des Spähtrupps der 4 CLY geführt; letztere fuhren hinter den vordersten Panzern und der Infanterie.

Die Marschfolge der Panzerbrigade 22 sah folgendermaßen aus: A- Kompanie 4 CLY und ein Artilleriepanzer, A-Kompanie und eine Panzerabwehrabteilung von 1 RB auf Halbkettenfahrzeugen und Transportwagen, der Aufklärungstrupp 4 CLY, die vier Stabspanzer von 4 CLY und zwei Artilleriepanzer von 5 RHS, gefolgt von den B- und C-Kompanien 4 CLY. Dahinter kam Hindes Brigadegefechtsstand, ein Pioniertrupp, 5 RHA (SP-Artilleriebataillon) abzüglich einer Batterie, 1 RB abzüglich zweier Kompanien, das Bataillon von 1/7 Queen's auf Lkw, die Kampfgruppe des 5 RTR mit einer Kompanie von 1 RB, und schließlich die 260. Panzerabwehrbatterie der Norfolk Yeomanry.

Die 4 CLY fuhr durch Amayé, erreichte Villers-Bocage um etwa 8 Uhr und stieß ohne Feindberühung weiter hügelaufwärts zum Punkt 213 vor. Auf dem höhergelegenen Gelände hielten die Panzer. Von dort konnten sie die lange gerade Straße nach Caen überblicken, Caen war weniger als 20 Kilometer entfernt. Die Kompanie 1 RB und der Panzerabwehrtrupp hielten unmittelbar dahinter, und die Männer stiegen aus, um sich die Beine zu vertreten und Tee zu trinken.

In diesem Moment tauchte Michael Wittmanns Tiger aus der Deckung an der Südseite der Straße auf, vernichtete den hinteren Panzer der A-Kompanie, fuhr die Infanteriekolonne in einer Entfernung von 50 bis 80 Metern herunter und zerstörte dabei die RB-Fahrzeuge. Später sagte Wittmann, er habe keine Zeit gehabt, seine anderen Tiger aufmarschieren zu lassen.

Christopher Milner, der stellvertretende Chef der A-Kompanie, beschrieb seine Erfahrungen in George Fortys Buch *Desert Rats at War*: „Der Feind kümmerte sich zuerst um die drei Motorzüge, als er zurück nach Villers rollte und dabei abschnittsweise Fahrzeuge und Schützen zusammenschoß. Nur die beiden 6-pdr-Panzerabwehrkanonen der Kompanie konnten ein Minimum an Widerstand leisten, sie taten es mutig, doch mit wenig Erfolg."

Wittmann fuhr dann nach Villers-Bocage hinein, setzte drei Stuart-Panzer der Truppe 4 CLY Recce außer Gefecht, ebenso die vier Stabspanzer, die im Randgebiet der Stadt gehalten hatten, als Viscount Cranley in seinem Spähwagen weiterfuhr, um die A-Kompanie am Punkt 213 und die beiden unbewaffneten Artilleriepanzer von 5 RHA (die Kanonen mußten Platz machen für Extrafunkgeräte) zu beobachten. Das Kriegstagebuch der Brigade berichtet, daß die Stabspanzer von 4 CLY um 8.30 Uhr vernichtet waren.

Die Aufzeichnungen im Kriegstagebuch von 4 CLY sagen aus, daß um 10 Uhr die A-Kompanie an Punkt 213 von Tiger-Panzern umstellt und angegriffen wurde. Das waren natürlich Wittmanns andere vier Panzer. Eine halbe Stunde später berichtete Viscount Granley, daß seine Stellung nicht mehr zu halten und ein Rückzug unmöglich sei, und um 10.35 Uhr waren die Funkgeräte der A-Kompanie „tot".

Während dieser Ereignisse befand sich der Gefechtsstand von Brigadegeneral Hinde nicht ganz vier Kilometer entfernt östlich von Amayé, und er selbst war mit seinem Spähwagen irgendwo im vordersten Bereich. Um 10 Uhr gab er der 1/7 Queen's den Befehl zum Einrücken in Villers-Bocage, wo sie sich der schon in der Stadt befindlichen B-Kompanie 4 CLY anschließen sollten. Danach verließ er sein Fahrzeug und wurde erst wieder gesehen, als er am Nachmittag bei seinem Gefechtsstand auftauchte. In der C-Kompanie 4 CLY wußte man, daß die vorderen Einheiten der Brigade Schwierigkeiten hatten. Sie hielt in Tracy-Bocage an, zwei Kilometer östlich, wo sich am Morgen das 5 RTR und eine Kompanie von 1 RB anschlossen.

Kurz nach 10 Uhr befahl Oberstleutnant Desmond Gordon (später Generalmajor), der die 1/7 Queen's kommandierte und auf Hindes Befehl handelte, seinen Panzerabwehr- und Mannschaftstransportwagen, in die Stadt einzurücken, während das restliche Bataillon in St. Germain absaß und zu Fuß vorrückte.

Kein Wunder, daß Wittmann jetzt in Schwierigkeiten steckte – er hatte keine Unterstützung durch Infanterie und war, wie üblich in geschlossenen Ortschaften, durch Panzernahbekämpfer sehr gefährdet. Er sagte später, daß er keine Funkverbindung mit seiner Kompanie hatte und keine Hilfe herbeiholen konnte – „meine Panzer waren außer Sichtweite". Seine Aussage für dieses Ereignis ergab: „In der Mitte der Stadt war sein Panzer durch eine schwere Panzerabwehrkanone unbeweglich gemacht geworden." Es gelang ihm und seiner Besatzung allerdings auszubooten. Nach einem Marsch von sieben Kilometern erreichte Wittmann den Gefechtsstand der Panzer-Lehrdivision in Orbois, nördlich von Villers-Bocage. Weiter sagte er: „Er meldete sich dort beim 1a, drehte mit 15 Panzern IV von der Panzer-Lehrdivision und steuerte wieder auf Villers-Bocage zu. Sein VW-Schwimmwagen hatte ihn bis dahin eingeholt. Darin fuhr er zur 1. Kompanie [Möbius], die an der Hauptstraße nach Villers-Bocage stand. Er unterrichtete sie über seine Eindrücke vom Kampf und der allgemeinen Lage und ließ sie wieder gegen die Stadt vorrücken."

Die in Wittmanns Bericht genannten Panzer IV versuchten in Wirklichkeit nicht, in Villers-Bocage einzudringen, sondern bezogen eine Sicherungsstellung 1.500 Meter nördlich von Villy-Bocage.

Zwischen 11.30 Uhr und Mittag schlossen sich zwei Kompanien von Queen's dem Panzerabwehrbataillon und Mannschaftstransportwagen in Villers-Bocage an, später kam noch eine dritte Kompanie hinzu.

Das Kriegstagebuch der Brigade 22 sagt, daß um 12.35 Uhr fünf Tiger und ein weiterer, nicht identifizierter Panzer versuchten, die A-Kompanie 4 CLY an Punkt 213 einzukreisen. Die Geschichte der Panzer-Lehrdivision bestätigt, daß einige der Panzer IV, die in Parfouru vier Kilometer nordöstlich von Villers-Bocage instand gesetzt wurden, sich an dieser Aktion beteiligten.

Um 12.40 Uhr funkte Viscount Cranley irgendwo an Punkt 213, aber ohne Verbindung zu seiner A-Kompanie, daß er eingeschlossen sei; und um 13 Uhr ergaben sich die noch einsatzbereiten Panzer der A-Kompanie und 17 Mann der A-Kompanie 1 RB. Cranley wurde gesondert gefangengenommen und tauchte am 15. Juni in der Nähe von Argentan in einem deutschen Kriegsgefangenenlager wieder auf.

Eine lebhafte Beschreibung der letzten Augenblicke an Punkt 213 gibt Christopher Milner in *Desert Rats at War*: „Plötzlich gab es ein Dröhnen von Panzern, ich stürzte nach vorn vor das Haus, war erstaunt, daß das Schießen aufgehört hatte und daß einige Panzerbesatzungen in schwarzen Baskenmützen herumstanden und sich mitten auf der Straße mit unseren Leuten unterhielten. Da es keine Schießerei gab und alles sehr freundlich erschien, hielt ich sie für Mitglieder des RTR [die ebenfalls schwarze Baskenmützen trugen], ging hinaus und wollte an der Unterhaltung teilnehmen. Ich war wie vom Donner gerührt, als ich merkte, es waren deutsche Panzerbesatzungen!"

Die vorderste Kampfgruppe der 22. Panzerbrigade existierte nicht mehr. Die Verluste waren zwar schwerwiegend – 20 Cromwells, vier Firefly Shermans, drei Stuarts, drei Artillerie-Shermans, 16 Mannschaftstransportwagen, 14 Halbkettenfahrzeuge und zwei 6-pdr-Panzerabwehrkanonen –, aber diese Verluste würden als unbedeutend erscheinen im Vergleich mit denen, die bei einem Fehlschlag der Operation „Perch" entstünden. Die 4 CLY beklagte vier Tote und fünf Verwundete, die 2 RB hatte am 13. Juni neun Tote zu beklagen. Es schien, als sei der Rest der Kampfgruppe in Gefangenschaft geraten – die entsprechenden Kriegstagebücher sprachen von 76 bzw. 94 „Vermißten". Christopher Milner gelang es zu entkommen.

Kurz nach 13 Uhr befahl Möbius seinen Tigern der 1. Kompanie, nach Villers-Bocage einzudringen. Die Panzer IV der Panzer-Lehrdivision begleiteten sie. Wie die Briten die nächsten Augenblicke erlebten, finden wir bei Oberstleutnant Gordon in einer ehrenvollen Erwähnung für Major „Tiny" French, der die C-Kompanie der Queen's kommandierte: „Wir erhielten die Meldung, daß einige Tiger-Panzer VI die Hauptstraße zum Platz herunterfuhren. Major French befahl seiner Kompanie sofort, sich in die Häuser der Seitenstraßen zu verteilen, von wo aus man die Hauptstraße übersehen konnte, und sich auf aktives Eingreifen in die Kampfhandlungen vorzubereiten. Er selbst nahm dann eine PIAT und ging in Begleitung einiger Männer, die mit Haftminen bewaffnet waren, weiter in die Stadt hinein, in die Richtung, aus der sich die feindlichen Panzer näherten. Er fand vier Panzer VI und einen Panzer IV auf der Hauptstraße und näherte sich dem vordersten aus einer Seitenstraße bis auf 20 Yards [etwa 18 Meter]. Er feuerte zwei Schuß mit seiner PIAT, und seine Begleitung warf ihre Haftminen. Was dabei herauskam, konnte man nicht beobachten, aber ein Panzer wurde nach vorn in die wartenden 6-pdr-Panzerabwehrkanonen [Queen's] und die Kanonen unserer bereitstehenden Panzer gedrängt [B-Kompanie 4 CLY] und vollständig zerstört. Bei diesem Angriff fuhr ein feindlicher Panzer auf ein Haus, bei dem Major French stand. Er wurde am Bein verwundet, konnte aber trotzdem seine Kompanie sammeln und zu den bestimmten Positionen bringen."

SS-Oberscharführer Werner Wendt, ein Tiger-Kommandant der 1. Kompanie, berichtete: „Aus allen Ecken wurde geschossen. Wir kämpften gegen Panzerabwehrkanonen und Infanterie. Noch heute steht mir das Bild von SS-Untersturmführer Lucasius vor Augen, wie er aus nächster Nähe kampfunfähig geschossen werde. Er stieg aus. Seine Verbrennungen waren fürchterlich."

Schließlich wurden ein Tiger und ein Panzer IV von PIATs und Haftladungen vernichtet, die aus den Fenstern höherer Stockwerke fallen gelassen oder vom Erdgeschoß aus geworfen wurden. Der Panzerabwehrzug der Queen's und die B-Kompanie wollen noch mehr Abschüsse erzielt haben. Im Jahr 1979 erzählte Möbius dem ehemaligen 1. Generalstabsoffizier der 12. SS-Panzerdivision Hubert Meyer, daß sich seine Kompanie zurückgezogen hätte, nachdem sie drei Panzer durch Panzernahbekämpfungsmittel verloren hatte. Nach dem Kampf fand man in der Stadt sechs Tiger und zwei Panzer IV. Die 1. und 2. SS-Tiger-Kompanie erlitten an diesem Tag einen Verlust von insgesamt zehn Gefallenen und zwölf verwundeten Kameraden.

Das Kriegstagebuch der 1/7 Queen's gibt an, daß nach dem Rückzug der Tiger die drei Queen's-Kompanien vorrückten, um gemeinsam mit den Panzerabwehrkanonen des Bataillons und den Panzern der B-Kompanie den Hauptaufmarsch auf Villers-Bocage zu decken.

Kurz nach 14.30 Uhr besuchte Brigadegeneral Ekins, Kommandeur der Brigade 131, Oberstleutnant Gordon in der Stadt. Um diese Zeit regnete es. Gordon, ein sehr erfahrener Offizier, erzählte ihm, daß feindliche Infanterie langsam in seine Stellungen einsickere – dies war der hastig zusammengestellte Haufen der Panzer-Lehrdivision, möglicherweise verstärkt durch vorderste Kräfte der 2. Panzerdivision. Ekins sagte, er hielte die Situation für hoffnungslos, und verabschiedete sich. Erst am nächsten Morgen sah man ihn wieder – was er überhaupt im Bereich eines anderen Brigadekommandeurs getan hatte, bleibt ein Geheimnis.

Um 15.25 Uhr fuhr Gordon zurück zum Gefechtsstand der Brigade 22 bei Amayé. Am Nachmittag erschien auch Hinde dort wieder, wollte aber nicht so recht die sich schnell verschlechternde Lage mit seinem Stab erörtern oder ausdrückliche Befehle geben. Gordon erklärte, daß das Bataillon bald überwältigt sein würde, falls keine Verstärkung käme. Später schrieb er: „Ich glaube nicht, daß Looney sich im klaren darüber war, daß ich schnell die Kontrolle über meine Kompanien verlor, weil sich in den nahegelegenen Häusern so viele Panzerjäger verteilt hatten." Diese Situation verschlechterte sich durch den Mangel an Funkgeräten in einem Infanteriebataillon.

Inzwischen hatte General Erskine endlich eingesehen, wie dringend erforderlich zusätzliche britische Infanterie war, und um 15 Uhr stellte er ein weiteres Queen's-Bataillon unter Hindes Kommando. Um 15.15 Uhr setzte sich die 1/5 Queen's von Livry aus in Bewegung.

Um 16 Uhr meldete die B-Kompanie feindliche Infanterie in der südöstlichen Ecke von Villers-Bocage, und um 16.50 Uhr sagte Hinde zu Erskine, daß die Lage in der Stadt „nicht zufriedenstellend" sei. Ein Rückzug wurde genehmigt unter der Bedingung, daß das höhergelegene Gelände zum Westen, um Punkt 174 herum, auf jeden Fall zu halten sei.

Um 17 Uhr, nur 15 Minuten bevor 1/5 Queen's in Villers-Bocage eintraf, befahl Hinde der 1/7 Queen's und der B-Kompanie 4 CLY, den Rückzug zu beginnen und sich dem anzuschließen, was Major „Boy" Burton, stellvertretender Kommandeur der 1/5 Queen's, als „den größeren Teil einer gepanzerten Brigade, abzüglich eines Panzerbataillons, den größeren Teil von zwei gepanzerten Spähtrupps und ein Regiment der Royal Horse Artillery" beschrieb, die in ohnmächtiger Wartestellung nur drei Kilometer westlich von Villers-Bocage standen.

Um 20 Uhr befanden sich die 1/7 Queen's und die B-Kompanie mit dem Rest der Brigade 22 auf dem höhergelegenen Gelände im Westen der Stadt, die sie am folgenden Tag und Abend verteidigen mußten. Die 1/7 Queen's erlitt bei diesen zweitägigen Gefechten 128 Verluste.

Am 14. Juni um 12 Uhr beschloß Bucknall, die gesamte Division während der kommenden Nacht in den Nordosten von Briquesard zurückzunehmen. In seinem persönlichen Tagebuch erklärt er, um 14 Uhr Dempseys Zustimmung zum Rückzug erhalten zu haben.[6] Die Bewegung wurde durch den Lärm von 300 Flugzeugen der RAF überdeckt, die mehr als 1.700 Tonnen Bomben im Süden und Osten von Villers-Bocage abwarfen, ebenso wie auf

Evrecy, wo ein Tiger der 3. Kompanie der schweren SS-Panzerabteilung 101 zerstört und drei weitere außer Gefecht gesetzt wurden. Es gab 29 Opfer, einen verwundeten Kompaniechef und einen getöteten Ritterkreuzträger, den SS-Untersturmführer Günther.

Und so endete die Schlacht um Villers-Bocage. Die Deutschen hatten die Stadt besetzt, und daran änderte sich in den nächsten beiden Monaten auch nichts. In dem Buch *The Struggle for Europe* faßte Chester Wilmot den Kampf folgendermaßen zusammen: „So wurden die Früchte des anfänglichen Erfolgs, die leicht in einen glänzenden Sieg hätten verwandelt werden können, an den Feind zurückgegeben. Erskins Truppen erlitten keine Niederlage nach dem ersten verlustreichen Treffen mit dem einzelnen Tiger."

Post mortem

Damit ist die Chronik der Schlacht dargelegt, und man sollte nun erörtern, wo die Fehler lagen. Nicht zuletzt deshalb, weil das Scheitern der Operation „Perch" notwendigerweise eine ganze Reihe äußerst verlustreicher Operationen nach sich zog, die zum Ziel hatten, die Deutschen aus dem Gebiet von Caen zu vertreiben.

Rückblickend muß gesagt werden, daß sich die 7. Panzerdivision zu Gefechtshandlungen gezwungen sah, für die sie nicht ausgebildet war und auf die die Kommandeure mental nicht eingestimmt waren – Blitzkrieg. Oberstleutnant Dempsey hatte am 12. Juni gesagt: „Unter der Voraussetzung, daß diese Operation schnell und mit Schwung durchgeführt wird, gibt es eine Chance, daß wir durchkommen, ehe die Front erstarrt."[7]

Wie wir schon gehört haben, sah Montgomery sie als einen „potentiellen Wendepunkt" der Schlacht. Was aber vor allem nötig war, hatte Montgomery seiner Armee in England vor dem D-Day im einzelnen auseinandergesetzt: „Die Fähigkeit, unsere Panzer zu konzentrieren und ausreichend starke und schnelle Panzervorstöße landeinwärts zu unternehmen, um wichtiges Gelände zu besetzen … Angriffslust ist nicht nur beim Soldaten unerläßlich, Angriffslust ist von wesentlicher Bedeutung für einen Offizier, besonders beim Vorgesetzten und Kommandeur. Lustlosigkeit und eine defensive Mentalität sind bei jedem Vorgesetzten kriminell – wie hoch sein Rang auch sein mag."[8]

Viele Kommandeure auf jeder Ebene – Führer von Kompanie, Bataillon, Brigade, Division und Korps – hatten hier versagt und ihn enttäuscht, schwerer wiegt jedoch, daß sie ihre Männer enttäuschten. Sie zeigten nichts von dem Großmut, von dem Antrieb, von der Vorstellungskraft oder von der Bereitschaft zur Übernahme von Risiken, die bei dieser Operation erforderlich waren. Man kann nur mutmaßen, was bei vertauschten Rollen geschehen wäre: wenn Männer wie Kurt Meyer, Jochen Peiper und Max Wünsche die Führung gehabt hätten, mit einsatzfähigen Panzern wie bei den Briten und totaler Luftüberlegenheit.

Viele Entschuldigungen sollten dieses Unglück abmildern. Eine davon lautete, daß die Bocage es schwierig und gefährlich für die britischen Panzer machte und den Deutschen einen Vorteil verschaffte. In einem offiziellen Bericht nach dem Kampf sagte Brigadegeneral Hinde: „Das Gelände beiderseits der Hauptstraße Villers-Bocage – Caen ist viel dichter und enger als auf der Landkarte, und die feindlichen Panzer hatten es leicht, in Straßennähe im Hinterhalt zu bleiben."

Es handelt sich hierbei um eine außergewöhnliche Feststellung und eine klare Kritik an der eigenen Führungsfähigkeit und der seiner Untergebenen. Wenn es stimmte, daß feindliche Panzer sich leicht neben den vorrückenden Truppen verstecken konnten, warum bestand er dann nicht auf einer einwandfreien Luft- oder wenigstens Bodenaufklärung?

Ein weiterer Grund für das Versagen der Operation „Perch" liegt angeblich darin, daß es der 7. Panzerdivision an ausreichend Infanterie für diese Aufgabe mangelte. Bei diesem Argument wird außer acht gelassen, daß der größte Teil von 1 RB und zwei Bataillone von Queen's an dem kritischen Tag nicht gebunden waren und daß eine vollzählige Infanteriebrigade (151) in Korpsreserve bereitstand. Auch waren zwei Infanteriebrigaden der 49. Infanteriedivision nicht eingesetzt worden – sie wurden in der Nacht zum 13. Juni zur Verfügung der 50. Division freigegeben. Von diesen drei Infanteriebrigaden hätte jede einzelne Erskine zugeteilt werden können, ehe seine Division ihr großes heldenhaftes Unterfangen begann. Den Vorwurf, nicht genügend Kräfte am richtigen Ort zur richtigen Zeit zusammengezogen zu haben, muß sich Bucknall, der Kommandeur des XXX. Korps, gefallen lassen.

Aber als Hauptgrund für das Scheitern von „Perch" wurde sowohl damals als auch nach dem Krieg das unerwartete Auftauchen der 2. Panzerdivision in der südlichen Umgebung von Villers-Bocage am Vormittag des 13. Juni angeführt. Ein seltsames Argument. Denn erstens waren zu dieser Zeit die Panzer der 2. Division nicht einmal in der Nähe von Villers-Bocage, und zweitens: Selbst wenn beide Panzergrenadierregimenter der Division zusammen eingetroffen wären, hätte das auch nur so viele Infanteriekompanien ergeben wie bei der 7. Panzerdivision, nämlich 16.

Am 14. Juni schrieb Montgomery dem britischen Chef des Generalstabs in London: „Gestern spät abends warf sich die 2. Pz.Div. in den Kampf. Gegenangriff gegen die 7. Pz.Div. bei Villers-Bocage, wir machten einige Gefangene. Den ganzen Abend eine richtige Balgerei."

Die Männer der 22. Panzerbrigade und der Queen's hätten dem kaum zugestimmt, aber die ganze Sache mit der 2. Panzerdivision ist ohnehin ein Märchen. Am 13. trafen nur ein Teil der Aufklärungsabteilung und verschiedene Vorauseinheiten ein. Als um etwa 11 Uhr eine Kompanie der 1/7 Queen's bei Villers-Bocage Feindbegegnung hatte, stellte sich diese als ein Stabswagen der 2. Panzerdivision mit zwei Kradmeldern heraus. Das ist wohl kaum der Aufmarsch einer Panzerdivision, die in die Schlacht zieht! Dietrichs Chef des Stabes, Fritz Kraemer, bestätigte in seiner Befragung nach dem Krieg, daß als einzige Kampfeinheit der 2. Panzerdivision am 13. Juni im Bereich Caumont ein Teil der Aufklärungsabteilung ankam. Die Tatsache, daß da nur ein paar Heckenschützen und Spähtrupps gegen die britischen Stellungen westlich von Villers-Bocage in der Nacht vom 13. zum 14. Juni angesetzt waren, ist von großer Bedeutung, wie auch der Bericht des Geheimdienstes des XXX. Korps für diese Nacht zeigt: „Es überrascht, daß in dem Moment, als der Feind die Gelegenheit hatte, unseren Truppen um Villers einen entscheidenden Schlag zu versetzen, sein Angriff so halbherzig und zeitlich unpassend erfolgte."

Sogar Hinde gibt in seiner offiziellen Meldung zu: „Am Abend [des 13. Juni] beschränkte die feindliche Infanterie südlich der Straße ihre Aktionen auf Patrouillieren und kleinere Scharmützel, feindlicher Beschuß war nur geringfügig."

Die einfache Tatsache ist, daß weder die 2. Panzerdivision noch die Panzer-Lehrdivision in der Lage waren, den „Wüstenratten" in der Nacht des 13. Juni oder tagsüber am 14. einen entscheidenden Schlag zu versetzen. In einem Interview mit Milton Shulman sagte General Heinrich von Lüttwitz, der Kommandeur der 2. Panzerdivision, daß die Eisenbahnzüge, die seine Panzer transportierten, so häufig von alliierten Flugzeugen getroffen wurden, daß die Fahrt von Amiens auf der Straße beendet werden mußte, und „erst am *18. Juni* [Hervorhebung des Autors] schleppten sich 80 der ursprünglich 120 abmarschierten Panzer endlich in die Frontlinie um Caumont". Und doch, die bloße Vorstellung, daß die 2. Panzerdivision den Bereich Caumont – Villers-Bocage erreicht hatte, genügte offenbar, um die meisten hohen britischen Kommandeure und sogar Montgomery selbst in Schrecken zu versetzen.

Selbst am 14. Juni war die deutsche Angriffsfähigkeit sehr eingeschränkt. Der erste Angriff auf die neuen britischen Stellungen im Westen der Stadt erfolgte erst um 11 Uhr; sie kam aus Osten und wurde nur von der Infanterie ausgeführt. Gemäß der Truppengeschichte der Panzer-Lehrdivision war sie begleitet vom verstärkten Aufklärungstrupp der Division.[9] Ein zweiter Angriff entwickelte sich um etwa 19.30 Uhr an der Südfront, die mit 1/5 Queen's besetzt war. Es ist beinahe sicher, daß dieser Angriff von Kräften der 2. Panzerdivision geführt wurde. Unterstützung kam durch vier Tiger von Möbius' 1. Kompanie. In Meldungen wurde die Stärke des zweiten Angriffs stark übertrieben – „eine Brigade Panzergrenadiere auf der Breite eines Bataillons" –, was dazu führte, daß dringend zusätzliche Artillerie-Unterstützung angefordert wurde. Der offiziellen britischen Geschichtsschreibung zufolge traten daraufhin 160 Kanonen (84 britische und 76 amerikanische 155-mm-Geschütze) in Aktion, um die Verteidiger zu unterstützen. Allerdings sind die Meldungen, daß elf deutsche Panzer abgeschossen und einige hundert Deutsche hauptsächlich durch Artilleriefeuer getötet worden wären, wohl stark übertrieben. Ein Tiger wurde beschädigt und später geborgen. In seiner offiziellen Meldung schrieb Hinde: „Es ist fraglich, ob der Aufwand an Munition für Artillerie und Handwaffen *durch den Umfang der feindlichen Anstrengungen* [Hervorhebung des Autors] gerechtfertigt war." Leider hat der Ruf nach amerikanischen Kanonen den Eindruck erweckt, die Lage sei ernster, als sie in Wirklichkeit war. Das ist der Grund dafür, weshalb in späteren Jahren ein ganz falsches Bild von ihr entstand. In dem Buch *Eisenhower at War 1943–1945* schrieb David Eisenhower, der Enkel von Ike Eisenhower, im Jahre 1986: „Die US-Intervention durch Artillerie hat zwar eine Niederlage verhindert, aber die Briten waren zum Rückzug gezwungen."

Nein, Entschuldigungen helfen da nicht. Das war eine ernsthafte Niederlage, und der wirkliche Grund dafür ist sonnenklar – die Unfähigkeit der höheren Kommandeure. Die ganze Operation war schlecht vorbereitet, und wie bereits gesagt, waren die Führer dafür nicht ausgebildet und geistig nicht in der Lage, die Operation auch bei eintretenden Schwierigkeiten durchzuführen. Hindes anfängliche Entscheidung, am Abend des 12. Juni bei Livry zu halten, anstatt die sechs Kilometer nach Villers-Bocage vorzurücken, ist unverständlich. Der Halt konnte kaum jemanden verwirren – es wäre für die britischen Truppen unvermeidlich gewesen, nach Osten zu drehen und zu versuchen, das höhergelegene Gelände von Tilly zu erreichen. Hindes Infanterie hätte das noch vor Mitternacht erledigen können, und Villers-Bocage hätte schon vor Tagesanbruch eine Festung und perfekte Ausgangsbasis für den weiteren Vorstoß sein können.

Aber gerade als alles falsch zu laufen begann, brach das Führungssystem wirklich zusammen. Es scheint so, als hätten Hinde, Ekins und Cranley im entscheidenden Augenblick einfach aufgehört zu führen. Weil aber ihre Stäbe und die Untergebenen sie irgendwo auf dem Gefechtsfeld vermuteten, was an sich richtig war, wollten sie natürlich keine Befehle geben, mit denen ihre Kommandeure nicht einverstanden sein könnten. Das Versagen von Erskine, die Brigade 131 einzusetzen, die mit einem kompletten Panzerbataillon, mit zwei Infanteriebataillonen und einem Artillerieregiment herumsaß und nichts tat, außer „eine feste Basis zu halten", wird von Montgomery als „kriminell" eingestuft. Hätte sich der Divisionskommandeur persönlich nach vorn begeben und die Situation in den Griff bekommen, wäre das Ergebnis vielleicht überwältigend gewesen. Hätte er Hindes Hauptquartier bei Amayé besucht, hätte er sehen können, daß nur die Hälfte der Brigade 22 im Einsatz war. In Wirklichkeit gab es aber in seiner Division mehr als genug Truppen, die auf Villers-Bocage und Punkt 174 anzusetzen waren *und* – gemäß dem ursprünglichen Plan – das Hochgelände bei Maisoncelles-Pelvey besetzen konnten. Nach dem Kriegstagebuch der Brigade 22 verfügte die

Panzerbrigade am 13. Juni um 21.30 Uhr nach dem Rückzug aus Villers-Bocage noch über 155 einsatzfähige Panzer, von denen mehr als 100 den ganzen Tag über keinen einzigen Schuß abgefeuert hatten. Diese Anzahl erfaßt natürlich nicht die Cromwells des Panzeraufklärungsregiments der Division, die 8H oder die 17-pdr-Geschütze des Panzerabwehrregiments der Division, die Norfolk Yeomanry, die überhaupt nicht am Kampf teilgenommen hatten. Die Zahl der nicht eingesetzten Infanteristen ist schon genannt worden.

Auf höherer Ebene schien Bucknall, der Kommandeur des XXX. Korps, nicht zu begreifen, daß er dadurch, daß er die 7. Panzerdivision in der Nacht vom 13. zum 14. Juni zurückzog, anstatt sie zu verstärken oder auch zu opfern, jede Chance vergab, die Front der Panzer-Lehrdivision bei Tilly zu schwächen, die doch in ihrem Schwerpunkt lag, und somit den Weg für seine verstärkte 50. Division und die Reserve-Infanteriebrigade freizumachen. Anders ausgedrückt: eine verpaßte Chance, das I. SS-Panzerkorps, insbesondere die Panzer-Lehrdivision, bis zum äußersten zu binden. Seine Vorgehensweise war die Negation des Blitzkrieges. Wieder einmal muß man sich fragen, was wohl bei vertauschten Rollen herausgekommen wäre, beispielsweise wenn eine Panzerdivision plötzlich im Rücken der britischen Front nördlich von Tilly aufgetaucht wäre.

Es erstaunt keineswegs, daß nach dem 13. Juni weder Montgomery noch Dempsey echtes Zutrauen zu Erskine oder Bucknall hatten; nach zwei Monaten waren sie und Hinde entlassen, und Ekins diente nicht mehr. In einem Nachkriegsinterview mit Chester Wilmot hielt Dempsey mit seinen Gefühlen nicht hinter dem Berg: „Dieser Angriff der 7. Panzerdivision hätte erfolgreich ausgehen müssen. Wie soll ich mein Gefühl beschreiben, daß Bucknall und Erskine mit einem solchen Fehlschlag anfangen mußten … Hätte er [Erskine] meine Befehle ausgeführt, wäre er niemals aus Villers-Bocage rausgeflogen, aber zu dieser Zeit lebte die 7. Panzerdivision von ihrer Reputation, und das gesamte Vorgehen bei diesem Kampf war eine Schande. Der Entschluß zum Rückzug wurde gefaßt, ohne daß ich gefragt wurde; es geschah durch den Kommandeur des Korps und durch Erskine.“[10]

Wir können jedoch davon ausgehen, daß er den Rückzug am Abend des 13. Juni zunächst vielleicht nicht genehmigt hätte, wohl aber hätte er dem nachträglichen Rückzug in der Nacht des 14. Juni zugestimmt. Für diesen Tag steht in seinem persönlichen Tagebuch folgender Eintrag: „Ich habe den Vorschlag des XXX. Korps gebilligt, die Spitzen der 7. Pz.Div. aus der Gegend von Villers-Bocage in die Region Caumont abzuziehen.“[11]

Der Fehlschlag der Operation „Perch“ und die beharrliche Verteidigung der Gegend von Tilly durch die Panzer-Lehrdivision veranlaßten Montgomery, seine Pläne noch einmal zu revidieren. Am 14. Juni schrieb er dem britischen Chef des Stabes, Generalfeldmarschall Sir Alan Brooke: „Die Ankunft der 2. Pz.Div. … läßt das Problem in einem anderen Licht erscheinen … Ich habe noch nicht genügend Kräfte, auf beiden Flanken der 2. Armee offensiv vorzugehen … Ich werde mein gesamtes Angriffspotential, Munition und so weiter, in die Offensive des XXX. Korps rechts von der 2. Armee werfen.“

Wie zu erwarten, wurde Michael Wittmann, der diesen Erfolg errungen hatte, für die Tapferkeitstat des 13. Juni mit den Schwertern zum Ritterkreuz ausgezeichnet und zum SS-Hauptsturmführer befördert. Seine lobende Erwähnung endete mit den Worten: „Wenn man den 13. Juni mitzählt, hat Wittmann mit seinem eigenen Panzer über insgesamt 138 feindliche Panzer und 132 Panzerabwehrkanonen den Sieg davongetragen.“

Im Verlauf der Schilderung der Kampfhandlungen werden wir noch mehr von diesem bemerkenswerten Soldaten hören.

Kapitel XII

14. bis 24. Juni – Ruhe vor dem Sturm

(Karten 1, 2 und 3)

Der Kommandeur der 12. SS-Panzerdivision „Hitlerjugend", Fritz Witt, wurde am Morgen des 14. Juni in seinem Divisionsgefechtsstand in Venoix bei Caen durch einen Granatsplitter im Gesicht getötet. Im Alter von 36 Jahren war dieser Eichenlaubträger, zudem ausgezeichnet mit dem Deutschen Kreuz in Gold, das Opfer vom Feuer der Schiffsartillerie geworden. Dietrich ernannte sofort den ranghöchsten Kommandeur, Kurt Meyer, zu seinem Nachfolger, und SS-Obersturmbannführer Karl-Heinz Milius übernahm dessen SS-Panzergrenadierregiment 25. Er wurde im III. Bataillon durch einen Ritterkreuzträger, den Hauptmann des Heeres Fritz Steger, ersetzt. Der Divisionsgefechtsstand wurde schnell nach Verson verlegt, vier Kilometer südwestwärts und nur drei Kilometer von Dietrichs eigenem Hauptquartier entfernt, das überraschend weit vorn lag – bei Baron. Es gilt zu vermerken, daß die Funkwagen dieser Gefechtsstände immer in einiger Entfernung aufgestellt waren, manchmal im Abstand von zwei Kilometern, und mit Telefonkabeln verbunden wurden. Wir haben schon gesehen, daß es den alliierten Abhöreinheiten immer noch gelang, die Stellungen der deutschen Gefechtsstände aufzuklären.

Weil die Lage im Gefechtsstreifen der Panzer-Lehrdivision immer kritischer wurde, hatte Witt schon um die Genehmigung gebeten, die Frontlinie verkürzen und einige Truppenteile in vorderster Linie zurückziehen zu dürfen, besonders Mohnkes SS-Panzergrenadierregiment im Gebiet von Cristot, Brouay und Le Mesnil-Patry sowie Bremers SS-Panzeraufklärungsabteilung 12, die drei Kilometer Frontlinie südlich von Les Hauts Vents hielt, wofür sie weder bestimmt noch ausgerüstet war. Zuerst wurde dieses Ersuchen abgelehnt, nach weiterem Drängen Meyers kam jedoch schließlich die Zustimmung, in der Nacht vom 15. auf den 16. Juni eine Frontverkürzung durchzuführen, wofür sich die Panzer-Lehrdivision etwas zurückziehen sollte. Der Rückzug blieb unentdeckt, die neue Front schloß sich bei Franqueville an das Regiment 25 an und verlief dann von St. Mauvieu an der Südseite des Flusses Mue entlang und dann westwärts, ungefähr 1.000 Meter nördlich der Hauptstraße nach Fontenay. Die Einheiten von Mohnkes Regiment der Division „Hitlerjugend" wurden wie folgt von Ost nach West verlegt: I. Bataillon, SS-Pionierbataillon 12, II. Bataillon, SS-Aufklärungsabteilung 12, III. Bataillon. Die Panzer IV der II. Abteilung des SS-Panzerregiments 12 waren über die ganze Front verteilt und gut getarnt in Stellung. Alle Panther hatten sich in das Gebiet von Noyers als Reserve zurückgezogen. Die Ausfahrtstraßen von Le Mesnil-Patry waren vermint. Die gesamte Front war nun ausgewogen besetzt und ziemlich fest. Größte Sorgen machte sich Meyer wegen des totalen Fehlens von Personalersatz für die bisherigen Verluste der Division „Hitlerjugend" von 1.149 Mann. Sehr beunruhigt war er auch deswegen, weil er am 16. Juni nur über 52 einsatzfähige Panzer IV, 38 einsatzfähige Panther, zehn einsatzfähige Wespen (10,5-cm-Panzerhaubitze) und fünf Hummeln (15-cm-Panzerhaubitze) verfügte.[1] Die verheerenden Auswirkungen der alliierten Luftüberlegenheit und das scheinbar grenzenlose Artilleriefeuer, das auf ihre Stellungen herunterhagelte, begannen schließlich an der Moral seiner Soldaten zu nagen. Sogar die altgedienten Männer der Division „Leibstandarte" meinten, dergleichen hätten sie noch nie erlebt, nicht einmal in Rußland. Nach einer Besprechung auf seinem Gefechtsstand beschrieb Meyer das Problem wie folgt: „Bei der Lagebesprechung sehe ich bedenkliche Gesichter. Ohne es offen auszusprechen, wissen wir, daß wir uns einer Katastrophe nähern. Die starre Kampfführung im männermordenden Brückenkopf nördlich der Orne muß zur Vernichtung der dort eingesetzten Panzerdivision führen. Angesichts der gewaltigen Überlegenheit der feindlichen See- und Luftstreitkräfte können wir den Zusammenbruch der Abwehrfront praktisch vorausberechnen. Die taktische Flickarbeit kostet unersetzliches Blut unserer besten Soldaten und vernichtet wertvolles Material. Wir leben bereits von der Substanz – bisher haben wir weder eine Ergänzung für unsere gefallenen oder verwundeten Kameraden noch einen Panzer oder ein Geschütz als Nachschub erhalten."[2]

Kaum hatte die Division „Hitlerjugend" ihren Rückzug am 16. Juni beendet, als auch schon zwei Bataillone der 49. britischen Infanteriedivision, die 1/4 King's Own Yorkshire Light Infantry (1/4 KOYLI) und die 11. Royal Scots Fusiliers (11 RSF), unterstützt durch eine Truppe der 24L, angriffen, um Brouay und Cristot zu nehmen, und die 3. kanadische Division rückte nach Le Mesnil-Patry vor. Der ganze Angriff wurde von 250 Artilleriegeschützen, Schiffsgeschützen und Jagdbombern unterstützt. Natürlich war der Angriff erfolgreich, und wenn sich die Deutschen nicht schon zurückgezogen hätten, wären unzweifelhaft schwere Verluste die Folge gewesen.

Die nächsten beiden Tage über gab es im weithin sichtbaren Parc de Boislonde und seiner unmittelbaren Umgebung, 1.000 Meter nördlich von Fontenay, heftige Gefechte zwischen Mohnkes Männern, die durch wenige Panzer IV unterstützt wurden, und den Truppen der 49. britischen Infanteriedivision, insbesondere den Bataillonen 6 und 7 des Duke of Wellington Regiments (DWR) und einer Panzertruppe der 24L, Teil der Panzerbrigade 8. Am Ende hatte die 12. SS-Panzerdivision 151 Mann Ausfälle, darunter 40 Gefallene[3], aber die Briten hatten vier Panzer und 324 Männer verloren. Das 6 DWR war so schwer angeschlagen und demoralisiert – es hatte 236 Männer verloren –, daß es zur Neuaufstellung nach England zurückgeschickt wurde. Der vollständige Bericht über den Zustand am 30. Juni ist nachzulesen im Public Record Office – es ist eine traurige und aufwühlende Lektüre.

Am selben Tag, dem 18. Juni, nahm endlich die 50. britische Infanteriedivision Tilly. Um die Flanke von Mohnkes Regiment nicht preiszugeben, befahl Meyer, den Parc de Boislonde aufzugeben, der somit zum Niemandsland wurde. Er hatte beschlossen, die Nordhälfte von Fontenay mit den Panzern IV zu halten, die von den Panzergrenadieren mit Gefechtsvorposten gesichert wurden, und den Hauptteil des III. Bataillons in Mohnkes SS-Panzergrenadierregiment 26 in der südlichen Hälfte einzusetzen. So sollte es eine weitere Woche bleiben.

Die ganze Zeit vom 8. bis zum 24. Juni blieb die Front im Norden und nordwestlich von Caen im Gefechtsstreifen des SS-Panzergrenadierregiments 25 und der 21. Panzerdivision verhältnismäßig ruhig. Das Ausbleiben deutscher Infanteriedivisionen bedeutete, daß die eingesetzten Panzerdivisionen oder wenigstens ein Teil von ihnen keine Entlastung erhielten, und es sollten noch einige Tage vergehen, ehe die Masse der Verstärkungsdivisionen eintraf. General Haussers II. SS-Panzerkorps mit der 9. und 10. SS-Panzerdivision hatte am 12. Juni Polen verlassen, war aber vor dem 25. Juni nicht zu erwarten. Wie wir noch sehen werden, gestaltete es sich für die Division „Leibstandarte" äußerst schwierig, von Belgien zu verlegen. Nur die 2. SS-Panzerdivision „Das Reich" hatte das Schlachtfeld bei St. Lô erreicht, und diese bildete die Armeereserve. Daher war es bis jetzt nicht möglich, einen größeren Gegenangriff zu starten.

Zur Erinnerung: Montgomery hatte nach dem Debakel bei Villers-Bocage beschlossen, einen einzigen wuchtigen und schonungslosen Schlag an der Westseite von Caen durchzuführen. Die Offensive unter dem Namen „Epsom" war ursprünglich für den 23. Juni geplant, aber in den Morgenstunden des 19. Juni hatte im Kanal ganz unerwartet ein heftiger Sommersturm getobt, der drei Tage lang anhielt. Weil die Ausschiffung von Männern und Versorgungsgütern unterbrochen war, mußte die Operation „Epsom" aufgeschoben werden. Das Ausmaß dieser Unterbrechung läßt sich aus folgenden Ziffern ersehen: In der Zeit vom 15. bis 18. Juni vor der Sturm landeten 15.774 britische Soldaten, 2.965 Fahrzeuge und 10.666 Tonnen Versorgungsgüter. In der Zeit des Sturmes, also vom 19. bis 22. Juni gingen diese Summen herunter auf 3.982 Personen, 1.375 Fahrzeuge und nur 4.286 Tonnen Versorgungsgüter.[4] Der Sturm hatte nicht nur Montgomerys Pläne für die Offensive verschoben, er hatte auch einen weiteren, für die Deutschen positiven Effekt – das schlechte Flugwetter ermöglichte ihnen den Nachschub und Truppenbewegungen ohne Furcht vor Luftangriffen.

Kurz gesagt, all diese Umstände führten dazu, daß keine Seite im Bereich Caen einen ernsthaften Angriff durchführen konnte, die Folge davon war eine unbehagliche Ruhe, eine Stockung der Kampfhandlungen.

Am 17. Juni wurde in Belgien die 1. SS-Panzerdivision „Leibstandarte SS Adolf Hitler" an den Bahnstationen Eeklo, Maldegem, St. Kruis und Moerbeke auf Eisenbahnzüge verladen.[5] Aber nicht alle Einheiten der Division waren marschbereit: Die 5. SS-Flak-Batterie hatte keine Fahrzeuge und blieb entlang des Albert-Kanals in Verteidigungsstellung, während die 1. SS-Aufklärungskompanie, die III. Abteilung des SS-Panzerartillerieregiments 1, alle außer einer Batterie der SS-Werferabteilung und sogar einige Teile von Peipers SS-Panzerregiment 1 zurückgelassen werden mußten.[6]

Wegen ununterbrochener Luftangriffe wurden die Züge immer weiter nach Osten gelenkt. Schließlich konzentrierten sie sich in der Gegend um Reims, Château Thierry, Villers-Cotteréels, Soissons und Laon, von wo aus die Fahrt nachts auf der Straße zu einem anderen Bereitstellungsplatz bei Dreux, Evreux und L'Aigle fortgesetzt werden mußte. Erst am 6. Juli hatte die ganze Division das Schlachtfeld erreicht.

Am 23. Juni wurde der vorgeschobene Gefechtsstand von Teddy Wisch, Generalmajor der Waffen-SS, bei La Bagottière, 20 Kilometer südöstlich von Caen, aufgeschlagen. Die ersten kleineren Einheiten der Division „Leibstandarte SS Adolf Hitler" gingen nach ihrer Ankunft zwischen Caen und Falaise im Forêt de Cinglais in Stellung.[7]

Kapitel XIII

25. Juni bis 1. Juli – Die Operation „Epsom“ und die Schlacht am Odon

(Karten 1, 2, 3 und 4)

Ziel der Operation „Epsom“ war das Überschreiten der Flüsse Odon und Orne sowie die Einnahme des höhergelegenen Geländes beiderseits der Straße Caen – Falaise nordöstlich von Bretteville-sur-Laize. Damit wäre Caen abgeschnitten und die rechte deutsche Flanke in der Normandie offen. Dies sollte von drei Korps durchgeführt werden. Phase 1 sollte unter dem Decknamen „Martlet“ am 25. Juni beginnen. Das XXX. Korps sollte die beherrschenden Höhen um Rauray erobern und sich nach der Einnahme von Noyers weiter südlich nach Aunay-sur-Odon entfalten. Mit derart geschützter rechter Flanke sollte das kürzlich gelandete VIII. Korps dann in Phase 2 am 26. Juni den Hauptstoß durch die Stellungen der 3. kanadischen Infanteriedivision vortragen. Im Verlauf der Operation würde das I. Korps die Deutschen nördlich von Caen ausschalten und nach Besetzung des Flugplatzes Carpiquet die Stadt selbst säubern. Gleichzeitig sollte ein Brückenkopf der Fallschirmjäger östlich der Orne als Ausgangspunkt für einen parallelen Angriff dienen. Ein sehr ehrgeiziger Plan! Was die Taktik anbelangt, hatte er seine Schwächen, weil der Hauptangriff durch die drei Divisionen des VIII. Korps – zwei Infanteriedivisionen und eine Panzerdivision – in einem sehr schmalen Gefechtsstreifen (sechs Kilometer) zwischen dem Flughafen Carpiquet und Rauray erfolgen müßte. Das erforderte ein Vorgehen in Reihe entlang einer gemeinsamen Angriffsachse, wobei es zum Teil durch sehr schwieriges Gelände ginge. Während die ersten Phasen des Angriffs durch Felder ohne Hecken und durch hohes Korn erfolgten, würde die mittlere Welle durch die Bocage gehen und zum dichtbewaldeten Tal des Odon führen. Dahinter erhebt sich der Boden zu einem hohen Kamm südlich des Flusses, ehe er steil zur Orne abfällt, die durch ein höhergelegenes Gelände im Osten beherrscht wird. Alle wichtigen Straßen, Eisenbahnen und Flüsse verliefen quer zur Angriffslinie. Es ist erstaunlich, daß die höheren Kommandeure in dieser Operation nicht die Unzulänglichkeiten ihrer Truppen und der Ausrüstung erkannten. Sie sahen nicht, daß das Ziel ihrer Mission – auch gegen einen schwachen Feind – auf diese Weise nicht zu erreichen war.

Das VIII. Korps von General Sir Richard O'Connor war sehr groß. Nach einer Verstärkung durch zwei Panzerbrigaden und ein Bataillon Spezialpanzer zählte es 60.000 Mann und 600 Panzer und sollte durch mehr als 900 Kanonen, drei Seekreuzer und die Jagdbomber der

2. taktischen Luftflotte unterstützt werden. Es wird der Aufmerksamkeit des Lesers nicht entgangen sein, daß diese gewaltige Streitmacht zur Hauptsache auf die linke Hälfte der 12. SS-Panzerdivision „Hitlerjugend" gerichtet war.

Sepp Dietrich wußte, daß die Division „Leibstandarte" seinem I. SS-Panzerkorps zugeteilt worden war und daß die 16. Felddivision (L) und 276. Infanteriedivision seine Panzerdivisionen entlasten sollten. Es war ihm aber auch klar, daß wahrscheinlich keine dieser genannten Kräfte eintreffen würde, ehe ein drohender Angriff auf seine müden Truppen deutlich erkennbar wäre.

Über die Zahl der Opfer bei der Division „Hitlerjugend" vor Beginn der Operation „Epsom" herrscht einige Verwirrung; erst am Ende dieses Kapitels werden wir näher auf die Verluste der Deutschen eingehen. Möge es vorerst genügen, daß nach Meinung des Verfassers diese Unklarheit zur Hauptsache auf den übertriebenen Zahlenangaben der deutschen Generale und Ehrenretter der Nachkriegszeit beruht, die Entschuldigungen für ihre Niederlagen suchen und ihre Anstrengungen gern als Heldentaten erscheinen lassen wollen. Wie wir wissen, sagte Kurt Meyer in seinen Erinnerungen, daß seine Division bereits „von der Substanz lebe", und Fritz Kraemer gibt in seiner Befragung nach dem Krieg an, daß schätzungsweise nur 30 bis 40 Mann in jeder Kompanie der 12. SS-Panzerdivision übriggeblieben waren und daß die ganze Division am 20. Juni lediglich über 30 Panzer verfügte.[1] Dies ergibt ein völlig falsches Bild, denn in Wirklichkeit waren am Vorabend der Operation „Epsom" mehr Panzer einsatzfähig als am 16. Juni – 58 Panzer IV und 44 Panther. Zusätzlich waren schätzungsweise noch 18 Panzer IV kurzfristig instandsetzbar. Die Division verfügte auch über 233 Schützenpanzer- und Spähwagen sowie über 17 schwere einsatzfähige Panzerabwehrkanonen, 44 bzw. elf kurzfristig instandsetzbar.[2] Dessenungeachtet ist es aber richtig, daß bis zum 25. Juni die SS-Panzergrenadierbataillone und die Aufklärungsabteilung sowie das Pionierbataillon der Division „Hitlerjugend" schwere Verluste hatten.

25. Juni

Es ist wichtig, die Gliederung der 12. SS-Panzerdivision vor der Schlacht zu verstehen. Der Bereich Fontenay wurde vom III. Bataillon von Mohnkes SS-Panzergrenadierregiment 26 gehalten und durch die Aufklärungskompanie des Regiments, die Pionierkompanie und die 8. Kompanie des SS-Panzerregiments 12 (Panzer IV) unterstützt. In Fontenay selbst wurden in den beschädigten oder zerstörten Häusern Stützpunkte errichtet. Nach Westen lag eine Abteilung der Panzer-Lehrdivision südlich von St. Pierre-sur-Seulles in Stellung. Der Bereich St. Mauvieu wurde von links nach rechts durch folgende Einheiten gehalten: II. SS-Panzergrenadierbataillon, SS-Panzerpionierbataillon 12 (nördlich von Cheux), I. SS-Panzergrenadierbataillon mit seinem Gefechtsstand in Château la Mare (so weit östlich gelegen wie die Eisenbahnlinie Caen – Bayeux), verstärkt durch die anderen vier SS-Panzerkompanien mit Panzern IV in der Reihenfolge 6, 5, 7 und 9. Diese alle hatten Wechselstellungen vorbereitet. Drei Artilleriebatterien mit Zugmaschinen und drei auf Selbstfahrlafette waren ebenfalls hinter Mohnkes Regiment in Stellung. Ein bekannter Militärhistoriker ist der Ansicht, die Anwesenheit des Pionierbataillons einer Division in vorderer Verteidigungsstellung sei ein Zeichen notgedrungenen Improvisierens. Ganz anders die Pioniere der Alliierten, die – wie schon in Kapitel V gesagt – in erster Linie Techniker und erst an zweiter Stelle Infanteristen waren. Im Gegensatz zu ihnen wurden die deutschen Pioniere als Elite-Infanteristen angesehen. Sie hatten eine spezielle Ausbildung im Straßenkampf und im Anlegen besonderer

Verteidigungsstellungen. Man muß aber auch bedenken, daß die deutschen Pioniere viel weniger technische Arbeiten zu erledigen hatten als ihre alliierten Gegenspieler, weil sie wegen der Bewegungsfreiheit ihrer Panzer nicht viel von ausgedehnten Minenfeldern hielten und lieber intakte Brücken eroberten als neue zu bauen.

Kurt Meyers früherer Truppenteil, das SS-Panzergrenadierregiment 25, jetzt unter SS-Obersturmbannführer Milius, hielt noch immer die Linie Franqueville – Epron in gut ausgebauten Stellungen. Die III. Abteilung des SS-Panzerartillerieregiments 12 mit ihren schweren 15-cm-Geschützen und 10,5-cm-Kanonen sorgte für Unterstützung.

Als Reserve hatte Meyer nördlich von Noyers Bremers SS-Aufklärungsabteilung 12 und Jürgensens I. SS-Panzerabteilung (Panther). Es ist bedeutsam, daß das III. Flak-Korps mit drei Regimentern und 60 bis 80 Achtacht-Geschützen Stellung zwischen St. André-sur-Orne und Aunay-sur-Odon hinter der Division „Hitlerjugend“ und der Panzer-Lehrdivision bezogen hatte. Das Flak-Regiment 4 dieses Korps stand im Gebiet von Mouen, Noyers und Evrecy.

Die Vorstellung, daß Meyers Division eine klassische deutsche Verteidigungsstellung, mit Feldposten, vorgeschobenen Stellungen und Stellungen in der Tiefe, vorbereitet habe, ist falsch. Die bereits erlittenen Verluste und die Breite der Front von 18 Kilometern verhinderten die Errichtung einer Verteidigung mit der erforderlichen Tiefe. Vorgeschobene Stellungen und Stellungen in der Tiefe fielen daher zusammen, und zwar mehr oder weniger auf der Straße Caen – Fontenay. Am Odon selbst oder südlich davon gab es keine Truppen der Division „Hitlerjugend“. Dort waren nur die Achtacht-Geschütze des Flak-Regiments 4 zu finden.

Am 25. Juni um 4.15 Uhr wurde das Artillerie-Sperrfeuer der Alliierten mit 250 Kanonen eröffnet; kurz darauf begann die 49. Infanteriedivision (West Riding) von Generalmajor „Bubbles“ Barker mit der unterstellten Panzerbrigade 8 mit „Martlet“, einem Bestandteil von „Epsom“. Dies war die erste vollständige und gründliche Operation. Die Masse der Division bildeten Männer von Yorkshire, aber auch zwei schottische und zwei East Anglian-Bataillone waren dabei. Zusätzlich bekam sie noch eine Artillerieabteilung und eine Panzerabwehrbatterie, außerdem standen fünf weitere Artillerieabteilungen und Teile zweier Flugabwehrbrigaden auf Abruf bereit. Bei Bedarf war auch Unterstützung durch Jagdbomber gegeben. Artilleriefeuer sollte auf vermutete Feldbefestigungen wie Juvigny, Tessel und Cheux, an den Flanken des Angriffs, wirken. Teile der Infanteriebrigade 146 bewegten sich mit Unterstützung durch 24L-Panzer auf der rechten Flanke gegen Bas de Fontenay, und Teile der Brigade 147 mit den Panzern von Nottinghamshire Yeomanry auf der linken Seite gegen Fontenay selbst. Die Brigade 70 und die Panzer der 4/7 DG standen in Reserve.

Die Artillerie schuf eine „Feuerwand“, hinter der die Infanterie zu Fuß vorrückte. Mit Tagesanbruch kam auch dicker Bodennebel, der die Sicht auf fünf Meter verkürzte und allgemeine Verwirrung stiftete – die Panzer hielten an, und obwohl die Infanterie sich mühsam ohne sie weiterschleppte, wußten nur wenige, wo sie waren. Unterstützung durch die Luft kam nicht in Frage.

Trotz des Chaos und der Verzögerungen konnten die 4. Lincolnshire und Hallamshire-Bataillone der Brigade 146 um 9.15 Uhr Bas de Fontenay und den westlichen Teil von Fontenay besetzen; um die Mittagszeit hatten die Panzer aufgeschlossen. Bis zum frühen Nachmittag hatte das 1./4. Bataillon, King's Own Yorkshire Light Infantry (1/4 KOYLI) die Bodenausläufer nördlich von Ventes erreicht und die sogenannten Tessel-Wälder besetzt. Die Angriffe hatten die Briten 263 Tote und Verwundete gekostet, aber ihr Erfolg war für die Westflanke von Mohnkes SS-Panzergrenadierregiment 26 eine ernsthafte Bedrohung. Um die Situation zu entschärfen, führte SS-Sturmbannführer Olboeter persönlich die kleine Reserve seines III. SS-Panzergrenadierbataillons – unterstützt durch Panzer IV von der 8. Kompanie des SS-Panzerregiments 12 – in einen erfolglosen Gegenangriff, um seine Flanke zu sichern und die Tessel-Wälder zu säubern. Einen erschütternden Bericht der Kämpfe überlieferte der Chef der C-Kompanie 1/4 KOYLI in *Worms Eye View: The Recollections of Lewis Keeble*: „Das war ein höllischer Tag ... Der erste Schock war, daß dieser Vorstoß im Schutze von Nebel erfolgen sollte, aber wir standen ganz frei ... Der Angriffszeitpunkt war verschoben worden. Zwei Kameraden konnten das nicht aushalten und schossen sich schnell hintereinander in den Fuß ... Die Feuerunterstützung, fast so groß oder sogar größer als die für Cristot. Mehr davon hinter der Ablauflinie als davor. Los geht's. Die Detonation von einem Geschütz wirft mich um, aber es ist nur eine kleine Fleischwunde ... Wo sind die Jungs? Nicht hier. Ich gehe zurück. ‚Hierher!' Wieder durch die Hecke, noch immer nichts von ihnen. Erneut zurück. ‚HIERHER!' Dann kommen sie. Durch mehrere Hecken. Bis zum Waldrand. Verfluchter Mord. Leute fallen tot um ... Hitlerjugend als Gefangene ... Beim Angriff lief einer meiner Züge fort und wurde mit der Pistole von Tug Wilson zurückgebracht, meinem Stellvertreter ... Infanterie und zwei Panzer führten den Gegenangriff gegen uns. Derselbe Zug lief wieder fort ... Schließlich wurde alles ruhig. Der Feind zog sich zurück, er ließ zwei kampfunfähige Panzer zurück und viele Tote. ... Ich war mir sicher, sie würden zurückkommen, und hielt die gesamte Kompanie die ganze Nacht über in Bereitschaft ... Aber sie kamen nicht."

An der Front bei Fontenay-le-Pesnel verlief die Geschichte ganz anders. Zu Anfang des Angriffs gab es auch hier diesen verteufelten Nebel, und trotz intensiven Kämpfens den ganzen Tag über konnten die 11 RSF das Dorf nicht einnehmen. Selbst nachdem ein weiteres Bataillon, 7 DWR, das von Panzern, Panzerabwehrkanonen und schweren Grantwerfern unterstützt wurde, um 21 Uhr in die Kampfhandlungen eingriff, konnte das Dorf nicht gesäubert werden; die Gefechte gingen die ganze Nacht weiter. Olboeters III. Bataillon, unterstützt von der Aufklärungskompanie des Regiments, Pionierkompanien und Schützenkompanien und nach Bedarf verstärkt durch die Panzer IV der II. Abteilung des SS-Panzerregiments 12 von Prinz, wollte nicht weichen, und bald wurde es klar, daß es keine Möglichkeit gab, das höhergelegene Gelände um Rauray vor Tagesanbruch am 26. Juni zu besetzen, wie der Plan der Briten lautete. Bei den Tageskämpfen verlor die RSF 201 Mann. Die Deutschen gaben an, fünf britische Panzer abgeschossen zu haben. Kurt Meyer beschreibt die Schlacht bei Fontenay als Zeuge in dramatischen Worten: „Fauchende Granaten zerfetzen die letzten Gebäude, Rauch explodierender Geschosse verwehrt die Sicht. Es ist unmöglich, die HKL zu erkennen. Die Artillerie trommelt und trommelt – die Ortschaft gleicht einem brodelnden Kessel. Schwere Brocken bohren sich tief ins Erdreich und lassen dampfende Trichter zurück ... ich springe in einen Trichter hinein und beobachte feindliche Panzer [Nottinghamshire Yeomanry] im Angriff auf Fontenay. Unablässig feuernd, aber sich sicher wähnend, schieben sich die Stahlkolosse an die Trümmer von Fontenay heran. Die Panzerabwehrgeschütze sind durch das wahnsinnige Artilleriefeuer zerstört. Die Grenadiere umklammern ihre Panzerfäuste fester. Panzerfaust gegen Panzer! Was für ein Gegensatz! Und welchen Heldenmut offenbart dieser Gegensatz! Der erste Panzer bleibt qualmend liegen ... Die vordersten Feindpanzer schlagen sich mit den Grenadieren in den Trümmern herum, und die rückwärtigen haben unsere Panzer noch nicht bemerkt ... Jetzt beginnt der Kampf Panzer gegen Panzer. Auf beiden Seiten gibt es Ausfälle. Dicker schwarzer Ölqualm wälzt sich über das Schlachtfeld ... Abgekämpfte Grenadiere winken mir zu. Mit leuchtenden Augen rufen sie Scherzworte. Es ist wahrlich ein Rätsel, wo diese jungen Burschen die Kraft hernehmen, ein solches Stahlgewitter zu überstehen. Sie versichern mir immer wieder, daß sie die Trümmer bis zum letzten Schuß verteidigen und die Stellung auf jeden Fall halten."[3]

Generalmajor Barker, Kommandeur der 49. Division, schrieb in seinem Tagebuch: „Unglücklicherweise haben die Boches Fontenay ziemlich mitgespielt und waren in befestigten Häusern im östlichen Randgebiet, das unser Bataillon nicht befreien konnte. Zum Glück sind die Boches nach unserer Dresche am Abend abgezogen.“[4]

Dietrich und Meyer waren äußerst besorgt wegen der Lücke, die sich zwischen der Division „Hitlerjugend“ und der Panzer-Lehrdivision aufgetan hatte. Der Weg südlich durch Noyers nach Villers-Bocage und Aunay war ungeschützt und sehr gefährdet. Dementsprechend wurde Max Wünsche, Kommandeur des SS-Panzerregiments 12, um ca. 14 Uhr mit dem Schließen dieser Lücke und dem Anschluß an die Panzer-Lehrdivision beauftragt. Er sollte drei Panther-Kompanien von Jürgensens I. Abteilung einsetzen. Unterstützung sollte von den Panzergrenadieren aus Olboeters III. Bataillon und Bremers SS-Aufklärungsabteilung 12 kommen. Verschiedentlich hören wir in diesem Stadium von den Regimentern Geschichten über die Begegnung mit Tiger-Panzern. Selbst der Divisionskommandeur schrieb an diesem Tag in sein Tagebuch: „Wir haben sechs Tiger, zwei Panther und vier andere Panzer kampfunfähig geschossen und machten einige Gefangene – alles erstklassige Truppen der 12. SS-Pz.Div. … Diese Tiger und Panther sind eine wahre Plage.“[5]

In Wirklichkeit waren in diesem frühen Stadium von „Martlet“ oder „Epsom“ keine Tiger I gegen die Briten im Einsatz – die Division „Hitlerjugend“ hatte keine, und die acht von der Panzer-Lehrdivision waren nicht an der äußeren rechten Seite der Division eingesetzt. Man muß sich aber die Macht der deutschen Propaganda vor Augen halten, die so stark war, daß die alliierten Soldaten bei jedem Panzergeräusch einen Tiger erwarteten; der Panzer IV war zwar kleiner als der Tiger, sah ihm aber ähnlich.

Um 22.30 Uhr war die Kampfgruppe Wünsche 500 Meter von der Straße Fontenay – Juvigny entfernt, und der Kontakt mit Olboeters Männern in Fontenay wurde hergestellt. Wenn sie auch die ursprüngliche Linie nicht erreicht hatte und einige Panzer verlorengingen, gelang es der Kampfgruppe doch, die Lage im Gefechtsstreifen der Division „Hitlerjugend“ zu bereinigen, aber trotz der Unterstützung durch die 12. SS-Panzerdivision und der Begleitkompanie des I. SS-Panzerkorps zugunsten der Panzer-Lehrdivision blieb die Lücke an der rechten Flanke der Division bestehen. Dietrich wußte, er müsse etwas Gelände aufgeben, und nahm den Frontverlauf bis zur Straße Fontenay – Juvigny zurück, wobei er Fontenay selbst (wie schon von General Barker erwähnt) und die Tessel-Wälder aufgab. Die vorderen Stellungen der 12. SS-Panzerdivision in diesem Gefechtsstreifen verliefen nun nördlich von Le Haut du Bosq durch Rauray nach Le Manoir, von wo aus mit der Panzer-Lehrdivision bei Vendes eine Verbindung hergestellt wurde.

Bei Tagesende hielt die Division „Hitlerjugend“ immer noch das wichtige Gelände; es hatte sie 188 Leute gekostet[6], aber das VIII. britische Korps würde am Morgen mit einer offenen Flanke angreifen müssen. Die Kommandeure der Alliierten hielten Phase 1 von „Epsom“ für einen Fehlschlag. Im wesentlichen traf das zu, aber natürlich hatten Dietrich und Meyer keine Vorstellung davon, daß der Hauptangriff noch bevorstand. Sie hatten nur die verwundbare Westflanke im Auge, wo sie für den 26. Juni weitere Angriffe aus den Tessel-Wäldern erwarteten. Daher befahl Dietrich am Morgen des 26. Juni einen Gegenangriff durch die 12. SS-Panzerdivision und die Panzer-Lehrdivision mit dem Ziel, den ursprünglichen Frontverlauf von Fontenay nach Juvigny wiederherzustellen. Meyer klagte, seine Truppen reichten für diese Aufgabe nicht aus, woraufhin ihm die Tiger der schweren SS-Panzerabteilung 101 versprochen wurden, aber als es dann soweit war, konnten sie nicht rechtzeitig eintreffen, und Meyer mußte auf seine eigenen Reserven zurückgreifen. Hubert Meyer, dem 1. Generalstabsoffizier der 12. SS-Panzerdivision, zufolge sollte der Angriff mit sämtlichen Panther-

und Panzer-IV-Kompanien der Division erfolgen, ausgenommen die 9. Kompanie, die westlich des Flugplatzes Carpiquet in Reserve bleiben sollte.[7] Für die Unterstützung durch Infanterie, speziell zum Säubern der Tessel-Wälder, sollten das III. Bataillon des SS-Panzergrenadierregiments 26 des glücklosen Olboeter und Bremers SS-Aufklärungsabteilung sorgen. Spät in der Nacht vom 25. auf den 26. Juni marschierte dieser starke Verband im strömenden Regen zum Bereitstellungsraum, wobei die anderen beiden Bataillone von Wilhelm Mohnkes SS-Panzergrenadierregiment 26 dem Ansturm einer Panzer- und zweier Infanteriedivisionen ausgesetzt waren. Was die Deutschen aber nicht wußten: Auch die 49. Infanteriedivision hatte den Befehl bekommen, am Morgen des 26. anzugreifen, um die Flanke des Hauptangriffs durch das VIII. Korps zu decken.

26. Juni

Der britische Angriff an der linken Flanke der Division „Hitlerjugend" wurde durch das Tyneside Scottish Bataillon 1 mit Panzern der 4/7 DG ausgeführt. Sie hatten die Aufgabe, Tessel-Bretteville und Le Manoir zu besetzen und dann das entscheidende Gelände bei Rauray zu sichern. Die rechte Flanke bei diesem Angriff sollte durch das Bataillon 12 des King's Royal Rifle Corps (KRRC) und die 24L aus den Tessel-Wäldern gesichert werden. Diese Bewegungen fielen genau mit dem Gegenangriff von Wünsches Kampfgruppe zusammen, der von Rauray aus in dieselbe Richtung zielte.

Der frontale Zusammenstoß war unvermeidlich. Kurt Meyer sah dieses Aufeinandertreffen von Rauray aus, von dort wollten er und Wünsche das Vorrücken der Deutschen beobachten. Hier ist seine Darstellung: „Es entwickelt sich ein Kampf Panzer gegen Panzer, der mit großer Erbitterung geführt wird. Das unübersichtliche Heckengelände gestattet unseren Panzern nicht, die größere Reichweite ihrer Kanonen auszunutzen. Vor allem macht sich ein Mangel an infanteristischen Kräften nachteilig bemerkbar. Das heftige Artilleriefeuer erschwert die Zusammenarbeit außerordentlich und macht später eine wirkliche Führung nahezu unmöglich ... Wiederum hängen verräterische Ölsäulen am Himmel. Jede Säule bedeutet ein Panzergrab ... Es fängt an zu regnen, Gott sei Dank sind wir nun gegen die Jabos gesichert ... Ein Melder des Bataillons 2 (Panzer IV) stürzt auf mich zu und schreit: ‚Panzer an Panzer vor dem rechten Flügel des Bataillons!' ... Das ist der erwartete Großangriff! Jetzt geht es um den Eckpfeiler der deutschen Front in der Normandie [Caen], er ist das Ziel des Angriffs."[8]

Dieser Bericht wurde lange nach dem Ereignis aufgeschrieben und profitierte natürlich vom Rückblick. Dennoch ist er eine genaue Beschreibung insofern, als das VIII. britische Korps den Hauptangriff tatsächlich südlich von Norrey und Le Mesnil-Patry gestartet hatte. Meyer handelte prompt – er hielt Wünsches Gegenangriff an, übertrug ihm die Verantwortung für die Verteidigung von Rauray und ließ die Panzer-IV-Kompanien schnellstmöglich in ausgebaute Stellungen hinter das Gros von Mohnkes SS-Panzergrenadierregiment 26 zurückkehren, dessen Schwerpunkt bei Cheux und St. Mauvieu lag, mitten im Weg des VIII. Korps. Inzwischen kehrte er in seinen Gefechtsstand bei Verson zurück, wo ihm die Stärke des britischen Angriffs gründlich vor Augen geführt wurde. In seinen Erinnerungen wird seine Unzufriedenheit mit der Art und Weise, wie Dietrich von ihm zu kämpfen verlangte, deutlich: „Das Korps [I. SS-Panzerkorps] kennt nur eine Antwort: ‚Die Stellungen sind bis zur letzten Patrone zu verteidigen! Wir müssen um Zeit kämpfen – das II. SS-Panzerkorps ist auf dem Wege zur Front.' Wie so oft, wurde auch hier wieder aus taktischen, nicht aus strategischen Gesichtspunkten geführt. Der große Entschluß wurde nicht gefällt. Die elastische Kampfführung wurde verworfen. So bleibt uns nichts weiter übrig, als unser Leben so teuer wie möglich zu verkaufen."[9]

Um 7.30 Uhr eröffnete die Artillerie das Feuer mit 344 Feldhaubitzen und mittleren Kanonen, um den Angriff durch das VIII. Korps vorzubereiten. Sogar die britischen Soldaten, die mühsam ihren Weg durch zertrümmerte Dörfer wie Bretteville-d'Orgueilleuse und Norrey zur Ablauflinie suchten, fanden es schrecklich: „Zwischen den Regenschauern beobachteten wir am Himmel den Widerschein des Kanonenfeuers von den niedrigen Wolken. Der Horizont zitterte, und der Nachthimmel war von tausend unheimlichen Blitzen durchzuckt. Lange sahen wir schweigend zu. Dann sagte einer, was jeder dachte: ‚Da müssen wir hinein!' Unser Atem ging etwas schneller, das Herz klopfte etwas lauter. Diese 18jährigen Jungen der Division ‚Hitlerjugend', so kraftvoll in ihrem jugendlichen Vertrauen und ihrer Begeisterung, verkauften ihr Leben zu einem hohen Preis."[10]

Das Wetter war in England am 26. Juni so schlecht, daß fast kein Flugzeug den Bodentruppen zu Hilfe kam. Nur die Spitfires, Typhoons und Mustangs von Vizeluftmarschall Harry Broadhursts 83. Gruppe, die ihren Stützpunkt in der Normandie hatte, konnte eingreifen. Die etwa 500 Einsätze wurden durch eine niedrige Wolkendecke und Bodennebel gefährlich auseinandergerissen. Im Laufe des Tages wurde der Regen zum Wolkenbruch.

Hinter dem Ansturm der Artillerie, die alle drei Minuten 90 Meter vorrückte, machte sich die 15. schottische Division von Generalmajor MacMillan mit den schwerfälligen Churchills der Panzerbrigade 31 auf den Weg. Die Brigade 44 (Lowland) mit 9 RTR abzüglich einer Kompanie rückte links Richtung St. Mauvieu vor, auf der rechten Seite war Brigadegeneral Barbers Brigade 46 (Highland) mit 7 RTR damit beauftragt, Cheux und das höhergelegene Gelände nach Süden und Le Haut du Bosq zu nehmen. Spezialpanzer- und mittlere Maschinengewehrkompanien von der 1. Middlesex begleiteten beide Brigaden. Anschließend, so der Plan, sollten die Übergänge über den Odon mit Brigadegeneral Mackintosh-Walkers Brigade 227 (Highland) und einer Kompanie mit neun RTR-Panzern erobert werden.

Für fast jeden Schotten war dies der erste Einsatz. Die Vorstellung von zwei Infanteriebrigaden, die sich in einer geschlossenen Linie nach vorn bewegen, ist eindrucksvoll – aber, wie John Keegan in seinem Buch *Six Armies in Normandy* richtig bemerkt, „stellt kein Kommandeur alles, was er hat, ins Schaufenster", und tatsächlich wurde der Angriff von nicht mehr als 24 Zügen zu jeweils etwa 35 Mann – insgesamt 800 Mann – geführt.

Ihrer Ausbildung entsprechend ließen die jungen Soldaten der Waffen-SS in ihren getarnten und sorgfältig vorbereiteten Stellungen das Trommelfeuer der Artillerie und vordersten Linien der schottischen Infanterie über sich hinwegziehen. Dann eröffneten sie das Feuer und richteten damit Verheerung unter den Angreifern an. Die von den Pionieren der 12. SS-Panzerdivision südlich von Le Mesnil Patry sorgfältig gelegten Minenfelder hielten die Panzer auf – 7 RTR verlor allein neun Panzer[11], und die Männer der 9. Cameronians verloren bald ihren Schutz durch die Artillerie, als sie zurückfielen und mit ihrem entschlossenen Gegner kämpfen mußten. Es war so, wie Chester Wilmot es treffend formulierte: „Die Truppen der 12. SS-Panzerdivision kämpften mit einer Hartnäckigkeit und Wildheit ohnegleichen, im ganzen Feldzug gab es nichts Vergleichbares."[12]

Die Situation wurde auch dadurch nicht besser, daß die Funkverbindung zwischen Panzern und Infanterie zusammenbrach und daß man hinter jedem Gewehrschuß einen Scharfschützen vermutete – dieser Feindtyp war bald sehr gefürchtet. Das Kriegstagebuch der Gordons sprach sogar vom „Scharfschützenfieber". Generalleutnant H. G. Martins *History of the 15th Scottish Division* sagt hierzu: „Feindliche Scharfschützen haben massenweise den Ansturm im hohen Korn überlebt. ... Auch leichte Maschinengewehre und Granatwerfer tauchten immer wieder und überall auf. Die rechte Spitzenkompanie der Cameronians traf auf besonders harten Widerstand, von den Offizieren wurden alle bis auf einen getroffen. An diesem Tag lag die Verantwortung für eine Säuberungsaktion unter den Scharfschützen bei den Reservezügen und Reservekompanien, die dadurch natürlich von ihrer Hauptaufgabe, die Stoßkraft aufrechtzuerhalten, abgelenkt wurden. Daraufhin mußte diese Vereinbarung geändert werden."

In den meisten Fällen war der „Schuldige" nicht mehr als ein Panzergrenadier, der seine normale Waffe aus einer üblichen, aber sorgfältig ausgebauten Stellung heraus abfeuerte. Viel Verwirrung kam dadurch zustande, daß in der britischen Armee Scharfschützen mit Tarnanzügen ausgestattet waren. In der Waffen-SS trugen die Panzergrenadiere normalerweise Tarnjacken. Es ist bezeichnend, daß der 29jährige Oberstleutnant Michael Carver, der spätere Generalfeldmarschall Lord Carver, am 27. Juni bei der Übernahme der Panzerbrigade 4 anordnete, jedes Geschwätz über „Scharfschützen" zu unterlassen und statt dessen von „vereinzelten feindlichen Gewehrschützen" zu sprechen.[13]

Das gesamte offene, wellige und schlammige Schlachtfeld wurde von den Panzerkanonen von Wünsches Panthern auf der Hochebene bei Rauray beherrscht, ebenso wie in den Dörfern und Wäldern nördlich des Odon von den SS-Panzergrenadieren.

Die Bedeutung von Rauray kann nicht genug betont werden – wie gewöhnlich hatten Meyer und Wünsche das strategisch wichtige Gelände gesichert. Auch die deutsche Artillerie war sehr tüchtig, besonders die Achtacht des Flak-Regiments, die aus dem Tal des Odon feuerten. Trotz dieses erbitterten Widerstandes hatten die 2. Glasgow Highlanders von Oberstleutnant Campbell zwar Cheux erreicht, jedoch nicht gesäubert – es blieben Widerstandsnester. Es kostete sie zwölf Offiziere und fast 200 Mann, das Dorf zu erobern und zu halten. Bis zum Mittag war es den Cameronians selbst nach Nahkampf und dem Verlust von 131 Mann nur gelungen, die Nordhälfte von Le Haut du Bosq zu säubern.

An der Front von Brigadegeneral Moneys Brigade 44 (Lowland) hatten die 8. Royal Scots den ganzen Tag gebraucht, um La Gaule zu säubern, und die 6 RSF brauchte ebenso lange, um in Mauvieu hineinzugelangen. Die Royal Scots erlitten 110 Verluste; nach dem Kriegstagebuch des Regiments 141 gingen drei Flammenwerfer-Panzer (Churchill) verloren, die die letzten Verteidiger von St. Mauvieu beseitigten. Zweimal gingen Mohnkes Männer zum Gegenangriff über, aber die Schotten hielten das Dorf. Das RSF-Kriegstagebuch berichtet von 21 Gefallenen, 113 Verwundeten und neun Vermißten bei den Kämpfen dieses Tages.

An der linken Flanke waren Wünsches Panther und ein paar Männer von Bremers SS-Aufklärungsabeilung schwer damit beschäftigt, die Panzer der 4/7 DG und 24L sowie die Infanterie der Tyneside Scottish und 12 KRRC bei ihrem versuchten Vorstoß aus den Tessel-Wäldern aufzuhalten. Ein einzelner unterstützender Angriff von Fontenay nach Rauray, ausgeführt von der 1. Nottinghamshire Yeomanry und 7 DWR, dem später 11 DLI folgte, wurde ebenfalls von der 6. Kompanie des SS-Panzerregiments 12 zum Stehen gebracht, die in ihre ursprünglichen Stellungen zurückkehrte.

Obgleich das I. Bataillon des SS-Panzergrenadierregiments 26 bis zum Mittag St. Mauvieu bis auf ein paar Feldbefestigungen verloren hatte, war es auf der rechten Flanke östlich und nordöstlich des Dorfes in Stellung; die 9. Kompanie des SS-Panzerregiments 12 war dahinter in Stellung und deckte den Flugplatz Carpiquet. Die Verbindung zu Müllers SS-Pionierbataillon 12 südlich von Cheux riß ab. Es war von den Seaforth Highlanders des Bataillons 7 und den Panzern der 7 RTR überrannt worden, wobei drei Churchills in Flammen aufgingen.

Auch das II. Bataillon des SS-Panzergrenadierregiments 26 war aus seinen Stellungen zwischen Cheux und Fontenay zurückgezwungen worden. Aber wieder einmal hatten die Panzer IV der 5. und 8. Kompanie des SS-Panzerregiments 12 bei ihrer Rückkehr von der Kampfgruppe Wünsche den Vorstoß der 7 RTR bei Le Haut du Bosq und westlich davon zum Stillstand gebracht.

Da die 15. schottische Division sich auf der Linie St. Mauvieu nach Cheux hielt, sah Meyer nun die Hauptbedrohung auf Mouen und Verson gerichtet und bat Dietrich um Verstärkung. Die 3. Tiger-Kompanie der schweren SS-Panzerabteilung 101 bewegte sich in den frühen Abendstunden auf Grainville zu, das nur 20 Kilometer westlich von Colleville lag. Kraemer schickte auch eine Meldung, daß Panzerkompanien und Sturmgeschützbatterien von der 21. Panzerdivision unterstellt würden, die wie das SS-Panzergrenadierregiment 25 der Division „Hitlerjugend“ nicht in den Hauptangriff verwickelt war. Sodann verlegte er Dietrichs Gefechtsstand vernünftigerweise an einen neuen Ort drei Kilometer südöstlich von Baron.

Kurt Meyers Sorgen um Mouen und Verson erwiesen sich als berechtigt. Kurz nach Mittag befahl O'Connor „Pip“ Roberts, seine Panzer der 11. Panzerdivision über die 15. schottische Division hinweg einzusetzen, um die Übergangsstellen des Odon zu besetzen. Die Shermans der 2. Fife and Forfar Yeomanry sollten über Le Haut du Bosq und Grainville zu den Gavrusbrücken vorrücken, und die der 23. Hussars (23H) durch Colleville hindurch zur Brücke von Tourmauville. Ein Bataillon des Panzeraufklärungsregiments der Division, die 2. Northamptonshire Yeomanry, sollte führen. Da jedoch die Panzer keine Möglichkeit hatten, mit der 15. schottischen Infanteriedivision, die sie passieren mußten, zu sprechen, mußte ihre Nahunterstützung auf ein einziges motorisiertes Bataillon, 8 RB, beschränkt sein. Ein weiteres Problem lag in Cheux, denn jetzt, wo die Masse von zwei Divisionen sich hindurchzwängte, glich das mit Trümmern und Ruinen verstopfte Cheux einem Flaschenhals. In seiner *History of the 15th Scottish Division* gab General Martin ein Bild davon: „Jeder freie Meter in den Gassen von Cheux war mit unseren Panzern besetzt, nicht erreichbar [für deutsche Artillerie und Granatfeuer] und keinem Befehl zugänglich. Niemand, der an jenem Morgen in Cheux war, wird wohl jemals diese Verwirrung vergessen.“

Es war nach 14 Uhr, als das Aufklärungsbataillon der 11. Panzerdivision das höhergelegene Gelände im Süden des Dorfes erreichte. Kurz danach verlor es zwei Cromwells, der Rest zog sich zurück. Gleichermaßen wurden die Shermans der 2. Fife and Forfar Yeomanry auf ihrem Weg in den Westen von Cheux in Kämpfe mit den Panzern IV der II. Abteilung des SS-Panzerregiments 12 von Prinz verwickelt und kamen in Le Haut du Bosq zum Stillstand. Vier Panzer waren verlorengegangen. Vor Tagesende sollten noch weitere fünf Panzer folgen. Die Panzer der 23H, die St. Mauvieu umgangen hatten, gerieten in Schwierigkeiten, sobald sie versuchten, den Kamm südlich von Cheux zu überqueren. Vier Shermans gingen in Flammen auf – sie waren Opfer zumindest eines Tigers der schweren SS-Panzerabteilung 101 nördlich von Grainville geworden.

Um 18 Uhr befahl MacMillan seiner Reservebrigade 227 (Highland), den Weg für die Panzer freizumachen. Aber der starke Stau in Cheux in Verbindung mit den Panthern in Rauray und den Panzern IV der 5. und 7. Kompanie des SS-Panzerregiments 12 hemmte schon bald den Vorstoß von Oberstleutnant Youngs 10. Highland Light Infantry (HLI) auf der rechten Flanke, und als die Panzer der 9 RTR und Männer von Oberstleutnant Colvilles 2. Gordon Highlanders (Gordons) endlich das höhergelegene Gelände im Süden des Dorfes erreichten, immer noch im strömenden Regen, gerieten sie unter Dauerfeuer aus Milius' 15. SS-Aufklärungskompanie und aus zwei Panzerkompanien und einigen Sturmgeschützen der 21. Panzerdivision, die gerade im rechten Augenblick eintrafen, wie Kraemer es versprochen hatte.

Trotz dieses Feuers gelang es einer Kompanie der Gordons, um 22 Uhr die Ortschaft Colleville an der Bahnlinie Caen – Villers-Bocage zu erreichen; aber sie war auf sich allein gestellt, und als 9 RTR sich nach dem Verlust von neun Panzern[14] zurückzog, waren die Highlanders ebenfalls zum Ausweichen gezwungen und zogen sich bis in den Raum Cheux zurück. Ein Tiger der schweren SS-Panzerabteilung 101, deren Stärke nun auf 18 kampffähige Panzer herabgesunken war, hatte beim Zurückwerfen der 9 RTR eine bedeutende Rolle gespielt.

Die Grenze des Vorstoßes am 26. Juni war nur sechs Kilometer von der britischen Ausgangslinie entfernt, der Odon war noch nicht einmal erreicht, geschweige denn überquert. Die 12. SS-Panzerdivision hatte gehalten und alle Versuche, sie beiseite zu fegen, vereitelt. Aber die Verluste waren hoch gewesen: 88 Gefallene, 230 Verwundete und 412 Vermißte, insgesamt 730 Mann.[15] Das SS-Pionierbataillon 12 von SS-Sturmbannführer Siegfried Müller, das ohnehin schon stark geschwächt war und genau in dem Angriffsschwerpunkt der Briten gelegen hatte, mußte 323 Ausfälle hinnehmen und war auf etwa die halbe Stärke reduziert. Aber erstaunlicherweise überlebten Müller und neun Männer seines Stabs im Bunker und kehrten in der Nacht zu den deutschen Linien zurück, ebenso wie andere beim Kampf versprengte Teile. Kapitulation kam nicht in Frage. In Nebel und Regen erreichten sie die neue Hauptkampflinie der Division ohne Eingreifen seitens der Briten, und bis zum nächsten Morgen konnten sich viele Einheiten wieder auffrischen. Die neue Linie verlief von Marcelet, wo sie bei Carpiquet an das SS-Panzergrenadierregiment 25 anschloß, zum höhergelegenen Terrain südlich von Cheux, nach Rauray und weiter nach Vendes. In seinem Bericht zum 26. Juni konnte Meyer mehr als 50 zerstörte britische Panzer melden und feststellen, er habe noch 47 einsatzfähige Panzer und 14 schwere Panzerabwehrkanonen, aber dessenungeachtet sehe er dem nächsten Tag nicht sehr optimistisch entgegen.[16]

27. Juni

Während der Nacht und in den frühen Morgenstunden des 27. Juni gewannen die Truppen der 43. Infanteriedivision (Wessex) einiges Gelände, das am Vortag so teuer von der 15. schottischen Division erkauft worden war. Ihre Infanteriebrigade 129 entlastete die 44. Lowlanders in St. Mauvieu und La Gaule; die Brigade 214 sollte in der Region Cheux die Brigade 227 (Highland) für einen weiteren Versuch, die Brücken über den Odon zu nehmen, freigeben. Generalmajor „Pip" Roberts' 11. Panzerdivision, der die Panzerbrigade 4 befehligte, stand bereit, um jeden Erfolg auszunutzen.

Dietrich war überrascht darüber, daß das VIII. Korps in der Nacht seinen Angriff nicht fortgesetzt hatte, aber er wußte, daß schnell etwas geschehen mußte, wenn der britische Stoß ins Herz seines Korps nicht zu dessen Vernichtung führen sollte. Dem geplanten Angriff der Brigade 227 (Highland) und der 11. Panzerdivision zwischen Marcelet und Grainville standen die ersten beiden Bataillone von Mohnkes Panzergrenadierregiment 26, die Reste des Panzerbataillons 12, 30 Panzer IV der II. Abteilung des SS-Panzerregiments 12 unter Prinz sowie schwache Panzerkompanien und Sturmgeschützbatterien von der 21. Panzerdivision gegenüber. Die Lücke nördlich von Colleville wurde durch Bremers SS-Aufklärungsabteilung 12 geschlossen.

Immer noch auf der linken Flanke um Rauray gegenüber der 49. britischen Division hatte Max Wünsche 17 Panther von Jürgensens I. Abteilung des SS-Panzerregiments 12 und Olboeters III. SS-Panzergrenadierbataillon. Weitere Panzer waren zwei Kilometer südöstlich in die Gegend um Grainville verlegt worden. An diesem Tag operierten im Bereich Verson –

Grainville auch ungefähr zwölf Tiger der 2. und 3. Kompanie der schweren SS-Panzerabteilung 101. Und natürlich stand die Achtacht des Flak-Regiments 4 noch rückwärtig davon in Stellung.

Da die ersten Teile der Division „Leibstandarte“ nicht vor dem 28. Juni zu erwarten waren und Haussers II. SS-Panzerkorps nicht vor dem 29. Juni zu Hilfe kommen könnte, hatte Rommel einen Antrag von Dollman genehmigt, daß die Panzerabteilung der 2. SS-Panzerdivision aus dem Gebiet von St. Lô und eine Kampfgruppe der 2. SS-Panzerdivision „Das Reich“, das endlich aus Südfrankreich eingetroffen war, eingesetzt werde, um das I. SS-Panzerkorps zu entlasten. Dietrich wurde entsprechend informiert und verfügte, die Flanke des VIII. Korps im Gebiet von Cheux aus Richtung Rauray so bald wie möglich anzugreifen.

Für den 27. Juni hatten die Briten geplant, daß die 10 HLI mit einer Kompanie Churchills von 7 RTR die Brücken über den Odon bei Gavrus nehmen sollte, während das Bataillon 2, The Argyll und Sutherland Highlanders (die offizielle Abkürzung lautet A bzw. SH, wie in *The History of the 15th Scottish Division* bezeichnet, aber als Argylls bekannt) ebenfalls mit einer Kompanie Churchills den Übergang bei Tourmauville besetzen sollte. Die Panzerbrigade 29 sollte dann die Übergangsstellen benutzen, während die Infanteriebrigade 159 den Brückenkopf sicherte. Der Angriffsbeginn war auf beiden Seiten für 5 Uhr festgelegt. Gleichzeitig sollte die Infanteriebrigade 70 der 49. Division Rauray säubern und nach Noyers vorrücken.

Der Angriff der 10 HLI und der begleitenden Churchills war ein kompletter Fehlschlag. Dafür sorgten vier Panzer IV von SS-Hauptsturmführer Hans Siegels 8. SS-Panzerkompanie mit Siebkens II. Bataillon des SS-Panzergrenadierregiments 26 und einigen Pionieren der 12. SS-Panzerdivision zwischen Grainville und Le Haut du Bosq, unterstützt durch die I. und II. Abteilung des SS-Panzerartillerieregiments 12. Bei Tagesende und nach 112 Ausfällen standen die Highlanders wieder da, wo sie angefangen hatten. Die genaue Anzahl der Panzerverluste ist nicht bekannt, aber nach verschiedenen Verlusten drehten die Churchills ab und verschwanden unter Begleitung der Infanterie hinter dem Hügel südlich von Cheux. Siegels eigener Panzer IV wurde um die Mittagszeit abgeschossen; er selbst erlitt schwere Brandwunden.

In der Zwischenzeit war der deutsche Gegenangriff gegen die Flanke des VIII. Korps bei Cheux nur begrenzt erfolgreich verlaufen. Die Kampfgruppe der 2. SS-Panzerdivision „Das Reich“ hatte keine feste Gestalt angenommen, aber um 9.30 Uhr griffen 17 Panther von der 2. Panzerdivision ohne die Unterstützung von Panzergrenadieren nordöstlich gegen Le Haut du Bosq und Cheux an.[17] Sie drangen in beide Dörfer ein, liefen aber in die Panzer der 7 RTR und Fife and Forfars sowie die Panzerabwehrwaffen der Infanteristen des Bataillons 5, The Duke of Cornwall's Light Infantry (DCLI). Mit Sicherheit wurden vier, möglicherweise sogar fünf Panther abgeschossen, und der Rest drehte ab. Später beklagte sich Hubert Meyer, daß der Führer der Einheit aus der 2. Panzerdivision vor seinem Angriff keine Verbindung mit dem Gefechtsstand der Division „Hitlerjugend“ aufgenommen hatte, er hätte sonst wohl mehr Erfolg gehabt. Immerhin hatte der Angriff dazu beigetragen, den Vorstoß durch die verstärkte Brigade 227 (Highland) zu unterbrechen und zu verzögern.

Aufgrund der chaotischen Lage im Süden von Cheux konnten die an Oberstleutnant Tweedie von den Argylls gegebenen Befehle, sich möglichst schnell zur Brücke von Tourmaville zu begeben, mehrere Stunden lang nicht ausgeführt werden. Aber danach, als es losging, hatten die Argylls mit Unterstützung der 23H bald Colleville von den Männern der SS-Panzeraufklärungsabteilung 12 erobert; um 15 Uhr rückten sie durch Tourville und Mondrainville. Um 17 Uhr überschritten die Argylls die intakte Brücke bei Tourmauville und errichteten schnell einen kleinen Brückenkopf südlich des Odon. Auf Widerstand waren sie nicht gestoßen, da die Achtacht-Kanonen nicht mehr in diesem Bereich lagen. Um 19 Uhr befanden sich zwei Bataillone der 23H mit einer Kompanie der 8 RB und die meisten Argylls auf der anderen Seite. Bei Anbruch der Dunkelheit gingen die Panzer auf den flachen Abhängen der strategisch wichtigen Höhe 112 in Stellung – doch davon später mehr. Ihnen folgten über den Odon, mit Beginn um 21.45 Uhr, der Rest der 8 RB und zwei Bataillone der Infanteriebrigade 159 (11. Panzerdivision).[18] Das andere Bataillon der Brigade, die 3. Monmouths, blieb in Mouen, nördlich des Flusses.

Weitere Versuche von Oberstleutnant Villiers 9. Cameronians, mit Unterstützung durch die 7 RTR die Kreuzung bei Gavrus über Tourville und Grainville von Osten her zu nehmen, waren wegen der Panther in dieser Gegend nicht von Erfolg gekrönt. Drei Shermans gingen verloren, und um 22 Uhr standen die Schotten wieder am Ostrand von Grainville.[19]

Am späten Nachmittag hatte die 70. britische Infanteriebrigade unter Führung der 11 DLI und mit Unterstützung durch Panzer der Panzerbrigade 8 endlich Rauray an der Westflanke erobert, aber spätere Versuche, nach Süden über das höhergelegene Gebiet nach Bretteville zu stoßen, blieben ohne Erfolg und kosteten mehr als 100 Verluste.[20] Sie liefen in den entschlossenen Widerstand von Olboeters Männern, die von Panthern und einigen Panzern IV sowie von den Pionier-, Aufklärungs- und Infanteriekompanien des Regiments 26 gut unterstützt wurden.

Bei Anbruch der Dunkelheit bezogen die Truppen der 11. Panzerdivision und der 15. Infanteriedivision Verteidigungsstellungen dort, wo sie den unvermeidlichen deutschen Gegenangriff erwarteten. Mit dieser Truppenansammlung und den Panzern von zwei weiteren Brigaden, der 31. und der 4., herrschten chaotische Bedingungen in diesem kleinen Geländeabschnitt südlich einer von Norrey nach Le Mesnil-Patry (Karte 3) und nördlich des Odon verlaufenden Linie, die nichts Gutes für den kommenden Tag verhießen.

Die Kampfhandlungen dieses Tages kamen die Division „Hitlerjugend" nicht so teuer zu stehen wie die vom 26. Juni: 191 Ausfälle, darunter 44 Gefallene.[21] Aber die Front mußte zurückgenommen werden, und die Briten waren über den Odon: Ungeachtet ihrer Probleme würden sie zweifellos ihren Brückenkopf am Morgen ausweiten wollen. Es stimmte zwar, daß die Division „Hitlerjugend" immer noch die überaus wichtigen Flanken dieses Durchbruchs bei Mouen und Grainville hielt und daß die vordersten eigenen Kräfte der Verteidigungslinie gefährlich nahe waren, aber die Briten wollten zumindest in diesem Stadium nicht den Fehler von Villers-Bocage wiederholen und zurückweichen. Meyer war kaum eine Möglichkeit geblieben, sie am weiteren Vordringen nach Süden und Osten zu hindern. Er hatte keine andere Wahl, als Marcelet in der Nacht vom 27. zum 28. Juni aufzugeben und Krauses gefährlich exponiertes I. SS-Panzergrenadierbataillon, ursprünglich zur Verteidigung von St. Mauvieu eingesetzt, sowie die 9. Kompanie des SS-Panzerregiments 12 auf den Westrand des Flugplatzes Carpiquet zurückzuziehen. Aus später noch zu erklärenden Gründen war er in der Lage, das Gros von Wünsches gepanzerten Kräften von seiner Westflanke abzuziehen und in dem leicht angreifbaren Areal Fontaine-Etoupefour auf Höhe 112 wieder in Stellung zu bringen. Die neue Linie der Division „Hitlerjugend" verlief daher vom Flugplatz Carpiquet nach Haut de Verson und weiter nach Fontaine-Etoupefour, Höhe 112, Esquai, Gavrus und Grainville und schließlich nach Bretteville. Am gefährdetsten war die Lücke zwischen Verson und dem Flugplatz Carpiquet. Alle verfügbaren Kräfte wurden nun in diese Linie geworfen, einschließlich der Soldaten der 5. Batterie des SS-Panzerartillerieregiments 12, die ihre Geschütze verloren hatten und nun infanteristisch eingesetzt wurden, der Panzerkompanie der 21. Panzerdivision, Flak der Luftwaffe und einer Granatwerferabteilung des Werferregiments 83. Der Gefechtsstand der Division wurde nach Louvigny verlegt.

Es war in dieser Nacht, der vom 27. auf den 28. Juni, als der „Endspieler" im I. SS-Panzerkorps eintraf, um an der Schlacht der Normandie teilzunehmen – die 1. SS-Panzerdivision „Leibstandarte SS Adolf Hitler", oder zumindest ein Teil davon. Albert Frey und der Stab seines SS-Panzergrenadierregiments 1 sowie die SS-Panzergrenadierbataillone I und II unter SS-Obersturmbannführer Schiller bzw. SS-Obersturmbannführer Max Hansen trafen in einem Bereitstellungsraum bei Venoix ein, das III. Bataillon und andere Regimentseinheiten mußten noch aufschließen. Der Rest der Division „Leibstandarte" brauchte noch eine Woche bis zum Eintreffen.

Dietrich unterstellte Freys Regiment der Division „Hitlerjugend". Meyer war erfreut über die zusätzlichen Kräfte, mit denen er den britischen Frontvorsprung abschneiden wollte. Er befahl sofort, sich für den Gegenangriff bereitzuhalten, der, östlich von Verson ausgehend, am Mittag des 28. Juni beiderseits der Straße von Caen nach Villers-Bocage durchzuführen wäre, und eine Kampfgruppe der 2. SS-Panzerdivision „Das Reich" bei Grainville zu unterstützen. Zum ersten Mal in der Geschichte sollten jetzt Einheiten der beiden Divisionen, die Hitlers Namen auf den Ärmelstreifen trugen (oder tragen sollten*), Seite an Seite kämpfen.

28. Juni

Der Verlust der Odonbrücke löste im Hauptquartier der 7. Armee Bestürzung aus. Generaloberst Dollmann, dem schon deswegen unbehaglich war, weil er am 26. Juni Cherbourg an die Amerikaner verloren hatte, und der das Schlimmste von der durch Hitler angeordneten Untersuchung dieses Falles befürchtete, geriet in Panik. Um 8.10 Uhr gab er Hausser den Befehl, „sofort anzugreifen, um die Einbruchstelle südlich von Cheux"[22] mit seinem II. SS-Panzerkorps (9. und 10. SS-Panzerdivision) wieder zu bereinigen. Dieser Befehl entsprach sicher nicht dem Plan, der von Hitler bei seinem einzigen Besuch an der Normandiefront am 17. Juni genehmigt worden war und der einen größeren Gegenschlag an der Nahtstelle der britischen und amerikanischen Armee in Richtung Bayeux vorsah. Aber im Grunde spielte das keine Rolle, denn Hausser antwortete, daß sein Korps nicht bereit sei und nicht vor dem 29. Juni angreifen könne.

Eine Absonderlichkeit im deutschen Kommandosystem am 28. Juni war die Tatsache, daß es zu diesem entscheidenden Zeitpunkt des Feldzugs in der Normandie keinen Vorgesetzten Dollmanns gab, der einen Gegenbefehl erlassen konnte – Hitler hatte von Rundstedt und Rommel nach Berchtesgaden gerufen. Als Dollmann den Befehl erteilt hatte und hörte, daß er nicht ausgeführt werden konnte, beging er Selbstmord. Das hieß, daß die Stäbe des Oberbefehlshabers West (von Rundstedt), der Heeresgruppe B (Rommel) und der 7. Armee (Dollmann) ohne Befehlshaber waren. Die betreffenden Chefs der Stäbe wurden mit einer erdrückenden Verantwortung zurückgelassen, vor der sie indes mitnichten zurückschreckten.

Um 13 Uhr informierte Hausser die 7. Armee, daß er am 29. Juni lieber eine hinhaltende Aktion vornehmen würde, um sein Korps für den eigentlichen Angriff auf den britischen Frontvorsprung bereitzustellen, daß er aber, falls unumgänglich, einen Gegenangriff noch an jenem Tag durchführen könne.

* Der Ärmelstreifen „Hitlerjugend" wurde der 12. SS-Panzerdivision erst nach den Kämpfen und der Bewährung in der Normandie im September 1944 verliehen. Reichsjugendführer Artur Axmann übergab am 19. September 1944 die ersten Ärmelstreifen an Angehörige des SS-Panzergrenadierregiments 26 und des Ausbildungs- und Ersatzbataillons. – Anm. d. Verlags

Um 15 Uhr informierte die Heeresgruppe B die 7. Armee, daß Hitler bis zur Rückkehr Rommels und von Rundstedts General Hausser dafür bestimmt habe, das Oberkommando im Invasionsgebiet zu übernehmen. Damit war er der erste höhere Waffen-SS-Führer, der eine Armee führte. Generalleutnant Max Pemsel, Chef des Generalstabes der 7. Armee, empfahl Hausser, mit seinem Korps zumindest bis zum nächsten Morgen zu bleiben und den Gegenangriff vorzubereiten. Dieser außergewöhnlich Entschluß, einen Korpskommandeur ausgerechnet vor einem entscheidenden Gegenangriff herauszulösen, setzte natürlich eine Kettenreaktion in Gang, die der kommenden Operation nicht förderlich war – beispielsweise mußte der Kommandeur einer der beiden Divisionen, Wilhelm Bittrich, deswegen die 9. SS-Panzerdivision „Hohenstaufen" abgeben, um das Kommando über das II. SS-Panzerkorps zu übernehmen.

Um 17 Uhr war der Verantwortungsbereich der 7. Armee geteilt. General Geyr von Schweppenburg und seine Panzergruppe West wurden reaktiviert und bekamen die Verantwortung für die Invasionsfront von der Seine bis zu einer Linie, die etwa von Caumont nach Bayeux verlief. Er sollte das I. und II. SS-, das XXXXVII. Panzerkorps und das LXXXVI. Armeekorps befehligen.

Von Schweppenburg verschwendete keine Zeit damit, den Befehl für das II. SS-Panzerkorps zu bestätigen: von der Linie Noyes – Gavrus aus anzugreifen. Das Ziel war, Baron, Mouen und Cheux zu nehmen und den Feind südlich der Straße Caen nach Villers-Bocage zu vernichten. Um 18 Uhr forderte er von Hausser die Bestätigung der Angriffsbereitschaft, und Pemsel bestätigte im Namen seines neuen Kommandeurs.

Dieser chaotischen Situation auf deutscher Seite entsprach auf der britischen Seite eine ähnliche Lage, wenn auch in anderer Art und Weise. Dietrich und Meyer beobachteten die ziellosen Bewegungen der britischen Panzer- und Infanteriedivisionen mit Erstaunen. Ihre mangelnde Angriffslust war zum Teil auf die fast völlige Verstopfung mitten im Frontvorsprung um Cheux zurückzuführen. Minenfelder, einzelne Widerstandsnester der SS und allgemeine Zerstörungen waren die Ursache. Anscheinend konnte niemand das Problem lösen, daher saßen die Panzer und andere Fahrzeuge größtenteils unbeweglich fest.

Stärkere offensive Aktionen blieben aber auch deshalb aus, weil das ULTRA-Abhörsystem den Plan eines deutschen Gegenangriffs abgefangen hatte. Natürlich wurden die Bewegungen des II. SS-Panzerkorps registriert. O'Connor, der in ULTRA nicht eingeweiht war, hatte um 10 Uhr eine Unterredung beim Gefechtsstand der 15. schottischen Division, und mit der Genehmigung von Dempsey, der die abgehörte Meldung von ULTRA kannte, gab er an die 11. Panzerdivision den Befehl, einen Versuch zur Überquerung der Orne zu unternehmen. Seine Entscheidung war, den Brückenkopf gegen den erwarteten deutschen Gegenangriff zu stärken und erst dann weiter vorzurücken, sobald seine Infanteriedivisionen das Gelände zwischen Cheux und dem Odon gesäubert und die Brücken bei Gavrus besetzt hätten. Es ist unglaublich, aber die Briten gaben die Initiative aus der Hand! Doch hatte die Anordnung, Haussers Korps ohne angemessene Vorbereitung einzusetzen, bei den Deutschen dafür gesorgt, daß sie diesen Vorteil nicht ausnutzen konnten.

Dietrichs Entscheidung, die Kampfgruppe von Albert Frey aus der Division „Leibstandarte" der 12. SS-Panzerdivision zu unterstellen, hatte Kurt Meyer mit einer wertvollen und für den Gegenangriff dringend benötigten Kraft ausgestattet. Zur Erinnerung: Sein Ziel war das Abschneiden jener britischen Kräfte, die den Odon überquert hatten, und zwar wollte er aus der Region Verson in Richtung Mouen und Colleville angreifen und an die Kampfgruppe Weidinger im Gebiet von Grainville anschließen. Diese Kampfgruppe, nach ihrem Kommandeur SS-Obersturmbannführer Otto Weidinger benannt, war auf Rommels Geheiß der Panzer-Lehrdivision von der 2. SS-Panzerdivision unterstellt worden. Sie umfaßte den Stab und SS-Pionier-, Infanteriegeschütz- und Aufklärungskompanien sowie Flak-Batterien vom Regiment „Der Führer“, zudem zwei SS-Panzergrenadierbataillone. Die genaue Zusammensetzung von Freys Truppe ist unbekannt, aber dazu gehörten sicherlich die SS-Panzergrenadierbataillone I und II der Division „Leibstandarte“, zumindest ein Teil von Jürgensens Panther-Kompanien, eine gemischte Gruppe Panzer IV (aus der 4. Kompanie der 21. Panzerdivision) sowie Unterstützung durch eine Nebelwerferbatterie des Werferregiments 83. Bis zu drei Tiger der schweren SS-Panzerabteilung 101 des Korps nahmen ebenfalls an dieser Aktion teil. In der Nacht vom 27. zum 28. Juni nahm die Kampfgruppe Weidinger an der rechten Flanke der Panzer-Lehrdivision die Sache in die Hand, und zwar westlich von Grainville, Rauray und Tessel, womit sie Wünsches Panzer für Einsätze am Südende des britischen Frontvorsprungs freisetzte.

Ganz glücklich über die Aussichten für seinen Angriff war Frey nicht. Er sagte später: „Als ich vom Oberführer Kurt Meyer den Befehl zum Angriff erhielt, machte ich ihn sofort darauf aufmerksam, daß ich den Befehl ohne die Unterstützung der notwendigen schweren Waffen nicht ausführen könne. Ich bat darum, das Eintreffen der Artillerie der LAH abzuwarten. Meinen Einwänden wurde damit begegnet, daß die Artillerie der 12. SS-Pz.Div. meinen Angriff unterstützen würde. Als der Angriff zur befohlenen Zeit begann (ich hatte schweren Herzens den Befehl dazu gegeben), war weder ein Artillerieverbindungsoffizier bei mir, noch griff die Artillerie der 12. SS-Pz.Div. von sich aus ein. Von seiten des Gegners setzte sofort heftiger Widerstand ein. Auffallend dabei war sehr starkes, gleichmäßig auf dem Angriffsstreifen liegendes von Panzern gefeuertes Maschinengewehrfeuer!“[23]

Dies war kein glücklicher Anfang für die erwartete Zusammenarbeit zwischen den beiden SS-Divisionen des I. SS-Panzerkorps, und Freys Behauptung, es mangele ihm an Unterstützung durch die Artillerie, wurde vom Chef des Stabes der 12. SS-Panzerdivision geleugnet, was nicht weiter überrascht.

Freys Angriff mit Schillers I. Bataillon des SS-Panzergrenadierregiments 1 der Division „Leibstandarte SS Adolf Hitler“ auf der rechten Seite und Max Hansens II. Bataillon auf der linken Seite wurde auf 6 Uhr angesetzt. Der Gefechtsstand des Regiments blieb in Bretteville-sur-Odon.

Die Panzergrenadiere des I. Bataillons waren bald in den nördlichen Ausläufern von Mouen in heftige Kämpfe gegen eine Kompanie der 3. Monmouths verwickelt: Diese waren ein abkommandierter Teil der Infanteriebrigade der 11. Panzerdivision – der Rest des Bataillons hatte bei Tagesanbruch zur Brücke von Tourmauville verlegt. Einer der fünf Panzer IV der 21. Panzerdivision, die mit dem Bataillon vorrückten, will drei Panzer abgeschossen haben – sie erwiesen sich als Stuarts von 3 CLY. Auf der linken Seite war Max Hansen im Anfangsstadium des Vormarsches in Verson zum neunten Mal verwundet worden, und SS-Obersturmführer Herford übernahm das Kommando über das II. Bataillon. Der gemeinsame Vorstoß ging über eine Reihe weiterer Hügelketten nach Mouen selbst, und die Kompanie auf der linken Flanke erreichte das Gebiet von Tourville. Um 19.45 Uhr traf ein Angriff durch 10 HLI, unterstützt von 3 CLY-Panzern südlich von Cheux, die Nordflanke von Freys Kräften und führte zu schweren und verwirrenden Kämpfen, die die ganze Nacht hindurch anhielten und eine Aussicht auf weiteres Vorrücken zunichte machten. Noch vor Einbruch der Dunkelheit hatte CLY vier Shermans verloren.[24] Freys Kampfgruppe hatte zwar erfolgreich die ursprünglichen Ziele erreicht, konnte jedoch nicht zu

Weidingers Kampfgruppe aufschließen – letztere hatte diesen Tag damit verbracht, den Versuchen der 49. Infanteriedivision, sich südlich von Rauray zu bewegen, Widerstand zu leisten.

Wie wir schon wissen, waren die britischen Bemühungen am 28. Juni hauptsächlich auf eine Erweiterung des schmalen Frontvorsprungs und auf das Ausräumen restlicher Widerstandsnester der Deutschen gerichtet. Größere Bedeutung hatte die Besetzung von Höhe 112. Von dieser sich über die ganze Gegend erhebenden Anhöhe sieht man nordostwärts in neun Kilometer Entfernung Caen liegen, man erkennt den Flughafen Carpiquet, Cheux, den bekannten Punkt 213 von Villers-Bocage, 18 Kilometer südwestlich den Mont Pinçon und den Bourguébus-Kamm südöstlich von Caen. Zwischen Odon und Orne gelegen, ist dieser Hügel in Wirklichkeit die östliche Anhöhe am Ende eines sich über eine Länge von zwei Kilometern erstreckenden Hügelkammes, der sich wie ein gestrandeter Wal von Evrecy im Westen fast bis Maltot im Osten erstreckt. Bis auf einen kleinen Wald in Gipfelnähe war er im Jahre 1944 völlig offen. Er war überaus wichtig und entscheidend sowohl für die Alliierten als auch für die Deutschen und sollte der Schauplatz schrecklicher Kämpfe werden. Hausser nannte ihn den „Schlüssel zur Hintertür von Caen“, und wenn die Briten die Orne überqueren wollten, mußten sie ihn einnehmen. Das Problem, das den Briten noch zu schaffen machen sollte, war die freie Sicht auf den Gipfel dieser Höhe 112 von der anderen Seite der Orne aus, besonders vom Bourguébus-Kamm südlich von Caen.

Zwei Bataillone der 23H mit der ihr angegliederten motorisierten Kompanie von 8 RB – sie gehörten sämtlich zur Panzerbrigade 29 – kämpften bis 12 Uhr, um den Gipfel von Höhe 112 zu erreichen. Zuvor hatten sie um 9.30 Uhr einen Gegenangriff von mindestens zehn Panzern IV der 5. Kompanie der II. Abteilung des SS-Panzerregiments 12 unter Prinz abgewehrt. An den nördlichen Abhängen gerieten sie im Gebiet von Fontaine-Etoupefour mit dem zugehörigen Schloß unter Dauerbeschuß aus Wünsches Panzern. Die Verluste erreichten bald ein nicht mehr zu vertretendes Ausmaß, und nachdem ein weiterer Gegenangriff abgewehrt worden war, sollte sich die Gruppe laut Befehl in die Gegend von Baron zurückziehen. Um 15.30 Uhr wurde die Kampfgruppe Hussars, die bis dahin fünf Shermans verloren hatte und knapp an Munition war, von 3 RTR[25] und dem Rest von 8 RB verstärkt. Diese Kräfte hatten um 17 Uhr noch einen weiteren Ansturm einiger Panther und Panzer IV abzuwehren, die in diesem Bereich operierten. Aber diesmal waren es die Briten, die sich nicht rührten. Es ist unklar, welche Infanterieeinheiten der 12. SS-Panzerdivision die Panzer von Wünsche in diesem Kampf um Höhe 112 unterstützten.

Bei Tagesende hielten die 3 RTR, die 2. Fife and Forfar Yeomanry und die Riflemen von 8 RB immer noch die nördlichen Hänge von Höhe 112, die erschöpften Hussars waren zurück in Tourmauville. Der Frontvorsprung südlich des Odon maß nur sieben Quadratkilometer, und hier befanden sich 152 einsatzfähige Panzer der 11. Panzerdivision[26], eine Panzerabteilung der Panzerbrigade 4 und vier Infanteriebataillone!

Auffallend ist die Zähigkeit einiger Soldaten der Division „Hitlerjugend“, und interessant sind die Methoden, mit denen sämtliche Panzer immer einsatzbereit gemacht wurden. Beim ersten Gegenangriff gegen 23 Uhr durch die 5. Kompanie des SS-Panzerregiments 12, die nun von einem SS-Untersturmführer namens Porsch geführt wurde, wurde ein Panzer IV unter der Führung von SS-Untersturmführer Kunze vernichtet. Ein weiterer SS-Untersturmführer, Willi Kändler, beschrieb die späteren Ereignisse: „Gegen 17 Uhr waren wir von drei Panzern wieder auf neun verstärkt, durch neu ankommende Panzer. Auch die 6. Kompanie ... war da. Dieses Mal versuchten wir um das kleine Wäldchen, das vor dem Kastenwäldchen lag, links ausholend, die Höhe anzugreifen. … standen wir auch bei diesem dritten Angriff wieder unter heftigem Panzerbeschuß, hatten einige Panzerausfälle und mußten uns erneut in die Ausgangsstellung zurückziehen. In den späten Abendstunden … traf ich einen Schwimmvolkswagen vom Aufklärungszug … sie hätten einen Panzer IV mit laufendem Motor und einem Toten davor sitzen gesehen. Es konnte sich nur um den Panzer von Helmut Kunze handeln … Vor dem Panzer lag der Ladeschütze Howe tot mit offenen blauen Augen auf dem Rücken. Auf dem Kommandantensitz hockte Helmut Kunze tot. Die Granate schien ihn direkt im Rücken getroffen zu haben. Links daneben saß sein toter Richtschütze. Der Panzermotor lief noch seit dem Mittag … Ich ließ die Aufklärer feindwärts sichern und fuhr den Panzer mit eigener Kraft fast bis in unsere Stellung. Kurz vorher blieb er wegen Spritmangels stehen … Der Panzer war einige Tage später wieder mit neuem Turm im Einsatz.“[27]

Oberscharführer Willy Kretzschmar schilderte, was sich ereignete, nachdem sein Panzer einen Treffer erhalten hatte: „… hier besichtigten wir unsere Schäden – glatter Durchschuß zwischen Motor- und Kampfraum … Außer einem leichten Stecksplitter in meinem rechten Oberschenkel kamen wir alle mit dem Schrecken davon. Der Fahrer fuhr mit dem Wagen zur Werkstatt, ich blieb mit der übrigen Besatzung … in Esquay. Am Nachmittag trafen dann weitere Panzer der 5. Kompanie ein. Mit meiner Besatzung stieg ich dann in einen von der Werkstatt kommenden um.“[28] Welch ein Unterschied zu vielen alliierten Besatzungen, die zweifellos auch gern ihre beschädigten Panzer nach hinten gebracht hätten.

Nachdem die Verantwortung für die Brücke bei Tourmauville durch die Brigade 159 aufgehoben war, schickten die 2. Argylls zwei Patrouillen von der Größe eines Zuges nach Gavrus, wobei es durch das Dickicht der Wälder südlich des Odon ging. Zu ihrer Verwunderung fanden sie zwei kleine Steinbrücken vor, intakt und ohne Verteidigung. Eine Kompanie sollte sofort die am weitesten entfernte Brücke sichern, auch der Rest des Bataillons wurde natürlich bald ebenfalls dorthin befohlen. Nach einer schrecklichen Fahrt durch die Steilabhänge des Waldes, bei der sie ihre 6-pdr-Panzerabwehrkanonen mit sich schleppen mußten, sicherten die Argylls die Umgebung der Brücken noch vor Einbruch der Dunkelheit. Eine großartige Leistung, nur war das Bataillon abgeschnitten, denn die Division „Hitlerjugend“ stand immer noch zwischen ihm und den nächstgelegenen britischen Truppen bei Le Valtru. Bei Tagesanbruch hatte die Brigade 46, die zu den Argylls aufschließen sollte, zeitgleich angegriffen. Bis 13 Uhr hatten die 9. Cameronians mit Unterstützung von 7 RTR Grainville erreicht und gehalten. Gleichzeitig fuhren die 7. Seaforth Highlanders mit Churchill-Panzern durch Colleville und kämpften sich nach Le Valtru hinein, das sie gegen den Gegenangriff der Kampfgruppe Weidinger halten konnten. Bei den Kämpfen gab es Verluste von 76 Mann.[29] Jedoch gelang es keinem Bataillon, zu den Argylls bei den Gavrus-Brücken durchzubrechen, obwohl die Entfernung nur zwei Kilometer betrug.

Auf der Ostflanke des britischen Frontvorsprunges bewegte sich die 10 HLI mit Unterstützung der 3 CLY nach Mouen. Wie wir hörten, liefen sie in den Gegenangriff der Kampfgruppe Frey, und die Kämpfe dauerten in sehr unübersichtlicher Lage bis in die Nacht.

Für die Division „Leibstandarte“ und die Kampfgruppe Weidinger sind die Tagesverluste nicht bekannt. Die 12. SS-Panzerdivision hatte 78 Ausfälle zu beklagen, darunter 22 Gefallene.[30] Wie vorauszusehen, gab es die größten Verluste in Wünsches SS-Panzerregiment 12.

29. Juni

Der große Gegenangriff des II. SS-Panzerkorps sollte am 29. Juni um 6 Uhr beginnen, mußte jedoch verschoben werden. Am Vormittag meldete Hausser: „Die Offensive kann erst am Nachmittag beginnen. Unsere zusammengezogenen Kräfte liegen unter Dauerbeschuß von Artillerie und Bombern." Und noch einmal um 13.40 Uhr: „Der Feind verursacht schwere Verluste durch Jagdbomberangriffe ... und die Panzerdivisionen können wegen Treibstoffmangels nicht alle ihre Panzer einsetzen."[31]

Auf die Einzelheiten der Kampfhandlungen gehen wir nicht näher ein, denn vorliegendes Buch beschränkt sich auf die Gefechte des I. SS-Panzerkorps. Trotzdem sollten wichtige Truppenteile unter Dietrichs Kommando darin einbezogen werden – nämlich das SS-Panzerregiment 12 und das Artillerieregiment 12, die SS-Aufklärungsabteilung 12, das III. SS-Panzergrenadierbataillon von Mohnkes Regiment, eine Kompanie der Tiger-Abteilung des Korps, Freys Kampfgruppe von der Division „Leibstandarte" sowie das Werferregiment 83. Während der Rest der 12. SS-Panzerdivision in der Verteidigung blieb, sollten diese Truppen den Hauptgegenangriff von Westen her durch eigene Angriffe aus Süd und Ost unterstützen. Praktisch kam dann dieser Plan in Konflikt mit der britischen Entscheidung, die 15. schottische Division und die 43. Wessex-Division zum Säubern und Erweitern ihres Brückenkopfes beiderseits des Odon heranzuziehen. Die 11. Panzerdivision sollte alsdann ihren Vorstoß gegen die Orne fortsetzen. Als Folge dieser Bemühungen auf britischer Seite wäre keine der unter Kurt Meyer eingesetzten Einheiten frei, um den deutschen Hauptgegenangriff zu unterstützen.

An der Ostflanke des britischen Frontvorsprungs hatte die 43. Wessex-Division bis 11 Uhr mit Unterstützung von 7 RTR den Ort Mouen und bis zum frühen Abend Baron genommen. Freys Kampfgruppe war somit gezwungen, nach Verson und Fontaine-Etoupefour zurückzuweichen. Herfords II. Bataillon des SS-Panzergrenadierregiments 1 nahm für sich in Anspruch, bei diesen Kampfhandlungen zwölf britische Panzer zerstört zu haben, dies wird auch im Kriegstagebuch von 7 RTR bestätigt. In der Zwischenzeit versuchte die 15. schottische Division das Gebiet von Grainville und Le Valtru zu säubern und bereitete den Durchbruch zu den Argylls an den Brücken von Gavrus vor. Aber die heftigsten Gefechte wurden an der Hügelkette bei Höhe 112 und Höhe 113 ausgetragen. Auf der westlichen Seite dieser markanten Geländepunkte bewegte sich 44 RTR mit Infanterie von KRRC, von der 3. zur 29. Panzerbrigade abgestellt, über Höhe 113 auf Evrecy zu. Dort stießen sie auf die vorrückende 10. SS-Panzerdivision und mußten bei Tagesende wegen des Verlustes von zwölf Panzern zurückgehen. Ein gleichzeitiger Vorstoß eines Teils von 3 RTR von der Nordwestseite der Höhe 112 gegen Esquay wurde von sechs Tigern zum Halten gebracht, die zur 1. Kompanie der schweren SS-Panzerabteilung 101 unter dem Kommando von SS-Hauptsturmführer Rolf Möbius gehörten.

Auf Höhe 112 wurde inzwischen um 8 Uhr von 8 RB das kleine Waldgebiet 300 Meter östlich des Gipfels, den Wünsches Panzer und Olboeters Panzergrenadiere während der Nacht geräumt hatten, zurückerobert, nur um für den Rest des Tages unter heftigen Beschuß durch direktes und indirektes Feuer zu geraten. Ungefähr 50 Nebelwerfer mit je sechs Rohren standen zur Verfügung. Ein britischer Offizier beschreibt das Nebelwerferfeuer wie folgt: „Ein Heulen und Wimmern schwoll an, bis der Himmel davon erfüllt war. Es kam näher und wurde immer lauter und stärker und endete in einer Reihe von Explosionen, die alles um uns vernichteten ... Dann mehr schrille Töne, dasselbe schreckliche Heulen, und noch ein Satz von

36 Bomben explodierte zu beiden Seiten von uns, so daß der Druck zuerst von einer Seite kam, dann von der anderen, dann von beiden auf einmal.“[32]

An den nordöstlichen Abhängen des Hügelkammes wurden die Fife and Forfars bei dem Versuch, diese Bewegung zu unterstützen, in einen Feuerkampf mit Wünsches Panzern verwickelt, deren Stellungen um Eterville und das nahegelegene Château de Fontaine-Etoupefour lagen. Die Fife and Forfars hatten Mühe, ihre Stellungen zu halten.

Der Gegenangriff der 9. und 10. SS-Panzerdivision von Bittrichs II. SS-Panzerkorps war wenig erfolgreich. Die wenigen Panzer, die tatsächlich nach Cheux durchbrachen, wurden abgeschossen, und der kleine Einbruch zwischen Le Valtru und Grainville wurde bald abgeriegelt. Das Dorf Gavrus war nur kurze Zeit besetzt und ging dann wieder verloren; der weiteste Vorstoß ging zu Höhe 113, nördlich von Evrecy. Die britischen Panzer und Panzerabwehrkräfte, besonders Artillerie und Luftstreitkräfte, waren für einen Angriff bei Tage viel zu stark. Die zweite taktische Luftflotte war den ganzen Tag über im Einsatz und brachte den angreifenden Panzern schwere Verluste bei.

Aber trotz ihres Erfolgs bei der Abwehr dieses Angriffs gelangten Dempsey und O'Connor zu der Überzeugung – sie waren zum Teil durch erbeutete Dokumente und Luftaufklärung dahingehend beeinflußt –, daß der Hauptgegenangriff erst noch bevorstehe. Um 20.30 Uhr bekamen die Panzer der Royal Scots Greys (Greys), Bestandteil der Panzerbrigade 4, den Befehl zum Rückzug auf das Nordufer des Odon. Um 21 Uhr sollte sich auch die gesamte Panzerbrigade 29 zurückziehen[33], wobei der kleine Brückenkopf im Süden durch die Infanterie zweier Brigaden gehalten werden sollte. Jeder Gedanke an ein weiteres Vorrücken gegen die Orne wurde fallengelassen – zumindest für den Augenblick. Wieder einmal gaben die Briten die Initiative aus der Hand. Um 21 Uhr setzte heftiger Regen ein, der fünf Stunden andauerte und den Boden in einen Morast verwandelte, wodurch der Infanterie das Leben zur Qual wurde und jede Bewegung die Panzer verraten konnte.

30. Juni bis 1. Juli

Bei Tagesanbruch des 30. Juni hatten die Panzer der Panzerbrigaden 4 und 29 befehlsgemäß den Odon über die Tourmauville-Brücke überquert und sich zurückgezogen. In der Nacht hatten sich die Riflemen von 8 RB im strömenden Regen von Höhe 112 zurückgezogen, aber die verbleibende Infanterie südlich des Flusses einschließlich der Argylls, immer noch an den Brücken von Gavrus, erwarteten den vorhergesagten deutschen Ansturm. Hinter ihnen war die Panzerbrigade 4 im Gebiet von Cheux bereitgestellt, um möglichen Angriffen aus Südwest zu begegnen, während die Masse der Panzerbrigade 29, jetzt sicher im Nordosten von Cheux, die östliche Flanke schützte.

Auf deutscher Seite war es äußerst wichtig, die Briten vom entscheidenden Hügelkamm südlich des Odon fernzuhalten. Nach Vorbereitungsfeuer durch das SS-Artillerieregiment 12 und das Werferregiment 83 sowie durch ein weiteres Werferregiment, das die 10. SS-Panzerdivision unterstützte, rückten die Panzer IV von Prinz und Olboeters müden SS-Panzergrenadieren unter dem Kommando von Max Wünsche von Südosten und Osten her vor, während Teile der 10. SS-Panzerdivision aus Westen und Südwesten hinzukamen. Um 7.30 Uhr hatten die Panzer IV von Prinz das Plateau der Höhe 112 erreicht, und zur Mittagszeit war der gesamte Nordabhang in deutscher Hand. SS-Untersturmführer Willi Kändler beschrieb den Angriff folgendermaßen: „Frühmorgens heulten nebelschweifziehende Raketen unserer Werfer auf die englischen Stellungen im Kastenwäldchen. Die Werfer entschieden an diesem Morgen über den Erfolg des Angriffs. Es war unser vierter Angriff auf die Höhe 112, der nun durch die Einnahme des Wäldchens und der Höhe gekrönt wurde. Wir sahen beim Einfahren zahlreiche zerstörte Fahrzeuge, auch zerstörte Sherman-Panzer."[34]

Ein Angehöriger der 6. Kompanie des SS-Panzerregiments 12 schrieb später: „Im Morgengrauen ein Getöse. Es schossen die Nebelwerfer genau über uns hinweg auf die Höhe. Die Grenadiere meldeten, daß der ‚Tommy' am Türmen sei. Als wir oben ankamen, war volle Arbeit geleistet. Einige Tanker liefen noch, aber es war niemand darin zu sehen. Von der anderen Seite kamen schon Grenadiere der Division ‚Frundsberg' [10. SS-Panzerdivision], die Stunden später einen Bombenhagel und schwere Verluste hinnehmen mußten."[35]

Nach heftigen Gefechten waren die Argylls gezwungen, ihren tapfer gehaltenen Brückenkopf bei Gavrus an die 10. SS-Panzerdivision abzugeben. Sie erlitten 245 Ausfälle, darunter waren 29 Tote.[36] Am Abend des 30. Juni hatte der britische Brückenkopf südlich des Odon entgegen jeder Voraussicht aufgehört zu existieren – die Deutschen hielten eine Frontlinie von 1,5 Kilometern nordwestlich von Carpiquet nach Verson, nach Eterville, zur Höhe 112 bis 200 Meter südöstlich von Tourmauville, bis zum Südrand von Les Vilains, weiter zum Nordrand von Gavrus, bis Le Valtru, zu einigen Häusern südwestlich von Grainville und bis zum Südrand von Tessel-Bretteville. Operation „Epsom" war beendet. Der Preis für die 12. SS-Panzerdivision „Hitlerjugend" war hoch, aber ihre Leistung sollte als klassische Abwehrschlacht in die Geschichte eingehen. Wie Panzermeyer selbst sagte: „Die 15. schottische, die 43., 49. Infanterie- und 11. gepanzerte Division haben das Mark der 12. SS-Panzerdivision aus den Knochen gesogen."[37] Er fuhr fort, daß seine Division nur noch die Stärke einer schwachen Kampfgruppe habe. Wir werden noch sehen, daß dies eine Untertreibung war.

Dem VIII. britischen Korps brachte „Epsom" 4.020 Verluste ein, davon entfallen allein 2.720 auf die 15. schottische Division.[38] Einige Tage später schrieb Montgomery an den Divisionskommandeur, Generalmajor MacMillan: „Bitte gratulieren Sie der Division von mir und sagen Sie allen Offizieren und Soldaten, daß ich mich freue über ihre Leistungen. Ich sende Ihnen 180.000 Zigaretten als Geschenk und hoffe, die Männer werden sie genießen. Ich wünsche Ihnen allen viel Glück."[39]

Aber in Wirklichkeit war auf der britischen Seite vieles schief gegangen. Trotz allen späteren Geredes, möglichst viele Panzerwaffen in den britischen Sektor geleitet zu haben, kann kein Zweifel daran bestehen, daß „Epsom" ein großangelegter Versuch war, die deutsche Verteidigung westlich von Caen zu durchbrechen, und er war gescheitert. Veraltetes militärisches Denken und altmodische Disziplin, entstanden und aufgekommen auf dem Paradeplatz, entsprachen keineswegs den Erwartungen. Es überrascht daher kaum, daß Michael Carver es für nötig erachtete, seinen stellvertretenden Kommandeur und Chef des Stabes wenige Tage nach Übernahme des Kommandos der Panzerbrigade 4 zu entlassen[40], oder daß er glaubte, einer seiner ranghohen Kommandeure „hätte den Verstand verloren"[41]. Und auf höherer Ebene mußten nach „Epsom" der Kommandeur der Infanteriebrigade 159 und zwei seiner höheren Offiziere entlassen werden.[42] Dempseys Entscheidung, in die Defensive zu gehen, wenn sich seine Offensive in einem kritischen Stadium befand, ist ebenso unverständlich wie Bucknalls Entscheidung zu Villers-Bocage, angesichts der großen Überlegenheit an Feuerkraft vielleicht sogar noch unverständlicher: Es lassen sich in sehr kurzer Zeit Zeugen dafür finden, daß am 30. Juni 100 schwere Bomber Villers-Bocage ausradierten, um das Antreten der 9. SS-Panzerdivision zum Gegenangriff zu verhindern. Fest steht: Wenn die Deutschen Probleme nach „Epsom" hatten, ging es den Briten ebenso.

Aber ehe wir dieses Kampfgeschehen verlassen, müssen wir uns den deutschen Verlusten zuwenden. Der frühere 1. Generalstabsoffizier der Division „Hitlerjugend", Hubert Meyer, nennt in seinem ausführlichen Buch *Kriegsgeschichte der 12. SS-Panzerdivision „Hitlerjugend"* sehr genaue Zahlen. Die Gesamtverluste bis zum 16. Juni beliefen sich auf 1.149, dazu kommen bei den schweren Gefechten während „Epsom" weitere 1.244 Männer, insgesamt 2.393 sowie eine Tagesquote von etwa 100 Ausfällen. Wenn wir andererseits die Zahlen in Meyers Buch nach Regiment und Einheit aufschlüsseln, kommen wir zu der etwas höheren Zahl von 2.662:

SS-Panzerregiment 12	324	13 % der Einheitsstärke
SS-Panzergrenadierregiment 25	383	11 % der Einheitsstärke
SS-Panzergrenadierregiment 26	1.017	30 % der Einheitsstärke
SS-Panzeraufklärungsabteilung 12	250	25 % der Einheitsstärke
SS-Panzerpionierbataillon 12	490	43 % der Einheitsstärke
SS-Panzerartillerieregiment 12, Divisionsbegleitkräfte u. sonstige	198	
Insgesamt	2.662	

Das ergibt 13 Prozent der Gesamtstärke und 22 Prozent der Kampfstärke.

Drei Dinge sind bemerkenswert: Erstens ist die Höchstzahl der Ausfälle noch geringer als die der 3. kanadischen Infanteriedivision und der 2. Panzerbrigade (2.831)[43] während der ersten sechs Kampftage in der Normandie (annähernd 470 pro Tag). Zweitens hatte auch die 15. schottische Division während „Epsom" eine ähnlich hohe Verlustrate (2.720) zu verzeichnen. Und schließlich drittens: Welche Zahl man auch immer annimmt, sie steht im Widerspruch zu Kurt Meyers Erinnerungen, in denen er feststellt, daß seine Division nach „Epsom" nur noch die Kampfkraft einer schwachen Kampfgruppe besaß.[44] Interessant ist zudem, daß er für die 12. SS-Panzerdivision, bei einer Kräftebeurteilung vom 3. Juli, 22 Panther und 39 einsatzfähige Panzer IV aufzählt, von beiden Typen waren jeweils 15 kurzfristig wieder instandsetzbar, und das ergibt die Gesamtsumme von 91 Panzern. Die vergleichende Beurteilung der Kräfte vom 1. Juli bei den Truppen des I. SS-Panzerkorps zeigt, daß die schwere SS-Panzerabteilung 101 noch elf einsatzfähige Tiger hatte und daß weitere 19 in kurzer Zeit wieder instandsetzbar waren.[45] Dies läßt den Schluß zu, daß nur 15 Tiger, 13 Panther und 43 Panzer IV in dieser Anfangsphase der schweren Kämpfe verlorengingen. Ein Chef einer Panzerkompanie, SS-Untersturmführer Bando von der 5. Kompanie, war gefallen.

Später wurde Max Wünsche für seine hervorragenden Leistungen im Juni das Eichenlaub zum Ritterkreuz verliehen. Die SS-Sturmbannführer Olboeter und Krause und SS-Hauptsturmführer Hans Siegel, Chef der 8. Kompanie des SS-Panzerregiments 12, wurden für ihre Leistungen mit dem Ritterkreuz ausgezeichnet.

Aus Anlaß der Olympischen Spiele in Berlin 1936 führt Theodor (Teddy) Wisch die Ehrenkompanie der „Leibstandarte-SS Adolf Hitler". Sieben Jahre danach wurde er der Kommandeur der 1. SS-Panzerdivision „Leibstandarte SS Adolf Hitler".

Werbeplakat der Waffen-SS für die Meldung der Hitlerjugend 1943

Kurt Meyer, Fritz Witt und Sepp Dietrich mit Generalfeldmarschall Gerd von Rundstedt, Anfang 1944

Sepp Dietrich, Kommandeur des I. SS-Panzerkorps, und Generalfeldmarschall Erwin Rommel, Oberbefehlshaber der Heeresgruppe B

Generalleutnant Omar Bradley, Oberbefehlshaber der 1. US-Armee, General Sir Bernard Montgomery, Oberbefehlshaber der 21. Armeegruppe und Generalleutnant Miles Dempsey, Oberbefehlshaber der 2. britischen Armee

Wilhelm Mohnke, Walter Ewert, Kurt Meyer, Dr. Besuden und Teddy Wisch, 28. Mai 1943

Offiziere der 1. SS-Panzerdivision „Leibstandarte SS Adolf Hitler" feiern am 28. Mai 1943 bei Charkow den 51. Geburtstag von Sepp Dietrich. Vordere Reihe: Kurt Meyer, Hugo Kraas, Sepp Dietrich, Albert Frey, Hermann Weiser, Rudolf Sandig, Bernhard („Papa") Krause, Georg Schönberger; Hubert Meyer hinter Sandig

Oben links: Teddy Wisch, Kommandeur der 1. SS-Panzerdivision „Leibstandarte SS Adolf Hitler“

Oben rechts: Kurt Meyer (Panzermeyer) kommandierte am 6. Juni 1944 das SS-Panzergrenadierregiment 25 und vom 16. Juni bis 6. September 1944 die 12. SS-Panzerdivision „Hitlerjugend“.

Panzermeyer als Fahrer seines Divisionskommandeurs Fritz Witt während einer Aufklärungsfahrt Anfang Juni 1944 in der Normandie. Der Sanitätsoffizier des Regiments steigt auf den Soziussitz.

Max Wünsche, Kommandeur des SS-Panzerregiments 12

Der leicht verwundete Wünsche am 9. Juni mit dem verletzten Rudolf von Ribbentrop, Chef der 3. Kompanie im SS-Panzerregiment 12

Jochen Peiper erhält im Februar 1944 in der Wolfschanze aus Hitlers Hand das Eichenlaub zum Ritterkreuz des Eisernen Kreuzes. Im Juni 1944 führte er das Panzerregiment 1 „Leibstandarte SS Adolf Hitler".

Kurt Meyer, Jochen Peiper, Otto Günsche und Sepp Dietrich bei einem Treffen im Jahre 1959 in Württemberg

Erich Olboeter, Kommandeur des III. Bataillons des SS-Panzergrenadierregiments 26

Michael Wittmann am 22. Juni 1944 als Chef der 2. SS-Panzerkompanie der schweren SS-Panzerabteilung 101

Hans Waldmüller (rechts im Bild), Kommandeur des I. Bataillons des SS-Panzergrenadierregiments 25

Gerd Bremer, Kommandeur der SS-Panzeraufklärungsabteilung 12

Ende August 1944: Ungeachtet der Katastrophe des Kessels von Falaise herrscht bei General der Waffen-SS Sepp Dietrich, Generalfeldmarschall Walter Model, General Gause und General Heinrich Eberbach heitere Stimmung bei der Übergabe des Ritterkreuzes an Oberst von Gersdorff für seine Führung beim Ausbruch aus dem Kessel von Falaise.

Der britische General Bernard Law Montgomery und der polnische Generalmajor Stanislaw Maczek, Kommandeur der 1. polnischen Panzerdivision

Generalleutnant Guy Simonds, Kommandierender General des II. kanadischen Korps

Kapitel XIV

2. bis 3. Juli – Abmarsch und Ankunft

(Karten 1 und 3)

Das Begräbnis von Generaloberst Dollmann, ehemaliger Oberbefehlshaber der 7. Armee, fand am Morgen des 2. Juli statt.

Am Tag zuvor waren die Generalfeldmarschälle von Rundstedt und Rommel von ihrem Treffen mit Hitler in Berchtesgaden zurückgekehrt, sie waren „wütend und verärgert", jedoch hatten sie einer Strategie des Haltens um jeden Preis zugestimmt. Es war Rommels letzte Begegnung mit dem Führer. Nachdem er gesagt hatte: „Mein Führer, ich muß offen sprechen. Ich kann hier nicht fortgehen, ohne über Deutschland zu sprechen", schnitt Hitler ihm das Wort ab: „Feldmarschall, bitte verlassen Sie den Raum, ich denke, das wäre besser so."[1]

Bei Rommels Rückkehr wartete auf ihn eine Beurteilung der Lage, die am 30. Juni von General Geyr von Schweppenburg, dem Oberbefehlshaber der Panzergruppe West, vorbereitet und von General Hausser, Oberbefehlshaber der 7. Armee, bekräftigt worden war. Darin wurde festgestellt, daß die Panzerdivisionen derart erschöpft wären, daß ein Rückzug auf eine neue Linie unbedingt notwendig sei. Diese Linie sollte folgende Orte einschließen: Caen-Süd, die Orne bis Bully und dann westwärts bis Avenay, Villers-Bocage und das Gebiet um Caumont. Weiterhin wurde die Verlegung von Dietrichs I. SS-Panzerkorps (zu dieser Zeit umfaßte es die 12. SS-Panzerdivision, Teile der 1. SS-Panzerdivision, Panzer-Lehrdivision und 21. Panzerdivision) zur möglichst schnellen Auffrischung vorgeschlagen. Rommel schickte diese Meldung mit Bitte um Zustimmung an von Rundstedt. Am 30. Juni um Mitternacht informierte Rundstedts Chef des Generalstabes Haussers Chef des Generalstabes, daß der geplante Rückzug von Caen-Nord durch seinen Oberbefehlshaber genehmigt sei. Von Rundstedt sagte zu Rommel, er solle mit dem begrenzten Rückzug weitermachen, informierte das OKW und übersandte von Schweppenburgs Bericht mit den verschiedenen Zustimmungen, die seine Entscheidung mittrugen. Die Reaktion ließ nicht lange auf sich warten. In den frühen Abendstunden des 1. Juli erhielt von Schweppenburg aus Rommels Hauptquartier die Anweisung, die Vorbereitungen für den geplanten Rückzug einzustellen. Grundlage dafür war ein Führerbefehl, den von Rundstedt um 17.40 Uhr erhalten hatte. Von Schweppenburgs Antwort wurde durch Rommel an von Rundstedt weitergleitet. Sie lautete: „Falls die erbetene Frontbegradigung nicht innerhalb weniger Tage erfolgt, werden die 9., 10. und 12. SS-Panzerdivision und die Panzer-Lehrdivision derart ausgebrannt sein, daß sie nicht mehr zu verwenden sind.

Wir sprechen hier nicht von ‚fortlaufen', sondern vielmehr über umsichtiges und methodisches Absetzen aus dem Artilleriefeuer von Schiffen, für das die Männer zur Zeit ein hilfloses Ziel darstellen."[2]

In jener Nacht gab von Rundstedt auf die Frage von Keitel, dem Chef des OKW, „Was sollen wir tun?" seine berühmte Antwort: „Schließt Frieden, ihr Narren!"[3]

Am nächsten Morgen, am 2. Juli, kam einer von Hitlers Adjutanten zu von Rundstedts Hauptquartier und brachte eine weitere Auszeichnung für den Feldmarschall. Wichtiger aber war der Brief des Führers, der ihn seines Kommandos enthob. Generalfeldmarschall Hans von Kluge war schon unterwegs, um das Kommando zu übernehmen. Später wurde bekannt, daß von Rundstedt darum gebeten hatte, aus gesundheitlichen Gründen ersetzt zu werden. Am selben Tag wurde von Schweppenburg durch Rommel informiert, daß er durch den 48jährigen General Heinrich Eberbach, Inspekteur der Panzertruppen, ersetzt werden sollte. Dem fügte Rommel hinzu: „Der nächste auf der Liste bin ich!"

Für Dietrichs „Jungs" bestand keine Aussicht auf eine baldige Ruhepause.

Kapitel XV

4. bis 5. Juli – Die Operation „Windsor" und die Schlacht um Carpiquet

(Karte 3)

Der Leser wird sich daran erinnern, daß im Zuge der Operation „Epsom" die Einnahme der Ortschaft Carpiquet und ihres Flugplatzes durch die 3. kanadische Infanteriedivision und die Panzerbrigade 2 erfolgen sollte. Weil es jedoch nicht gelang, den Frontvorsprung des VIII. Korps schnell zu säubern und den britischen Brückenkopf über den Odon auszudehnen, wurde dieses Ziel der Operation am 30. Juni aufgeschoben.

Bis zum 4. Juli war das I. SS-Panzerkorps so aufgestellt, wie Hitler es ursprünglich beabsichtigt hatte – nur aus der unter Dietrichs Kommando stehenden 1. und 12. SS-Panzerdivision. Die 21. Panzerdivision war nun Teil des LXXXVI. Armeekorps, und die Panzer-Lehrdivision gehörte mit der 2. Panzerdivision zum XXXXVII. Panzerkorps. Zusammen mit dem II. SS-Panzerkorps bildeten diese drei Korps nun General Eberbachs Panzergruppe West, die größtenteils General Dempseys 2. britischer Armee gegenüberstand.

Die taktische Situation stellte sich wie folgt dar: Am Morgen des 4. Juli befanden sich die vordersten Stellungen des SS-Panzergrenadierregiments 25 von Meyers Division „Hitlerjugend" auf einer Linie, die sich südlich von Cambes ostwärts, nach Buron, Gruchy, Authie und nach Franqueville erstreckte. Wir erinnern uns, daß dieses Regiment nicht in die Kämpfe der Operation „Epsom" verwickelt war und relativ wenig Verluste erlitten hatte – seit dem 7. Juni weniger als 400.

Südwestlich von Milius' III. Bataillon des SS-Panzergrenadierregiments 25 hielt Wilhelm Mohnkes erschöpftes SS-Panzergrenadierregiment 26 Carpiquet und den Flugplatz, zudem die Linie weiter nach Süden durch Les Jumeaux bis Eterville, das von Albert Freys SS-Panzergrenadierregiment 1 der Division „Leibstandarte" gehalten wurde. Zu der 10. SS-Panzerdivision nahe Eterville war Verbindung hergestellt worden.

Der westliche Rand der Ortschaft war von der 3. Kompanie und einem Zug der 1. Kompanie von SS-Obersturmbannführer Bernhard („Papa") Krauses I. Bataillon des SS-Panzergrenadierregiments 26 besetzt worden. Zwei leichte Infanteriegeschütze waren hart östlich der Ortschaft in Stellung gegangen. Der Rest des Bataillons lag nach dem Rückzug aus Marcelet während der Operation „Epsom" am südlichen Rand des Flugplatzes in Stellung. Krauses Männer konnten die alten Verteidigungseinrichtungen des Luftwaffen-Flugplatzes als Deckung benutzen. Der östliche Teil von Carpiquet war mit den Achtacht-Flakkanonen der 2. Batterie des SS-Flak-Regiments 12, das in St. Germain-la-Blanche-Herbe in Stellung lag, besetzt.

Als gepanzerte Unterstützung gab es fünf Panzer IV der 9. Kompanie des SS-Panzerregiments 12 unter SS-Untersturmführer Buettner im südöstlichen Bereich des Flugplatzes und Teile der 4. Panther-Kompanie in Reserve am Hinterhang des Hügels bei Bretteville-sur-Odon. Feuerunterstützung kam von der III. Abteilung des Panzerartillerieregiments der Division „Hitlerjugend" und von Teilen des Werferregiments 83 unter dem Kommando von SS-Obersturmbannführer Böhme.[1]

Die kanadische Operation zur Einnahme von Carpiquet und seinem Flugplatz führte den Decknamen „Windsor". Man sah sie als wesentliche Vorbedingung für die Eroberung von Caen selbst. Der Angriff sollte durch die Infanteriebrigade 8 von Brigadegeneral K. G. Blackader, mit Verstärkung durch die Royal Winnipeg Rifles, erfolgen. Panzerunterstützung sollte von Fort Garry Horse (10. Panzerregiment) und drei Kompanien mit Spezialpanzern kommen, darunter einer Kompanie mit Flammenwerfern von der 79. britischen Panzerdivision. Massive Feuerunterstützung wurde von Marineschiffen erwartet, darunter von dem Schlachtschiff HMS „Rodney", sowie von 21 Artillerieabteilungen, dazu kamen zwei Geschwader mit Panzerabwehrflugzeugen des Typs Typhoon von der 83. Gruppe, die auf Abruf bereitstanden. Das Kriegstagebuch der 3. kanadischen Infanteriedivision spricht von 760 Kanonen, die für diese Operation zur Verfügung standen.

Der Tag begann um 5 Uhr mit Artilleriefeuerüberfällen auf beiden Seiten – die Deutschen waren dem kanadischen Angriff zuvorgekommen und erwischten die Spitzenkompanien beim Überschreiten der Hauptkampflinie mit mehr als 200 Geschossen und ihren gefürchteten Nebelwerfern. Es versteht sich, daß die Verteidiger von Carpiquet noch mehr litten und das Dorf völlig zerstört wurde.

Um 6.32 Uhr hatten die Männer des North Shore Regiments und des Chaudière Regiments mit jeweils einer Panzerkompanie das Dorf erreicht und wollten es passieren. Sie brauchten bis 14 Uhr, ehe sie ihr Ziel erreichten – Grund hierfür war eine einzige unterbesetzte SS-Panzergrenadierkompanie. In seinem Buch *Grenadiere* beschrieb Kurt Meyer die deutsche Taktik so: „Die Grenadiere wissen um ihre Aufgabe. Der Zugführer soll sich mit seinen Jungen hinhaltend kämpfend auf den Ostrand von Carpiquet zurückziehen und so die angreifenden Kanadier in die Ortschaft locken. Hart ostwärts Carpiquet stehen 8,8-cm-Geschütze in Lauerstellung. Außerdem liegt dieser Dorfrand im Schußfeld bereitgestellter Panzer … Unsere Artillerie und die Werfer sind bereits auf die Ortschaft eingeschossen."[2]

Nach dem Bericht des Historikers des Chaudière Regiments wurde Carpiquet zum Inferno, und selbst nach der Eroberung verhinderten die Achtacht-Kanonen der 2. SS-Flak-Batterie in den westlichen Teilen von St. Germain jede weitere Bewegung von Panzern oder Infanterie nach Süden oder Osten.

Der gleichlaufende Angriff der Royal Winnipeg Rifles über das völlig offene Gelände von Marcelet aus hatte nicht nur von Anfang an schwer unter dem Feuer der Nebelwerfer zu leiden, sondern traf auch bald auf den starken Widerstand der Reste des I. Bataillons von Krause und der Panzer IV in den südlichen Flugzeughallen und an der Südseite des Flugplatzes. Erst um 9 Uhr erreichten die vordersten Kompanien die ersten Flugzeughallen, steckten aber bald in ernsten Schwierigkeiten. Hilfe gab es von den zugeteilten Panzern nur insofern, als sie aus geschützten Stellungen heraus feuerten, und obwohl sie und einige Flammenwerfer sich schließlich um etwa 13 Uhr in Bewegung setzten[3], kamen die Kanadier immer noch nicht recht voran. Das Kriegstagebuch von Fort Garry sagt, daß sie und die Winnipegs um 15.40 Uhr gezwungen waren, sich in ein kleines Waldgebiet 800 Meter westlich der Hallen zurückzuziehen. Buettners Panzer IV, die zeitweise von den Panthern der 4. Kompanie des SS-Panzerregiments 12 unterstützt wurden, hatten einen wirkungsvollen Vorstoß der kanadischen Panzer vereitelt.

SS-Oberscharführer Rudolf, ein Zugführer im SS-Panzerregiment 12, erhielt für seine Erfolge an diesem Tag das Ritterkreuz – als Anerkennung für sechs abgeschossene Shermans.

SS-Oberscharführer Wohlgemut, der Führer des Panzerabwehrzuges von Krauses 4. Kompanie, beschreibt noch einmal, wie es in dem Kampf um die südlichen Flugzeughallen zuging: „Am Morgen des 4.7. begann ein Trommelfeuer von bisher nie gekannter Heftigkeit. Ich befand mich in einem ehemaligen Munitionsbunker. Die Detonationen waren derart stark, daß zeitweise der Beton im Bunker abplatzte. Nachdem das Ari-Feuer sich nach hinten verlagerte, sprang ich etwa zehn Meter nach vorne zur vorderen Gruppe des Granatwerferzuges, um den zu erwartenden Angriff abzuwehren. Scharführer Daniel und Unterscharführer Kordahs vom Granatwerferzug waren gefallen. Der Beobachter unserer Ari war auch gefallen. Ein etwa 25 cm langer Splitter der Schiffs-Artillerie steckte ihm im Rücken. Die Abwehr des Infanterieangriffs bereitete keine Schwierigkeiten. Nachdem wir in die in dichten Gruppen angreifenden Infanteristen kräftig hineingehalten hatten, zogen sich diese zurück."[4]

Ein weiterer Versuch der Winnipegs zur Einnahme um 16 Uhr scheiterte, als die Panther aus ihren Stellungen bei Bretteville um etwa 17.50 Uhr auf den Kamm südlich des Flugplatzes vorrückten.[5]

Weil die geplante Großtat der Queen's Own Rifles, den östlichen Teil des Flugplatzes zu nehmen, nicht mehr in Frage kam, ordnete Brigadegeneral Blackader an, den Angriff um 21 Uhr einzustellen.[6] Fünf Geschwader der mit Panzerabwehrraketen bestückten Typhoons wurden gegen die Panzer und Artillerie der SS am Flugplatz herbeigerufen. Später sagten die Deutschen, von diesen Angriffen seien keine Materialverluste für sie entstanden. Um 21.30 Uhr waren die B-Kompanie der Fort Garrys und die Überlebenden von Winnipeg wieder zurück in Marcelet.

Für die Kanadier kann der 4. Juli nicht als erfolgreich gelten. Sie hatten das Dorf Carpiquet und die unverteidigten Flugzeughallen am Nordrand des Flugplatzes erobert, aber immer noch hielten Meyers Männer die kampfentscheidenden Flugzeughallen und den Kontrollturm. Die Verluste der Kanadier waren schwer – 377 Tote, Verwundete und Vermißte, wobei die Winnipegs und das North Shore Regiment mit jeweils 132 die meisten erlitten hatten.[7] Eine Vorstellung vom Nachersatz liefert die Tatsache, daß die Winnipegs am folgenden Tag 200 neue Männer erhielten![8] Krauses Bataillon verlor 155 Männer, darunter SS-Hauptsturmführer Eggert, Chef der 1. Kompanie[9], aber seine Männer hatten heldenhaft gekämpft. Ein einziges geschwächtes Bataillon, unterstützt von weniger als einer Panzerkompanie und sechs Achtacht-Kanonen, hatte vier Infanteriebataillone geschlagen, dazu Panzerkräfte in Stärke von zwei Bataillonen, die von über 700 Kanonen, Schiffskanonenfeuer und Flugzeugen im Bodenangriff unterstützt wurden. Panzermeyers Beschreibung von Krause ist daher kaum eine Überraschung: „Wie so oft in der Vergangenheit, ist auch jetzt der Kommandeur des Bataillons das Rückgrat der Verteidigung. Bernhard Krause ist der Erste Grenadier seines Bataillons. Mit seiner tiefen, ruhigen Stimme spricht er wie ein Vater zu seinen Grenadieren. Im Abschnitt dieser Kampfgemeinschaft sind keine Überraschungen zu befürchten."[10]

Es gibt keine Meldungen über deutsche Panzerverluste bei diesem Gefecht. Eine Kräfteaufstellung für den 5. Juli zeigt 18 Panther und neun einsatzbereite Panzer IV. Diese Zahl erhöhte sich bis zum 7. Juli erheblich auf 28 Panther und 32 Panzer IV. Daraus wird ersichtlich, wie schnell bei der deutschen Wehrmacht Instandsetzung und Wartung funktionierten.

Obwohl es den Kanadiern nicht gelang, den Flugplatz zu besetzen, bedrohte der Vorstoß in die Flanke der 12. SS-Panzerdivision den Ort Caen selbst und beunruhigte Dietrich und Meyer. Dementsprechend wurde ein Gegenangriff durch Freys SS-Panzergrenadierregiment 1 zur Rückeroberung des Dorfes und Entlastung von Krauses Bataillon befohlen. Da aber der Angriff von Norden her erfolgen sollte, war damit ein Acht-Kilometer-Marsch verbunden, nur um in die Ausgangsstellungen zu gelangen.

Freys Bataillon erreichte den Ostrand des Flugplatzes und stellte so das reibungslose Herauslösen von Krauses Männern sicher.

Kurz nach Mitternacht griff SS-Obersturmbannführer Wilhelm Weidenhaupts III. Bataillon des SS-Panzergrenadierregiments 1 im Süden der Route Nationale 13 in Richtung Carpiquet an. Eine seiner Kompanien wurde von der eigenen Artillerie beschossen und erlitt erhebliche Verluste, aber bei Tagesanbruch hatte das Bataillon eine Kompanie der Chaudière[11] überrannt und die Bahnlinie erreicht. Weitere Versuche, in die Stadt einzudringen, wurden jedoch durch das Artilleriefeuer der Alliierten und den hartnäckigen Widerstand der Regimenter North Shore und Chaudières vereitelt. Meyer ordnete an, den Angriff einzustellen, und befahl Weidenhaupt, an der Route Nationale 13 in Stellung zu gehen. In diesem Kampf hatte Freys Regiment 118 Ausfälle.[12]

Auf Vorschlag von Kurt Meyer wurde SS-Obersturmbannführer Böhme vom Werferregiment 83 für persönliche Tapferkeit und die Leistung seines Regiments am 4. und 5. Juli mit dem Deutschen Kreuz in Gold ausgezeichnet.

Die hartnäckige Verteidigung des Flugplatzes Carpiquet durch die Division „Hitlerjugend" hatte zur Folge, daß Dempsey glaubte, es sei unmöglich, Caen schnell und ohne hinnehmbare Verluste einzunehmen, falls nicht ein Bomberkommando zu Hilfe käme. Sie führte auch zu schweren Gegenanklagen auf der Seite der Alliierten. Nach dem Fehlschlag bei der Besetzung des Flugplatzes schrieb der Kommandeur des I. Korps, Generalleutnant Crocker, an Dempsey: „Die Division [3. kan.] hat ihre D-Day-Aufgaben im großen und ganzen mit Begeisterung und erheblichem Erfolg durchgeführt. Als die aufregende Anfangsphase vorbei war, fiel die Div. in einen sehr nervösen Zustand zurück ... Es verbreiteten sich übertriebene Berichte über gegnerische Aktivitäten und über Schwierigkeiten in den eigenen Reihen; jeder hat überreagiert, und es herrschte eine allgemeine Mutlosigkeit. Jeder war natürlich erschöpft und ein bißchen durcheinander durch den ersten Zusammenstoß mit dem wirklichen Krieg. Die Reaktion nach der angestauten Erregung des Ansturms ist durchaus verständlich. Aber gerade jetzt und hier war die ruhige Hand des Kommandeurs erforderlich. Diese fehlte aber ganz und gar. Der Zustand der Division war ein Spiegelbild des Zustandes vom Kommandeur. Offensichtlich war er der Anspannung nicht gewachsen und zeigte Ermüdung und Nervosität (man könnte es auch Furcht nennen), und jeder konnte das sehen.

In den letzten ein bis zwei Tagen hat die 3. kan. Div. wieder angegriffen ... Den begrenzten Erfolg dieser Angriffe – so muß ich leider sagen – kann ich nur einem Mangel an Kontrolle und Führung von oben zuschreiben. Als die Dinge anfingen, nicht ganz wunschgemäß zu verlaufen, traten wieder mangelnde Gelassenheit, das Fehlen eines ausgewogenen Urteils und einer straffen Führung zutage."

Dempsey sandte diesen Brief an Montgomery mit einer Empfehlung für Generalmajor Kellers Ablösung. Montgomery reichte beide Briefe an Generalleutnant Henry Crerar, den Kommandeur der 1. kanadischen Armee, weiter, und zwar mit folgendem Kommentar: „Den Briefen habe ich wenig hinzuzufügen. Ich stimme damit völlig überein ... [Keller] hat gewisse Qualitäten und Vorzüge. Aber alles in allem halte ich ihn nicht für ausreichend geeignet, eine kanadische Division zu kommandieren: Der kanadische Soldat ist ein so feiner Kerl, daß er wirklich gute Generale verdient, und die sollte man ihm geben."

Eventuelle antikanadische Vorurteile seitens beteiligter britischer Offiziere sind mit Vorsicht zu genießen – einer von Montgomerys Schützlingen, der Kommandeur der berühmten 51. Highland Division, wurde zu dieser Zeit entlassen. General Keller überlebte und wurde erst später in diesem Feldzug verwundet.

Kapitel XVI

7. bis 11. Juli – Die Operation „Charnwood" und die Schlacht um Caen

(Karten 2, 3 und 5)

7. Juli – Das Bombardement

Bis zum 7. Juli war das I. britische Korps auf 115.000 Mann verstärkt worden. Montgomery und Dempsey wollten es zusammen mit dem Bomberkommando von Luftmarschall Sir Arthur Harris einsetzen. Nach dem Scheitern früherer Versuche, Caen zu erobern – dies war das Ziel für den D-Day gewesen –, sollte die Stadt jetzt in einem Frontalangriff genommen werden. Die Aufgabe lautete, Caen bis zur Orne zu säubern und dann Brückenköpfe jenseits des Flusses zu errichten. Die 3. britische Infanteriedivision sollte an der Ostflanke, Generalmajors Lynes 59. Infanteriedivision im Zentrum und Kellers 3. kanadische Infanteriedivision von Westen her angreifen. Panzer der 27. britischen und 2. kanadischen Panzerbrigade sollten gemeinsam mit Spezialpanzern der britischen 79. Panzerdivision Unterstützung leisten. Zusätzliche Artillerie sollte unter Verstärkung durch Geschützfeuer der HMS „Rodney", einem Überwachungsschiff und zwei Kreuzern von den Kanonen zweier Armeegruppen der Royal Artillery und von der Guards-Panzerdivision und der 51. Infanteriedivision kommen. Im Zusammenhang mit diesem massiven Ansturm sollte das VIII. britische Korps in 24 Stunden bereitstehen, einen weiteren Angriff von Westen her mit der 43. Infanteriedivision anzusetzen, um die Orne in der Region von St. André zu erreichen.[1] Das würde die Einnahme von Höhe 112 bedingen.

Sir Arthur Harris stimmte mit den Kommandeuren am Boden überein, daß die Bomben aus Sicherheitsgründen nur in einer Entfernung von 6.000 Yards (ca. 5.000 Meter) vor den Spitzen der alliierten Angriffstruppen abzuwerfen seien. Das bedeutete, die Bomben würden mehr als fünf Kilometer hinter den deutschen vordersten Verteidigungslinien niedergehen, so daß die Mehrheit der Verteidiger von Caen unbehelligt würde überleben können. Weil die angreifenden Truppen den Bomben nicht so dicht würden folgen können, wurde entschieden, den Luftangriff am Vorabend vor dem Angriff am Boden vorzubereiten und die Zünder der meisten Bomben so einzustellen, daß die Detonation erst sechs Stunden später erfolgte. Man hoffte, die entstehenden Zerstörungen würden es den Deutschen unmöglich machen, Verstärkungen durch die Stadt zu bringen. Vermutungen, daß das Bombardement wegen einer Schlechtwettervorhersage für den 8. Juli schon am Vorabend des Angriffs durchgeführt wurde, sind falsch.[2]

Es wird der Aufmerksamkeit des Lesers nicht entgangen sein, daß der geplante Ansturm im allgemeinen auf Dietrichs I. SS-Panzerkorps gerichtet war, besonders aber auf Meyers 12. SS-Panzerdivision „Hitlerjugend" mit dem sie verstärkenden Regiment der Division „Leibstandarte". Auf der rechten Seite der Division „Hitlerjugend", östlich von La Bijude, hielt die neu eingetroffene 16. Felddivision (L) mit einer Panzerabteilung, die von der 21. Panzerdivision beim Abmarsch zurückgelassen wurde, die Front bis zum Kanal von Caen. Links von der 12. SS-Panzerdivision, zum Süden hin und westlich von Verson, war das II. SS-Panzerkorps vorgerückt.

Am 5. Juli hatte Hitler befohlen, die 12. SS-Panzerdivision so bald wie möglich zu entlasten. Aber seit dieser geplanten Entlastung – die 271. Infanteriedivision war noch nicht eingetroffen –, war Meyers Division wie folgt eingesetzt: das SS-Panzergrenadierregiment 25 von La Bijude durch Buron nach Franqueville, das II. Bataillon des SS-Panzergrenadierregiments 26 in St. Germain-la-Blanche-Herbe, das III. Bataillon desselben Regiments und die Begleitkompanie der Division als Reserve im nordwestlichen Gebiet von Caen sowie Krauses erschöpftes I. Bataillon im Süden der Stadt in einem Ruheraum, gemeinsam mit Bremers SS-Aufklärungsabteilung 12 und einer der Divisionsartillerieabteilungen.[3]

Albert Freys SS-Panzergrenadierregiment 1 der Division „Leibstandarte SS Adolf Hitler", jetzt vollzählig, hielt eine Linie von Franqueville durch Les Jumeaux bis zum westlichen Teil von Eterville[4]; das SS-Artillerieregiment 1 der Division „Leibstandarte" hatte aufgeschlossen.

Die vier Batterien der SS-Flak-Abteilung 12 (8,8 cm) waren durchweg im Gefechtsabschnitt der 12. SS-Panzerdivision in Stellung. Viele Kanonen waren zur Abwehr von Panzern und Flugzeugen in Stellung gegangen; die Werferabteilung der Division „Hitlerjugend" und das III. Bataillon des Regiments 83 standen im Norden und Westen von Caen.[5]

Zur Erinnerung: Die Division „Hitlerjugend" hatte am 7. Juli 32 einsatzfähige Panzer IV und 28 Panther. Neun Panzer IV der 5. Kompanie standen in Lauerstellungen in Buron und Gruchy, fünf der 9. Kompanie am Ostrand des Flugplatzes von Carpiquet, und sieben Panther der 1., 2. und 4. Kompanie zwischen Bretteville und Eterville. Es verblieben 18 Panzer IV und 17 Panther der – soeben neu ausgerüsteten – 3. Kompanie in Reserve bei Ardenne und in den westlichen Außenbezirken von Caen.[6] Meyers Gefechtsstand befand sich in einem Teil der alten Abtei Abbaye-aux-Dames.

Um 20 Uhr des 7. Juli begann der Feuerüberfall auf Caen durch Artillerie und Schiffsgeschütze. Um 21.50 Uhr setzten dann die Luftangriffe ein; sie dauerten bis 22.30 Uhr. Beteiligt waren 467 schwere Bomber vom Typ Lancaster und Halifax, denen Flugzeuge für den Bodenkampf folgten und spezielle Zielpunkte angriffen. Etwa 6.000 Bomben (2.500 Tonnen) zerstörten die Innenstadt, blockierten sämtliche Straßen und töteten einige hundert französische Zivilisten. Es mutet wie ein Wunder an, daß die Kathedrale, das Kloster Abbaye-aux-Hommes und das Krankenhaus Hôpital du Bon Saveur, wo viele Zivilisten Obdach gefunden hatten, nicht getroffen wurden. Die Verluste auf deutscher Seite waren geringfügig. Die Division „Hitlerjugend" verlor zwei Panzer IV und nicht einmal 20 Mann[7], die Division „Leibstandarte SS Adolf Hitler" noch weniger[8].

Obgleich die Artillerie der Alliierten weiterhin die ganze Nacht hindurch auf die südlichen Zufahrtstraßen von Caen und die deutschen vordersten Stellungen eintrommelte, blieb die Kampfmoral der jungen SS-Männer offensichtlich unverändert hoch. Diese gute Kampfmoral war gewissermaßen getragen von den eher armselig anmutenden Ergebnissen dieser

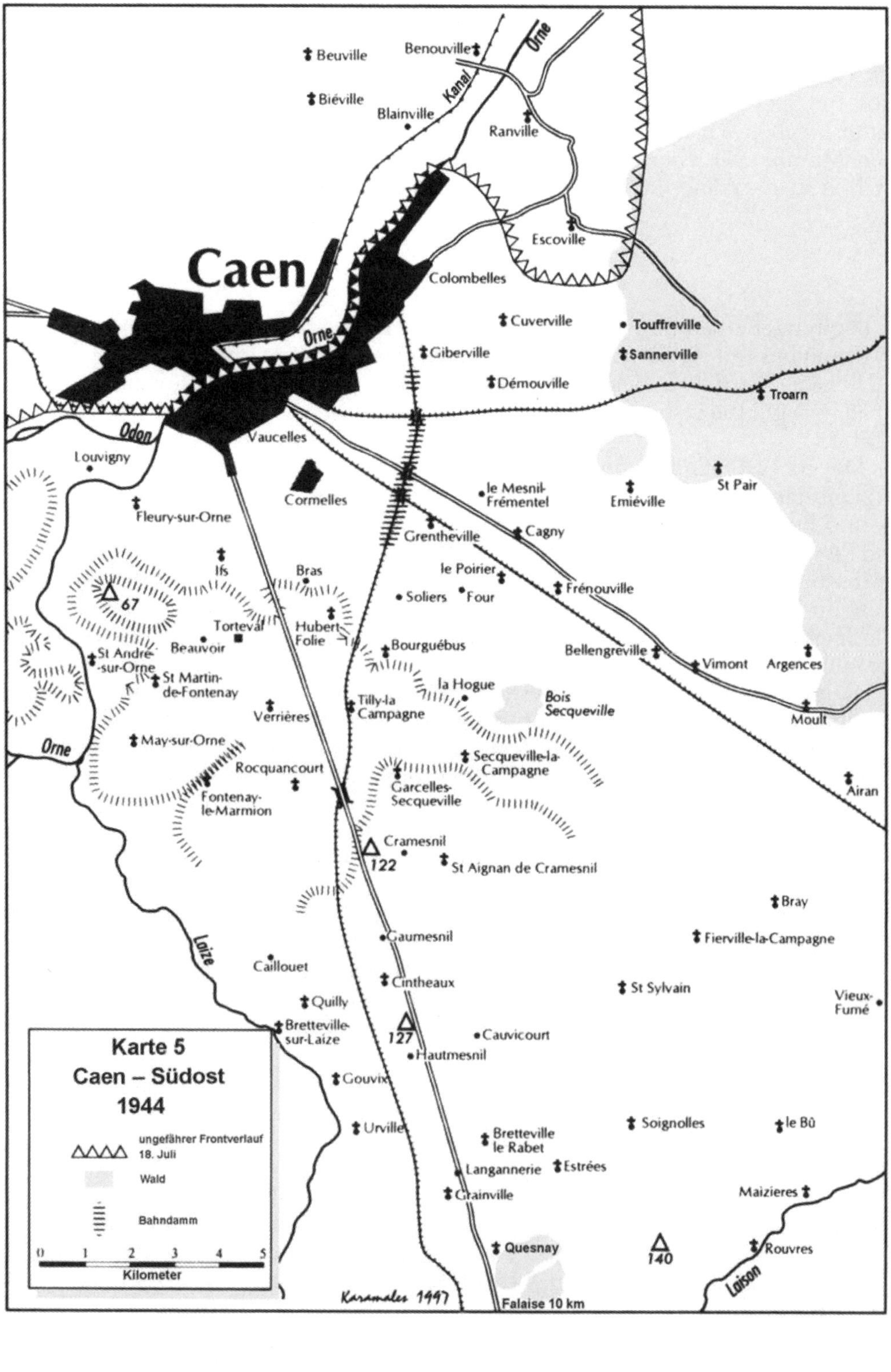
Karte 5
Caen – Südost
1944
ungefährer Frontverlauf 18. Juli
Wald
Bahndamm
0 1 2 3 4 5
Kilometer
Caen
Beuville
Benouville
Biéville
Blainville
Kanal
Orne
Ranville
Escoville
Colombelles
Cuverville
Touffreville
Giberville
Sannerville
Démouville
Troarn
Odon
Vaucelles
Louvigny
Cormelles
le Mesnil-Frémentel
Emiéville
St Pair
Fleury-sur-Orne
Grentheville
Cagny
Ifs
Bras
le Poirier
Frénouville
67
Soliers
Four
Torteval
Hubert-Folie
Beauvoir
Bourguébus
Bellengreville
Vimont
Argences
St Andre-sur-Orne
St Martin-de-Fontenay
la Hogue
Bois Secqueville
Verrières
Tilly-la Campagne
Moult
May-sur-Orne
Secqueville-la-Campagne
Rocquancourt
Airan
Fontenay-le-Marmion
Garcelles-Secqueville
Cramesnil
122
St Aignan de Cramesnil
Bray
Laize
Gaumesnil
Fierville-la-Campagne
Caillouet
Cintheaux
St Sylvain
Quilly
Vieux-Fumé
Bretteville-sur-Laize
127
Cauvicourt
Hautmesnil
Gouvix
Urville
Soignolles
le Bû
Bretteville le Rabet
Langannerie
Estrées
Grainville
Maizieres
Quesnay
140
Rouvres
Laison
Karamales 1997
Falaise 10 km

gewaltigen gegnerischen Anstrengung. Kurt Meyer kommentiert diesen Aspekt des Luftangriffs in folgender interessanter Weise: „Der Luftangriff erscheint uns als Fanal zum Großangriff. Der letzte Grenadier steht abwehrbereit. Die Artilleristen warten auf Feuerkommandos, um Sperrfeuer vor die eigene Linie zu legen. Wir warten. Die Telefone schweigen. Gespannt horchen wir in die Nacht hinein und erwarten den Angriff der feindlichen Erdtruppen. Minuten vergehen, ohne daß die Stille zerrissen wird. Es ist für uns unfaßlich, aber es ist schon so, die Alliierten nutzen den gewaltigen Bombereinsatz nicht aus."[9]

8. Juli – Der Angriff

Der Beginn der Operation „Charnwood" war für den 8. Juli auf 4.20 Uhr festgesetzt. Wie üblich begann es mit Artillerievorbereitung aus 656 Kanonen, hinter dem die beiden britischen Divisionen auf ihre Ziele vorrückten. Der Beginn des Angriffs für die Kanadier hing davon ab, wie gut die ersten Angriffe der Briten verliefen; er wurde schließlich auf 7.30 Uhr festgesetzt.

Was Meyers 12. SS-Panzerdivision und die ihr unterstellte Gruppe des Regiments der Division „Leibstandarte" betrifft, so waren die entsprechenden Ziele der Alliierten folgende: La Bijude und Epron für die britische 176. Infanteriebrigade, verstärkt durch ein Panzerbataillon und Panzerabwehr-, Maschinengewehr- und Spezialpanzereinheiten; Galmanche für die 197. britische Infanteriebrigade, ähnlich verstärkt und mit einem zusätzlichen Infanteriebataillon; und Buron, Gruchy, Authie und Franqueville für die 9. kanadische Infanteriebrigade und die Sherbrooke Fusilier-Panzer. Die 8. kanadische Infanteriebrigade und Fort Garry Horse-Panzer sollten den Flugplatz von Carpiquet nehmen, sobald die Außenbezirke von Caen vom Rest der 3. kanadischen Division erreicht wären. (Kurt Meyer glaubte, dieser Angriff sollte zur selben Zeit angesetzt werden, um seiner Division den Rückzug abzuschneiden.)

Trotz weiterer Luftangriffe durch 250 mittlere Bomber der 9. US Air Force, die zwei Stunden lang andauerten und sich gegen Feldbefestigungen und Feuerstellungen sowie vermutete Gefechtsstände richteten, kämpften Meyers Männer mit der üblichen Hartnäckigkeit. Die 59. britische Division setzte am Tage sieben Infanterie- und zwei Panzerbataillone sowie neun kanadische Infanterie- und zwei kanadische Panzerbataillone ein.

Nach einem Besuch Meyers bei Milius im Gefechtsstand des SS-Panzergrenadierregiments 25 im Kloster Ardenne und einem Besuch bei Karl Ritzels SS-Flak-Batterie mit Achtacht-Geschützen bei Cussy, wo er einen Batteriechef vorfand, der selbst ein Geschütz bediente, kehrte Meyer schließlich am frühen Abend in seinen eigenen Gefechtsstand zurück. Er meldete Dietrich telefonisch, daß nach dem Zusammenbruch der 16. Felddivision (L) seine rechte Flanke gefährlich bloßliege und daß die Briten (9. Infanterie- und 33. Panzerbrigade) in die Vororte von Caen eingedrungen seien.

Das I. Bataillon von Milius hatte La Bijude aufgeben müssen, daher war Epron bedroht. Die Reste des II. Bataillons waren in Galmanche abgeschnitten, und die Briten (1/7 Royal Warwicks) hatten um 15.50 Uhr St. Contest erreicht. In Buron war das III. SS-Panzergrenadierbataillon von den Kanadiern eingeschlossen. Ein Gegenangriff um 17.30 Uhr durch zwei Panther-Züge durch von Ribbentrops 3. Kompanie des SS-Panzerregiments 12 hatte die Krise nicht entschärfen können, bei diesem Angriff gingen sieben Panzer verloren. Gruchy, Authie, Franqueville und der Flugplatz von Carpiquet waren an die Kanadier gefallen, wenn auch zu einem hohen Preis: Allein das North Shore Regiment verlor 262 Männer, 62 davon wurden getötet.[10]

Um 18.30 Uhr setzte Generalmajor Keller die 7. kanadische Infanteriebrigade ein; um 21.30 Uhr war mit Hilfe von zwei Winnipeg-Kompanien Cussy an die Canadian Scottish gefallen. SS-Hauptsturmführer Ritzel und die letzten Überlebenden seiner 1. Batterie der SS-Flak-Abteilung 12 mit Achtacht-Geschützen waren über ihren Geschützen gefallen, aber der Feind mußte dafür einen hohen Preis zahlen – die Canadian Scottish verloren 34 Mann an Gefallenen, 68 Verwundete, und zwei wurden vermißt.[11] Die Regina Rifles waren bei dem Versuch, das Kloster Ardenne einzunehmen, lediglich durch Artillerie- und Werferfeuer sowie durch einen Gegenangriff mit Panthern und Freys III. SS-Panzergrenadierbataillon zurückgeschlagen worden. Ein Gegenangriff durch die 3. Panther-Kompanie, mit dem Cussy zurückerobert werden sollte, schlug fehl.

Die Hoffnungen der Alliierten, die Ornebrücken in Caen mit leichten Aufklärungskräften der Aufklärungsregimenter von British Inns of Court und Royal Canadian Hussars zu erreichen, wurden enttäuscht, als sie in St. Germain-la-Blance-Herbe unter Beschuß gerieten und auf Minen liefen. Aber nun wußte Meyer, daß seine geschwächte Division überwältigt war, und er bat um die Erlaubnis zum Rückzug mit dem, was ihm geblieben war. Dietrich lehnte ab mit der Begründung, ein Führerbefehl verlangte, daß Caen um jeden Preis zu halten sei. Meyer war wütend, aber sein Chef des Stabes verhandelte mit seinem Gegenüber vom I. SS-Panzerkorps, und endlich sprach Fritz Kraemer die magischen Worte: „Wenn Sie im Kampf von einem überlegenen Gegner auf das Südufer der Orne zurückgeworfen werden, würde das niemand als eine befehlswidrige Räumung betrachten.“[12]

Das genügte Meyer, und er gab die erforderlichen Befehle. Wenn man die Verluste bedenkt, die Dietrichs Männer erlitten, hätte nicht einmal Hitler ihnen vorwerfen können, zu früh aufgegeben zu haben. Hubert Meyer nennt konkrete Zahlen: 423 Tote, Verwundete und Vermißte.[13] Hierin eingeschlossen sind nicht diejenigen des III. Bataillons des SS-Panzergrenadierregiments 25 unter Milius, die nicht registriert wurden, noch jene des III. Bataillons des SS-Panzergrenadierregiments 1 der Division „Leibstandarte“ bei Franqueville. Weidenhaupt, der Kommandeur des letzteren, wurde verwundet, und nach vorsichtiger Schätzung kann man der Gesamtsumme 200 hinzufügen. Eine Beurteilung der Kampfkraft vom 9. Juli ergibt nur 18 einsatzfähige Panther und zehn Panzer IV. Das ist ein Hinweis auf den Verlust von zehn Panthern und 22 Panzern IV am 8. Juli – was auch immer die Gründe hierfür sein mögen.

Um 19.15 Uhr genehmigte Rommel den Rückzug sämtlicher schwerer Waffen vom Brückenkopf Caen und eine Neugruppierung südlich der Orne.[14] Eberbach, Oberbefehlshaber der Panzergruppe West, hatte ihn zweifellos dazu ermutigt – er hatte nämlich am Morgen Meyers Befehlsstand einen wertvollen und gefährlichen Besuch abgestattet und war völlig im Bilde.

Aber einen Rückzug anzuordnen, ist die eine Sache, eine andere ist es, ihn auch durchzuführen, wenn man in einen Kampf mit einem entschlossenen Gegner verwickelt ist. Im Fall der 12. SS-Panzerdivision wurde diese Operation mit dem für die Waffen-SS typischen Angriffsgeist ausgeführt. Das SS-Panzerregiment 12 von Wünsche – oder vielmehr die noch etwa 30 verfügbaren Panzer – wurde mit der Befreiung der eingekesselten Teile des SS-Panzerregiments 25 von Milius beauftragt. Die Divisions-Begleitkompanie und Olboeters geschwächte und erschöpfte SS-Grenadiere sollten den Rückzug der Division dekken. Bremers stark geschwächte SS-Aufklärungsabteilung 12 bekam den Auftrag, die rechte Flanke zu schützen. Der Rest von Müllers Pionieren der 12. SS-Panzerdivision sollte einen brückennahen Verfügungsraum auf der Ornebrücke in Caen einrichten und sie auf Befehl sprengen. Eine neue Linie wurde am Südufer der Orne festgelegt, und zwar mit dem Regiment 25 vom Ostrand von Vaucelles bis zur Flußkrümmung und mit Freys Regiment 1 der Division „Leibstandarte“ von dort bis nördlich von Louvigny und westlich von Eterville. Meyers Gefechtsstand war zuerst in Faubourg-de-Vaucelles und später in Garcelles.

9. Juli – Der Rückzug

Später schrieb Meyer, daß seine Division zweifellos vernichtet worden wäre, falls die Alliierten ihre Angriffe in der Nacht fortgesetzt hätten. Das war zwar nicht der Fall, aber dennoch war der Rückzug in der Nacht vom 8. zum 9. Juli ein Alptraum. Das I. Bataillon des SS-Panzergrenadierregiments 25 unter SS-Sturmbannführer Waldmüller wurde bei der Verteidigung des Raumes Epron gegen die 6. North Staffords und die Panzer der 13/18 Hussars als „Fels in der Brandung“ beschrieben. Nur dank der Anstrengungen seiner 1. Kompanie und insbesondere eines Zuges unter SS-Hauptscharführer Schümann war das Bataillon in der Lage, sich zurückzuziehen. Schümann und die meisten seiner Leute fielen, aber einige wenige hielten noch zwei Tage lang aus. Die etwa 40 Überlebenden der 7. Kompanie des II. Bataillons, die Galmanche gehalten hatten, entkamen in der Dunkelheit, indem sie den Feind geräuschlos umgingen.

Das Kloster Ardenne, das so viele Kämpfe gesehen hatte, wurde schließlich um Mitternacht von Milius aufgegeben, obgleich Überlebende dort noch bis 1.35 Uhr des 9. Juli Widerstand leisteten.[15]

Am folgenden Tag dauerte der vereinzelte Widerstand nördlich der Orne noch an. Endlich um 12.45 Uhr wurde Mâlon feindfrei gemeldet, Bitot um 13.50 und La Folie um 16.40 Uhr. Britische Spähtrupps erreichten das Zentrum von Caen um die Mittagszeit, aber das Durchkommen durch die mit Trümmern übersäten Straßen gelang nur äußerst langsam. Die Bombardierungen, zuerst am 6. und 7. Juni und dann nochmals am 8. Juli, hatten die Innenstadt verwüstet. Es scheint, als seien die Lehren von Monte Cassino vergessen gewesen.

Die Kanadier brauchten bis 14.30 Uhr[16], um St. Germain-la-Blanche-Herbe zu säubern, und sie benötigten Panzerunterstützung, um gegen den hinhaltenden Widerstand der Divisions-Begleitkompanie und den Überresten von Olboeters III. Bataillon nach Caen hinein und durch Caen hindurchzustoßen. Olboeter selbst war einer der letzten, die die Ornebrücke überquerten, und sobald die Versprengten auf der anderen Seite waren, sprengten SS-Pioniere die Brücke. Am Südufer der Orne gingen Olboeters III. Bataillon und die Divisions-Begleitkompanie wieder in Stellung. Bei den Gefechten dieses Tages verlor die Division „Hitlerjugend“ weitere 63 Männer.[17]

Montgomerys Männer hatten schließlich ihr Ziel für den D-Day erreicht – allerdings mit einem Monat Verspätung, und auch jetzt hatten sie nur den nördlichen Teil von Caen eingenommen. Der Preis war erschreckend hoch – 3.817 Ausfälle. Die 3. und 59. britische Division mußten jeweils über 1.000 allein am 8. Juli hinnehmen, und die 3. kanadische Division erlitt 1.194 an beiden Gefechtstagen – mehr als am D-Day.[18] Mindestens 80 alliierte Panzer waren vernichtet worden.[19] Das Verhältnis der Verluste zwischen den Alliierten und Deutschen war höher als sechs zu eins. Das ist jedoch nicht verwunderlich bei der Taktik der Alliierten, die hauptsächlich darin bestand, daß die Panzer die Angriffe eher nur unterstützten, statt an der Spitze zu stehen. Es wird dem Leser wahrscheinlich nicht entgangen sein, daß die Verluste der 3. kanadischen Infanteriedivision und der 2. Panzerbrigade (4.138) bis zu dieser Phase der Schlacht höher waren als die der 12. SS-Panzerdivision, die beträchtlich mehr Kampfleistung aufgebracht hatte.

Und die Bomben? Hatten sie irgendeinen militärischen Nutzen erzielt, außer daß es die Moral der alliierten Soldaten stärkte, wenn sie die Flugzeugwellen am Vorabend des Angriffs über sich hinwegziehen sahen? Prof. Solly Zucherman, technischer Berater für Luftmarschall Sir Arthur Tedder, Eisenhowers Stellvertreter und angeblich ein Sachverständiger für die Bomber-Strategie der Alliierten, besuchte unmittelbar danach das Zielgebiet und meldete, daß dort kaum Anzeichen für Gerät der Deutschen noch irgendwelche Tote zu finden waren. Spätere Feststellungen von Montgomerys Operations-Planungsoffizier Generalmajor David Belchem, daß das Gebiet feindliche Verteidigungsstellungen und Gefechtsstände enthielte und daß die Bomben großen Schaden bei diesen Gefechtsständen verursacht und viele feindliche Geschützstellungen vernichtet hätten[20], sind einfach nicht zutreffend. Tedder lehnte eine größere Verbreitung von Zuchermans Bericht mit der Begründung ab, daß „er niemals ein Dokument gesehen habe, das derartig demoralisierend sei".[21] Die Zerstörung von Caen war für nichts und wieder nichts geschehen.

Es wäre nicht richtig, die Schlacht von Caen ohne einige persönliche Erinnerungen zu verlassen. SS-Untersturmführer Willi Kändler, der als Zugführer fünf Panzer IV der 5. SS-Panzerkompanie führte, erinnert sich: „Wir können unsere Treffer gut beobachten; allein mit unserem Panzer schießen wir an diesem Tag dort fünf Sherman-Panzer ab. Wir wirken aber nicht nur auf die feindlichen Panzer, sondern halten mit unseren Maschinengewehren auch die feindliche Infanterie nieder und fügen ihr schwere Verluste zu ... Jeder unserer Panzer setzt Treffer auf Treffer, trotzdem haben wir selbst keine Ausfälle. Die Hecke schützt uns gut. Mit dem Panzer machen wir häufig kleine Stellungswechsel, um dem Gegner möglichst wenig Gelegenheit zu geben, sich auf unser Mündungsfeuer einzuschießen."[22]

Aber nicht jeder hatte so viel Glück. SS-Oberscharführer Heinz Freiberg war einer von Ribbentrops Panther-Kommandanten in einem Panzerkampf, höchstwahrscheinlich mit den Canadian Sherbrooke Fusiliers: „Als wir an einer Maueröffnung vorbeifahren wollten, gab es plötzlich zwei Explosionen, und der Panzer von Sepp Trattning und ein weiterer standen in hellen Flammen. Wir schossen sofort mit beiden MG auf die Maueröffnung. Ich konnte dort einige Bewegungen sehen und merkte ein weiteres Aufblitzen. Da saß der Treffer auch schon in unserer Walzenblende, und das Vollgeschoß fiel in den Kampfraum ... der Richtschütze im Gesicht verwundet, und auch ich erhielt einen kleinen Splitter in den rechten Arm. Die Turmbesatzung bootete daraufhin sofort aus und ging wegen starken MG-Feuers hinter dem Panzer in Deckung. Fahrer und Funker hatten diese Aktion aber nicht mitbekommen und saßen seelenruhig im Panzer, dessen Motor weiter ruhig lief. Ich wieder rauf auf die ‚Mühle' ... das Kommando: ‚Rückwärts, marsch!' gegeben, und schon ging es los in Richtung Ardenne. Nach ein paar Metern Fahrt wurde uns der Antennensockel abgeschossen, gegen den ich mich gestemmt hatte. Und so verlor ich noch einen Absatz. Nach etwa 500 Metern gelangten wir zu unserer Infanterie, bei der unser Richt- und Ladeschütze schon angekommen waren."[23]

Und nun ein Bericht aus den Reihen der Infanterie, und zwar von SS-Oberscharführer Siegfried Bleich von der 1. Kompanie von Waldmüllers I. Bataillon des SS-Panzergrenadierregiments 25 nach dem Befehl, sich aus dem Epron-Gebiet nach Caen zurückzukämpfen: „Ich suchte mit einem Sturmmann das Gelände nach Verwundeten ab und hoffte auch, in den verlassenen Stellungen Panzerfäuste zu finden. Ich habe im Gelände einen Jungen gefunden, der sich trotz seiner Fußverwundung so weit zurückgeschleppt hatte und nicht weiterkonnte. Ich habe ihn auf dem Rücken durch die von den Phosphorgranaten herrührenden Schwaden getragen. Ich war selten körperlich so fertig wie nach dieser Strapaze. Irgend jemand hatte eine Schubkarre aufgetrieben und schob sie vor sich her. Als ich in der Dunkelheit näherkam, habe ich erst gesehen, daß sie unseren Chef darin fuhren … Plötzlich kamen Panzergeräusche näher. Die Jungs waren natürlich aufgeregt, bis jemand uns anrief. Waldmüller hatte uns Panzer entgegengeschickt, um uns abzuholen … Zu dieser Zeit waren wir noch knapp 30 Mann."[24]

Vielleicht sollte Meyer selbst das letzte Wort haben. Nach dem Rückzug fand er einige Männer von Waldmüller in einem Bunker am Rand von Caen: „Die restlos abgekämpften Soldaten sind in tiefen Schlaf gesunken. Führer haben die Sicherung übernommen. Nachzügler stolpern in den Bunker und lassen sich dort fallen, wo noch ein Plätzchen frei ist. … Die Soldaten der 12. Panzerdivision sind am Ende ihrer physischen Kraft … Mit frischen blühenden Gesichtern sind sie vor Wochen in den Kampf gezogen, heute beschatten beschmierte Stahlhelme eingefallene Gesichter, deren Augen nur allzuoft ins Jenseits geschaut haben."[25]

Am Abend und in der Nacht des 9. Juli traf der Rest von SS-Brigadeführer und Generalmajor der Waffen-SS Teddy Wischs 1. SS-Panzerdivision „Leibstandarte" im Bereich von Caen ein. Das I. SS-Panzergrenadierbataillon und ein Teil des II. Bataillons von Rudolf Sandigs SS-Panzergrenadierregiment 2 wurden Freys Regiment 1 unterstellt und bezogen Stellungen in der Tiefe der rechten Flanke; sie erstreckten sich vom Südrand von Caen nach Le Mesnil. Natürlich war Freys SS-Panzergrenadierregiment 1 bereits eingesetzt – das I. Bataillon unter SS-Obersturmbannführer Schiller um Louvigny, das II. unter Herford von Le Mesnil bis nach Eterville und das III. unter SS-Hauptsturmführer Graetz auf den Höhen westlich und südwestlich von Maltot (Weidenhaupt war am 8. Juli verwundet worden). Die erste Sturmgeschützbatterie der Division „Leibstandarte", die eintraf, wurde in der Tiefe von Louvigny eingesetzt. Der Rest von Sandigs Grenadieren bezog eine andere Stellung in der Tiefe; diese verlief von der Hauptstraße Caen nach Falaise bis zur Vereinigung von Odon und Orne.

Kurt Meyer faßte den Entschluß, die nicht einmal 30 von Wünsches SS-Panzerregiment 12 noch verbliebenen Panzer in den letzten Abendstunden des Juli in neue Stellungen südöstlich von Maltot zu verlegen. Die II. Abteilung (Panzer IV) von Jochen Peipers SS-Panzerregiment 1 wurde in der Gegend von Bully in Reserve gehalten – eigentlich war das der Frontabschnitt des II. SS-Panzerkorps. Ein Kräftevergleich zeigt, daß diese Abteilung am 9. Juli 60 kampfbereite Panzer IV hatte. Peipers I. Panther-Abteilung hatte 30 einsatzfähige Panzer, und Heimanns Sturmgeschützabteilung hatte 41 Sturmgeschütze. Wenn auch nicht alle diese Einheiten schon in den ersten Stunden des 10. Juli eingetroffen waren, so wurde doch der Südwest-Bereich der Front bei Caen erfolgreich gehalten. Die restlichen Teile der Division „Leibstandarte SS Adolf Hitler" sollte in den nächsten Stunden eintreffen.

Ein Angehöriger von Sandigs SS-Panzergrenadierregiment 2, Werner Josupeit, erinnert sich an seinen Weg zur Front am 9. Juli: „Ohne Licht und mit großen Abständen fahren wir auf der Route Nationale in Richtung Caen. Links von uns (Höhe 112) blitzt es fortwährend, der Kanonendonner wird zunehmend lauter. Dann hören wir das fremdartige Geknatter der britischen MG. Gegenüber sitzen einige Kameraden mit Fronterfahrung. Im zuckenden Lichterschein erkenne ich ihre Angst. Wir anderen ahnen noch gar nicht, was auf uns zukommt. Wir sind gespannt auf den Einsatz. Einige singen. (Als ich später darüber nachdachte, fiel mir auf, daß die Kameraden, die am meisten gesungen haben, bei der nächsten Fahrt nicht mehr dabei waren – verwundet, gefallen, vermißt. Alles nur ein Zufall?) Im letzten Jahr bin ich noch einmal die Straße abgefahren und rief mir die Bilder von damals in die Erinnerung zurück. Noch nach 40 Jahren liefen mir Schauer über den Rücken."[26]

Kapitel XVII

10. bis 11. Juli – Die Operation „Jupiter" und die Schlacht um Höhe 112

(Karte 3)

In Verbindung mit Operation „Charnwood" erhielt das VIII. britische Korps den Befehl, in der Region von St. André-sur-Orne zur Orne vorzurücken. Der Deckname dieser Operation lautete „Jupiter" und führte zur Einnahme des Hochgeländes zwischen Odon und Orne in der allgemeinen Linie Höhe 112 und Maltot. Die 43. Wessex-Infanteriedivision von Generalmajor G. I. (Butcher) Thomas bekam diesen Auftrag und wurde von zwei Regimentern der Panzerbrigade 31, von der Panzerbrigade 4 und der Highland-Brigade 46 verstärkt. Thomas hatte für seine eigenen Infanteriebrigaden geplant, mit Panzerunterstützung Höhe 112 und Maltot zu nehmen, danach sollte die Panzerbrigade 4 gegen die Orne aufklären. Zusätzliche Artillerieunterstützung sollte von den Geschützen zweier Artilleriegruppen der Royal Artillery und der 11. Panzer- und der 15. schottischen Division kommen, während den ganzen Tag über die Luftwaffe zur Bodenunterstützung verfügbar wäre. Der Angriffsbeginn wurde für den 10. Juli auf 5 Uhr festgesetzt.

Gedeckt wurde das Angriffsgebiet von Bretteville-sur-Odon südostwärts von Maltot durch 30 Panzer von Wünsches SS-Panzerregiment 12 und vier Einheiten der Division „Leibstandarte" – von der SS-Sturmgeschützabteilung 1 (41 Sturmgeschütze) und den drei Bataillonen von Freys SS-Panzergrenadierregiment 1. Die Verantwortung für den größten Hügelkamm, der von Höhe 112 nach Höhe 113 verlief, lag bei SS-Oberführer Harmels 10. SS-Panzerdivision „Frundsberg". Die Frage, welches Truppenteil für Eterville verantwortlich war, kann nicht eindeutig beantwortet werden, denn sowohl die 1. als auch die 10. SS-Panzerdivision gaben an, dort gekämpft zu haben. Wahrscheinlich lag ein Bataillon des SS-Panzergrenadierregiments 22 (10. SS-Panzerdivision) im Dorf und nordwestlich davon in Stellung, und das II. Bataillon des SS-Panzergrenadierregiments 2 der Division „Leibstandarte" lag auf dem gegenüberliegenden Hang ostwärts davon.

Um 6.15 Uhr meldete das Bataillon 5 vom Dorsetshire Regiment (5 Dorset), Teil der Infanteriebrigade 130, das Château de Fontaine genommen zu haben, aber in Wirklichkeit hielten dort erbitterte Kämpfe den übrigen Morgen an. Immerhin, dies war das Signal für das Schwesterbataillon, die 4 Dorset, das durch Churchill-Panzer unterstützt wurde, weiter vorzustoßen, und um 8 Uhr war Eterville erreicht. Sowohl das SS-Panzergrenadierregiment 22 als auch Herfords II. Bataillon des SS-Panzergrenadierregiments 2 waren zum Rückzug gezwungen – letzteres nach Athis.

Das Bataillon 7 vom Hampshire Regiment meldete, es habe um 9.15 Uhr Maltot genommen, jedoch habe Panzerfeuer verhindert, sich in einer Entfernung von 400 Yards (ca. 350 Meter) südlich des Dorfes festzusetzen.[1] Um 10.35 Uhr meldete das Bataillon, daß neun der unterstützenden Panzer vernichtet seien und daß Infanterie und Tiger-Panzer der Deutschen wieder zurück ins Dorf eindrängen. Mindestens ein Tiger war von Möbius' 1. Kompanie, und die anderen waren ein Zug der schweren Panzerabteilung 102 von SS-Obersturmbannführer Hans Weiß, der von St. Martin kam. Die Infanterie war von SS-Untersturmführer Hasses 11. Kompanie des SS-Panzergrenadierregiments 1; Hasse sollte für seine Leistungen an diesem Tag mit dem Ritterkreuz ausgezeichnet werden. Nach ihren mühevollen Versuchen, das Château de Fontaine zu säubern, versuchte die 5 Dorset vorzurücken und Verbindung mit den Hampshires bei Maltot aufzunehmen, was angesichts der Tiger-Panzer und des SS-Panzergrenadierregiments 22 jedoch mißlang. Um 14 Uhr waren die Hampshires zurückgeschlagen.

Inzwischen war die Brigade 129 zur Höhe 112 vorgestoßen, jedoch konnten die Infanteristen der 4. Somerset Light Infantry (SLI) und die Panzer der 7 RTR nicht jenseits des Kammes gelangen[2], wieder einmal gingen fast sämtliche Churchill-Panzer verloren. Die Szene bei Höhe 112 hat ein Offizier der Greys wie folgt beschrieben: „Der Horizont wurde von qualmenden Churchill-Panzern beherrscht, kein schöner Anblick. Alle waren etwas zu weit über den Höhenrücken gefahren und vom Feind umgeworfen wie Kegel auf einer Kegelbahn, der Feind befand sich in sehr guten Stellungen ... überall lagen Tote und Verwundete im langen Gras, Gewehre steckten im Boden und markierten die Lage ihrer Besitzer – ein grauenhafter Anblick ... Die Besatzungen der Panzer, die ihren brennenden Fahrzeugen entkommen konnten, krochen zurück, die Kleidung und unbedeckten Körperteile waren verbrannt, alles war rauchgeschwärzt, überall Rauchschwaden von Öl und Kordit."[3]

Wieder zurück auf der linken Flanke der Briten, griffen die 4 Dorset und ein Bataillon der 9 RTR um 15.20 Uhr erneut Maltot an. Sie erreichten nach großen Verlusten das Dorf. Dann setzte ihnen noch ein RAF-Typhoon-Geschwader zu. Um etwa 18.30 Uhr trugen die Deutschen einen starken Gegenangriff mit SS-Panzergrenadieren und einigen Panzern von Wünsche vor. Die Dorset-Verteidigung verlor ihren Zusammenhang, und nachdem sämtliche Panzerabwehrgeschütze des Bataillons zerstört waren, befahl der Brigadekommandeur den Rückzug der Reste.[4]

Um 19.30 Uhr erhielt das Bataillon 5 von Duke of Cornwall's Light Infantry (5 DCLI) von Thomas' Reserve-Infanteriebrigade 214, unterstützt durch 14 Churchills von 7 RTR, den Befehl zum Angriff, um den Druck auf den 4 SLI etwas zu mildern und einen letzten Versuch zur Einnahme von Höhe 112 zu wagen. Die Infanteriekompanien stiegen durch das von früheren Kämpfen herrührende Blutbad und durch die verrostenden Massen britischer und deutscher Panzer hindurch, die zwei Wochen zuvor vernichtet worden waren. Trotz schwerer Verluste gelang es dem Bataillon, sich bei einem Wäldchen auf dem Gipfel einzugraben, aber in der Dämmerung zogen die ungetroffenen Churchill-Panzer ab, und die Briten hielten noch die Linie von Eterville über Fontaine-Etoupefour und sein Château bis zu den Nordhängen der schwer faßbaren Höhe 112.[5] Das war ein verlustreicher Tag gewesen – 7 und 9 RTR hatten zusammen 39 Panzer verloren[6], die Greys drei Shermans und einen Stuart[7], auf 5 Dorset entfielen 208 Verluste[8] und auf 4 SLI 189[9].

Feldmarschall Lord Michael Carver, damals Kommandeur der Panzerbrigade 4, gibt in seinem Buch *Out of Step* eine aufwühlende Version der Ereignisse des 10. Juli: „Thomas hatte für zwei Brigaden seiner Division die Einnahme des Höhenrückens geplant ... dann sollte die Panzerbrigade 4 sechs Meilen zur Orne vorstoßen und die Ornebrücke nehmen. Das sah wie eine Wiederholung von Balaclava aus. Ich bestand auf einer einzigen Bedingung: Ehe ich mein Spitzenregiment über den Kamm von Höhe 112 schickte, mußte das Kastenwäldchen auf dem rückwärtigen Abhang fest in unserer Hand sein. Anderenfalls würden meine Panzer beim Vorrücken von hinten abgeschossen werden. Nach einem hitzigen Streit und Einwänden von der Infanterie kam schließlich doch die Zustimmung ...

Der Infanterie-Angriff wurde mit den Churchill-Panzern des Bataillons von 9 RTR angesetzt, die die letzte Angriffsphase unterstützten, jedoch wurden fast alle Panzer durch Panzerabwehr-Feuer aus diesem Wald, den die Infanterie nicht gesäubert hatte, abgeschossen. Nachdem ich dies selbst bestätigt hatte … sagte ich, daß ich mein Spitzenregiment nicht über den Höhenkamm zur Orne schicken würde, ehe der Wald vereinbarungsgemäß vom Feind gesäubert sei … Thomas schaltete sich selbst über Funk ein und sagte, nach seinen Informationen von den Infanteriebrigaden seien alle Ziele gesichert, und daß ich meinen Vorstoß beginnen müsse. Ich sagte, daß ich selbst vor Ort gewesen sei, seine Brigade-Infanteristen dagegen nicht, und wenn er mir nicht glaubte, solle er kommen und sich selbst überzeugen. Das gefiel ihm natürlich nicht. Er bestand darauf, daß ich meine Panzer über den Hügel schicken sollte. Ich sagte, in diesem Falle würde das Spitzenregiment schätzungsweise mindestens 75 Prozent Verluste erleiden … Er fragte mich, welches Regiment ich senden wolle. Ich nannte ihm die Greys [Schottlands einziges Panzerregiment mit Berufssoldaten!] Seine Antwort: ‚Können Sie nicht ein weniger bekanntes Regiment schicken?' Bei dieser Antwort ging ich in die Luft. Schließlich aber akzeptierte er meine Gründe."

Um Mitternacht wurde ein größerer Angriff durch Freys SS-Panzergrenadierbataillone I und II der Division „Leibstandarte" gegen die Höhen nördlich von Maltot bzw. Eterville unternommen. Letzterer Ort war in der Nacht mehrfach geräumt und wieder genommen worden, als es schon dämmerte, von den 9. Cameronians gehalten, die die 4 Dorset entlastet hatten, während Maltot in deutscher Hand blieb. Die Heftigkeit des Gefechtes läßt sich beurteilen, wenn man weiß, daß eine Kompanie des III. Bataillons des SS-Panzergrenadierregiments 1 (Graetz) im Verlauf der Nacht 44 Männer verlor.[10]

Am 11. Juli trat das II. Bataillon des SS-Panzergrenadierregiments 1 mit Unterstützung von Sturmgeschützen der SS-Sturmgeschützabteilung 1 und Teilen des SS-Panzergrenadierregiments 22 (10. SS-Panzerdivision) zum Gegenangriff an und konnte Eterville gegen 10 Uhr nehmen. Bis 14.15 Uhr verloren sie es erneut, aber mit Hilfe des I. Bataillons des SS-Panzergrenadierregiments 1 wurde der Ostrand bis zur Nacht wieder eingenommen. Die Glasgow Highlanders, die die Cameronians am Nachmittag unterstützt hatten, verloren während ihres kurzen Aufenthaltes im Dorf 85 Mann[11], aber die Briten nahmen für sich in Anspruch, bei diesem Gefecht drei Sturmgeschütze vernichtet[12] und mehr als 100 Deutsche getötet zu haben. Kurz vor Einbruch der Dunkelheit war die Hauptkampflinie der Division „Leibstandarte SS Adolf Hitler" von Maltot bis Louvigny wiederhergestellt.

Ebenso griff in den frühen Morgenstunden des 11. Juli die 10. SS-Panzerdivision mit den Tigern des II. SS-Panzerkorps die geschwächte 5 DCLI auf Höhe 112 an, konnte sie aber nicht völlig nehmen, somit wurde der Gipfel zum Niemandsland. In weniger als zwölf Stunden hatte die DCLI ihren zweiten Kommandeur und 254 Männer verloren; sechs hatten durch die Geschosse einen Schock erlitten, und neun litten an vollständiger Erschöpfung.[13]

Michael Carver beschrieb die Ereignisse des 11. Juli aus seiner Sicht: „Am nächsten Tag kam es in den frühen Morgenstunden zu einem neuen Angriff. Der Infanterie [5 DCLI] hatte sich im Morgengrauen in den Wäldern eine Kompanie der Greys angeschlossen; das feindliche Artilleriefeuer war so heftig, daß die Infanterie zurückgezogen wurde, und weil das Gelände nicht geeignet war, um Panzer allein operieren zu lassen, schlossen sich ihnen die Greys an. Die Deutschen führten irgendwo einen Gegenangriff, und die Panzerbrigade 31 verlor viele Churchill-Panzer … Thomas hatte sich nun mit dem Scheitern dieser Operation abgefunden."[14]

Die Greys verloren am 11. Juli fünf Shermans, obgleich die Panzerbrigade 4 behauptete, neun deutsche Panzer vernichtet zu haben.[15]

Spät am ersten Tag von „Jupiter" begann die 8. kanadische Brigade, die zu dem Zeitpunkt der 43. Division von Thomas unterstellt war, den Odon auf der Ostflanke zu überqueren, und damit bestanden die alliierten Brigaden zwischen den beiden Flüssen aus fünf Infanteriebrigaden und zwei Panzerbrigaden – das war eine Überlegenheit von zehn zu eins in der Infanterie und eine noch höhere an Panzern. Aber am Ende dieser Schlacht, die zu einer der blutigsten in der Normandie geriet, war es den Alliierten doch nicht gelungen, die Männer des I. und II. SS-Panzerkorps aus dem strategisch wichtigen Gelände zwischen Odon und Orne zu vertreiben. Beschreibungen des Elends und Grauens derjenigen, die auf Höhe 112 und um Maltot gekämpft hatten, finden sich in Major J. J. Hows ausgezeichnetem Buch *Hill 112 – Cornerstone of the Normandy Campaign*.

Aber einige deutsche Einheiten, die in Reserve lagen, wie die II. Abteilung des SS-Panzerregiments 1 der Division „Leibstandarte" bei Bully, waren nicht einmal im Kampf eingesetzt worden. Die meisten Männer dieser Abteilung waren an diesen beiden Tagen damit beschäftigt gewesen, ihre Panzer einzugraben. Gerhard Stiller von der 7. Kompanie des SS-Panzerregiments 1 beschreibt die Umsichtigkeit, die so oft auf seiten der Alliierten fehlte: „Im Morgendämmern [10.7.] sind die Wagen getarnt … Eingraben, aber wie? Keine 30 cm Mutterboden, dann kommt Hackfels. Verzweifelt greifen die Besatzungen zur Kreuzhacke. Aber wir haben nur zwei pro Panzer … Die Hackerei geht den ganzen Tag weiter … Werden wir müde, belehren uns Bombenangriffe über die Notwendigkeit des Eingrabens. Wir versuchen es mit Handgranaten und Sprengpatronen, aber schon kommt der strikte Befehl des Kompanieführers: ‚Nicht sprengen mit eigenen Munitionsbeständen' … Trotzdem brauchen wir mehr als zwei Tage, um einigermaßen im Boden zu sein. Fast um die Uhr wird gegraben, wobei es jeden Moment heißen kann: ‚Fertigmachen zum Abmarsch!' … Das Pickeln, Graben und Sprengen macht Durst. In den Kellern von Bully werden Cidre-Fässer entdeckt. Auch die vielen Stallhasen, die sich in den Gärten der Bauernhäuser nach der Flucht der Bewohner selbst versorgen müssen, wandern langsam aber sicher in die Kochtöpfe der Panzerbesatzungen. Wasser ist allerdings rar, denn die Brunnen in Bully sind vielfach verschüttet."[16]

Die offizielle britische Geschichtsschreibung läßt 2.000 Verluste bei der Operation „Jupiter" gelten und sagt, daß nur wenig Gelände gewonnen wurde. Da es aber die Briten waren und nicht die Deutschen, die die Angriffe vortrugen, ist die Behauptung, daß die 10. SS-Panzerdivision, die schwere SS-Panzerabteilung 102 und Teile der 1. SS-Panzerdivision im Kampf *gebunden* wurden, kaum zu verstehen. Noch unverständlicher ist es, daß der Schreiber die Division „Hitlerjugend" überhaupt nicht erwähnt.[17]

Am 11. Juli frühmorgens wurde Meyers erschöpfte Division endlich aus der Kampflinie herausgelöst, und der Bereich Caen-Süd wurde von der Division „Leibstandarte" übernommen. Aber selbst dann war es erforderlich, das SS-Panzerartillerieregiment 12 als Unterstützung der Division „Leibstandarte" und von Siebkens II. Bataillon des SS-Panzergrenadierregiments 26 bei St. André an der Orne zurückzulassen. Der Rest der 12. SS-Panzerdivision versammelte sich im Gebiet von Sassy, Condé, Garcelles, Potigny und Bons zur Auffrischung.

Zwei weitere Ereignisse während der Operation „Jupiter" seien schließlich noch erwähnt. Am 10. Juli übernahm Michael Wittmann nach seiner Rückkehr vom Berghof, wo Hitler ihm für seine Tapferkeitstat und schlachtentscheidende Leistung bei Villers-Bocage die Schwerter zum Ritterkreuz verliehen hatte, die Führung über die Reste der schweren SS-Panzerabteilung 101. Denn von Westernhagen machte eine frühere Kopfwunde sehr zu schaffen, weswegen er den Posten abgeben mußte. Und am folgenden Tag übergab die 1. Tiger-Kompanie von Möbius ihre letzten drei Panzer an die 2. und 3. Kompanie und verließ die Normandie für immer. Der Rest der Abteilung wurde zwecks Auffrischung bald zum Forêt de Cinglais zurückverlegt.

Kapitel XVIII

12. bis 17. Juli – Ruhe und Wiederauffrischung

(Karten 1, 3 und 5)

Der Bereich Caen-Süd, den die 1. SS-Panzerdivision „Leibstandarte SS Adolf Hitler“ am 11. Juli übernommen hatte, erstreckte sich von Maltot an der Westflanke bis zur Straße Caen – Falaise im Osten. SS-Obersturmbannführer Freys SS-Panzergrenadierregiment 1 hielt mit seinem I. Bataillon und der 1. Batterie der SS-Sturmgeschützabteilung 1 bei Louvigny sowie mit dem II. Bataillon bei Eterville und dem III. Bataillon zusammen mit der 2. Batterie der SS-Sturmgeschützabteilung 1 bei Maltot noch immer die vorderste Frontlinie. Das III. Bataillon des SS-Panzergrenadierregiments 2 (SPW) unter SS-Untersturmführer Sandig stand als Divisionsreserve bei St. André, während sein II. Bataillon den Südwestabschnitt von Caen selbst hielt. Die II. Abteilung des Panzerregiments 1 (Panzer IV) der Division „Leibstandarte“ – abzüglich einer Kompanie als Korps-Reserve – lag immer noch weiter hinten bei Bully. Der Rest der Division „Leibstandarte“ hatte sich zehn Kilometer weiter südlich im Forêt de Cinglais versammelt.

Am 12. Juli hielten die intensiven Gefechte um Eterville und Maltot noch an; die Versuche der 8. kanadischen Infanteriebrigade zur Eroberung des Schlüsselgeländes von Louvigny wurden vereitelt. Die Verteidiger erhielten wirkungsvolle Unterstützung von den SS-Artillerieregimentern der Divisionen „Leibstandarte“ und „Hitlerjugend“ – wie wir wissen, wurden letztere zurückgelassen, als die 12. SS-Panzerdivision herausgezogen wurde.

Schließlich nahmen die Pläne der Deutschen, ihre Panzerdivisionen durch Infanterieverbände zu entlasten, Gestalt an. Am 11. Juli war der größte Teil der Panzer-Lehrdivision bereits herausgelöst und auf dem Wege, die amerikanischen Kräfte zu binden. Nachdem der 13. und 14. Juli verhältnismäßig ruhig verlaufen waren, wurde die neu eingetroffene 272. Infanteriedivision dem I. SS-Panzerkorps unterstellt und begann damit, den Bereich Caen-Süd von der Leibstandarte zu übernehmen. In den Nächten des 14. und 15. Juli rückte die Masse der 1. SS-Panzerdivision in einen neuen Bereitstellungsraum beiderseits der Straße Caen – Falaise (Route Nationale 158) zwischen Ifs und Cintheaux. SS-Obersturmbannführer Fritz Schröders stark beanspruchtes SS-Artillerieregiment 12 und die SS-Flak-Abteilung 12 von SS-Sturmbannführer Fend – beide von der Division „Hitlerjugend“ – wurden zur Unterstützung der neuen Infanteriedivision unterstellt. Die II. Abteilung des Panzerregiments 1 (Panzer IV), die SS-Sturmgeschützabteilung 1, das III. SS-Panzergrenadierbataillon (SPW) und das I. Bataillon des SS-Artillerieregiments 1 der Division „Leibstandarte“ blieben westlich der Orne als Korpsreserve.

Inzwischen leckte die 12. SS-Panzerdivision „Hitlerjugend" ihre Wunden. Bei den Operationen „Charnwood" und „Jupiter" hatte sie 595 Ausfälle.[1] Unter Berücksichtigung der in Kapitel XIII und der von Hubert Meyer genannten Zahlen ergibt sich für die Zeit vom 6. Juni bis zum 11. Juli ein Maximum von 3.304 und ein Minimum von 2.988 Ausfällen – weit weniger als in den meisten Büchern angeführt werden, weniger auch als in Kurt Meyers Buch *Grenadiere*, wo er sagt: „Mehr als 20 Prozent der Soldaten wurden im Kampf getötet, und mehr als 40 Prozent wurden als verwundet oder vermißt gemeldet." Vermutlich meinte er damit eher die Verluste der kämpfenden Teile als die der Gesamttruppe, aber selbst wenn das zuträfe, würden sich seine Angaben auf die unrealistische Gesamtsumme von 7.200 belaufen. Erstaunlicherweise stimmen die britische und kanadische offizielle Geschichtsschreibung darin überein, daß Meyers Division auf die Kampfkraft nur eines einzigen Bataillons dezimiert war, als „Jupiter" beendet wurde. Es ist klar, daß das nicht stimmt. Dennoch betragen 3.304 zahlenmäßig 28 Prozent der Kampfstärke der 12. SS-Panzerdivision, und es besteht kein Zweifel daran, daß ihre Einsatzfähigkeit stark eingeschränkt war. Eine kritische Untersuchung von Hubert Meyers Angaben ergibt folgende absolute Mindestzahlen der Mannschaftsstärke bei den Kampftruppenteilen der Division „Hitlerjugend": Das Panzerregiment wurde um 16 Prozent dezimiert, das Regiment 25 um 25 Prozent, das Regiment 26 um 30 Prozent, die Aufklärungsabteilung um 25 Prozent und das Pionierbataillon um 43 Prozent.

Genaue Angaben über die Verluste an Panzern sind für diese Zeit schwer zu erbringen. Nach Hubert Meyers Feststellungen trafen in der ersten Juliwoche 17 Ersatz-Panther ein und dienten zum Auffüllen von Ribbentrops 3. Kompanie des SS-Panzerregiments 12.[2] (Dies steht im Widerspruch zu der Aussage des Kompaniechefs, daß während der Gefechte im Juni und in der ersten Julihälfte keine Ersatzpanzer ausgeliefert wurden.) Daraus ergibt sich eine Ausgangszahl von 96 Panthern und 96 Panzern IV. Wenn Hubert Meyers Angaben von 48 Panthern und 46 Panzern IV, die einsatzfähig oder kurzfristig instandsetzbar waren, zutreffen, bedeutet dies, daß die Division bis dahin 48 Panther und 50 Panzer IV in den Gefechten verloren hatte – fast genau die Hälfte der Kräfte.

Es lag auf der Hand, daß eine größere Umstrukturierung und Verstärkung der 12. SS-Panzerdivision erforderlich war. Es ist bekannt, daß am 17. Juli 36 neue Panzer IV unterwegs waren.[3] In der Zwischenzeit erbrachte am 16. Juli eine Umgliederung innerhalb des bei St. Sylvain liegenden SS-Panzerregiments 12 von Wünsche 18 neue Panther und 21 kampfbereite Panzer IV. Ähnliche Umgliederungen und Zusammenlegungen der SS-Panzergrenadierbataillone sorgten dafür, daß das SS-Panzergrenadierregiment 25 von Milius und das SS-Panzergrenadierregiment 26 von Mohnke, im Gebiet von Sassy bzw. bei Ouilly, am 17. Juli einige kampfkräftige Einheiten besaßen. Das I. und III. Bataillon des SS-Panzergrenadierregiments 25 wurden unter Waldmüller zusammengefaßt, und Siebkens II. Bataillon des Regiments 26 stellte Männer für Krauses I. und Olboeters III. Bataillon. Siebken und sein Stab sowie Milius und die anderen Führer des Regiments 25 wurden auf die Unterkunftsräume bei Vimoutiers zurückgezogen, um Verstärkungen durch das Ersatzbataillon der Division und durch Männer zu erhalten, die aus rückwärtigen Versorgungseinheiten herausgezogen wurden.

Zum Erstaunen und Ärger von Dietrich und Kurt Meyer befahl von Kluge am 16. Juli der Division „Hitlerjugend", sich sofort in die Gegend von Lisieux — Pont l'Evêque zu begeben. Dieser Befehl entsprang Hitlers Besorgnis, daß dort ostwärts der Orne eine weitere Landung erfolgen könne. In einer Weisung vom 8. Juli, als „Epsom" angesetzt wurde, hatte er vorausgesagt: „Ein Vorstoß auf beiden Seiten der Seine nach Paris. Daher ist eine zweite Landung des Feindes im Bereich der 15. Armee trotz aller damit verbundenen Risiken wahrscheinlich, um so mehr, als die Öffentlichkeit auf eine Beseitigung der Einsatzräume für eine weitreichende Beschießung Londons mit V1- und V2-Raketen drängen wird."

Die Täuschungsmanöver der Alliierten zahlten sich immer noch aus.

Am Abend des 16. Juli setzte sich dementsprechend eine starke Kampfgruppe unter der Führung von Max Wünsche in das genannte Gebiet in Marsch. Sie umfaßte eine gemischte Panzerabteilung unter SS-Sturmbannführer Jürgensen, die aus 13 Panthern und 18 Panzern IV bestand, ferner Krauses I. Bataillon und Olboeters III. Bataillon (SPW), beide aus Mohnkes SS-Panzergrenadierregiment 26, und eine Batterie Wespen mit 10,5-cm-Haubitzen. Der Rest der 12. Panzerdivision abzüglich der III. Abteilung des Artillerieregiments 12 sollte in der Nacht vom 17. zum 18. Juli folgen. Es hatte nur acht kampfbereite Panzer, erwartete aber weitere 36, die schon unterwegs waren.

Die Zeit zum Ausruhen war natürlich äußerst kurz gewesen, so auch für die Reste von Dietrichs I. SS-Panzerkorps einschließlich der schweren SS-Panzerabteilung 101, die mit 17 einsatzfähigen und acht kurzfristig instandsetzbaren Tigern bei Grainville-Langannerie im Ruheraum lag, sowie für die unterstellte Werferbrigade 7.

Am Nachmittag des 17. Juli war Generalfeldmarschall Rommel auf dem Gefechtsstand von Sepp Dietrichs I. SS-Panzerkorps bei Urville. Auch Teddy Wisch und Kurt Meyer waren dazubefohlen und wurden zu den neuesten Leistungen ihrer Divisionen beglückwünscht. Alle drei Kommandeure der Waffen-SS betonten, wie dringend notwendig ein Luftschirm durch die Luftwaffe sei. Das brauchte man dem Generalfeldmarschall kaum zu sagen, denn kurz nach dem Besuch wurde er bei einem Luftangriff schwer verwundet, der Ort des Geschehens hieß ironischerweise St. Foy-de-Montgomery. Rommel wurde nicht ersetzt – von Kluge übernahm persönlich den Oberbefehl über die Heeresgruppe B.

Kapitel XIX

18. bis 21. Juli – Die Operation „Goodwood" und die Schlacht um den Hügelkamm von Bourguébus

(Karten 1, 3 und 5)

Die politischen und militärischen Gründe für die Operation „Goodwood" sind eigentlich in jedem Buch über die Schlacht in der Normandie besprochen worden. Der tiefere Grund war der, daß am 10. Juli die Alliierten mit einer Krise konfrontiert waren. Der kriegswichtige Hafen Cherbourg war noch nicht benutzbar, die Amerikaner hatten ihren geplanten Ausbruch nicht geschafft, die deutsche Besetzung von Caen-Süd blockierte den Weg zur Ebene von Falaise, und für die noch zu errichtenden notwendigen Feldflugplätze im Brückenkopf der Alliierten hatte man nicht ausreichend Gelände gewinnen können. Es ist bezeichnend, daß Anfang Juli vier deutsche Infanteriedivisionen die Normandie erreicht hatten. Ihr Ziel war es, Panzerdivisionen herauszulösen, um sie für die klassische Rolle des Gegenangriffs und für operative Kriegführung gegen die Amerikaner freizumachen. Montgomery sah sich daher von allen Seiten der Kritik ausgesetzt. Wenn seine Strategie des Ausbruchs von Westen her erfolgreich sein sollte, mußte er auf der Flanke von Caen eine starke Bedrohung und Gefährdung aufbauen, um deutsche Panzerkräfte zu binden, die andernfalls vielleicht gegen die Amerikaner kämpfen würden.

Infolgedessen, und weil ihm bereits der Durchbruch zum Westen von Caen mißlungen war, entschied sich Montgomery am 18. Juli für einen Vorstoß mit starken Panzerkräften auf der Ostseite – ausgehend vom Orne-Brückenkopf. Er legte sein Vorhaben am 14. Juli in einem Brief an Feldmarschall Sir Alan Brooke folgendermaßen dar: „Die 2. Armee ist nun sehr stark … stärker kann sie nicht werden. … Daher habe ich entschieden, daß die Zeit für eine echte entscheidende ‚Kraftprobe' an der Ostflanke gekommen ist und daß ein Korps von drei Panzerdivisionen auf das offene Gelände um die Straße Caen – Falaise angesetzt wird."[1]

Dem sollte am 20. Juli ein Ausbruch durch die 1. US-Armee um St. Lô (Unternehmen „Cobra") folgen. Beiden Angriffen sollten massive Bombardements aus der Luft vorangehen.

Was den Bereich der 2. Armee angeht, waren für einen Zeitraum ab der Nacht des 15. Juli bis zum 17. Juli Unterstützungsangriffe zwischen Caen und Tilly-sur-Seulles (Karte 3) durch das neu eingetroffene XII. Korps und das XXX. Reservistenkorps geplant. Ihre Aufgabe war, die Aufmerksamkeit der Deutschen abzulenken und möglichst viel Gelände zu gewinnen.

Die Bedrohung konnte die Deutschen sicherlich nicht verwirren, zumal sie diese präzise voraussagten. Am 16. Juli verriet eine abgehörte Nachricht von ULTRA, daß der Kommandeur der Luftflotte 3, Generalfeldmarschall Sperrle, seinen Einheiten signalisiert hatte, daß in der Nacht vom 17. zum 18. Juli ein größerer britischer Angriff südostwärts von Caen stattfinden werde. Bei diesem Vorgang wurde durch die nicht energisch geführten Angriffe nur wenig Boden gewonnen, und die Ausfälle waren erschreckend hoch – weitere 3.500 Verluste[2], 964 davon betrafen die angeschlagene 15. schottische Division[3]. Einzelheiten sind hier nicht weiter von Interesse.

Der Plan für die Operation „Goodwood“ galt für drei britische Panzerdivisionen unter General O'Connors VIII. Korps; sie sollten den Hauptangriff gegen den enorm wichtigen und beinahe gestaltlosen Höhenkamm bei Bourguébus südöstlich von Caen und das Dorf Vimont in dem niedrigen, flachen Gelände ostwärts ausführen. Gleichzeitig sollte Generalleutnant Guy Simonds' neu eingetroffenes kanadisches II. Korps mit seiner 2. und 3. kanadischen Infanteriedivision und der Panzerbrigade 2 den südlichen Teil Caens von Colombelles nach Vaucelles nehmen, die Orne überqueren und bis zur Linie St. André-sur-Orne – Verrieres nach Süden vorstoßen, um dort hoffentlich mit einer britischen Division zusammenzutreffen. Deckname dieses Planteiles war „Atlantik“. Außerdem sollte Generalleutnant Crockers I. britisches Korps die linke Flanke des Hauptstoßes sichern, indem es die Ostseite des geplanten Frontvorsprunges bis zur Linie Emiéville durch St. Pair bis Troarn säuberte.

Am 15. Juli gab Montgomery ein persönliches Memorandum an O'Connor heraus, in dem er seine Absichten für das VIII. Korps darlegte: „Die deutschen Panzerkräfte in der Schlacht binden und so sehr schwächen, daß sie als Rückhalt für weitere Kämpfe nicht mehr von Wert für die Deutschen sind. Einen guten Brückenkopf über der Orne durch Caen gewinnen, um unsere Stellungen auf der Ostflanke zu verbessern. Ganz allgemein die Zerstörung von Mensch und Material als Vorstufe eines ständig wachsenden Erfolges. ... Die drei Panzerdivisionen sind erforderlich, um das Gebiet Bourguébus, Vimont, Bretteville [sur Laize] zu beherrschen und den Feind zu bekämpfen und zu vernichten.“[4]

Am 17. Juli hatte jedoch Dempsey die Ziele des VIII. Korps eingeschränkt, indem er die Panzerdivisionen der Guards auf Vimont ansetzte, die 7. Panzerdivision auf Garcelles-Secqueville und St. Aignan-de-Cramesnil und die 11. Panzerdivision auf Verrières und Rocquancourt.

Die deutschen Verteidigungskräfte, die dem Angriff von Dempseys 2. Armee gegenüberstanden, waren beträchtlich und – was der Nachrichtendienst der Alliierten nicht wußte – lagen zwölf Kilometer tief gestaffelt. Die beiden entsprechenden Korps von General Eberbachs Panzergruppe West in diesem Bereich waren Dietrichs I. SS-Panzerkorps und General Obstfelders LXXXVI. Armeekorps. Letzteres lag östlich der Straße Caen – Falaise und hatte seine 346. Infanteriedivision in Stellung von der Küste bei Cabourg bis nördlich von Touffreville und die Reste der arg mitgenommenen 16. Felddivision (L) von dort bis Colombelles. Die Masse von Feuchtingers 21. Panzerdivision bildete die 3. Division des LXXXVI. Armeekorps. Das Panzergrenadierregiment 192 mit einer Luftwaffen-Panzerjägerabteilung stand in Stellung von Colombelles bis zur Ornebrücke in Caen-Süd. Hinter diesen vordersten Kräften als Schleier stand die Kampfgruppe von Luck, sie wurde nach dem Kommandeur des Panzergrenadierregiments 125 der 21. Panzerdivision, Major Hans von Luck, benannt. Dieser war soeben für das Ritterkreuz vorgeschlagen worden und kam am Morgen des Angriffs gerade von einem dreitägigen Urlaub in Paris zurück. Seine Kampfgruppe bestand aus dem eigenen I. und II. Panzergrenadierbataillon und der Sturmgeschützabteilung 200. Diese Einheit unter der Führung eines Majors sollte noch in der bevorstehenden Schlacht eine entscheidende Rolle spielen; sie hatte fünf Batterien mit insgesamt 30 Sturmgeschützen, bestückt mit 7,5-cm-Kanonen, und 20 Sturmgeschützen mit 10,5-cm-Sturmhaubitzen, die alle zur Panzerabwehr verwendet werden konnten. Die Batterien waren in oder bei den Dörfern Giberville, Démouville,

Grentheville, Le Mesnil-Frémentel und Le Poirier, die die geplante britische Hauptkampflinie beherrschten, aufgestellt.[5] An der Ostflanke von Feuchtingers Division standen seine I. Panzerabteilung mit 22 Panzern IV und die schwere Panzerabteilung 503 von Hauptmann Fromme mit 36 Tigern, südlich davon eine Kompanie mit Tigern II, in Stellung, um die Kampfgruppe von Luck zu unterstützen und als Divisionsreserve zu dienen. Sie waren unter der Dekkung von Obstbäumen, Gebüsch und Scheunen im Gebiet von Sannerville bis Emiéville untergezogen.[6] Zusätzlich wurde die Werferbrigade 9 dem LXXXVI. Armeekorps unterstellt; eine Abteilung lag bei Grentheville, während eine Batterie mit vier Kanonen einer Luftwaffen-Flak-Abteilung mit Achtacht-Kanonen bei Cagny lag, wo auch Major Becker seinen Gefechtsstand hatte. Es ist bemerkenswert, daß wieder einmal keine deutschen Minenfelder zur Panzerabwehr vorhanden waren, so daß die Bewegungsfreiheit ihrer Panzer gewährleistet war.

Weiter südlich auf dem Hügelkamm hinter Bourguébus schützten die Aufklärungsabteilung und das Pionierbataillon der 21. Panzerdivision die Artillerie der drei Divisionen des LXXXVI. Armeekorps und – was sehr bezeichnend ist – eine Achtacht-Panzerabwehrabteilung und zwei Achtacht-Flak-Abteilungen mit insgesamt 78 8,8-cm-Kanonen im Gebiet von Bois Secqueville. Nach Rommels Aufzeichnungen standen in diesem Bereich 194 Artilleriegeschütze und 272 Werfer (1.826 Rohre)[7], jedoch standen den Alliierten am Morgen des 18. Juli nicht genügend Flugzeuge zur Verfügung, um diese Ziele anzugreifen. Dempsey wies spätere Aufforderungen zum Angriff zurück, er war der Meinung, falls er überhaupt Erfolg haben sollte, dann müßten seine Panzer bis dahin den Bourguébus-Kamm erreicht haben.

Dietrichs I. SS-Panzerkorps stand links von der Straße Caen – Falaise. Die 272. Infanteriedivision, die die Division „Leibstandarte" unterstützt hatte, stand in vorgeschobenen Stellungen an der Ornebrücke in Caen bis nahe Eterville (Karte 3). Die 25 Tiger der schweren SS-Panzerabteilung 101 des Korps (von denen nur 17 einsatzfähig waren) standen bei Grainville-Langannerie. Was der britische Nachrichtendienst nicht wußte: Wischs 1. SS-Panzerdivision „Leibstandarte SS Adolf Hitler" stand zwischen Ifs und Cintheaux in Reserve. Der Leser wird sich jedoch erinnern, daß die II. Abteilung des SS-Panzerregiments 1, die SS-Sturmgeschützabteilung 1, das III. SS-Panzergrenadierbataillon (SPW) und die I. Abteilung des SS-Artillerieregiments 1 auf Selbstfahrlafetten auf der Westseite der Orne als besondere Korpsreserve dienten.

Die andere Division von Dietrichs I. SS-Panzerkorps, die 12. SS-Panzerdivision, war noch mit der Umgliederung und Auffrischung beschäftigt. Die Kampfgruppe Wünsche hatte am 17. Juli in ein Gebiet nordwestlich von Lisieux verlegt, wo ihm die aufgefrischte 1. Kompanie der SS-Panzerjägerabteilung 12 der Division „Hitlerjugend" unter SS-Obersturmführer Georg Hurdelbrink mit ihren zehn neuen Jagdpanzern IV unterstellt wurde. Der Rest der 12. SS-Panzerdivision befand sich acht Kilometer nördlich von Falaise und bereitete sich darauf vor zu folgen. Irgendwelche Andeutungen dahingehend, daß dieser Vorstoß in die Gegend von Lisieux zum strategischen Plan von Kluge gehörte, um einem eventuellen Ausbruch ostwärts von Caen zu begegnen, sind falsch. Wie schon im Kapitel XVIII dargelegt, entsprach dieser Vorstoß Hitlers Furcht vor einer zweiten Landung der Alliierten zwischen Seine und Orne.

Es wurde auch angedeutet, daß Rommel persönlich für die Planung der deutschen Verteidigung verantwortlich sei. Das ist nicht zutreffend, wenn auch seine Ansicht zweifellos von dem Mann in Erwägung gezogen wäre, der die Gesamtverantwortung trug – es war der sehr verehrte und kampferfahrene Eichenlaubträger General der Panzertruppe Heinrich Eberbach. Er war es, der die Grundzüge für die Planung der Verteidigung im Sektor Caen festlegte, deren Einzelheiten durch zwei Korps und sechs Divisionskommandeure ausgearbeitet wurden.

Eine Kräfteaufstellung vom 17. Juli zeigt Jochen Peipers SS-Panzerregiment 1 der Division „Leibstandarte" mit 59 Panzern IV und 46 einsatzfähigen Panthern sowie Heinrich Heimanns SS-Sturmgeschützabteilung 1 mit 35 Sturmgeschützen. Die Gesamtzahl der einsatzfähigen gepanzerten Fahrzeuge, die dem I. SS-Panzer- und dem LXXXVI. Armeekorps am Morgen des 18. Juli zur Verfügung standen, belief sich also auf 219 Panzer sowie 95 Sturmgeschütze. Man darf aber nicht vergessen, daß sich 49 davon bei der Kampfgruppe Wünsche befanden, die vorübergehend einem anderen Korps im Raum Lisieux unterstellt war. Zusätzlich waren acht Tiger, 30 Panther und 25 Panzer IV kurzfristig instandsetzbar, alles in allem ergibt sich daraus die Gesamtsumme von 377 deutschen Panzern und Sturmgeschützen – viel mehr als der alliierte Geheimdienst zu der Zeit schätzte und die meisten Historiker und Kommentatoren verzeichneten.

Der Plan „Goodwood" hatte seine Schwächen. Ausgearbeitet worden war er von Dempsey, genehmigt von Montgomery, und durchgeführt werden sollte er von O'Connor mit Unterstützung von Simonds und Crocker. Aber vor allem war der Brückenkopf ostwärts der Orne, von dem aus der Angriff ausgehen sollte, viel zu klein, um drei Panzerdivisionen – die Guards, die 7. und die 11. Division – aufzunehmen. Daher hätten sie hintereinander vorrücken müssen, und zwar nicht nur über die drei Doppelbrücken über die Orne und den Kanal zwischen Ranville und Küste (eine Entfernung von nur vier Kilometern), sondern auch durch die schützenden britischen Minenfelder, die erst im letzten Augenblick die Bildung eine Gasse zuließen, weil sie bis dahin von den Deutschen beobachtet wurden. Tatsächlich hatten die Deutschen von den Fabriken bei Colombelles aus eine beherrschende Sicht auf die drei Doppelbrücken und den gesamten Orne-Brückenkopf. Und dann, nachdem die Minenfelder passierbar gemacht waren, gab es immer noch Probleme. Die sehr schmale Minengasse, durch die sich die Panzer hindurchquälen mußten, hatte wegen des Fabrikgeländes von Caen auf der Westseite und wegen eines bewaldeten Höhenrückens im Osten auf den ersten fünf Kilometern zunächst eine Breite von nur zwei Kilometern. Das bedeutete, daß O'Connor selbst nachdem seine Panzer die Minenfelder passiert hatten mit nur drei Panzerbrigaden operieren konnte. Ein anderes großes Problem bestand darin, daß die Spitzenpanzer nach den ersten acht Kilometern bereits außerhalb der Reichweite der Artillerieunterstützung wären, da die Geschütze so lange westlich der Orne stünden, bis alle Panzer und Infanterie die Brücken und den Sammelraum gesäubert hätten. Nur die wenigen Nahunterstützungsbatterien mit 25-pdr-Geschützen auf Selbstfahrlafette, die mit den vordersten Panzerregimentern angriffen, wären in Reichweite.

Es fällt schwer, sich einen schlimmeren und komplizierteren Plan vorstellen: Drei Divisionen mit 877 Panzern und insgesamt über 8.000 Fahrzeugen sollen einen Kanal und einen Fluß überqueren und dann kolonnenweise (sechs Brigaden hintereinander) durch ein Minenfeld und eine schmale Minengasse entlang zu Zielen vorstoßen, die 15 Kilometer entfernt liegen.

Um die Schlacht „Goodwood" zu verstehen, muß man zunächst das Gelände beschreiben, auf dem sich die Gefechte abspielten. Wie wir wissen, war das Hauptziel der ganzen Operation der Höhenrücken bei Bourguébus, von dem aus die südlichen Ausgänge von Caen zu überblicken waren. Die Dörfer Bras, Hubert-Folie, Bourguébus und La Hogue am Nord- und Nordostende dieses Höhenrückens beherrschten die gesamte sehr ebene Fläche nord- und ostwärts – ein Gebiet, das wenig oder keine Deckung für die angreifenden Truppen bot. Wie die meisten normannischen Dörfer haben sie Häuser aus Backstein und starke Steinmauern, die die Gärten, Bauernhöfe und Obstgärten umgeben, weshalb sie ideales Gelände für Verteidigung sind.

Die Eisenbahnlinien von Caen nach Troarn (heutzutage eine Autobahn) und von Caen nach Vimont bedeuteten keine Hindernisse, wenn man natürlich auch etwas Zeit zum Überqueren brauchte; und sie hatten keine wirkliche Bedeutung außer als Meldelinien. Viel bedeutender und in den meisten Büchern kaum zu finden war die Eisenbahnlinie, die aus dem nordöstlichen Teil von Caen hervortrat und dann südwärts hinter der Westseite von Giberville und Grentheville vorbei, weiter zwischen Hubert-Folie und Bourguébus und schließlich hinter der Westseite von Tilly vorbei zu den Steinbrüchen und Minen südlich von Grainville verlief. Diese Linie war aus zwei Gründen hoch bedeutsam: erstens, weil sie vier Kilometer entlang an einem hohen Bahndamm (der noch existiert) vom Süden Gibervilles bis Bourguébus verlief und damit ein ernsthaftes Hindernis darstellte und weil sogar Panzer notwendig waren, um die Unterführungen zu benutzen, und zweitens, weil es damals (und auch heute noch) unmöglich war, von den Dörfern Le Mesnil-Frémentel und Grentheville nach Westen zu beobachten. In Wirklichkeit teilte sie das Schlachtfeld in zwei getrennte Abschnitte – in den östlichen Teil, der von Bourguébus und La Hogue dominiert wurde, und in einen von Hubert-Folie und Bras beherrschten Westteil.

Trotz seiner Äußerung, daß seine Männer „darauf brannten, ins Feld zu ziehen“, hatte der Kommandeur der voranfahrenden 11. Panzerdivision, Generalmajor „Pip“ Roberts, schwere Bedenken gegen den Plan und brachte bei O'Connor mündlich und schriftlich Einwände vor. Er war besorgt darüber, daß er vor Erreichen des höhergelegenen Geländes bei Verrières und Rocquancourt an der Westflanke zunächst die Dörfer Cuverville, Démouville und Cagny nehmen sollte. Dafür würde er seine Infanteriebrigade 159, ein Panzerregiment und eine Artillerieabteilung (seine halbe Division) benötigen und hätte „mit einem auf dem Rücken festgebundenen Arm zu kämpfen“, wie er sich ausdrückte. O'Connor stimmte zu, daß er Cagny nur so lange abzuschirmen brauchte, bis die nachfolgende Division (Guards) das Dorf vom Feind gesäubert hätte. Er sagte aber auch, der übrige Plan müsse eingehalten werden, und wenn Roberts das nicht gefiele, würde er eine andere Division für den Angriff finden. Roberts gab nach.

Der endgültige Plan lautete daher für die 11. Panzerdivision, das höhergelegene Gelände nach Westen hin zunehmen, wie bereits beschrieben, und danach sollte die Panzerdivision (Guards) des Generalmajor Adair folgen, hinter Cagny nach Osten schwenken und Vimont erreichen, wonach Erskins „Wüstenratten“ südlich nach Garcelles vorstoßen würden. 200 Kanonen sollten eine langsam folgende Barriere schaffen, um den Panzern das Vorstoßen zu ermöglichen; weitere 350 Kanonen, hauptsächlich mittlere und schwere, stünden zur Verfügung, um nach Anforderung auf die Punktziele zu wirken. Eine Fernmeldeeinheit für Luftunterstützung wurde aufgestellt, so daß jede gepanzerte Brigade und Division Luftunterstützung anfordern konnte. Die Spitzenbrigade von Brigadegeneral „Roscoe“ Harvey, seine Brigade 29, hatte in einem Panzer einen Mann der Luftflotte, der direkt mit den Jagdbombern sprechen konnte. Es ist bezeichnend, daß dieser Panzer schon bald im Kampf ausgeschaltet wurde – denn deutsche Panzerschützen und Panzerabwehrschützen waren dafür ausgebildet, in erster Linie die Führungspanzer und „Spezialpanzer“ anzugreifen.

18. Juli – Der gepanzerte Korridor

Die Operation „Goodwood“ begann um 5.25 Uhr mit Artilleriefeuer gegen bekannte und vermutete Flugabwehrbatterien. Zehn Minuten später warfen 1.100 schwere britische Bomber einen Teppich Sprengbomben im Osten von Caen, auf das Gebiet von Touffreville bis Emiéville und in den Raum von Cagny ab. Um 7 Uhr folgten 482 mittlere Bomber der Alliierten, die Splitterbomben auf die Angriffsstreifen der Panzerdivisionen abwarfen, während 300 Jäger und Jagdbomber bekannte Feldbefestigungen und Geschützstellungen angriffen.

Staub und Rauch aus den ersten Angriffen erschwerten es den Bombern späterer Wellen, ihre Ziele zu finden, und viele mußten ihre Mission vorzeitig beenden. Ab 8 Uhr warfen 495 schwere amerikanische Bomber eine halbe Stunde lang noch weitere Splitterbomben. Sie sollten den Verteidigern den größtmöglichen Schaden zufügen, aber nicht den Vorstoß der britischen Panzer behindern. Auch hier gab es Ärger mit Rauch und Staub wie auch den weiteren Tag über für die Jagdbomber – sie hatten große Schwierigkeiten, ihre Ziele im Durcheinander des Schlachtfeldes zu finden. Insgesamt wurden 7.700 Tonnen Bomben abgeworfen. Major Bill Close, ein Bataillonskommandeur bei RTR, erinnerte sich später: „Es sah wirklich so aus, als ob unter diesem Bombardement nichts am Leben bleiben könnte, aber wie sehr hatten wir uns doch geirrt!“[9]

Die Folgen dieser Angriffe sind schon oft beschrieben worden und brauchen nicht mehr im einzelnen wiederholt zu werden. Die meisten vorgeschobenen deutschen Stellungen wurden zerstört, die Panzerreserven im Gebiet Sannerville – Emiéville waren arg mitgenommen; aber erstaunlicherweise überstanden außer der in Démouville alle Sturmgeschützbatterien wie auch größtenteils der Rest der Kampfgruppe von Luck die Bombenangriffe – sogar das Panzergrenadierbataillon in Colombelles konnte sich später im Schutze der Dunkelheit mit erstaunlich wenigen Verlusten zurückziehen. Es soll auch noch erwähnt werden, daß der Chef der 3. Kompanie der schweren Panzerabteilung 503 (Tiger), Leutnant Freiherr von Rosen (später Generalmajor der Bundeswehr), persönlich dem Verfasser im Jahre 1981 beschrieb, wie es einen seiner 57-Tonnen-Panzer durch die Wucht der Explosionen buchstäblich umdrehte, wie einer seiner Männer verrückt wurde und zwei andere während des Angriffs Selbstmord begingen. Vier seiner Tiger wurden zerstört, die übrigen mußten aus der Erde und den Trümmern herausgegraben werden. Daß sich seine Kompanie an diesem ersten Morgen überhaupt so weit erholte, daß sie weiterkämpfen konnte, zeigt die hohe Kampfmoral des deutschen Soldaten.

Die Panzerdivisionen „Leibstandarte“ und „Hitlerjugend“ waren durch die Bomben praktisch unversehrt geblieben, ebenso die schwere SS-Panzerabteilung 101 des Korps.

Um nicht den Verdacht der Deutschen zu wecken (denen es aufgrund des Geräusches so vieler Panzer völlig bewußt war, daß an jenem Morgen ein größerer Angriff zu erwarten sei), stieß lediglich Brigadegeneral Harveys Panzerbrigade 29 vor Angriffsbeginn in den Brückenkopf östlich der Orne vor. Als das Artilleriefeuer um 7.45 Uhr eröffnet wurde, flogen einige Geschosse zu kurz, so daß die Besatzungen der vordersten Panzer, die außerhalb ihrer Fahrzeuge auf den Befehl zum Vorrücken warteten, getötet oder verletzt wurden. Bill Close sagte: „Daß dies nur einige Sekunden vor dem Aufbruch geschah, hat sehr zur Verwirrung beigetragen, und unser Aufbruch nach dem Artilleriefeuer war ein ziemliches Durcheinander.“ Staub, Rauch und Trichter auf dem Weg der beiden Spitzenbataillone von 3 RTR, die auf gleiche Höhe mit den 32 Shermans vorstoßen wollten, verschlimmerten das Chaos noch. Glücklicherweise stießen sie vor der Eisenbahnlinie Caen – Troarn auf keinen Widerstand. Sie erreichten diese Linie um 8.30 Uhr, aber obgleich das Artilleriefeuer nur mit 8 km/h vorankam, waren die vordersten Panzer schon bald zurückgeblieben. An der Eisenbahn war eine 15minütige Pause geplant, damit die Panzer überqueren und sich neu ordnen konnten, aber selbst dann konnten nicht alle aufschließen – im Durchschnitt fuhren sie nur mit Schrittgeschwindigkeit von vier Kilometern in den ersten eineinhalb Stunden. Daher ist es nicht überraschend, daß die nachfolgende 2. Fife and Forfar Yeomanry, die mit 3 RTR aufschließen sollte, nach dem Auftauchen aus dem Minenfeld bald zu den hintersten Panzern aufschloß und damit zur allgemeinen Verwirrung beitrug, während das Regiment 3 der Brigade 23H aufgrund der Stauung und der schlechten Sicht rechts zurückfiel. Kurz nach 9 Uhr endete das Feuer, und die Panzer waren wieder allein, abgesehen von ihren eigenen Batterien auf Selbstfahrlafetten für die Nahunterstützung.

Die beiden vordersten Regimenter stießen gegen die Bahnlinie Caen – Vimont vor, und zwischen den Straßen von Troarn und Vimont gelang ihnen endlich der Wechsel von der Reihe zum Breitkeil; die 3 RTR stießen zum Westen von Le Mesnil-Frémentel und die Fife and Forfars zum Osten. Als aber letztere um etwa 9.30 Uhr die Straße Caen – Vimont überquerten, wurden das hintere Bataillon mit der unterstützenden motorisierten Infanteriekompanie von 8 RB und die Artilleriebatterie auf Selbstfahrlafette plötzlich von Beckers Sturmgeschützen aus Stellungen in Le Mesnil-Frémentel und Le Poirier beschossen, wobei zwölf Shermans in Flammen aufgingen.[10] Die deutschen Richtschützen hatten die beiden Spitzenbataillone in voller Absicht ungehindert passieren lassen, weil sich später andere Sturmgeschütze in Grentheville ihrer annehmen sollten. Major Becker zog seine Batterien, geschickt dem britischen Vorstoß angepaßt, zurück; drei von ihnen sollten in Kürze neue Stellungen südöstlich Four, in Soliers und Hubert-Folie beziehen. Brigadegeneral Churchers Infanteriebrigade 159, die bei der Bekämpfung dieser Sturmgeschütze unschätzbare Dienste hätte leisten können, war voll mit der Säuberung der Dörfer Cuverville und Démouville nordwärts beschäftigt.

Das vorderste Bataillon von 3 RTR verlor ebenfalls fünf oder sechs Shermans durch den Beschuß von Le Mesnil-Frémentel und stand nun dem Problem mit der Nord-Süd-Eisenbahnlinie gegenüber, die längs einer steilen Böschung verlief. Der Kommandeur, Bill Close, führte den Rest des Bataillons um etwa 20 Uhr unter einer Erdwallbrücke hindurch und entfaltete sich ohne weitere Verluste bis einen Kilometer vor dem Fabrikgelände bei Cormelles. Bald folgten die Reste von Oberstleutnant Silvertops 3 RTR und der begleitenden Infanteriekompanie 8 RB, diese liefen aber um die Mittagszeit in starkes Panzerabwehrfeuer von Bras und Hubert-Folie und sogar vereinzeltes 8,8-cm-Feuer von Bourguébus. Das konnte von den Tigern aus Wittmanns schwerer SS-Panzerabteilung 101 kommen; ein Sherman nach dem anderen ging in Flammen auf.

Am Morgen wurde dem General der Panzertruppe Eberbach das Ausmaß des alliierten Angriffs bewußt, insbesondere aber die Stärke der Bedrohung entlang der Bahnlinie Caen – Vimont. Daher befahl er Dietrich, dessen Aufmerksamkeit zwar ganz auf den kanadischen Angriff außerhalb des Zentrums von Caen gerichtet war, dem aber dennoch die Bedrohung der rechten Flanke seines Korps vor Augen stand, die Division „Leibstandarte" zum Höhenrücken von Bourguébus zu verlegen und so bald wie möglich einen Gegenangriff zu führen. Dietrich war damit einverstanden, jenen wichtigen und großen Teil der Division, der noch westlich der Orne stand, für die Division „Leibstandarte" herauszulösen. Zweifellos mit Hilfe von SS-Obersturmbannführer Jochen Peiper, dem berühmten Kommandeur des SS-Panzerregiments 1, machte Wisch folgenden Plan: SS-Obersturmbannführer Kuhlmanns I. Abteilung des SS-Panzerregiments 1 (46 Panther) sollte aus dem Gebiet östlich von Rocquancourt durch Cagny vorrücken und den Feind über die Bahnlinie Caen – Troarn zurückwerfen; sie sollte bei diesem Angriff Hilfe von SS-Sturmbannführer Klings II. Abteilung (Panzer IV) und SS-Hauptsturmführer Heimanns SS-Sturmgeschützabteilung 1 erhalten, und zwar sofort nach deren Rückkehr westlich der Orne (beide Führer waren Träger des Ritterkreuzes); Panzergrenadiere von Freys und Sandigs Regimentern sollten vorrücken und das Gebiet Four-Soliers halten sowie Bras für Heimanns Sturmgeschütze sichern. Mit bewundernswerter Geschwindigkeit trafen die ersten Aufklärungskräfte der Division „Leibstandarte" um Mittag im Gebiet von Bourguébus ein.

Das SS-Panzerregiment 1 konnte unentdeckt von den alliierten Flugzeugen zum Schlachtfeld marschieren, seine Ankunft auf dem Hügelkamm bei Bourguébus um etwa 12.45 Uhr fiel mit der Ankunft der bereits geschwächten Fife and Forfar Yeomanry zusammen, deren zwei restliche Bataillone an Four vorbei auf Soliers und den von Bourguébus nach La Hogue verlaufenden Hügelkamm vorrückten. In wenigen Minuten verloren sie 29 Panzer, darunter den

Panzer des Kommandeurs.[11] Die Lage war so kritisch, daß um 12.58 Uhr den 23H, die bei Grentheville in Reserve lagen, befohlen wurde, nicht südwärts von Soliers vorzurücken.[12]

Im Verlauf des Tages waren die alliierten Jagdbomber sehr aktiv, aber anscheinend hatten sie Schwierigkeiten, in dem Staub und Rauch und in der allgemeinen Kopflosigkeit auf dem Schlachtfeld die deutschen Panzerkräfte aufzuspüren und wirkungsvoll zu bekämpfen. Das Problem bestand darin, daß niemand am Boden wirklich in der Lage war, unmittelbar mit den Piloten zu sprechen oder ihnen die gewünschten Ziele zu zeigen, nachdem der Panzer mit dem Verbindungsoffizier der RAF am Morgen getroffen worden war.

Hinter Brigadegeneral Harveys Panzerbrigade 29 wurde das Chaos immer größer, als die Einheiten sich verspäteten und durcheinander gerieten. Noch schlimmer wurde es, als sich die Spitzenpanzer der 5. Guards Panzerbrigade um 10.15 Uhr Cagny näherten[13] und selbst von den vier Achtacht-Geschützen der Luftwaffe beschossen wurden, die von Luck den Befehl hatten, auf ein Leuchtsignal hin Panzerabwehrstellungen im nordwestlichen Teil des Dorfes zu beziehen. Diese Geschütze mußten vor einem weiteren Vorstoß erledigt werden, und während die gepanzerte Infanterie der 2. Guards dies versuchte, umgingen die 1. Armoured Coldstream und 2. Armoured Irish Guards um 12.30 Uhr den Ort Cagny[14] und nahmen einen Umweg durch Le Mesnil-Frémentel, um an der Bahnlinie nach Vimont vorzurücken. Unglücklicherweise ließ sie dies direkt über den Weg der 7. Panzerdivision laufen, was nur zu weiterer Verwirrung führte. Generalmajor Roberts hatte das VIII. Korps um 11.45 Uhr[15] um Unterstützung durch die 7. Panzerdivision gebeten, aber wie das Kriegstagebuch der 7. Division verrät, war diese „schlimm bedrängt von der Guards Panzerdivision, die zu weit nach Westen geriet und unseren Ausgang gegen die 11. Panzerdivision blockierte".

In der Zwischenzeit wurden die Grenadiere der 2. gepanzerten, die auf Cagny vorrückten, von einem Gegenangriff einer gepanzerten Gruppe, die in Reserve lag und zur 21. Panzerdivision gehörte und die aus höchstens zehn Tigern und neun Panzern IV bestand, überrascht. Dieser Angriff schlug fehl, als zwei Tiger versehentlich von eigenen Truppen bekämpft und in Cagny von den 8,8-cm-Geschützen der Luftwaffe vernichtet wurden.[16] Die übrigen Panzer zogen sich zurück und wurden dann nach Frénouville befohlen, wo von Lucks Gefechtsstand lag, sowie zum Gebiet von Le Poirier, wo die offene deutsche Flanke südöstlich von Caen gesichert werden sollte.

Um 14.30 Uhr erhielten die 23H den Befehl, an den traurigen Überresten der Fife und Forfars vorbei nach Solier und Four vorzurücken.[17] Sie wurden bald durch Beckers Sturmgeschütze in Soliers aufgehalten: durch die Panzer der Division „Leibstandarte" auf dem Kamm und die deutschen Panzerkräfte im Gebiet von Le Poirier und Frénouville. Beim Versuch des Rückzugs kurz vor 15 Uhr wurden alle Panzer der C-Kompanie vernichtet.[18] Die Geschichte der 23. Hussars erzählt: „Ohne Zeit für eine Gegenmaßnahme, ohne Zeit für etwas anderes außer einem schnellen Blick auf die Situation zu haben, hatten alle Panzer innerhalb von fast nur einer Minute einen Treffer bekommen, brannten und explodierten. Überall rannten Verwundete oder brennende menschliche Fackeln umher oder suchten mühsam nach Deckung, während ein unbarmherziger Regen aus panzerbrechenden Geschossen die ohnehin hilflosen Shermans durchsiebte."

In einem Nachkriegsinterview mit Milton Shulman gab Teddy Wisch an, daß er selbst diese Abwehrschlacht leitete.

Bis 15.06 Uhr[19] hatten sich die Reste der Fife and Forfars nördlich der Eisenbahnlinie Caen – Vimont zurückgezogen, und 20 Minuten später hieß es, die Position der 3 RTR habe sich „verschlechtert".[20] Das Regiment war schon um 14 Uhr auf die Nord-Süd-Eisenbahnlinie ausgewichen, nachdem das Gelände bis zur Front als „bedeckt mit Panzern und Panzerabwehrkanonen" befunden worden war.[21]

Um 16 Uhr, als Roberts seinen Korpskommandeur und Erskine von der 7. Panzerdivision kurz hinter Le Mesnil-Frémentel getroffen hatte, befand sich seine Panzerbrigade in völligem Durcheinander, und seine Infanteriebrigade war immer noch am nördlichen Ende des Korridors gebunden. Grentheville war gesäubert, aber Frénouville, Le Poirier, Four, Soliers, La Hogue, Bourguébus, Hubert-Folie und Bras waren sämtlich in deutscher Hand – mit anderen Worten, das ganze entscheidende Gelände. Roberts hatte schon seine einzige gepanzerte Reserve, die 2. Northamptonshire Yeomanry, herbeigerufen. Er verlangte unvernünftigerweise, die 7. Panzerdivision solle die Lücke zwischen ihm und den Adairs Guards schließen.

Jedoch war die 7. Panzerdivision auf ihrem Weg durch die Minenfelder ernsthaft in Verzug geraten, und, wie wir schon erfuhren, bei ihrem Vorstoß im engen Korridor nördlich von Le Mesnil-Frémentel weiter auseinandergerissen worden. Es gab auch Andeutungen, daß Erskine, der die ganze Operation sicherlich für eine Verschwendung gepanzerter Kräfte hielt, an diesem Tag übermäßige Vorsicht walten ließ und vielleicht sein vorderstes Panzerregiment vorsätzlich verlangsamte, weil es angeblich kein Durchkommen zwischen der 11. Panzerdivision und den Guards gäbe. Das ist nicht sehr glaubhaft, denn das hätte eine vorherige Absprache zwischen dem Brigadekommandeur, Brigadegeneral Hinde, und dem Kommandeur der 5 RTR erfordert, ganz zu schweigen von den verschiedenen Stäben. Wie auch immer, die 5 RTR kam erst um 18 Uhr[22] an der Eisenbahnlinie Caen – Vimont an, und zu dieser Zeit war es schon zu spät für Unterstützung – zwei Stunden hatte es gedauert, die drei Kilometer von der Straße Caen – Troarn nach Grentheville zurückzulegen.

Inzwischen hatte die 32. Guards Brigade um 16 Uhr Cagny erreicht – die Besatzungen der 8,8-cm-Kanone feuerten ihre letzten Granaten vor dem Rückzug noch ab –, aber erst um 20 Uhr war das Dorf völlig gesäubert; Le Poirier fiel um 16.30 Uhr an die 1. Coldstream Guards.[23] Die Versuche der 2. gepanzerten Irish Guards, um 19 Uhr nach Vimont vorzurücken, schlugen angesichts der deutschen Panzer und Sturmgeschütze um Frénouville wiederum fehl. Im Kriegstagebuch der Guards-Division ist angegeben, daß im Tagesverlauf 60 Shermans beschädigt wurden, von denen 15 „kampfunfähig" waren.

Um 20 Uhr traf Herfords II. Bataillon des SS-Panzergrenadierregiments 1 ein und wurde in Bras den Stumgeschützen der Division „Leibstandarte" unterstellt. Letztere behaupteten, in den früheren Abendstunden 15 bis 20 Panzer am Nordrand des Dorfes überrascht zu haben. Nach der halboffiziellen Geschichte der Division „Leibstandarte" heißt es: „Hauptsturmführer Rettlinger greift mit Stab und 2. Kompanie Bras ostwärts und mit 1. Kompanie nördlich umfassend an und nimmt die Feindpanzer in die Zange … Zwei Panzer brennen sofort, einige erhalten Treffer. Beim Gegner entsteht eine Panik; jeder sucht sein Heil in der Flucht … Wir haben keinen Ausfall. Inzwischen ist es 19 Uhr geworden."[24]

Das waren die Cromwells des Aufklärungsregiments der 11. Panzerdivision, die 2. Northamptonshire Yeomanry, die Roberts in einem letzten Versuch aufgeboten hatte. 16 Panzer gingen in diesem vergeblichen Versuch, den Kamm vom Norden her zu nehmen, verloren.

Bei Anbruch der Dunkelheit hatte sich der letzte Rest der vier Panzerregimenter der 11. Panzerdivision in den Norden von Soliers und der Bahnlinie Caen – Vimont zurückgezogen. An diesem Tag hatte die 29. Panzerbrigade mindestens 125 Shermans verloren – 33 von den 23H, 45 von den 3 RTR (das Kriegstagebuch der Einheit spricht von 49), und 47 von den 2. Fife and Forfars.[25] Die 159. Infanteriebrigade hatte schließlich aufgeholt und lag um Le Mesnil-Frémentel in Stellung. In Anbetracht der Tatsache, daß die 32. Guards-Brigade in einer Verteidigungsstellung um Cagny lag und die 5. Guards-Panzerbrigade sich westlich einer Linie von Emiéville nach Frénouville befand, läßt sich auch die Situation am südlichen Ende des „gepanzerten Korridors" wie in „Epsom" sowohl mit drangvoller Enge als auch mit Planlosigkeit oder Chaos beschreiben.

Einer der Gründe, die für das Debakel des VIII. Korps am 8. Juli angeführt werden, war der Mangel an Infanterie. Hans von Luck kritisiert in seinem Buch *Panzer Commander* die britische Taktik. Er weist darauf hin, daß die Panzerangriffe fast immer ohne Unterstützung durch Infanterie erfolgt seien und daß daher niemand unmittelbar zur Stelle war, um die gefährlichen Panzerabwehrstellungen auszuschalten. Das ist eine Übertreibung insofern, als ein motorisiertes Infanteriebataillon fester Bestandteil einer jeden beteiligten gepanzerten Brigade war. Aber es trifft sicherlich zu, daß das Potential der drei Infanteriebrigaden im VIII. Korps weitgehend vergeudet wurde. Ein Plan, der die voraus angreifende 11. Panzerdivision ihrer Infanteriebrigade beraubte, ein Mangel an gepanzerten Mannschaftswagen sowie schlechte Zusammenarbeit zwischen Infanterie und Panzertruppen sorgten dafür, daß die britischen Panzer in „Goodwood" praktisch ohne Unterstützung operierten. Im VIII. Korps standen zwölf Infanteriebataillone zur Verfügung (drei waren motorisiert), um neun Panzerregimenter und drei gepanzerte Aufklärungsregimenter zu unterstützen, und doch kamen fünf davon am 18. Juli nicht zum Einsatz. Es ist so gewesen, wie Belfield und Essame in ihrem Buch *The Battle for Normandy* ausführen: „Kein ranghoher Offizier vor Ort schien übermäßig beunruhigt durch diese erzwungenen Aufenthalte [bei den Brücken], und die dringend benötigte Infanterie durfte phlegmatisch in ihren Fahrzeugen sitzen, die sich im Schnekkentempo vorwärtsbewegten. Die 7. Panzerdivision, am hinteren Ende der Panzerkolonne, hat an diesem ersten Tag von ‚Goodwood' kaum oder überhaupt nicht teilgenommen."

Panzermeyers Kommentar zu der armseligen Vorstellung britischer Panzer an jenem Tag ist ebenfalls sehr passend: „Vom Angriffsgeist der Leichten Brigade bei Balaklawa während des Krimkrieges war nichts mehr zu spüren. Die feindlichen Panzer krochen wie Schildkröten durchs Gelände – ihre geballte Kraft wurde nicht ausgenutzt."[26]

Aber trotz der Einbußen an Panzern in O'Connors VIII. Korps waren die Verluste an Menschen überraschend gering – insgesamt 521.[27] Und in den vier Panzerregimentern der 11. Panzerdivision gab es nur 81 Tote, noch erstaunlicher ist aber, daß die vier Infanteriebataillone derselben Division insgesamt nur 20 Verluste verzeichneten.

Die Kanadier hatten inzwischen das Fabrikgelände bei Colomelles gesäubert, waren in Vaucelles eingedrungen und hatten am Morgen des 19. Juli die Orne überschritten – das alles hatte sie nicht einmal 200 Männer gekostet. In der Nacht zogen sich die Deutschen aus den Vorstädten von Caen zurück und gingen in neue Stellungen am westlichen Ende des Kammes von Bourgébus, wo jetzt die Masse der Division „Leibstandarte" stand.

An der Ostflanke säuberten tagsüber die 3. britische Infanteriedivision und weitere Truppen des I. britischen Korps Touffreville und Sannerville und erreichten die Ausläufer von Troarn, aber Versuche, weiter südlich vorzurücken, wurden von den deutschen Verteidigern im Bereich von Emiéville und St. Pair abgewiesen. Der Preis war verhältnismäßig hoch – 651 Männer[28] und 18 Panzer[29], aber diesmal hatte das Bombardement zweifellos den Angreifern geholfen.

Insgesamt hatten die Deutschen am 18. Juli um Mitternacht Caen verloren, hielten aber alle Dörfer südlich der Eisenbahn Caen – Vimont außer Grentheville. Sie verteidigten eine durch Emiéville nach Troarn gehende feste Linie nördlich von Frénouville.

In der Nacht gruppierte sich die Division „Leibstandarte" etwas um, indem Freys SS-Panzergrenadierregiment 1 die Verantwortung für den Bereich Bras, Hubert-Folie und Bourguébus bekam und Sandigs Regiment 2 die Verantwortung für das Gebiet von Le Poirier, Four, Soliers und La Hogue erhielt.

Aber was war mit der 12. SS-Panzerdivision geschehen? Das SS-Artillerieregiment 12 und die SS-Flak-Abteilung 12 lagen immer noch westlich von Bourgébus und unterstützten die 272. Infanteriedivision, und die Kampfgruppe Wünsche befand sich in einem Bereitstellungsraum nördlich von Lisieux. Im allgemeinen glaubt man, daß der Rest der 12. SS-Panzerdivision, die zwei starke Kampfgruppen mit Panzern umfaßte, am 17. Juli nördlich von Falaise in Reserve lag und am 18. Juli zur Verstärkung der deutschen Verteidigung südöstlich von Caen sowie um die British Guards und die 11. Panzerdivision zurückzuschlagen eingesetzt wurde. So verhielt es sich indes nicht. Der Rest der 12. SS-Panzerdivision bestand – was die kampfbereiten Truppen anbelangte – aus wenig mehr als einer Kampfgruppe unter der Führung von SS-Sturmbannführer Hans Waldmüller. Am 17. Juli hob General der Panzertruppe Eberbach, der einen britischen Angriff befürchtete, die geplante Unterstellung dieser Gruppe zur Kampfgruppe Wünsche auf. Beunruhigt durch das Ausmaß des Angriffs durch das VIII. Korps, fragte er am Mittag des 18. Juli von Kluge, ob er die Division „Hitlerjugend“ einsetzen könne. Die Genehmigung konnte jedoch nicht ohne Zustimmung des OKW erteilt werden, weil Hitler persönlich am 16. Juli seine Absicht deutlich gemacht hatte, sie sich vorzubehalten.[30]

Die 12. SS-Panzerdivision wurde am 18. Juli um 15 Uhr dem I. SS-Panzerkorps zurückunterstellt und erhielt den Befehl, so bald wie möglich die 21. Panzerdivision im Raum Emiéville – Frénouville abzulösen.[31]

Interessanterweise waren die Deutschen sich darüber im klaren, daß das Gelände östlich von Vimont entlang der Route Nationale 13 für Panzerkräfte völlig ungeeignet war, da es nur knapp über dem Grundwasserspiegel lag. Daher war die Kampfgruppe Wünsche bei Lisieux fehl am Platz. Wahrscheinlicher war eine britische Angriffsrichtung durch Airan und dann über den Fluß Dives bei St. Pierre-sur-Dives. Daher beschloß man, die Division „Hitlerjugend“ mit Schwerpunkt im Gebiet von Vimont zusammenzuziehen. Es sollte nicht allzu schwierig sein, im Laufe der Nacht die Kampfgruppe Waldmüller vorrücken zu lassen, aber die zerstörten Brücken über die Dives bereiteten Wünsche große Probleme. Alle Beteiligten, von Kluge, Eberbach, Dietrich und Meyer, wußten, daß die Division „Hitlerjugend“ nicht vor Mittag des 19. Juli vollständig bereitgestellt sein konnte, und es würde Glück für die Deutschen bedeuten, sollten ihnen die Briten die erforderliche Zeit dazu lassen.

19. Juli – Seite an Seite

In der Nacht vom 18. zum 19. Juli führte die Luftwaffe einen ihrer wenigen erfolgreichen Luftangriffe gegen den britischen Brückenkopf östlich der Orne. Für die Guards und die 11. Panzerdivision verursachte er schwere Verluste unter den rückwärtigen Stäben und unter den Besatzungen der Ersatzpanzer. Die strategisch wichtigen Brücken wurden nicht getroffen.

Obgleich die beiden ersten britischen Panzerdivisionen vollzählige Infanteriebrigaden an der richtigen Stelle zur Verfügung hatten, versuchte keine die einzige Angriffsart, die die Deutschen fürchteten – einen nächtlichen Infanterieangriff; statt dessen „konsolidierten sie die Gewinne“. Dazu kommt noch, daß am Morgen des 19. Juli das VIII. Korps auch keine Offensive unternahm, statt dessen erfolgte eine „Neuordnung für weitere Angriffe“.[32] Ganz anders ging es bei den Deutschen zu: Ein Gegenangriff um 7 Uhr von Four aus, durchgeführt von einer Kompanie von Sandigs SS-Panzergrenadierregiment 2, führte zur Rückeroberung von Le Poirier.[33]

O'Connor traf seine drei Divisionskommandeure um die Mittagszeit und befahl ihnen, sie sollten ihre Angriffe wieder aufnehmen. Die 11. Panzerdivision sollte – mit Beginn um 16 Uhr – Bras und Hubert-Folie nehmen, und um 17 Uhr sollte die 7. Panzerdivision Bourguébus – von den Soldaten „Buggersbus“ genannt – nehmen und danach bis Tilly-la-Campagne und Verrière weiterstoßen, während die Guards die Anweisung bekamen, Le Poirier zurückzuerobern und dann nach Vimont vorzurücken.[34]

Neben der Durchführung des bereits erwähnten Gegenangriffs gegen Le Poirier verbrachten die Männer der Division „Leibstandarte“ den Morgen damit, ihre Stellungen auszubauen und sich in der Tiefe zu staffeln. Die 7. Kompanie des SS-Panzerregiments 1 des Ritterkreuzträgers SS-Untersturmführer Werner Wolff wurde mit der 3. Kompanie des SS-Panzerregiments 1 im Raum Tilly zusammengefaßt, und der Rest von Kuhlmanns I. SS-Panzerabteilung (Panther) stieß bis hinter die Hügelkette östlich von Bourguébus vor. Infolge der beobachteten britischen Bewegungen wurden in Bras bei dem III. Bataillon des SS-Panzergrenadierregiments 1 unter Graetz nur zwei Sturmgeschütze zurückgelassen, und der Rest von Heimanns Abteilung bezog bessere Stellungen zwischen dem Dorf und Hubert-Folie, das ebenso wie Soliers von der I. Abteilung des SS-Panzerregiments 1 gehalten wurde. Die II. Abteilung verteidigte den Kamm von Bourguébus bis Tilly. Das SS-Panzergrenadierregiment 2 von SS-Obersturmbannführer Rudolf Sandig verteidigte weiterhin die rechte Flanke des Bereiches der Division „Leibstandarte“ in Le Poirier, Four und La Hogue.

Die vorderen Teile von Meyers 12. SS-Division „Hitlerjugend“ trafen am 19. Juli um 5.30 Uhr im vorderen Kampfgebiet ein. Bis zum Mittag hatte die Kampfgruppe Waldmüller die Stellungen der 21. Panzerdivision bei Frénouville zu beiden Seiten der Straße Cagny – Vimont übernommen, zur Hauptsache aber auf der westlichen Seite, und die Begleitkompanie der Division stand dahinter bei Bellengreville. Der Boden hier ist flach, zeigt aber unterschiedlichen Baumbewuchs. Um die Mittagszeit erreichte die Kampfgruppe Wünsche die obere Hügelkette, die in der Region Argences, Moult, Airan von Norden nach Süden verläuft. Dort bezogen die Panzer ihre Stellungen als gepanzerte Reserve, während Krauses SS-Panzergrenadiere in Waldmüllers rechte Flanke einrückten und Olboeters SPW-Bataillon Emiéville besetzte. Die 8. Kompanie des SS-Panzerregiments 12 (Panzer IV) unter SS-Untersturmführer Höfler bezog beiderseits der Straße Vimont zwischen den Bataillonen von Krause und Olboeter Lauerstellungen. Hurdelbrinks 1. Kompanie der SS-Panzerjägerabteilung 12 staffelte sich in der Tiefe hinter Frénouville. Bremers unterbesetzte SS-Aufklärungsabteilung 12 lag nahe Meyers Hauptquartier bei Ruel in der Nähe von Airan, und Müllers SS-Pionierbataillon 12 war im gesamten Gebiet eingesetzt, um Minen zu legen und Hindernisse zu errichten. Die 36 Ersatzpanzer IV, die für die II. Abteilung des SS-Panzerregiments 12 unter Prinz bestimmt waren, waren noch unterwegs und trafen nicht rechtzeitig zu den Gefechten am 19. Juli ein. Dessenungeachtet kämpften die beiden eingesetzten Divisionen von Hitlers I. SS-Panzerkorps zum ersten Mal seit ihrer Aufstellung Seite an Seite.

Trotz der Heftigkeit der Kämpfe am zweiten Tag von „Goodwood“, als alle drei britischen Panzerdivisionen angriffen, bieten die Geschichtsbücher darüber nur wenig Berichte – es gibt 18 Zeilen in Ellis' Official History und nur zehn Zeilen von den insgesamt vier bekanntesten britischen und amerikanischen Schriftstellern, die über den Feldzug in der Normandie berichtet haben.

Am Nachmittag des 19. Juli griffen Teile der 32. Guards-Infanteriebrigade Emiéville an, wurden aber von Olboeters Grenadieren zurückgeschlagen, die nur zwei Tote und sechs Verwundete beklagten. Ein größerer Angriff um 19 Uhr von derselben Brigade gewann ohne Schwierigkeiten Le Poirier wieder zurück[35], als die Kompanie des II. SS-Panzergrenadierbataillons der „Leibstandarte“ sich dort auf Befehl nach Four zurückzog. Jedoch schlugen weitere Versuche der Guards, nach Frénouville vorzustoßen, gegen Waldmüllers und Krauses Männer, denen Jagdpanzer den Rücken stärkten, fehl. Die Panzerbrigade der 5. Guards blieb unerklärlicherweise untätig. Das Kriegstagebuch verzeichnet: „Es wurde berichtet, daß eine Wand von Achtacht-Geschützen das weitere Vorgehen in Richtung Vimont versperrte, und es wurde dringlicher, Cagny zu halten, damit die 7. und 11. Panzerdivision auf unserer rechten Flanke vorrücken konnte.“

Der Angriff durch die 11. Panzerdivision begann um 16 Uhr, als die 2. Northamptonshire Yeomanry auf Bras vorrückte.

Danach kamen die 3 RTR, die nach der Säuberung von Bras den Ort Hubert-Folie einnehmen sollten. Laut dem Kriegstagebuch der Yeomanry griffen sie mit zwei Kompanien von Nordnordwest an, das der Panzerbrigade 29 aber sagt, daß das Regiment irrtümlicherweise von Westen kommend vorrückte.[36] Das war bedeutungslos – um 16.20 Uhr war der Angriff fehlgeschlagen. Oberstleutnant Silvertop, der die 3 RTR befehligte, entschloß sich daher, an diesem Angriff teilzunehmen und von Nordost her auf Bras vorzustoßen. Bei diesem Angriff wurde ein Sturmgeschütz zerstört, das andere zog sich zurück und ließ die Grenadiere ohne die vertraute Panzerunterstützung zurück. Ein Angehöriger der 9. Kompanie von Graetz berichtete: „… zeigte sich die Materialüberlegenheit des Gegners. 2, 5, 8, 10 oder noch mehr, ich glaube, wir zählten sie nicht mehr, die Panzer, die sehr behutsam auf unsere Deckungslöcher zurollten. Wir erstarrten vor Schreck und Grauen, von ihnen zermalmt zu werden. Wer überlebte, ging in Gefangenschaft."[37]

Um 17.10 Uhr tauchten die 3 RTR an der südwestlichen Seite des Dorfes auf; um 17.30 Uhr führten sie Säuberungsaktionen durch.[38]

Nach dem Fall von Bras wurde die 2. Northamptonshire Yeomanry um 18.10 Uhr zum Vorstoß auf Hubert-Folie befohlen. Das Dorf wurde von Teilen von Schillers I. Bataillon des SS-Panzergrenadierregiments 1 und der 2. Batterie der SS-Sturmgeschützabteilung 1 verteidigt. Nach 20 Minuten brach der Vorstoß im allgemeinen Durcheinander zusammen, als die Yeomanry durch das Feuer aus den Sturmgeschützen und aus Peipers Panzern, die in Hinterhangstellungen auf dem Hügelkamm südwärts lagen, bis auf Kompaniestärke zusammengeschmolzen waren.[39]

Um 20 Uhr erhielt die 2. Fife and Forfar Yeomanry mit nur 25 Panzern, die in zwei Kompanien aufgeteilt waren, den Befehl, Hubert-Folie zu nehmen. Zu ihrem Glück trafen sie auf keinen Feind[40] – die Verteidiger der Division „Leibstandarte" hatten sich auf die beherrschende Linie zwei Kilometer südlich in der Nähe von Verrières zurückgezogen, wo Peipers Panzer schon in Stellung lagen. Bei Tagesende hatte Heimanns SS-Sturmgeschützabteilung 1 nur noch drei einsatzfähige Sturmgeschütze, zwei waren zerstört und die anderen 15 beschädigt.[41]

Der gleichlaufende Angriff durch die Panzerbrigade 22 der 7. Panzerdivision gegen die vorderste Verteidigung der „Leibstandarte" in Four und Soliers war anfänglich durch Sandigs SS-Panzergrenadiere verzögert worden, bevor sie sich planmäßig auf die Hügelkette Bourgébues – La Hogue zurückzogen. Durch diesen Rückzug waren die 3 RTR in der Lage, gefahrlos auf Bras vorzustoßen. Aber dann, als die Panzer von 5 RTR kurz vor 19 Uhr beiderseits von Bourguébus vorwärts drängten, trafen sie überraschend Jochen Peipers SS-Panzerregiment 1 und verloren acht Shermans.[42] Sie konnten nichts weiter tun, als sich nach Four und Soliers zurückzuziehen.

Hitlers SS-Panzerdivisionen des I. SS-Panzerkorps hatten – alles in allem – standgehalten. Die Division „Hitlerjugend" hatte kein Stück Boden preisgegeben, und bei Anbruch der Dunkelheit hielt die Division „Leibstandarte SS Adolf Hitler" immer noch das entscheidende Gelände, das sich von La Hogue durch Bourguébus nach Beauvoir hinzog.

Im Verlauf des 19. Juli hatte an der linken Flanke von Dietrichs I. SS- Panzerkorps die kanadische 2. Infanteriedivision Cormelles gesäubert, ebenso Fleury-sur-Orne und die Höhe 67 nördlich von St. André. Um Mitternacht war Ifs im Nordwesten von Bras gesichert; jedoch hatte am 19. Juli um 15 Uhr Dempsey dem II. kanadischen Korps von Simonds befohlen, Bras und Hubert-Folie von der 11. britischen Panzerdivision zu übernehmen – und das sollte die Kanadier am 20. Juli in unmittelbare Kämpfe mit der „Leibstandarte" bringen.

20. bis 21. Juli – Ein schlechtes Geschäft

Am 20. Juli um 10 Uhr erteilte Generalleutnant Dempsey den Befehl, daß die 7. Panzerdivision die Einnahme von Bourguébus beenden und das VIII. Korps dann die gegenwärtigen Stellungen mit Infanterie halten solle, während sich die beschädigten Panzer zurückziehen sollten. „Goodwood" war im großen und ganzen beendet.

General Simonds forderte Kellers 3. kanadische Infanteriedivision auf, die schwer angeschlagene 11. Panzerdivision zu entlasten. Der Anblick, der sich den Soldaten dabei bot, war für viele von ihnen ein Schock. Einer von ihnen beschrieb später, wie ihnen angesichts so vieler rauchender Shermans regelrecht übel wurde.[43] Zur selben Zeit wurde der 2. kanadischen Infanteriedivision befohlen, vorzustoßen und bei Verrières beiderseits der Straße Caen – Falaise in Stellung zu gehen.

Ehe Dempseys Befehl zum Anhalten durchkam, nahm die Guards-Panzerdivision Frénouville und Emiéville – beide Dörfer waren von Waldmüllers und Olboeters Grenadieren aufgegeben worden. Durch diese Rückzüge sollte die Frontlinie der Division „Hitlerjugend" verkürzt werden, aber weitere Versuche der Guards, nach Vimont vorzustoßen, trafen auf heftigen Widerstand und schlugen fehl. Tiefhängende dunkle Wolken verhinderten jede Unterstützung durch die alliierte Luftwaffe.

Die neue Frontlinie der 12. SS-Panzerdivision verlief von Château St. Pierre Oursin östlich von Emiéville zu einem Punkt, der auf der Hälfte der Strecke zwischen Frénouville und Bellengreville lag. Aber Kurt Meyer hatte bereits entschieden, daß seine erschöpfte Division keine durchgehende Verteidigungslinie besetzen konnte, und daher an diesem Tag eine Reihe möglicher Stützpunkte von Vimont bis St. Sylvain, acht Kilometer südwestwärts, erkundet, die seinem Befehl zufolge vorzubereiten waren.

Als die 7. Panzerdivision ihren Vormarsch begann, fand sie Bourgébues in gleicher Weise von den Panzergrenadieren der 1. SS-Panzerdivision „Leibstandarte" aufgegeben vor; als jedoch die Panzer von 4 CLY und eine Kompanie von 1 RB über den sanft ansteigenden Boden nach Verrières weiter vorrücken wollten, gerieten sie unter schweres Feuer und wurden aufgehalten.[44] Mit Unterstützung der Panzer von Wittmanns 3. Tiger-Kompanie war die Division „Leibstandarte" wie üblich im entscheidenden Gelände und hatte beschlossen: Bis hierher ist es weit genug. Aber die Panzerbrigade 22 von Brigadegeneral Hinde war nicht der einzige Verband, der Verrières am Morgen des 20. Juli angriff. Wie wir uns erinnern, sollten auch die Kanadier den Hügelkamm besetzen, und in Vorbereitung dessen überquerte ihre Infanteriebrigade 6 an jenem Morgen die Orne. Nach eiligen Beratungen zwischen dem II. kanadischen und dem VIII. britischen Korps war man um die Mittagszeit übereingekommen, daß die Briten sich auf den Osten der Straße Caen – Falaise zurückziehen und den kanadischen Angriff durch Feuer unterstützen sollten. Die Briten hatten den besten Teil erwischt.

Der Angriff begann um 15 Uhr sowohl mit Unterstützung der kanadischen und britischen Artillerie als auch mit einem Luftangriff durch die Typhoons. Obwohl es sich hier um einen umfassend geplanten Angriff handelte, rückte die kanadische Infanterie auf eigene Faust vor, ohne Begleitung durch Panzer, die aus irgendeinem seltsamen Grund für einen Gegenangriff zurückgehalten wurden.[45]

Die Camerons of Canada hatten in dem verhältnismäßig unwichtigen Dorf St. André-sur-Orne, das von der 272. Infanteriedivision verteidigt wurde, einen Stützpunkt gesichert. Das South Saskatchewan Regiment von Oberstleutnant Clift berichtete, um 17.30 Uhr wären zwei Kompanien auf das Ziel angesetzt. Dieses Ziel bei Verrières und die Bauernhöfe um Beauvoir und Torteval wurden zum Teil von Max Junges II. Bataillon des SS-Panzergrenadierregiments 2 (SS-Hauptsturmführer Karck, ein weiterer Ritterkreuzträger, war bei einem Unfall am 3. Juli getötet worden) sowie von zwei Kompanien der SS-Aufklärungsabteilung der Division „Leibstandarte“ gehalten. Aber um etwa 17 Uhr verwandelte ein heftiger Regenschauer das gesamte Gelände in eine Schlammwüste, und gerade, als man den Kanadiern Unterstützung durch die Luft versagte, traf die Saskatchewans ein starker Gegenangriff. Er kam aus Richtung Verrières von der 5. und 6. Kompanie von Klings II. Abteilung des SS-Panzerregiments 1 mit Unterstützung durch eine Sturmgeschützbatterie und durch Teile des SS-Panzergrenadierregiments 1. Die Saskatchewans wurden überrannt und erlitten 208 Ausfälle, darunter befanden sich ihr Kommandeur und 65 Tote.[46] Dieselbe Truppe wandte sich dann dem Essex Scottish Regiment zu, das das Gebiet zwischen Beauvoir und St. André besetzen wollte, und fügte ihm schwere Verluste zu. Um 21 Uhr waren zwei Kompanien aufgerieben. Zu dieser Zeit wurde Albert Frey, der Kommandeur des SS-Panzergrenadierregiments 1 der Division „Leibstandarte“, bei Garcelles durch Artilleriefeuer schwer verwundet. SS-Obersturmbannführer Joachim Schiller, Kommandeur des I. Bataillons, übernahm die Führung, und SS-Hauptsturmführer Lotter ersetzte diesen.

Schwere Gefechte dauerten die ganze Nacht vom 20. zum 21. Juli an, ebenso die Regengüsse, die das ganze Schlachtfeld in einen Morast verwandelten und jede Hoffnung auf Weiterführung der Operation „Goodwood“ zunichte machten, die vielleicht Montgomery, Dempsey, O'Connor oder sonst jemand gehegt haben könnte.

Am Morgen des 21. Juli unternahm die Division „Leibstandarte“ einen weiteren schweren Angriff gegen den kanadischen Kräfteschwerpunkt, und die Essex Scottish erlitten wiederum schwere Verluste, insgesamt 301 in zwei Tagen. Trotz eines Gegenangriffs an diesem Abend durch die Canadian Black Watch mit Unterstützung durch Panzer der 1. Hussars und Sherbrooke Fusiliers, die die Straße zwischen Torteval und St. André erreichten und den Essex Scottish den Rückzug ermöglichten, eroberten Wischs Männer die entscheidenden Bauernhöfe bei Torteval und Beauvoir zurück. Der strategisch wichtige Hügelkamm bei Verrières blieb fest in der Hand der Division „Leibstandarte“. Im Kriegstagebuch des Essex Scottish Regiment findet sich ein sehr niedergeschlagener Kommentar zur eigenen Rolle in diesem Kampf: „Es stimmt traurig, sich vorzustellen, daß wir so viele Männer des Bataillons verloren haben, um so mehr, als der Aktion ein Erfolg versagt war und so viele Opfer hätten vermieden werden können durch bessere Planung sowie durch Einhaltung einer Vorgehensweise, von der wir durch unsere Ausbildung annahmen, sie würde auch befolgt, ehe wir in die Schlacht ziehen. Sämtliche Regeln im Umgang mit Menschen sind entweder verletzt oder ignoriert worden, beispielsweise durch den plötzlichen Aufbruch nach Mitternacht, den Mangel an Schlaf bei allen Dienstgraden, durch ein kärgliches Frühstück und durch die fehlende Mittagsmahlzeit vor der Schlacht. Den rangniedrigen Vorgesetzten oder Truppen wurde kein allgemeiner Plan mitgeteilt, noch ein detailliertes Bild, falls es das überhaupt gegeben hat.“[47]

Es ist keine Überraschung, daß der Kommandeur, Oberstleutnant Bruce Macdonald, entlassen wurde.[48] Derselbe Mann wurde später der kanadische Vertreter beim Untersuchungsausschuß SHAEF für Kriegsverbrechen, dann stand er der kanadischen Einheit für Kriegsverbrechen Nr. 1 vor, und durch eine seltsame Wende des Schicksals wurde er schließlich nach dem Krieg der Hauptankläger bei Kurt Meyers Gerichtsverhandlung.

„Goodwood“ war vorüber. Die strategischen Ergebnisse, Fehlschläge, Erfolge und Konsequenzen dieser Operation sind schon oft besprochen worden. Der Autor dieses Buches wird sich auf vier Feststellungen beschränken. Erstens: Von den von Dempsey genannten vier Zielen – Vimont, Garcelles, Hubert-Folie und Verrières – ist nur Hubert-Folie erobert worden, und das von Montgomery bestimmte Bretteville-sur-Laize lag noch mehr als acht Kilometer entfernt. Zweitens: Montgomerys Vorsatz, die deutschen Panzer zu verschleißen, ist nicht erreicht worden (auf diesen Punkt kommen wir gleich noch einmal zurück). Drittens: Der Aufwand für das Erreichte war enorm hoch – die Verluste auf britischer Seite (nur des VIII. und I. Korps) betrugen 3.474[49], und die der Kanadier beliefen sich auf 1.965 einschließlich 441 Gefallener.[50] Dahingehende Berichte, daß die Briten mehr als 400 Panzer verloren, sind sicher sehr übertrieben – eine sorgfältige Prüfung der entsprechenden Dokumente ergibt eine Höchstzahl von 253 für die Periode von „Goodwood", und viele Panzer waren noch zu reparieren. Viertens: Montgomerys oberstes Ziel, nämlich die Masse der deutschen Panzer an der Ostflanke zu binden, damit sie nicht gegen den beabsichtigten Ausbruch der Amerikaner im Westen eingesetzt werden könne, wurde erreicht.

Was das Verschleißen der deutschen Panzer anbelangt, so ist die Behauptung in der offiziellen britischen Geschichtsschreibung, daß die Division „Leibstandarte" und die 21. Panzerdivision am 18. Juli 109 Panzer verlor[51], eine weitere Übertreibung. Man kann jedoch von 41 Panzern und sechs Sturmgeschützen ausgehen, die bei der anfänglichen Bombardierung kampfunfähig gemacht wurden. Wisch, der Kommandeur der Division „Leibstandarte", erwähnt eine Zahl von zwölf Panthern und einem Panzer IV, die am gleichen Tag verlorengingen. Wir wissen ebenfalls, daß die Sturmgeschützabteilung der Division „Leibstandarte" am 18. und 19. Juli 17 abgeschossene oder schwer beschädigte Sturmgeschütze hatte, wenn insgesamt auch nur zwei davon ganz abzuschreiben waren. Es wurde bestätigt, daß die Division „Hitlerjugend" bei den Gefechten keine Verluste an Panzern oder Jagdpanzern erlitten hatte[52] und daß die Division „Leibstandarte" am 20. Juli noch über 17 einsatzfähige Panther und 46 Panzer IV verfügte. Daher kann die von Generalmajor „Pip" Roberts, Kommandeur der 11. Panzerdivision, genannte Zahl von 75 zerstörten deutschen Panzern und Sturmgeschützen als richtig akzeptiert werden. Diese Angabe machte Roberts in einem Interview beim British Staff College im Jahre 1979, sie wurde in einem Ausbildungsfilm für die britische Armee über „Goodwood" verwendet. Das sind nur 20 Prozent der gesamten deutschen Panzerstärke innerhalb des I. SS-Panzerkorps, was keinesfalls als Verschleißen der deutschen Panzer gewertet werden kann, so wie es von Montgomery geplant war.

Es versteht sich von selbst, daß das Versagen beim Durchbruch in „Goodwood" einen größeren Aufruhr in den höchsten Stellen des Alliierten Kommandos verursachte. Eisenhower war wütend und machte seine berühmte Bemerkung, daß die Alliierten kaum erwarten könnten, zum Preis von tausend Tonnen Bomben pro Meile durch Frankreich zu marschieren. Ebenso böse waren Tedder, Leigh-Mallory und alle anderen höheren Luftwaffenkommandeure. Von den Offizieren bei SHAEF wollten viele, daß Montgomery entlassen werde und Eisenhower persönlich das Kommando über alle Landstreitkräfte übernähme – auch Churchill, der persönlich Montgomery nicht besonders zugetan war, bekam Zweifel bezüglich seiner Fähigkeiten. Ohne Zweifel ist er für viele britische Truppen, die unter seinem Kommando kämpften, bis heute immer noch ein Held, jedoch sein Ruf bei vielen ranghohen Offizieren und Militärhistorikern ist für immer mit einem Makel behaftet. Für ihn ist es bedauerlich, daß seine Chance als Kommandeur aller Landstreitkräfte mit „Goodwood" endete.

Die Personalverluste auf deutscher Seite waren verhältnismäßig gering. Bei der Division „Hitlerjugend" wurden die meisten Ausfälle erst nach „Goodwood" durch Artilleriefeuer der Alliierten verursacht. Die Gesamtausfälle für die Zeit vom 19. Juli bis zum 4. August betrugen 134, darunter waren 18 Gefallene.[53] Die Division „Leibstandarte" zählte in der Zeit vom 16. Juli bis zum 1. August 1.092 Ausfälle, darunter 243 Gefallene.[54] Dessenungeachtet verursachten die Ausfälle in Dietrichs SS-Panzerdivision und in Bittrichs II. SS-Panzerkorps wegen ihrer Höhe große Besorgnis. Am 19. Juli um 18 Uhr zeigt ein Eintrag in das Kriegstagebuch der Panzergruppe West die Ansicht von General der Panzertruppe Eberbach: „Wir brauchen viele Menschen und Material, besonders die SS-Obergruppenführer Dietrich und Bittrich sind erschüttert darüber, daß das SS-FHA [SS-Führungshauptamt] so wenig in bezug auf Menschenersatz hilft."[55] Weiterhin heißt es, er habe für beide Korps Ersatz angefordert. Eberbach hatte auch darum gebeten, der Chef oder der stellvertretende Chef des Wehrmachtsführungsstabes des Oberkommandos der Wehrmacht möge sich bei einem Besuch in der Normandie einen Eindruck aus erster Hand über die verzweifelte Lage im Westen verschaffen.

Nachtrag

Während dieser Zeit ereigneten sich noch zwei Dinge, von denen das eine von geringerer, das andere von gewaltiger Bedeutung ist. Zum ersten: Wilhelm Mohnke, der Kommandeur des SS-Panzergrenadierregiments 26 der Division „Hitlerjugend" und der einzige ranghohe Offizier im I. SS-Panzerkorps ohne Ritterkreuz, wurde vom Führer nun als Anerkennung für seine Leistung und die seiner Männer mit dem Ritterkreuz ausgezeichnet. Und das zweite: Am 20. Juli kam es zu einem Versuch, Adolf Hitler zu töten. Einige Männer in Dietrichs Korps erfuhren davon im Radio. Die Neuigkeit verbreitete sich wie ein Lauffeuer. Interessant ist Hubert Meyers Reaktion, die typisch war für die SS: „Es war unfaßlich, daß Soldaten gegen die oberste militärische Führung einen Putsch versuchten, während sie selbst in schwersten Abwehrkämpfen gegen den Gegner standen, die eine ‚bedingungslose Kapitulation' forderten, also zu Verhandlungen über einen Waffenstillstand oder gar einen Frieden nicht bereit waren."[56]

Diese Ansicht wird auch von Kurt Meyer geteilt. Er berichtet, daß er während seiner Gefangenschaft wenige deutsche Offiziere traf, die diesen Mordversuch guthießen.[57] Der Adjutant der SS-Aufklärungsabteilung 1 der Division „Leibstandarte" hatte folgendes zu sagen: „An dem Attentat störte uns vor allem der Zeitpunkt, denn einerseits erkannten wir von Tag zu Tag mehr, daß der Kampf, in dem wir seit Wochen standen, immer aussichtsloser wurde – aber andererseits wurden vor einigen Tagen von der Division noch mehr als 100 britische Panzer abgeschossen.

… dann gab es durchaus Stunden und Tage, an denen wir uns keineswegs unterlegen fühlen mußten … Und wenn wir zum Beispiel nur halbwegs vergleichbare Verhältnisse vorfanden, d.h. im Klartext, wenn uns die Alliierten nicht vorher mit ihrer alles beherrschenden Luftwaffe in den Dreck geschossen und gebombt hatten … Es war ja schon ohne Attentat schlimm genug, daß wir von Rastenburg oder vom Obersalzberg aus geführt wurden!

Solche Überlegungen hatten schon damals mit der Person Adolf Hitlers und seiner Stellung als unserem Oberbefehlshaber nichts mehr zu tun.

Wir waren eben in den Jahren dieses Krieges und der täglichen Konfrontation mit all seinen Härten zu ‚Frontschweinen' geworden. Das Unverständnis und die innere Ablehnung all dessen, was wir von ‚da oben' oder ‚da hinten' hörten, haben uns den Weg in die letzte und einzige Heimat, ‚unseren Haufen', die Truppe, finden lassen … Wir Männer der Leibstandarte waren auch keine Prätorianer, sondern nur ganz einfache ‚Frontsoldaten', und das mit tief empfundenem Selbstverständnis."[58]

Kapitel XX

25. Juli – Die Operation „Spring“ und die Schlacht um die Ebene

(Karten 3 und 5)

Die Operation „Spring“ wurde am 25. Juli um 3.30 Uhr vom II. kanadischen Korps angesetzt und traf mit einer größeren Offensive der 1. US-Armee auf der Westflanke unter dem Codenamen „Cobra“ zusammen. Um diese Zeit hatte Dietrich noch die 272. Infanteriedivision, unterstützt von Teilen der 2. Panzer- und der 9. und 10. SS-Panzerdivision, die den linken Bereich des Gefechtsstreifens seines Korps östlich der Orne verteidigten, die 12. SS-Panzerdivision „Hitlerjugend“ zur Verteidigung des Vimont-Bereiches und die 1. SS-Panzerdivision beiderseits der Route Nationale 158, der Hauptstraße von Caen nach Falaise. Als wichtige Reserve hatte er die 9. SS-Panzerdivision nordwestlich von Bretteville-sur-Laize in Stellung. Am 23. Juli hatte von Kluge mitgeteilt, daß die Divisionen „Leibstandarte“ und „Hitlerjugend“ in Kürze durch Infanteriedivisionen herausgelöst würden; aber davor hatten die Division „Leibstandarte“ und die verstärkte 272. Infanteriedivision noch die blutigen Gefechte der Operation „Spring“ zu bestehen.

Das von Montgomery bestimmte Ziel der Operation war die Einnahme des Gebietes von Fontenay-le-Marmion, Punkt 122 (auch als Cramesnil-Zacken bekannt) und Garcelles – das war genau das von der Division „Leibstandarte“ gehaltene Gelände. Zur Unterstützung bei dieser Aufgabe wurden dem kanadischen Korps die British Guards und die 7. Panzerdivision zugeteilt; damit waren es insgesamt vier Divisionen, zwei davon gepanzert, und eine zusätzliche gepanzerte Brigade. Dem erfolgreichen Abschluß dieser Operation sollte am 28. Juli ein Angriff des XII. Korps westlich der Orne folgen, um Evrecy und Amayé zu nehmen, und zum Schluß sollte das VIII. Korps durch das II. kanadische Korps die Straße von Falaise entlang angreifen, um die Eroberung des großen Waldgebietes östlich von Garcelles durch die British Guards zu decken. Nach dem Gelingen dieser Vorhaben plante Montgomery, einige gepanzerte Divisionen gegen Falaise zu schicken, als Wiederaufnahme von „Goodwood“. Der Division „Leibstandarte“ fiel daher beim Vereiteln dieser Pläne von Montgomery eine entscheidende Rolle zu.

Wie war nun die Aufstellung der Verbände der Waffen-SS angesichts der Operation „Spring“? Beginnen wir östlich der Straße Caen – Falaise. Das Gebiet von La Hogue einschließlich des Nordostens von Tilly-la-Campagne (Tilly) wurde von Max Junges II. Bataillon des SS-Panzergrenadierregiments 2 (Sandig) verteidigt, zusammen mit der 3. Batterie der SS-Flak-Abteilung 1 (8,8 cm). Tilly selbst war zur Festung gemacht worden, und zwar mit Dinses III. (gepanzertem) Bataillon des SS-Panzergrenadierregiments 2, Wolffs 7. Kompanie des

SS-Panzerregiments 1 (Panzer IV) und einer Kompanie von Schelers SS-Pionierbataillon 1. Westlich von Tilly, in Nähe der Straße Caen – Falaise, lag Herfords II. Bataillon des SS-Panzergrenadierregiments 1 mit der angeschlagenen 2. Batterie der SS-Sturmgeschützabteilung 1 in Stellung.

Es lagen starke Kräfte in der Tiefe. Das I. Bataillon von Sandigs SS-Panzergrenadierregiment 2 stand nördlich von Secqueville, die 2. Batterie der SS-Werferabteilung 1 befand sich unmittelbar südlich von Tilly, der Rest von Schelers SS-Pionieren in Garcelles, und was äußerst wichtig war, die um die 5. und 7. Kompanie verminderte II. Abteilung des SS-Panzerregiments 1 (Kling) lag in Reserve etwas östlich von Garcelles.

Das entscheidende Gelände, ausgehend von der Straße Caen – Falaise bis einschließlich Verrières, wurde vom schwachen I. Bataillon des SS-Panzergrenadierregiments 1 unter Hauptsturmführer Fritz Lotter gehalten, ferner von der 12. (schweren) SS-Panzergrenadierkompanie des Bataillons von Graetz und der 15. SS-Pionierkompanie, alle von Schillers SS-Panzergrenadierregiment 1, zusammen mit der 5. Kompanie des SS-Panzerregiments 1 unter Obersturmführer Werner Sternebeck und der neu geordneten 1. Batterie der SS-Sturmgeschützabteilung 1. Vor der Hauptkampflinie bei Torteval war eine verstärkte Sicherung durch die SS-Aufklärungsabteilung 1, und dahinter bei Rocquancourt lagen starke Reserven. Sie umfaßten vier SS-Grenadierkompanien vom Regiment 1 und die 3. Batterie der SS-Sturmgeschützabteilung 1. Die anderen beiden SS-Flak-Batterien (8,8 cm) standen bei Caillouet und St. Aignan, wo der Rest von Knittels SS-Aufklärungsabteilung 1 noch eine weitere Reserve bildete.

Am 25. Juli hatte die II. SS-Panzerabteilung 41 kampffähige Panzer IV, und die SS-Sturmgeschützabteilung 1 war mit 32 Sturmgeschützen neu ausgerüstet. Es ist unklar, ob Kuhlmanns I. Abteilung des SS-Panzerregiments 1 (Panther) zu dieser Zeit noch bei der Division „Leibstandarte“ oder zur Verstärkung der „Hitlerjugend“ herausgezogen war. Hubert Meyer gibt an, daß sie bis zum 31. Juli noch Teil einer verstärkten Reserve der Kampfgruppe Wünsche war, er sagt aber nicht, wann sie überstellt wurde. *Die Leibstandarte*, Band IV/1, von Lehmann und Tiemann bezeichnet sie für den 24. Juli als Teil der gepanzerten Reserve der Division „Leibstandarte“ im Osten von Garcelles und sagt ferner, sie habe am Abend des 25. an einem Gegenangriff teilgenommen. Dies ist jedoch fraglich, da es heißt, die Abteilung habe „ungefähr zehn Panzer“ gehabt, wenn doch feststeht, daß sie an jenem Tag tatsächlich 31 einsatzfähige Panther hatte. Sicherlich war der Gefechtsstand von Jochen Peipers SS-Panzerregiment 1 zu dieser Zeit im Château bei Garcelles-Secqueville. Ob mit der I. SS-Panzerabteilung der Division „Leibstandarte“ oder ohne sie, die ganze Aufstellung zur Verteidigung gegenüber dem II. kanadischen Korps war typisch für das deutsche militärische Denken und sollte dem Angreifer noch größere Probleme bereiten.

Der Plan von Generalleutnant Guy Simonds erforderte die 2. kanadische Infanteriedivision von Generalmajor Foulkes, um May-sur-Orne und Verrieres zu nehmen, und Kellers 3. Division, um Tilly zu besetzen. Die 7. britische Panzerdivision von Erskine sollte in der Mitte vorrücken, um Cramesnil zu nehmen, während die 2. Division nach Fontenay-le-Marmion und Rocquancourt und die 3. Division nach Garcelles stoßen sollte. Die Panzerdivision der British Guards sollte die Wälder östlich von Garcelles säubern, wenn erst die 3. Infanterie das Dorf in Besitz genommen hätte. Dies war ein ehrgeiziger Plan, der einen Vorstoß von mehr als zehn Kilometern erforderte.

Obwohl der kanadische Plan für „Spring“ oberflächlich gesehen ganz einfach und logisch erschien, ließ er doch in Wirklichkeit viel zu wünschen übrig. Wenn eine Infanteriedivision zum Beispiel den Auftrag bekäme, Tilly zu nehmen, so schien das völlig vernünftig; jedoch sollte der Angriff weder durch die Division noch durch eine ihrer Brigaden ausgeführt werden, sondern durch nur ein Bataillon von den schwachen North Nova Scotia Highlanders. Erst nachdem Tilly gefallen wäre und die „Wüstenratten" Punkt 122 in der Hand hätten, sollte die Highland Light Infantry of Canada auf Garcelles vorrücken. Der Rest von Brigadegeneral Cunninghams Infanteriebrigade 9 und die gesamte Brigade 7 von Foster wurden für die Durchbruchsphase zurückgehalten; die gesamte Brigade 8 von Brigadegeneral Blackader sollte unerklärlicherweise in Reserve bleiben. Man kann diesen Plan nur als einfältig bewerten.

Im Gegensatz dazu war der Plan der 2. kanadischen Infanteriedivision überaus kompliziert und mit schweren Fehlern behaftet. Zuerst kam die Tatsache, daß die ins Auge gefaßten Aufmarschräume für den Angriff, beiderseits der Straße von St. André nach Hubert-Folie, nicht einmal in kanadischer Hand waren; hinzu kam, daß die drei Brigaden der Division durcheinandergebracht waren, so als wolle man das Chaos geradezu herbeirufen. Die Brigade 6 mußte zwei ihrer Bataillone an andere Brigaden abgeben, so daß der Aufmarschraum gesichert werden konnte; dann verlor jedoch jede dieser beiden Brigaden ein Bataillon an Brigadegeneral Youngs Brigade 6 als Reserve. Der Hauptangriff sollte gegen Verrières durch die Royal Hamilton Light Infantry (RHLI) und gegen May-sur-Orne durch die Calgary Highlanders erfolgen. In einer zweiten Phase mit Beginn um 5.30 Uhr sollten Oberstleutnant Cantlies Black Watch of Canada und eine Panzerkompanie der 1. Hussars Fontenay-le-Marmion nehmen, während das Royal Regiment of Canada (Royals) und eine weitere Kompanie der Hussars durch Verrières zu marschieren hätten, um Rocquancourt zu erobern.

Um diesem Durcheinander zusätzliche Würze zu verleihen, sollte „Looney" Hindes britische Panzerbrigade 22 von Ifs aus in einem Gegenangriff vorrücken, immer bereit zum Stoß auf Punkt 122, und, um das Maß voll zu machen, sollte die britische Panzerbrigade 27 die zu einem anderen Korps gehörende linke Flanke sichern. Falls der Leser nun völlig verwirrt ist, dann weiß er, wie denjenigen zumute war, die am 23. Juli bei General Simonds' Befehlsausgabe zugegen waren.

Obwohl die schweren Bomber der Alliierten jetzt den amerikanischen Ausbruchversuch im Westen unterstützen sollten, standen den Kanadiern als Hilfe für „Spring" nur mittlere Bomber zur Verfügung, ebenso wie eine mächtige Streitkraft kanadischer und britischer Artillerie.

Am Abend des 24. Juli beteiligten sich 60 mittelschwere Bomber an einem vorbereitenden Luftangriff auf deutsche Stellungen, aber wegen der sehr wirkungsvollen deutschen Flak konnten nur 15 ihre Ziele angreifen.

Der nächtliche Großangriff der Kanadier, der um 3.30 Uhr begann, sollte eigentlich durch sogenannten „künstlichen Mondschein" unterstützt werden – dieses Licht kam durch Zurückwerfen des Scheinwerferlichts von den Wolken zustande. Der Kommandeur der North Nova Scotia berichtete, daß dieses Licht, als es dann schließlich leuchtete, nur bewirkte, daß sich seine Männer bei ihrem Vormarsch von Bourguébus nach Tilly als Silhouette abhoben. Aber davon abgesehen hatten seine drei angreifenden Kompanien trotz der Unterstützung durch schwere Artillerie wenig Aussichten gegen Dinses SS-Panzergrenadierbataillon, das von den Pionieren und Wolffs Panzer-IV-Kompanie unterstützt wurde. Während des Angriffs bombardierten 74 mittelschwere Bomber die Wälder östlich von Tilly um La Hogue, und zwar ab kurz nach 6 Uhr zwei Stunden lang. Das war aber keine Unterstützung für den kanadischen Angriff, und selbst als der Rest der Nova Scotias zusammen mit deren Transportwagen und Panzerabwehrkanonen auf Selbstfahrlafetten hineingeworfen war, konnten sie sich nicht behaupten. Das Kriegstagebuch der Einheit vermerkte, daß die Kompanien

A und C festgenagelt waren, als „der Feind die Tür öffnete, sie hereinließ und in die Falle tappen ließ". Das Tagebuch der Infanteriebrigade 9 beschrieb sie als „dezimiert". Die Kompanie der Fort Garry Shermans, die den Angriff unterstützen sollte, beklagte sich, nicht wirksam helfen zu können, weil „Panther-Panzer zwischen unseren Panzern und der vorrückenden Infanterie" blieben. Nach dem Ausfall von elf der 16 Panzer zog sie sich um 17.15 Uhr zurück.[2] Schließlich erhielten die überlebenden Kanadier die Genehmigung, sich nach Bourguébus zurückzuziehen. Etwa hundert taten das im Schutze der Dunkelheit. Das Bataillon hatte 139 Ausfälle erlitten, darunter waren 61 Tote.[3] Die offizielle kanadische Geschichtsschreibung gestand der Division „Leibstandarte" zu, sie habe „mit einer echt fanatischen Entschlossenheit und Geschicklichkeit gekämpft".[4] Wenn man bedenkt, daß viele ihrer Soldaten viel jünger als ihre kanadischen Gegner waren und weniger als drei Monate Ausbildung hatten, war dies ein echtes Lob.

Manfred Thorn, der 19jährige Fahrer eines Panzers IV in Wolffs 7. Kompanie des SS-Panzerregiments 1, beschrieb das Tagesgeschehen aus seiner Sicht wie folgt: „Unser Panzer war gut getarnt und schmiegte sich an eine Hauswand … die drei [kanadischen] Panzer hatten uns noch nicht gesehen. Ein Schuß aus unserer Kanone hätte den sicheren Tod bedeutet … Ich ließ den Motor anspringen und legte den Rückwärtsgang ein … Wir wollten von hinten auf die drei Panzer feuern, die noch am selben Fleck standen … Wir bewegten uns ostwärts auf der Straße, aus Tilly heraus … drehten wieder nach Süden, zurück nach Tilly … In etwa 20 Metern Entfernung von den Panzern eröffneten wir das Feuer. Der erste ging in Flammen auf, und die beiden anderen bekamen einige Treffer. Die Besatzungen stiegen aus."[5]

Ein Zugführer in Wolffs Panzerkompanie, Untersturmführer Stiller, beschrieb seine Erlebnisse aus einer anderen Sichtweise: „Die Infanterie kauert in ihren Löchern, die Panzerbesatzungen liegen unter den Wagen. Granatwerfer und Artillerie bepflastern uns. Die einzelnen Wagen haben im Angriffsfall ihre klaren Anweisungen.

Der Morgen bricht an. Wir haben Glück, daß die Sonne noch so tief steht und die Tommy-Panzer, die jetzt von Nordwesten anrollen, gegen die Sonne richten müssen. Näher rankommen lassen, lautet die Devise. Gefährlich richten sich die Kanonenmündungen auf unsere Heckenstellungen. Endlich! Leuchtsignal weiß! Feuer frei! Aus den Panzerlauerstellungen fegen die Leuchtspuren hinüber. Schuß auf Schuß jagt aus den Rohren, während weitere Panzer in unsere Heckenreihe einscheren. Keine fünf Minuten dauert der Zauber, und der Angriff des Tommys steht. Wann kommt die zweite Welle, die den stockenden Gegner wieder vorreißt? Nichts, aber hinter uns orgelt es heran. Schwere Nebelwerfer, 500 Meter vor uns ist auf einmal die Hölle los. Wie die Hasen räumen die Tommys den Geländeabschnitt. Ein Panzer muß einen Volltreffer erhalten haben, denn er ist nicht mehr da. Die anderen bleiben als rauchende Zeugen zurück … Weitere Kanadier werden aufgespürt, nachdem sie sich, ihre Fahrzeuge verlassend, in Häusern versteckt hatten."[6]

Der Angriff durch die 3. kanadische Infanteriedivision war vorüber. Es wird den Leser nicht überraschen, daß der Kommandeur der Infanteriebrigade 9 und zwei seiner Offiziere abgelöst wurden.[7] Generalmajor Keller überlebte wiederum.

Inzwischen waren Wischs Männer westlich der Straße Caen – Falaise so in Stellung, daß sie dem Angriff von Foulkes 2. kanadischer Infanteriedivision entgegentreten konnten. Die 1., 2. und 12. SS-Panzergrenadierkompanie des Regiments 1 hatten sich nach vorn in vorbereitete Baum- und Heckenstellungen am Nordrand von Verrières begeben, wo sie von der 4. und 12. (schweren) SS-Kompanie sowie der 5. SS-Panzerkompanie und der 1. SS-Sturmgeschützbatterie gut unterstützt wurden, während Teile der 3., 9. und 11. SS-Panzergrenadierkompanie aus der Reserve im Gebiet Rocquancourt in eine günstige Hinterhangstellung

400 Meter südlich von Verrières nach vorn gerückt waren. Es gab daher zwei SS-Panzergrenadierbataillone, gut unterstützt durch gepanzerte Kräfte und mit weiteren einsatzfähigen Reserven in dem Bereich, in dem anfänglich ein kanadisches Infanteriebataillon, die RHLI und später die Royals und ein Teil eines britischen Panzerbataillons, 1 RTR, eingesetzt werden sollten. Das Verhältnis von Angreifern zu Verteidigern stand zu sehr zuungunsten der erstgenannten, wenn diese auch eine starke Artillerie und Luftunterstützung hatten.

Aufgrund der Schwierigkeiten beim Sichern des Vormarschraumes konnte Oberstleutnant Rockinghams RHLI erst um 4.10 Uhr vorrücken und verlor demzufolge den Vorteil des Sturmangriffs durch Artillerie.[8] Die eingegrabenen Panzer und Sturmgeschütze machten den Kanadiern zuerst viel Ärger, aber als die 17-pdr-Geschütze der 18. Batterie des Panzerabwehrregiments 2, das von den Bauerngehöften um Torteval aus feuerte und vier Panzer abschoß, und die Feld- und mittlere Artillerie zur Unterstützung heran waren, waren Sternebecks Panzer mit den Sturmgeschützen und SS-Grenadieren gezwungen, sich zurückzuziehen. Um 7.50 Uhr hatte die RHLI allen Widrigkeiten zum Trotz Verrières genommen. Es war eine großartige Leistung. Werner Sternebeck beschrieb einen Teil dieser Aktion: „Noch vor Sonnenaufgang lichtete sich der künstliche Nebel, und trotz starken feindlichen Artilleriefeuers waren die Kanadier (Infanterie) plötzlich auf gleicher Höhe und zwischen unseren Panzern … Durch den feindlichen Einbruch konnte die Stellung der Kompanie an Busch und Knick nicht mehr gehalten werden, so daß die Zurücknahme notwendig wurde … In wenigen Minuten verlor die Kompanie vier bis fünf Panzer – ich selbst wurde auch abgeschossen – und einen Teil der Besatzungen. Der Rest der Kompanie, noch etwa drei bis vier Panzer, konnte sich in Verrières nicht festsetzen, so daß der Ort, gemeinsam mit den Grenadieren, aufgegeben wurde … Im Verlauf dieses feindlichen Angriffs ließen es die Kanadier zu, daß wir unsere Verwundeten mitnahmen, ohne dies durch Feuer zu verhindern, obwohl sie dazu sehr gut in der Lage waren.“[9]

Zwischen 9 und 10 Uhr bewegten sich die Royals und zwei Abteilungen der 1 RTR durch die RHLI mit dem Ziel, Rocquancourt zu nehmen. Als sie eine Linie etwa 400 Meter südlich von Verrières erreicht hatten, liefen sie in außergewöhnlich wirkungsvolles Artilleriefeuer sowie heftiges Panzerabwehr- und Maschinengewehrfeuer. 1 RTR meldete 30 deutsche Panzer in Lauerstellungen auf dem Hügelkamm zwischen Rocquancourt und Fontenay.[10] Sicherlich befanden sich sämtliche Sturmgeschütze der SS-Sturmgeschützabteilung 1 in jenem Gebiet, und möglicherweise waren einige Panzer IV der 6. und 8. Kompanie des SS-Panzerregiments 1 aus der Reserve bei Garcelles gegen diese Bedrohung aufmarschiert. Die C-Kompanie der Royals war schon fast vernichtet, als sie weiterhin vorrücken wollte; der Angriff versank ganz und gar im Schlamm. Das kam kaum überraschend angesichts der beiden SS-Panzergrenadierbataillone und der deutschen Panzer.

Weiter westlich, an der linken Flanke der Division „Leibstandarte“, hatte die Black Watch of Canada bereits ihren Kommandeur verloren und beim Kampf gegen versprengte Einheiten aus der 272. Infanteriedivision aus ihrem vorgesehenen Sammelraum in St. Martin-de-Fontenay viele Verluste hinnehmen müssen. Nach einer unvermeidlichen Umgliederung rückte sie schließlich um 9.30 Uhr mit sechs Stunden Verspätung weiter vor, um ihr Ziel Fontenay-le-Marmion zu erreichen. Der Vormarsch sollte eigentlich von einer Kompanie der 1. Hussars begleitet werden, die vom Dorf May aus Feuerunterstützung geben sollte, aber kaum hatten die Männer der Black Watch ihre neue Vormarschstraße überquert, gerieten sie von diesem Dorf aus, vom Hügelkamm bei Verrières und sogar über die Orne hinweg, unter Feuer. Beim Einrücken in May waren Oberstleutnant MacLauchlins Calgary Highlanders mit einer Kompanie der 1. Hussars in die Panzer der 2. Panzerdivision oder der 9. SS-Panzerdivision gelaufen, die mit der 272. Infanteriedivision kämpften und nach dem Verlust von vier Shermans und 177 Männern[11] zum Rückzug gezwungen waren. Das an der Orne liegende May war der westliche Eckpfeiler von Dietrichs Verteidigung.

Als die nur 60 Überlebenden der Black Watch schließlich den Gipfel des Hügelkammes bei Fontenay-Verrières erreichten, stießen sie auf verschanzte Grenadiere und wurden durch das Feuer aus Panzern und Maschinengewehren festgenagelt. Später sagten die Offiziere der Black Watch, daß von ungefähr 300 Männern, die Fontenay angriffen, nicht mehr als 15 zu den kanadischen Linien zurückkehrten.[12] Bei der späteren Einnahme dieses Gebietes wurde der Kommandeur, der 26 Jahre alte Major Griffin, tot zwischen seinen Männern aufgefunden. Obgleich es keine präzisen Angaben über die Verluste dieses Tages gibt, glaubt die offizielle Geschichtsschreibung, daß die Black Watch 307 Männer verlor[13], das wäre die Höchstzahl eines einzigen Tages für jede kanadische Einheit im Zweiten Weltkrieg mit Ausnahme der Operation bei Dieppe.

Um 17.30 Uhr gab General Simonds weitere Befehle. Eine Stunde später sollte die 2. Division mit Artillerieunterstützung durch das ganze II. Korps Rocquancourt nehmen, und bei Anbruch des nächsten Morgens sollte Fontenay-le-Marmion angegriffen werden. Die 3. Division brauchte in der Nacht weiter nichts zu tun, als „Tilly zu sichern". Dies zeigt, wie weit Simonds' Stab von der Wirklichkeit entfernt war – Tilly war niemals erobert worden.

Genau zu der Zeit, als Simonds' neue Anordnung herauskam, führte die LAH-Reserve von etwa zehn Panzern IV und einem SS-Panzergrenadierbataillon (welches, ist unklar, vielleicht war es das von Graetz) einen Gegenangriff gegen die Kanadier in Verrières. Ausgangspunkt war ein Waldgebiet zwischen Rocquancourt und Fontenay-le-Marmion. Acht Panzer erreichten die RHLI-Stellungen. Die Lage wurde nur durch zwölf raketenfeuernde Typhoons der 181. und 182. Staffel der RAF gerettet. Nach deutschen Angaben wurden drei Panzer durch die Typhoons kampfunfähig geschossen.[14] Bei Tagesende war die RHLI noch im Besitz des Dorfes – dies war die einzige Einheit, die ihr Ziel bei der Operation „Spring" erreichte und auch hielt, aber die Verluste beliefen sich auf 46 Tote, 154 Verwundete und fünf Panzerabwehrkanonen.[15]

Am späten Abend begab sich Simonds zu Dempsey mit dem Vorschlag, die ganze Operation abzublasen – der Kommandeur der Armee stimmte zu. Die offizielle Geschichtsschreibung schätzt die Verluste auf 1.500 Mann mit 450 Toten.[16]

Weiter heißt es: „Der Angriff des II. kanadischen Korps lief gegen Felsen aus Granit. Das Ergebnis ist keine Überraschung in Anbetracht der Stärke der deutschen Stellungen und der mächtigen Kraft höchstwertiger Truppen, die sie gehalten haben."[17]

Bei Tagesende hielt die Division „Leibstandarte" noch immer die Linie La Hogue nach Tilly bis zu einem Punkt unmittelbar südlich von Verrières, und die 9. SS-Panzerdivision war noch in May. Die Frage der Verluste wird im nächsten Kapitel erörtert werden. Möge es hier genügen festzuhalten, daß das Korps wiederum eine wesentliche Rolle beim Vereiteln der Absichten der Alliierten gespielt hatte, insbesondere der von Montgomery.

Kapitel XXI

26. Juli bis 5. August – Die Schlacht um Tilly

(Karten 1 und 5)

Abgesehen von dem fast pausenlosen Dauerbeschuß der Artillerie war die Zeit zwischen der Operation „Spring" und dem 1. August verhältnismäßig ruhig für die Divisionen „Leibstandarte" und „Hitlerjugend", und da wir für diesen Zeitraum Daten für einen Kräftevergleich haben, ist es an der Zeit, das Thema der Ausfälle und Umgruppierung zu behandeln.

Für die Division „Leibstandarte" wird die Gesamtstärke für den 1. August[1] mit 20.395 Mann Personal aller Dienstgrade beziffert, und für die Zeit vom 16. Juli bis zum 1. August werden 1.092 Gefallene, Verwundete und Vermißte angegeben. Daß es eine Differenz von nur 867 für die Angaben zwischen 1. Juli und 1. August gibt, kommt wahrscheinlich daher, daß viele Leichtverwundete, in diesem Fall 225, bei der Division blieben und nicht herausgezogen wurden; das war so üblich bei der deutschen Wehrmacht.

Einer, der herausgenommen wurde, war SS-Obersturmbannführer Grensing, der 1. Generalstabsoffizier der Division „Leibstandarte", der am 25. Juli durch Artilleriebeschuß schwer verwundet worden war. Wie auch immer, wenn man bedenkt, daß „Goodwood" und „Spring" in den Zeitraum vom 16. Juli bis zum 1. August fielen, waren die Verluste der Division „Leibstandarte" nicht übermäßig hoch – besonders im Vergleich mit denen der alliierten Divisionen im gleichen Zeitraum.

Was die Panzer anbelangt, so hatte die Division „Leibstandarte" 31 Panther, 41 Panzer IV und 32 Sturmgeschütze, sämtlich am 25. Juli, dem Tag von „Spring", einsatzfähig. Am 28. Juli verfügte sie über 33 Panther, 30 Panzer IV und 22 Sturmgeschütze. Daher können wir annehmen, daß sie elf Panzer IV und zehn Sturmgeschütze bei den Kämpfen um Tilly und Verrières verlor. Die Erhöhung der Panzerstärke mag ein Hinweis dafür sein, daß die I. SS-Panzerabteilung tatsächlich vor „Spring" zur Verstärkung der Kampfgruppe Wünsche herausgezogen wurde, wie bereits angedeutet. Es ist bekannt, daß am 31. Juli Klings II. Abteilung des SS-Panzerregiments 1 wieder eine Stärke von 60 Panzern IV aufwies und daß Rettlinger über 29 Sturmgeschütze verfügte.

Wie stand es um die Division „Hitlerjugend"? Fehlender Nachersatz war immer noch ein Hauptproblem für Kurt Meyer. Sein 1. Generalstabsoffizier, Hubert Meyer, führt in seiner Divisionsgeschichte 134 weitere Verluste für die Zeit vom 19. Juli bis zum 4. August an[2], das bringt unsere Gesamthöchst- und Mindestzahl im Kapitel XVIII auf 3.438 bzw. 3.122. Man muß aber sagen, daß unter den schwierigen und oftmals chaotischen Bedingungen jener Zeit nur geringe Möglichkeit bestand, genaue Verlustmeldungen zu geben. Man kann zusammenfassend nur sagen, daß die 12. SS-Panzerdivision bis zum 4. August etwa 3.500 Ausfälle hatte. Die von Hubert Meyer im Kriegstagebuch der Panzergruppe West genannte Zahl von 6.164[3] kann als massiver Versuch von Eberbachs Stab angesehen werden, die zweifellos vorhandene Krise zu betonen und mehr Verstärkung zu erhalten.

Dessenungeachtet ist es kaum eine Überraschung, daß Dietrich am 1. August für die Division „Hitlerjugend" um Ersatz vom SS-Ausbildungs- und Ersatzbataillon 12 bat. Nach Angaben von Hubert Meyer trafen nur 261 Männer ein, aber er weist darauf hin, daß andere Verstärkungen von Panzer-, Pionier- oder anderen Spezialausbildungseinheiten gestellt werden konnten.[4] Kurt Meyer hält daran fest, daß er gerade mit einer Handvoll Panzerjägern, etwa in Kompaniestärke, auskommen mußte und überhaupt keine Grenadiere bekam.[5]

Dietrich war an dem Tag, als er die Verstärkungen anforderte, wahrscheinlich erfüllt von erstarktem Selbstvertrauen, denn am 1. August war er in den Rang eines SS-Oberstgruppenführers (Generaloberst der Waffen-SS) erhoben worden; das Dienstalter wurde zurückdatiert auf den 20. April 1942! Hitler hatte ihn eigentlich an diesem Tag selbst befördern wollen, aber man riet ihm davon ab, weil Dietrich damit dienstälter als Hausser geworden wäre.

Sowohl von Kluge als auch Dietrich waren darauf bedacht, die 12. SS-Panzerdivision durch eine Infanteriedivision abzulösen und als Korps-Reserve abzustellen. Dies geschah nach und nach innerhalb des Zeitraums vom 23. Juli bis zur Nacht vom 3. auf den 4. August, als die 272. Infanteriedivision, die selbst durch die 9. SS-Panzerdivision abgelöst wurde, den Bereich der Division „Hitlerjugend" übernahm.

Die erste Stufe dieser Umgliederung trat in Kraft, als die Kampfgruppe Wünsche durch die Unterstellung von Kuhlmanns I. Abteilung des SS-Panzerregiments 1 (Panther) der Division „Leibstandarte" und der schweren SS-Panzerabteilung 101 des Korps verstärkt wurde. Dazu kamen Jürgensens I. Abteilung des SS-Panzerregiments 12 (Panther) und Olboeters III. Bataillon des SS-Panzergrenadieregiments 26 (SPW), so daß Wünsche insgesamt 61 Panther, vier Panzer IV (eine Quelle nennt 17) und 19 Tiger hatte[6], zudem das starke SPW-Panzergrenadierbataillon. Diese Kräfte waren als Korps-Reserve am 31. Juli bereit, und der Gefechtsstand lag in Fierville-la-Campagne.

Der zweite Teil der Umgliederung begann, als Krauses I. Bataillon des SS-Panzergrenadieregiments 26 am 2. August herausgelöst wurde. Der Rest von Kurt Meyers 12. SS-Panzerdivision einschließlich des gesamten SS-Panzerregiments 12 und der Werfer- und Flak-Abteilungen (aber ohne die Kampfgruppe Wünsche) wurde dann Kampfgruppe Meyer genannt. Somit war sie eine weitere starke Reserve innerhalb von Dietrichs I. SS-Panzerkorps und stand im Gebiet von St. Sylvain, Bray, Vieux-Fumé und Maizières. Sie hatte 22 (manche sprechen von 39) Panzer IV und 27 Jagdpanzer IV.[7]

Es dauerte nicht lange, bis Teile dieser neugebildeten Reserven zum Einsatz kamen. Um der Krise zu begegnen, die sich im Gebiet des II. SS-Panzerkorps entwickelt hatte, erging am 2. August an die Kampfgruppe Wünsche und Wischs Division „Leibstandarte", die schon aufmarschiert waren, der Befehl zur Bereitstellung einer „schnellen Truppe". Diese wurde als Unterstützung gegen einen Vorstoß der 11. britischen Panzerdivision benötigt, die Le Bény-Bocage genommen hatte und Vire (Karte 1) im Rücken der deutschen Kräfte bedrohte, die jetzt die Ostflanke des inzwischen erfolgreichen amerikanischen Ausbruchs (Operation „Cobra") abzuriegeln versuchten. Der Deckname der britischen Operation war „Bluecoat", und trotz des am Anfang sehr langsamen Fortschritts drohte sie doch einen Keil zwischen Eberbachs Panzergruppe West und Haussers 7. Armee zu treiben. Es war diese Langsamkeit im Vorrücken, besonders des XXX. Korps, die Dempsey am 2. August mit Montgomerys Zustimmung veranlaßte, den Korpskommandeur, Generalleutnant Bucknall, zu entlassen. Am nächsten Tag wurden auch Generalmajor Erskine, Brigadegeneral „Looney" Hinde und der Artillerie-Kommandeur und Chef des Stabes der 7. Panzerdivision gefeuert. Wenn die „Wüstenratten" diese Maßnahme auch sehr verübelten – sie wird auch heute noch von einigen für falsch gehalten –, dachten viele außerhalb der Division, sie hätten bereits alle nach der Schlacht um Villers-Bocage entlassen werden sollen.

Viele Historiker hegen die Vermutung, daß die 7. Panzer- und einige britische Infanteriedivisionen in diesem Stadium des Feldzuges übermüdet waren. Ein Telnehmer von „Bluecoat" schrieb: „Zwei Monate lang hatten sie die meisten feindlichen Divisionen gebunden. Zu Beginn der Offensive [‚Bluecoat'] waren sie bereits durch das endlose und dauernde Marschieren und Kämpfen erschöpft; sie waren von der Schlacht schon wie betäubt."[8]

Vergleicht man diese Divisionen hinsichtlich der tatsächlich im Kampf verbrachten Zeit aber mit der Division „Hitlerjugend", so kann man nur vermuten, daß es Führungsvermögen, Motivation und taktisches Vorgehen sind, die den Unterschied in Leistung und Moral ausmachten.

Die „schnelle Gruppe", die dem II. SS-Panzerkorps helfen sollte, hieß Aufklärungsgruppe Olboeter – nach dem Namen ihres Kommandeurs, SS-Sturmbannführer Erich Olboeter, von dem wir schon viel gehört haben. Sie bestand aus der 2. Kompanie des SS-Panzerregiments 12 unter SS-Obersturmführer Gaede mit 13 Panthern, der 9. Kompanie des SS-Panzergrenadierregiments 26 (SPW), sechs Wespen der 1. Batterie des SS-Panzerartillerieregiments 12 und sechs Panzerspähwagen aus der SS-Aufklärungsabteilung der Division „Leibstandarte". In den Abendstunden des 2. August wurde die Gruppe dem II. SS-Panzerkorps unterstellt und marschierte in den Raum ostwärts Dire. Am Abend des 3. August traf sie dort ein, und abgesehen davon, daß sie am 7. August sechs britische Panzer kampfunfähig machte, wissen wir wenig von ihren Kampfhandlungen bis zum 8. August, als sie dringend zu ihrem Stammtruppenteil zurückgerufen wurde, um gegen einen Großangriff des II. kanadischen Korps zu helfen. Zweifellos schloß sie eine möglicherweise gefährliche Lücke zwischen Haussers und Eberbachs Streitkräften.

Während der Großteil von Panzermeyers Division eine ziemlich ruhige Zeit hatte, gab es bei der Division „Leibstandarte" Ärger mit den Kanadiern. Die linke Grenze der Division veränderte sich in der Nacht vom 28. zum 29. Juli, als die 9. SS-Panzerdivision die 272. Infanteriedivision ablöste. Die neue Frontlinie verlief östlich von Torteval zum Osten von Verrières bis einschließlich Rocquancourt.

In der Nacht vom 29. zum 30. Juli eroberten die Essex Scottish eine Ansammlung von Bauernhöfen im Nordwesten von Tilly von den SS-Panzergrenadieren aus Schillers I. Bataillon des SS-Panzergrenadierregiments 1, wobei es 13 Tote und 19 Verwundete gab.[9] Der befestigte Ort Tilly wurde von Herfords II. Bataillon aus demselben Regiment zusammen mit Dinses III. Bataillon aus dem Panzergrenadierregiment 2 sowie Wolffs 7. Kompanie des SS-Panzerregiments 1 und der 2. Batterie der SS-Sturmgeschützabteilung 1 gehalten. Richtigerweise deuteten sie den Vorstoß der Essex Scottish als Vorläufer eines größeren Angriffs. Aus unbekanntem Grund gehörte auch Georg Preuß' 10. SS-Panzergrenadierkompanie von Sandigs Regiment 2 zu den Verteidigungskräften von Tilly, damit belief sich die Gesamtsumme von Grenadierkompanien in diesem Gebiet auf neun – wenn auch die meisten von ihnen ernstlich erschöpft waren.

Die 1. kanadische Armee von Generalleutnant Crerar wurde am 23. Juli eingesetzt und bildete mit der 2. britischen Armee die 21. Armeegruppe. Crerar befahl Simonds sofort, den Druck südlich von Caen aufrechtzuerhalten, denn die Deutschen sollten daran gehindert werden, ihre Kräfte gegen den amerikanischen Ausbruch umzugruppieren. Er wollte Tilly auch deshalb erobern, um eine deutsche Beobachtung des Orne-Brückenkopfes zu verhindern. Die Stadt gehört zu den am meisten beherrschenden Orten der ganzen Gegend. Dementsprechend wurde für die Nacht vom 32. Juli zum 1. August ein Angriff durch Foulkes 2. Infanteriedivision vorbereitet.

Der kanadische Angriff sollte durch die Calgary Highlanders, einen Teil von Brigadegeneral Megills Infanteriebrigade 5 mit Unterstützung eines Panzerbataillons der Scots Greys und mit starker Unterstützung durch die Artillerie beider Divisionen und einer Armeegruppe durchgeführt werden. Ein Scheinangriff am 1. August um 1 Uhr, ausgeführt gegen Bourgébus Richtung La Hogue durch die D-Kompany von Generalleutnant McQueens Lincoln and Welland Regiment der neu eingetroffenen 4. kanadischen Infanteriedivision, wurde durch die Panzergrenadiere des Regiments 2 mit wirksamer Unterstützung durch Werfer- und Artilleriefeuer bald zum Stehen gebracht.

Um 2.30 Uhr rückten Oberstleutnant MacLauchlans Calgary Highlanders hinter einer vernichtenden Feuerwalze beiderseits der Bahnlinie auf der Spur vor, die von den früher eroberten Bauernhöfen gegen den Nordwestrand von Tilly hineinführte. Wieder einmal wurden sie von Widrigkeiten verfolgt: Deutsche Artillerie und Feuer aus Granatwerfern sowie Nebel hinderten die Kanadier daran, mit ihrer eigenen Feuerwalze Schritt zu halten.[10] Zwar gelang es einer einzigen Kompanie, in die Stadt einzudringen, sie wurde aber bald durch örtliche Gegenangriffe wieder hinausgefegt und zog sich an die Bahnlinie westlich des Ortes zurück. Einem zweiten Angriff um 7.30 Uhr[11], der durch Kräfte der Greys unterstützt wurde, ging es nicht besser, und nach dem Verlust zweier Panzer um etwa 9.30 Uhr[12] zogen sich die Highlanders auf ihre Ausgangsstellungen zurück. Von diesen Gefechten berichtet der schon genannte Zugführer in der 7. Kompanie des SS-Panzerregiments 1, Untersturmführer Stiller: „Langsam wälzt sich eine Feuerwand über den Bahnkörper und verwandelt die Westseite von Tilly in ein Inferno. … Über zwei Stunden hält das Trommeln an, Einschlag auf Einschlag tastet nahezu jeden Quadratmeter Gelände ab. Die Männer in den Deckungslöchern und unter den Panzern ersticken nahezu im Qualm der krepierenden Geschosse leichten und mittleren Kalibers … Die Kanadier schieben sich im Trauermarschtempo an der Mairie vorbei. Sie scheinen Minen zu befürchten … Der erste Feindpanzer kommt von schräg rechts. Auf knapp 30 Meter ist er heran, da jagt ihm Pager eine Panzergranate seitlich in den Turm. Im Zurücksetzen landet der zweite Treffer im Wannenoberteil. Die ausgebootete Besatzung wird mit einer MG-Garbe vertrieben. Die Angelegenheit ist kaum erledigt, da rumpelt der zweite Panzer heran. ‚11 Uhr Panzerfeind – Feuer frei!' Die Leuchtspur bohrt sich im Turmkranz ein, und auch dieser gibt auf. Eine MG-Garbe säubert seine Umgebung und verscheucht die Begleitmannschaft über den Bahnübergang."[13]

Um 14.30 Uhr befahl Brigadegeneral Megill einen dritten Angriff durch die erschöpften Highlanders, diesmal wurde der Angriff unterstützt durch eine Kompanie der Fort Garry Horse. Auch ihnen war kein Erfolg beschieden. Die Division „Leibstandarte" gab kein Stück Gelände preis, aber die Highlanders verloren 178 Männer.[14]

Der vorletzte Angriff gegen die Division „Leibstandarte" in Tilly wurde um 23.45 Uhr durch das Lincoln and Welland Bataillon unter Oberstleutnant McQueen angesetzt, und zwar ohne vorheriges Artilleriefeuer, um den Angriff überraschend vortragen zu können. Wenn auch diesmal die Stärke der Verteidigungskräfte ziemlich niedrig war, weil Dinses III. Bataillon des SS-Panzergrenadierregiments 2 (SPW) wieder auf der linken Flanke zwischen Rocquancourt und May-sur-Orne eingesetzt war, konnte der Angriff ohne weiteres abgewehrt werden. Um 7 Uhr waren die Kanadier wieder in Bourgébus, die Ausfälle beliefen sich auf 58 Mann, darunter waren zwölf Tote.[15]

Der Tagebuchschreiber der Calgary Highlanders beschrieb ein weiteres Bombardement von Tilly am 2. August: „Um 18 Uhr kamen die Typhoons, und Tilly bäumte sich auf, um dann in einem Durcheinander qualmender Trümmer niederzusinken … kurz darauf warf unsere Artillerie noch ihr schreckliches Feuer in die Trümmer, zudem ließ sie viele Granaten, die direkt über Tilly gefeuert wurden, bereits in der Luft detonieren … wieder ereignet sich anscheinend

Unmögliches, denn wieder bekommen wir MG-Feuer aus Deckungen in Tilly. Der Hunne ist wie eine Ratte und taucht immer wieder auf, egal wie schwer wir ihn zermahlen."[16]

Einer der „Hunnen", das Mitglied der 7. Kompanie des SS-Panzerregiments 1 Rolf Ehrhardt, hat geschrieben: „Keinem der Männer, die auch nur einige Tage in diesem Inferno verbringen, wird der Name dieses kleinen und im großen Kriegsgeschehen unbedeutenden Dörfchens je entfallen können."[17]

Die letzten Angriffe gegen die Division „Leibstandarte" im Bereich von Tilly erfolgten am 5. August, gerade an dem Tag, als sie von der 89. Infanteriedivision abgelöst worden war. Die Kanadier argwöhnten, daß ein Gegenangriff angesetzt sei, und schickten am Nachmittag Spähtrupps gegen Tilly und La Hogue. Am selben Abend setzten sie die Argylls of Canada mit dem Panzerregiment 29 (The South Albertas) gegen Herfords II. Bataillon des SS-Panzergrenadierregiments 1 in den Trümmern von Tilly ein. Zur selben Zeit rückten eine schwache Kompanie des Lake Superior Regiments (motorisiert) und eine Kompanie des Panzerregiments 22 (Canadian Grenadier Guards) gegen Junges II. Bataillon des SS-Panzergrenadierregiments 2 in La Hogue vor. Beide Angriffe gerieten zu verlustreichen Fehlschlägen. Im letztgenannten Gefecht wurde das einzige jemals im gesamten Krieg einem Panzergrenadier der Waffen-SS verliehene Ritterkreuz an den Grenadier Erich Göstl verliehen. Obwohl er als einziger in seiner Gruppe überlebte und als einziger nicht verwundet worden war und obwohl auf beiden Augen blind, feuerte er immer weiter in die Richtung, aus der er den Feind hören konnte. Als man ihn schließlich fand, entdeckten seine Retter, daß er vor Erschöpfung zusammengebrochen war, nachdem er an der Hand verwundet worden war und das Gewehr beiseite gestellt hatte. Das war ein typischen Beispiel für die Zähigkeit der Division „Leibstandarte" in dieser „verhältnismäßig ruhigen Zeit".

Um 19.35 Uhr, als die Kämpfe um La Hogue und Tilly noch im Gange waren, erhielt Wisch den Befehl, in der kommenden Nacht zwei Panzerabteilungen und zwei Panzergrenadierbataillone zuzüglich einer Artillerieabteilung auf Selbstfahrlafetten in das Gebiet Tinchebray, St. Corniers, Beauchêne, La Châtellier und Flers südöstlich von Vire zu schicken. Diese außergewöhnliche Anweisung stammte von Hitlers Befehl an von Kluge, seine Panzerdivisionen für einen Gegenangriff gegen die Amerikaner bei Avranches einzusetzen. Es war ein verzweifelter Versuch, die Flut aufzuhalten, die die westliche Normandie und die Bretagne abzuschneiden drohte. In Wirklichkeit sah Hitler hierin eher die Gelegenheit zum Abschneiden und Vernichten vieler Amerikaner als eine Maßnahme zur Krisenbewältigung. Von Kluge, Hausser, Eberbach und Dietrich kannten jedoch die wirkliche Lage und beurteilten sie ganz anders. Als Eberbach Dietrich aufforderte, beide Divisionen, die „Leibstandarte" und die „Hitlerjugend", für seinen Gegenangriff abzustellen, war dieser schockiert – denn dann fehlten ihm die Panzer gegen die sehr starke 1. kanadische Armee, und er würde seine „Jungs" verlieren. Eberbach bekam die 89. Infanteriedivision als Ersatz für die Division „Leibstandarte", und es erwies sich, daß die Division „Hitlerjugend" nicht herausgelöst werden konnte, sie blieb unter seiner Führung. Aber Wünsche mußte Kuhlmanns I. SS-Panzerabteilung an die Division „Leibstandarte" abgeben, und nach nur 18tägigen Gefechten neben ihrer Schwesterdivision begann die „Leibstandarte" in der Nacht vom 5. August ihren 100-Kilometer-Marsch nach Westen. Was die Waffen-SS betrifft, so waren die Kämpfe um das „unvergeßliche Tilly" schließlich vorbei. Die letzten Teile der Division „Leibstandarte" waren um Mitternacht durch die 89. Infanteriedivision abgelöst.

Zwei weitere Ereignisse vom 5. August seien noch kurz angefügt: Eberbachs Panzergruppe West wurde in 5. Panzerarmee umbenannt, und Dietrich erhielt die Brillanten zum Ritterkreuz mit Eichenlaub und Schwertern. Er wurde unverzüglich zum Führerhauptquartier befohlen, um die Auszeichnung in Empfang zu nehmen.

Kapitel XXII

6. bis 9. August – Noch ein Orne-Brückenkopf

(Karten 1, 3 und 5)

Während des 4. und 5. August verkürzte General Eberbach seine Frontlinie, indem er sich aus den Ruinen von Villers-Bocage, aus Aunay und Evrecy zurückzog und eine neue Hauptkampflinie bezog, die sich von Vire nach Mont Pinçon weiter nach Thury-Harcourt und dann über die Orne zum Hügelkamm von Bourguébus hinzog. Notwendig war dieser Rückzug deshalb, weil eine starke Panzergruppe für Hitlers große Gegenoffensive gegen die Amerikaner geschaffen werden mußte. Diese deutsche Umgruppierung am 4. August fiel mit Montgomerys neuer Anweisung zusammen, den „harten Kern" der deutschen Verteidigung südlich von Caen zu knacken und das Gros von Kluges Kräften westlich der Orne in die Falle zu locken. Diese Anordnung, die an Crerars 1. kanadische Armee gerichtet war, nannte als Ziel: „Durchbruch durch die feindlichen Stellungen südlich und südöstlich von Caen, um so das zum Abschneiden der feindlichen Kräfte erforderliche Gelände zu gewinnen, die jetzt der 2. Armee gegenüberstehen, und ihren Rückzug nach Osten zu behindern, wenn nicht sogar unmöglich zu machen."[1]

Vire fiel am 6. August an die Amerikaner, am gleichen Tag nahmen die Briten Mont Pinçon, und ihr XII. Korps rückte gegen die Orne in den Bereich Thury-Harcourt vor.

Die Verantwortung für die deutsche Front von Thury-Harcourt bis La Hogue lag bei der 89. und 271. Infanteriedivision von Dietrich, jetzt unangemessen I. SS-Panzerkorps genannt. Die 89. Infanteriedivision war von La Hogue einschließlich bis zu einem Punkt nordwestlich von St. Martin-de-Fontenay in Stellung – die alten Stellungen der Division „Leibstandarte". Links von der 89. besetzte die 271. Infanteriedivision nach ihrem Rückzug auf das steile Ostufer der Orne am 6. August eine Reihe von Außenposten am Fluß entlang bis zu einem Punkt nördlich von Thury-Harcourt. Die einzige für Dietrich verfügbare Reserve war Meyers 12. SS-Panzerdivision, die, wie wir uns erinnern, in drei Gruppen gegliedert war: Kampfgruppe Meyer, Kampfgruppe Wünsche und die Aufklärungsgruppe Olboeter. Wir dürfen aber auch nicht vergessen, daß letztere schon bis östlich Vire zur Unterstützung des II. SS-Panzerkorps eingesetzt war und erst am 8. zurückkehren sollte.

Am 6. August setzte um 18.40 Uhr in den Geländeabschnitten von Grimbosq und Thury-Harcourt Artilleriefeuer ein. Im Laufe der Nacht errichteten die Infanteriebataillone von Brigadegeneral Fryers Infanteriebrigade 176 der 59. Division (Staffordshire) mit Unterstützung von zwei Kompanien des Regiments 107 RAC auf dem Steilufer der Orne im Süden von Grimbosq einen Brückenkopf von 1.000 Meter Tiefe.[2] Am 7. August wurde um 8 Uhr bei Le

Bas (heute heißt es Grimbosq Halte), etwas westlich von Brieux, eine Brücke errichtet.[3] Zwei Gegenangriffe durch die 271. Infanteriedivision schlugen bei dem Versuch, den Brückenkopf einzudrücken, fehl. Im Laufe des Tages vergrößerten das 6. North, das 7. South Staffordshire und das 7. Royal Norfolk Bataillon ihren Brückenkopf auf eine Breite von etwa drei Kilometer und eine Tiefe von 1.500 Meter von Lasseray nördlich von Brieux im Süden. Für Dietrich war es nun deutlich an der Zeit, einen Teil seiner gepanzerten Reserve einzusetzen, und er befahl Wünsche, die Ausgangslage wiederherzustellen.[4]

Wünsche ließ die 3. SS-Panzerkompanie (Panther) und die 8. SS-Panzerkompanie (Panzer IV) gefechtsmäßig antreten, jede mit ungefähr 17 Panzern und mindestens fünf, höchstens zehn Tigern von SS-Untersturmführer Wendorffs 2. Kompanie der schweren SS-Panzerabteilung 101 mit der Flak-Einheit, dem I. und III. SS-Panzergrenadierbataillon von Mohnkes Regiment 26, vermindert um die 9. Kompanie Olboeters, und SS-Sturmbannführer Karl Bartlings III. SS-Panzerartillerieabteilung der Division „Hitlerjugend".

Während des Vormarsches zum britischen Brückenkopf kam die Kampfgruppe unter einen Angriff von 54 mittleren Bombern des Typs Mitchell, aber die deutsche Flak war so wirksam, daß 36 getroffen wurden; einige so schwer, daß eine Rückkehr nach England nicht möglich war.[5] Die deutschen Verluste waren geringfügig.

Nachdem das III. Bataillon des SS-Panzergrenadierregiments 26 durch den Forêt de Grimbosq gefegt war, wurde um 18.30 Uhr ein Angriff von Panzern gemeinsam mit Panzergrenadieren mit Unterstützung durch Artillerie angesetzt. Im schnellen Stoß erreichten die Panzer die engen Straßen von Grimbosq, und um 20.21 Uhr wurden Tiger nahe der Orne und in 400 Meter Entfernung von der Brücke bei Le Bas gemeldet[6], die sie mit panzerbrechender Munition unter Feuer nahmen. Nach dem Kriegstagebuch der Panzerbrigade 34 verlor das Regiment 107 bei den Gefechten am 7. August 28 Panzer. Von den 7. South Staffords wurden die meisten zurück über den Fluß getrieben, aber die vorgeschobenen Beobachter der Artillerie hatten einen regelrechten Tribünenplatz mit Blick über das gesamte Gebiet von den Hügeln bis zum Westen der Orne, und mit sieben Artillerieregimentern, die mit einem Munitionseinsatz von 1.000 Schuß pro Rohr und Tag[7] feuerten, konnte der schmale Brückenkopf gehalten werden. Die Bodentruppen bekamen Hilfe durch zwei Einsätze von neun Typhoons der RAF, jeweils von der 438. und 439. Staffel, die Wünsches Kräfte zwischen 21.15 und 21.40 Uhr mit 500-Pfund-Bomben angriffen.[8]

In der Nacht verstärkte ein anderes Infanteriebataillon, die 1/7 Royal Warwicks, die erschöpften britischen Kräfte, und Wünsches Panzer mußten sich von dem Fluß zurückziehen.[9] Später, am 8. August, löste das Regiment 147 der RAC das fast vernichtete Regiment 107 ab.[10] Wünsche hatte die Ausweitung des Brückenkopfes zwar verhindert, konnte ihn aber trotz weiterer Angriffe nicht beseitigen. In der großen Krise, die sich südöstlich von Caen entwickelte, bekam er den Befehl, diesen Einsatz abzubrechen und so schnell wie möglich nach Potigny (Karte 7) zu marschieren. Als er sich zurückzog, hatte er bereits neun Panther und 122 Männer verloren.[11] Einige Tiger waren beschädigt, aber einen Totalverlust gab es nicht.

Die Briten hatten hartnäckig und erfolgreich ihren Brückenkopf verteidigt – das hatte das 6. North Staffordshire Bataillon 76 Verluste gekostet[12], und Oberstleutnant Ian Freelands 7. Norfolks hatten 42 Tote, 111 Verwundete und 73 Vermißte zu beklagen.[13] Hauptmann David Jamieson der 7. Norfolks wurde für seine Verdienste bei diesen Kämpfen mit dem Viktoria-Kreuz ausgezeichnet.

Kapitel XXIII

6. bis 10. August – Der Gegenangriff von Mortain

(Karten 1 und 6)

Hintergrund und die Operation „Cobra"

Um die Position der Division „Leibstandarte" im amerikanischen Gefechtsbereich der Normandie zu verstehen, muß man in der Zeit etwas zurückgehen. Stets haben die Alliierten eine Wiederholung des Zermürbungskrieges gefürchtet, den ihre Armeen im Frankreich des Ersten Weltkrieges erlitten hatten, und doch schien es in den ersten Julitagen des Jahres 1944 so, als ob die Ereignisse erneut dahin führten. Wenn die Briten und Kanadier vor Caen und dem Odon steckenblieben und sich abquälten, dann litten die Amerikaner vielleicht noch mehr im sogenannten „Heckenkrieg". Ihr Problem lag im wesentlichen in der Boden- und Geländebeschaffenheit. Cherbourg war zwar eingenommen, aber die sich daraus ergebenden Vorteile begünstigten keinesfalls den Durchbruch. Nachschub mußte immer noch über die Strände „Omaha" und „Utah" in die Normandie gelangen; unzulänglich war auch der Raum für einen Ausbruch, wie er von den Alliierten geplant war. Nur eine größere seitliche Straße östlich von Carentan war in amerikanischer Hand, und auch diese lag unter feindlichem Feuer. Alles schien günstig für die Verteidigung – die trägen Ströme, die durch sumpfige Überschwemmungsgebiete nach Norden flossen und bei Carentan zusammenliefen, ein Bocage-Gürtel, der sich vom Fluß Vire zehn bis 15 Kilometer tief in den Osten erstreckte, die Hügel des ausgedehnten Schwemmlandes des oberen Seves und der große Wald Forêt Mont Castre. Das Ausmaß des Problems Bocage läßt sich daran ermessen, daß in einer einzigen Luftaufnahme des US-Bereiches in einem nicht einmal 20 Quadratkilometer großen Gebiet 3.900 mit Hecken umgebene Anlagen zu sehen sind.

Um also den für den Ausbruch erforderlichen Raum zu schaffen, wurde für die ersten Julitage eine Großoffensive für die 1. US-Armee angeordnet, um die Linie Coutance – Marigny – St. Lô zu gewinnen. Der Angriff schlug im Grunde fehl – bis zur Monatsmitte, als der Angriff zum Stillstand kam, hatte das VIII. Korps zwölf Tage für elf Kilometer gebraucht, und das VII. Korps hatte für einen Geländegewinn von 15 Quadratkilometern 4.800 Männer verloren.[1] Daraufhin erklärte General Bradley St. Lô und die Straße, die westlich davon nach Periers führt, zum Hauptziel. Es kostete die drei Infanteriedivisionen des XIX. Korps 10.077 Verluste, dieses Ziel zu erreichen.[2] Briten und Kanadier sind sich vielfach der schweren amerikanischen Verluste am D-Day am „Omaha"-Strand bewußt, aber nur wenige kennen die Leiden, die die Männer der 1. US-Armee vor dem Ausbruch erdulden mußten.

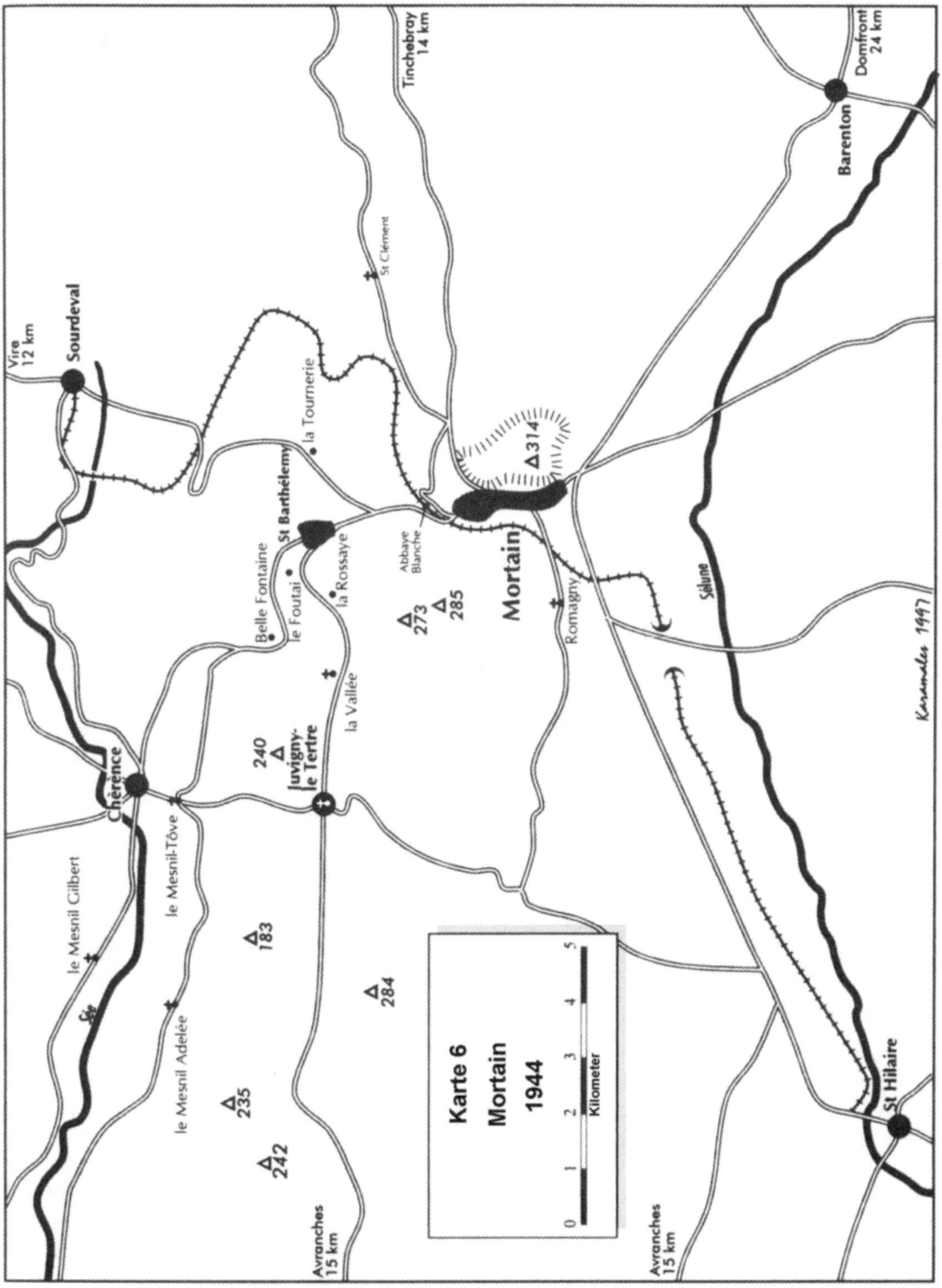
Karte 6
Mortain
1944
0 1 2 3 4 5
Kilometer
Vire
12 km
Sourdeval
Tinchebray
14 km
Domfront
24 km
Barenton
St Clément
la Tournerie
St Barthélemy
Belle Fontaine
le Foutai
la Rossaye
Abbaye
Blanche
314
273
285
Mortain
Romagny
Sélune
la Vallée
240
Juvigny-
le Tertre
Chérence
le Mesnil-Tôve
le Mesnil Gilbert
Sée
183
284
le Mesnil Adelée
235
242
Avranches
15 km
Avranches
15 km
St Hilaire

Bis zum 18. Juli war durch die „Heckenschlacht" der für den Ausbruch – für die Operation „Cobra" – benötigte Raum gewonnen. Die Amerikaner hatten sich durch Sumpfgebiete, Flüsse und durch die Bocage hindurchgekämpft und waren nun auf dem höhergelegenen, günstigeren Gelände südlich der Schnellstraße St. Lô – Perriers in Stellung. St. Lô und die umgebende Hochebene boten Sicherheit, und der Zermürbungskrieg schien endlich ein Ende zu haben.

Es wird daran erinnert, daß „Cobra" für den 20. Juli angesetzt war, zwei Tage nach dem Beginn von „Goodwood". Die Operation wurde dann aber bis zum 25. aufgeschoben, weil schlechtes Wetter stärkere Bombardierungen aus der Luft unmöglich machte, die aber doch für beide Operationen als wesentliche Vorbedingung angesehen wurden.

Bradleys 1. US-Armee stand General Paul Haussers erschöpfte 7. Armee gegenüber. Hitlers Durchhalteparolen und die Rückzüge in Sprüngen „nur von Hecke zu Hecke" hatten sie zermürbt. Am 15. Juli meldete der Kommandierende General des LXXXIV. Armeekorps, von Choltitz, an Hausser: „Die ganze Schlacht ist ein fürchterliches Blutbad, so etwas habe ich in elf Kriegsjahren nicht gesehen."[3] Montgomerys Strategie, die deutschen Panzerdivisionen und Reserven zu Dempseys 2. Armee auf die Ostflanke zu ziehen, hatte funktioniert. Am 25. Juli stand Dempsey 14 Divisionen gegenüber, von denen sieben mit 600 Panzern bewaffnet waren, während Bradley neun durcheinandergewürfelte Divisionen gegenübertraten, von denen nur zwei mit insgesamt lediglich 100 Panzern bewaffnet waren.

„Cobra" brauchen wir im einzelnen nicht weiter zu erörtern, außer, daß es trotz aller Schwierigkeiten und Tragödien wie ein größeres Aufs-Geratewohl-Bombardement der amerikanischen Truppen höchst erfolgreich war. Im Gegensatz zu den meisten britischen und kanadischen Panzereinheiten waren die amerikanischen Panzerbataillone auch auf nächtliche Operationen vorbereitet, und so war am Morgen des 27. Juli die Hochebene bei Le Mesnil-Herman besetzt, und der Weg zum Süden lag offen. Am Nachmittag des 28. war Coutances genommen. Zu dieser Zeit war ein halbes Dutzend deutscher Infanteriedivisionen aufgerieben und das LXXXIV. Armeekorps aufgelöst. Als US-Kolonnen die Straßen zwischen Coutances und Vire entlangbrausten, staunten sogar die Amerikaner über ihren Erfolg.

Am 30. Juli war General George Pattons 3. US-Armee voll einsatzfähig, und seine 4. Panzerdivision erreichte nach einem Vorstoß von 40 Kilometern in 36 Stunden Avranches. Als am 1. August die Dunkelheit hereinbrach, waren die Amerikaner jenseits des Flusses bei Pontaubault und hatten die Bretagne betreten. Am selben Tag übernahm Bradley die Führung der 12. US-Armeegruppe, General Courtney übernahm die 1. Armee, und von Kluge warnte das OKW: „Die linke Flanke ist zusammengebrochen."

Bradley befahl nun Hodges, das Gebiet Vire – Mortain zu nehmen, während Patton die Linie St. Hilaire – Fougères – Rennes sichern und dann westwärts in die Bretagne schwenken sollte. In einer typischen Glanzleistung, was Organisation und persönliche Führerschaft anbelangt, brachte George Patton in 72 Stunden sieben Divisionen auf einer Straße zusammen und führte sie über die eine Brücke bei Avranches.

Es liegt nicht in der Absicht des Verfassers, die Strategie des Feldzuges in der Normandie zu besprechen und alle Argumente über vergebliche Mühen in der Bretagne und kleinere oder größere Einkesselungen zu wiederholen. Für die Zwecke des vorliegenden Buches genügt vielmehr die Feststellung, daß Mortain am 2. August erobert war und daß am nächsten Tag Bradley Patton befahl, einen Mindestanteil an Kräften in der Bretagne zu belassen und mit den anderen Truppen ostwärts zu marschieren. Am 4. August war Rennes gesichert, und Montgomery gab eine Direktive heraus, die mit der Aufforderung endete: „Die umfassende Strategie der alliierten Armeen besteht darin, die rechte Flanke nach Paris zu schwenken und den Feind zurück zur Seine zu zwingen."

Montgomery war nicht der einzige, der am 4. August eine neue Anordnung erließ. Auch Hitler tat dies. Die Front der 7. Armee war noch von Mont Pinçon nach Vire und dann südlich nach Barenton intakt, er befahl von Kluge, eine Gegenoffensive aus dem Gebiet Vire – Mortain heraus zu unternehmen, zuerst auf Avranches angesetzt, um alle amerikanischen Streitkräfte südlich dieser Linie abzuschneiden, und dann nordöstlich zur Kanalküste, um die Alliierten in die See zurückzutreiben. Diesem Plan fehlte es nicht an Phantasie. Aber wenn er auch den Einsatz von acht der neun Panzerdivisionen in der Normandie und die gesamten Reserven der Luftwaffe erforderte, so wußten von Kluge und Hausser doch, daß es unmöglich war, diese Kräfte vor dem Zusammenbruch der gesamten Front westlich der Orne zusammenzuziehen – sie wußten aber auch, daß Widerspruch nutzlos war!

Hitler bestand auch darauf, daß der Angriff erst dann erfolgen solle, „wenn jeder Panzer, jede Kanone und jedes Flugzeug zur Stelle" wäre. Jede Einzelheit war genauestens aufgeführt, einschließlich der Straßen und Dörfer, durch die die angreifenden Truppen vorrücken sollten. General Blumentritt, Chef des Generalstabes des Oberbefehlshabers West, beklagte sich nach dem Krieg bei Milton Shulman darüber: „Die ganze Planung wurde in Berlin mit Karten in großem Maßstab durchgeführt, und der Rat der Generale in Frankreich war weder gefragt noch angeregt worden." Die Operation hatte den Decknamen „Lüttich". Die Amerikaner nannten sie den Gegenangriff „Mortain". Andeutungen dahingehend, daß die Alliierten durch ULTRA von Hitlers Absichten vorgewarnt gewesen seien, sind durch Ralph Bennetts maßgebliches Buch *Ultra in the West* überzeugend widerlegt worden.

6. August

Als Pattons Panzer sich am 6. August Le Mans (Karte 1) näherten, geriet von Kluge in panischen Schrecken. Es war klar, daß in der deutschen Südflanke eine große Lücke klaffte, aber an jenem Nachmittag versicherte ihm Jodl vom OKW, er „brauche sich über die Ausdehnung des amerikanischen Einbruchs keine Sorge zu machen, denn die Verzögerung [in der Gegenoffensive] würde bedeuten, daß um so mehr Amerikaner abgeschnitten würden".

Von Kluge und Hausser wußten, daß der Führerbefehl das Ende der 7. Armee bedeutete und daß jeder Aufschub beim Gegenangriff die Sache nur verschlimmern würde. Deshalb entschlossen sie sich zum Angriff in der Nacht vom 6. zum 7. August, lange bevor die notwendigen Kräfte herangeführt sein konnten. In diesem Entschluß wurden sie durch einen Besuch am 6. August nachmittags bei der 7. Armee durch Generalleutnant Alfred Bülowius, Kommandierender General des II. Jagdkorps, bestärkt, der sagte, daß am 7. August 300 Kampfflugzeuge über dem Kampfgebiet eingesetzt werden könnten.[4] Auch wenn dieser neue Plan nicht Hitlers Vision eines siegreichen Gegenschlags entsprach, nahm er ihn doch überraschend ruhig auf.

Die Deutschen hatten nur eine US-Infanteriedivision und einen Teil einer Panzerdivision auf ihrem Angriffsweg entdeckt. Gegen diese verhältnismäßig geringen Kräfte planten von Kluge und Hausser, General Hans von Funcks XXXXVII. Panzerkorps mit der 116. und 2. Panzerdivision einzusetzen, ferner die 2. SS-Panzerdivision „Das Reich" mit einer Kampfgruppe von der 17. SS-Panzergrenadierdivision „Götz von Berlichingen"[5], und sie setzten ihre Hoffnung auch auf einen Teil der Division „Leibstandarte". Jedoch war ein großer Teil der 1. SS-Panzerdivision westlich der Orne als Reserve der Heeresgruppe B geblieben[6], und, wie Hausser in seiner Nachkriegsbefragung beschrieb, „sollte der Hauptteil der 1. SS-Panzerdivision ... als eine zweite Welle im Angriff auf Juvigny dienen".[7]

Der Gegenangriff von Funck sollte zwischen den Flüssen Sée im Norden und Sélune im Süden erfolgen. Diese kleinen Flüsse waren zwar keine bedeutenden Hindernisse, aber sie konnten den Flanken der Offensive doch einigen Schutz bieten. Der deutsche Hauptstoß sollte in der Mitte durch St. Barthélemy (auf den Karten von 1944 als St. Barthélmy verzeichnet) und Juvigny verlaufen, und zwar mit von Lüttwitz' 2. Panzerdivision als Angriffsspitze. Jedoch war die Kampfkraft seiner Division durch die erlittenen 40 Verluste stark beeinträchtigt, so daß von Lüttwitz unterstützt werden mußte – durch SS-Sturmbannführer Kuhlmanns I. SS-Panzerabteilung von der Division „Leibstandarte" und durch eine weitere Panzerabteilung und eine Panzerabwehrkompanie von der 116. Panzerdivision. Dadurch sollte von Lüttwitz eine Stärke von etwa 100 Panzern erhalten.[8] Wie wir wissen, wurde damit gerechnet, daß nach erfolgtem Durchbruch der 2. Panzerdivision der Rest der Division „Leibstandarte" eingetroffen sei und den abschließenden Vorstoß nach Avranches durchführen könne.

Der Rest der verhältnismäßig frischen, aber jetzt doch ernstlich geschwächten 116. Panzerdivision mit nur etwa 25 Panzern sollte die Nordflanke schützen, indem sie aus dem Gebiet westlich von Sourdeval vorrückte, um die feindlichen Kräfte nördlich der Sée zu binden. Das erste Angriffsziel war Le Mesnil-Gilbert.

SS-Standartenführer Baums verstärkte 2. SS-Panzerdivision war nur zu etwa 60 Prozent einsatzfähig und hatte weniger als 30 Panzer. Der Auftrag lautete: Mortain durch Einschließung erobern und dann im Westen und Südwesten nach St. Hilaire vorrücken, während Teile der Aufklärungsabteilung der Panzer-Lehrdivision sich um die Südflanke kümmerten.

Wenn auch nur weniger als 200 Panzer für den Sturmangriff am 7. August zur Verfügung standen, so hoffte man doch mit Ankunft der 9. und 10. SS-Panzerdivision und der Panther-Abteilung der 9. SS-Panzerdivision auf ausreichend Verstärkung und Ersatz.[9]

Am 16. August um 16.30 Uhr meldete SS-Generalmajor Wisch, der Kommandeur der 1. SS-Panzerdivision „Leibstandarte SS Adolf Hitler", daß seine Panzer nach 70 Kilometern Fahrt vor dem Einsatz mit Treibstoff versorgt werden müßten und ohnehin nicht vor 22 Uhr eintreffen könnten.[10]

Um 22 Uhr meldete Funck an Hausser, daß die vordersten Kräfte der Division „Leibstandarte" noch bei Tinchebray seien, 20 Kilometer von den erforderlichen Stellungen entfernt, und daß noch sehr schwieriges Gelände vor ihnen läge, das es zu überwinden gelte. Der Weg durch Yvrandes, Ger und St. Clement war eng und gewunden, mit hohen Wällen an den schlechten Straßen und dem tiefen Tal von Egrenne, die noch überquert werden mußten. Daher hatte die 2. Panzerdivision keine Aussicht, die zusätzlichen Panther der Division „Leibstandarte" rechtzeitig zum geplanten Angriffsbeginn zu bekommen. Auch hatte Generalleutnant Graf von Schwerins 116. Panzerdivision wohl keine Sonderkräfte für die 2. Panzerdivision bereitgestellt, woraufhin von Funck soweit ging, um die Entlassung von Schwerin zu bitten.[11] Zweifellos waren von Funck, Hausser und besonders von Lüttwitz unglücklich über diese Entwicklung, der letztgenannte vermißte nicht nur seine Panzerverstärkung, sondern auch eine Sturmgeschützbrigade und zusätzliche Artillerie, die ihm vom II. Fallschirmkorps versprochen worden waren. Hausser soll gesagt haben: „Ich muß sagen, dies ist ein armseliger Anfang. Hoffen wir, daß der heutige Zeitverlust morgen durch Frühnebel ausgeglichen wird."[12] Diese Gefühle stehen in krassem Widerspruch zu seiner Befragung im April 1946 über „unseren gut vorbereiteten Angriff".

Dem Angriff des XXXXVII. Panzerkorps hatte General Hodges im Grunde nur eine Division gegenüberzustellen – die 30. Infanteriedivision mit dem Spitznamen „Old Hickory". Sie hatte schon stark bei diesen Kämpfen in der Normandie gelitten – zwischen dem 7. und 13. Juli beim Angriff an der Vire hatte sie 3.200 Verluste erlitten, und am 25. waren weitere

662 den Angriffen durch amerikanische Flugzeuge zum Opfer gefallen.[13] Das ihr unterstellte Panzerbataillon 743 hatte im Juli 38 Panzer und 133 Besatzungsmitglieder verloren, seitdem aber 33 Ersatzpanzer und Besatzungen erhalten.

Robert L. Hewitts *Workhorse of the Western Front* beschreibt in lebhaften Worten die Bewegung der Division in das Gebiet von Mortain: „Am Morgen des 6. August war die ganze Division auf der Straße. Es war eher eine Feier als ein Gang in die Schlacht. Der 6. August war ein warmer, heller Sonntag und die Bürger säumten die Straßen und winkten, warfen Blumen und boten den durchziehenden Soldaten Getränke an. In Mortain selbst waren Hotels und Cafés geöffnet und voller Gäste."

Und als die Männer der 1. Infanteriedivision, die sie entlasteten, den GIs erzählten, daß meilenweit kein deutscher Soldat weiterkämpfen wolle, fingen sie an, sich zu entspannen und auf ein paar Tages des Ausruhens zu freuen, ehe es ostwärts zur Seine und auf Paris weitergehen sollte, was ein leichter Vorstoß zu werden versprach. Das Vergnügen wurde nur dadurch getrübt, daß einige später eintreffende Kolonnen durch deutsche Jagdbomber beschossen wurden.[15] „Old Hickory" konnte noch nicht wissen, daß sie innerhalb von sechs Stunden nach der Übernahme der Verantwortung für den Bereich Mortain durch Hitlers neueste Offensive eingekesselt werden würden.

Generalmajor Leland Hobbs ließ die 30. Infanteriedivision folgendermaßen aufmarschieren: Das Infanterieregiment 120 abzüglich eines für eine Sonderaufgabe angeforderten Bataillons übernahm in der Stadt Mortain und unmittelbar östlich auf Höhe 314; das Infanterieregiment 117 besetzte St. Barthélemy und das Gebiet westlich davon; das Infanterieregiment 119 abzüglich eines an die 2. Panzerdivision überstellten Bataillons lag in Reserve etwa fünf Kilometer westlich von Juvigny. Jedes Regiment hatte als Unterstützung eine Panzerjägerkompanie der 823. Panzerjägerabteilung. Auf Hobbs' rechter Flanke wurde das VII. Kavalleriekorps südlich auf Höhe von Le Teileul in Stellung gemeldet, 14 Kilometer südlich von Mortain, und ihm wurde gesagt, daß sich das Infanterieregiment 39 der 9. Division um Grand-Dove befand – Le Mont-Turgon, vier Kilometer nördlich – und das Regiment 8 der 4. Infanteriedivision westlich davon. Mit niemandem von diesen Einheiten hatte er unmittelbaren Kontakt. Tatsächlich waren die beiden Flanken der 30. Infanteriedivision gefährlich offen.

7. August – Die Operation „Lüttich"

Ein größerer Teil der Division „Leibstandarte" rückte während der Nacht vom 5. zum 6. August schnell vor. Ihre Spitzen hatten am 6. August um 22 Uhr nur Tinchebray erreicht. Angriffsbeginn war um 24 Uhr! Bis 2 Uhr am 7. August waren nur eingetroffen: Gustav Knittels SS-Aufklärungsabteilung 1, Kuhlmanns I. Abteilung des SS-Panzerregiments 1 (nicht mehr als 43 Panther) mit etwa sieben Panzern IV der 5. Panzerkompanie und das SPW-Bataillon von Sandigs SS-Panzergrenadierregiment 2.[16] Knittels Abteilung schloß sich dem rechten Flügel der gegen Le Mesnil-Tôve vorstoßenden 2. Panzerdivision an, und der Rest der Streitkraft bildete unter SS-Sturmbannführer Kuhlmann einen größeren Teil der linken Sturmtruppe, die Juvigny zum Ziel hatte. Es ist erstaunlich, daß andere Panzer IV am 6. und 7. August „in den Wäldern bei Bretteville-sur-Laize ruhten"[17], es ist unklar, ob sie keine Befehle hatten oder absichtlich hinten blieben.

Interessant ist, daß Haussers Chef des Generalstabes, von Gersdorff, die verspätete Ankunft der Panzerabteilung der Division „Leibstandarte" als Entschuldigung für die Ereignisse am 7. August benutzte: „Unmittelbar vor Kampfbeginn kam es zu Reibungen beim XXXXVII. Panzerkorps. Aufgrund von Fehlern der unteren Führung hat sich die Panzerabteilung der ‚Leibstandarte', das zur 2. Panzerdivision gebracht worden war, sehr verspätet und war um 24 Uhr noch nicht zur Gefechtsaktion bereit. Daher konnte der linke Angriffsflügel der 2. Panzerdivision den Angriff auf St. Barthélemy erst in der Dämmerung des 7. August unternehmen."[18]

Man braucht nicht zu erwähnen, daß die Division „Leibstandarte" einen Tadel für das späte Eintreffen nicht akzeptierte. Die Divisionsgeschichte berichtet: „Die Divisionsteile hatten nur eine kurze Sommernacht für den Weg von 70 bis 80 Kilometern [tatsächlich waren es mehr als 100 Kilometer] quer über die Nachschubrouten zweier im Großkampf stehender Armeen. Dazu kam noch, daß die 2. SS-Panzerdivision, die 2. Panzerdivision, die 116. Panzerdivision und das gesamte II. SS-Panzerkorps auf derselben Route geradewegs vor der LAH marschierten. Allein schon die Verpflegungs- und Instandsetzungsabteilungen dieser fünf Panzerdivisionen genügten, um das Fassungsvermögen der Straßen voll auszuschöpfen ... Die Verantwortung für diese schwierigen Manöver hatten der Kommandeur [Wisch] und sein winziger Stab. Unterstützung durch einen ausgebildeten Generalstabsoffizier war nicht gegeben."[19]

Von Anfang an steckte der Angriff des XXXXVII. Panzerkorps in einer schwierigen Lage. Im nördlichen Bereich gelang es von Schwerins 116. Panzerdivision nicht, auf irgendeinen Punkt vorzurücken. Sie war nicht in der Lage, den geplanten Angriffstermin einzuhalten, und es gelang ihr nicht, sich vor 16.30 Uhr in Marsch zu setzen. Um 20.50 wurde ihr hochdekorierter Kommandeur entlassen. Im Süden schloß Baums 2. SS-Panzerdivision Mortain ein, hauptsächlich von Süden her, und rückte bis Romagny, zwei Kilometer südwestwärts, vor und bis St. Jean-du-Corail im Süden. Aber als sich der Frühnebel lichtete, bedrohten die US-Artillerie und die Luftflotte der Alliierten jedes weitere Vorgehen, daher wurde Halt befohlen. Eine wichtige Rolle spielte in dieser Situation der mutige und erfolgreiche Widerstand des eingeschlossenen Bataillons 2 des Infanterieregiments 120 von „Old Hickory" an Höhe 314, der als Heldenepos in die amerikanische Militärgeschichte eingehen sollte. Das Bataillon verlor bei diesen Kämpfen mehr als 300 Männer, die ums Leben kamen oder verwundet wurden. Nicht weniger kritisch war die Lage eines Zuges der A-Kompanie, des Panzerbataillons 823 und von Männern des Infanterieregiments 120 an der Straßensperre von L'-Abbaye Blanche im Norden der Stadt – sie brachten dem nördlichen Vorstoß der 2. SS-Panzerdivision erstaunliche Verluste bei und blieben ungeschlagen, als die Deutschen schließlich vier Tage später abzogen.

Wie aber erging ist es der Division „Leibstandarte"? Es gibt manche falsche Auffassungen über ihren Zustand und möglichen Einsatz. Viele Bücher und deutsche Berichte sprechen von der 1. SS-Panzerdivision, als ob sie eine vollständige Einheit gewesen wäre, und amerikanische Autoren beschreiben sie als eine der stärksten und am besten ausgerüsteten Divisionen des deutschen Heeres.

Nichts könnte weiter von der Wahrheit entfernt sein – am 7. August war sie nicht einmal eine vollständige Panzerdivision. Am 5. August, als sie vor ihrem Marsch nach Westen von der 89. Infanteriedivision südlich von Caen abgelöst wurde, hatte die Division „Leibstandarte" 43 Panther, 55 Panzer IV und 29 einsatzfähige Sturmgeschütze. Doch wie wir wissen, erreichten nur die Aufklärungskräfte, die Panther und SPW-Bataillone am 7. August das Aufmarschgebiet; und sie waren schon der 2. Panzerdivision unterstellt worden. Ein weiterer Teil der Division „Leibstandarte", die Kampfgruppe Schiller, war von Hausser der 84. Infanteriedivision unterstellt worden, um beim Aufhalten des feindlichen Angriffs südlich von Vire Unterstützung zu leisten. Sie bestand aus dem Stab von Schillers eigenem SS-Panzergrenadierregiment 1, einem gemischten Bataillon von SS-Panzergrenadieren desselben Regiments, einerArtillerieabteilung, einer Werferbatterie und vier oder fünf Sturmgeschützen

Sie kämpfte mit der 84. Infanteriedivision vom 7. August bis zur Nacht des 10. August. Der Rest von Wischs Division – der also Sandigs SS-Panzergrenadierbataillone I und II umfaßte, ferner etwa 20 Sturmgeschütze von Heimanns SS-Sturmgeschützabteilung 1 und Schelers SS-Panzerpionierbataillon 1 – war immer noch unterwegs zum Gebiet von Mortain, als der Angriff begann, und hatte bei Dunkelheit noch nicht einmal St. Clément erreicht. Einige Teile wie die Panzer IV der 7. Kompanie des SS-Panzerregiments 1 zogen nicht vor der Nacht des 7. August aus der Gegend von Bretteville-sur-Laize ab und brauchten bis zum 10. August, um nur bis Domfront zu gelangen.[20] Hitlers Kritik an von Kluge, daß er die Division „Leibstandarte" am Morgen des 7. August nicht als Stoßtruppe vor der 2. SS-Panzerdivision im Südbereich eingesetzt hatte, ignorierte die Wirklichkeit, wenn auch einige Historiker diese Kritik als berechtigt ansehen.

Der Fortschritt der rechten Gruppe der 2. Panzerdivision von Lüttwitz einschließlich der Aufklärungsabteilung der Division „Leibstandarte" war in den Morgenstunden des 7. August ganz beträchtlich. Der Angriffsweg lag in einem engen, bewaldeten Tal bis Bellefontaine, aber dann öffnete sich das Gelände, und der Weg nach Westen war verhältnismäßig frei von Hindernissen. Um 3.15 Uhr meldeten die Amerikaner einen feindlichen Durchbruch zwischen den Infanterieregimentern 117 und 39 in der Umgebung von Mesnil-Tôve.[21] Weitere Meldungen besagten, daß zumindest 20 Panzer mit Unterstützung durch Infanterie (Teile von Knittels SS-Aufklärungsabteilung) die Cannon-Kompanie des US-Infanterieregiments 39 zur Aufgabe ihrer Fahrzeuge und Kanonen in diesem Dorf gezwungen hatten. Noch vor 8 Uhr erreichten diese Truppen die Ausläufer von Le Mesnil-Adelée, wo eine Reservekompanie des Infanterieregiments 119 eine Straßensperre errichtet hatte. Die Deutschen befanden sich zehn Kilometer von ihrem Ausgangspunkt, aber immer noch 25 Kilometer von Avranches entfernt. Wie Baums Vorstoß südwestwärts von Mortain, waren sie durch Artillerie und Luftstreitkräfte der Alliierten leicht anzugreifen und in einer sehr gefährlichen Lage. Die Kolonne hielt.

Um 7.30 Uhr wurde das Kampfkommando B der 3. Panzerdivision der 30. Infanteriedivision unterstellt[22]; eine Kampfgruppe bekam den Befehl, die Lage in Verbindung mit dem Bataillon 3 des Infanterieregiments 119 und einer Kompanie des Panzerbataillons 743 wiederherzustellen. Diese vereinten Kräfte sollten nördlich von Juvigny ausgehend einen Schlag führen, um Le Mesnil-Tôve zurückzuerobern und wenn möglich den Deutschen den Weg abzuschneiden. Nach dem mißlungenen Versuch der 116. Division, auf der rechten Seite vorzurücken, war die Kolonne von Lüttwitz tatsächlich an beiden Flanken verwundbar. Die Panzer- und Infanteriekampfgruppen der 3. Panzerdivision kamen kurz nach 13.10 Uhr weiter[23] und zwangen die Deutschen zu schweren Kämpfen, um Le Mesnil-Tôve zu halten. Den Amerikanern fehlte jedoch die Kraft zum Durchbruch; beim letzten Büchsenlicht verteidigten Knittels Kompanien erfolgreich die westlichen und südlichen Zugänge zum Dorf.[24]

Trotz der bereits erwähnten Verzögerungen trafen die Panther von Kuhlmanns I. SS-Panzerabteilung und die ihm unterstellten Panzer IV der 5. Kompanie am 7. August vor Tagesanbruch im Aufmarschgebiet östlich von St. Barthélemy ein und waren um 4.30 Uhr bereit zum Vormarsch. Ihnen schloß sich Dinses auf Schützenpanzerwagen aufgesessenes III. Bataillon des SS-Panzergrenadierregiments 2 an, das für den Angriff unter Kuhlmanns Führung stand.[25] Das Aufmarschgebiet war eng und ungeeignet, und die Aussicht, in dickem Nebel über unsichtbaren Boden vorzurücken, und das so unmittelbar nach einem erschöpfenden Marsch, hob nicht gerade die Stimmung. Hätten Kuhlmann und seine Männer sehen können, was ihnen bevorstand, wären sie entsetzt gewesen. Zuerst führte ihr Weg durch die Bocage mit ihren hohen Böschungen an den engen Straßen, wo man sich nicht frei übers Gelände bewegen konnte und die Sicht auch ohne Nebel auf weniger als 100 Meter begrenzt war. Daher gab es keine Möglichkeit, die ausgezeichneten Kanonen wirksam zum Einsatz zu bringen. Aber es sollte noch schlimmer kommen. Obgleich sich das Gelände hinter St. Barthélemy öffnete, mußten sie einen hohen, engen, walfischartigen Hügelkamm nach Juvigny entlang vorstoßen und hatten keinerlei Deckung vor den gefürchteten Jagdbombern der Alliierten!

Um 5.50 Uhr, nach 45 Minuten Sperrfeuer der Artillerie auf amerikanische Stellungen in und um St. Barthélemy, das wenig Schaden anrichtete, rückten die Panzer der Division „Leibstandarte" von Osten und Südosten ein, und die Panzer IV und Sturmgeschütze der 2. Panzerdivision kamen von Norden und Nordosten. Das Dorf wurde von den Kompanien A und C sowie von drei 57-mm-Panzerabwehrkanonen von Oberstleutnant (später Generalmajor) Robert Franklands Bataillon 1 des Infanterieregiments 117 gehalten. Am Anfang wurden sie von vier Panzerjägern des 3. Zuges, B-Kompanie, Panzerjägerbataillon 823, und später von zwei Kanonen des ersten Zuges derselben Kompanie unterstützt. Die B-Kompanie des Infanterieregiments 117 lag entlang des Kamms westlich des Dorfes in Le Foutai (von den Amerikanern als Le Fantay bezeichnet) weiter in Reserve.

Frankland hatte ein einfaches Aufmarschgebiet erwartet und war überrascht, daß er das Dorf verteidigen sollte. Seine Bataillonstärke betrug 828 Männer, 190 davon waren aber erst seit drei Tagen bei der Einheit.[26] Alle waren durch den Tagesmarsch ermüdet, es gab keine genauen Karten von diesem Gebiet, und mache Erdlöcher und Außenposten, die von der 1. Infanteriedivision aufgegeben waren, mußten in der Dunkelheit besetzt werden. Dies war besonders schlimm für die Panzerjägerbesatzungen, denn sie fanden viele frühere Stellungen der gepanzerten M-10 auf Selbstfahrlafetten der 1. Infanteriedivision für ihre von Zugmaschinen gezogenen Kanonen völlig ungeeignet.

Auch auf Kuhlmann wartete eine Überraschung. Er sollte eigentlich geradewegs durch St. Barthélemy fahren, hatte aber bald entdeckt, daß er den südlichen Teil des Dorfes säubern mußte, um auf die Juvigny-Straße zu gelangen – die ungefähr 30 Panzer IV und die Sturmgeschütze und Grenadiere der 2. Panzerdivision sollten befehlsgemäß nur den nördlichen Dorfbereich angreifen. Der Nebel stieg auf und fiel wie ein Theatervorhang und machte es für Angreifer und Verteidiger gleichermaßen schwierig. Die Auseinandersetzungen fanden bei unter 50 Meter Sichtweite auf Nahkampfentfernung statt; oft ging es Mann gegen Mann. Die Panzer konnten sich nicht entfalten, und schlechtere Bedingungen konnte es für einen gepanzerten Angriff kaum geben. Immerhin, um 8.08 Uhr waren die Panther in die Stellungen der C-Kompanie eingebrochen, und um 8.10 Uhr gab Frankland den Befehl, die Panzer passieren zu lassen.[27] Diese Taktik, die an die Kämpfe der Division „Hitlerjugend" bei Caen erinnerte, verursachte bei Dinses SS-Grenadieren viele Ausfälle, als sie den Panzern zu folgen versuchten.

Nach dem Tagebuch der 30. Infanteriedivision meldete das Regiment 117 um 9.22 Uhr: „Alles unter Kontrolle", fuhr aber fort: „Wir haben keine Reserve und müssen die Truppen hin- und herschicken." Innerhalb einer Stunde hatte sich das Bild dramatisch gewandelt. Um 10.35 Uhr zeigt das Regimentstagebuch folgenden Eintrag: „Panzer haben die Kompanien A und C durchbrochen und sind gehört worden bei ihrem Vorstoß gegen die B-Kompanie." Das Tagebuch zeigt auch, daß um 10.46 Uhr der Gefechtsstand des Bataillons 1 bei La Rossaye, 1.100 Meter westlich der Dorfkirche, unter Angriff stand. Der Gefechtsstand des Infanterieregiments 117 lag nur 400 Meter südlich davon.

Laut Kriegstagebuch der Heeresgruppe B war die Kampfgruppe Kuhlmann um 11.30 Uhr einen Kilometer westlich von St. Barthélemy, und dies wird im Tagebuch des Infanterieregiments 117 bestätigt mit der Feststellung, daß um 11.25 Uhr feindliche „Panzer und Infanterie auf der Straße gegen den Regimentsgefechtsstand von St. Barthélemy aus vorrücken". Zu dieser Zeit versuchte Franklands Bataillon verzweifelt, eine Verteidigungslinie bei La Rossaye zu errichten, aber die Dinge liefen so schlecht, daß die A-Kompanie des Pionier-Kampfbataillons 105, das das Regiment 117 unterstützte, zum Schutz des Regimentsgefechtsstands abgezogen wurde. Es gab an, um 12 Uhr einen Panzer abgeschossen zu haben.[28] Dazu kommt die bedeutsame Aussage der B-Kompanie des Bataillons 823, am Morgen acht feindliche Panzer im Bereich St. Barthélemy, wahrscheinlich noch zwei weitere, zerstört zu haben.[29] Sämtliche sechs Panzerjäger gingen bei diesem Vorgang ebenso verloren wie die drei 57-mm-Panzerabwehrkanonen der Infanterie.

Um 12.18 Uhr war eine vorläufige Verteidigungslinie „auf der Hochebene östlich des Befehlsstands errichtet"[30], aber es gab keine Reserven. Das Bataillon 2 des Infanterieregiments 117 wurde um 3.15 Uhr unter die Führung des Regiments 120 gestellt, um bei der Krise bei Mortain zu unterstützen, das Bataillon 3 hielt die Nordflanke zwischen Juvigny und St. Barthélemy, und die beiden übrigen Bataillone der Reserve des Regiments 119 waren damit beschäftigt, Le Mesnil-Adelée zu halten und Le Mesnil-Tôve zurückzuerobern. Es standen keine Panzer zur Unterstützung zur Verfügung, da das Panzerbataillon 743, das auf Dauer dem Infanterieregiment 30 unterstellt war, als Unterstützung der Infanterieregimenter 119 und 120 operierte.[31] Die einzigen übriggebliebenen schweren Waffen waren die anderen fünf Panzerjäger der B-Kompanie des Panzerjägerbataillons 823[32], die zur Deckung der Straße St. Bartéhelemy – Juvigny in Stellung waren. Franklands Einheit hatte bis jetzt sieben Offiziere und 327 Mannschaften verloren[33], viele davon waren Gefangene, und die Panzerjägerkompanie hatte einen Verlust von 43 Männern zu beklagen.[34]

Die folgende Beschreibung gaben der einstweilige Regimentskommandeur, Oberstleutnant Johnson, und Oberstleutnant Frankland in Interviews kurz nach diesen Ereignissen: „Etwa 25 Männer der A-Kompanie arbeiteten sich zurück zu der Linie, die endlich an diesem Nachmittag errichtet wurde. Ungefähr 55 Männer der C-Kompanie zuzüglich des zermürbten Zuges der B-Kompanie erreichten die neue Stellung. Und nach dem Erreichen dieser Linie erlebte das Bataillon eine vorher noch nie erfahrene schwerste Konzentration von Artilleriefeuer."[35]

Die Geschichte des Infanterieregiments 30 hebt ebenfalls den Zustand des Bataillons 1 hervor. Ihr zufolge war er „mehr [als die Verluste nahelegen] durch die Desorganisation und Isolation der kleinen Einheiten beeinträchtigt. Einige Männer des Bataillons kämpften und versteckten sich zwei Tage lang in Gruppen, ehe es ihnen gelang, sich wieder ihren Kompanien anzuschließen."[36]

Aber trotz allem hatten die Amerikaner die Deutschen sechs kritische Stunden lang aufgehalten, und der Widerstand bei St. Barthélemy gegen die Kampfgruppe Kuhlmann und die Teile der 2. Panzerdivision von Lüttwitz, als Flugzeuge wegen schlechten Wetters nicht in die Bodenkämpfe eingreifen konnten, hat den Erfolg der amerikanischen Verteidigung am 7. August zweifellos entscheidend mitbestimmt. Die Spitzen der Kampfgruppe Kuhlmann standen noch drei Kilometer vor Juvigny, als kurz nach 12.30 Uhr die ersten Typhoons auftauchten.[37]

Die von der Luftwaffe versprochenen 300 Flugzeuge wurden nie eingesetzt. Von seiten der Alliierten heißt es: „Es war vereinbart … daß die mit Raketengeschossen bewaffneten Typhoons der 2. taktischen Luftflotte unter dem Kommando von AOC 83 [Luftvizefeldmarschall Harry Broadhurst] sich ausschließlich mit den Panzerkolonnen des Feindes befassen sollten, während die amerikanischen Bomber und Jagdbomber [von US-Generalmajor ‚Pete' Quesadas IX. taktischem Luftkommando] weiter in der Tiefe angreifen, um die feindliche

Luftflotte aus unserem Wirkungsbereich herauszuhalten und zusätzlich die Transportmittel und andere Verbindungen zum Gefechtsfeld zu zerstören."[38]

Das Ergebnis dieses Übereinkommens führte dazu, daß, nachdem sich der Morgennebel gelichtet hatte, die deutschen Panzerkolonnen gnadenlos den Luftangriffen der Flugzeuge ausgeliefert waren. Der 7. August wurde nicht ohne Grund „Tag des Typhoons" genannt. Um 12.15 Uhr führte Geschwaderkommandeur Charles Greene, Kommandeur des 121. Geschwaders der Royal Air Force, einen Einsatz von sechs Flugzeugen von einem Flugplatz bei Le Fresné-Camilly, östlich von Bayeux, gegen einen Panzeraufklärungstrupp im Raum Vire, Flers und Domfront und sichtete eine „größere Bereitstellung feindlicher Panzer und motorisierter Transportfahrzeuge ... bei St. Barthélemy nördlich von Mortain". Von da an waren die Panzerkolonnen des XXXXVII. Panzerkorps bis 24 Uhr einem verlustreichen Dauerangriff ausgesetzt. Niemals waren weniger als 22 Flugzeuge gleichzeitig über dem Bereich Mortain. Als die Angriffe am stärksten waren, zwischen 15 und 16 Uhr, befanden sich nicht weniger als 88 Typhoons in der Luft. Am 7. August wurden insgesamt 458 einzelne Einsätze mit Typhoons geflogen, von denen 271 die deutschen Truppen im Bereich Mortain trafen – 247 hatten Panzerabwehrraketen, und 24 trugen 500- oder 1.000-Pfund-Bomben.

Broadhursts 83. Gruppe, die von Le Fresné-Camilly und dem nahegelegenen kanadischen Frontabschnitt bei Lantheuil startete, flog 224 Einsätze, wobei der größte Teil von Luftvizemarschall Browns 84. Gruppe kam. Weitere 131 Feindflüge griffen Ziele um Vire und östlich davon an; aus verschiedenen Gründen fanden weitere 56 Feindflüge ihre Ziele nicht. Nur vier Flugzeuge gingen verloren.[39]

Die Luftwaffe war durch die Amerikaner, die 200 Einsätze flogen, völlig ausgeschaltet worden. Um 17.40 Uhr meldete Oberst von Scholz der 7. Armee: „Unsere Jagdflugzeuge sind von Anfang an schwer von den feindlichen Jagdfliegern bedrängt worden, sie konnten ihr Zielgebiet nicht erreichen."[40] Das brauchte er dem XXXXVII. Panzerkorps nicht zu melden – um 15 Uhr sagte der Chef des Generalstabes der 7. Armee, man hätte „den ganzen Tag über kein einziges deutsches Flugzeug gesehen".

Der Tagesbericht von Haussers vorgeschobenem Gefechtsstand notierte für den 7. August folgendes: „In den Mittagsstunden war eine Fortsetzung des Angriffs wegen der feindlichen Luftüberlegenheit unmöglich"[41], und um 19.40 Uhr meldete von Gerstorff dem Chef des Generalstabes der Heeresgruppe B: „Der Angriff ist seit 13 Uhr aufgrund schwerer Luftangriffe feindlicher Jagdbomber und des Versagens unserer eigenen Luftwaffe festgefahren."[42] Hausser persönlich berichtete von Kluge am 7. August um 21.50 Uhr: „Heftige Angriffe der Jagdbomber. Beträchtliche Verluste an Panzern. Die Korps müssen ihre Angriffe fortsetzen, sobald die Aktivitäten in der Luft nachlassen."[43]

Die genauen Verluste der Deutschen an diesem Tag werden niemals bekannt werden. Piloten der RAF nahmen für sich in Anspruch, insgesamt 84 Panzer außer Gefecht gesetzt zu haben, wovon 35 mit großer Wahrscheinlichkeit zerstört und 21 beschädigt wurden, außerdem wurden 112 weitere Fahrzeuge zerstört oder beschädigt. Das IX. taktische Luftwaffenkommando der Amerikaner, das in der Zeit vom 7. bis 10. August 441 Feindflüge flog, will 69 Panzer kampfunfähig geschossen, acht mit großer Wahrscheinlichkeit zerstört und 35 beschädigt haben. Dazu kommen weitere 116 zerstörte oder beschädigte Fahrzeuge. Am Boden lauteten bestätigte Ergebnisse indes etwas anders. Zwischen dem 12. und 20. August 1944 führten kampffähige Untersuchungsmannschaften von der 21. Armeegruppe und der 2. taktischen Luftflotte getrennte Nachforschungen im Kampfgebiet durch und verglichen dann ihre Ergebnisse.[44] Sie fanden 34 Panther, zehn Panzer IV, drei Kanonen auf Selbstfahrlafetten, 23 gepanzerte Mannschaftswagen, acht Panzerspähwagen und 46 andere Fahrzeuge. Ausgehend von den 44 Panzern schlossen sie, daß 20 durch Beschuß von Bodentruppen zerstört wurden, sieben durch Luftraketen, zwei durch Bomben, vier aus vielfältigen anderen Gründen, und daß elf entweder von ihren Besatzungen aufgegeben oder zerstört worden waren. Es ist unmöglich zu sagen, wie viele beschädigte Fahrzeuge die Deutschen bergen konnten. 17 Panther wurden in dem Gebiet gefunden, in dem die Division „Leibstandarte" gekämpft hatte (13 in der Nachbarschaft von St. Barthélemy, dabei war die westlichste Lage 1.700 Meter westlich der Kirche). Von diesen waren sechs durch Waffen der Bodentruppen abgeschossen worden, vier durch Raketen der Luftwaffe, und der Rest war von den Besatzungen gesprengt oder aufgegeben worden.

Überlegungen, wer den deutschen Vorstoß zum Stehen brachte, sind müßig. Ohne den hartnäckigen Widerstand der 30. Infanteriedivision und des Panzerjägerbataillons 823 könnten Truppenteile von Funck sehr wohl in die Nachbarschaft von Avranches gelangt sein, ehe die Typhoons eintrafen. Die Folgen wären dramatisch gewesen. Hätten andererseits die Typhoons zu dieser Zeit nicht eingegriffen, liegt es im Bereich des Möglichen, vielleicht sogar des Wahrscheinlichen, daß die Deutschen in den Westen durchgebrochen wären. Aber dies ist das „Wenn und Aber" der Geschichte. Bei der modernen Kriegführung beruht der Erfolg meist ohnehin auf der Zusammenarbeit zwischen sämtlichen Waffengattungen und zwischen Boden- und Luftstreitkräften.

Werner Josupeit, ein Kanonier der Division „Leibstandarte", beschrieb seine Erfahrung an jenem Tag folgendermaßen: „Die Jabos bilden mehrere Kreise über unseren Panzern. Dann stößt einer aus dem Kreis herab, sucht sich seine Beute, und die Raketen fauchen in ihr Ziel. Während der erste sich wieder in den Kreis von etwa 20 Flugzeugen einreiht, stößt der nächste herab und feuert. So geht es weiter, bis sich alle verschossen haben und den schrecklichen Schauplatz räumen. Der nächste Schwarm tritt an ihre Stelle und feuert seine Raketen ab. … Überall steigen schwarze Ölwolken hoch, die die Panzerleichen anzeigen. … Schließlich finden die Taifuns wohl keine Panzerziele mehr. Sie stürzen sich auf uns und jagen uns unbarmherzig. Die Raketen stoßen mit furchtbarem Geheul herab. Eine Rakete geht unmittelbar neben einem Kameraden nieder, aber er bleibt unverletzt. Zum Glück zerbersten die Raketen nur in wenige große Splitter. Und man hat so die Chance, nicht getroffen zu werden."[45]

Es konnte nicht ausbleiben, daß im Durcheinander dieses Tages auch die eigenen Truppen angegriffen wurden. Das Kriegstagebuch des Infanterieregiments 117 zählt drei Fälle auf, bei denen eigene Truppen durch Flugzeuge der Alliierten angegriffen wurden. Das erste Mal um 15.05 Uhr, und später, als „weitere Einsätze abgeblasen wurden".

Aber ihr Ziel verfehlende Vorfälle gab es nicht nur bei der RAF, im Nebel wurden Truppen verschiedentlich durch eigene Artillerie und sogar durch Handfeuerwaffen getroffen. Wie sagte ein Soldat der Panzerjäger richtig? „An diesem Tag hatten wir auf der ganzen Welt keinen einzigen Freund."[46]

Die Geschichte von „Old Hickory" resümiert: „Die Ereignisse am 7. August brachten die 30. Infanteriedivision an den Rand der Auflösung … Der Angriff hatte den Verteidigern schwere Schäden zugefügt, aber keinen entscheidenden Vorteil gewonnen."[47]

Das war zutreffend. Um 19.30 Uhr unterbreitete Hausser von Kluge drei Alternativen: Weitermachen bis zur Vernichtung, Rückzug nach Osten und damit den Alliierten den Durchbruch nach Nordosten ermöglichen oder nach Nordosten zurückziehen und damit den Alliierten freie Bahn nach Paris ermöglichen.[48] Da Hitler einen Rückzug nicht einmal in Betracht ziehen würde, kam der unausweichliche Befehl, den Angriff zu wiederholen, sobald weitere Truppen zur Verfügung stünden. In der Zwischenzeit sollte die bestehende Lage so weit wie möglich verbessert, auf jeden Fall aber aufrechterhalten werden.

Mit Hitlers Plan, die Operation „Lüttich“ zu wiederholen, brauchen wir uns nicht zu befassen, auch nicht mit den Truppen, die er vorschlug. Denn wichtige Ereignisse anderswo in der Normandie, die ursprünglich für den 9. August vorgesehen waren, machten jede Verwirklichung seines Plans zunichte. Wir werden uns auf die Einsätze der Division „Leibstandarte“ beschränken, und dazu gibt es einen interessanten Eintrag im telefonischen Gesprächsnachweis der 7. Armee von 22 Uhr am 7. August: „Hausser an von Funck: ‚Die übriggebliebenen Teile der Leibstandarte stehen noch zu Ihrer Verfügung, den Angriff fortzusetzen. Wohin sollen sie gehen?‘ Funck: ‚Nach St. Clement.‘ Hausser: ‚Sie haben noch 25 Sturmgeschütze.‘ ‚Ich werde den Ordonnanz-Offizier veranlassen, das Regiment sofort in Marsch zu setzen.‘“

8. August – Stillstand

In der Nacht vom 7. zum 8. August traf der Rest der Division „Leibstandarte“ ohne die Kampfgruppe Schiller im Gebiet von St. Barthélemy ein, ebenso das Bataillon 3 des US-Infanterieregiments 12 (4. Infanteriedivision) mit sechs Panzern und vier Panzerjägern zur Verstärkung. Diese neue Gruppe verstärkte Franklands erschöpftes Bataillon, das nun eine Gesamtstärke von 465 Mann hatte[49], wobei die Angriffsstärke bei nur knapp über 200 Mann lag.

Kurz nach Tagesanbruch rückten die SS-Panzergrenadierbataillone I und II von Sandigs Regiment 2 gegen Juvigny und Bellefontaine vor, wobei die Unterstützung durch Panzer und Artillerie wegen des Frühnebels eingeschränkt war. Die Deutschen meinen, sie hätten beide Orte besetzt, sie aber nicht halten können. Für diese Behauptung gibt es keinen Beweis.

Laut den Amerikanern begann ihr Angriff im selben Gebiet um 8 Uhr durch das Bataillon 3, Regiment 12, und Franklands B-Kompanie mit Unterstützung von Panzern und Panzerjägern. Um 11.40 Uhr meldete die B-Kompanie, daß sie zwei Heckenreihen weitergekommen wäre[50] und daß sich die amerikanischen Truppen nach den Gefechten, die den ganzen Tag über angedauert hatten, zurückzögen. Sie hatten nur einige 100 Meter gewonnen und meldeten die Zerstörung zweier deutscher Panzer. Junges II. Bataillon des SS-Panzergrenadierregiments 2 in St. Barthélemy und Beckers I. Bataillon des SS-Panzergrenadierregiments 2 südlich davon waren nicht leicht zurückzudrängen, obgleich von Gerstorff über die Ereignisse des Tages sagte: „Die Division [LAH] hat wieder schwere Verluste erlitten, besonders an Panzern, durch feindliche Luftangriffe und verstärkte feindliche Artillerie.“[51] Die Nordgruppe der 2. Panzerdivision einschließlich Knittels SS-Aufklärungsabteilung hatte es im Bereich Le Mesnil-Adelée und Le Mesnil-Tôve viel schwerer. Der Angriff wurde durch Task Force 1 des Kampfkommandos B der 3. US-Panzerdivision und das 3. Bataillon des Infanterieregiments 119 vorgetragen. Task Force 1 umfaßte das Bataillon 1 des 33. Panzer- und das Bataillon 1 des 36. gepanzerten Infanteriebataillons. Nach schweren Gefechten gelang es diesen kombinierten Kräften, nach Le Mesnil-Tôve vorzurücken und diesen Ort um 19.45 Uhr zu nehmen. Damit war aber den Deutschen immer noch das Hochgelände im Osten des Dorfes geblieben. Über diese Kämpfe berichtete von Gersdorff folgendes: „Nach der Eroberung von Le Mesnil-Tôve durch den Feind war die Kampfgruppe im Bereich von Le Mesnil-Adelée abgeschnitten. Ihr Hauptteil war vernichtet. Dadurch wurde die 2. Panzerdivision in die Verteidigung entlang der Linie östlich von Le Mesnil-Tôve und Höhe 280 westlich von St. Barthélemy gedrängt.“[52]

Am 18. August 1944 wurde diese deutsche Kolonne während des Rückzugs durch Truppen des polnischen Panzerregiments 1 und des polnischen Infanteriebataillons 9 auf Mont Ormel aufgerieben. Im Vordergrund ist ein Panther zu sehen, rechts oben ein Sherman.

St. Lambert-sur-Dives am frühen Nachmittag des 19. August 1944. Kanadische Truppen kontrollieren den nördlichen Teil des Dorfes, die härteste Auseinandersetzung steht allerdings noch bevor. Der zweite von links ist Major David Currie (Victoria Cross).

Reste einer deutschen Kolonne im „Korridor des Todes“ unweit von Moissy

Nach der Schlacht: „Golgatha“ auf Mont Ormel

Gefreiter John Wellington von der 90. US-Infanteriedivision mit Unteroffizier Grabowski von der 1. polnischen Panzerdivision am 19. August 1944 in Chambois

Dieser Tiger I der schweren SS-Panzerabteilung 101 wurde am 13. Juni 1944 von britischen Grenadieren des Queen's Royal Regiment 7 (1/7 Queen's) in Villers-Bocage abgeschossen.

Von Shermans des polnischen Panzerregiments 1 im August 1944 auf der Straße Chambois – Vimoutier bei Mont Ormel abgeschossene Panther

Panther der I. Abteilung des SS-Panzerregiments 12, der während des Angriffs auf Bretteville l'Orgueilleuse am 8. Juni 1944 von kanadischen Truppen abgeschossen wurde

Am 20. August 1944 in der Nähe von Chambois von polnischen Truppen abgeschossener deutscher Panzer IV

Eine von den Amerikanern erbeutete 8,8-cm-Flak (Fliegerabwehrkanone). Zuerst als Fliegerabwehrgeschütz entwickelt, wurde die Achtacht auch zur Bekämpfung von Erdzielen und zur Panzerabwehr eingesetzt. Charakteristisch war das hohe gepanzerte Schutzschild und das lange, schlanke Rohr. Kein anderes Geschütz war beim Feind so gefürchtet, und keines war so erfolgreich. Durch die großen Ausmaße bot die Achtacht im Erdkampf allerdings auch ein leicht zu treffendes Ziel.

Das deutsche Halbkettenfahrzeug SPW 251 war ein gepanzertes Mannschaftstransportfahrzeug. Die abgebildete Variante mit Pionier-Ausrüstung gehörte zum SS-Panzerpionierbatallion 12.

Dieser Sherman von den Royal Scots Greys oder Fort Garry Horse wurde am 1. August 1944 während des erfolglosen Angriffs auf Tilly-la-Campagne von Männern der LAH abgeschossen.

Michael Wittman schoß am 13. Juni 1944 diesen Cromwell von den 4. County of London Yeomanry „Sharpshooters" (4 CLY) ab.

Britischer Sherman-Panzer, ausgerüstet mit 17-pdr-Panzerabwehrkanone – bekannt als „Firefly“

M-10 von der 2. britischen Armee mit 3-Inch-Panzerabwehrkanone und .50er Maschinengewehr

Um 18.45 Uhr sagte von Kluge zu Hausser: „Es muß alles riskiert werden. Bei Caen haben wir es übrigens mit einem Durchbruch beispiellosen Ausmaßes zu tun. Folgender Schluß drängt sich mir auf: Zuallererst müssen wir die Umstellung dieses Angriffs vorbereiten. Daher wird der Angriff morgen nicht fortgesetzt werden, sondern wir werden einen Angriff für den folgenden Tag vorbereiten."[53]

Wenn von Kluge es auch noch nicht wußte, so war doch die kanadische Operation „Totalize" südlich von Caen in großen Schwierigkeiten, und zwar dank des Schwesterverbandes der Division „Leibstandarte" im I. SS-Panzerkorps, der Division „Hitlerjugend".

Aber es war ein anderes Ereignis des 8. August, das die 1. SS-Panzerdivision stark schwächen sollte. Um 17 Uhr überquerten 100 Kilometer südöstlich von Mortain Panzer von Generalmajor Haislips XV. US-Korps die Gambetta-Brücke und rollten ins Zentrum von Le Mans.

9. August – „Der Angriff wird fortgesetzt"

In *Die Leibstandarte*, Band IV/1, von Lehmann und Tiemann finden sich in gedrängter Form Angaben über die Ereignisse am 9. August: „Die Einheiten verbrachten den Tag damit, ihre Stellungen zu verbessern, in Feldbefestigungen zu rücken und die Lücken in der Front zu schließen." Für das Kampfgebiet bedeutete dies, daß Knittels 2. SS-Aufklärungskompanie Bellefontaine erobern sollte, um die Linie zu Sandigs SS-Panzergrenadieren, Schelers SS-Pionieren, die den nördlichen Teil von St. Barthélemy stärkten[54], und Teilen des SS-Panzergrenadierregiments 1, die ebenso aufschlossen, zu vervollständigen. Infolgedessen liefen die Amerikaner ins Leere, als sie ihren Angriff im Bereich St. Barthélemy mit derselben Kraft wie am 8. August unternahmen.

Im Osten des Bereiches Le Mesnil-Tôve wurde ein Durchstoß des Bataillons 3 des Infanterieregiments 119 durch den unmittelbaren Gegenschlag von Teilen der 2. Panzerdivision angehalten. Ob Knittels Männer daran beteiligt waren, ist unklar. Jedenfalls vereitelte deutsches Artilleriefeuer Unterstützungsversuche von Panzern der Task Force 1 der 3. Panzerdivision völlig. Die Divisionsgeschichte berichtet von ihr, daß sie „sehr schwere Verluste erlitten hat".

Am Nachmittag ersetzte Hitler von Funck durch General der Panzertruppe Eberbach und gab zögernde Befehle für die Gegenoffensive bei Avranches, die am 11. August neu angesetzt werden sollte. Das neue Oberkommando, noch immer Hausser unterstellt, sollte Panzergruppe Eberbach genannt werden und enthielt nur dem Namen nach zwei Panzerkorps – das XXXXVII. und das LVIII. Wie wir noch erfahren werden, hatte Kurt Meyers Division „Hitlerjugend" den Tag gegen die Kanadier in „Totalize" gerettet, und um 15.20 Uhr sagte von Kluge zu Haussers Chef des Generalstabes: „Ich hatte soeben mit dem Oberkommando eine entscheidende Unterredung. Da sich die Lage südlich Caen wieder stabilisiert hat und die erwarteten schlechten Ergebnisse offensichtlich nicht eingetreten sind, habe ich vorgeschlagen, daß wir an der Idee eines Angriffs festhalten. [Das war natürlich Hitlers Entscheidung, nicht von Kluges Vorschlag.] Der Angriff muß jedoch plangemäß vorbereitet und ohne Hast durchgeführt werden ... Heute Abend kommt General Eberbach mit einem improvisierten Stab zu Ihrem Gefechtsstand."[55]

Natürlich war den meisten Offizieren in Haussers Stab klar, daß bei einem Scheitern dieses letzten Durchbruchsversuchs nach Avranches die 7. Armee eingekesselt würde und dem Untergang geweiht wäre. Von unserem Standpunkt aus ist es interessant, daß der Hauptstoß durch Juvigny führen sollte – in den Bereich der Division „Leibstandarte".

10. August – Status quo

Im Laufe des 10. August konnte die Division „Leibstandarte" ihre Stellungen im Gebiet von St. Barthélemy weiterhin halten. Die Kämpfe gestalteten sich erbittert und blutig, aber die Deutschen hielten dennoch ihre Panzerkräfte für die nächste Phase von „Lüttich" zurück. Zwar gelangen den Amerikanern einige kleinere Einbrüche in die deutsche Verteidigung, aber sie waren doch nicht stark genug, um den Feind aus diesen gut befestigen Stellungen zu vertreiben. Und es gab ja auch gute Gründe, weswegen Montgomery und Bradley die Fortsetzung des Status quo gelegen kam.

Im Nordosten von Mortain half die Kampfgruppe Schiller zu halten und den amerikanischen Einbruch in den Süden von Vire zurückzudrängen. Einzelheiten darüber gibt es nicht. Schiller erhielt Befehl, sich den Hauptkräften der Division „Leibstandarte" in der Nacht vom 10. zum 11. August wieder anzuschließen; die Division sollte aus der Hauptkampflinie herausgelöst und bei Hitlers großem Gegenangriff eingesetzt werden.

Aber bis jetzt verursachte der amerikanische Vorstoß nach Alençon von Kluge große Sorgen. In einem Versuch, Hitler umzustimmen, bat er, die Panzergruppe Eberbach möge „vorübergehend aus dem Gebiet Mortain verlegt werden, um die nordwärts vorstoßenden feindlichen Spitzen zu zerstören und somit die Fortführung der entscheidenden Offensive [‚Lüttich'] zu ermöglichen."[56]

Der Führer antwortete nicht, aber dessenungeachtet sind Haussers weitere Absichten im Kriegstagebuch der 7. Armee für diesen Tag niedergelegt: „In der Nacht vom 11. zum 12. August werden die 116. Panzerdivision und Teile der LAH zum LXXXI. Armeekorps im Gebiet Carrouges, Alençon, Sées verlegen."

Nachtrag

Zu der Gegenoffensive bei Mortain gibt es zwei kleinere, aber interessante Geschichten. Die erste hängt mit der verzögerten Ankunft der I. SS-Panzerabteilung der Division „Leibstandarte" im Angriffsgebiet am 7. August zusammen und hat zwei Quellen. Erstens von Gersdorffs Nachkriegsaussage, in der sich folgender Passus findet: „Die Abteilung war gerade als Truppenverband im Vorbeimarsch, als ein soeben abgeschossener feindlicher Jagdbomber auf den ersten Panzer herabfiel und damit die gesamte Abteilung blockierte. Das Ausscheren und Wenden der Fahrzeuge hat wertvolle Stunden gekostet."[57]

Diese Geschichte hat ein ortsansässiger französischer Historiker bestätigt, der den Vorfall auf der Straßenkreuzung von Le Tournerie 1,5 Kilometer östlich von St. Barthélemy oder in der Nähe davon ansiedelt. Sie wurde auch wiedergegeben von zumindest drei bedeutenden Historikern amerikanischer, kanadischer und britischer Herkunft. In *Die Leibstandarte,* Band IV/1, heißt es dazu nur: „Der Chef der 10./Pz.Gren.Rgt. 2, Obersturmführer Preuß, berichtet über einen vielbesprochenen Zwischenfall: Es stimmt zwar, daß ein Jagdbomber abgeschossen auf einen Panzer stürzte und diesen außer Gefecht setzte, aber auch die meisten anderen Panzer und Schützenpanzer waren Opfer dieser äußerst intensiven, stundenlangen Tieffliegerangriffe."[58]

Die Geschichte kann wohl stimmen, aber der Verfasser dieses Buches meint dazu: Erstens bewegte sich die I. SS-Panzerabteilung von Tinchebray nach St. Barthélemy in der Dunkelheit der Nacht, und in den frühen Morgenstunden des 7. August war es sehr neblig, Wetterbedingungen, unter denen die alliierten Jagdbomber nicht flogen. Zweitens: Wenn es auch viele Engpässe zwischen den genannten Orten geben mag, so gehört die Kreuzung bei Le

Tournerie doch nicht dazu. Das heißt natürlich nicht, daß ein Flugzeug nach Kampfbeginn in diesem Gebiet nicht auf ein deutsches Fahrzeug gestürzt sein könnte.

Die zweite Geschichte betrifft den Kommandeur des SS-Panzerregiments 1 der Division „Leibstandarte", Jochen Peiper. Es ist viel darüber spekuliert worden, ob er am 7. August in St. Barthélemy anwesend war. Im Jahre 1976 sagte Peiper der französischen Polizei, daß er bei Kämpfen gegen die Kanadier im Gebiet von Caen am 2. August verwundet und über Paris in ein Krankenhaus am Tegernsee in Bayern gebracht worden sei.[59] Wer dies nicht akzeptiert, zitiert gewöhnlich den früheren SS-Sturmbannführer Ralf Tiemann in Band IV/1 von *Die Leibstandarte*: „Etwas weiter südlich gelingt es der gepanzerten Gruppe unter Obersturmbannführer Peiper, südlich an St. Barthélemy vorbei vorzustoßen [7. August] ... Peiper muß wegen eines Herzanfalls dem Kommandeur der I. Abteilung, Sturmbannführer Kuhlmann, die Führung überlassen."[60]

Diese Feststellung wird durch SS-Obersturmführer Georg Preuß, Chef der 10. Kompanie des SS-Panzergrenadierregiments 2, einigermaßen gestützt. Er schrieb später: „Ich hörte, daß Peiper [am 7. August] einen Herzanfall erlitten hatte." Trotzdem kennt der Autor niemanden, der Peiper bei Mortain gesehen haben will, und dieser Vermutung wird auch von Fritz Kraemer, dem Chef des Stabes des I. SS-Panzerkorps, in seiner Nachkriegsbefragung widersprochen.[61] Zur verspäteten Ankunft der I. Abteilung des SS-Panzerregiments 1 am 7. August sagte er: „Wenn Peiper dabeigewesen wäre, wäre dies nicht geschehen!"

Es muß zudem gesagt werden, daß es höchst unwahrscheinlich ist, daß Peiper, falls er wirklich am 6. und 7. August bei der Division „Leibstandarte" gewesen wäre, aufgrund seiner dynamischen Persönlichkeit und seiner Erfahrung Teilen der II. Abteilung seines Regiments gestattet hätte, „in den Wäldern bei Bretteville-sur-Liaze zu ruhen".

Laut einem ärztlichem Gutachten[62] vom 30. Januar 1945, unterzeichnet von SS-Sturmbannführer Kurt Sickel, der Arzt in Peipers Panzerregiment war, und bezeugt von seinem Adjutanten, SS-Hauptsturmführer Hans Gruhle, wurde Peiper im Jahre 1944 zweimal verwundet – einmal durch einen Splitter im linken Oberschenkel und weiterhin durch einen Streifschuß an der linken Hand. Genaue Daten liegen nicht vor. Es geht auch daraus hervor, daß er in jenem Jahr Gelbsucht hatte, damit verbunden eine Schädigung der Gallenblase. Es gibt gesonderte Beweise, daß Peiper am 2. August 1944 tatsächlich in ein Feldlazarett gebracht und dann am 6. August in das Reserve-Krankenhaus am Tegernsee in Bayern überführt wurde – in der Nähe von Rottach am Tegernsee, wo seine Frau und seine Kinder wohnten.*

Dieses Rätsel birgt noch weitere Überraschungen. Da ist zunächst der Geheimbericht G-2 der 30. US-Division, der für den am 7. August 1944 um 22 Uhr endenden Zeitraum die Einzelheiten der Organisation der 1. SS- Panzerdivision „Leibstandarte SS Adolf Hitler" nennt, aber Kuhlmann, nicht Peiper, als den Kommandeur des SS-Panzerregiments 1 angibt. Der Verfasser dieses Buches ist der Auffassung, daß das amerikanische Nachrichtenwesen diese Information keinesfalls bereits am 7. August veröffentlicht haben kann, falls Peiper am selben Tag krank geworden wäre. Andererseits ist heutzutage im Musée Mémorial de la Bataille de Normandie in Bayeux eine Gasmaske ausgestellt, die Peipers Namen trägt. Angeblich fand man diese im Gebiet von Mortain.

* Patrick Agte kommt in seiner 1998 erschienenen Biographie *Jochen Peiper: Kommandeur Panzerregiment Leibstandarte* zu folgendem Schluß: Am 2. August 1944 wurde Peiper durch Splitter einer Artilleriegranate am linken Oberschenkel verwundet, was eine Beschädigung des Ischiasnervs zur Folge hatte. Außerdem erkrankte er an einer durch eine Gallenblasenentzündung verursachten nichtinfektiösen Gelbsucht und wurde über das Korpslazarett Sées am 6. August in das Reservelazarett Tegernsee verlegt. Die Führung des SS-Panzerregiments 1 übernahm SS-Sturmbannführer Kuhlmann. – Anm. d. Verlags

Kapitel XXIV

8. bis 11. August – Die Operation „Totalize“ und die erste Schlacht von Falaise

(Karten 5 und 7)

8. August – „Ein noch schwärzerer Tag für die deutsche Armee“

Der 8. August war der Beginn der britischen Großoffensive östlich von Amiens, die Ludendorff als „schwarzen Tag der deutschen Armee in der Geschichte des Krieges“ beschrieb. Am Vorabend der ersten größeren Offensive durch die 1. kanadische Armee sagte General Crerar seinen ranghohen Offizieren, daß er den 8. August zu einem noch schwärzeren Tag für die Deutschen machen wolle. Zur Erinnerung: Als diese Worte fielen, wußte von Kluge bereits, daß Phase 1 der Operation „Lüttich“ gescheitert war.

Guy Simonds war ein erfahrener Korpskommandeur. In Sizilien hatte er eine Infanteriedivision geführt und in Italien eine Panzerdivision, ehe er das II. kanadische Korps übernahm. Ihm fiel die Aufgabe zu, die von Montgomery ergangene Anordnung auszuführen, in einer mit dem Codenamen „Totalize“ bezeichneten Operation gegen Falaise hin durchzubrechen. Tatsächlich hatte Crerar Montgomery schon einige Tage vor der Ausgabe dieser Anweisung einen solchen Plan nahegelegt. Für diese Aufgabe standen Simonds bereits seine eigene 2. und 3. kanadische Infanteriedivision und die unerfahrene 4. Panzerdivision zur Verfügung. Jetzt bekam er noch die 51. britische Infanteriedivision (Highland) und die Panzerbrigade 33 sowie die kampfunerfahrene 1. polnische Panzerdivision, die eine kurze, jedoch dramatische Rolle in der Schlacht in der Normandie spielte. Viele Polen haben jahrelang auf diesen Augenblick gewartet.

Simonds hatte neue Ideen für die heraufziehende Schlacht: Erstens entschloß er sich zum Angriff bei Nacht ohne vorheriges Bombardement, zweitens schuf er durch Entfernen der 105-mm-Kanone vom „Priest“ (Kanone auf gepanzerter Selbstfahrlafette, vergleichbar mit der deutschen „Wespe“) einen oben offenen, gepanzerten Mannschaftswagen, der den Decknamen „Kangaroo“ trug und seiner Infanterie Beweglichkeit und Schutz verlieh, und drittens entschloß er sich zum Einsatz von Nachtflugbombern der RAF, um die Flanken seines vorgesehenen Durchbruchs zu schützen, und zum Einsatz von amerikanischen mittleren und schweren Bombern in der Durchbruchphase bei Tagesanbruch.

Ein solcher Plan erforderte eine genau abgestimmte Führung im Kampf der verbundenen Waffen. Ein Versuch in der Nacht des 6. August hatte erwiesen, daß die Artillerie Ziele mit

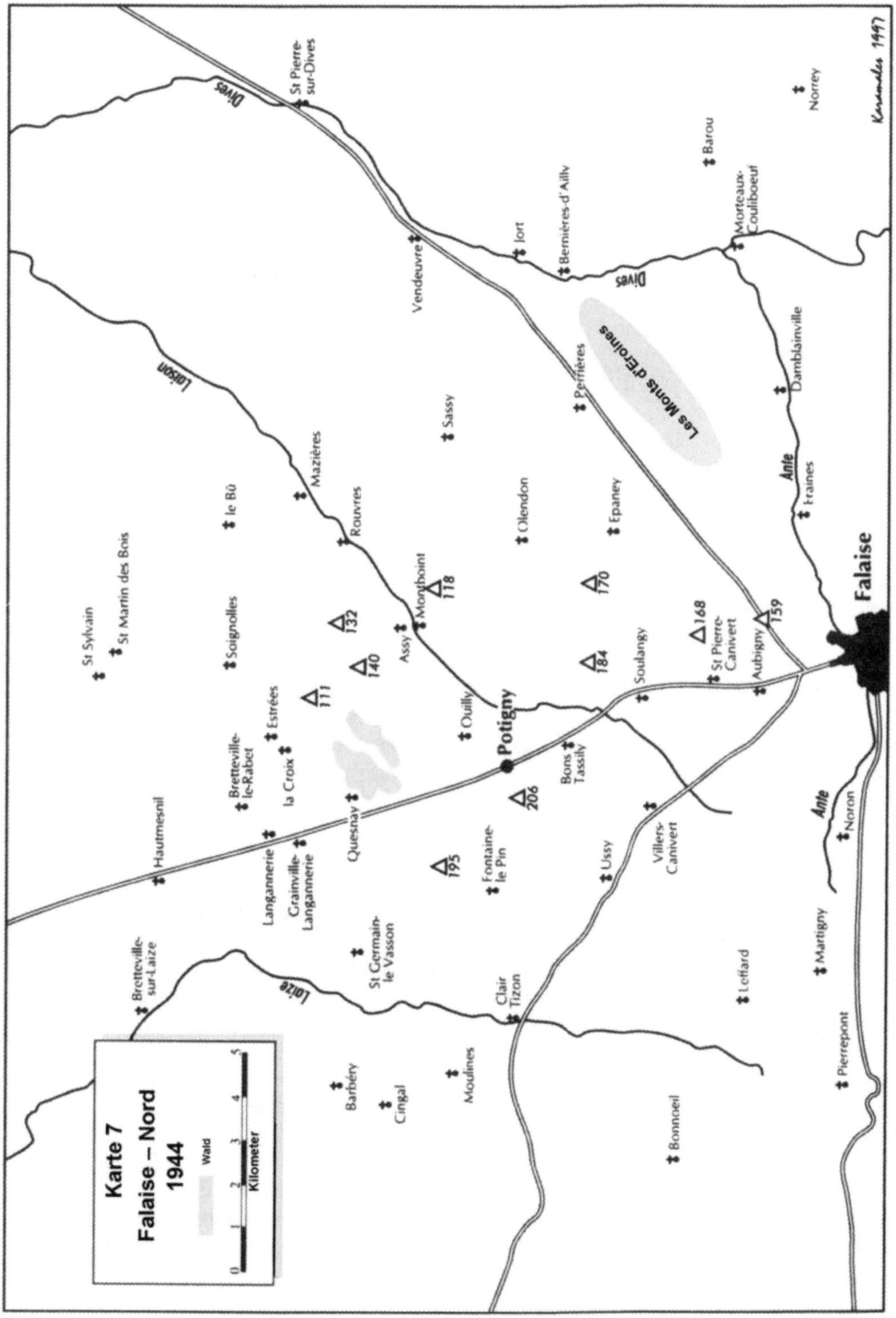
Karte 7
Falaise – Nord
1944
Wald
0 1 2 3 4 5
Kilometer
Falaise
Potigny
St Pierre-sur-Dives
Dives
Vendeuvre
Jort
Bernières-d'Ailly
Barou
Norrey
Morteaux-Couliboeuf
Damblainville
Ante
Eraines
Les Monts d'Eraines
Perrières
Sassy
Epaney
Olendon
Mazières
Rouvres
Laison
le Bû
St Martin des Bois
St Sylvain
Soignolles
Monthoint
Assy
Ouilly
Estrées
Bretteville-le-Rabet
la Croix
Quesnay
Hautmesnil
Langannerie
Grainville-Langannerie
Soulangy
St Pierre-Canivert
Aubigny
Bons Tassilly
Villers-Canivert
Ussy
Fontaine-le Pin
Noron
Martigny
Leffard
Pierrepont
Bonnoeil
Bretteville-sur-Laize
Laize
St Germain-le Vasson
Clair Tizon
Barbéry
Cingal
Moulines
118
132
140
111
170
168
159
184
206
195
Karsmales 1997

Leuchtspurgeschossen zufriedenstellend markieren konnte. Daraufhin stimmte Luftmarschall Sir Arthur Harris der gewünschten Beteiligung seiner Flugzeuge der RAF hierbei zu. Zur Unterstützung der Bodentruppen bediente man sich auch noch verschiedener anderer technischer Hilfsmittel: Funkpeilung, künstliches Mondlicht und Leuchtspurgeschosse aus AA-Kanonen entlang der Flanken.

Der Plan von Simonds sah in großen Zügen vor, die Flankenbedrohung May-sur-Orne – Fontenay-le-Marmion auf der rechten Seite und La Hogue – Secqueville-la-Campagne auf der linken Seite mit schweren Bombern auszuschalten. Beginn sollte der 7. August um 23 Uhr sein; danach sollten Garcelles, der Gebirgsausläufer Cramesnil, St. Aignan, Gaumesnil und wichtige Teile von Caillouet mit Panzern und den 76 „Kangaroos“ der 2. und 51. Infanteriedivision genommen werden. Sodann – während dieselben Divisionen die Flanken bei Bretteville-sur-Laize rechts und die Wälder nördlich von Cauvicourt links sicherten – sollte mit Hilfe eines schweren Luftbombardements bei Tage die 4. kanadische Panzerdivision das Gebiet Fontaine-le-Pin – Potigny und die 1. polnische Panzerdivision das entscheidende Gelände östlich der Straße Caen – Falaise und südlich des Flusses Laison besetzen. Die 3. Infanteriedivision sollte dann auf Befehl das Gebiet von Bretteville-le-Rabet und Punkt 140 übernehmen, das das Laison-Tal beherrscht.

Die offizielle kanadische Geschichtsschreibung vermittelt uns eine Vorstellung von den technischen Vorbereitungen für diese Operation. 205.000 Schuß Artilleriemunition für die 750 einsatzbereiten Kanonen und ca. 593.000 Liter Treibstoff waren vor dem Angriff hinter den Stellungen des II. Korps gelagert, zusätzlich wurden noch 1.069 Tonnen Munition und 672 Tonnen Treibstoff mit den angreifenden Divisionen „auf Rädern“ befördert.

Diesem Aufgebot stand die 89. Infanteriedivision gegenüber, die erst vier Monate zuvor in Norwegen aufgestellt worden war. Sie war zuerst nach Rouen und dann in den letzten Julitagen südostwärts von Dieppe untergezogen, ehe sie nur vier Tage vor dem Angriff den Frontabschnitt der Division „Leibstandarte“ übernahm. Sie umfaßte zwei Regimenter mit jeweils drei Infanteriebataillonen und ein Füsilierbataillon auf Fahrrädern, ein Artillerieregiment mit vier Abteilungen (von denen eines 8,8-cm-Kanonen hatte), ein Pionierbataillon und eine Panzerjägerabteilung mit nur einer einsatzbereiten Kompanie mit 7,5-cm-Kanonen. Die anderen beiden Kompanien sollten erst noch eintreffen. Die meisten Offiziere und Unteroffiziere hatten Kampferfahrung.

Auf der rechten Flanke der 89. Infanteriedivision hatte die 272. Infanteriedivision einige Teile bei Secqueville; die Kampfgruppe Meyer stand natürlich hinter der 89. Infanteriedivision in Reserve. Wir erinnern uns: Die „schnelle Gruppe“ Olboeter war noch nicht aus dem Gebiet des II. SS-Panzerkorps zurückgekommen, und die Kampfgruppe Wünsche war im Einsatz gegen den britischen Brückenkopf bei Grimbosq. Wenn auch die Stäbe des Nachrichtendienstes der Alliierten wußten, daß die 1. SS-Panzerdivision durch eine Infanteriedivision abgelöst worden war, so wußten sie doch nicht, daß sie sich nach Westen bewegte, und hatten den Eindruck, sie wäre weiter nach hinten in Reservestellung gegangen. Diese Mutmaßung wurde noch unterstützt durch 65 Scheinpanzer, die die Kampfgruppe Wünsche während der Nacht vom 2. August östlich von St. Aignan aufgestellt hatte.

Am 7. August, am Tag vor dem Angriff, verlegte Meyer seine Truppen südöstlich in das Gebiet von Bretteville-sur-Laize; auf diese Weise lagen sie mehr im Kernbereich des I. SS-Panzerkorps und näher am neuen Orne-Brückenkopf. Zur Verfügung standen ihm die II. SS-Panzerabteilung unter Prinz mit 39 Panzern IV (Fritz Kraemer sagte, zwölf davon seien von der 9. SS-Panzerdivision „ausgeliehen“[2]), acht einsatzfähige Tiger von Wittmanns schwerer SS-Panzerabteilung 101, 27 Jagdpanzer IV, Waldmüllers I. Bataillon des SS-Panzergrenadierregiments 25, die Korps- und Divisions-Begleitkompanien, das SS-Panzerartillerieregiment 12 (jetzt geführt von SS-Sturmbannführer Oskar Drexler) mit drei Abteilungen, abzüglich Olboeters Wespe-Batterie, sowie die SS-Flak-Abteilung 12. Zusätzlich waren noch Teile des III. Flak-Korps der Luftwaffe und des Werferregiments 83 im Korpsbereich einsatzfähig. Nach Schätzungen von Chester Wilmot standen Simonds' Korps einige hundert einsatzfähige 8,8-cm- und 7,5-cm-Kanonen für die Panzerabwehr gegenüber.[3] Kraemer bestätigte, daß im Korpsbereich zwei Panzerjägerabteilungen mit 7,5-cm-Panzerabwehrkanonen und 100 Haubitzen bereit standen.[4]

Um 21.40 Uhr jenes Tages schickte Meyer seine Kampfgruppe in das Gebiet von Bretteville, von Kluge befahl Dietrich, das Gros der Division „Hitlerjugend" so bald wie möglich in das Gebiet nordwestlich von Condé-sur-Noireau (Karte 8) zu verlegen, wo es dringend zur Abriegelung eines britischen Durchbruchs zwischen Vire und Thury-Harcourt benötigt wurde. Gegen diese Entscheidung blieben Dietrichs Bedenken ohne Erfolg, und Kraemer, sein Chef des Stabes, bestätigte wie erwartet, daß der größte Teil der Division „Hitlerjugend" in dieser Nacht aufbrechen würde und daß die Kampfgruppe Wünsche um etwa 10 Uhr am nächsten Tag folgen würde, nachdem der Grimbosq-Brückenkopf eingedrückt sei. Wie wir noch erfahren werden, erwiesen sich diese Vorschläge als nicht ausführbar.

Keine zwei Stunden waren vergangen, nachdem Meyer den Marschbefehl für seine Division erhalten hatte, da begannen um 23 Uhr des 7. August 1.020 RAF-Nachtflugzeuge mit dem Abwurf von 3.462 Bomben auf ihre Ziele. Die offizielle kanadische Geschichtsschreibung sagt, daß keine einzige Bombe auf kanadische oder britische Truppen gefallen sei und daß zehn Flugzeuge bei dem Angriff abgeschossen wurden.[5]

Um 23.30 Uhr standen sieben gepanzerte Einheiten an ihrer Vormarschstraße bereit, die nördlich von Tilly nach St. André verlief – vier von der 2. kanadischen Infanteriedivision und der 2. kanadischen Panzerbrigade westlich der Straße Caen – Falaise sowie drei von der 51. britischen Division (Highland) und von der Panzerbrigade 33 im Osten. Sämtliche Kolonnen wurden von der 79. britischen Panzerdivision unterstützt. Es war ein faszinierender Anblick – jede Kolonne, fast 2.000 Männer und 200 gepanzerte oder halbgepanzerte Fahrzeuge, fuhr mit vier Fahrzeugen auf gleicher Höhe im Abstand von weniger als einem Meter, und der Abstand der einzelnen Reihen hintereinander betrug nur einige Meter. An der Spitze waren Führungs-, Minenräum- und Sturmgeschütz-Pionier-Panzer; dahinter kam die Sturmtruppe mit Kampfpanzern und Infanterie in „Kangaroos", gefolgt von unterstützender Infanterie auf Mannschaftstransportwagen, gepanzerten Bergefahrzeugen, Bulldozern und Sanitätswagen auf Halbkettenfahrzeugen. In der Nachhut befanden sich noch mehr Panzer. Während die Fuß-Infanterie damit beauftragt war, May, Fontenay, Rocquancourt, Tilly und Secqueville zu erobern, hatten diese Kolonnen die Aufgabe, nach den Zielen der Phase 1 vorzustreben, das waren im Süden Caillouet, Gaumesnil, der Gebirgsausläufer Cramesnil und St. Aignan. Das Vorbereitungsfeuer der Artillerie mit 360 Kanonen – das aber erst nach einem 15minütigen Marsch der Kolonnen einsetzen sollte – hatte eine Reichweite von 4.000 Yards (ca. 3.600 Meter) beiderseits der Straße Caen – Falaise und sollte 100 Yards (ca. 90 Meter) pro Minute vorrücken, in kurzen Abschnitten von 200 Yards (ca. 180 Meter). Man muß aber wissen, daß verhältnismäßig wenig von Simonds' Infanterie mit den gepanzerten „Kangaroos" befördert wurde – insgesamt nur etwa 600 Mann. Die übrigen fuhren in Spähwagen, Halbkettenfahrzeugen, auf den hinteren Panzern, wurden von anderen gepanzerten Fahrzeugen mitgenommen oder gingen zu Fuß.

Die Dinge liefen von Anfang an schief. Die Sicht war überall behindert – der von so vielen Kettenfahrzeugen aufgewirbelte Staub und die explodierenden Geschosse bildeten einen undurchsichtigen Vorhang, in den die deutsche Artillerie Nebelgranaten feuerte. Natürlich blieb das nicht ohne Wirkung auf den Bombardierungsplan, und die Master-Bomber mußten ihre letzten Flugzeuge in Wellen einsetzen – das Programm wurde aber nur zu zwei Dritteln ausgeführt.[6]

Am Boden fuhren die Fahrzeuge ineinander, einige wichen von der Hauptkampflinie ab, andere gingen völlig verloren, manche endeten in Bombentrichtern abseits des richtigen Weges. Verwirrte Fahrer und Kommandeure waren gezwungen, den Rücklichtern der voranfahrenden Fahrzeuge zu folgen, und einige Unfälle wurden durch Geschosse, die ihr Ziel verfehlten, verursacht. Gruppen liefen in Feldbefestigungen, die sie eigentlich umgehen sollten. Eine ausgezeichnete Beschreibung dieser Lage finden wir in dem Buch *The Battle for Normandy* von Belfield und Essame: „Alles ging gut, bis der Sturm losbrach. Augenblicklich waren die Kolonnen von einer dichten Staubwolke eingehüllt, schon nach wenigen Metern konnte man nicht mehr das Rücklicht des vorderen Panzers sehen … Als der Angriff losbrach, zuckten die Kompaßnadeln wild in alle Richtungen, der Kompaß war unbrauchbar … Riesige Panzer tauchten aus dem Nebel auf und fragten, wer man war. Es war, als ob überall Dreschflegel mit enormen Flügeln im Dunkeln herumtorkelten, sie vergrößerten die Verwirrung nur noch … einige Kanadier mischten sich teilweise unter unsere Kolonne, und ein kanadischer Panzer verbrachte den Rest der Nacht bei uns."

Fairerweise muß man allerdings sagen, daß in der Normandie eine Orientierung niemals leicht war. Die für die Truppen der Alliierten bestimmten Karten waren schon bei Tageslicht schwierig genug zu lesen, geschweige denn bei Dunkelheit, und viele kleinere Orte wie Verrières waren überhaupt nicht verzeichnet. Die Dörfer hatten oft dieselben oder ähnliche Namen, und meistens unterschieden sie sich kaum voneinander.

Trotz allen Durcheinanders hatte die neue Taktik großen Erfolg. Bei Tagesanbruch waren die britischen Kolonnen fünf Kilometer tief in die deutschen Stellungen eingebrochen und hatten Garcelles mit seinem Schloß, mit Park und Waldstücken ebenso wie Cramesnil und St. Aignan (heute ein einziges Dorf) genommen. Die Kanadier hatten erheblich größere Schwierigkeiten, ihren Weg zu finden, und trafen auf größeren Widerstand, aber um die Mittagszeit hatten sie Caillout und den winzigen Ort Gaumesnil genommen. Es gab erstaunlich geringe Verluste. Die drei kanadischen Infanteriebataillone verloren insgesamt nur 63 Männer.[7] Leider traf das auf die Fuß-Infanterie nicht in gleichem Maße zu – in zwei Bataillonen der Seaforth Highlanders fielen in den letzten zwölf Stunden des Kampfes „um die blutigen Trümmer von Tilly" 60 Mann.[8] Die Kanadier mußten 260 Ausfälle hinnehmen, darunter 68 Tote[9], ehe alle Ziele gesäubert waren.

Als Kurt Meyer die Bomben der RAF und das Dröhnen der Artillerie hörte, wußte er, daß dies der Beginn eines Großangriffs war. Sofort begab er sich nach Urville zu einer Besprechung mit Wilhelm Mohnke[10], der durch die Bomben einen ernstlichen Hörschaden erlitten hatte. Ersten Meldungen zufolge waren die vordersten Stellungen der 89. Infanteriedivision überrannt worden und die organisierte Verteidigung auf jeden Fall zusammengebrochen. In Wirklichkeit kämpften jedoch viele vorderste Truppenteile der 89. Infanteriedivision in Orten wie Tilly und Fontenay-le-Marmion hartnäckig bis in den Nachmittag hinein.

Meyers genaue Kenntnis der Geländebeschaffenheit stammte aus den Jahren 1942 und 1943, als er dort als Kommandeur der Aufklärungsabteilung der LAH stationiert war. Daher wußte er, daß die nächste zu verteidigende Linie das Hochgelände um Potigny (Karte 7) und der Fluß Laison als natürliche Sperre war. Dieser Fluß, der in einem flachen, bewaldeten Tal fließt, war nicht einmal zwei Meter breit und nur einen Meter tief. Trotzdem sollte er sich als ein erhebliches Hindernis für die Panzer erweisen. Das wußte Meyer, und er wußte auch, daß nicht alles verloren wäre, wenn er den Angriff der Alliierten verzögern könnte und dadurch die verstärkte 85. Infanteriedivision Zeit bekäme, eine Stellung im Südosten zu nehmen; ihre Spitze hatte schon Trun (Karte 8) erreicht.

Meyer fuhr zu dem taktisch entscheidenden Dorf Cintheaux, das nur 1.000 Meter von den in Gaumesnil befindlichen Kanadiern entfernt lag. Dort fand er einen einzigen Panzerjägerzug von SS-Sturmbannführer Hans Waldmüller, der die Straße Caen – Falaise sicherte. Er fand auch Soldaten der 89. Infanteriedivision, die ungeordnet nach hinten flohen. In seiner unnachahmlichen Weise beschrieb er die Szene folgendermaßen: „Erstmalig während der langen, grausamen Jahre des Völkermordens sehe ich fliehende deutsche Soldaten. Sie sind nicht mehr ansprechbar – sie sind durch das Höllenfeuer der rasenden Schlacht gegangen und stolpern ausgemergelt und mit schreckerfüllten Augen an uns vorbei. Gebannt blicke ich auf die führerlosen Soldaten. Meine Uniform klebt mir am Leibe, der Angstschweiß vor der Verantwortung bricht aus allen Poren … Ich springe aus dem Wagen und stehe allein auf der Straße. – Langsam gehe ich der Front entgegen und spreche die fliehenden Kameraden an. Sie stutzen, bleiben stehen – ungläubig betrachten sie mich, wie ich mit dem Karabiner bewaffnet auf der Straße stehe. Wahrscheinlich halten mich die Jungen für durchgedreht – sie erkennen mich, sie drehen sich um, winken ihre Kameraden heran und organisieren die Verteidigung in Höhe Cintheaux.“[11]

Panzermeyer fuhr anschließend nach Urville zurück, wo General der Panzertruppe Eberbach, der Oberbefehlshaber der 5. Panzerarmee, zur persönlichen Einschätzung der Lage eingetroffen war. Hier haben wir das Gegenstück zu Dempsey oder Hodges, in einer Entfernung von weniger als fünf Kilometern von den nächsten feindlichen Truppen an einer bereits zusammengebrochenen Front. Kein Wunder, daß die Soldaten Respekt vor solchen Vorgesetzten hatten.

Eberbach billigte Meyers Plan, die Lage zu stabilisieren, und die Kampfgruppe Waldmüller – verstärkt durch die 39 Panzer IV der II. SS-Panzerabteilung unter Prinz und Wittmanns acht Tigern – erhielt sofort den Befehl zum Gegenangriff und zur Eroberung des entscheidenden Geländes bei St. Aignan – zur Zeit gehalten von den 1. Black Watch und dem Panzerbataillon der Northamptonshire Yeomanry – und dann zur Eroberung der Wälder südöstlich von Garcelles. Für diese Operation wurde die Begleitkompanie des I. SS-Panzerkorps Waldmüller unterstellt, ebenso die Begleitkompanie der Division „Hitlerjugend“ und die 1. Kompanie der SS-Panzerjägerabteilung 12. Sie sollten parallel über Estrées vorrücken und den Höhenzug nehmen, der bis westlich von St. Sylvain verläuft. Artillerieunterstützung für den Gegenangriff sollte vom Artillerieregiment und der Werferabteilung der Division „Hitlerjugend“ und von zwei oder drei weiteren Werferbatterien vom Regiment 83 kommen. Die SS-Flak-Abteilung 12 von SS-Sturmbannführer Fend sollte einen Panzerabwehrriegel beiderseits der Straße Caen – Falaise bei Bretteville-le-Rabet aufbauen, und die Kampfgruppe Wünsche, die bereits den Befehl hatte, nicht länger zu versuchen, den Brückenkopf Grimbosq einzudrücken, sollte sich in der Enge der Hügel westlich und nordwestlich von Potigny verteidigen. Der Divisionsgefechtsstand wurde in Potigny errichtet, wenn sich Meyer auch bei Waldmüller einrichtete. Der Versammlungsort für Waldmüllers Angriff war Bretteville-le-Rabet; Angriffsbeginn war auf 12.30 Uhr angesetzt.

Weil Schlechtwettervorhersagen nahelegten, daß die Tagesbomber am späteren Nachmittag nur unter Schwierigkeiten ihre Ziele finden könnten, wurde für die Phase 2 der Operation „Totalize“ der Angriffsbeginn auf 13.55 Uhr festgelegt. Um diese Zeit würden die Jagdbomber schon den Weg für die 4. kanadische Division und die 1. polnische Panzerdivision für ihren Vorstoß zu den Endzielen Fontaine-le-Pin und die Höhen nördliche von Falaise geebnet haben. Ihre wesentlichen Zwischenziele waren Gouvix, Hautmesnil und Cauvicourt, sie alle beherrschten das Gelände weiter als zwei Kilometer nach Norden.

Kurz bevor die amerikanischen Ungetüme um 12.55 Uhr auftauchten, traf Kurt Meyer mit SS-Sturmbannführer Hans Waldmüller in Cintheaux ein. Er war entschlossen, den Gegenangriff persönlich zu führen. Wie sagte er doch? „Man kann eine Panzerschlacht nicht vom Schreibtisch aus führen!“ Aber er war erschrocken, als er die Panzermassen der beiden alliierten Divisionen auf beiden Seiten der Straße Caen – Falaise erblickte; und als er einen einzigen Bomber über seinem Frontabschnitt entdeckte, vermutete er zu Recht ein Markierungsflugzeug. Sofort befahl er den Gegenangriff. Durch nahes Heranrücken an den Feind hoffte er, möglichst viele seiner Leute aus der Bombenzone herauszubekommen.

Trotz einiger erheblicher Verzögerungen und beträchtlicher Verwirrung (die polnische Division war in der Nacht den ganzen Weg aus der Gegend von Bayeux marschiert), waren die Panzerdivisionen der Alliierten zum Vormarsch bereit, als sich die ersten der 678 amerikanischen als „fliegende Festungen" bekannten B-17-Bomber ihren Zielen näherten: Bretteville-sur-Laize, Gouvix, Hautmesnil, Cauvicourt und St. Sylvain.[12] Kurt Meyer zufolge rief ihm einer seiner Grenadiere zu: „Welche Ehre, Churchill sendet für jeden einzelnen von uns einen Bomber!"[13]

Heftiges Flakfeuer holte neun B-17 vom Himmel, und aus verschiedenen Gründen führten 181 ihre Angriffe nicht durch.[14] Der Rest ließ 1.487 Tonnen auf die drei Hauptziele fallen, aber es gelang nur einem einzigen Flugzeug, Gouvix zu finden. Leider wurden durch tragische Fehler zweier Verbände zu je zwölf Flugzeugen schätzungweise 315 Verluste verursacht, darunter fielen 44 Polen und der Verlust von 55 Fahrzeugen und vier Artilleriegeschützen von Verbündeten. In einem Falle zielte ein beschädigter Bomber zu kurz, worauf der Rest der Gruppe es ihm gleichtat, und in einem weiteren warf eine andere Gruppe aufgrund fehlerhafter Zielerkennung ihre Bomben nahe Caen zu einem Zeitpunkt, als ein Konvoi der 3. kanadischen Infanteriedivision durch Faubourg-de-Vaucelles marschierte. Das North Shore Regiment verzeichnete bei Cormelles 23 Tote und 75 Verwundete.[15] Generalmajor Kellers vorgeschobener Gefechtsstand wurde getroffen und er selbst verwundet.

Kurt Meyer berichtet, er habe noch Michael Wittmanns Hand geschüttelt, um ihm für den Kampf Glück zu wünschen, der der letzte des Tiger-Asses werden sollte. Seine Beschreibung der folgenden Momente liefert ein charakteristisches Bild: „Ich liege am Nordrand von Cintheaux, während die feindliche Artillerie Vernichtungsfeuer auf die angreifenden Panzer legt. Der Panzer von Michael Wittmann rast in das feindliche Feuer hinein. Ich kenne seine Taktik bei solchen Gelegenheiten. Sie heißt: durch! Nur nicht stehenbleiben. Hinein in den Dreck und freies Schußfeld gewinnen. Alle Panzer stürzen sich in das stählerne Inferno. Sie müssen den Feind am Angriff hindern. Sie müssen seinen Zeitplan zerstören. Waldmüller stößt mit seinen Infanteristen nach. Die braven Grenadiere folgen ihren Offizieren. … Sprachlos vor der gewaltigen Macht der Alliierten entdecke ich eine endlose Kette großer viermotoriger Bomber, die sich uns nähert … Die letzten Wellen fliegen über die hart angreifende Kampfgruppe Waldmüller, ohne eine einzige Bombe auf die Panzer zu werfen. Die Bomber bekämpfen die ihnen befohlenen Ziele, ohne sich um die inzwischen veränderte Lage zu kümmern."[16]

Ein wenig überstürzt überschritten die Polen um 13.35 Uhr mit ihrem Panzerregiment 2 auf der linken Seite und den 24. Lancers auf der rechten Seite ihre Vormarschstraße; unterstützt wurden beide durch eine Kompanie der 10. Dragoons (motorisiertes Bataillon). Der Einsatzbericht der 1. polnischen Panzerdivision meldet, daß das Regiment 2 aus dem Gebiet zwei Kilometer südöstlich von St. Aignan um 14.25 Uhr unter schweres Feuer kam und daß die Lancers „unter Artilleriefeuer waren". Verluste wurden nicht erwähnt. Um 15.20 Uhr benennt die polnische Meldung eine schwierige Situation des Regiments 2 mit feindlichen Panzern an der linken Flanke, und um 16.10 Uhr meldete das II. kanadische Korps aus dem Gefechtsstand von General Maczek, daß 20 Tiger (mit Sicherheit waren das die Panzer IV von Prinz) „das ganze Land unmittelbar über" der Seitenstraße durch St. Aignan „mit Feuer bedeckten".[17] Die Polen prallten natürlich frontal mit den Panzern IV und den Jagdpanzern IV der Kampfgruppe Waldmüller zusammen. Laut Hubert Meyer verloren die beiden führenden Kompanien des polnischen Panzerregiments 2 26 Shermans[18], er gibt dafür aber keinen Beweis. Es ist jedoch bekannt, daß das Regiment 24 Ersatzpanzer und Besatzungen am folgenden Tag erhielt, und daher erscheint die von ihm genannte Zahl plausibel. Was die Lancers anbelangt, so wurde ihr Vormarsch durch ein flaches Tal mit einem steilen südlichen Damm im Südosten von St. Aignan behindert. Dieses Hindernis für Panzer war deutlich auf der „Geländekarte“ von 1944 für die alliierten Truppen markiert (das Original existiert noch), es wurde offensichtlich von den Planern dieser Operation übersehen. Dieser erzwungene Halt setzte die Lancers nicht nur dem erwähnten Artilleriefeuer aus, sondern mit großer Wahrscheinlichkeit auch dem flankierenden Feuer von Wittmanns Tigern, die nordwärts von Cintheaux vorrückten. Falls das zutrifft, wäre Meyers Aussage, daß die Lancers 14 Panzer verloren, nicht von der Hand zu weisen.

In seinem Buch *Grenadiere* beschreibt Kurt Meyer einen weiteren Teil dieser Aktion: „Die Divisions-Begleitkompanie meldet sich westlich St. Sylvain. Sie steht im Kampf mit der Spitze der 1. polnischen Panzerdivision und hat mehrere Panzer vernichtet. Die Polen wagen sich nicht mehr aus dem Wald von Cramesnil. Erst später erfahren wir, daß dies der erste Einsatz der polnischen 1. Panzerdivision war.“ Bis zum frühen Abend hatten sich die Polen nordwestlich von St. Aignan zurückgezogen.

Waldmüllers Gegenangriff ging weiter und traf die Briten im Gebiet von St. Aignan – im Kriegstagebuch der 1. Northamptonshire Yeomanry wird zugegeben, daß sie 20 Panzer und 63 Männer verlor, darunter ihren verwundeten Kommandeur.

Den Kanadiern erging es kaum besser. Generalmajor Kitchings 4. Panzerdivision wurde schon zu Anfang durch Widerstand bei Gaumesnil (dazu gehörte flankierender Beschuß von Wittmanns Tigern) aufgehalten, und erst um 15.30 Uhr säuberte das Royal Regiment of Canada, eine Einheit der 2. Infanteriedivision, den Weg. Selbst dann verloren die Canadian Grenadier Guards ihre vordersten Panzer, die von Cintheux aus schießen sollten, und es dauerte weitere zweieinhalb Stunden, ehe die Argylls of Canada und das South Alberta Panzeraufklärungsregiment die Division „Hitlerjugend“ aus dem kleinen Ort zum Rückzug gezwungen hatten. Sie gab an, 40 Gefangene gemacht und ein 8,8-cm-Geschütz erbeutet zu haben. Aber die Kanadier konnten nicht weiter vorrücken. Die tiefen Steinbrüche in dieser Gegend bildeten ernste Hindernisse. Und SS-Untersturmführer Willi Kleins kleine Gruppe von SS-Panzergrenadieren des Regiments 25 im südlichen Teil von Hautmesnil, das von den 8,8-cm-Geschützen von Fends SS-Flak-Abteilung 12, das die Hauptstraße von Falaise deckte, unterstützt wurde, konnte keinen Stellungswechsel durchführen.

Simonds' großer gepanzerter Vorstoß war ein fürchterlicher Fehlschlag gegen Meyers wenige, aber sehr entschlossene Männer. Meyer faßte dies in die Worte: „Wir haben unglaubliches Glück, weil der Feind nicht einmal einen einzigen koordinierten Sturmangriff ausführen kann.“ Oder noch treffender: „Ein Panzerangriff, der in Phasen unterteilt ist, gleicht einer Kavallerieattacke mit eingelegter Futterpause.“[20]

Sein frühzeitiger Gegenangriff hatte dafür gesorgt, daß es keine Aussicht auf Erfolg gab. Die Deutschen verloren bei diesen Kämpfen 178 Mann, dazu viele Panzer einschließlich fünf Tiger und bis zu sechs Panzer IV. Der Verlust der Tiger war fast unvermeidlich, denn ihre Marschlinie verlief parallel zur Hauptstraße Caen – Falaise über völlig freies Gelände und mit offenen Flanken. Auch Michael Wittmann fiel in diesem heroischen Abwehrkampf.

Der ausbleibende Erfolg der Panzerdivisionen enttäuschte General Simonds schwer, und er gab den Befehl, den Vormarsch in der Nacht unter Zuhilfenahme von Suchscheinwerfern fortzusetzen. Kitchings Panzer sollten auf der Falaise-Straße marschieren, und den Polen wurde befohlen, bei Tagesanbruch Cauvicourt zu nehmen. Diese Anordnungen wurden nicht befolgt. Die offizielle kanadische Geschichte sagt dazu: „Die Panzer zogen sich so, wie es ihnen während der Ausbildung zur Gewohnheit geworden war, in ihre Unterkünfte zurück. So blieb beispielsweise eine Kompanie der Canadian Grenadier Guards am Nordrand von Cintheaux, während die anderen beiden nach Gaumesnil zogen."[21]

Während der Nacht vom 8. zum 9. August traf die Kampfgruppe Wünsche im Gebiet von Potigny ein und begab sich um 3 Uhr in den Wald von Quesnay. Sie hatte noch 39 Panther und erwartete Verstärkung durch 13 Tiger der schweren SS-Panzerabteilung 102 von der Reserve des II. SS-Panzerkorps; Eberbach hatte von Kluge überzeugt, sie ihm zu unterstellen.

Wenn die Kanadier ihre Ziele am 8. August auch verfehlt hatten, so hatten sie es doch für Meyer unmöglich gemacht, Waldmüllers Kampfgruppe nördlich einer Linie von Hautmesnil nach St. Sylvain ungeschützt zurückzulassen. Daher ordnete er an, sie solle sich um Punkt 140 und auf den entscheidenden Hügelkamm im Norden von Maizières, Rouvres und Assy (Karte 7) in neue Stellungen zurückziehen, wo sich die 1. Kompanie der SS-Panzerjägerabteilung 12 anschließen würde. Eine andere Kampfgruppe des SS-Panzergrenadierregiments 26 unter Bernhard Krause sollte von Ouilly bis zur Straße von Falaise verteidigen, und Olboeters „schnelle Gruppe", die jetzt auf dem Rückweg vom II. SS-Panzerkorps war, sollte am Punkt 195, drei Kilometer westlich von Potigny, in Stellung gehen und alle Versprengten der 89. Infanteriedivision eingliedern. Es ergab sich, daß die Reste dieser Division von Grainville-Langannerie am Fluß Laize entlang nach Bretteville bereits Verteidigungspositionen mit Blick nach Nordost bezogen hatten, wo sie im Forêt de Cinglais zur 271. Infanteriedivision Anschluß fanden. Nach Unterstützung durch die Geschütze des III. Flak-Korps wurde den beiden Batterien der 8,8-cm-Flak der Division „Hitlerjugend" befohlen, die Hauptstraße nördlich von Potigny zu sichern, und zwar aus straßennahen Stellungen und östlich des Divisions-Gefechtsstandes bei Tombeau de Marie Joly. Sämtliche noch verbliebene Artillerie und Werfer der 12. SS-Panzerdivision sollten sich südlich der Laison zurückziehen, ebenso die Begleitkompanie der Division, die bei Montboint eine andere Reserve bilden sollte. Diese Bewegungen sollten ohne Störung größtenteils um 22 Uhr ausgeführt werden, obgleich Olboeters „schnelle Gruppe" nicht vor Einbruch der Dunkelheit aus dem Gebiet von Vire eintreffen würde und außerdem die Kampfgruppe Waldmüller und die Begleitkompanie der Division bei Tagesanbruch nirgendwo in Nähe der bezeichneten Stellen zu finden waren, wie wir noch erfahren werden.

Hinter dieser erschöpften, aber sich in gut ausgebauten Stellungen befindenden Truppe sollten am Morgen des 9. August die ersten Teile der 3. Infanteriedivision von Generalleutnant Chill eintreffen.

9. August – „Die Hochebene kam in Sicht"

(Karte 7)

Der Leser wird sich erinnern, daß Hitler trotz der am 7. August fehlgeschlagenen Gegenoffensive gegen die Amerikaner am 9. August um 18 Uhr die Fortsetzung des Angriffs befahl und persönlich General Eberbach einsetzte, der den Angriff von einem neuen und gesonderten Gefechtsstand aus führen sollte. Sepp Dietrich war vorübergehend damit beauftragt, die 5. Panzerarmee zu übernehmen.

Der Plan der Alliierten für diesen Tag hatte eine Gruppe ins Auge gefaßt, die als „Halpenny Force" (nach dem Namen ihres kanadischen Kommandeurs, eines Oberstleutnants) bekannt war. Diese Gruppe bestand aus dem Panzerregiment 22 (Canadian Grenadier Guards) und dem Lake Superior Bataillon (motorisiert), das Bretteville-le-Rabet angriff, während das Panzerregiment 28 (British Columbia) mit dem größten Teil des Algonquin-Infanteriebataillons auf Punkt 195, nordwestlich von Potigny, vorrücken sollte. Bretteville wurde noch von einem Teil der 89. Infanteriedivision gehalten, und Olboeters Kampfgruppe war mittlerweile bei Punkt 195 eingetroffen. In Abstimmung mit dem kanadischen Vormarsch sollte die 10. polnische Panzerbrigade das Gebiet von La Croix und anschließend Punkt 140 oberhalb des Flusses Laison nehmen, jene Gegend, die, wie man sich erinnern wird, von der Kampfgruppe Waldmüller verteidigt werden sollte.

Für Meyers Männer begann der Tag mit Rückschlägen, für Kitchings Division aber sollte er sich als Katastrophe erweisen. Willi Klein und seine kleine Gruppe von SS-Grenadieren zog sich kurz vor der Dämmerung von Hautmesnil in das Gebiet von Soignolles zurück. Dort fand er trotz Meyers Verbot, in das Gebiet von Punkt 140 nördlich des Flusses Laison einzurücken, den größten Teil von Waldmüllers I. Bataillon des SS-Panzergrenadierregiments 25, der 1. Panzerjägerkompanie und der SS-Begleitkompanien des Korps und der Division. Hubert Meyer schreibt, daß „das Bataillon Waldmüller nach Osten abgedrängt worden war, in unübersichtlichem Gelände die Dunkelheit abgewartet hatte, um unter ihrem Schutz die eigenen Linien zu erreichen“.[22] Nachdem dieser Versuch fehlgeschlagen war, schickte Waldmüller seinen Adjutanten zu Kurt Meyer, um neue Befehle einzuholen. Ihm wurde mitgeteilt, daß die Panzer von Prinz zu Hilfe kämen, so daß die bezeichneten Verteidigungsstellungen mit der gebotenen Eile erreicht werden könnten.

Inzwischen hatte ein Verbindungsoffizier von der Kampfgruppe Wünsche versucht, mit der Kampfgruppe Waldmüller am Punkt 140 Verbindung aufzunehmen. Statt dessen hatte er zu seinem Entsetzen zwei Kompanien Shermans des britischen Columbia-Regiments und zwei Kompanien des Algonquin-Bataillons vorgefunden. Das überrascht den Leser vielleicht, denn wie wir wissen, lag das Ziel dieser Gruppe mehr als sechs Kilometer südwestlich – bei Punkt 195. Jedoch waren die Kanadier nach dem Aufbruch um 2 Uhr nachts und dem Vorstoß östlich der Halpenny-Streitkraft, um den Angriff auf Bretteville-le-Rabet vorzubereiten, hoffnungslos verloren. Das Gros von Oberstleutnant Worthingtons Truppe war einem alten Pfad, dem „Chemin Heusse“, gefolgt. Dieser Weg hatte die Truppe mit der Kampfgruppe Waldmüller zusammenstoßen lassen, und durch das sich daraus ergebende Scharmützel war letztere wahrscheinlich „nach Osten gedrängt“ worden. Der Irrtum von 90 Grad bei der Orientierung, der der Truppe von Worthington unterlaufen war, ist durch „Das Licht war schlecht so früh am Morgen“[23] nur schwerlich zu erklären. Es scheint so, wie es im Tagebuch der Einheit steht: „Die Hochebene war in Sicht, und wir wollten dahin.“ Es sagt weiterhin, daß Worthingtons Kampfgruppe einschließlich zweier Kompanien von Oberstleutnant Hays Algonquin-Bataillon am nordöstlichen Ende des Punktes Stellungen bezog, das sind ungefähr 1.500 Meter von Punkt 140, und genau dort endet der „Chemin Heusse“. Aus dem Kriegstagebuch geht auch klar hervor, daß sich die hinteren Teile der kanadischen Kampfgruppe bewußt waren, daß sie der falschen Höhe zustrebten, aber den Befehl hatten, „auf die vordere Hochebene vorzurücken“ und sich dem Kommandeur anzuschließen.

Um 6.55 Uhr meldete Worthington, daß er sein Ziel genommen habe; er sagte auch, daß er es halten werde, bis weitere Truppen zur Verstärkung kämen. Offiziell heißt es: „Da, wo sich den Meldungen zufolge die Truppe niedergelassen hatte, konnten andere Truppen niemals hinkommen.“[24]

Worthingtons Fehler bereitete Meyer größte Kopfschmerzen. Anstelle deutscher Kräfte hatte er Kanadier mitten in seiner Hauptverteidigungslinie. Wir sind nicht überrascht, daß er das Problem umgehend löste und Max Wünsche diese Aufgabe übertrug. Dies war nicht allzu schwierig, da seine Kampfgruppe, die im Wald bei Quesnay zusammengezogen war, nur drei Kilometer entfernt lag. In seinen Erinnerungen sagt Kurt Meyer, daß hierzu fünf Tiger und 15 Panther eingesetzt wurden, wobei die Tiger Stellungen auf der Westflanke bezogen, von wo aus sie das Feuer eröffneten, während die Panther von befestigten Stellungen der Kampfgruppe Krause auf dem Höhenzug nördlich von Assy aus angriffen.[25]

Am Morgen forderte die kanadische Gruppe an Punkt 140 Unterstützung durch Artillerie an, da sie aber berichtet hatte, daß sie sich an ihrem Ziel (Punkt 195) befinde, fielen die Geschosse natürlich kilometerweit entfernt von dem Ort, wo sie gebraucht wurden. Die letzte Funkmeldung der vereinzelten Gruppe traf um 8.49 Uhr ein.[26]

Die Stille, die nun folgte, versetzte den Gefechtsstand der Panzerbrigade 4 von Brigadegeneral Booth in große Sorgen, ebenso den von Generalmajor Kitching. Um 9.14 Uhr erhielt das Panzerregiment 21 (The Governor General's Foot Guards) von Oberstleutnant Scott mit der übrigen Kompanie von Algonquins den Befehl, die Worthington-Gruppe zu unterstützen, die man immer noch am Punkt 195 wähnte. Sie brauchten die außergewöhnlich lange Zeit von sieben Stunden, um das Gebiet von Bretteville-le-Rabet zu erreichen.[27] Als sie versuchten, südwestwärts zum Punkt 195 vorzurücken, wurden sie aus den Wäldern von Quesnay beschossen[28] und verloren zwischen 14 und 26 Panzer.[29] Am Ende des Tages befanden sie sich noch in der Nachbarschaft von Grainville-Langannerie.

Das Kriegstagebuch von Algonquin sagt, daß ihr Kommandeur um 12 Uhr verwundet wurde (er verlor ein Bein) und daß an Punkt 140 nur acht Panzer übrigblieben. Die Verluste der Infanterie waren in diesem Stadium verhältnismäßig gering – acht Tote und 25 Verwundete.[30]

Der Verbindungsoffizier der Kampfgruppe Wünsche, SS-Obersturmführer Meitzel, der schon viel früher an diesem Tag mit Waldmüller Verbindung aufnehmen sollte, wurde beim deutschen Angriff von Worthingtons Männern gefangengenommen und beschrieb die Situation an Punkt 140 wie folgt: „Kaum hatte ich die kanadische Igelstellung beim Punkt 140 erreicht, als unsere 8,8-cm-Kanonen begannen, die kanadischen Tanks und die Infanterie zu beschießen. Tiger und Panther rückten vor, um die Stellungen der Höhe einzuschießen. Ein kanadischer Tank nach dem anderen wurde abgeschossen und endete in Rauch und Flammen. Einige Besatzungen, die ihre Tanks verloren hatten, versuchten, einen nahegelegenen Wald zu erreichen, um dem lodernden ‚Igel' von explodierenden Tanks zu entkommen. Sie nahmen mich mit. Bald danach wurde der Wald immer wieder durch Jabos angegriffen, um die schwer bedrängten Kanadier zu entlasten. Mein Vorschlag an die Kanadier, zu unserem Gefechtsstand durchzubrechen, wurde mit Dank abgelehnt. Erst nach weiteren Jaboangriffen kamen sie zu einer anderen Ansicht. Am späten Nachmittag kam ich mit 23 Kanadiern und einem gebrochenen Arm zu unserem Gefechtsstand zurück."[31]

Panzermeyer berichtete, daß kein Panzer von Wünsche durch Jagdbomber angegriffen worden war; diese hatten sich statt dessen auf die Kanadier konzentriert.

Um 15 Uhr erhielten die acht übriggebliebenen Panzer den Befehl: „Alle rollfähigen Panzer, marsch! Rückkehr zur Ausgangsstellung."[32]

Obgleich Meyer sagt, daß zwei Fahrradkompanien der 85. Infanteriedivision im Laufe des Tages ankamen und zur Unterstützung von Wünsches Panzern durch Säuberungsaktionen bei Punkt 140 eingesetzt wurden, scheint es durchaus möglich, daß es Krauses I. Bataillon des SS-Panzergrenadierregiments 26 war, das die Panzer sicherte. Infanterie war sicherlich notwendig, da einige Teile der Gegend bewaldet und andere mit Stechginster bedeckt waren. In beiden Fällen bestätigt das Tagebuch der British Columbia, daß der letzte Gegenangriff von zwei Infanteriekompanien mit Panthern und Tigern ausgeführt wurde.

Um 22.30 Uhr entschlossen sich die Überlebenden zum Ausbruch, und um 3 Uhr am folgenden Morgen erreichten vier Offiziere mit 44 Infanteristen und fünf Panzermännern die polnischen Linien.[33]

Der Tag hatte die British Columbians 125 Männer gekostet, darunter befand sich der getötete Oberstleutnant Worthington, zudem 47 Panzer.[34] Das Tagebuch der Algonquins vermeldet einen Totalverlust von 127[35], obgleich spätere Berichte nur von 38 Menschenverlusten am 9. August berichten. (Aus Gründen der besseren Zugänglichkeit ist der kanadische Gedenkstein für dieses Ereignis an der Straße nach Maizières statt an Punkt 140 aufgestellt worden.) Der letzte schmerzliche Eintrag im Kriegstagebuch der British Columbia dazu lautet: „Höhe 143 [sie hatten immer noch den falschen Hügel] wurde dem Feind um 21 Uhr überlassen, nachdem er 14 Stunden lang gehalten wurde. Dieser unser erster Kampftag ist ein äußerst verlustreicher gewesen." Umgekehrt gab Kurt Meyer an, bei diesem Gefecht keinen einzigen Panzer verloren zu haben.[36]

Im Verlaufe des Tages sicherten die Halpenny-Kräfte Bretteville-le-Rabet, und die Argylls of Canada und das Lincoln and Welland Bataillon besetzten die Ortschaften Langannerie bzw. Grainville-Langannerie.

Zur Erinnerung: Inzwischen war die Kampfgruppe Waldmüller einschließlich der 1. Kompanie der SS-Panzerjägerabteilung 12 von SS-Obersturmführer Hurdelbrink, die in der Nacht vom 8. zum 9. August „nach Osten zurückweichen" mußten, mit den SS-Begleitkompanien von Division und Korps im Gebiet von Signolles in Stellung gegangen, ein bis zwei Kilometer südwestlich des Dorfes. Um 11 Uhr begannen die Polen ihren Vormarsch nach Soignolles und La Croix. Die Cromwells des Panzeraufklärungsregiments 10 (Mounted Rifles) fanden feindliche Truppen, die St. Sylvain besetzt hielten. Die Infanteriebataillone 1 und 8 wurden mit dem Säubern des Dorfes beauftragt. Um 12.50 Uhr war das Panzerregiment 1 in den westlichen Außenbezirken von Cauvicourt, und die 24. Lancers befanden sich 1.000 Meter südöstlich zu beiden Seiten eines Waldes; jede Einheit hatte eine Kompanie von M-10 Panzerabwehrgeschützen als Unterstützung. Bald danach liefen sie ins Feuer der Kampfgruppe Waldmüller einschließlich der Panzerjäger, aber um 16 Uhr hatten die Lancers die Außenbezirke von La Croix und Punkt 111 (im Westen) erreicht, und Major Stefanowiczs Panzerregiment 1 befand sich, nachdem es dahinter vorbeigezogen war, im Gebiet von Punkt 111 (im Osten), zwei Kilometer nordwestlich von Rouvres. Aus dieser Position feuerte es auf Worthingtons Shermans[37] – das war gut überlegt, denn die Polen konnten kaum erwartet haben, kanadische Panzer an ihrem Hauptziel zu finden. Aber bis jetzt hatten beide Seiten schwer gelitten. Die Begleitkompanie des I. SS-Panzerkorps war praktisch vernichtet und die Begleitkompanie der Division „Hitlerjugend" zwei Kilometer nordöstlich von Soignolles in die Wälder abgedrängt worden. Der mit Panzerabwehrkanonen geführte Kampf der verbundenen deutschen Waffen forderte von den polnischen Panzern einen schweren Tribut – laut einem Bericht sollen 22 Shermans außer Gefecht gesetzt worden sein. Die Polen zogen sich auf das Gebiet von Cauvicourt zurück.[38]

In *Warpath: The Story of the Algonquin Regiment* wird dargelegt, wie die Kanadier diesen Teil der Schlacht sahen: „Weit im Nordosten erschien eine Staubwolke, die schnell näherkam, sie enthüllte eine Kompanie von Sherman Panzern … Als sie etwa eine Meile von der Höhe entfernt waren, konzentrierten die Deutschen ihr Feuer auf sie. Das rettete die Überlebenden für diesen Moment, sie konnten aus ihren Schlitzen kriechen und den Polen freundlich zuwinken. Der Kampfgeist erhob sich, aber das Glück war nur kurz, denn blitzschnell begannen die polnischen Panzer und Artillerie auf unsere Männer zu feuern. Sie duckten sich wieder, um Schutz in der Deckung zu finden und zündeten den gelben Erkennungsrauch. Das Schießen hörte auf, und die Polen konzentrierten sich auf das Gros des Feindes an der äußersten linken Flanke … Ihr Feuer schien seine Wirkung zu tun, ohne Zweifel war ein weiterer Gegenangriff losgebrochen. Aber die Polen hatten dabei schwerwiegende Panzerverluste erlitten und begannen sich nach Norden zurückzuziehen. Ihr Rückzug war noch verlustreicher, denn ein Panzer nach dem anderen ging vor dem enttäuschten Blick der zum Untergang verurteilten Besatzung in Flammen auf."

Um 19.30 Uhr nach einem schweren Luft- und Artilleriebombardement begann das 1. polnische Infanteriebataillon (Highland) den letzten Sturmangriff auf St. Sylvain.[39] Um 22 Uhr war das Dorf gefallen, und St. Martin-des-Bois wurde noch vor Mitternacht erobert. Der Rest von Waldmüllers Kräften zog sich kurz nach Einbruch der Dunkelheit in die vorbereiteten Stellungen um die Punkte 132 und 140 zurück und wurde von einer Nachhut der arg mitgenommenen Begleitkompanie der Division „Hitlerjugend" gedeckt.

Am 9. August um Mitternacht verlief die Frontlinie des II. kanadischen Korps von St. Sylvain durch Soignolles und Estrées nach Langannerie und St. Germain-le-Vasson. Simonds' Absichten für den folgenden Tag gingen dahin, daß die 4. kanadische Panzerdivision die Hochebene bei Punkt 206, etwas westlich von Potigny, nehmen und dann gegen Falaise antreten sollte, während die 1. polnische Panzerdivision den berüchtigten Punkt 140 erobern und weiter über die Laison zu den Hügeln unmittelbar nördlich von Falaise östlich der Hauptstraße vorstoßen sollte.

Und was stand diesen Plänen entgegen? Die Anzahl der Panzer, die dem I. SS-Panzerkorps zur Verfügung standen, war nun minimal – 20 Panzer IV, 15 Panther[40], 15 Tiger, von denen sieben aus der schweren SS-Panzerabteilung 102 des II. SS-Panzerkorps stammten[41], und eine unbekannte Zahl an Jagdpanzern IV – wahrscheinlich etwa 15.

10. bis 12. August – „Wenige können sich hier gegen viele behaupten"

Die erste Phase des von Generalmajor Kitching geplanten Vormarsches nach Süden war ein Nachtangriff mit Infanterie zur Sicherung von Punkt 195, unmittelbar nördlich von Fontaine-le-Pin. Nach Anbruch der Dämmerung wollte er dann seine Panzer gegen das Hauptziel, Punkt 206, angreifen lassen, danach sollten sie weiter in Richtung Süden antreten.

Die Argylls of Canada von Oberstleutnant Stewart erreichten mittels geräuschlosen Vorgehens in der Nacht Punkt 195 und hatten sich bei Tagesanbruch zusammen mit einer Truppe von 17-pdr-Geschützen und einer anderen von 6-pdr-Geschützen vereinigt. Das Kriegstagebuch der Einheit sagt: „Es wurde ein Umweg nach Osten und Nordosten gewählt, weil der Westen bekanntermaßen heftig verteidigt wurde. Am Morgen stand der Feind vor vollendeter Tatsache und reagierte heftig." Das ist keine Überraschung, da, wie wir wissen, Olboeters III. Bataillon des SS-Panzergrenadierregiments 26 das Höhengelände von zwei Quadratkilometern verteidigen sollte. Kurt Meyer, der sagte, daß er schnell zu Punkt 195 aufbrach, nachdem er erfahren hatte, daß sich dort die Kanadier befanden, beschreibt die Ereignisse folgendermaßen: „Wie ich die Höhe erreiche, steht Olboeter mitten unter seinen Grenadieren und führt sie zum Gegenangriff an. Der Feind ist in die stützpunktartige Verteidigung eingebrochen und steht im Begriff, die ganze Höhe in Besitz zu nehmen. Stoßtruppartig greifen die Grenadiere die vorgepreschten Spitzen des Feindes an und werfen sie in die Dunkelheit zurück. Mit Hilfe der Panzergruppe gelingt es, die Höhe zu halten. Der Feind muß schwere Verluste hinnehmen; im Morgengrauen liegt er im Flankenfeuer der Panzer, die im Wald von Quesnay in Feuerstellung stehen. Sein Angriff auf die beherrschende Höhe führt nicht zum Erfolg. Auch hier können sich wenige gegenüber vielen behaupten."[42]

Den Argylls of Canada, die, wie wir noch erfahren werden, von einem Panzerbataillon unterstützt wurden, gelang es standzuhalten, was eine Pattsituation zur Folge hatte, in der beide Seiten je einen Teil der beträchtlichen Höhe besetzt hielten.

Bei einer ähnlichen kanadischen Operation in derselben Nacht hatte das Lincoln and Welland Bataillon auf der rechten Flanke der Argylls den Hügelvorsprung bei St. Germain-le-Vasson besetzt.[43] Da eine Kompanie des Algonquin-Bataillons und das gepanzerte Aufklärungsbataillon South Alberta sich schon südlich von Langannerie befanden, bedeutete dies, daß die Infanteriebrigade 10 als sicherer Stützpunkt für weitere Operationen eingerichtet war.

Um 9.06 Uhr am 10. August waren der Regimentsgefechtsstand von Oberstleutnant Halpenny und zwei Panzerkompanien der Canadian Grenadier Guards zur Unterstützung der Argylls zu den nördlichen Abhängen von Punkt 195 vorgerückt; aber als sie gerade um 11.55 Uhr gegen Punkt 206 vorrücken wollten, kam ein weiterer Gegenangriff der SS, diesmal mit Unterstützung durch ferngesteuerte Goliath-Panzer.[44] Wiederum wurde der Angriff abgewehrt, aber zuvor hatten die Grenadiere acht Panzer verloren.[45] Kurz danach wurden die Shermans der Governor General's Foot Guards ebenfalls zur Verstärkung der Gruppe am Punkt 195 eingesetzt. Es ist kaum zu glauben, aber sie versuchten keinen weiteren Vorstoß, obwohl Olboeters Männer ihnen kaum noch etwas entgegenzusetzen hatten. Ein Artilleriebeobachter meldete 24 8,8-cm-Kanonen westlich von Potigny[46], was sie wohl abschreckte – die 8,8-cm-Kanonen und Wünsches Panzer an ihrer Flanke waren zu viel für sie. Einmal mehr war die deutsche gepanzerte Reserve in einer strategisch bedeutsamen Position aufgestellt, von der aus sie die Angreifer an der linken und rechten Flanke (Punkte 195 und 140) binden konnte, ohne große Entfernung zurückzulegen.

Hubert Meyer kommentiert wohlbegründet und vielleicht ein wenig zu höflich, daß bei der den Kanadiern zur Verfügung stehenden Übermacht in der Luft und seitens der Artillerie eine derartige Teilnahmslosigkeit „schwer zu verstehen" ist! Das trifft den Kern der Sache: ein peinlicher Gedanke, wie wenige SS-Panzer mehr als 200 Panzern gegenüberstanden und wie gefährdet die Besatzungen der 8,8-cm-Kanonen waren – da sie ohne Nahsicherung einfach zu treffende Ziele waren.

Um 10 Uhr traf sich Guy Simonds mit seinen vier Divisionskommandeuren zu einer Besprechung – mit Kitching, Foulkes, Brigadegeneral Blackader, der vorübergehend die 3. Infanteriedivision von Keller übernommen hatte, und mit Maczek von der 1. polnischen Panzerdivision. Er war darauf bedacht, den Angriff wieder in Schwung zu bringen. (Die 51. britische Division (Highland) wurde zum I. britischen Korps zurückgeführt.) Simonds' guten Absichten zum Trotz schien die Zeit nicht der wesentliche Faktor zu sein (oder war dies eine Sache langsamer und kleinlicher Vorgehensweise?), weil der nächste Angriff durch die 3. Infanteriedivision und die Panzerbrigade 2 erst um 16 Uhr erfolgen sollte. Das Ziel war das Sichern von Übergangsstellen über die Laison, und für die Polen hieß es dann Vorrücken auf Sassy, nachdem sie aufgeholt und Punkt 140 gesichert hatten.

Ehe an das Überqueren der Laison gedacht werden konnte, war das Säubern der Wälder von Quesnay vordringlicher. Für die Kanadier waren das keine guten Aussichten, denn Meyer hatte diese Wälder zum Angelpunkt seiner gesamten Verteidigung gemacht. Wie wir wissen, war dies der Bereitstellungsraum aller Panzer von Wünsche, und auch Krauses kleine Kampfgruppe hatte in diesem Gebiet Stellung bezogen. Die 8,8-cm-Kanonen der SS-Flak-Abteilung 12 standen dahinter und deckten die Vorstöße auf Potigny.

Viel später als geplant, nämlich 22 Uhr, begannen zwei Bataillone der 8. kanadischen Infanteriebrigade, die Queen's Own Rifles und North Shores, ihren Vorstoß, und zwar nach einem enormen Trommelfeuer der Artillerie. Die Wälder waren an diesem Tag schon zweimal von 24 Typhoons getroffen worden, um 11.05 und um 18.25 Uhr[47], jedoch zeigten diese

Angriffe nur wenig Wirkung. Wie üblich ließen die Panzer und Panzergrenadiere der SS die Angreifer zunächst in die Wälder hinein, ehe sie zum Gegenschlag ausholten. Unterstützendes Artilleriefeuer konnte nicht ohne weiteres zur Geltung kommen, wenn die Kanadier erst einmal in den Wäldern waren, und mindestens ein Fall ist bekannt, in dem auf eigene Truppen geschossen wurde. Bald trug auch noch die Dunkelheit zur Verwirrung bei, und bei ihrem Rückzug hatten die Kanadier schon 165 Ausfälle hinnehmen müssen, darunter waren 44 Tote.[48]

Inzwischen sollte die 3. Infanteriebrigade der 1. polnischen Panzerdivision unter Oberst Wieronski aus dem Gebiet von Estrées antreten, aber das Versagen der Kanadier, die Wälder von Quesnay zu säubern, dazu das heftige Feuer von Artillerie und Granatwerfern der Deutschen sorgte für eine Verzögerung des Angriffs. Schließlich marschierten zwei Infanteriebataillone und das Panzeraufklärungsregiment 10 (Mounted Rifles) Richtung Punkt 111, der von einem Bataillon der 85. Infanteriedivision verteidigt wurde; Unterstützung kam von Georg Hurdelbrinks 1. Kompanie der SS-Panzerjägerabteilung 12. Bis zum Anbruch der Dunkelheit hatten sich die Polen auf der Höhe eingegraben, aber erst nach einigen Verlusten. SS-Untersturmführer Zeiner, Zugführer in der 1. Kompanie der SS-Panzerjägerabteilung 12, gibt in seinem Tagebuch an, daß sein Kompaniechef, Hurdelbrink, bei diesen Gefechten sieben Cromwells und SS-Oberscharführer Roy sieben weitere abgeschossen hätten. Sie alle und Hurdelbrinks Richtschütze, SS-Rottenführer Eckstein, erhielten für ihre Taten in der Zeit vom 8. bis 11. August das Ritterkreuz.

Die Übernahme des Frontabschnitts der Division „Hitlerjugend" durch die 85. Infanteriedivision begann in der Nacht vom 10. zum 11. August und war in der Nacht vom 11. zum 12. August abgeschlossen. Selbst dann blieben die motorisierten Teile der Division „Hitlerjugend" einschließlich der Panzer noch einen Tag bei der 85. Division, um den müden Grenadieren Zeit zum Ausruhen zu geben. Die endgültige Ablösung erfolgte am 12. August um 21 Uhr, und die erschöpften Reste der 12. SS-Panzerdivision „Hitlerjugend" zogen sich zusammen mit den unterstellten Tiger- und Werfereinheiten in ein Gebiet nordöstlich von Falaise als Reserve für das I. SS-Panzerkorps zurück.[49]

Am Morgen des 11. August, des Tages, an dem Wünsche die Verleihung des Eichenlaubs zum Ritterkreuz mitgeteilt wurde, blies Guy Simonds alle weiteren Angriffe ab und befahl seinen kanadischen Infanteriedivisionen, die Panzerdivisionen herauszulösen. Später wurde dieser Befehl geändert, und die 7. kanadische Infanteriebrigade löste die Polen in der Nacht des 11. August an Punkt 111 ab, die 9. Infanteriebrigade übernahm die Stellungen der 4. Panzerdivision. Diese zweite Operation war schwierig, da Wünsches Panzer bei ihrem Rückzug von Punkt 195 am Nachmittag des 11. August weitere fünf Panzer der Canadian Grenadier Guards abgeschossen hatten.[50] Schließlich war die Herauslösung am 12. August um 2 Uhr erfolgt. Die Operation „Totalize" war zu Ende. Sie hatte die Kanadier über 80 Panzer gekostet. In seinem Buch *Avec Mes Blindés* nennt General Maczek den Verlust von 66 polnischen Panzern und 656 Männern – und dies nur, um elf Kilometer weiterzukommen und einen acht Kilometer breiten Korridor zu schaffen. Es waren noch elf Kilometer bis zu ihrem Ziel Falaise.

Die Division „Hitlerjugend" und die ihr unterstellten Einheiten hatten alle Versuche der Alliierten vereitelt, das Zentrum der deutschen Verteidigung in der Normandie aus den Angeln zu heben; das hatte die Division weitere 414 Ausfälle gekostet[51], ein Viertel davon waren gefallen. Doch wie wir gehört haben, war es in einer Art Ironie des Schicksals gerade der Erfolg von Kurt Meyers Soldaten, der es Hitler erlaubte, auf einem zweiten Angriff bei Mortain zu bestehen. Anstatt die kostbare, von den jungen Soldaten der Division „Hitlerjugend" erkaufte Zeit dazu zu nutzen, seine Kräfte herauszuziehen, warf der Führer immer mehr Männer und immer mehr Panzer in die Schlinge, die sich schließlich in einer kleinen Stadt namens Chambois zuziehen sollte.

Am 12. August wurden der Stab von Wilhelm Mohnkes SS-Panzergrenadierregiment 26 und andere Offiziere, wie SS-Sturmbannführer Waldmüller vom Regiment 25, zu ihren ursprünglichen Standorten vom 6. Juni nahe der Seine zurückgezogen. Mohnke erhielt die Verantwortung für sämtliche Teile der Division „Hitlerjugend", die sich zur Auffrischung zurückgezogen hatte. Was war nun noch in vorderster Linie geblieben? Wünsches SS-Panzerregiment 12 mit sieben bis 15 Panthern und 17 Panzern IV; 17 Tiger der schweren SS-Panzerabteilungen 101 und 102; zwei Kompanien mit Jagdpanzern IV von Hanreichs SS-Panzerjägerabteilung 12; das I. Bataillon des SS-Panzergrenadierregiments 25 und die Bataillone I und III des Panzergrenadierregiments 26, alle beträchtlich unter ihrer Soll-Stärke; das SS-Panzerartillerieregiment 12 abzüglich zweier Batterien; die SS-Werferabteilung 12 mit drei Batterien; die SS-Flak-Abteilung 12 mit einer Batterie von 8,8-cm-Kanonen, einer mit 3,7-cm-Kanonen und einer Batterie von 2-cm-Flak auf Selbstfahrlafetten, die eigentlich zu Mohnkes Regiment 26 gehörte; eine Aufklärungsgruppe der SS-Panzeraufklärungsabteilung 12 unter SS-Untersturmführer Wienecke (das war alles, was von der Abteilung übrig geblieben war); und ein Zug der Divisions-Begleitkompanie.

Das Ende eines Asses

Es ist kaum überraschend, daß der Abschuß von Michael Wittmann, dem mit 138 Panzerabschüssen erfolgreichsten Panzerkommandanten im Zweiten Weltkrieg, sowohl von britischen, kanadischen und polnischen Einheiten als auch von der Royal Air Force „beansprucht" wurde. Über die Kämpfe nördlich von Cintheaux (Karte 5) am 8. August sind zahlreiche Abhandlungen geschrieben worden, die meisten stützen sich auf Vermutungen und unbewiesene Behauptungen.

Einige Zeit nach dem Krieg dachte man, Wittmann sei gefallen, als sein Panzer, von vielen kanadischen Shermans umgeben, zusammengeschossen wurde. Später, in den achtziger Jahren, wurde dieses Verdienst der A-Kompanie der British 1. Northamptonshire Yeomanry zugeschrieben, die, wie wir uns erinnern werden, zu der fraglichen Zeit südlich von St. Aignan-de-Cramesnil in einer Verteidigungsstellung lag, und die meisten Kommentatoren waren mit dieser Version einverstanden. Hubert Meyer, der ehemalige 1. Generalstabsoffizier der 12. SS-Panzerdivision, äußerte sich in dem Kameradschaftsmagazin *Der Freiwillige* zu dieser Kontroverse. Er schrieb, im Motorraum des Panzers mit der Nummer 007 (Wittmanns) sei eine Rakete aus einem Typhoon eingeschlagen, die den Turm abgerissen habe. Man kann daher mit einiger Sicherheit nur sagen, daß Wittmann die Kämpfe am 8. August gegen die Briten, Kanadier und Polen nicht überlebt hat.

Einen Abschluß erhielt diese Geschichte fast 40 Jahre nach diesem Ereignis, im März 1983, als unter Aufsicht der Deutschen Kriegsgräberkommission Exhumierungen durchgeführt wurden, bei denen man nahe der Straße Caen – Falaise bei Gaumesnil menschliche Überreste und andere Gegenstände entdeckte. Ein Satz falscher Schneidezähne stimmte mit dem Zahnschema Wittmanns überein, und eine Karte mit persönlichen Daten führte zur Identifikation des Fahrers von Wittmanns Tiger, Heinrich Reimers. Die sterblichen Überreste von Michael Wittmann und seiner Besatzung wurden in einem gemeinsamen Grab auf dem deutschen Soldatenfriedhof bei La Cambe beigesetzt.

Kapitel XXV

11. bis 18. August – Die zweite Schlacht von Falaise

(Karten 7 und 8)

Am 11. August gab Montgomery eine neue Richtlinie heraus, die die kritische Lage der Deutschen bei Mortain unterstrich und die Notwendigkeit betonte, die sich verengende Lücke zwischen Falaise und Alençon (Karte 1) zu schließen, um sie, die Deutschen, abzuschneiden. Die 2. britische Armee sollte mit ihrer „Linken nach Falaise vorrücken", und zwar so bald wie möglich. Andererseits sollte Crerars 1. kanadische Armee „Falaise erobern. Dies hat oberste Priorität, und es ist lebenswichtig, daß dies bald geschieht. Die Armee wird dann mit starken gepanzerten und mobilen Kräften operieren, um Argentan zu sichern."[1]

11. bis 13. August – Laufende Aufklärung

(Karte 7)

Man brauchte merkwürdigerweise drei Tage, um die Planung für diese „neue, entscheidende und dringende" Operation zu vervollständigen, und währenddessen befahl General Guy Simonds der 2. Infanteriedivision „laufende Aufklärung" südlich von Bretteville-sur-Laize, mit dem Ziel, die Stellungen des I. SS-Panzerkorps auszumachen, die Falaise sicherten. Am 12. August wurde Generalmajor Foulkes mitgeteilt, daß seine Operation sich zu einem gewaltigen Waffengang steigern solle und daß er dazu die Unterstützung von zwei Armeegruppen der Royal Artillery und die 2. kanadische Panzerbrigade abzüglich eines Bataillons erhielte.[2]

Der Vormarsch der 2. Infanteriedivision über Barbery, acht Kilometer südlich von Bretteville-sur-Laize, verlief ziemlich gut, bis sie bei den zwei Kilometer weiter südlich gelegenen Cingals auf vier Tiger der 2. Kompanie der schweren SS-Panzerabteilung 102 prallte. Ein kampfunfähiger Tiger stand dem Verlust von fünf Shermans gegenüber. Bis zum letzten Büchsenlicht hatte das Royal Regiment of Canada sechs Kilometer nordwestlich von Potigny die Ortschaft Moulines erobert. Weiter voran kam man am 13. August, und es gelang den Calgary Highlanders, bei Clair-Tison, sechs Kilometer westlich von Potigny, einen kleinen Brückenkopf über die Laize zu errichten. Als aber Le Régiment de Maisonneuve an jenem Abend versuchte, diesen auszuweiten, wurde es durch Truppen der 271. Infanteriedivision auf den beherrschenden Höhen östlich des Flusses, die durch einige Tiger der 2. Kompanie der schweren SS-Panzerabteilung 102 unterstützt wurden, unter schweren Verlusten zurückgeworfen.[3]

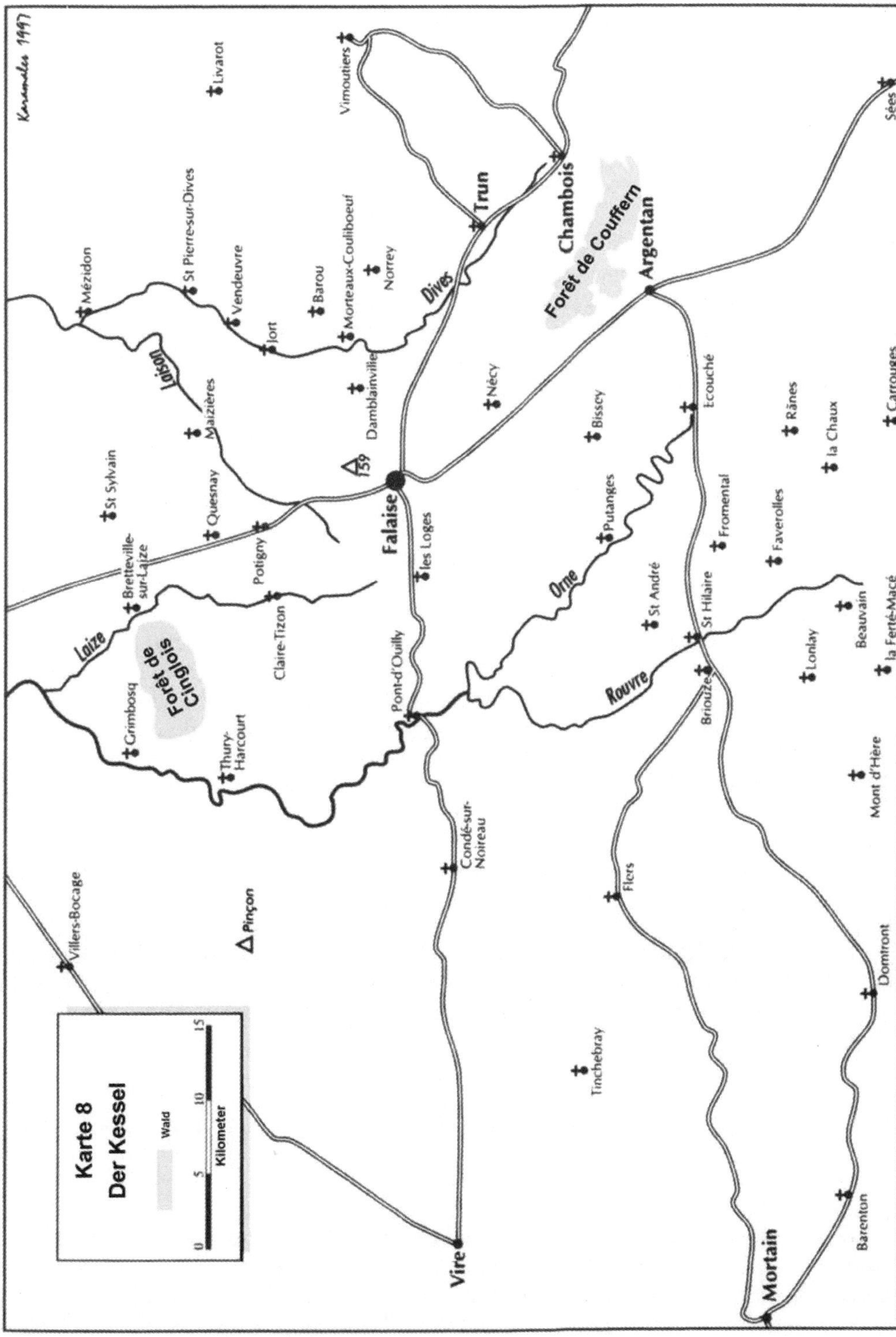
Karte 8
Der Kessel
Wald
0 5 10 15
Kilometer
Mézidon
St Pierre-sur-Dives
Livarot
Vimoutiers
Vendeuvre
Jort
Barou
Morteaux-Coulibœuf
Norrey
Trun
Chambois
Forêt de Gouffern
Argentan
Sées
Dives
Laison
Maizières
Damblainville
Nécy
St Sylvain
Quesnay
159
Falaise
Bretteville-sur-Laize
Potigny
les Loges
Bissey
Écouché
Rânes
la Chaux
Carrouges
Putanges
Fromental
Faverolles
Orne
St André
St Hilaire
Beauvain
la Ferté-Macé
Lonlay
Briouze
Rouvre
Laize
Forêt de Cinglois
Claire-Tizon
Grimbosq
Thury-Harcourt
Pont-d'Ouilly
Condé-sur-Noireau
Villers-Bocage
Pinçon
Flers
Mont d'Hère
Domfront
Tinchebray
Barenton
Mortain
Vire

Am selben Tag, dem 13. August, wurde General Crerar von Montgomery mitgeteilt, daß er Dempseys 2. britischer Armee die Aufgabe übertragen habe, die Stadt Falaise zu erobern, daß aber die 1. kanadische Armee das Gebiet um Falaise beherrschen solle, damit „der Feind nicht auf irgendwelchen nahen Wegen oder Hauptstraßen entkommen kann". Ferner war beabsichtigt, daß Simonds nach Südosten vorrücken und vorrangig Trun (Karte 8) erobern solle, sobald das II. Korps auf der Hochebene nördlich und östlich von Falaise aufmarschiert sei und Dempsey mit seinem Plan, Falaise zu nehmen, gut vorangekommen sei.[4]

Simonds gab seine Befehle am selben Tag heraus und hielt danach eine Ansprache an alle Kommandeure der gepanzerten Kräfte, in der er betonte, wie notwendig es sei, die Panzer bis an die Grenze ihrer Belastbarkeit zu bringen und die Vorstellung aufzugeben, daß Panzer sich nicht des Nachts bewegen könnten oder Infanterieschutz brauchten, wenn sie unterziehen.[5] Sein Plan für die Operation „Tractable" war mehr oder weniger derselbe wie für „Totalize", einschließlich schweren Bombardements; ein größerer Unterschied bestand jedoch: Diese Operation sollte bei Tageslicht, im Schutz von künstlichem Nebel, stattfinden. Der Schlag sollte östlich der Straße Caen – Falaise von zwei gewaltigen Panzerkolonnen ausgeführt werden, wobei jede eine komplette Panzerbrigade umfaßte; diesen sollten jeweils zwei Infanteriebrigaden folgen. Das Kriegstagebuch der Canadian Grenadier Guards vermerkt, daß sie zwölf Meilen pro Stunde vorankamen, in einer Schlachtordnung von 800 Yards (ca. 720 Meter) Breite und 120 Yards (ca. 110 Meter) Tiefe, jeweils drei Kompanien hintereinander. Die anderen Panzerbataillone taten dasselbe. Zu dieser Zeit hatten alle Shermans vorn und an den Seiten Panzerketten als „besonderen Schutz gegen die 8,8-cm-Kanonen" angeschweißt. Sie hatten folgende Ziele: Auf der Front der 4. Panzerdivision sollte die Panzerbrigade 4 die strategisch wichtige Höhe 159 (Karte 7), drei Kilometer nordöstlich von Falaise, nehmen, während die Infanteriebrigaden 10 und 8 Epaney – Perrières bzw. Maizières – Rouvres sicherten. Was die Front der 3. Infanteriedivision angeht, sollte die Panzerbrigade 2 die Punkte 170 und 184 südwestlich von Oledon besetzen, während die Infanteriebrigade 9 Montboint und Punkt 118 einnahm und die Infanteriebrigade 7 aufschloß. Schwere Bomber der RAF sollten sechs Ziele im Gebiet Quesnay, Fontaine-le-Pen und Bons-Tassilly vernichten. Die 2. kanadische Infanteriedivision sollte in den Südosten von Clair-Tison vorstoßen und die rechte Flanke schützen. Die 1. polnische Panzerdivision bekam die Aufgabe, die Zielgebiete der RAF vom Feind zu säubern. Gleichzeitig mit dem Hauptangriff sollte die 51. britische Division (Highland) des I. britischen Korps links angreifen, um Le Bû zu nehmen und diese Flanke zu schützen.

Als ein Unglück für die Kanadier erwies sich, daß sich ein Offizier des Aufklärungsregiments der Canadian Hussars an jenem Abend des 13. August mit seinem Spähwagen verirrte und erschossen wurde. Die Deutschen fanden bei dem Gefallenen Aufzeichnungen aller Einzelheiten der geplanten Operation.

14. August – Die Operation „Tractable" und die Schlacht an der Laison

(Karte 7)

Die einzige Reserve, die dem I. SS-Panzerkorps zur Verfügung stand, war der arg mitgenommene Rest der Division „Hitlerjugend", und als Panzermeyer mit Max Wünsche, Krause und Olboeter in den frühen Morgenstunden im Norden von Falaise eine Aufklärungsfahrt unternahm, merkten sie, daß das amerikanische XV. Korps schon Alençon genommen hatte. Sie wußten sehr wohl, daß es dringend geboten war, dem bevorstehenden Angriff der Alliierten im Falaise-Sektor solange wie möglich standzuhalten, falls es überhaupt eine Hoffnung auf Entkommen gab. Deshalb machte Meyer Pläne, seine schwachen Kräfte als Unterstützung der 85. und 89. Infanteriedivision aufmarschieren zu lassen. Fiebigs 85. Infanteriedivision mit dem Gefechtsstand in Jort befand sich östlich der Straße Caen – Falaise, die 89. Infanteriedivision westlich davon. Die 271. Infanteriedivision stand links von der 89. Infanteriedivision.

Als Panzerdivision war die Division „Hitlerjugend" nun sehr schwach, aber Kurt Meyers Aussage, daß er nur noch 300 Grenadiere habe[6], ist eine starke Unterbewertung (später spricht er von 500) und wird von seinem 1. Generalstabsoffizier, der eine Stärke von annähernd sechs Panzergrenadierkompanien erwähnt[7], das sind etwa 1.000 Grenadiere, bestritten.

Die Kampfgruppe Krause, die aus dem I. Bataillon des SS-Panzergrenadierregiments 26 und einem starken Zug der Begleitkompanie der Division bestand, wurde sofort von Olendon hinüber nach Villers-Canivet zur linken Flanke in Marsch gesetzt. Gleichzeitig wurde beschlossen, Olboeters III. Bataillon (SPW) desselben Regiments zur Abriegelung des kanadischen Brückenkopfes bei Clair-Tison marschieren zu lassen. Das geschah am selben Morgen, und danach bezog die schwache Begleitkompanie Stellungen westlich von Ussy.

Die 17 Panzer IV von Prinz waren unmittelbar westlich von Soulangy als Reserve für die linke Flanke aufgestellt. Zwischen sieben und 15 Panther und mindestens elf Tiger (einschließlich sechs von der schweren SS-Panzerabteilung 101) sowie die beiden schwachen Kompanien von Hanreichs Panzerjägerabteilung 12 mit ungefähr zehn Jagdpanzern IV, unterstützt von den Grenadieren des I. Bataillons des SS-Panzergrenadierregiments 25, sollten auf Befehl die flache Kuppe der Höhe 159 und einige markante Punkte südlich der Straße Falaise – St. Pierre-sur-Dives stützpunktartig besetzen. Höhe 159 war das wirklich entscheidende Gelände, insofern, als sie Falaise und den nach Osten fließenden Fluß Ante (auch Aute geschrieben) beherrschte. Die Chance, dem drohenden Angriff standzuhalten, war nur sehr gering – weniger als 50 Panzer und Jagdpanzer standen gegen 700 kanadische und polnische Panzer. Wie Kurt Meyer es ausdrückte: „Er braucht nur mit seinen uns zahlenmäßig weit überlegenen Panzern mit voller Geschwindigkeit über uns hinwegzufahren, und wir sind erledigt." Aber den Kommandeuren und Besatzungen der Shermans fehlte die Kampfmoral, die bei den deutschen Panzerbesatzungen so offen zutage trat – ein Geist, den eine Strophe des „Panzerliedes" sehr zutreffend wiedergibt:

„Wenn vor uns ein feindlicher Panzer erscheint,
dann Vollgas gegeben und ran an den Feind!
Was gilt denn unser Leben für unsres Reiches Heer?
Für Deutschland zu sterben ist uns're höchste Ehr."

Am 14. August um 11.35 Uhr schossen die kanadischen Kanonen Leuchtspurgeschosse für die 73 mittleren Bomber vom Typ Mitchell und Boston, die die Stellungen der 85. Infanteriedivision bei Montboint, Rouvres und Maizières im Tal der Laison angriffen. Fünf Minuten später begannen die kanadischen Panzerkolonnen über die Ablauflinie zu rollen, die durch Soignolles und zum Norden von Estrées verlief, und nach weiteren zwölf Minuten legten die Geschütze eine dicke Rauchwand, die die angreifenden Truppen schützen sollte.

Kurt Meyer in seinem beißenden Urteil über die kanadische Taktik: „Die Panzer des II. kanadischen Korps sind in Paradeform aufgefahren. Mit dieser Dampfwalzentaktik soll dem kanadischen Korps ein Weg durch die Verteidigungszone gebrochen werden. Warum die Kanadier eine solche unbewegliche Kampfform wählen, ist mir schleierhaft. Anstatt ihre Panzer aufgelockert an den Feind heranzuführen und ihnen die Möglichkeit zu geben, ihre Kanonen wirken zu lassen und durch die Kunst des Manövrierens die Stellungen zu zerschlagen und dann in zügiger Fahrt in die Tiefe des Kampfraums zu stoßen, wälzen sich die stählernen Ungeheuer plump und schwerfällig durchs Gelände. Kostbare Zeit verlieren die Panzer beim Übergang über den Laison-Abschnitt, weil sie in ihrer schwerfälligen Kampfform das Sumpfgelände nicht überwinden können."[8]

Es herrschte wirklich Chaos, als die Shermans mit dem Strom fertigwerden wollten – eine Kompanie der 1. Hussars verlor elf von 19 Panzern beim Versuch, diesen zu überqueren.

Um 14 Uhr begannen die schweren Bombardierungen durch 417 Lancasters und 352 Halifaxes. Sie warfen 3.723 Tonnen Bomben[9] auf die rechte Flanke des Vormarsches, hauptsächlich auf die 89. Infanteriedivision. Obwohl die meisten Ziele getroffen wurden, bombardierten 77 Flugzeuge nicht zielgerecht und brachten den Kanadiern bis nach Hautmesnil 397 Verluste bei; den Polen fügten sie 93 Verluste zu, auch drei Cromwells gingen ihnen verloren. Ironischerweise waren 44 der Flugzeuge, die alliierte Truppen trafen, kanadische.[10]

Kurz nach diesen Bombenabwürfen und nachdem es sich herausgestellt hatte, daß der Angriff nicht stattfinden würde, bat das I. SS-Panzerkorps um die Genehmigung zum Rückzug auf eine neue Linie, die von Sassy durch Aubigny nach Noron verlief. Dies wurde abgelehnt, und um 15.30 Uhr bestätigte die 5. Panzerarmee, daß die Linie Mazières – Soulagny – Bonnoeil (der letzte Ort liegt zehn Kilometer südwestlich von Potigny) um jeden Preis zu verteidigen sei, andernfalls könnte die Straße westlich von Falaise abgeschnitten werden.[11]

Die Ereignisse auf dieser Westflanke des I. SS-Panzerkorps im Gebiet der 271. Infanteriedivision erreichten nun einen kritischen Höhepunkt. Der Feind war schon bis Bonnoeil vorgestoßen, und im Laufe des Nachmittags erreichten die Panzer der Alliierten das acht Kilometer nordwestlich von Falaise gelegene Leffard. Nach dem Krieg erinnerte sich Fritz Kraemer, der Chef des Stabes des I. SS-Panzerkorps, eine letzte Nachricht darüber erhalten zu haben, wie gerade der Gefechtsstand der Division von 30 feindlichen Panzern überrollt wurde. Als diese Krise abends eintrat, wurde die kleine Kampfgruppe von Wünsches SS-Panzerregiment 12 hinter den bedrohten rechten Flügel der 271. Infanteriedivision geführt, ungefähr bei Martigny und Pierrepont, sechs Kilometer von Falaise. Sie kam zur Unterstützung der 271. Infanteriedivision, blieb aber unter Meyers Führung.

Bei Anbruch der Nacht war die Verteidigungslinie an der Laison von den Kanadiern zertrümmert. Viele Infanteristen der 85. Infanteriedivision hatten sich ergeben, weil sie den Bomben und übermäßig vielen Panzern der Alliierten nicht standhalten konnten – die 4. Panzerdivision hatte 560 Gefangene gemacht und Sassy, Perrières und Olendon erreicht, und die 3. Infanteriedivision hatte trotz des verzweifelten Widerstands einiger Männer der 85. Infanteriedivision und einiger Panzer von Wünsche die Punkte 170 und 184 erobert. Aber ungeachtet der Anweisungen von General Simonds an seine Panzerkommandanten, nachts weiter anzutreten, taten sie nichts dergleichen, und die Deutschen hielten weiterhin das entscheidende Gelände nördlich der Straße St. Pierre-sur-Dives bei Perrières, Epaney, Soulangy, Villers-Canivet und der strategischen Höhe 159. Die Schlacht von Falaise war noch längst nicht entschieden.

Es war dem Verfasser nicht möglich, zuverlässige Zahlen über die Ausfälle der Division „Hitlerjugend" am 14. August zu erlangen, aber es war an diesem Tag, daß SS-Sturmbannführer Karl-Heinz Prinz, der Kommandeur der II. Abteilung des SS-Panzerregiments 12 (Panzer IV), fiel. Am 11. Juli war er mit dem Ritterkreuz ausgezeichnet worden. Ein weiterer Ritterkreuzträger, der den Tod fand, als sein Panzer am 6. August bei Merzieres südostwärts

Caen abgeschossen wurde, war SS-Obersturmführer Helmut Wendorff, der Chef der 2. Kompanie der schweren SS-Panzerabteilung 101.

Dem Kriegstagebuch der 1. kanadischen Armee mit Eintrag vom 14. August zufolge änderte Montgomery seine Anweisungen an Crerar irgendwann im Verlaufe dieses Tages und befahl ihm, nicht etwa Dempsey, unverzüglich die Stadt Falaise zu nehmen. Die einzige Bedingung dafür war, daß diese Operation nicht mit dem wichtigeren Ziel, Trun zu erobern und mit den Amerikanern aufzuschließen, kollidierte.

15. August – Die Schlacht um Höhe 159

Während der Nacht vom 14. zum 15. August ordnete das I. SS-Panzerkorps seine Stellungen neu. Auf der rechten Flanke schloß die 272. Infanteriedivision mit der stark geschwächten 85. Infanteriedivision nahe Vendeuvre an. Die Linie der letzteren verlief nun nach Bernières-d'Ailly und entlang des nordwestlichen Randes der Wälder von Les Monts d'Eraines. Zum großen Erstaunen von Fritz Kraemer und sogar von Sepp Dietrich, dem Oberbefehlshaber der 5. Panzerarmee, wurde die in diesem Gebiet befindliche Luftwaffen-Flak-Abteilung ohne ihre Zustimmung in der Nacht abgezogen. Tatsächlich sollte sich sämtliche Flak-Artillerie in jener Nacht aus dem Ort zurückziehen, der heute der „Kessel von Falaise" genannt wird, was den Himmel für die Flugzeuge der Alliierten praktisch frei machte und das Korps dieser glänzenden Waffen für Luft- und Panzerabwehr beraubte.

Auf der linken Seite des Korps zog sich die 271. Infanteriedivision zurück, um eine neue Hauptkampflinie über Noron bis zu einem Punkt aufzubauen, der zehn Kilometer südwestlich von Falaise lag. Hinter dieser Linie standen als Eingreifreserve die wenigen verbliebenen Tiger der schweren SS-Panzerabteilung 102 – wahrscheinlich waren es nur noch sechs Tiger.

Die Division „Hitlerjugend" zog sich auch wieder in vorbereitete Stellungen zurück – die beiden Panzerjägerkompanien bewegten sich in kleinen Gruppen zu den Abhängen von Les Monts d'Eraines und in die Wälder südöstlich von Epaney, wo sie die Grenadiere der 85. Infanteriedivision unterstützen konnten. Wünsches Panther und Panzer IV bezogen Lauerstellungen auf Höhe 159, wiederum mit den Grenadieren der 85. Infanteriedivision. Die Kampfgruppe Krause, unterstützt von zwei Tigern, ging am Nordrand von Soulagny in Stellung, mit der Begleitkompanie zur Rechten; und rechts davon schlossen Olboeters SS-Grenadiere die Lücke zu Höhe 159 und Hanreichs Jagdpanzern IV. Die III. Abteilung des SS-Panzerartillerieregiments 12 war hinter dem Fluß Ante aufgestellt, und die verbleibende 3. Batterie der Flak-Abteilung 12 (8,8 cm) unter Untersturmführer Hartwig stand ebenfalls dicht bei Morteaux-Couliboeuf. Zusätzliche Feuerunterstützung kam vom Werferregiment 83. Man hatte dort ein Munitionsdepot entdeckt, daher bestand wenigstens einmal kein Mangel an Munition für die Artillerie.

Die Kanadier begannen ihren neuerlichen Vorstoß am Morgen des 15. August, aber trotz der außerordentlich schwachen Kräfte vor ihnen erzielten sie kaum einen Fortschritt. Sie brauchten zwei Infanteriebataillone und eine Panzerkompanie, um Epaney von den Grenadieren der 85. Infanteriedivision zu nehmen, aber als zwei Panzerbataillone, die Canadian Grenadier Guards und das British Columbia Regiment, versuchten, die Höhe 159 zu erreichen, wurden sie blutig zurückgeschlagen. Der Tagebuchschreiber der 4. kanadischen Panzerdivision drückte es so aus: „Es schien, daß der Feind wieder einmal einen Panzerabwehrriegel an den südlichen Abhängen [rückwärtig] der Hochebene stehen hatte, den die Panzerbrigade nicht durchdringen konnte."[12]

Kurt Meyer beschrieb dies aus seiner Sicht: „Die Höhe 159 ist in kurzer Zeit ein kochender Berg. Granate auf Granate bohrt sich in die Erde und legt das Eingeweide des Berges bloß. Unsere Panzer stehen aufgelockert in Lauerstellung. Sie warten auf die dunklen Schatten, die sich gleich aus der von Rauch und Staub gebildeten dunklen Wand herausschieben müssen. Die ersten Feindpanzer liegen brennend im Gelände. Feindliche Infanterie ist durch gut gezielte MG-Garben am Boden festgenagelt. Haben wir überhaupt noch Nerven, kann man uns noch Menschen nennen? Liegen wir in den nächsten Minuten unter den kreischenden Ketten rasselnder Panzer? Nichts von alledem geschieht. Die feindlichen Panzer wahren Distanz – sie überrennen uns nicht. Sie bleiben vor der Höhe 159 liegen. Wesentlichen Anteil am Erfolg der Abwehr hat die III. Artillerieabteilung."[13]

Am Ende des Tages waren den Canadian Grenadier Guards nur 33 Shermans und sechs Stuarts geblieben.[14]

An der Front der 3. Infanteriedivision liefen die Dinge nur wenig besser; es kostete die Canadian Scottish 160 Verluste, Punkt 168 südöstlich von Soulangy zu erreichen und zu halten. Die Shermans wurden von den beiden Tigern der Kampfgruppe Krause daran gehindert, sich ihnen auf der Höhe anzuschließen, und das Kriegstagebuch der Einheit vermeldet niedergeschlagen: „So haben die Canadian Scottish den Weg für die Befreiung von Falaise durch andere kanadische Truppen mit Blut geebnet."

Um 18.15 Uhr erreichten die Winnipegs Soulagny, aber ein starker Gegenangriff um 21 Uhr durch Krauses Männer warf sie zum Ausgangspunkt zurück.[15] Die Panzerbrigade 2 verlor bei der Unterstützung der 3. Division insgesamt zehn Panzer[16] gegenüber zwei Tigern der (schweren) SS-Panzerabteilung 102, die von St. Pierre-Canivet den bedrängten SS-Grenadieren zu Hilfe kamen. Die Kampfgruppe Krause und die SS-Begleitkompanie verloren im Verlaufe des Tages insgesamt 42 Mann.[17]

Die 1. polnische Panzerdivision beendete das Säubern der Wälder um Quesnay im Laufe des Morgens und marschierte dann über Rouvres und Maizières hinüber zur Ostflanke. Pionieren der 85. Infanteriedivision gelang es, die Brücken über die Dives bei Vendeuvre und Jort zu sprengen; aber bis zum Abend hatten Teile des Mounted Rifles Panzeraufklärungsregiments 10 mit Verstärkung durch eine Kompanie von M-10 und einer motorisierten Infanteriekompanie den Fluß bei Jort durchwatet und das Hochgelände östlich des Dorfes besetzt. Als jedoch das Panzerregiment 1 die Hochebene im Westen von Jort erreichte, hielt es die Cromwells des Regiments 10 irrtümlich für deutsche Panzer IV und eröffnete das Feuer, was natürlich Verluste zur Folge hatte. Die Deutschen behaupteten, drei polnische Panzer abgeschossen und fünf beschädigt zu haben, aber nichts davon ist bestätigt worden. Ein zwölf Mann starker Panzerspähtrupp der Division „Hitlerjugend" unter SS-Untersturmführer Albert Wienecke, der bei Jort in Stellung lag, beobachtete das Überqueren der Polen, konnte aber nichts weiter tun, als darüber zu berichten. Die Gruppe wurde bald angegriffen und vernichtet. Wienecke selbst wurde gefangengenommen, konnte aber entkommen und deutsche Linien erreichen.

Ähnliche Versuche, die Dives bei Jort und Vendeuvres zu durchwaten, schlugen fehl, aber das 9. polnische Infanteriebataillon durchwatete den Fluß bei Nacht und half beim Einrichten eines gesicherten Brückenkopfes. Pioniere begannen sofort mit der Arbeit an den zerstörten Brücken in beiden Dörfern.

An der Westflanke entdeckte die 2. Infanteriedivision von Foulkes – nachdem sie wegen des eigenen Beschusses 65 Verluste hatte hinnehmen müssen – allmählich, daß sie keinen Feind vor sich hatte; die 271. Infanteriedivision hatte sich, wie schon beschrieben, zurückgezogen. Wie auch immer, ihre Angriffsspitzen standen bei Dämmerung immer noch zwei bis drei Kilometer vor Falaise.

Um 21 Uhr gab die 5. Panzerarmee an das LXXXVI. Armeekorps den Befehl, sich hinter den Fluß Dives auf eine Linie zurückzuziehen, die von Houlgate an der Kanalküste (Karte 1) bis Morteux-Couliboeuf herunter verläuft. Dem I. SS-Panzerkorps wurde befohlen, von dort aus entlang des Flusses Ante eine Linie bis einschließlich Falaise und dann weiter westlich durch Pierrepont nach Pont d'Ouilly, 30 Kilometer westlich Falaise (Karte 8), zu halten. Dieser Befehl kam von Dietrich, es erging aber keine Mitteilung an von Kluge, der Hausser und Eberbach aufsuchen wollte, jedoch wegen der alliierten Luftangriffe und Verkehrsstauungen von 5.30 Uhr an keine Verbindung mit seinem Gefechtsstand hatte, bis er endlich um 22 Uhr an Eberbachs Befehlsstand auftauchte. Dieser Befehl war mit den fast aufgeriebenen Resten der 85. Infanteriedivision nicht durchführbar. Diese konnte nicht an Meyers Division anschließen, deren rechter Flügel Hartwigs 8,8-cm-Flak-Batterie am Ostufer der Dives bei Morteauy-Couliboeuf war. Die beiden schwachen Panzerjägerkompanien der Division „Hitlerjugend" mit einigen Versprengten der 85. Infanteriedivision gingen auf den Hügeln nördlich des malerischen Dörfchens Damblainville in Stellung, und Olboeters SS-Panzergrenadiere sicherten den Übergang der Ante bei Eraines. Die meisten verbleibenden Panzer, etwa zehn, hielten noch immer Höhe 159, während die Kampfgruppe Krause sich nach Falaise zurückzog, um am Nord- und Westrand der Stadt Stellungen zu errichten. Die beiden der Kampfgruppe unterstellten Tiger blieben nördlich und deckten die Umgruppierungen.

16. bis 18. August – Der Fall von Falaise

(Karten 7, 8 und 9)

Am 16. August erteilte General Simonds der 2. Infanteriedivision den Befehl, die Stadt Falaise einzunehmen. Die 4. kanadische und die 1. polnische Panzerdivision sollten die Dives überqueren und südostwärts von Damblainville bzw. Jort vorrücken. Am Nachmittag hatte Montgomery Crerar telefonisch gewarnt, daß die deutschen Divisionen westlich von Argentan den Ausbruch zwischen Trun und Falaise versuchen würden. Daher sei es von entscheidender Bedeutung, Trun zu nehmen und so schnell wie möglich die Lücke zwischen der 1. kanadischen und der 3. US-Armee zu schließen. Zur Zeit sei der Rückzug in vollem Gange: die Deutschen strömten zurück zum Vorsprung westlich der Straße Falaise – Argentan, wo sie hofften, ihr Leben zu retten. Unglaublich, welche Ziele sich jetzt den alliierten Jagdbombern darböten, lange würde es nicht mehr dauern, bis auch Artillerie und sogar Panzer sich an dieser Vernichtungsschlacht beteiligten. Aber trotz Montgomerys Anweisungen kam die 1. kanadische Armee nur mühsam voran.

In der Nacht des 15. August und am Morgen des 16. August erweiterte die 1. polnische Panzerdivision den Brückenkopf bei Vendeuvre und Jort südwärts bis Barou und bis zum östlichen Rand von Morteaux-Couliboeuf aus. Anstatt dann aber weiter südöstlich vorzustoßen, wie es die Lage erforderte (Trun war nicht einmal 20 Kilometer entfernt), sollte sie erstaunlicherweise solange dort bleiben, wo sie sich gerade befand, bis die Ablösung durch Teile der 3. kanadischen Infanteriedivision einträfe.

Zeitgleiche Bewegungen der Kanadier gerieten bald ins Stocken. Deren 4. Panzerdivision wurde von den wenigen Jagdpanzern und Grenadieren nördlich von Damblainville festgehalten. Die 3. Infanteriedivision konnten Wünsches Panzer nicht von den Südhängen der Höhe 159 werfen. Wieder trat das Unglaubliche ein: Trotz ihrer großen Übermacht konnten die Kanadier sich nicht behaupten. Bei den Gefechten um Höhe 159 wurde Kurt Meyer durch einen Granatsplitter am Kopf verwundet. In seinem Buch *Grenadiere* beschrieb er, wie er „mit halbrasiertem Kopf und einigen Stichen weiterkämpfen konnte".

Aus verschiedenen Gründen – fehlende Aufklärung, Stauungen auf den Straßen und allgemeines Durcheinander – wurde der Angriff durch Brigadegeneral Youngs 6. kanadische Infanteriebrigade gegen Falaise auf 15.25 Uhr verschoben. Ursprünglich war er für 13 Uhr geplant. Der Angriff wurde von zwei Infanteriebataillonen ausgeführt: von den South Saskatchewans mit 625 Männern, unterstützt durch eine Kompanie Sherbrooke-Fusilier-Panzer, und von den Cameron Highlanders mit 667 Mann und einer weiteren Panzerkompanie – zur Unterstützung standen insgesamt 24 Shermans und drei Artillerieabteilungen bereit. SS-Sturmbannführer Krause standen etwa 150 SS-Grenadiere aus seinem I. Bataillon und aus der Divisions-Begleitkompanie, zwei 7,5-cm-Panzerabwehrkanonen und die beiden Tiger der schweren SS-Panzerabteilung 102 zur Verfügung. Mit diesem Aufgebot sollte er eine Stadt verteidigen, die in Ruinen lag, weil sie dauernd unter Beschuß gestanden hatte und dann in der Nacht des 12. August durch 144 Bomber verwüstet worden war.[18]

Straßenkämpfe sind äußerst schwierig und grausam, und die Eroberung von Falaise war dabei keine Ausnahme. Die Einheit der Saskatchewans brauchte für die Überquerung des Flusses bis 19 Uhr, und erst um Mitternacht war der Nordteil der Stadt in kanadischer Hand – zwei Shermans und unzählige Infanteristen waren der Preis dafür. Den Camerons gelang es nicht, in den Westteil der Stadt einzudringen. Die unterstützenden Shermans wurden durch die vielen tiefen Bombentrichter aufgehalten, und Krauses Männer kämpften mit ihrer berühmten Hartnäckigkeit.

Nach wiederholtem Ersuchen der Generale hatte Hitler schließlich am Nachmittag des 16. August einem Ausweichen über Orne und Dives zugestimmt.[19] Im Bewußtsein der heiklen Aufgabe, einen Rückzugsweg für die Panzergruppe Eberbach und die 7. Armee freizuhalten, befahl das I. SS-Panzerkorps für die Nacht vom 16. zum 17. August einen begrenzten Rückzug auf eine Linie hart östlich von St. Pierre-sur-Dives durch den Nordrand von Morteaux-Couliboeuf und Falaise bis nach Les Loges, acht Kilometer südwestlich von Falaise. Für die Division „Hitlerjugend" bedeutete dies noch mehr Aufgaben beim Rückzug bis hinter die Ante. In der Nacht wurde in Falaise weitergekämpft, aber der Großteil der Kampfgruppe Krause zog sich mit den beiden Tigern auf den beherrschenden Höhenrücken bei Villy und Fresné-la-Mère zurück (Karte 9). Die übrigen Teile der Division „Hitlerjugend" und ihre zehn Panzer deckten den Ante-Übergang bei Damblainville und Eraines.

In den frühen Morgenstunden des 17. August besetzten die Argylls of Canada ohne Schwierigkeiten den nördlichen Teil von Damblainville, aber der Versuch, die enge Steinbrücke zu nehmen, mißlang dem Algonquin-Bataillon, und die unterstützenden Panzer konnten oder wollten im Blickfeld der Jagdpanzer IV der „Hitlerjugend" sowie der beiden Tiger auf dem Hochgelände südlich der Ante nicht weiter vorstoßen. Mit nur wenigen Schüssen zwangen die Tiger 35 Shermans der 4. kanadischen Panzerbrigade zum Abdrehen. Das Gelände weiter westlich bei Eraines begünstigte eine Verteidigung, und die Kanadier unternahmen keine Angriffsversuche.

Die Polen waren erfolgreicher. Um 9.30 Uhr meldete ihr Panzeraufklärungsregiment 10 von den Mounted Rifles eine große deutsche Kolonne, die sich auf der Straße Crocy – Trun Richtung Osten bewegte, sowie eine allgemein chaotische Lage bei anderen deutschen Kolonnen, die mit allen möglichen Fahrzeugen, von Panzern bis zu Pferdewagen, nach Nordosten entkommen wollten. Eines der polnischen Aufklärungsbataillone verlor auf der Fahrt Richtung Trun in weniger als einer Minute durch das Panzerabwehrfeuer nahe Punkt 107, zwei Kilometer nördlich der Stadt, vier Cromwells.[20] Wahrscheinlich kam dieser Beschuß aus Hartwigs 8,8-cm-Flakkanonen (Hartwig ist bei diesen Gefechten gefallen) oder aber von einer Kampfgruppe der 21. Panzerdivision unter der Führung von Hans von Luck. Von wem auch immer das Feuer ausging, es führte jedenfalls dazu, daß die 10. Mounted Rifles die Nacht über nordwestlich von Louvières unterzogen.

Inzwischen bekam eine Kampfgruppe unter Oberstleutnant Koszutski, bestehend aus dem Panzerregiment 2, dem Infanteriebataillon 8 und einer Kompanie von Panzerabwehrkanonen, den Befehl, Punkt 259 zu nehmen, während eine andere Kampfgruppe, bestehend aus den 24. Lancers, den 10. Dragoons (motorisiertes Bataillon) und einer Kompanie M-10, die angrenzenden Höhen zwei Kilometer südlich von Grand-Mesnil nehmen sollte. Die letztgenannte Kampfgruppe wurde von Major Zgorzelski geführt, dem Kommandeur der Dragoons.

Punkt 259 markierte einen großen, steilen und dicht bewaldeten Geländeabschnitt. Er wurde um 17.45 Uhr angegriffen, und um 22.45 Uhr hatte die Kampfgruppe Koszutski ihren Auftrag ausgeführt – ebenso wie Zgorzelskis Gruppe im nördlichen Bereich.[21] Der Rest der polnischen Panzerdivision schloß in der Nacht auf.

In derselben Nacht ging die Aufklärungsabteilung der 21. Panzerdivision, die jetzt dem I. SS-Panzerkorps unterstellt war, im Bois de St. André in Stellung, und zwar zusammen mit der Begleitkompanie der Division „Hitlerjugend" unmittelbar nördlich von ihr, bei La Hoguette. Im Süden von Falaise war jedoch eine große Lücke, die die Briten in der Nacht nach dem Zusammenbruch der 89. Infanteriedivision schlossen.

In Falaise selbst erhielten die Saskatchewans am 17. August den Befehl, ihre am Tag zuvor hart erkämpften Stellungen zu halten; die Camerons sollten auf St. Claire, zwei Kilometer südlich der Stadt, vorrücken, während Les Fusiliers Mont-Royal den unangenehmen Auftrag bekamen, jene Teile der Kampfgruppe Krause auszuschalten, die den Befehl zum Rückzug nach Fresné nicht erhalten hatten.

Die Camerons hatten ihren Einsatz um etwa 12.30 Uhr beendet. Die ungefähr 60 jungen SS-Grenadiere der Kampfgruppe Krause leisteten heldenhaften Widerstand in der Ecole Supérieure de Jeunes Filles (höhere Mädchenschule). In den frühen Morgenstunden des 18. August wurden sie schließlich von zwei Kompanien der Füsiliere mit Unterstützung von zwei Panzern und einigen 6-pdr-Panzerabwehrkanonen zusammengeschossen. Man mußte Lose ziehen, um die zwei jungen Grenadiere zu ermitteln, die ausbrechen und Kurt Meyer eine letzte Meldung überbringen sollten. Bis 1983 glaubte man, daß außer den vier Deutschen, die im Bereich der Saskatchewans geflohen waren, alle übrigen in der Schule den Tod gefunden hätten. In jenem Jahr aber berichtete ein zu dieser Zeit in England wohnender früherer Angehöriger der Kampfgruppe, daß es angeblich ihm und 17 anderen, die in einem gesonderten Gebäude im Schulgarten in der Falle saßen, gelungen war, zu entkommen und sich auf einem dortigen Bauernhof zu verstecken, wo sie später entdeckt und gefangengenommen wurden.

Kritisch wurde die Lage jetzt an der Ostflanke der Division „Hitlerjugend". Meyer wurde eine Kampfgruppe von der 21. Panzerdivision unter der Führung von Oberst Rauch unterstellt, die dazu beitragen sollte, die gefährliche Lage zu bereinigen. Dies war eine Verstärkung der bereits erwähnten Aufklärungsabteilung. Die Kampfgruppe bestand aus einem stark geschwächten Panzergrenadierregiment, ungefähr acht Panzern IV des Panzerregiments 22 und einer Artillerieabteilung. Meyer befahl Rauch, einen Gegenangriff gegen die Polen zu unternehmen, die Trun ernstlich bedrohten. Zudem sollte er einen Durchgang durch die Stadt freihalten und um jeden Preis die Einschließung von Meyers Division verhindern – abgesehen von allen anderen sich westlich befindenden deutschen Kräften.

Die Lage verschlechterte sich zusehens, als sich General Simonds, der bei Damblainville einen Fehlschlag hatte hinnehmen müssen, dafür entschied, seine 4. Panzerdivision an der Ante von der 3. Infanteriedivision ablösen zu lassen und seine 4. umzuschwenken, damit sie weiter östlich bei Morteaux-Couliboeuf angreifen konnte. Am frühen Nachmittag hatte Montgomery telefonisch von Crerars Chef des Stabes entschlossene Einsätze gefordert. Diese Nachricht wurde von Brigadegeneral Churchill Mann folgendermaßen aufgezeichnet: „Es ist von äußerster Wichtigkeit, daß die beiden Panzerdivisionen des II. kanadischen Korps … die Lücke zwischen der 1. kanadischen Armee und der 3. US-Armee schließen. Die 1. polnische Panzerarmee muß um jeden Preis und so schnell wie möglich an Trun vorbei nach Chambois vorstoßen.“[22]

Zum Glück für die Deutschen in ihrer verzweifelten Lage sollte es noch weitere 48 Stunden dauern, bis endlich die Lücke von zehn Kilometern geschlossen war.

Obgleich die Kampfgruppe Rauch keineswegs in der Lage war, einen ernsthaften Gegenangriff zu unternehmen – weder gegen die Polen noch gegen die Kanadier –, hatten die Alliierten keine Eile beim Vorrücken. Als die kanadischen Grenadiere am Abend Louvières-en-Auge erreichten, zogen sie dort unerklärlicherweise für die Nacht unter und machten Pläne, Trun am folgenden Tag unter Mitwirkung des Lake-Superior-Infanteriebataillons anzugreifen. Die im Kriegstagebuch der 4. kanadischen Brigade angeführte Entschuldigung lautet, daß die Guards auf dem Weg nach Trun auf den Feind trafen und daher der Vormarsch zum Halten kommen mußte.

Weiter östlich wurde die Lage an der rechten Flanke des I. SS-Panzerkorps ebenfalls kritisch. Britische Kräfte waren östlich von St. Pierre-sur-Dives vorgestoßen; daher war es erforderlich, den rechten Flügel des Korps nach Montviette zurückzunehmen, fünf Kilometer westlich von Lavarot (Karte 8). Die Zusage zweier Panzerdivisionen, das Abschneiden der polnischen und kanadischen Einheiten zu unterstützen, wurde beim I. SS-Panzerkorps mit Skepsis aufgenommen.

Zu diesem Zeitpunkt boten die Deutschen Ziele, „von denen man bisher nur träumen konnte“, um mit den Worten des 25. Geschwaders der RAF zu sprechen: „mindestens 2.200 Fahrzeuge aller Typen, manchmal so dicht zusammen, daß sie nicht zu zählen sind.“ Die alliierten Luftstreitkräfte flogen am 17. August 2.029 Einsätze.[23]

Die Gefahr der völligen Einkesselung war jetzt in greifbare Nähe gerückt, und in der Nacht vom 17. zum 18. August zog sich Meyer von der Ante zurück. Die Kampfgruppe Krause stand noch in Fresné im Gefecht, während Wünsches wenige Panzer zur Begleitkompanie auf dem wichtigen Gelände bei La Hoguette stoßen wollten, nördlich des Bois de St. André. Olboeter verlegte, um die Dives-Überquerung bei Crocy nach Norden hin zu verteidigen, und die meisten Jagdpanzer verlegten nach L'Abbaye bei Balandérie.

Im Laufe des Abends traf Generalfeldmarschall Model auf dem Gefechtsstand der Heeresgruppe B ein und enthob von Kluge seines Kommandos, nachdem er einen Brief von Hitler vorgelegt hatte. Innerhalb einer Zeitspanne von weniger als sechs Wochen war er der dritte Oberbefehlshaber gewesen. Abgesehen von der unbefriedigenden militärischen Lage hatte Hitler von Kluge des Versuchs verdächtigt, mit den Alliierten zu verhandeln, als er am 15. August keine Verbindung mit seinem Gefechtsstand bekam, weshalb dieser persönlich beim Führer erscheinen sollte. Als dieser Träger des Ritterkreuzes mit Eichenlaub und Schwertern am nächsten Morgen auf der Heimfahrt war, beging er bei Metz Selbstmord, indem er Zyankali nahm.

Kapitel XXVI

11. bis 18. August – Die Division „Leibstandarte“ zieht sich zurück

(Karten 1 und 8)

Am 11. August, dem Tag, als Montgomery das Schließen der Lücke zwischen Falaise und Alençon befahl, begann die deutsche Verteidigung in Nordfrankreich zusammenzubrechen. Um die Mittagszeit berichtete von Kluge dem Oberkommando der Wehrmacht, daß er, Hausser und Eberbach der Überzeugung seien, daß „die Offensive in Richtung Avranches nicht länger durchführbar ist, da der Feind neue Kräfte heranführt. Der Vorstoß an die See wird eine lange und zähe Schlacht werden, der die Panzertruppen nicht länger gewachsen sind.“[1]

An jenem Nachmittag erteilte Hitler seine Zustimmung zum „Plan Alençon“, der vorübergehenden Verlegung der Panzergruppe Eberbach aus dem Gebiet von Mortain. Sie sollte die feindlichen Angriffsspitzen vernichten, die nordwärts vorrückten und in den weichen Unterbauch der 7. Armee stoßen wollten.

In den frühen Abendstunden hatte Wisch Befehle für die Division „Leibstandarte SS Adolf Hitler“ ausgegeben, in das Gebiet Domfront – La Ferté-Macé (Karte 8) zu marschieren. Dieser Marsch begann um 23 Uhr über verschiedene Wege.[2]

Am 12. August um 3 Uhr hatte ein Verbindungsoffizier der 7. Armee Wisch erreicht und mitgeteilt, er solle seine Division unmittelbar der Panzergruppe Eberbach unterstellen und beim Erreichen des Gebiets westlich von La Ferté-Macé weitere Anweisungen abwarten.

Auf dem Weg durch Domfront geriet die Kolonne der Division „Leibstandarte“ unter Artilleriefeuer, aber trotz der Verkehrsstockungen auf der Straße wurde der Marsch fortgesetzt. Um 21 Uhr kam der Befehl aus dem Gefechtsstand von Eberbach, eine Linie von La Ferté-Macé nach Carrouges zu verteidigen. Dahinter sollte die 2. Panzerdivision von Lüttwitz das westliche Orne-Ufer zum Süden hin bis Ecouché verteidigen, wo die 116. Panzerdivision in Stellung gehen sollte.[3]

Am Morgen des 13. August stand das Gros der Division „Leibstandarte“ wie folgt in den Stellungen: Teile des SS-Panzerregiments 1 und von Dinses III. Bataillon des SS-Panzergrenadierregiments 2 (SPW) lagen in Carrouges und St. Sauveur-de-Carrouges, drei Kilometer nordöstlich; andere Teile des SS-Panzerregiments 1 standen in Rânes, und aus Teileinheiten von SS-Panzergrenadieren zusammengewürfelte Teile befanden sich in und um La Ferté-Macé. Wischs Gefechtsstand war in St. Martin-l'Aiguillon bei Rânes, dieser war aber nicht in der Lage, an zwei Kompanien von Knittels SS-Aufklärungsabteilung und an das II. Bataillon des SS-Panzergrenadierregiments 1 südlich von Argentan Befehle durchzugeben.[4]

Am 14. August, dem Tag, als die zweite größere kanadische Operation zur Eroberung von Falaise (Operation „Tractable“) in Gang gesetzt wurde, schlossen sich einzelne Einheiten der Division „Leibstandarte“ mit der Masse der Division zusammen; ungefähr im Viereck von Lonlay-le-Tesson – La Ferté-Macé – Carrouges – Rânes wurde eine Art Verteidigung errichtet. Zumindest von den Teilen folgender LAH-Kompanien ist bekannt, daß sie anwesend waren: die 1., 5., 7. und 8. Panzerkompanie; die 2., 3., 4. und 5. Panzeraufklärungskompanie; die 6., 7., 8. und 11. Kompanie des SS-Panzergrenadierregiments 1 und die 2., 3., 4., 5., 6., 7., 8., 14. und 15. Kompanie des SS-Panzergrenadierregiments 2; der Gefechtsstand und die 1. Kompanie des SS-Pionierbataillons 1; Teile der SS-Sturmgeschützabteilung 1; sämtliche Flak-Batterien und die 8. Batterie des SS-Artillerieregiments 1.[5]

La Ferté-Macé fiel am 14. August um 16 Uhr an die Amerikaner, um Mitternacht hielt die Division „Leibstandarte“ eine Linie, die ungefähr von Mont d'Hère im Westen durch Beauvain hindurch bis nach La Chaux[6] und La Champ-de-la-Pierre vier Kilometer weiter östlich verlief. Sie lag Teilen der amerikanischen 90. Infanteriedivision und der 2. französischen Panzerdivision gegenüber, sowie – einer seltsamen Schicksalsfügung zufolge – gegenüber dem alten Feind aus der Operation „Lüttich“, der 3. US-Panzerdivision, die nach Norden auf der Achse Carrouges – Rânes vorrückte. Zwei Kampfgruppen dieser Division meldeten starken Widerstand, den sie am 14. August bei Joue-de-Bois und Rânes nicht brechen konnten.

In jener Nacht, wie auch in den vorhergehenden Nächten, marschierten Teile der 2. SS-Panzerdivision „Das Reich“ durch den Stellungsraum der Division „Leibstandarte“ hindurch nach vorn. Deren Ziel war ein östlich der Dives gelegenes Gebiet, um dort zum Gegenangriff aufzumarschieren.

Bei den harten Gefechten am 15. August versuchten Wischs Männer eine Verteidigungslinie von St. Hilaire-de-Briouze nach Faverolles und von dort nach Rânes zu halten. Am Ende des Tages wurde es für die gesamte 3. US-Panzerdivision ziemlich eng um Rânes: Ihr Kampfkommando A hatte versucht, Fromental zu erreichen, aber wie die Divisionsgeschichte sagt, „konnte es nicht viel weiter als bis über Rânes hinaus gelangen“.

Am nächsten Morgen unternahm die 3. Panzerdivision einen koordinierten Angriff gegen Fromental und kämpfte am Nachmittag in den Randbezirken der Stadt. Die Amerikaner gaben an, 15 deutsche Panzer zerstört und 400 Gefangene gemacht zu haben.

Jetzt bedrohten die Alliierten Ecouché und Argentan, der einzige Ausweg für die Division „Leibstandarte“ war der Übergang über die Orne bei Putanges, wo die Luftwaffe der Alliierten damit gescheitert war, eine Brücke zu zerstören, die die schwersten Fahrzeuge tragen konnte.

Der letzte Rückzug nach Norden begann am frühen Abend des 16. August. Auch wenn Wisch kaum einen Überblick über die Gesamtlage hatte, so hielten seine Einheiten doch in jener Nacht und am 17. die Zwischenstellungen auf den vorspringenden Hügelkämmen bei St. André, St. Hilaire-de-Briouze und Fromental sowie bei Faverolles. Die Divisionsgeschichte der 3. Panzerdivision verzeichnet: „Kampfkommando A kämpfte sich [am 17. August] von Osten her nach Fromental hinein. Kampfgruppe 1 des Kampfkommandos B versuchte von Südwesten her einen Angriff auf Fromental durchzuführen … traf aber auf solch heftigen Widerstand, daß die Stadt selbst nicht erreicht wurde. Um etwa 17 Uhr, als der gesamte westliche Stadtteil vom Feind gesäubert war, wurde Fromental von P-38-Lightnings schwer bombardiert. Wegen des Bombardements war Kampfkommando A zum Rückzug gezwungen, und kleinere deutsche Kräfte eroberten das Zentrum und den Westteil der Stadt zurück ... Kampfgruppe 2 des Kampfkommandos B kämpfte den ganzen Tag über gegen hartnäckigen Widerstand. Um 16 Uhr überschritten sie die Bahnlinie östlich Fromental, nahmen Höhe 216 südlich von Putanges und blieben die Nacht über knapp südlich ihres Zieles.“

Obgleich US-Flugzeuge am Nachmittag Fromental bombardierten, störte doch das neblige Wetter vom Vormittag die Lufteinsätze. Daher konnten beträchtliche Teile der 1. SS-Panzerdivision ungestört die Ornebrücke bei Putanges überschreiten.[7]

Nachdem im Laufe des 17. August die meisten Stellungen in St. Hilaire und Fromental gehalten worden waren, erhielten die in diesen Ortschaften und in St. André-de-Briouze verbleibenden Teile der Division „Leibstandarte“ um Mitternacht die Erlaubnis zum Rückzug. Wisch war es gelungen, am Nachmittag mit Haussers Befehlsstand in Nécy Verbindung herzustellen. Seine Division, so der Befehl, sollte sich nach dem Überschreiten der Orne im dicht bewaldeten Gebiet südlich von Bissey bereitstellen und darauf vorbereiten, den Marsch ostwärts über Trun oder gegebenenfalls Chambois fortzusetzen. Die britische 22. Panzerdivision, die Flers nachts am 16. August erreicht hatte, hätte Wisch größere Schwierigkeiten bereiten können, wenn sie nicht jede Nacht gehalten hätte[8], anstatt zielstrebig auf die Ornebrücken vorzustoßen.

Untersturmführer Stiller, ein Zugführer in der 7. SS-Panzerkompanie, beschrieb den mitternächtlichen Rückzug: „Ich nehme mir nochmals Kommandanten und Fahrer vor, ‚kleinstmögliche Tourenzahl, der Ami darf nichts merken‘; – Angst ist eine einmalige Motivation – Punkt Null Uhr werden die Motoren angeworfen, und wie auf Katzenpfoten geht es zum Waldrand. Daß Panzermotoren so leise laufen können! ... Auf jedem Panzer kleben die Grenadiere wie Kletten. ... Links und rechts mal ein verlassenes Fahrzeug an der Straße, hier und da gefallene Pferde ... Endlich erkennen wir auf der Straße vor uns Fahrzeuge. Es ist eine bespannte Einheit. Überall heißt es: ‚Panzer müssen vor, laßt die Panzer durch, die hauen uns raus!‘ ... Es ist schon hell, als wir über die Ornebrücke rollen. Feldgendarmerie weist uns auf eine Nebenstraße ... doch kommen wir auf diese Weise schneller von diesem Orne-Übergang weg, der mit jeder Minute zur Hölle werden kann.“[9]

Die Panzer der britischen 23. Hussars und die Riflemen von 8 RB, jeweils von der 11. Panzerdivision, erreichten Putanges gerade noch rechtzeitig, um zu erleben, wie die Brücke am 18. August um 11.50 Uhr vor ihren Augen gesprengt wurde. Um 12.37 Uhr erreichte das amerikanische Panzerregiment 33, ein Teil der 3. Panzerdivision, die Randbezirke der Stadt. Es erschien ihnen, als sei der deutsche Fluchtweg versperrt. Die Schätzungen der Briten gingen dahin, daß zumindest ein Bataillon der Deutschen das Ostufer verteidigte, als jedoch die 3. Monmouths um Mitternacht angriffen, trafen sie auf keinen Widerstand[10] – die Division „Leibstandarte“ war fort!

Kapitel XXVII

18. bis 25. August – Die letzte Schlacht in der Normandie

(Karten 1 und 9)

18. bis 19. August – Der Kessel von Falaise

In der Morgendämmerung des 18. August war es der Masse der 7. Armee gelungen, die Orne zu überschreiten. Viele Troß- und Versorgungseinheiten befanden sich bereits östlich der Dives. Weil sich noch Reste von 13 Divisionen im Kessel befanden, lief der Rückzug der Deutschen in Richtung Vimoutiers zunächst stockend an.

Generalfeldmarschall Model traf um 9 Uhr im Gefechtsstand der 5. Panzerarmee ein. Nach einer Besprechung mit Dietrich, Eberbach und Haussers Stabschef, Oberst im Generalstab von Gerstorff, gab er den Befehl heraus, westlich der Seine eine neue Front zu errichten. Haussers 7. Armee mit der unterstellten Gruppe Eberbach sollte den Anfang im Gebiet von Trun machen und später in der Gegend um Vimoutiers – am 20. August jenseits der Dives bis zum 22. August jenseits der Touques, knapp östlich von Vimoutiers. Es war geplant, daß das II. SS-Panzerkorps die stark geschwächte 2. und 9. SS-Panzerdivision, die sich schon jenseits der Dives befanden und sich südwestlich von Vimoutiers neu gruppierten, für einen Gegenangriff gegen Trun und Chambois einzusetzen, um die Rückzugswege zu sichern. Inzwischen würden die Reste der Division „Hitlerjugend" und der 21. Panzerdivision die Nordflanke des Kessels schützen, während das XXXXVII. Panzerkorps mit der 2. und 116. Panzerdivision weiterhin die Südseite hielte. Die Division „Leibstandarte" und die 10. SS-Panzerdivision sollten an dieser Operation nicht beteiligt werden, sondern zunächst nach L'Aigle und dann nach Mantes bei Septeuil marschieren: Auch die 17. SS-Panzergrenadier- oder Panzer-Lehrdivision würde nicht einbezogen, ihre Reste sollten unverzüglich in ein Auffrischungsgebiet östlich von Paris marschieren. Der Gefechtsstand des I. SS-Panzerkorps war mit der sofortigen Durchführung des Rückzugs beauftragt.

Diese Befehle gingen an der Wirklichkeit dessen, was durchführbar war, weit vorbei. Die sogenannten „Divisionen" waren meistens kaum mehr als Kampfgruppen. Die Bezeichnung „Kampfgruppe" war selbst bei der „Hitlerjugend" noch eine Übertreibung. Als die 53. britische Infanteriedivision am 18. August ihren Vorstoß südlich von Falaise in Richtung Nécy begann, zählte die Kampfgruppe der Divisions-Begleitkompanie unter Untersturmführer Stier nur zwei SPW mit 15 Mann und zwei Jagdpanzer IV. Angesichts des Vorrückens der Briten befahl Wünsche sie zurück nach La Balanderie.

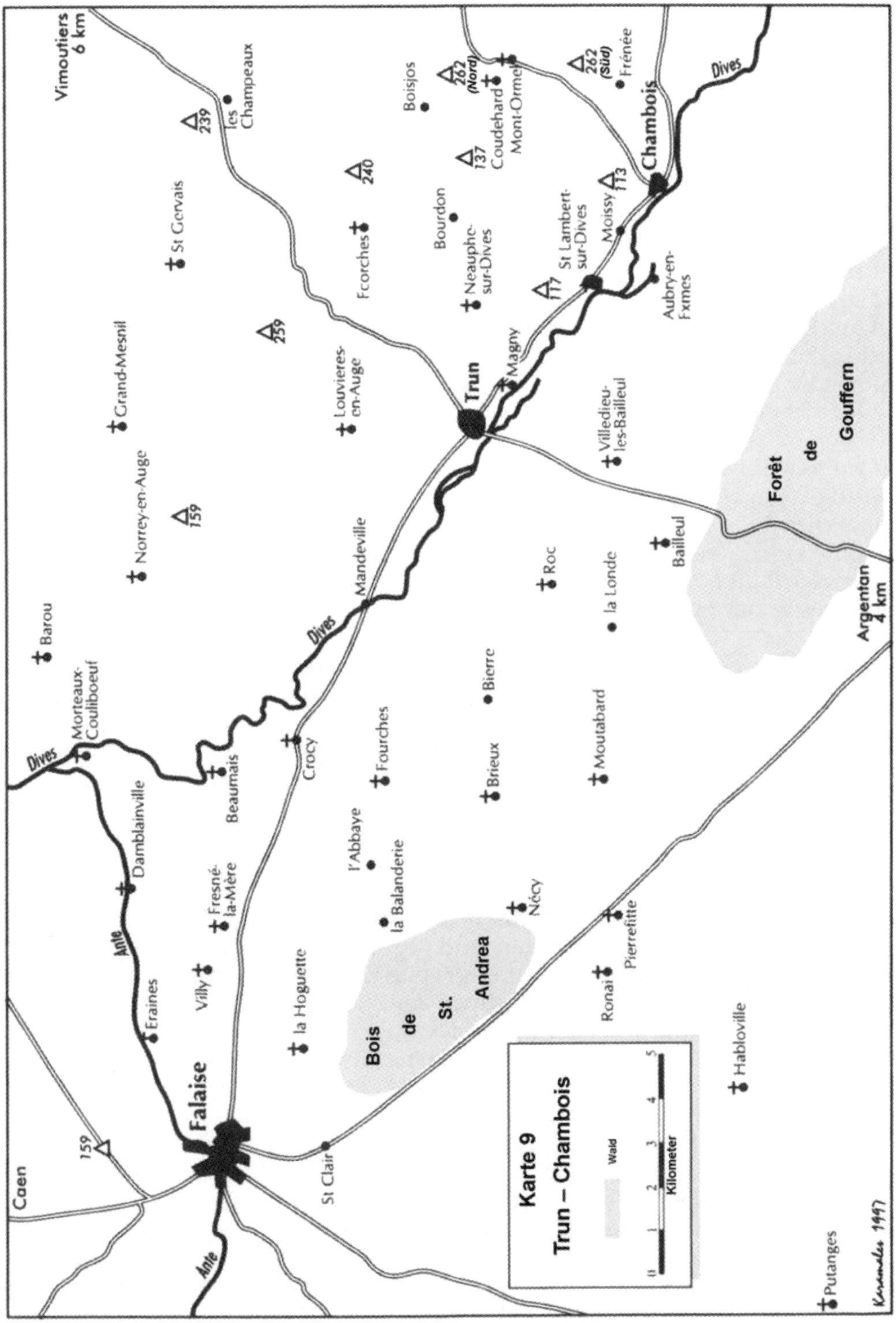
Karte 9
Trun – Chambois
Wald
Kilometer
0 1 2 3 4 5
Vimoutiers 6 km
Argentan 4 km
Caen
Putanges
Falaise
Trun
Chambois
Dives
Ante
Forêt de Gouffern
Bois de St. Andrea
Morteaux-Couliboeuf
Barou
Damblainville
Eraines
Villy
Fresné-la-Mère
Beaumais
Crocy
la Hoguette
l'Abbaye
la Balanderie
Fourches
Mandeville
Norrey-en-Auge
Grand-Mesnil
St Gervais
les Champeaux
Louvieres-en-Auge
Fcorches
Bourdon
Boisjos
Neauphe-sur-Dives
Coudehard
Mont-Ormel
Magny
St Lambert-sur-Dives
Moissy
Aubry-en-Fxmes
Frénée
Villedieu-les-Bailleul
Bailleul
Roc
la Londe
Bierre
Brieux
Moutabard
Nécy
Pierrefitte
Ronai
Habloville
St Clair
159
239
240
259
137
117
113
262 (Nord)
262 (Süd)
Karamales 1997

Der gemeinsame Vorstoß der Kanadier und Polen am 18. August erfolgte auf der Ostseite der Dives. Trotz des Befehls, das Aufschließen mit den Amerikanern bei Chambois als höchste Dringlichkeitsstufe zu betrachten, konnte man an diesem Tag nicht einmal zehn Kilometer zurücklegen. Es läßt sich nur vermuten, was bei vertauschten Rollen geschehen wäre, wenn beispielsweise Männer wie Wisch, Meyer und Wünsche die Führung innegehabt hätten.

Obwohl General Simonds am Nachmittag des 18. August für seine 3. Infanteriedivision den Befehl gegeben hatte, sich mit dem Ostufer der Dives bis nach Trun herunter zu befassen, und obwohl er den Panzerdivisionen befohlen hatte, schnell nach Chambois vorzustoßen, bemühte man sich anscheinend kaum um eine koordinierte Vorgehensweise der Kanadier und Polen. Vielmehr scheint es, als hätte in dieser kritischen Zeit vom 18. bis 20. August die eine Einheit nicht gewußt, was die andere tut, es auch gar nicht zu erfahren versucht. Zum Glück für die Deutschen hielten viele alliierte Verbindungsoffiziere die Kampfhandlungen für so gut wie beendet, so daß es nun nur noch ums Säubern ginge. Das war indes nicht der Fall, und aufgrund dieses Mißverständnisses entkamen Tausende von Deutschen und konnten weiterkämpfen.

Der weiteste Einbruch am 18. August erfolgte durch einen Zug des polnischen Panzeraufklärungsregiments, das durch Bourdon vorrückte und das unmittelbar nördlich von Chambois liegende Gebiet erreichte. Die Stadt wurde aber bestens verteidigt, und da dort keine weiteren Truppen der Alliierten anzutreffen waren, wurde der genannte Zug in das Gelände von Punkt 259 zurückbefohlen.[1] Später behauptete General Maczek, daß er wegen eines in der Stadt geplanten Luftangriffs der Alliierten zurückgezogen worden war.

Gleichermaßen erreichte ein Zug des kanadischen Aufklärungsregiments South Alberta die nördlichen Randgebiete von St. Lambert-sur-Dives um etwa 19 Uhr. Aber um 20 Uhr waren zwei seiner Panzer abgeschossen – einer durch Panzerabwehrfeuer und der andere durch zwei Spitfires. Man beschloß, bis zum Morgen des 19. August zu warten und dann einen koordinierten Angriff mit einer Begleitkompanie der Argylls of Canada durchzuführen.[2] Dies machte es den Deutschen möglich, in der Nacht ohne feindliche Gegenmaßnahmen die Brücken der Ortschaft zu benutzen. Inzwischen hatte um Mitternacht ein zweiter Zug der South Albertas Punkt 117, zwei Kilometer nördlich von St. Lambert, erreicht.

Nach dem Lagebericht der 4. kanadischen Panzerdivision für die Morgenstunden des 18. August gab es „nur geringen Widerstand gegen das Vorrücken unserer Panzer". Das war sicherlich zutreffend, denn die Kampfgruppe Rauch hatte sich schon nach Süden zurückgezogen, und eine weitere Kampfgruppe der 21. Panzerdivision nördlich von Grand-Mesnil unter der Führung von Hans von Luck war südlich davon von den Polen umgangen worden. Es gab daher in diesem Gebiet keine zusammenhängende Verteidigung der Deutschen.

Um Mitternacht war die 4. kanadische Panzerbrigade zur Straße Trun – Vimoutiers nördlich von Neauphe-sur-Dives vorgerückt, wo sie die Rolle des Gegenangreifers übernehmen sollte. Im frontalen Nachdrängen hatte die Infanteriebrigade 10 bis zum Einbruch der Dunkelheit Trun und das unmittelbar nordöstlich davon liegende Gebiet besetzt, und die 3. Infanteriedivision strömte auf der Ostseite der Dives nach.

Wie stand es um die polnischen Kräfte? Der Einsatzbericht der 1. polnischen Panzerdivision stellt fest, daß General Maczek aus seinem Gefechtsstand bei Norrey seiner Kampfgruppe Koszutski (Panzerregiment 2 mit unterstelltem Infanteriebataillon 8 und unterstellter Panzerabwehrkompanie) befohlen hatte, am 17. August um 19.30 Uhr „unverzüglich einen Schlag bei Chambois“ auszuführen.

Später bestätigte Oberstleutnant Koszutski, daß er am Abend des 17. August während seines Angriffs bei Punkt 259 diesen Befehl erhalten hatte, daß er aber erst noch Treibstoff- und Munitionsnachschub hatte abwarten wollen. Als er schließlich am 18. August frühmorgens um 2 Uhr den Befehl zum Abmarsch gab, war dieser Nachschub noch nicht eingetroffen.

Die Landschaft um Auge, durch die die Kampfgruppe bei Nacht und Nebel vorrücken sollte, war zerfurcht und hügelig, mit eng gewundenen Straßen und Nebenwegen, wenigen Dörfern und vielen verstreuten Bauernhäusern. Selbst heute ist es bei Tageslicht und mit einer modernen Landkarte nicht leicht, den Weg zu finden. Es leuchtet daher ein, daß General Maczek zufolge damals Koszutski einen ortskundigen Franzosen mit der Führung seiner Truppe beauftragte. Trotzdem verirrte sich die Kampfgruppe und befand sich um 6 Uhr in der Gegend von Champeaux, zehn Kilometer nördlich von Chambois und vom Ziel weit entfernt. Aufgrund der Ähnlichkeit der Ortsnamen – Champeaux und Chambois – hatte der Führer den Namen möglicherweise falsch verstanden und daher die Gruppe falsch geleitet. Ein durch die betreffenden Kommandeure hervorgerufenes Mißverständnis ist auszuschließen. Das Kriegstagebuch einer britischen Einheit, die im gesamten Feldzug Maczeks Befehlsstand unterstellt und als „Headquarters No. 4 Liaison, 21st Army Group“ bekannt war, bestätigt als Ziel „Chambois und das nordöstlich höhergelegene Gelände“. Diese Einheit wurde von Oberst J. H. Anstice geführt und enthielt 35 Offiziere und 150 Mannschaften.

Koszutzkis Panzerregiment 2 ist sicher auf der richtigen Straße von Punkt 259 nach Osten vorgerückt; die Männer des Infanteriebataillons 8 saßen dabei auf ihren Shermans auf. Beim Erreichen der Hauptstraße Trun – Vimoutiers liefen die vordersten Panzer in eine deutsche Kolonne mit motorisierten und pferdebespannten Wagen. Es gab ein kurzes, heftiges Gefecht, bei dem die Deutschen schwere Verluste hatten. Die Shermans fuhren dann weiter südöstlich in Richtung Chambois. Kurz nach Überqueren der Hauptstraße und Überwinden eines steilen Hügels, der einigen Fahrzeuge ernste Probleme bereitete, wendeten sie irrtümlicherweise (wahrscheinlich im kleinen Flecken Les Lignerits) oder wurden nach Nordosten fehlgeleitet und kamen in die Gegend von Les Champeaux, an einen an einem steilen Abhang gelegenen Flecken mit nicht viel mehr als einer Kirche und einem halben Dutzend Häusern. Die Polen hatten Pech, denn die Deutschen hatten die größere Ortschaft, Hostellerie Faroult, besetzt. Sie liegt einige hundert Meter weiter nördlich und nordwestlich von Les Champeaux, an der Hauptstraße Trun – Vimoutiers. Wie uns bekannt ist, diente sie als größerer Rückzugsweg. Kein Wunder, daß es einen harten Zusammenstoß mit Verlusten auf beiden Seiten gab. In seinem Buch *Avec Mes Blindés* behauptet Maczek, daß es sich hier um Kämpfe gegen den Gefechtsstand und Teile der 2. Panzerdivision gehandelt habe. Der Autor jedoch hält es für höchst unwahrscheinlich, daß Truppen dieser Division beteiligt waren, denn sie kämpfte damals auf der Südseite des Kessels um Argentan. Es könnten aber auch Teile der 2. SS-Panzerdivision „Das Reich“ gewesen sein, die sich am 18. August südwestlich von Vimoutiers auf Gegenangriffe in den Kessel vorbereitete, oder – wie wir noch erfahren werden – Teile des SS-Ersatzbataillons 12 unter der Führung von SS-Sturmbannführer Hans Waldmüller.

Treibstoff war jetzt dringend erforderlich, und während des erzwungenen Wartens bei Les Champeaux erlitten Koszutskis Kräfte weitere Verluste durch versehentlichen Beschuß amerikanischer Thunderbolts, die auf der oberen Hauptstraße deutsche Kolonnen angriffen. Allein hinter deutschen Linien, bedroht von unerwarteten Verlusten, bewegungsunfähig, das war die Situation; daher ist es kein Wunder, daß der Einsatzbericht der 1. polnischen Panzerdivision die Lage der Kampfgruppe als „bedenklich" einstuft. Der Bericht sagt weiter, daß das Infanteriebataillon 1 (Highland) zu Hilfe kommen sollte. Später meldete Maczeks Hauptquartier, „die Hälfte des dem Panzerregiment 2 gesandten Treibstoffs ist durch Bombardieren kurz nach 17 Uhr verloren gegangen".

Am selben Tag entschloß sich der sehr erfahrene General Maczek – sein Blick für strategisch wichtiges Gelände war legendär –, die Ausfahrtstraßen von Chambois dadurch zu sperren, indem er Punkt 137 bei Coudehard sowie die Punkte 262 (Nord), 252 und 262 (Süd) beiderseits Mont Ormel an der Hauptstraße Chambois – Vimoutiers nahm.[3] In Anbetracht dessen wurde auch den Kampfgruppen Zgorzelskis und des Panzerregiments 11 am 18. August der Vorstoß befohlen. Um 23 Uhr sperrten sie die Straße Trun – Vimoutirs und hielten das Hochgelände zu beiden Seiten von Ecorches, somit war die Lücke zwischen ihren Landsleuten bei Les Champeaux und den Kanadiern bei Neauphe-sur-Dives geschlossen. Der Einsatzbericht der Division spricht davon, daß polnische Kampfgruppen in „schwere Kämpfe mit feindlicher Infanterie und Panzerabwehrkanonen" verwickelt seien – vermutlich handelt es sich um die Kampfgruppe Rauch und/oder die Reste der 85. Infanteriedivision. Ferner erwähnt der Bericht Luftangriffe der Alliierten, die das Panzerregiment 1 daran hinderten, sein Ziel Bourdon zu erobern. Zwischen dem Überschreiten der Dives am 16. und den Abendstunden des 18. August mußte die polnische Division weitere Ausfälle hinnehmen: 72 Gefallene und 119 Verwundete.

Angesichts dieser Durchbrüche auf seiner rechten Flanke befahl Meyer aus seinem Befehlsstand unmittelbar nördlich von Nécy einen weiteren Rückzug. Die Truppenteile wurden zum Weiterkämpfen aufgefordert. Die Kampfgruppen Wünsche und Krause sollten zurück nach Bierre verlegen, während Olboeter in großen Sprüngen weiter ostwärts nach Roc zog; sämtliche weniger bedeutende Einheiten sowie die Nachschubeinheiten sollten den Kessel aber vollständig räumen. Die 7. und 8. Batterie der III. Abteilung des SS-Panzerartillerieregiments 12 zogen sich heraus, nur die 9. Batterie blieb zurück, ebenso wie die SS-Flak-Abteilung 12 und die 14. SS-Flak-Kompanie des Regiments 26. Ebenso sollte sich die SS-Panzernachrichtenabteilung 12 zurückziehen. Jedoch gelangten nicht alle Einheiten in Sicherheit, Sturmbannführer Fends SS-Flak-Abteilung 12 geriet bei dem Ausbruchversuch aus dem Kessel in Schwierigkeiten. Nach der Blockierung durch eine bespannte Artilleriekolonne mußte sie sich durch kanadische Truppen hindurchkämpfen. Deutsche Infanteristen und Fallschirmjäger, die sich auf dem Rückzug befanden, versuchten, auf den Fahrzeugen mitzufahren, und schnell wurde die Lage chaotisch, zumal die Straße unter Feuer von Panzern, Artillerie und Jagdbombern lag. Nur vereinzelten Gruppen gelang es zu entkommen.

Die Szene bei Trun wurde von einem Beobachter der alliierten Artillerie folgendermaßen beschrieben: „Die Talsohle wimmelte von Menschen ... Männer marschierten, fuhren auf Rädern und rannten, Kolonnen von Pferdefuhrwerken, Motorwagen, und bei Sonnenaufgang erschienen noch mehr Ziele im hellen Licht ... ein Paradies für Schützen, und jeder nutzte das aus ... weiter links von uns befand sich der berüchtigte Totengrund, den ganzen Tag über dröhnten die Typhoons, und immer neue Rauchwolken verdunkelten den Horizont ... Wir konnten nur einen kurzen Abschnitt der Straße Argentan – Trun sehen, insgesamt etwa 180 Meter, auf denen das Bild einer ‚Armee unterwegs' en miniature zu sehen war. Zunächst ein Schwarm von flüchtenden Männern, die von Radfahrern überholt werden, dahinter Lafetten im Galopp, und das Ganze wird von einem übervoll besetzten Panther-Panzer überholt, der etwa 30 km/h schafft. Alles hat nur den einen Gedanken: so schnell wie möglich raus hier."[4]

Am 18. August flogen alliierte Flugzeuge 3.057 Großangriffe.[5]

Meyers wenige Männer, die ihm noch geblieben waren, versuchten, mit der Kampfgruppe Rauch wenigstens eine dünne Verteidigungslinie nach Norden aufrechtzuerhalten. Rauch stand zwischen Neauphe-sur-Dives und dem Fluß südlich von Trun, Krause stand südlich des Flusses zu beiden Seiten der Straße Trun – Argentan, während Olboeters SS-Grenadiere mit zwei Tigern, zwei Panthern, fünf Flakpanzern und zwei Sturmgeschützen bei Roc und Bierre standen. Unklar ist, ob die Tiger von der schweren SS-Panzerabteilung 101 stammten, die Wahrscheinlichkeit ist aber gegeben. Um etwa 20 Uhr schlossen sich einige Angehörige der Divisions-Begleitkompanie, ein Flakpanzer und zwei Panzerhaubitzen der Gruppe nördlich von Roc an.

Meyers eigener Gefechtsstand hatte anfänglich Glück bei seinem Rückzug und gelangte zuerst zu einem neuen Standort bei Bierre und danach nach La Londe, wo er durch einen Verbindungsoffizier den Kontakt mit Krause und Olboeter aufrechterhielt; mit Rauch hatte er aber keine Verbindung, auch nicht mit einer übergeordneten Einheit, und daher fehlten ihm Informationen über die Gesamtlage. Anderenfalls hätte er zu seiner Überraschung erfahren, daß der Schwesterverband im I. SS-Panzerkorps, die 1. SS-Panzerdivision, gerade auf der linken Flanke bei Nécy, Pierrefitte und Ronai Stellung bezog, während sich Teile der SS-Aufklärungsabteilung 1 bei Habloville befanden. Knittel hatte den Auftrag, einen Rückzugsweg für die Division „Leibstandarte" zu finden und diesen zu verteidigen. Nach zwei Wochen waren die Reste der beiden stolzen Schwesterdivisionen nun wieder vereint.

Die größte Überraschung am 18. August war – wie schon erwähnt – das Wiederauftauchen von Waldmüller mit dem Ersatzbataillon der Division „Hitlerjugend" bei St. Gervais, nur acht Kilometer nordöstlich von Trun. Es war mit Personal von der 4. SS-Polizei-Panzerdivision besetzt, und Waldmüller versuchte durchzukommen und sich der Division „Hitlerjugend" über Trun anzuschließen. Da dies nun unmöglich war, befahl ihm der Kommandeur der 21. Panzerdivision, Generalmajor Edgar Feuchtinger, im Wald knapp südlich St. Gervais Stellung zu beziehen.

In der Nacht vom 18. zum 19. verschlechterte sich die Lage abrupt. Was in der Division „Hitlerjugend" niemand wußte, war, daß sich die Aufklärungsabteilung der 21. Panzerdivision aus Bois de St. André zurückgezogen hatte, so daß Teile der 4. britischen Panzerbrigade und der 53. Infanteriedivision praktisch ungehindert in die so entstandene Lücke vorstoßen und das Hochgelände südlich von Nécy nehmen konnten. Die Kampfgruppe von Max Wünsche einschließlich Hanreich, Kommandeur der SS-Panzerjägerabteilung 12, und der Rest der Divisions-Begleitkompanie auf sechs Flakpanzern liefen in der Nacht in feindliches Feuer, als sie versuchten, sich von Fourches nach Bierre zurückzuziehen. Sie wurden zusammengeschossen; der Regimentsarzt wurde verwundet, Hanreich gefangengenommen und die Gruppe zerschlagen. Keine weiteren Bewegungen bei Tage riskierend, tarnten Wünsche und sein Adjutant, SS-Hauptsturmführer Isecke, der Ordonnanzoffizier des Regiments, Untersturmführer Freitag und der verwundete Arzt ihre Fahrzeuge und gingen in Deckung, aber am 19. August nachmittags entdeckten britische Soldaten die Fahrzeuge und erbeuteten sie. Die Gruppe hatte keine andere Wahl, als zu Fuß zu gehen.

Was dann geschah, ist grotesk. Am 19. August um die Mittagszeit traf Generalleutnant Elfeldt, Kommandierender General des LXXXIV. Armeekorps, auf Kurt Meyers Gefechtsstand bei La Londe ein. Er hatte nichts mehr, was zu befehligen gewesen wäre, und weil der Gefechtsstand des I. SS-Panzerkorps jetzt außerhalb des Kessels lag, unterstellte sich Meyer ihm. Zufällig befand sich der Gefechtsstand von General Haussers 7. Armee in einem nahen Steinbruch bei Villedieu-les-Bailleul; Elfeldt und Meyer entschieden, sich dort zum Befehlsempfang zu melden. Sie gingen und rannten und mußten dabei Schutz vor Artilleriefeuer suchen. Als sie ankamen, trafen sie nicht nur Paul Hausser, sondern auch Teddy Wisch von der Division „Leibstandarte" an. Anwesend waren zudem Haussers Chef des Generalstabes, von Gersdorff, mit Oberstleutnant im Generalstab von Kluge und Major im Generalstab Heinz-Günther Guderian, die 1. Generalstabsoffiziere von der Panzergruppe Eberbach bzw. der 116. Panzerdivision. Von Gersdorff war von Chambois mit der Nachricht gekommen, daß der Gegenangriff von Nordost durch das II. SS-Panzerkorps erst am nächsten Tag durchgeführt werden könne. Das Problem der Vorbereitung und der Neuausstattung erschöpfter Truppen, die gerade noch mit Mühe aus dem Kessel entkommen waren, schloß jede Gelegenheit zu einem früheren Angriffsbeginn aus.

Die Lage hatte sich natürlich seit Models ursprünglichen, 24 Stunden vorher ausgegebenen Befehlen grundlegend geändert. Jetzt befahl Hausser einen Ausbruch in der Nacht vom 19. zum 20. August; dieser Zeitpunkt war mit der Hoffnung verbunden, den Gegenangriff außerhalb des Kessels durch Teile der 2. und 9. SS-Panzerdivision (II. SS-Panzerkorps) ausnutzen zu können. Hausser erließ folgende Befehle: Die 3. Fallschirmjägerdivision, zur Zeit zwischen Montabard und Villedieu-les-Bailleul befindlich, sollte geräuschlos den Bereich St. Lambert-sur-Dives passieren; ihr sollten die Reste der Division „Hitlerjugend" ohne Fahrzeuge folgen, die sich dann mit den ihr wenigen verbliebenen Panzern einer Kampfgruppe der Division „Leibstandarte" anschließen und die Dives auf halbem Wege zwischen St. Lambert und Chambois bei Moissy überschreiten sollten. Diese Ausbruchsstraße bekam bald die unvergeßliche Bezeichnung „Korridor des Todes". Die Kampfgruppe der „Leibstandarte" umfaßte jetzt: Wisch und die Reste des Divisionsstabes, Schiller mit dem Stab seines SS-Panzergrenadierregiments 1 und drei Kompanien SS-Grenadiere, Teile der 2., 5., 6., 7. und 8. Kompanien des SS-Panzerregiments 1, die 3. Kompanie der SS-Panzeraufklärungsabteilung 1, den Stab des SS-Panzerartillerieregiments der Division „Leibstandarte" mit den Abteilungen I und II und der 8. und 9. Batterie der III. Abteilung, ferner die 4. Batterie der SS-Flak-Abteilung 1.[6] Eine zweite Kampfgruppe der Division „Leibstandarte", bestehend aus einigen Panthern, einigen Sturmgeschützen der 1. Batterie der Sturmgeschützabteilung 1 und zusammengewürfelten Kräften von SS-Panzergrenadieren aus dem Regiment 1 sollte eine Überquerung 1.200 Meter südostwärts von Trun bei Magny versuchen, wo eine Straße mit hohen Seitenhängen einigen Schutz gegen Luftangriffe böte. Es gab auch noch eine dritte Kampfgruppe der „Leibstandarte", wahrscheinlich unter Ullerich, die einige Panzer und wenige Sturmgeschütze umfaßte, Teile von Sandigs I. und III. Bataillon (SPW) des SS-Panzergrenadierregiments 2, die 3. SS-Panzerpionierkompanie und Reste der SS-Flak-Abteilung 1, die südwestlich von Chambois zusammentrafen.[7] Man hoffte, daß die Mehrheit der anderen Überlebenden aus dem Kessel diesen Spitzen der Waffen-SS in die Freiheit folgen würde. Die Aufstellung eines solchen Planes in einem derartigen Chaos scheint unglaubhaft, er wurde aber der Heeresgruppe B per Funk übermittelt, verbunden mit dem Antrag, das II. SS-Panzerkorps zum Gegenangriff am 20. August mit Stoßrichtung auf Trun antreten zu lassen.

Auf dem Rückweg zum Gefechtsstand der 12. SS-Panzerdivision „Hitlerjugend" trafen Meyer und Elfeldt den Kommandierenden General des II. Fallschirmkorps, General der Fallschirmtruppe Meindl, sowie den Kommandeur der 3. Fallschirmjägerdivision, Generalleutnant Schimpf. Der Plan wurde erörtert, und Meyer war damit einverstanden, zwei Tiger den Fallschirmjägern zu unterstellen, die in zwei Stoßkeilen von insgesamt 2.000 Mann antreten sollten. Die Schützen sollten ihre letzte Munition verfeuern und dann ihre Geschütze sprengen und sich den durchbrechenden Kolonnen anschließen.

Die letzten Befehle für den Ausbruch der Division „Hitlerjugend" wurden kurz nach Meyers Rückkehr zu seinem Gefechtsstand ausgegeben: Die Kampfgruppe Krause sollte den Weg freimachen und die Kampfgruppe Olboeter mit der Nachhut folgen. SS-Sturmbannführer Drexler, Kommandeur des SS-Panzerartillerieregiments 12 sollte möglichst viele Fahrzeuge herausziehen, wenn er der Division „Leibstandarte" bei dem geplanten Ausbruch bei Moissy folgte.

Inzwischen schloß sich die Falle, wenn auch langsam. General Simonds erließ am 19. August um 11 Uhr weitere Befehle. Die 2. Infanteriedivision sollte den nördlichen Teil des Verantwortungsbereiches der 3. Infanteriedivision längs der Dives übernehmen, so daß letztere „ihre Linie stärken und alle Ausweichwege versperren" könnte. Die 4. Panzerdivision sollte den Fluß von Trun bis an Moissy heran decken, während die Polen für den Streifen von Moissy nach Chambois und Punkt 262 (Süd) verantwortlich wären. Die 2. kanadische Panzerbrigade sollte George Kitchings Division nördlich der Dives unterstützen.

Trotz dieser klaren Befehle wurden diese im Gelände nicht der Dringlichkeit der Lage entsprechend umgesetzt. Wie wir noch sehen werden, bewegte sich weder kanadische noch polnische Infanterie zu den gefährdeten Abschnitten der Dives selbst. Das Versagen der Alliierten, ausreichend Infanterie an den richtigen Orten bereitzustellen, sollte sich noch als schwerwiegender Fehler erweisen. Und es kam noch schlimmer: Die drei Panzer- und die beiden Infanterieeinheiten von Kitchings Panzerbrigade 4 blieben den ganzen Tag über nordostwärts von Trun untätig. Simonds bestand entgegen Kitchings Wünschen darauf, sie dort als mögliche Reserven für den geplanten Vorstoß zur Seine bereit zu halten. Erst am Abend wurde ihnen der Marsch nach Vimoutiers befohlen.

Der einzige bedeutende kanadische Einsatz am 19. August hatte schon begonnen, bevor die neuen Befehle des Kommandierenden Generals herausgegeben waren. Um 6.35 Uhr begannen die Panzer der C-Kompanie der South Albertas mit einer schwachen Kompanie der Argylls of Canada und einer Truppe von vier 17-pdr-Panzerabwehrkanonen auf Selbstfahrlafetten ihren Angriff auf St. Lambert. Nach sechs Stunden Kampf war nur die halbe Ortschaft genommen, und trotz späterer Verstärkung durch zwei weitere schwache Infanteriekompanien und acht Panzerabwehrkanonen konnten die Kanadier noch immer nicht den südlichen Teil des Dorfes säubern.[8] Daher gruben sie sich ein und leisteten hartnäckig Widerstand gegen die wiederholten deutschen Angriffe. Dieser berühmt gewordene Widerstand brachte dem Kommandeur der South Alberta, Major David Currie, das Victoria-Kreuz ein – das einzige, das einem Kanadier im Normandie-Feldzug verliehen wurde. Inzwischen bezog die A-Kompanie desselben Regiments Stellung an der Straße Trun – St. Lambert, die B-Kompanie rückte auf Punkt 124 vor, zwei Kilometer östlich von St. Lambert, und beabsichtigte, an die Polen anzuschließen. Keine Kompanie hatte unterstützende Infanterie, und das machte das Sperren deutscher Rückzugsstraßen bei Tage schwierig und bei Nacht unmöglich. Innerhalb von 60 Stunden hatte die B-Kompanie durch sich zurückziehende deutsche Infanterie 14 ihrer 19 Panzer verloren.

Es waren die Polen, die schließlich den Versuch unternahmen, alle Rückzugsstraßen zu sperren. Entsprechend den Befehlen von Maczek sicherte die Kampfgruppe Zgorzelski um die Mittagszeit Punkt 137 bei Coudehard; danach rückten die 24. Lancers in südliche Richtung gegen Frénée vor. Etwa gleichzeitig stieß das 1. polnische Panzerregiment mit dem Infanteriebataillon 9 und einer Kompanie mit Panzerabwehrkanonen bei Punkt 262 (Nord) und Punkt 252, fünf Kilometer nordöstlich von Chambois, gegen die Hauptstraße Chambois – Vimoutier vor. Diese Straße diente den Deutschen als die wichtigste Rückzugsstraße, und die ersten polnischen Panzer trafen dort auf eine Straße, die vollgestopft war mit Fahrzeugen, Pferdegespannen und zwei Panther-Panzern – einer wurde vom anderen geschleppt. In einem kurzen, heftigen Angriff wurden die Panzer abgeschossen und alles vernichtet, was in Sichtweite war. Während danach eine Infanteriekompanie und einige Panzerabwehrkanonen 700 Meter nordwestlich von diesem Punkt Coudehard Boisjos besetzten, bezogen die Shermans und der Rest der Infanterie sowie die Panzerabwehrkanonen Stellungen bei Punkt 262 (Nord) – die Straße Chambois – Vimoutiers war mit zusammengeschossenen Fahrzeugen und den Leichen von Menschen und Pferden vollständig blockiert.

Um 10.30 Uhr war die Kampfgruppe Koszutski im Gebiet von Les Champeaux mit Nachschub versorgt und rückte kurz nach Mittag ebenfalls zu Punkt 262 (Nord) vor. Bis 17 Uhr waren Stellungen an der Nord- und Ostseite dieser Erhebung errichtet. Während jedoch Punkt 262 (Nord) und Coudehard Boisjos eine polnische Feldbefestigung wurden, blieb Punkt 262 (Süd) unbesetzt.

Die Stellung bei Punkt 262 (Nord) wird nach der kleinen Ortschaft in der Nähe oft „Mont Ormel" genannt, aber die Polen hatten dafür, ihres Umrisses wegen, den Spitznamen „Maczuga" (die Keule). Von der Spitze aus hatte man einen hervorragenden Überblick über den Kessel von Falaise – aber der herrliche Ausblick auf eine Landschaft und die Beherrschung der Täler sind zwei gänzlich verschiedene Dinge. Punkt 262 (Süd) und die kleineren Hügel trübten die Beobachtungsmögichkeit nach Südost, und das steile Gelände, Wälder und Heckenreihen machten die Beherrschung des Geländes nach Westen und Südwesten durch direkten Beschuß bei Tage schwierig und bei Nacht unmöglich – und eben dieses Gebiet bei Coudehard und Punkt 137 auf der Westseite von Mont Ormel mußten viele Deutsche (insbesondere der Divisionen „Leibstandarte" und „Hitlerjugend") unweigerlich passieren, wenn sie von den Kreuzungen St. Lambert und Moissy her auftauchten. Es war ein Glück für sie, daß diese große Streitkraft mit mehr als 80 Panzern, etwa 20 Panzerabwehrkanonen und 1.500 Infanteristen auf „Maczuga" im Umkreis von weniger als zwei Quadratkilometern stehenblieb und nur die unmittelbare Umgebung überwachte, sonst aber fast nichts. Trotzdem blieb sie ein größeres Hindernis, wenn nicht sogar das größte, das sich dem Rückzug der Deutschen entgegenstellte.

Da die polnischen Truppen bei „Maczuga" von ihren Divisions- und Brigadeführern abgeschnitten waren – General Maczeks Divisionsgefechtsstand befand sich acht Kilometer entfernt in nordwestlicher Richtung bei Punkt 259, und der Gefechtsstand von Oberst Majewskis Panzerbrigade 10 war drei Kilometer westlich bei Bourdon –, übernahm der älteste Kommandeur der Einheit, Oberstleutnant Szydlowski, die Führung. Ein anderes schwierig zu lösendes Problem bestand darin, daß die sich jetzt hinter den deutschen Linien befindliche Streitkraft von ihren Nachschub- und Versorgungsverbindungen abgeschnitten war; aber trotz „dringender Gesuche beim Hauptquartier des [II.] Korps für die polnische Panzerdivision GOC" durch die 4. britische Verbindungseinheit (No. 4 Liaison) erging die Antwort, daß vor dem 21. August keine Lieferungen durch die Luftflotte organisiert werden könnten.[9]

Um 19 Uhr waren die Shermans der polnischen 24. Lancers 1.500 Meter nordöstlich von Chambois in eine Sperrstellung vorgestoßen, wo sie mit dem Mounted Rifles Panzeraufklärungsregiment 10 und zwei Panzerabwehrkompanien von M-10 aufschlossen, die inzwischen den Bereich von Punkt 113, ein Kilometer nördlich von Chambois, erreicht hatten. Am entscheidensten war die Bewegung am 19. August um 19.30 Uhr, als die polnischen 10. Dragoons (ein motorisiertes Infanteriebataillon) nach dem Absetzen südwärts von Punkt 137 in Chambois einrückten und kurz darauf mit dem Bataillon 2 des amerikanischen Infanterieregiments 359 aufschlossen.

Es schien, als habe sich die Schlinge fest zugezogen. Doch keineswegs! Auf höchster Ebene fehlte es ernstlich an Koordination, sowohl zwischen den beiden Flügeln der alliierten Armeen als auch innerhalb von Simonds' II. Korps. Wie bereits erwähnt, gab es keine Truppen der Alliierten, die die fünf Kilometer Flußstrecke zwischen Magny und Moissy sperrten (ein Streifen, der an manchen Stellen zu Fuß durchwatet werden kann), und die Fahrzeugübergänge bei Magny, St. Lambert und Moissy waren immer noch offen, wenn unter indirektem Feuer auch schwer zugänglich.

Diese unbefriedigende Lage wurde noch dadurch verschlimmert, daß ein Teil der 2. französischen Panzerdivision – der am 19. August in den frühen Abendstunden nach Frénée und zur Straße Chambois – Vimoutiers vorgestoßen war – bei Anbruch der Dunkelheit südlich der Dives zurückgezogen wurde. Der Blick des Kommandeurs war jetzt auf eine viel attraktivere Beute gerichtet, auf Paris! Die Region nördlich und nordöstlich von Chambois war daher alles andere als abgeriegelt, die Falle noch längst nicht zugeschnappt.

Man muß wissen, daß sich zu diesem Zeitpunkt viele Teile der 1. und 12. SS-Panzerdivision, sogar Teile der schweren SS-Panzerabteilung 101 schon außerhalb des Falaise-Kessels befanden. Konkrete Einzelheiten über die Einheiten der Division „Leibstandarte" sind nicht verfügbar, aber von der Division „Hitlerjugend" weiß man, daß sich folgende Teile bereits östlich der Dives befanden: Mohnke mit dem Stab seines Regiments 26 sowie Teilen der meisten Einheiten seines Regiments, ebenso Siebken und das Stammpersonal seines II. Bataillons; Milius mit desgleichen vom Regiment 25, die Führung seiner Bataillone II und III und, wie wir bereits wissen, ein neues I. Bataillon unter Waldmüller; Bremer und Müller mit Kernteilen der SS-Panzeraufklärungsabteilung 12 bzw. des SS-Panzerpionierbataillons 12; sämtliche Panzerbesatzungen ohne Panzer; sämtliche Instandsetzungs- und Versorgungseinheiten; eine 3,7-cm-Flak und zwei 15-cm-Artilleriebatterien.[10] Vieles spricht dafür, daß die meisten Versorgungs- und Instandsetzungstruppen der Division „Leibstandarte" ebenfalls hatten entkommen können.

Die Alliierte Expeditions-Luftstreitmacht flog an diesem Tag 2.535 Einsätze[11], danach war es aber fast unmöglich geworden, einzelne Bodenziele zu erkennen, und die Anstrengungen der Luftflotte verlagerten sich weiter östlich zur Seine und zu den Vorstößen dorthin. Im Bericht für diesen Tag schrieb General Crerar: „Diese mächtige Waffe als Unterstützung der Armee ist für Kampfhandlungen am Boden eher ein Mittel zur Abschreckung als ein Anreiz zum Ausschöpfen ihrer Möglichkeiten."

Um 22.30 Uhr am 19. August trat auch die 3. deutsche Fallschirmjägerdivision an, um sich in die Freiheit zu retten. Kurz danach wurde General Schimpf verwundet, als er mit Feindpanzern zusammenstieß. Der Kommandierende General des II. Fallschirmkorps, General der Fallschirmtruppe Meindl, übernahm die Führung.

20. bis 22. August – Der Ausbruch

Bis Mitternacht 19./20. August hatten Kurt Meyer und General Elfeldt noch keine einzige Meldung von der 3. Fallschirmjägerdivision erhalten – in Wirklichkeit hatte die Vorhut die Dives nördlich von St. Lambert überschritten, war aber ohne Verbindung. Da es offensichtlich lebenswichtig war, den schmalen Fluß noch vor Tagesanbruch zu überschreiten, entschlossen sich Elfeldt und Meyer um 2 Uhr trotzdem vorzurücken. Die vorderste Gruppe bestand aus etwa 50 Männern, alle waren zu Fuß; Elfeldt, Kurt Meyer, Hubert Meyer und Bernhard Krause gehörten dazu.

Bei Tagesanbruch hatte die Ausbruchsspitze erst den Raum bei Aubry-en-Exmes, zwei Kilometer westlich von Chambois, erreicht und war immer noch zwei Kilometer von der Dives entfernt. Diesen Fluß beschrieb Meyer später als ungefähr zwei Meter tief und drei bis vier Meter breit. Es war in diesem Gebiet, daß der Kommandeur der Division „Hitlerjugend" vermißt wurde. In der *Kriegsgeschichte der 12. SS-Panzerdivision „Hitlerjugend"* schreibt sein 1. Generalstabsoffizier: „Auf einem Panzer IV nahe einer etwa 200 Meter entfernten Feldscheune erkannte der Ia seinen Kommandeur. Er lief zu dem Panzer und konnte gerade noch hinaufklettern, als er schon fuhr. An der Schürze um den Turm bemerkte er einen Mann in Tarnuniform; es stellte sich heraus, daß er tot war ... Vorne neben dem Turm saß der Oberführer [Kurt Meyer] ... Nun war er froh, daß seine Männer in der Nähe warteten. Schnell sprangen beide von dem fahrenden Panzer und liefen zu ihrer Infanteriegruppe zurück."[12]

Es war ein außergewöhnlicher Zufall, daß der Verfasser auf die Beschreibung anscheinend desselben Vorfalls stieß, wie er von Untersturmführer Gerhard Stiller von der 7. SS-Panzerkompanie der Division „Leibstandarte" in der Geschichte der Leibstandarte geschildert worden ist: „Es ist kurz vor dem Aufbruch. ‚Heh, bei euch hängt ein Toter am Wagen!' ruft eine Stimme. Da keine Zeit mehr ist, ihn zu bestatten, legen wir ihn hinten aufs Heck, denn es geht schon los ... Auf der Höhe der Gehöftegruppe Aubry-en-Exmes sehen wir ... unseren Panzerpulk schon vor uns rollen ... Ein Führer mit großem Kopfverband möchte sich am Koppel unseres gefallenen Richtschützen auf den Panzer ziehen. Es mißlingt."[13]

Der Leser wird sich daran erinnern, daß Kurt Meyer einen Kopfverband trug. Wenn sich die beiden Berichte auch leicht unterscheiden, ist es wahrscheinlich, daß Stiller damals ohne sein Wissen zwei sehr berühmte Führer auf seinem Panzer hatte. Kurz danach wurde Stiller durch einen Splitter im Gesicht schwer verwundet, aber sein Panzer IV gehörte zu den wenigen, die die Dives überquerten (an Ort und Zeit hat er sich nicht erinnert) und in Sicherheit gelangten.

Als beide Meyers schließlich wieder den Anschluß an Krause und seine Grenadiere gefunden hatten, entdeckten sie, daß General Elfeldt und sein Stab vorausgegangen waren. Sie wurden von der 10. polnischen Mounted Rifles gefangengenommen, deren Führer, Major Maciejowski, bei diesen Kämpfen von einem Scharfschützen getötet wurde. Von den fünf Kommandierenden Generalen im Kessel war Elfeldt der einzige, der nicht entkam. Zwölf Divisionskommandeuren gelang es zu entkommen.

Im Bewußtsein der schweren Kämpfe in St. Lambert überquerten Panzermeyer und seine Gruppe von nun etwa 200 Mann die Dives beim Château Quantité, 1.000 Meter nordwestlich der Kirche. Das Château wurde als deutsche Sammelstelle für Verwundete genutzt, aber es gab so viele davon, daß sie massenweise unter freiem Himmel liegen mußten. Viele Versprengte versuchten sich der Gruppe auf dem Marsch anzuschließen, aber Meyer gestattete dies nur denjenigen, die Waffen bei sich hatten oder sich wieder welche beschafften. Wohin man sah, überall lagen Tote, Menschen und Tiere, bedeckt von Fliegenschwärmen. Aber was die SS-Führer am meisten entsetzte, war der Anblick deutscher Soldaten mit weißen Lappen an Stöcken, die sich ergeben wollten.

Um der Gefangenschaft zu entgehen, mußte sich Meyers Gruppe oftmals aufteilen; in seiner bekannten dramatischen Weise beschrieb Meyer den Gang wie folgt: „Mit der Pistole in der Faust springe ich von Deckung zu Deckung … Wie aus der Rakete geschossen stürmen wir zwischen zwei Hecken nach Osten. MG-Feuer fährt in unsere Reihen … Ich kann nicht mehr, der Schweiß brennt in den entzündeten Augen, die alte Kopfwunde hat sich geöffnet … Michel [dem Fahrer] laufen die Tränen übers Gesicht, als er mich nicht schnell genug wegbekommt. Er lockt mich wie eine Mutter ihr Kind. Immer wieder höre ich: Kommandeur, komm! Kommandeur, komm! Nur noch 100 Meter, bitte, Kommandeur, komm!“[14]

Es ist verschiedentlich geschrieben worden, daß Meyer mit Hilfe eines französischen Führers aus dem Kessel entkam, aber weder er selbst noch sein 1. Generalstabsoffizier sprachen davon. Als Punkt 262 (Süd) endlich erreicht war und sich als feindfrei herausstellte, waren nur die beiden Meyers, Krause, Untersturmführer Kölln, Michel und ungefähr acht weitere Männer zugegen. Nach einer kurzen Ruhepause setzten sie ihren Marsch fort und stießen am späten Nachmittag schließlich auf Truppen der 116. Panzerdivision, die sie zum Divisionsgefechtsstand bei Le Mesnil-Hubert, sechs Kilometer weiter östlich, brachten. Wieder einmal hatte der Kommandeur der 12. SS-Panzerdivision überlebt.

Auf der Seite der Alliierten gab es am 20. August nur wenig Bewegung. Der Befehl an die 4. kanadische Panzerbrigade, nach Vimoutiers zu marschieren, wurde in den frühen Morgenstunden wieder aufgehoben. Kitchings 4. Panzerdivision wurde erst ziemlich spät durch die Infanteriebrigade 9 für den Einsatz im Bereich Trun/Moissy verstärkt. Ein polnischer Plan zur Erweiterung des Frontbogens bei Mont Ormel durch die Eroberung von Punkt 262 (Süd) wurde angesichts der starken deutschen Angriffe auf die Vorposten (von denen noch die Rede sein wird) wieder fallengelassen. Versuche, den dringend benötigten Nachschub durch die umkämpften Ortschaften hindurchzubekommen, schlugen fehl und brachten schwere Verluste mit sich.

Der Kampflärm, den Meyer in St. Lambert gehört hatte, kam von Kampfhandlungen zwischen den Männern der 2. Panzerdivision, die sich ihren Weg über die Dives erzwingen wollten, und den Kanadiern unter Major Currie. Wenn auch letztere den nördlichen Teil der Ortschaft hielten, so gelang es doch den Grenadieren von General von Lüttwitz, einige Stunden lang die Straße durch den Südteil in Kirchennähe offen zu halten. Darüber hatte von Lüttwitz folgendes zu sagen: „Bis zum Mittag hatte ich selbst St. Lambert erreicht, und von der Kirche in der Stadt aus leitete ich den Abgang meiner Männer. Das Überqueren der Dives-Brücke war besonders schauderhaft. Männer, Pferde, Fahrzeuge und anderes Gerät – alles beim Zug über die Brücke zusammengeschossen – war von der Brücke tief in die Schlucht der Dives gestürzt und lag dort durcheinandergewürfelt in grauenhaften Haufen. Den ganzen Nachmittag über versuchten feindliche Panzer wieder von Trun aus nach St. Lambert durchzubrechen, während andere Panzer die nordöstliche Ausfahrtstraße von St. Lambert unter Dauerbeschuß nahmen.“[15]

Eine Gruppe von vier Panzern IV der II. Abteilung des SS-Panzerregiments 12 erreichte um etwa 10 Uhr mit drei Jagdpanzern IV den Kesselrand im Gebiet von Moissy, wurde aber durch Feuer aus Panzern und Panzerabwehrgeschützen, wahrscheinlich von polnischer Seite, zurückgedrängt. Zwei Panzer gingen verloren, einer wurde wegen Getriebeschadens durch die eigene Besatzung gesprengt. Oberscharführer Willy Kretzschmar von der 5. SS-Panzerkompanie beschrieb das Ereignis: „Nach Einbruch der Dunkelheit traten wir zum endgültigen Ausbruch an. Grenadiere unserer Division und einige Fallschirmjäger gingen voran, die Panzer und Panzerjäger folgten und mit einigem Abstand Soldaten unserer Division und des Heeres, die nicht in Gefangenschaft gehen wollten. Es können 2.000 bis 3.000 Männer gewesen sein, die uns folgten … Dann erhielten wir Infanteriefeuer, wir waren unmittelbar vor der Stellung des Gegners. Unsere Panzer schossen … und fuhren mit hoher Geschwindigkeit durch die feindlichen Linien. Alle Panzer kamen heil durch. Welche Verluste die Infanterie hatte, ist nicht bekannt. Während des weiteren Nachtmarsches durch unbekanntes Gelände mußten wir leider einen Panzer nach dem anderen aufgeben; einer fuhr sich im Morast fest, ein anderer kippte in einem Graben um, ein dritter fuhr auf einen Baumstumpf auf. Am frühen Morgen erreichte unser Häuflein weit auseinandergezogen … Panzer IV der Division ‚Das Reich' [2. SS-Panzerdivision], die zum Einsatz angetreten war."[16]

Der Ausbruch von Olboeters Kampfgruppe war ebenso dramatisch wie der von Meyers. Geführt wurde er von zwei Panthern und zwei Tigern, denen die restlichen Angehörigen der Divisions-Begleitkompanie auf fünf Flakpanzern und die SS-Panzergrenadiere mit einigen noch intakten Schützenpanzerwagen folgten. Irgendwo schlossen sich der Kampfgruppe vier bis sechs Panzer IV an. Viele Jahre später berichtete ein Angehöriger der Begleitkompanie, daß sich ihnen bald nach dem Aufbruch auch eine Kompanie Fallschirmjäger anschloß. Er sagte, die Panzer hätten bei Zusammenstößen mit Kanadiern und Polen sieben oder acht Feindpanzer abgeschossen und dabei nur einen eigenen Panther verloren – den, in dem er selbst gesessen hatte. Er überlebte unverwundet. Um 15 Uhr hatte die Kampfgruppe in Verbindung mit einem Angriff durch die 3. Fallschirmjägerdivision unter General der Fallschirmtruppe Meindl die Straßenkreuzung bei Coudehard knapp nordwestlich des Punktes 262 (Nord) genommen und damit die Straße von Coudehard nach Boisjos aufgestoßen. Jetzt waren die Polen bei „Maczuga" selbst in Schwierigkeiten. Seit ihrem Eintreffen dort vor 24 Stunden standen sie unter ziemlich intensivem Artillerie- und Werferfeuer, aber jetzt wurden sie auch durch Kräfte von Meindl und Olboeter aus dem Kesselinneren sowie durch die 2. SS-Panzerdivision „Das Reich" von außen angegriffen.

Der Hauptangriff außerhalb des Kessels begann um 4 Uhr und wurde durch Teile der 9. SS-Panzerdivision „Hohenstaufen" auf der Nordseite der Straße Vimoutiers – Trun sowie auf der Südseite von stärkeren Teilen der 2. SS-Panzerdivision mit 21 Panzern vorgetragen. Wir brauchen uns nur mit der 2. SS-Panzerdivision zu befassen.

Das SS-Panzergrenadierregiment „Der Führer", das nur zwei schwache Bataillone von jeweils nicht mehr als 120 Mann umfaßte, wurde von sechs Panzern unterstützt. Es rückte über Champosoult gegen Coudehard vor, während das ähnlich schwache SS-Panzergrenadierregiment „Deutschland" ebenfalls mit Panzerunterstützung ostwärts von Mont Ormel angriff. Um 15 Uhr hatte ein Bataillon des Regiments „Der Führer" die Straßengabelung 1.000 Meter nordwestlich von Coudehard genommen und damit die Straße Champosoult – Boisjos geöffnet und zu der von Süden kommenden Truppe Meindl/Olboeter aufgeschlossen. Fünf Shermans des 1. polnischen Panzerregiments bei „Maczuga" wurden in ebensoviel Minuten durch einen einzigen Panther, der von Punkt 239 aus, 1.500 Meter nördlich, feuerte, einzeln abgeschossen. Tatsächlich verschlimmerte sich die Lage bei den Polen von Stunde zu Stunde, da sie Verwundete oder Gefangene nicht herausschaffen konnten und weil Munition und Verpflegung immer mehr schwanden.

Um 17 Uhr waren die Deutschen in den Nordteil des Vorfeldes von „Maczuga" eingebrochen, und erst um 19 Uhr wurden sie unter Verlust von drei Panzern IV zurückgedrängt[17]; aber Berichte dahingehend, daß jeder polnische Offizier bei Mont Ormel entweder getötet oder verwundet worden sei (es gab einige hundert von ihnen) sind unbegründet.

Inzwischen war es dem SS-Panzergrenadierregiment „Deutschland" bis etwa 15.30 Uhr gelungen, einen weiteren Rückzugsweg auf der Ostseite der Straße Vimoutiers – Chambois durch Survie und St. Pierre-la-Rivière zu öffnen. Bei einem Versuch, diese östliche Ausbruchstraße zu erreichen, kämpfte die zweite Kampfgruppe der Division „Leibstandarte" wie bereits beschrieben, wahrscheinlich unter der Führung von Ullerich, die nächsten 36 Stunden lang im Bereich von Chambois gegen die Polen und Amerikaner. Die akute Bedrohung veranlaßte die Polen, ihre motorisierte Infanterie in Chambois durch Panzer der 24. Lancers zu verstärken.

Es gab noch mehr Versuche zu entkommen: SS-Sturmbannführer Kuhlmann, der Führer der I. Abteilung des SS-Panzerregiments 1 der Division „Leibstandarte", begann seinen Ausbruch mit Hans Gruhle, Peipers Adjutant, in seinem Panther und wurde von einem Funk-SPW begleitet. Beide Fahrzeuge wurden abgeschossen, Kuhlmann wurde verwundet, aber es gelang ihm noch, eine große Gruppe Männer in Sicherheit zu bringen. Weniger Glück hatte dagegen Heinrich Heimann, Kommandeur der Sturmgeschützabteilung der Division „Leibstandarte" – er wurde am selben Tag unter unbekannten Umständen getötet, höchstwahrscheinlich nach einem Gefecht mit kanadischen Truppen im Gebiet von Magny. Teddy Wisch, der Kommandeur der Division „Leibstandarte", wurde noch vor Beginn des Ausbruchs durch Granatfeuer an beiden Beinen verwundet, aber im SPW seines Artillerie-Kommandeurs Franz Steineck durch den „Korridor des Todes" fortgebracht. Paul Hausser begleitete zunächst die Spitze der 3. Fallschirmjägerdivision zu Fuß, stieß dann südlich von Mont Ormel zu einer kleinen Kampfgruppe aus Panzern, wurde durch Werferfeuer schwer verwundet und schließlich auf einem SPW der 5. SS-Panzerartilleriebatterie der Division „Hitlerjugend" herausgefahren. Zu allerletzt hören wir aus dem Kessel von Falaise die Geschichte von Max Wünsche. Wir waren ihm zum letzten Mal mit zwei Offizieren seines Stabes und mit dem verwundeten Sanitätsoffizier begegnet. Sie versteckten sich den ganzen 20. August über, bis auf die Haut durchnäßt, frierend und so weit ausgehungert, daß sie Rüben gegen den Hunger aßen. In jener Nacht setzten sie ihren Marsch fort, liefen aber in einen feindlichen Außenposten – der Arzt wurde gefangengenommen, Wünsche trug einen Schuß in den Unterschenkel davon und hatte schlimme Schmerzen in der Schulter, wahrscheinlich durch einen Schußbruch. Sie waren noch fünf oder sechs Kilometer südlich der Dives bei Bailleul im Forêt de Gouffern. Überall um sie herum stand die 29. britische Panzerbrigade.[18] Wiederholte Feindbegegnungen führten dazu, daß der SS-Hauptsturmführer Isecke isoliert wurde und am 24. August in Gefangenschaft geriet. Wünsche und Freitag fanden schließlich einen fahrtüchtigen Wagen und konnten ganz offen durch St. Lambert fahren. Das war deshalb möglich, weil auch viele Kanadier in beschlagnahmten deutschen Wagen fuhren; aber ihr Glück währte nicht lange, und beim Schlafen in der Sonne im Schutz von Gebüsch, wo sie auf die Dunkelheit warteten, wurden sie ebenfalls gefangengenommen.

Noch viele weitere Soldaten und Fahrzeuge brachen in der Nacht vom 20. August aus, und am 21. August früh um 7 Uhr erreichten General Meindl und seine Fallschirmjäger die sicheren Linien der 2. SS-Panzerdivision.

Am Morgen desselben Tages versuchte das polnische Panzeraufklärungsregiment mit der Hauptkraft bei „Maczuga" aufzuschließen, geriet jedoch unter Feuer von den eigenen

Leuten und zog sich zurück, als zwei Cromwells beschädigt waren. Der letzte deutsche Angriff gegen die Polen bei „Maczuga" kam um 11 Uhr aus Westen. Er wurde wiederum zurückgeschlagen, aber danach waren ihre Panzerregimenter fast ohne 7,5-cm-Munition, viele Panzer waren wegen Spritmangels bewegungsunfähig, ihre Infanterie war erschöpft und hatte kaum noch Munition, Verpflegung und Wasser.[19] Um 13.30 Uhr hörten sie das Geräusch näher kommender Panzer und fürchteten das Schlimmste. Es handelte sich aber um die Canadian Grenadier Guards, die Unterstützung brachten. Sie hatten ihren Vorstoß um 8 Uhr begonnen und unterwegs vier Panzer verloren, eigenen Angaben zufolge jedoch ihrerseits zwei Panther, einen Panzer IV und zwei Kanonen auf Selbstfahrlafetten abgeschossen. Das kanadische Kriegstagebuch verzeichnete: „Das Bild, das sich dem Regiment bei 262 darbot, war bisher das schaurigste gewesen. Die Polen waren seit drei Tagen ohne Versorgung gewesen; sie hatten einige hundert Verwundete, die nicht abtransportiert wurden; etwa 700 Gefangene lagen locker bewacht auf einem Feld, die Straße war mit ausgebrannten Fahrzeugen verstopft, es waren eigene und feindliche Fahrzeuge. Im Gelände lagen unbeerdigte Tote und Körperteile von ihnen ... Die Polen schrien vor Freude, als wir ankamen, und nach ihren Worten zu schließen werden sie wohl diesen Tag und die Hilfe, die wir ihnen gaben, niemals vergessen."

Die Polen verloren bei den erbitterten Kämpfen bei „Maczuga" 351 Mann an Gefallenen und Verwundeten sowie elf Shermans. In Anbetracht dessen und der vielen anderen wertvollen Beiträge durch die 1. polnische Panzerdivision bis zur endgültigen Kapitulation der deutschen Wehrmacht ist es verwunderlich, daß ihre Vertreter nach dem Krieg nicht zur Teilnahme an der Siegesparade in London eingeladen wurden.

Michael Carver, dessen 4. britische Panzerbrigade nun Simonds' kanadischem Korps unterstellt war, beschrieb, wie 44 RTR und 2 KRRC am Nachmittag des 21. August die Aufgabe erhielten, „das letzte Widerstandsnest südlich von Trun auszuräumen": „Sie rückten vor in eine Masse sterbender Pferde, stehengelassener Fahrzeuge, toter und sterbender Deutscher. Sie machten 3.000 Gefangene, und es fiel ihnen schwer, unser eigenes Artilleriefeuer zu beenden, das sich von allen Seiten auf dieses Gebiet konzentrierte.

Hier paßt nur ein Wort: Blutbad. Der Anblick war ekelhaft, der Gestank nicht zu beschreiben. Man fühlte tiefes Mitleid mit den Einwohnern dieser kleinen Dörfer und Bauernhöfe. Tagelang hatten sie die ganze Wucht des alliierten Luft- und Artillerie-Bombardements zu ertragen und wurden vom Kampfgeschehen und den sich zurückziehenden Deutschen überrollt, und nun diese Szenen des Schreckens. In einem Dorf gab es 400 tote Pferde. Man konnte nichts weiter tun, als die Deutschen dazu anzuhalten, ihre eigenen Toten und das tote Vieh und die Pferde zu begraben ... Für alle Zeiten wird in der Erinnerung die Normandie mit Camembert-Käse verbunden sein ... mit dem Anblick und Geruch toten Viehs und dem schmutzigen Durcheinander des Schlachtfeldes."[20]

Am selben Nachmittag erhielt die 2. SS-Panzerdivision den Befehl zum Rückzug nach Osten; um 20 Uhr befanden sich die Panzer des British Columbia Regiment an Punkt 262 (Süd), und jene der 1. Hussars erreichten die nördlichen Außenbezirke von Chambois – die Lücke war endlich geschlossen, und die letzte Schlacht der Normandie war zu Ende.

Die 2. Einsatz-Forschungsgruppe der 21. Armeegruppe führte eine gründliche Untersuchung des Gebietes durch, das von den Ortschaften Pierrefitte, Argentan, Chambois, Vimoutiers und Trun bestimmt wird. Der offizielle Bericht zählt folgende Vernichtungszahlen auf: 3.043 deutsche Fahrzeuge – 187 Panzer und Geschütze auf Selbstfahrlafetten, 252 Geschütze, 157 gepanzerte Fahrzeuge, 1.778 Lastwagen und 669 Autos. Der Schwerpunkt lag südlich und südwestlich von St. Lambert, 112 Panzer und Geschütze auf Selbstfahrlafetten waren ausgebrannt. 82 der Panzer und Geschütze auf Selbstfahrlafetten wurden genau in Augenschein genommen, darunter waren zwölf Tiger, 22 Panther und 22 Panzer IV. Nur drei Panther und zwei Panzer IV waren vom Boden aus und zwei Panzer IV durch Raketen aus der Luft abgeschossen worden, der Rest war von den Besatzungen gesprengt oder aufgegeben worden.[21]

Im Zeitraum vom 1. bis 23. August mußte die 1. kanadische Armee 12.659 Verluste hinnehmen; davon waren 7.415 kanadisch, 3.870 waren britisch, und 1.374 waren polnisch.[22] Eines der Opfer war Generalmajor Kitching, der Kommandeur der 4. kanadischen Panzerdivision, der von General Crerar an dem Tag entlassen wurde, als die Schlacht zu Ende ging.

Bei der Division „Hitlerjugend" fielen in der Zeit vom 15. bis 22. August 45 Männer, und 248 wurden verwundet. 655 wurden vermißt – mit größter Wahrscheinlichkeit gerieten die meisten von ihnen in Gefangenschaft.[23] Hubert Meyer zufolge kamen 387 der Vermißten von Artillerie- und Werfereinheiten, und er vermutet, daß die meisten bei dem Versuch, ihre schweren Fahrzeuge aus dem Kessel durch die verstopften Straßen zu bringen, gefangengenommen worden. Für die Division „Leibstandarte" gibt es keine vergleichbaren Zahlen, es ist aber bekannt, daß im gleichen Zeitraum nur 14 Angehörige der Tiger-Abteilung des Korps gefallen sind oder verwundet wurden.

In fast jedem Buch über den Feldzug in der Normandie heißt es, daß die 1. SS-Panzerdivision „Leibstandarte" nur „schwache Infanterieteile" hatte und die 12. SS-Panzerdivision „Hitlerjugend" nach dem Rückzug aus dem Kessel von Falaise nur noch aus 300 Mann bestand. Diese Angaben beruhen meistens auf einem Bericht der 5. Panzerarmee für die Heeresgruppe B vom 21. August. Aber es ist so, wie Hubert Meyer in seiner *Kriegsgeschichte der 12. SS-Panzerdivision „Hitlerjugend"* sagt: „Aus dieser Angabe sind falsche Schlüsse über die Verluste im Kessel von Falaise gezogen worden. Sie ist für solche Überlegungen völlig unbrauchbar."[24]

Meyer zieht den Schluß, daß sich die Zahlen der 5. Panzerarmee auf diejenigen Einheiten beziehen, die aus dem Kessel ausgebrochen und einsatzfähig waren. Der Verfasser stimmt dieser Ansicht zu. Schauen wir uns zunächst den jüngeren Teilnehmer an: Die Division „Hitlerjugend" bestand am 22. August aus annähernd 12.500 Führern und Soldaten, 60 Prozent der Sollstärke, wovon 2.500 zu den rückwärtigen Diensten zählten.[25] Hubert Meyer nennt eine genaue Zahl der Ausfälle: 8.626 für die Zeit vom 6. Juni bis zum 10. September[26] (als die Division nach Deutschland zurückkehrte). Er gibt aber zu, daß nicht alle Aufzeichnungen vollständig sind. Die Gesamtverluste schätzt er auf „fast 9.000".

Im Falle der Division „Leibstandarte" stellten die deutschen Behörden für die Zeit vom 6. Juni bis zum 30. September insgesamt 3.901 Ausfälle zusammen, aber der Divisionsgeschichte gemäß ist diese Zahl „ziemlich unvollständig". Deren Autoren schlagen „zumindest 5.000" als zutreffender vor.[27] Das würde immer noch 17.000 Überlebende bedeuten! Es stimmt gewiß, daß beide Divisionen am 23. August praktisch ohne Panzer, Jagdpanzer, SPW und Artillerie waren und als Panzerdivisionen nicht mehr existierten. Sie hatten sich jedoch sehr hervorgetan, und die Division „Hitlerjugend" hatte wahrscheinlich mehr als irgendeine andere deutsche Division dazu beigetragen, die Absichten der Alliierten zu vereiteln. Der größte Gegner des I. SS-Panzerkorps war die kanadische Armee; in der Zeit vom D-Day bis zum 23. August mußte sie 18.444 Verluste hinnehmen.[28] Allein eines ihrer Bataillone, die Regina Rifles, verlor 926 Männer (224 wurden getötet, 688 verwundet und 14 vermißt)[29] – die Kampfstärke am 6. Juni betrug 845.

23. bis 25. August – Nachtrag

Wenn wir auch zu dem Schluß gekommen sind, daß fast 30.000 Angehörige der 1. und 12. SS-Panzerdivision überlebten und über die Dives kamen, haben wir doch feststellen müssen, daß am 21. August keine von ihnen mehr als eine zusammenhängende Division existierte. Zwar trifft es zu, daß einige Teile, besonders diejenigen, die vor Mitte August zurückgezogen wurden, bis zum 25. August Widerstand leisteten, es lohnt sich aber nicht, diese Kampfhandlungen im einzelnen zu beschreiben. Es mag genügen zu sagen, daß Teile der SS-Sturmgeschützabteilung der Division „Leibstandarte" und der 1. Kompanie der SS-Panzeraufklärungsabteilung 1 (die im Juli in Belgien zurückgelassen worden waren) westlich der Seine kämpften, ebenso wie Bremers Panzeraufklärungsabteilung der Division „Hitlerjugend" und eine bedeutende Kampfgruppe unter SS-Standartenführer Mohnke, die Teile von Waldmüllers und Siebkens SS-Panzergrenadierbataillonen sowie einige Sturmgeschütz- und Flak-Batterien von der Division „Leibstandarte" umfaßten. Einzelheiten über ihre Einsätze sind nur skizzenhaft und nicht zuverlässig, obgleich Bremer für seine Verdienste das Eichenlaub zum Ritterkreuz erhielt. Wie in diesem Buch gezeigt, gab es das I. SS-Panzerkorps nicht mehr, und unsere Geschichte der Kämpfe in der Normandie ist damit beendet.

Epilog

So unglaublich es auch scheinen mag, am 16. Dezember 1944 waren die 1. und 12. SS-Panzerdivision wiederaufgefrischt, neu aufgestellt und ausgerüstet und standen bereit, Hitlers letzte große Offensive im Westen durch die belgischen Ardennen zu führen. Diese Operation, die als Ardennenschlacht bekannt wurde, war ein verlustreicher Fehlschlag; aber schon einen Monat später waren die Divisionen „Leibstandarte" und „Hitlerjugend" erneut aufgestellt und wurden nach Ungarn geschickt, um die Flut der Sowjets aufzuhalten, die von Osten hereinströmte.

Beide Divisionen erlebten das Kriegsende in Niederösterreich und waren am 8. Mai 1945 praktisch aufgerieben. Die Überlebenden wurden bis Anfang 1946 in verschiedenen Lagern gehalten – in einigen Fällen in kurz zuvor geräumten Konzentrationslagern der Nationalsozialisten. Natürlich beklagten sich die Männer der Waffen-SS, daß sie zu Unrecht als Kriegsverbrecher gebrandmarkt wurden. Sie konnten nicht verstehen, daß man sie als Teil einer teuflischen Maschinerie ansah, die fast sechs Jahre lang für Krieg in Europa und Millionen von Toten verantwortlich sein sollte, und daß nach der Entdeckung der Konzentrationslager jeder, der SS-Runen trug, tatsächlich von den meisten alliierten Soldaten als Barbar angesehen wurde, der eine Behandlung als solcher auch verdiente. Die alliierte Obrigkeit dachte sicher nicht daran, den Angehörigen der Waffen-SS die Behandlung zukommen zu lassen, die Kriegsgefangenen gewährt wurde; dies wurde von Männern, die für sich in Anspruch nahmen, nie etwas anderes als Frontsoldaten gewesen zu sein, sehr übelgenommen.

Einige sehr bekannte Soldaten des ursprünglichen I. SS-Panzerkorps sind nach den Kämpfen in der Normandie gefallen, darunter Ritterkreuzträger Arnold Jürgensen in den Ardennen und „Papa" Krause, der am 19. Februar während der Operation „Südwind" in Ungarn tödlich verwundet wurde. Andere starben nicht auf dem Schlachtfeld – eine sich zurückziehende Gruppe der Division „Hitlerjugend", geführt von Erich Olboeter, wurde in der Nacht des 1. September von belgischen Partisanen aus dem Hinterhalt beschossen. Olboeter wurden dabei durch eine von Partisanen auf der Straße verlegte Mine beide Beine abgerissen, und er starb im Hospital in Charleville. Hans Waldmüller, ebenfalls Ritterkreuzträger, wurde von belgischen Partisanen hinterhältig überfallen und am 8. September 1944 auf bestialische Art und Weise ermordet, als sich die Division „Hitlerjugend" nach Deutschland zurückzog.

Die meisten Überlebenden des Korps wurden Anfang 1946 aus der Gefangenschaft entlassen, aber bei einigen der bedeutendsten Männer dieser ungewöhnlichen Odyssee war dies nicht der Fall. Sepp Dietrich wurde schließlich im Oktober 1955 bedingt aus der Haft entlassen, doch 1957 wegen seiner Rolle während des Röhm-Putsches vor ein westdeutsches Gericht gestellt und zu 18 Monaten Gefängnisstrafe verurteilt. Er starb im April 1966 und bekam von seinen „Jungs" in Ludwigsberg ein Heldenbegräbnis.

Kurt Meyer, dem für seine Leistungen in der Normandie die Schwerter zum Ritterkreuz mit Eichenlaub verliehen worden waren, wurde am 6. September im Dorf Durnal, 15 Kilometer südlich von Namur, von belgischen Partisanen gefangengenommen. Wie in Kapitel X erwähnt, wurde er im Dezember 1945 als Kriegsverbrecher vor Gericht gestellt, zum Tode verurteilt, begnadigt und saß schließlich mehr als sechs Jahre im Dorchester-Gefängnis in New Brunswick,

Kanada, ehe er in ein britisches Zuchthaus in Werl, Westdeutschland, gebracht wurde. Er machte kein Geheimnis daraus, daß er immer noch ein überzeugter Nationalsozialist war und Hitler verehrte. Meyer wurde 1954 entlassen und arbeitete für die Andreas-Brauerei in Hagen. Im Jahr 1956 wurde er der 1. Sprecher für die HIAG, die „Hilfsgemeinschaft auf Gegenseitigkeit", die sich für die Gleichstellung der Soldaten der Waffen-SS mit denen der Wehrmacht einsetzte und dafür eintrat, daß ihre ehemaligen Mitglieder Kriegspensionen erhielten; und im Jahr darauf wurde sein Buch *Grenadiere* veröffentlicht. Er starb im Jahre 1961 genau am Tag seines 51. Geburtstages an einem Herzanfall. Seinem Begräbnis wohnten über 5.000 Getreue bei.

Wilhelm Mohnke lebte bis zu seinem Tod in Barsbüttel bei Hamburg. Nachdem er die Division „Leibstandarte" in der Ardennenoffensive kommandiert hatte, kehrte er nach Berlin zurück und wurde Kampfkommandant der Reichskanzlei. Im Mai 1945 wurde er von den Russen gefangengenommen und betrieb nach seiner Entlassung im Jahre 1955 einen Handel mit Kleinlastwagen und Anhängern.

Einer der bekanntesten Kämpfer, Jochen Peiper, wurde als letzter aus dem Gefängnis entlassen. Kurz nach Kriegsende wurde er als „GI-Feind Nr. 1" gebrandmarkt und in einem folgenden umstrittenen US-Militärverfahren, das in dem früheren Konzentrationslager in Dachau stattfand, wegen der als „Malmédy-Massaker" bekanntgewordenen Ereignisse zum Tode verurteilt. Hierbei waren 84 Amerikaner, von denen sich die meisten schon ergeben hatten, dann aber die Waffen wieder aufgenommen und zu fliehen versucht hatten, erschossen worden. Er wurde im Dezember 1956 bedingt entlassen und, nachdem er für Porsche und Volkswagen als Vertreter gearbeitet hatte, zog er sich 1972 nach Traves in Frankreich zurück. Er wurde 1976 am Bastille-Tag während eines Brandanschlags auf sein Haus ermordet und war, wie die Geschichte der „Leibstandarte" es nennt, „der letzte Gefallene". Für seinen Tod wurde niemals irgend jemand zur Rechenschaft gezogen.

Über 40 Soldaten des I. SS-Panzerkorps wurden für Kriegsverbrechen zum Tode durch Erhängen verurteilt, aber nur zwei der Urteile wurden je vollstreckt – nämlich an Siebken und Schnabel im Jahre 1949 in Hameln. Alle anderen wurden begnadigt und später bedingt entlassen. Aber dennoch, einige wie Georg Preuß, dem 1945 des Ritterkreuz verliehen worden war, fanden ein tragisches Ende – er starb 1990 nahe der Lüneburger Heide als einsamer, völlig mittelloser Mann ohne Familie und Freunde, ohne Elektrizität und fließendes Wasser.

Gerd Bremer wurde von den Franzosen als Kriegsverbrecher inhaftiert. Er wurde 1948 entlassen und starb 1989, nachdem er im spanischen Las Rotas bei Denia einen Bungalow-Ferienpark aufgebaut und verwaltet hatte. Sein Gegenstück in der Division „Leibstandarte", Gustav Knittel, wurde für während der Ardennenschlacht in Belgien angeblich begangene Kriegsverbrechen zu lebenslanger Haft verurteilt. Er wurde in den frühen fünfziger Jahren freigelassen und starb 1976.

Zu den Überlebenden der Normandie-Kämpfe, die nicht als Kriegsverbrecher abgeurteilt wurden, gehörte Teddy Wisch, der auf seines Vaters Bauernhof in Norderstedt zurückkehrte und sich der Viehzucht widmete, nachdem er sich von seinen Kriegsverletzungen erholt hatte. Er starb mit fast 88 Jahren im Januar 1995. Max Wünsche starb ebenfalls 1995, nachdem er Geschäftsführer einer Rohrfabrik in Wuppertal gewesen war. Rudolf Sandig wurde Direktor einer Versicherungsgesellschaft. Er trug ein Miniatur-Ritterkreuz (ohne Hakenkreuz) auf seinem Revers, als der Autor ihn 1982 traf. Er starb 1994 in Weyhe-Leeste bei Bremen.

Max Hansen wurde noch SS-Standartenführer. Nach dem Krieg betrieben er und seine Frau eine Reinigungsfirma in Niebüll, aber er verbrachte seine letzten drei, vier Jahre wie ein lebender Leichnam – „mit seinem Gehirn und seiner Seele bereits in Walhall", wie es ein Kamerad ausdrückte.

Hubert Meyer, der noch am Leben ist, schrieb eine bemerkenswerte Geschichte der Division „Hitlerjugend" und nahm 1974 an einer Reise zum Schlachtfeld in der Normandie teil, die von der britischen Kriegsakademie veranstaltet wurde. Offensichtlich war er in der Lage, einen wertvollen Beitrag zu den Diskussionen und Erinnerungen zu leisten. Er half auch bei der Herstellung eines Films über den Einsatz der Division „Hitlerjugend" im Ardennenfeldzug im Dezember 1944.

Die Offiziere und Angehörigen der Divisionen „Leibstandarte" und „Hitlerjugend" waren in der Tat außergewöhnliche Männer – von einigen als Helden verehrt, von anderen als Kriminelle verurteilt und geschmäht. Nicht alle waren tapfer. Es gab auch verängstigte junge Menschen, die sich den alliierten Soldaten ergaben. Aber im großen Ganzen stehen diese Männer in einer Reihe mit Cäsars besten Legionen und Napoleons alter Garde. Weniger Wohlmeinende haben sie auch mit Dschingis Khans Horden und Attilas einfallenden Hunnen verglichen. Wie auch immer, sie waren bemerkenswerte Soldaten – dergleichen werden wir wohl niemals wieder sehen.

Und zum Schluß müssen wir fragen: Was hatte sie zu dem gemacht, was sie waren? Hier sehen wir uns vielen Widersprüchen gegenüber. Daß sie von einer umstrittenen Ideologie motiviert waren, hinderte sie nicht daran, gute Führer und Soldaten zu sein. Die Tatsache, daß sie fast ausschließlich aus christlichen Häusern und Schulen kamen, hielt sie nicht davon ab, oft hart und entschlossen vorzugehen. Sie waren nicht der Meinung, daß auch im Krieg eindeutige Regeln herrschen sollten. Vielmehr sahen sie den Krieg als Wettstreit an, aus dem sie als Gewinner hervorgehen wollten. Für den Verlierer kannten sie nur Geringschätzung. Deshalb durfte es den Gegnern nicht gestattet sein, sie zu bezwingen.

Die vereinte Einsatzbereitschaft erfahrener Führer, älterer Unterführer und pflichtbewußter Soldaten brachte eine gewaltige Kriegsmaschinerie hervor. Kriegsverwundungen wurden mit zusammengebissenen Zähnen ertragen und waren häufig kein Grund, das Schlachtfeld zu verlassen. Wehleidigkeit galt als Zeichen von Schwäche und wurde geächtet.

Die Bereitwilligkeit der Männer der Waffen-SS, auch dann weiterzukämpfen, als der Krieg offensichtlich verloren war, kann für die heutige Generation nur Anlaß zur Bewunderung sein. Die im Osten gesammelten Erfahrungen trugen zweifellos zu dem Entschluß bei, die Heimat so lange wie möglich und um jeden Preis zu schützen.

Die Tatsache, daß diese Männer Teil einer Eliteorganisation waren, die den Namen ihres charismatischen Führers trug, hatte großen Einfluß auf die Zielsetzung. Gutaussehende Uniformen, gute Waffen, viele bedeutungsvolle Auszeichnungen, die zur Kennzeichnung der Tapferen sogar im Kampf getragen wurden, die Kameradschaft, all diese Faktoren zusammengenommen machten die Einmaligkeit dieser Männer aus. Der hauptsächliche Grund für ihre Besonderheit aber war vielleicht ihr offensichtlicher Stolz, Soldat zu sein. Seltsam mutet es an, daß die ehemaligen Alliierten in den Nachkriegsjahren so viel Zeit darauf verwendeten, gegenseitig ihre Leistungen im Zweiten Weltkrieg zu kritisieren, gleichzeitig aber die ihres Feindes bewunderten, besonders die der Waffen-SS. Schließlich kommt noch hinzu, daß die Männer des I. SS-Panzerkorps sich durch das auszeichneten, was in manchen Kreisen bis heute als „Kriegskunst" bezeichnet wird.

ANHANG 1

1. SS-Panzerdivision „Leibstandarte-SS Adolf Hitler" (LAH)
1. Juli 1944

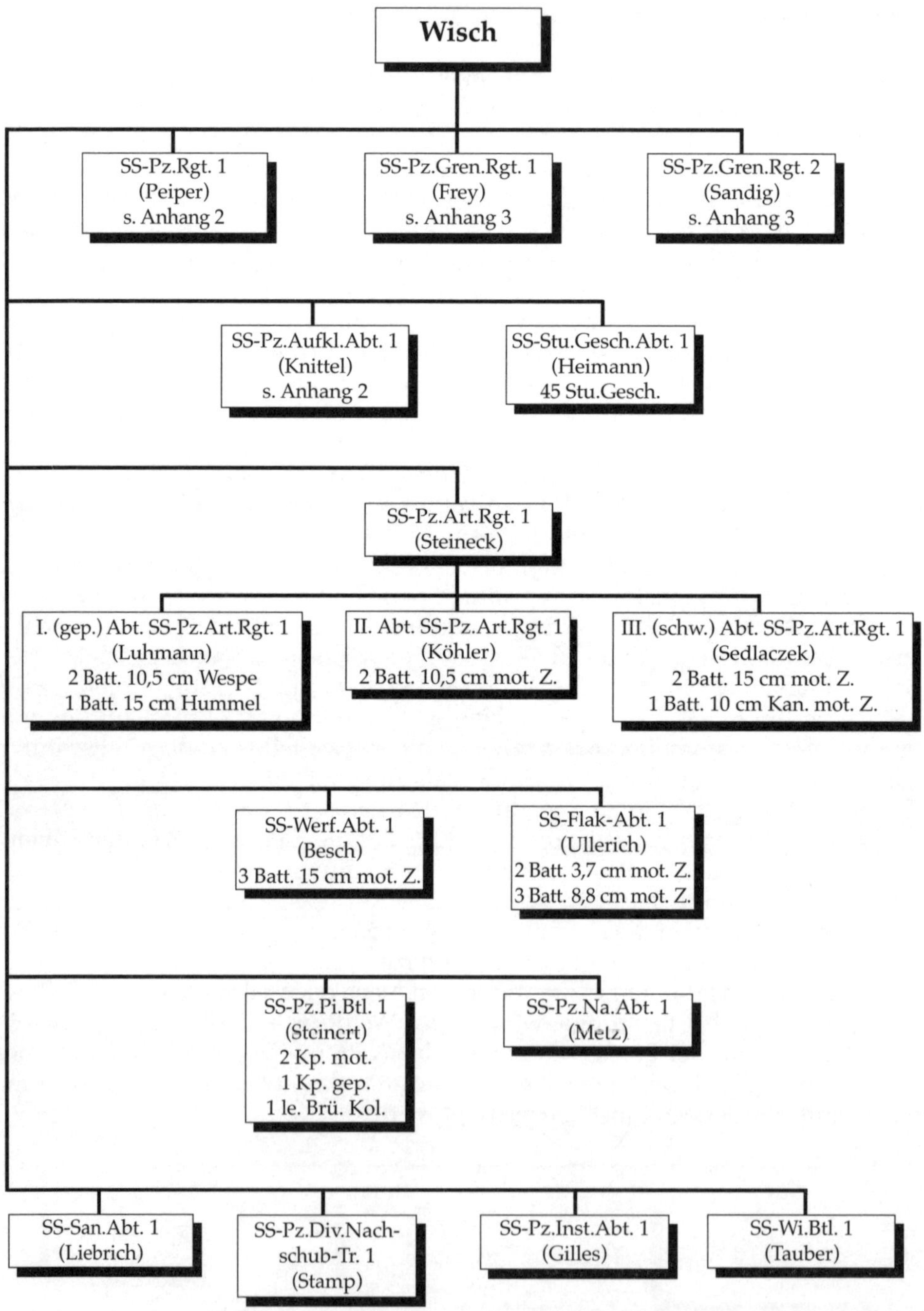

SS-Panzerregiment 1
1. Juli 1944

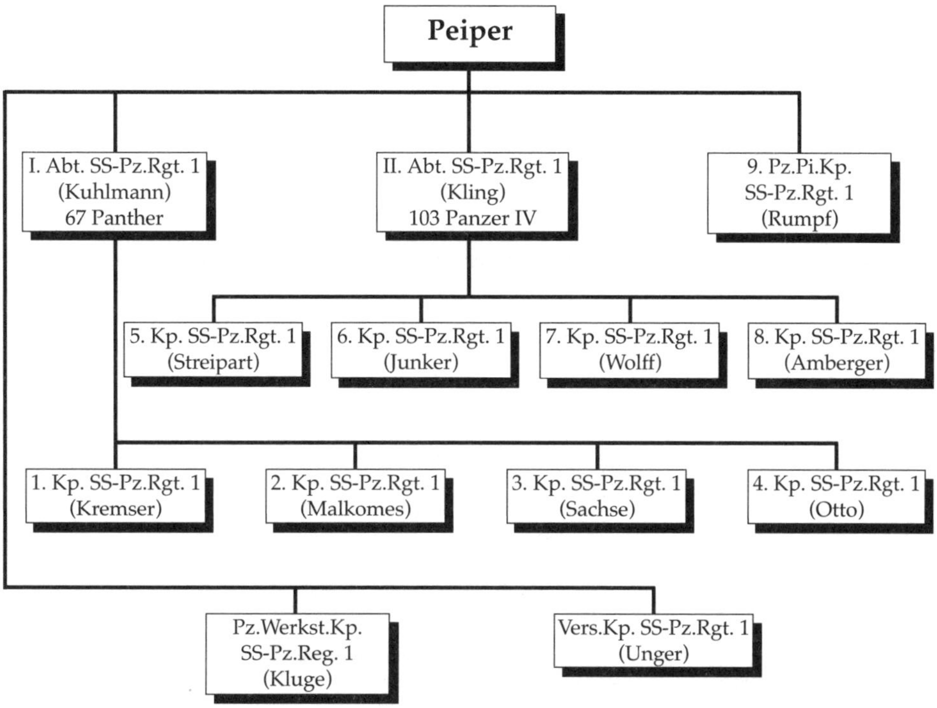

SS-Panzeraufklärungsabteilung 1
1. Juli 1944

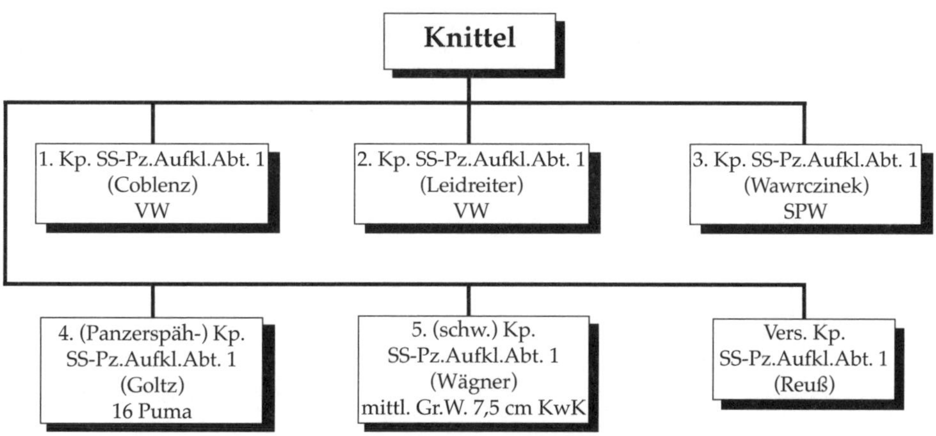

SS-Panzergrenadierregiment 1
1. Juli 1944

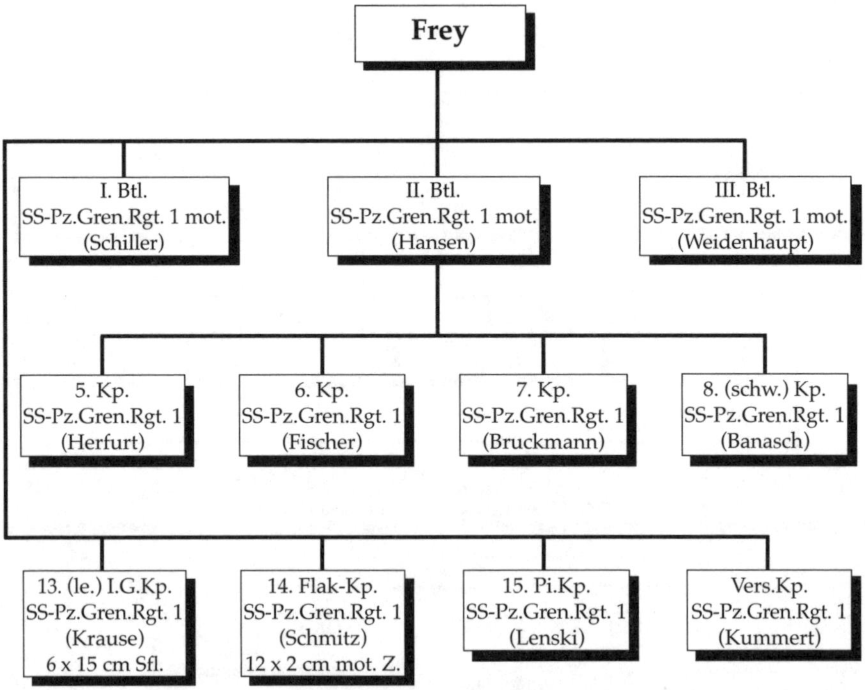

SS-Panzergrenadierregiment 2
1. Juli 1944

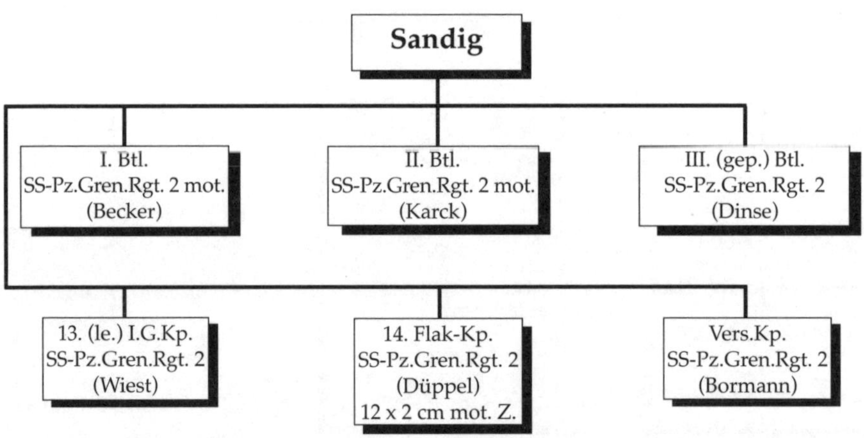

12. SS-Panzerdivision „Hitlerjugend“ (HJ)
6. Juni 1944

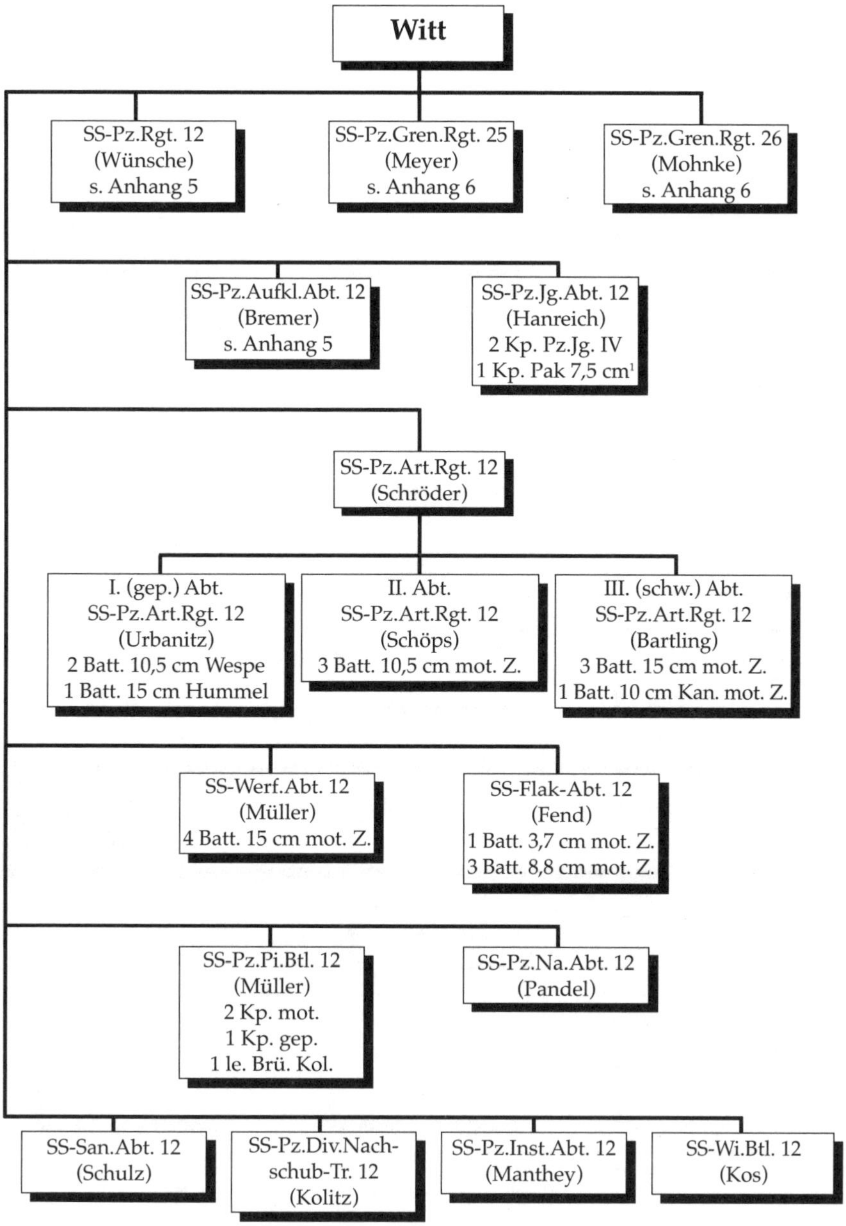

[1] Diese Kompanien waren ab Mitte Juli im Einsatz.

SS-Panzerregiment 12
6. Juni 1944

Wünsche

- Vers.Kp. SS-Pz.Rgt. 12 (Donaubauer)
- I. Abt. SS-Pz.Rgt. 12 (Jürgensen) 79 Panther
  - 1. Kp. SS-Pz.Rgt. 12 (Berlin)
  - 2. Kp. SS-Pz.Rgt. 12 (Gaede)
  - 3. Kp. SS-Pz.Rgt. 12 (von Ribbentrop)
  - 4. Kp. SS-Pz.Rgt. 12 (Pfeiffer)
  - Pz.Werkst.Kp. SS-Pz.Rgt. 12 (Maier)
- II. Abt. SS-Pz.Rgt. 12 (Prinz) 96 Panzer IV
  - 5. Kp. SS-Pz.Rgt. 12 (Bando)
  - 6. Kp. SS-Pz.Rgt. 12 (Ruckdeschel)
  - 7. Kp. SS-Pz.Rgt. 12 (Bräcker)
  - 8. Kp. SS-Pz.Rgt. 12 (Siegel)
  - 9. Kp. SS-Pz.Rgt. 12 (Buettner)
  - Pz.Werkst.Zug (Müller)

SS-Panzeraufklärungsabteilung 12
6. Juni 1944

Bremer

- 1. (Panzerspäh.) Kp. SS-Pz.Aufkl.Abt. 12 (Hansmann) Pz.Späh-Wg.
- 2. (Panzerspäh.) Kp. SS-Pz.Aufkl.Abt. 12 (Hauck) Pz.Späh-Wg.
- 3. (Aufkl.) Kp. SS-Pz.Aufkl.Abt. 12 (Keue) le. SPW
- 4. (Aukl.) Kp. SS-Pz.Aufkl.Abt. 12 (Beiersdorf) le. SPW
- 5. (schw.) Kp. SS-Pz.Aufkl.Abt. 12 (von Reitzenstein) Pi.Zug Kanonen-Zug Pz.Jg.-Zug

SS-Panzergrenadierregiment 25
6. Juni 1944

Meyer

- I. Btl. SS-Pz.Gren.Rgt. 25 mot. (Waldmüller)
- II. Btl. SS-Pz.Gren.Rgt. 25 mot. (Scappini)
  - 5. Kp. SS-Pz.Gren.Rgt. 25 (Kreilein)
  - 6. Kp. SS-Pz.Gren.Rgt. 25 (Thirey)
  - 7. Kp. SS-Pz.Gren.Rgt. 25 (Schrott)
  - 8. Kp. SS-Pz.Gren.Rgt. 25 (Breinlich)
- III. Btl. SS-Pz.Gren.Rgt. 25 mot. (Milius)
- 13. (schw.) I.G.Kp. SS-Pz.Gren.Rgt. 25 (Kaminski) 6 x 15 cm Sfl.
- 14. Flak-Kp. SS-Pz.Gren.Rgt. 25 (Brantl) 12 x 2 cm mot. Z.
- 15. Aufkl.Kp. SS-Pz.Gren.Rgt. 25 (Büttner) Kräder
- 16.Pi.Kp. SS-Pz.Gren.Rgt. 25 (Werner)

SS-Panzergrenadierregiment 26
6. Juni 1944

Mohnke

- I. Btl. SS-Pz.Gren.Rgt. 26 mot. (Krause)
- II. Btl. SS-Pz.Gren.Rgt. 26 mot. (Siebken)
- III. (gep.) Btl. SS-Pz.Gren.Rgt. 26 (Olboeter)
- 13. (schw.) I.G.Kp. SS-Pz.Gren.Rgt. 26 (Polanski) 6 x 15 cm Sfl.
- 14. Flak-Kp. SS-Pz.Gren.Rgt. 26 (Stolze) 12 x 2 cm mot. Z.
- 15. Aufkl.Kp. SS-Pz.Gren.Rgt. 26 (Bayer) Kräder
- 16. Pi.Kp. SS-Pz.Gren.Rgt. 26 (Trompke)

US-Panzerdivision
Juni 1944

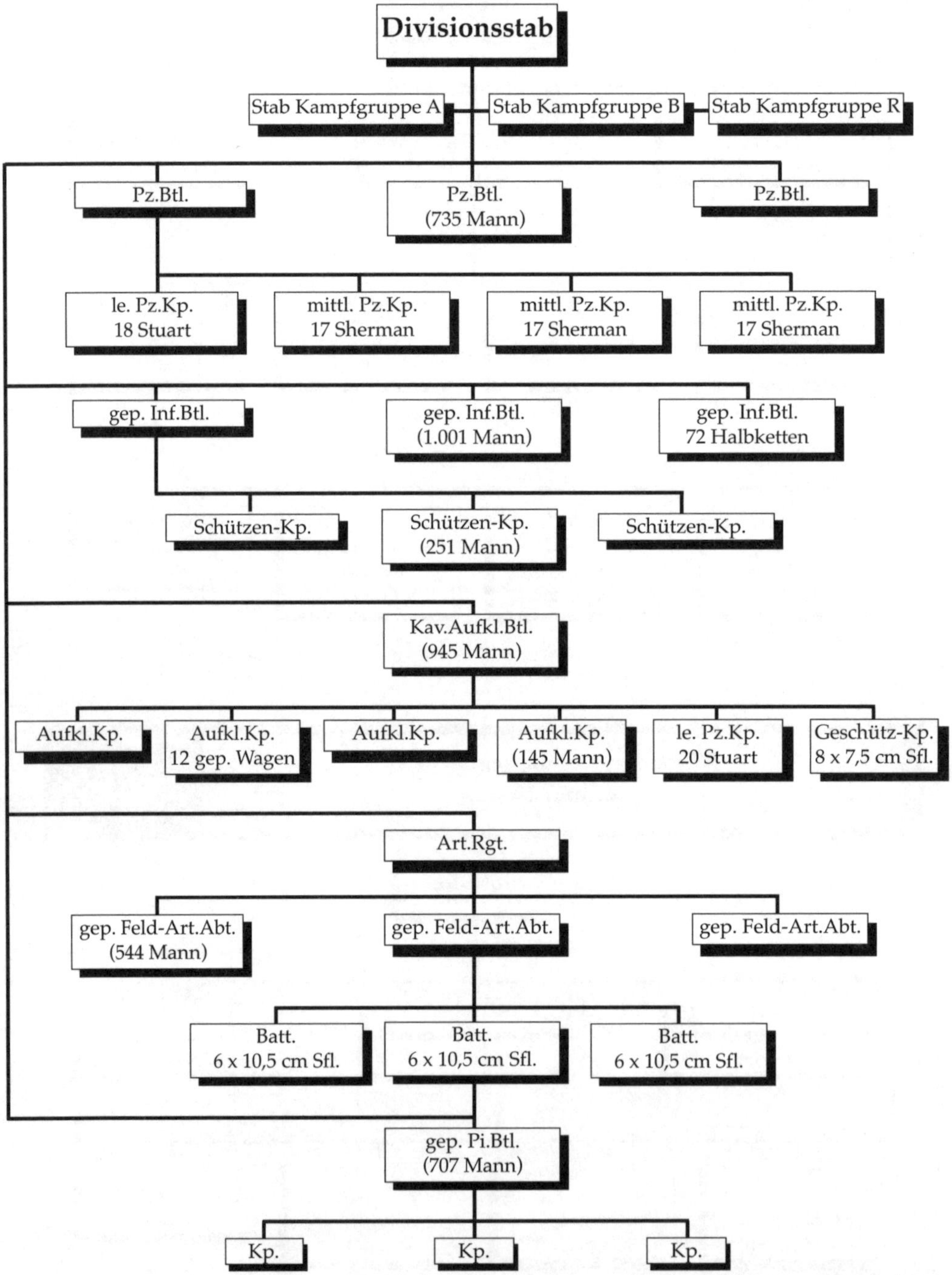

Britische/Kanadische/Polnische Panzerdivision[1] Juni 1944

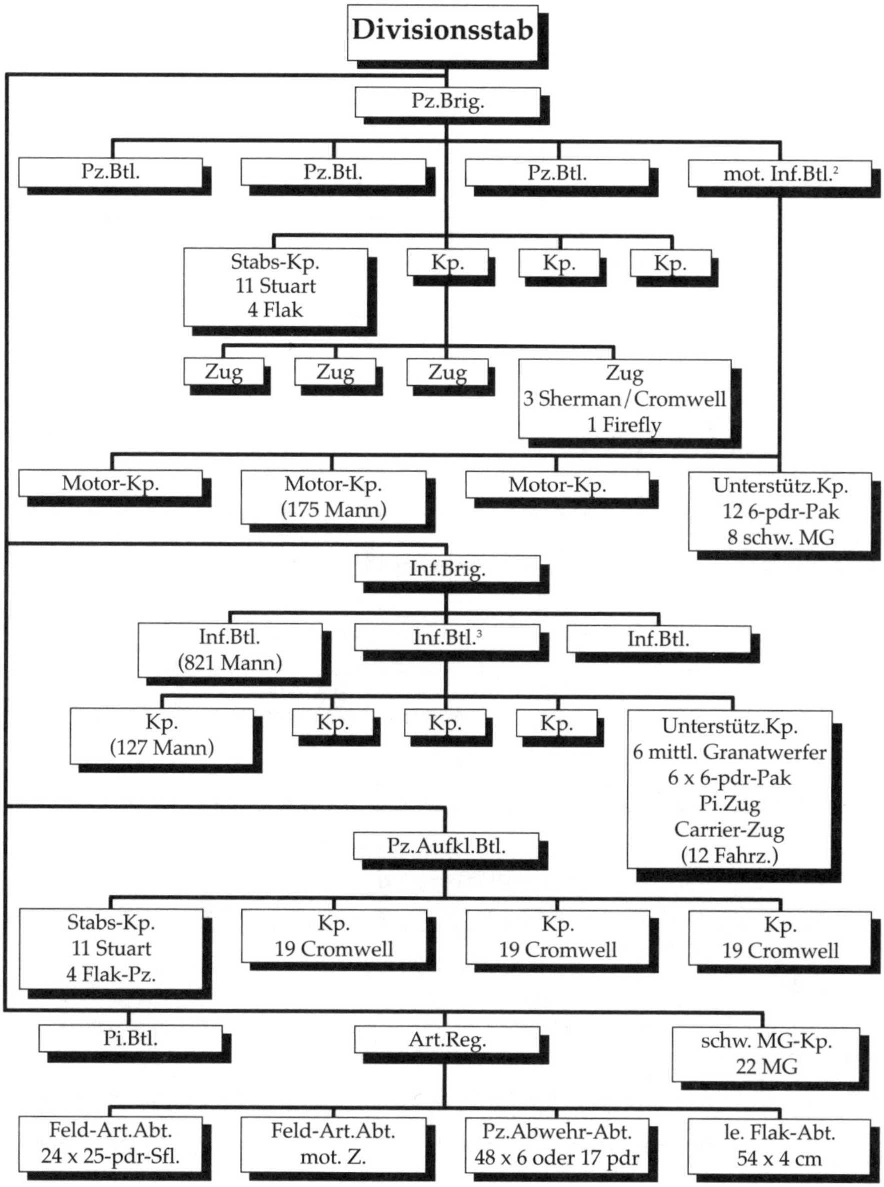

[1] Verwaltungseinheiten ausgenommen
[2] in Halbkettenfahrzeugen und Carriern befördert
[3] verladen oder zu Fuß

US-Infanteriedivision
Juni 1944

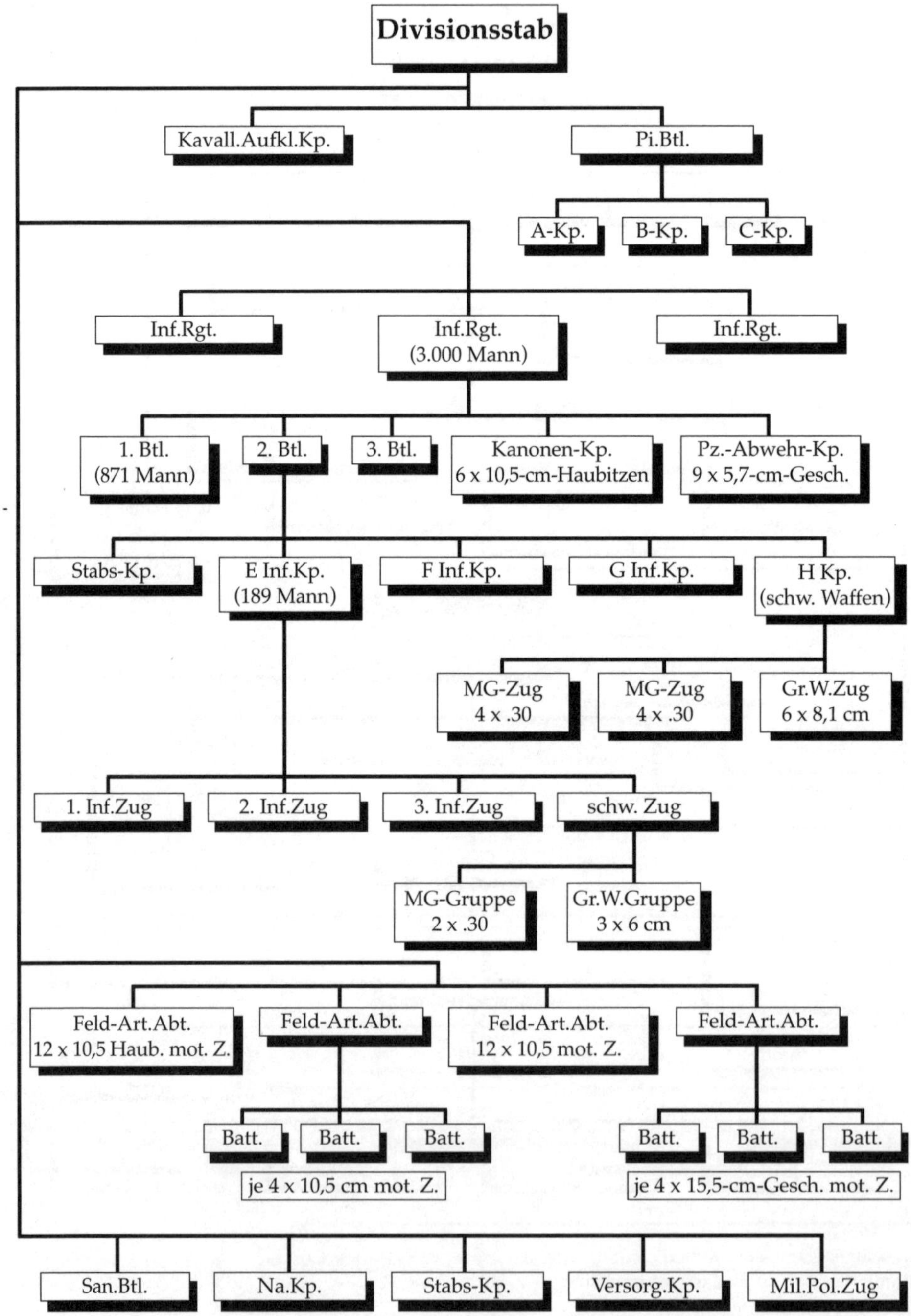

Britische/Kanadische Infantriedivision[1]
Juni 1944

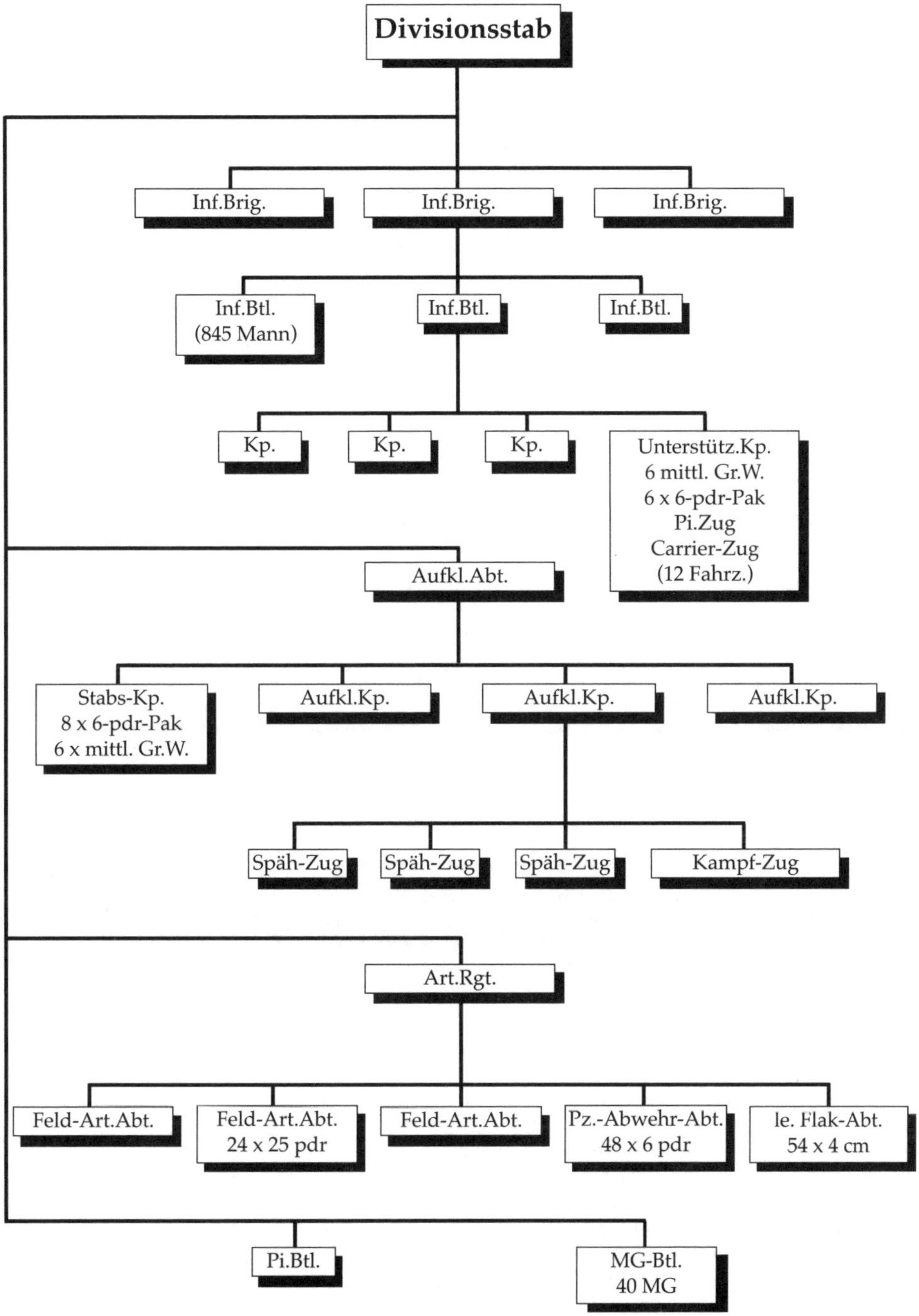

[1] verladen oder zu Fuß

Deutsche Kommandobehörden im Westen
Juni 1944

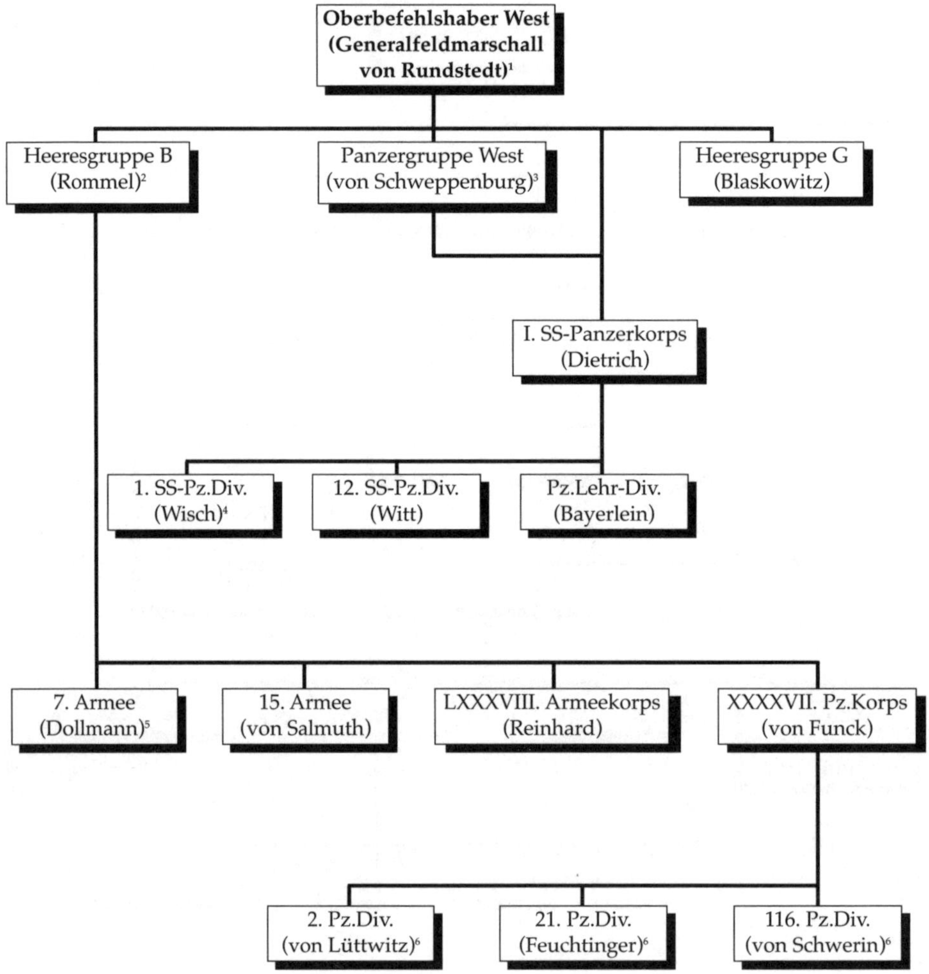

[1] Nachfolger Generalfeldmarschall von Kluge am 2. Juli 1944, Generaloberst Model am 17. August 1944

[2] Als Generalfeldmarschall Rommel am 17. Juli verwundet wurde, wurde die Heeresgruppe B vom Oberbefehlshaber West direkt geführt.

[3] Bei Invasionsbeginn nur Ausbildungsstab, ab etwa 5. Juni war das I. SS-Panzerkorps unterstellt. Nachfolger von General der Panzertruppe Geyr von Schweppenburg wurde am 2. Juli General der Panzertruppe Eberbach.

[4] bis 16. Juni zur Auffrischung und als Eingreifreserve an der Scheldemündung

[5] Nachfolger Generaloberst der Waffen-SS Hausser

[6] Bei Invasionsbeginn am 6. Juni unterstanden diese drei Panzerdivisionen als Eingreifreserve direkt der Heeresgruppe B. Die 21. Panzerdivision lag im Raum nordwestlich und ostwärts Caen sowie nördlich Falaise. Sie wurde ungefähr am 7. Juni dem I. SS-Panzerkorps unterstellt. Die 2. und 116. Panzerdivision lagen bei Invasionsbeginn im Raum nördlich Paris; die 2. Panzerdivision wurde ab 13. Juni der Panzergruppe West zugeführt, die 116. Panzerdivision ab 28. Juli der 7. Armee.

Alliierte Kommandobehörden
6. Juni 1944

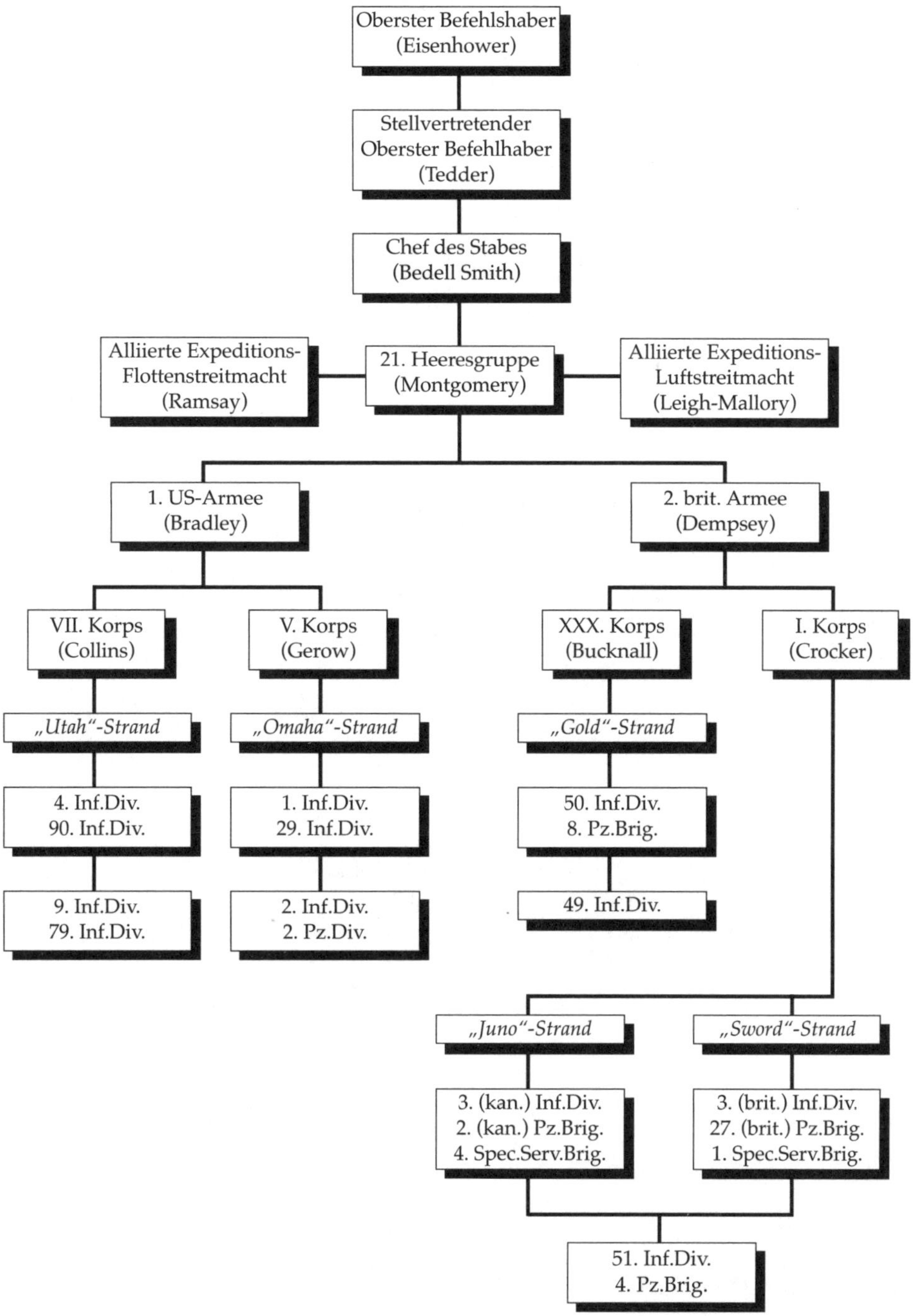

Abkürzungen

Abt.	Abteilung
Aufkl.	Aufklärung
Ausb.	Ausbildung
Art.	Artillerie
Batt.	Batterie
bodst.	bodenständig
Brig.	Brigade
Btl.	Bataillon
Div.	Division
Ers.	Ersatz
Fsch.	Fallschirm
gep.	gepanzert
Gren.	Grenadier
Gr.W.	Granatwerfer
Inf.	Infanterie
I.G.	Infanteriegeschütz
Jg.	Jäger
Kp.	Kompanie
Krad.	Kraftrad
KwK.	Kampfwagenkanone
le.	leicht
MG	Maschinengewehr
mittl.	mittlere
mot. Z.	motorisiert mit Zugkraftwagen
Na.	Nachrichten
Pak	Panzerabwehrkanone
Pi.	Pionier
Pol.	Polizei
Pz.	Panzer
Pz.Jg.	Panzerjäger
Rgt.	Regiment
schw.	schwer
Sd.Kfz.	Sonderkraftfahrzeug
Sfl.	Selbstfahrlafette
SPW	Schützenpanzerwagen
Stu.Gesch.	Sturmgeschütz
VT	Verfügungstruppe
Werf.	Werfer

Anmerkungen

Kapitel I (S. 13–22)

1 Bayrisches Staatsarchiv
2 Lehmann, Bd. 1, S. 1
3 Ebd., S. 9
4 Ebd., S. 14
5 Ebd., S. 28
6 Ebd., S. 36
7 Ebd., S. 81
8 Ebd., S. 67
9 Ebd., S. 70
10 Ebd., S. 72
11 Ebd., S. 251; Lehmann, Bd. 1, S. 436
12 Lehmann, Bd. 1, S. 122
13 Ebd., S. 125
14 Ebd., S. 139
15 Ebd., S. 148
16 Ebd., S. 201
17 Ebd., S. 208
18 Ebd., S. 203
19 Messenger, S. 94
20 Lehmann, Bd. 2, S. 169
21 Ebd., S. 186
22 Ebd., S. 199
23 Ebd., S. 300 ff.
24 Lehmann, Bd. 3, S. 194
25 Ebd., S. 185
26 Lehmann/Tiemann, S. 123
27 Lehmann, Bd. 3, S. 196

Kapitel II (S. 23–31)

1 Shulman, S. 120
2 Messenger, S. 71
3 Ebd., S. 105
4 Ebd., S. 94
5 Lehmann, Bd. 3, S. 224
6 Ebd., S. 194
7 Ebd., S. 195
8 Ebd., S. 196
9 Ebd., S. 198
10 Ebd., S. 196
11 Ebd., S. 249
12 Ebd., S. 293
13 Ebd., S. 294
14 Lehmann, Bd. 2, S. 300
15 Lehmann, Bd. 3, S. 196
16 Lehmann/Tiemann, S. 51
17 Ebd., S. 75
18 Manstein, S. 601
19 Lehmann/Tiemann, S. 95 f.
20 Lehmann, Bd. 2, S. 310
21 First Cdn. Army Int Summary Nr. 46, 14.8.1944

[22] Meyer, H., S. 7
[23] Ebd., S. 9
[24] Meyer, H., S. 43 f.
[25] Lehmann / Tiemann, S. 98
[26] Kraemer, *I SS Panzer Corps in the West*, MS C-024, IWM, London, AL 2727 / 1-2
[27] Dokumente vom Juni 1944 im Centre de Documentation Historique, Ministère de la Défense Nationale, Brüssel
[28] Kraemer, *I SS Panzer Corps in the West*, MS C-024, IWM, London, AL 2727 / 1-2
[29] Lehmann / Tiemann, S. 115

Kapitel III (S. 32–36)

[1] Montgomery, *Memoirs*, S. 227
[2] Ebd., S. 250
[3] Montgomery, *Armoured Division*, S. 2
[4] Hastings, M., S. 221
[5] Ebd., S. 227
[6] Lefèvre, S. 28 f., 34 ff.
[7] Wilmot, S. 443

Kapitel IV (S. 37–43)

[1] Hinsichtlich organisatorischer Einzelheiten wurden folgende Quellen herangezogen: Ellis, C.; Ellis, L.; Davies; Hewitt; Lehmann / Tiemann; Lucas / Cooper; Quarrie; im US War Department das Field Manual FM 101-10; die Privatarchive von Jeff Dugdale und Mike Wood
[2] Meyer, H., S. 14
[3] LAH-Meldung, 1.6.1944
[4] LAH-Meldung, 1.7.1944
[5] HJ-Meldung, 1.6.1944
[6] Lehmann / Tiemann, S. 304, 307, 311
[7] LAH-Meldung, 1.6.1944. Es ist sehr schwierig, genaue Zahlenangaben zu Fahrzeugen und Waffen für die Zeit nach dem 6.6. zu machen, weil den Einheiten, die Verluste erlitten, ständig neue und instandgesetzte Teile zugestellt wurden.
[8] HJ-Meldung, 1.6.1944, aber s. Anm. 7
[9] Lehmann / Tiemann, S. 319 ff., aber s. Anm. 7
[10] Meyer, H., S. 26
[11] Hastings, M., S. 42
[12] LAH-Gliederung, 1.7.1944, aber s. Anm. 7
[13] HJ-Gliederung, 1.6.1944, aber s. Anm. 7
[14] Hewitt, S. 8
[15] Gravely, S. 446 f.
[16] Ebd., S. 454
[17] War Office, Army Training Instruction Nr. 2. *The Co-operation of Infantry and Tanks*, 1943, S. 15
[18] Montgomery, *Memoirs*, S. 243
[19] Erinerungen von General Sir Frank Simpson, aufgezeichnet von Eugene Wason für Sir Denis Hamilton, 1978

Kapitel V (S. 44–55)

[1] Wilmot, S. 150
[2] Ebd., S. 150
[3] Shulman, S. 111 f.
[4] Wilmot, S. 229
[5] Bradley
[6] Wilmot, S. 216
[7] Ebd., S. 288 f.
[8] Nicolson, S. 211
[9] *Royal Warrant for the Pay*; Ganoe, Anhang C: offizieller Wechselkurs 1944: 4,03 Dollar zu 1 Pfund
[10] *New Encyclopaedia Brittannica*, Bd. 29, S. 191
[11] Hewitt, S. 5 f.
[12] Maj Joe Lever an den Verfasser, Oktober 1995
[13] Neillands, S. 221

Kapitel VI (S. 56–62)

[1] Meyer, H., S. 57
[2] Kraemer, *I SS Panzer Corps in the West*, MS C-024, IWM, London, AL 2727 / 1-2
[3] Meyer, H., S. 54 f.
[4] Meyer, K., S. 210 f.
[5] Ebd., S. 210
[6] KTB 7. Armee, 6.6.1944
[7] Kraemer, *I SS Panzer Corps in the West*, MS C-024, IWM, London, AL 2727 / 1-2
[8] Shulman, S. 119
[9] Kraemer, *I SS Panzer Corps in the West*, MS C-024, IWM, London, AL 2727 / 1-2
[10] Stacey, S. 650
[11] KTB 3. kan. Inf.Div., 6.6.1944
[12] KTB Pz.Rgt. 6, 6.6.1944
[13] Interview mit Generalleutnant Wilhelm Richter, OCMH. MS # B-621
[14] Shulman, S. 121
[15] Meyer, K., S. 214
[16] Lehmann / Tiemann, S. 113

Kapitel VII (S. 63–70)

[1] Meyer, K., S. 216 f.
[2] KTB Pz.Rgt. 27, 7.6.1944

3 Meyer, K., S. 219 ff.
4 Meyer, H., S. 41
5 Ebd., S. 42
6 Ebd., S. 43
7 KTB kan. Pz.Brig. 2, 7.6.1944
8 KTB N Nova Scotia Highlanders, 7.6.1944
9 Stacey, S. 133
10 KTB 2 RUR, 7.6.1944
11 KTB 3. Inf.Div., 7.6.1944
12 Shulman, S. 121
13 Stacey, S. 132
14 KTB kan. Pz.Brig. 2, 7.6.1944
15 Meyer, H., S. 45
16 Ebd.
17 KTB kan. Pz.Brig. 2, 7.6.1944
18 Kraemer, *I SS Panzer Corps in the West*, MS C-024, IWM, London, AL 2727/1-2

Kapitel VIII (S. 71–82)

1 Kraemer, *I SS Panzer Corps in the West*, MS C-024, IWM, London, AL 2727-2
2 Telefontagebuch 7. Armee, 8.6.1944
3 Kraemer, *I SS Panzer Corps in the West*, MS C-024, IWM, London, AL 2727-2
4 Meyer, H., S. 93
5 Ebd., S. 95
6 Ebd.
7 Stacey, S. 136
8 Meyer, H., S. 94
9 Meyer, K., S. 125
10 Ebd., S. 224 ff.
11 Stacey S. 137
12 Meyer, H., S. 100
13 KTB Regina Rifles, 9.6.1944
14 Meyer, H., S. 100 f.
15 Stacey, S. 137
16 Meyer, H., S. 57
17 Meyer, K., S. 127
18 Meyer, H., S. 106 ff.
19 Ebd., S. 107
20 Ebd.
21 Ebd.
22 KTB 24L u. 50. Inf.Div., 9.6.1944
23 Halboffizielle Korrespondenz Oberbefehlshaber 21. Armeegruppe, PRO London
24 Messenger, S. 126
25 Ebd.
26 Meyer, H., S. 116
27 Ebd., S. 112
28 Kraemer, *I SS Panzer Corps in the West*, MS C-024, IWM, London, AL 2727-2

Kapitel IX (S. 83–87)

1 Funktagebuch Radarstation Douvres, 11.6.1944
2 Halboffizielle Korrespondenz Oberbefehlshaber 21. Armeegruppe, PRO London
3 KTB 46 Cdo RM, 11.6.1944
4 Stacey, S. 139
5 Meyer, H., S. 70
6 KTB Fort Garry Horse, 11.6.1944
7 Meyer, H., S. 126
8 Meyer, K., S. 233 f.
9 KTB kan. Pz.Brig. 2, 11.6.1944
10 Meyer, H., S. 121
11 Ebd., S. 122 f.
12 KTB kan. Pz.Brig. 2, 11.6.1944
13 Meyer, H., S. 123

Kapitel X (S. 88–91)

1 Meyer, H., S. 329
2 Sayer/Botting, S. 182
3 Meyer, K., S. 230
4 Ebd.
5 Meyer, H., S. 53

Kapitel XI (S. 92–104)

1 Wilmot, S. 306
2 Meyer, H., S. 71
3 Meyer, K., S. 234
4 Tagebuch Dempsey, PRO WO 285/9
5 Der Bericht gründet sich auf: KTBs XXX. Korps, 7. Pz.Div., Pz.Brig. 22, Inf.Brig. 131; 4 CLY, 1/5, 1/6, 1/7 Queen's, 1 RB; Oberstleutnant Gordons persönlicher Bericht, 18.6.1944; Ritgen; Meyer, H.; Sepp Dietrichs Zitierung Wittmanns; Kraemer, *I SS Panzer Corps in the West*, MS C-024, IWM, London, AL 2727/1-2; Oberstleutnant Gordons Zitierung von Maj French, 17.6.1944; Brigadegeneral Hindes offizieller Bericht über die Operationen vom 6.–15.6.1944; Lindsay/Johnson; d'Este; persönliche Gespräche mit Generalmajor Gordon und verschiedenen Offizieren und Mannschaften der 1/7 Queen's, mit Major Milner von 1 RB, Brigademajor der Pz.Brig. 22 Oberstleutnant Joe Lever, Hauptmann Dyas und weiteren Angehörigen der 4 CLY sowie dem persönlichen Fahrer von Brigadegeneral Hinde
6 Tagebuch Bucknall, IWM 80/30/1 (8)
7 Tagebuch Dempsey, PRO WO 285/9

8 Montgomery, *Memoirs*, S. 243 f.
9 Ritgen, S. 138
10 d'Este, S. 196
11 Tagebuch Dempsey, PRO WO 285/9

Kapitel XII (S. 105–107)

1 Meyer, H., S. 78
2 Meyer, K., S. 241
3 Meyer, H., S. 85
4 Ellis, L., S. 274
5 Lehmann/Tiemann, S. 115
6 Ebd.
7 Ebd., S. 118

Kapitel XIII (S. 108–128)

1 Kraemer, *I SS Panzer Corps in the West*, MS C-024, IWM, London, AL 2727/1-2
2 Meyer, H., S. 93
3 Meyer, K., S. 241 f.
4 Delaforce, S. 74 ff.
5 Ebd., S. 74
6 Meyer, H., S. 99
7 Ebd., S. 100
8 Meyer, K., S. 243 f.
9 Ebd., S. 246
10 Howe, „Baptism of Fire", *Western Mail*, 27.6.1981
11 KTB 7 RTR, 26.6.1944
12 Wilmot, S. 343
13 Carver, M., S. 192
14 KTB 9 RTR, 26.6.1944
15 Meyer, H., S. 112
16 Ebd.
17 Ebd., S. 116
18 KTB 11. Pz.Div., 27.6.1944
19 KTB 9 Cameronians, 27.6.1944
20 KTB 11 DLI, 27.6.1944
21 Meyer, H., S. 120
22 Ebd., S. 126
23 Lehmann/Tiemann, S. 131
24 KTBs Inf.Brig. 227 u. 3 CLY, 28.6.1944
25 KTB 23H, 28.6.1944
26 KTB Pz.Brig. 29, 27.6.1944
27 Meyer, H., S. 216 f.
28 Ebd., S. 215
29 KTB Seaforth, 28.6.1944
30 Meyer, H., S. 125
31 Wilmot, S. 345
32 Belfield/Essame, S. 114
33 KTB VIII. Korps, 29.6.1944
34 Meyer, H., S. 227
35 Ebd.
36 Martin, S. 347
37 Meyer, K., S. 294
38 Martin; ebd.
39 MacMillan Papers, IWM
40 Carver, M., S. 192
41 Ebd.
42 Hastings, M., S. 175
43 Stacey, S. 140
44 Meyer, K., S. 142
45 I. SS-Panzerkorps Meldung Nr. 00851/44, 1.7.1944

Kapitel XIV (S. 129–130)

1 Irving, S. 363 f.
2 Meyer, H., S. 236
3 Wilmot, S. 347

Kapitel XV (S. 131–134)

1 Meyer, H., S. 241
2 Meyer, K., S. 255
3 KTB Winnipeg Rifles, 4.7.1944
4 Meyer, H., S. 244
5 KTB kan. Inf.Brig. 8, 4.7.1944
6 KTB Winnipeg Rifles, 4.7.1944
7 Stacey, S. 155
8 KTB Winnipeg Rifles, 5.7.1944
9 Meyer, H., S. 140
10 Meyer, K., S. 258
11 KTB kan. Inf.Brig. 8, 5.7.1944
12 Lehmann/Tiemann, S. 129

Kapitel XVI (S. 135–142)

1 Ellis, L., S. 310
2 Ebd., S. 312
3 Meyer, H., S. 141
4 Lehmann/Tiemann, S. 132
5 Meyer, H., S. 141
6 Ebd.
7 Ebd., S. 143
8 Lehmann/Tiemann., S. 132
9 Meyer, K., S. 260
10 Stacey, S. 161
11 KTB Canadian Scots, 8.7.1944
12 Meyer, H., S. 260
13 Ebd., S. 150

14 KTB Panzergruppe West
15 KTB kan. Inf.Brig. 7, 8.7.1944
16 KTB kan. Inf.Brig. 9, 9.7.1944
17 Meyer, H., S. 264
18 Stacey, S. 163
19 Ellis, L., S. 316
20 Belchem, S. 150
21 d'Este, S. 317
22 Meyer, H., S. 256
23 Ebd., S. 259
24 Ebd., S. 262
25 Meyer, K., S. 268 f.
26 Lehmann/Tiemann, S. 146

Kapitel XVII (S. 143–146)

1 KTB 7 Hamps, 10.7.1944
2 KTBs 7 RTR u. 4 SLI, 10.7.1944
3 Carver, R. M. P., S. 115
4 KTBs 9 RTR u. 4 Dorset, 10.7.1944
5 KTBs Inf.Brig. 129 u. 130, 10.7.1944
6 KTB Pz.Brig. 31, 10.7.1944
7 Carver, R. M. P., S. 117
8 KTB 5 Dorset, 10.7.1944
9 KTB 4 SLI, 10.7.1944
10 Lehmann/Tiemann, S. 139
11 Martin, S. 64
12 Carver, R. M. P., S. 119
13 KTB 5 DCLI, 11.7.1944
14 Carver, M., S. 194
15 KTB Pz.Brig. 4, 11.7.1944
16 Lehmann/Tiemann, S. 153 f.
17 Ellis, L., S. 318

Kapitel XVIII (S. 147–149)

1 Meyer, H., S. 153
2 Ebd.
3 Ebd., S. 154

Kapitel XIX (S. 150–166)

1 Anordnung Nr. M 511
2 Ellis, L., S. 334
3 Martin, S. 347
4 Stacey, S. 168
5 von Luck an den Verfasser, Heidelberg, 18.11. 1981
6 von Rosen an den Verfasser, Heidelberg, 18.11. 1981
7 Meyer, H., S. 155
8 Generalmajor Roberts in einem Interview mit dem British Staff College, Camberley, 1979
9 Major Close in einem Interview mit dem British Staff College, Camberley, 1979
10 KTBs Pz.Brig. 29 u. 2. Fife and Forfars, 18.7.1944
11 KTB Pz.Brig. 29, 18.7.1944
12 Ebd.
13 KTB Gds Pz.Div., 18.7.1944. Hogg bestätigt, daß alle deutschen Waffen der Artillerie mit Panzerabwehr-Munition ausgestattet waren, selbst die 128-mm-Kanonen der Luftwaffe auf Flakstellungen in größeren Städten.
14 Ebd.
15 KTB 11. Pz.Div., 18.7.1944
16 Meyer, H., S. 158
17 KTB 23H, 18.7.1944
18 KTB, Pz.Brig. 29, 18.7.1944
19 Ebd.
20 Ebd.
21 KTB 3 RTR, 18.7.1944
22 KTB Pz.Brig. 29, 18.7.1944
23 KTB Gds Pz.Div., 18.7.1944
24 Lehmann/Tiemann, S. 171
25 KTB Pz.Brig. 29, 18.7.1944
26 Meyer, K., S. 274
27 Wilmot, S. 362
28 Ebd.
29 Ellis, L., S. 343
30 Meyer, H., S. 156
31 KTB Panzergruppe West
32 Ellis, L., S. 346
33 KTB 11. Pz.Div., 19.7.1944
34 KTB Pz.Brig. 22, 19.7.1944
35 KTB Gds Brig. 32, 19.7.1944
36 KTB Pz.Brig. 29 u. 2. Northamptonshire Yeomanry, 19.7.1944
37 Lehmann/Tiemann, S. 177
38 KTBs Pz.Brig. 29, 3 RTR u. 8RB, 19.7.1944
39 British Army War Study der Operation „Goodwood", 1979
40 KTB 2. Fife and Forfar, 19.7.1944
41 Lehmann/Tiemann, S. 160
42 KTB Pz.Brig. 22, 19.7.1944
43 Hastings, M., S. 278
44 KTB 4 CLY, 20.7.1944
45 Stacey, S. 175
46 Ebd., S. 176
47 KTB Essex Scottish, 22.7.1944
48 Stacey, S. 176
49 KTB 21. Armeegruppe Abt. A
50 Stacey, S. 176

51 Ellis, L., S. 346
52 Meyer, H., S. 163
53 Ebd.
54 LAH-Meldung Nr. 00980/44, 1.8.1944
55 Lehmann/Tiemann, S. 179
56 Meyer, H., S. 283
57 Meyer, K., S. 194
58 Lehmann/Tiemann, S. 324

Kapitel XX (S. 167–172)

1 Alliierte Expeditions-Luftstreitmacht Tagesauswertung Nr. 188
2 KTB Fort Garry Horse, 25.7.1944
3 Stacey, S. 190
4 Ebd.
5 Manfred Thorn, Fahrer in der 7. SS-Pz.Kp., an den Verfasser, Februar 1994
6 Lehmann/Tiemann, S. 186
7 Stacey, S. 190
8 KTB RHLI, 25.7.1944
9 Lehmann/Tiemann, S. 189 f.
10 KTB 1 RTR, 25.7.1944
11 KTB Calgary Highlanders, 25.7.1944
12 Stacey, S. 192
13 Ebd., S. 194
14 Lehmann/Tiemann, S. 172
15 KTB RHLI, 25.7.1944
16 Stacey, S. 194
17 Ebd.

Kapitel XXI (S. 173–177)

1 LAH-Meldung Nr. 00940/44, 1.8.1944
2 Meyer, H., S. 163
3 Ebd.
4 Ebd.
5 Meyer, K., S. 155
6 Meyer, H., S. 163. Es ist von Interesse, daß die SS-Pz.Abt. 101 zwischen dem 7. und 31.7. elf Tiger verlor.
7 Ebd.
8 Belfield/Essame, S. 185
9 KTB Essex Scottish, 29.7.1944
10 KTB kan. Inf.Brig. 5, 1.8.1944
11 Ebd.
12 KTB Greys, 1.8.1944
13 Lehmann/Tiemann, S. 196
14 Stacey, S. 206
15 Ebd.
16 KTB Calgary Highlanders, 1.8.1944
17 Lehmann/Tiemann, S. 200

Kapitel XXII (S. 178–179)

1 Anordnung Nr. M 516, 4.8.1944
2 KTB Pz.Brig. 34, 7.8.1944
3 KTB Inf.Brig. 176, 7.8.1944
4 Kurt Meyer identifiziert diese Kampfgruppe in seinem Buch *Grenadiere,* S. 155, fälschlicherweise als KG Krause.
5 Ellis, L., S. 411
6 KTBs Inf.Brig. 176 u. Stäbe GN, 7.8.1944
7 KTB 7 R Norfolk, 7.8.1944
8 Squadron Operations Record Books, PRO, London
9 KTBs Inf.Brig. 176 u. Stäbe GN, 7./8.8.1944
10 KTBs Pz.Brig. 34 u. Rgt. 147, 8.8.1944
11 Meyer, H., S. 169
12 KTB Stäbe GN, 8.8.1944
13 KTB 7 R Norfolk, 8.8.1944

Kapitel XXIII (S. 180–195)

1 CMH Pub 100-13, St. Lô, S. 91
2 Ebd., S. 126
3 Telefontagebuch 7. Armee, 152350 Jul.
4 Gersdorff, US-Nationalarchiv, MS B-725, S. 35
5 Ebd., S. 37
6 Lehmann/Tiemann, S. 209
7 Hausser, US-Nationalarchiv, MS B-179
8 Gersdorff, US-Nationalarchiv, MS B-725, S. 38
9 Ebd.
10 Tagesberichte 7. Armee, Bd. 4
11 Ebd.
12 Ebd.
13 Hewitt, S. 32 u. 37
14 Ebd. S. 32
15 Ebd., S. 51
16 Lehmann/Tiemann, S. 184 f.
17 Manfred Thorn, Fahrer in der 7. SS-Pz.Kp., an den Verfasser, Februar 1994
18 Gersdorff, US-Nationalarchiv, MS B-725, S. 40
19 Lehmann/Tiemann, S. 182
20 Vgl. Anm. 17
21 Tagebuch G-3 30 Inf.Div., 7.8.1944
22 Hewitt, S. 60 f.
23 Vgl. Anm. 21
24 Lehmann/Tiemann, S. 186
25 Wisch, US-Nationalarchiv, MS B-358, S. 2
26 Statistik, beschafft von Hauptmann Freeman, Hauptquartier Kp., 1/117 Inf.Rgt., 16.8.1944

[27] Tagebuch Inf.Rgt. 117; Interview mit Oberstleutnant Frankland
[28] Einsatzbericht Nr. 54 Pi.Btl. 105
[29] Einsatzbericht August 1944 Pz.Jg.Btl. 823
[30] Vgl. Anm. 21
[31] Bericht 30. Inf.Div., 30.8.1944, 7.00
[32] Vgl. Anm. 29
[33] Vgl. Anm. 26
[34] Vgl. Anm. 29
[35] US-Nationalarchiv
[36] Hewitt, S. 60
[37] Tagebuch G-3 7. Armee, 7.8.1944
[38] Coningham, Arthur. *Operations Carried Out by 2 TAF between 6 Jun 44 and 9 May 45*, PRO AIR 37/876
[39] Einzelheiten sind den Operations Records Books aller beteiligten RAF-Staffeln entnommen, enthalten in PRO, London, Serie AIR 27
[40] Telefontagebuch 7. Armee, 7.8.1944
[41] Vgl. Anm. 37
[42] Vgl. Anm. 40
[43] Ebd.
[44] Bericht Nr. 4 *Air Attacks on Enemy Tanks an Motor Transport in the Mortain Area, August 1944* durch Nr. 2 Operational Research Section (PRO WO 106/4348)
[45] Lehmann/Tiemann, S. 207 f.
[46] Hewitt, S. 59
[47] Ebd., S. 63
[48] Gersdorff, US-Nationalarchiv, MS B-725, S. 45
[49] Tagebuch Inf.Rgt. 117
[50] Ebd.
[51] Gersdorff, US-Nationalarchiv, MS B-725, S. 48
[52] Ebd., S. 47
[53] Telefontagebuch 7. Armee, 8.8.1944
[54] Lehmann/Tiemann, S. 212
[55] Telefontagebuch 7. Armee, 9.8.1944
[56] Wilmot, S. 416
[57] Gersdorff, US-Nationalarchiv, MS B-725, S. 35
[58] Lehmann/Tiemann, S. 209
[59] Brigade Recherches Vesoul Procès Verbal Nr. 336, 22.6.1976
[60] Lehmann/Tiemann, S. 209
[61] Kraemer, *I SS Panzer Corps in the West*, MS C-024, IWM, London, AL 2727/1-2
[62] Peiper, *Bestätigung der Verwundungen*, 30.1. 1945

Kapitel XXIV (S. 196–211)

[1] Stacey, S. 215
[2] Kraemer, *I SS Panzer Corps in the West*, MS C-024, IWM London
[3] Wilmot, S. 410
[4] Kraemer, *I SS Panzer Corps in the West*, MS C-024, IWM London
[5] Alliierte Expeditions-Luftstreitmacht Operationsauswertung Nr. 202, 9.8.1944
[6] Ellis, L., S. 421
[7] Stacey, S. 220
[8] KTBs 2. u. 5. Seaforth; Wilmot, S. 413. Laut Auswertung Nr. 40 1. kan. Armee wurden zwei Panzer IV unbeschädigt erbeutet.
[9] Stacey, S. 220
[10] Meyer, K., S. 281
[11] Ebd.
[12] Stacey, S. 223
[13] Meyer, K., S. 159
[14] Alliierte Expeditions-Luftstreitmacht Operationsauswertung 8.8.1944
[15] KTB North Shore Rgt., 8.8.1944
[16] Meyer, K., S. 268
[17] Stacey, S. 224
[18] Meyer, H., S. 174
[19] Ebd., S. 176
[20] Meyer, K., S. 287
[21] Stacey, S. 225
[22] Meyer, H., S. 311
[23] KTB Pz.Rgt. 28, 9.8.1944
[24] Stacey, S. 226
[25] Meyer, H., S. 177
[26] Stacey, S. 227
[27] Ebd.
[28] KTB Pz.Rgt. 21, 9.8.1944
[29] Die Geschichte des Pz.Rgt. 21 nennt 26, das KTB der kan. Pz.Brig. 4 nennt 14.
[30] KTB Algonquin Rgt., 9.8.1944
[31] Meyer, H., S. 310 f.
[32] KTB British Columbia Rgt., 9.8.1944
[33] KTB Algonquin Rgt., 9.8.1944
[34] Stacey, S. 228
[35] KTB Algonquin Rgt., 9.8.1944
[36] Meyer, K., S. 163
[37] Meyer, H., S. 178; *Warpath: The Story of the Algonquin Regt.*
[38] Operationsbericht 1. poln. Pz.Div.
[39] Ebd.
[40] Vermutung des Verfassers auf der Grundlage, daß die 2. SS-Pz.Kp. von Garde am 9.8. ohne Verluste mit 13 Panthern aus dem Vire-Bereich zurückkehrte; Kurt Meyer erwähnt 15 Panther, die am 9.8. die Worthington-Gruppe ohne Verluste angriffen.
[41] Meyer, H., S. 179
[42] Meyer, K., S. 295
[43] KTB Lincoln and Welland Rgt., 9.8.1944

44 KTB Pz.Rgt. 22, 9.8.1944
45 Ebd.
46 KTB kan. Pz.Brig. 4, 10.8.1944
47 KTB kan. Inf.Brig. 7, 11.8.1944
48 Stacey, S. 231
49 Meyer, H., S. 181
50 KTB GGFG, 11.8.1944
51 Meyer, H., S. 182

Kapitel XXV (S. 212–222)

1 Stacey, S. 234
2 Ebd., S. 236
3 Meyer, H., S. 184
4 Stacey, S. 237
5 Ebd., S. 236
6 Meyer, K., S. 165
7 Meyer, H., S. 182
8 Meyer, K., S. 299
9 Stacey, S. 243
10 Ebd.
11 Meyer, H., S. 185
12 Stacey, S. 249
13 Meyer, K., S. 300 f.
14 KTB Canadian Grenadier Guards, 15.8.1944
15 KTB Winnipeg Rifles, 11.8.1944
16 Stacey, S. 249
17 Meyer, H., S. 186
18 Stacey, S. 250
19 KTB Heeresgruppe B, 16.8.1944
20 KTB 10. Mounted Rifles
21 Operationsbericht 1. poln. Pz.Div.; Wielogorski, T., *Przeglad Kawalerii i Broni Pancernej*. Historical Quarterly, Nr. 147, Mai–August 1994
22 KTB 1. kan. Armee, August 1944
23 Alliierte Expeditions-Luftstreitmacht Operationsauswertung Nr. 211, 18.8.1944

Kapitel XXVI (S. 223–225)

1 Wilmot, S. 416
2 Lehmann / Tiemann, S. 191
3 Ebd., S. 193
4 Ebd., S. 193
5 Ebd., S. 193 ff.
6 Ebd., S. 195
7 Ebd., S. 202
8 KTB 11. Pz.Div., 16.8.1944
9 Lehmann / Tiemann, S. 236
10 KTB 11. Pz.Div., 19.8.1944

Kapitel XXVII (S. 226–242)

1 KTB 10. Mounted Rifles, 18.8.1944
2 Major Curries Zitierung zum Viktoria-Kreuz
3 Operationsbericht 1. poln. Pz.Div.
4 Bellfield / Essame, S. 209
5 Allierte Expeditions-Luftstreitmacht Operationsauswertung Nr. 212, 9.8.1944
6 Lehmann / Tiemann, S. 211 u. 214
7 Ebd., S. 214
8 Vg. Anm. 2
9 KTB Verbindungseinheit 4, 19.8.1944
10 Meyer, H., S. 194
11 Allierte Expeditions-Luftstreitmacht Operationsauswertung Nr. 213, 20.8.1944
12 Meyer, H., S. 346
13 Lehmann / Tiemann, S. 243
14 Meyer, K., S. 307 f.
15 Interview mit Milton Shulman, April 1946
16 Meyer, H., S. 348
17 Stanislaw Grabowski (Veteran) an den Verfasser, 29.8.1996
18 KTB Pz.Brig. 29, 20.8.1944
19 Polnische Veteranen an den Verfasser, 18.8.1996
20 Carver, R. M. P., S. 133
21 Bericht von Nr. 2 Operational Research Section mit 21. Armeegruppe, Pt I, Kap. 3 (PRO WO 106 / 4348)
22 Stacey, S. 271
23 Meyer, H., S. 352
24 Ebd., S. 355
25 Ebd., S. 353
26 Ebd., S. 372
27 Lehmann / Tiemann, S. 228
28 Stacey, S. 271
29 KTB Regina Rifles

Literaturverzeichnis

Aus dem Text und den unten angeführten Büchern geht hervor, daß die hauptsächlichen Informationsquellen über die Alliierten (die bei der Zusammenstellung dieses Buches verwendet wurden) aus persönlichen Interviews und Kriegstagebüchern, Telefonverzeichnissen und Berichten der Truppen und Einheiten nach den Kampfhandlungen stammen. Mit einer Ausnahme sind die Kriegstagebücher oder Berichte (nach den Kämpfen) jeder erwähnten amerikanischen, britischen und kanadischen Einheit für den in Frage stehenden Tag herangezogen worden. Die Ausnahme bildet die 53. britische Infanteriedivision, deren Kriegstagebücher sich unter Verschluß befanden. Amerikanische Berichte, die nach den Kampfhandlungen zustande kamen, waren vom Nationalarchiv der Vereinigten Staaten von Amerika erhältlich; die britischen und kanadischen Kriegstagebücher sowie die Berichte der fliegenden Verbände der Royal Air Force und der Royal Canadian Air Force sind im British Public Record Office in Kew eingesehen worden. Weitere nützliche Dokumente kamen aus dem Verteidigungsministerium in London, British Army Historical Branch. Das Copyright ist mit der Genehmigung des Controller of Her Majesty's Stationary Office wiedergegeben worden. Der Einsatzbericht der 1. polnischen Panzerdivision und die Historien, Chroniken und Kriegstagebücher verschiedener einzelner Einheiten sind durch das Polish Institute und Sikorski-Museum in London zugänglich gemacht worden.

Für die Darstellung der deutschen Seite dieser Kämpfe hat sich der Autor in großem Maße der Geschichte der 1. und 12. SS-Panzerdivision, der Funk- und Telefonverzeichnisse und weiterer Akten wie Befehle, Meldungen und Kriegstagebücher der Generalstäbe der Heeresgruppe B und der 7. Armee, die vom US-Nationalarchiv zu erhalten waren, bedient. Weitere wertvolle Informationen waren von den im Bundesarchiv in Deutschland bewahrten Kräftevergleichen und von Interviews, die nach dem Krieg für die US-Army Historical Branch geführt wurden, erhältlich. Diese Berichte werden ebenfalls im US-Nationalarchiv aufbewahrt, ein Fall ist im British Imperial War Museum registriert. Die Informationen über deutsche Panzereinheiten stammen aus dem Bundesarchiv Deutschland (Referenz RH 10).

Die verwendeten und in einigen Fällen zitierten Bücher waren:

Belchem, David. *Victory in Normandy.* Catto & Wundus Ltd., 1981.
Belfield, Eversley u. H. Essame. *The Battle for Normandy.* Batsford Ltd., 1965.
Bennett, Ralph. *Ultra in the West: The Normandy Campaign of 1944–45.* New York: Charles Scribner's Sons, 1980.
Blumenson, Martin. *The United States Army in World War II: Breakout and Pursuit.* Washington, DC: US Army Center for Military History, 1961.
Bradley, Omar. *A Soldier's Story.* London, 1952.
Bryant, Arthur. *The Great Duke.* Collins, 1971.
Carver, R. M. P. *Second to None: The Royal Scots Greys, 1919–1945.* Messrs McCorquodale & Co. Ltd., 1954.
Carver, Michael. *Out of Step.* Hutchinson, 1989.

Carell, Paul. *Invasion – They're coming!* George G. Harrap & Co. Ltd., 1972.
Cassidy, G. L. *Warpath: The Story of the Algonquin Regiment, 1939–1945.* Toronto: The Ryerson Press, 1948.
Copp, Terry u. Robert Vogel. *Maple Leaf Route: Falaise.* Ontario: Maple Leaf Route, 1983.
Davies, W. J. K. *German Army Handbook 1939–45.* London: Ian Allan, 1973.
Delaforce, Patrick. *The Polar Bears.* Alan Sutton Publishing Ltd., 1995.
d'Este, Carlo. *Decision in Normandy.* HarperCollins, 1983.
Dugdale u. Wood. *Complete Orders of Battle of the Waffen-SS in Normandy.* Bd. 1. Books International, 1997.
Eisenhower, David. *Eisenhower at War 1943–1945.* Random House, 1986.
Eisenhower, Dwight. *Crusade in Europe.* New York, 1948.
Ellis, Chris. *Tanks of World War 2.* Octopus Books Ltd., 1981.
Ellis, L. F. *Victory in the West.* Bd. 1: *The Battle of Normandy.* hrsg. von Her Majesty's Stationery Office, 1962.
Featherston, Alwyn. *Saving the Breakout.* USA: Presido Press, 1993.
Forty, George. *Desert Rats at War.* London: Ian Allan, 1977.
Foster, Tony. *Meeting of Generals.* Toronto u.a.: Methuen, 1986.
Ganoe, William Addleman. *The History of the United States Army.* Ashton: Lundberg, 1964.
Graves, Donald Edward. *South Albertas: A Canadian Regiment at War.* Toronto: Robin Brass Studio, 1998.
Gravley. *The Second World War 1939–1945: Signal Communications 3.* o.O., o.J.
Great Britain War Office (Hrsg.): *Royal Warrant for the Pay, Appointment, Promotion, and Non-Effective Pay of the Army, 1940.* London: H. M. Stationary Office, 1940.
Hamilton, Nigel. *Monty Master of the Battlefield 1942–1944.* Hamish Hamilton, 1983.
Hart Dyke, Trevor. *Normandy to Arnheim.* 4th Bn Yorkshire Volunteers, 1966.
Hastings, Max. *Overlord: D-Day and the Battle for Normandy 1944.* London: Michael Joseph, 1984.
Hastings, R. *The Rifle Brigade 1939–1945.* Gale & Polden, 1950.
Hewitt, Robert. *Workhorse of the Western Front.* Washington Infantry Journal Press, 1946.
Hogg, Ian. *The Guns of World War II.* Macdonald & Jane's, 1976.
How, J. J. *Hill 112 – Cornerstone of the Normandy Campaign.* William Kimber & Co. Ltd., 1984.
Irving, David. *The Trail of the Fox.* London/New York, 1977.
Keeble, Lewis. *Worm's Eye View: The Recollections of Lewis Keeble.* Anhang C ‚Battlefield Tour, 1st/4th KOYLI in the NW Europe Campaign' von Geoffrey Barker-Harland.
Keegan, John. *Six Armies in Normandy.* Jonathan Cape, 1982.
Lefèvre, Eric. *Panzers in Normandy: Then and Now.* ‚After the Battle' Magazin, 1983.
Lehmann, Rudolf. *Die Leibstandarte.* 3. Bde. Osnabrück: Munin, 1977 ff.
Lehmann, Rudolf u. Ralf Tiemann. *Die Leibstandarte.* Bd. IV/1. Osnabrück: Munin, 1986.
Lehmann, Rudolf. *Die Leibstandarte im Bild.* Osnabrück: Munin, 1988.
Lindsay u. Johnson. *History of the 7th Armoured Division 1943–45.* unveröffentlichtes Manuskript, im Besitz des Autors, 1945.
Lucas, James u. Matthew Cooper. *Hitler's Elite: Leibstandarte SS 1933–1945.* London u.a.: Grafton Books, 1990.
Lucas, James. *Das Reich: The Military Role of the 2nd SS Division.* London: Cassell, 1991.
Lucas, James u. James Barker. *The Killing Ground.* B. T. Batsford, 1978.
Luck, Hans von. *Panzer Commander.* New York: Praeger, 1989.
Maczek, Stanislaw. *Avec Mes Blindés: Pologne, France, Belgique, Hollande, Allemagne.* Paris: Presses de la Cité, 1967.

Manstein, Erich von. *Verlorene Siege.* München: Bernard & Gräfe, 1976.
Martin, H. G. *The History of the 15th Scottish Division 1939–1945.* William Blackwood & Sons Ltd., 1948.
Messenger, Charles. *Hitler's Gladiator.* Brassey's, 1988.
Meyer, Hubert. *Kriegsgeschichte der 12. SS-Panzerdivision „Hitlerjugend".* Osnabrück: Munin, o.J.
Meyer, Kurt. *Grenadiere.* München: Schild, 1957.
Montgomery, Bernard Law. *The Armoured Division in Battle.* Ottawa: Edmond Cloutier, 1946.
Montgomery, Bernard Law. *The Memoirs of Field Marshal the Viscount Montgomery of Alemain.* London: HarperCollins, 1958.
Neillands, Robin. *The Desert Rats: The 7th Armoured Division, 1940–1945.* London: Weidenfeld and Nicolson, 1991.
New Encyclopaedia Brittannica, Macropaedia
Nicolson, Nigel. *Alex: The Life of Field Marshal Earl Alexander of Tunis.* London: Weidenfeld and Nicolson, 1973.
Quarrie, Bruce. *Hitler's Samurai: The Waffen-SS in Action.* Cambridge: Stephans, 1983.
Reynolds, Michael Frank. *The Devil's Adjutant: Jochen Peiper, Panzer Leader.* Staplehurst: Spellmount, 1995.
Ritgen, Helmut. *Die Geschichte der Panzerlehrdivision im Westen 1944–1945.* Stuttgart: Motorbuch, 1979.
Sayer, Ian u. Douglas Botting. *Hitler's Last General: The Case against Wilhelm Mohnke.* Bantam Press, 1989.
Shulman, Milton. *Defeat in the West.* Masquerade, 1995.
Spearhead in the West: The Third Armored Division 1941–45. Paducah: Turner Publishing, o.J.
Stacey, C. P. Col. *Official History of the Canadian Army in the Second World War.* Bd. 3: *The Victory Campaign.* Ottawa: Queen's Printer, 1960.
Vannoy, Allyn R. u. Jay Karamales. *Against The Panzers.* McFarland & Co., 1996.
Verney, G. L. *The Desert Rats.* Greenhill Books, 1990.
Wilmot, Chester. *The Struggle for Europe.* HarperCollins, 1952.

Es wurde alles unternommen, um die Genehmigung zum Zitieren aus Briefen und einschlägigen Büchern zu erhalten. In manchen Fällen waren die Autoren bereits verschieden oder es konnte keine Verbindung zu ihnen hergestellt werden. In anderen Fällen wiederum existieren die Verlage nicht mehr oder haben nicht geantwortet.

Register

PERSONENREGISTER

Deutschland

Großbritannien

Kanada

Polen

USA

DEUTSCHE EINHEITEN

Heer

Heeresgruppen

Armeen

Panzerarmeen

Panzergruppen

Armeekorps

Panzerkorps

Divisionen

SS-Standarten

Regimenter

Brigaden

Kampfgruppen

Abteilungen

Flak-Abteilungen

Panzerabteilungen

Panzerartillerieabteilungen

Panzeraufklärungsabteilungen

Luftwaffe

Luftflotten

Korps

Divisionen

Regimenter

ORTSREGISTER

Inhalt

Karten

DIE WAFFEN-SS IM BILDBAND

DIE LEIBSTANDARTE IM BILD
320 S. – viele s/w. Abb. – Text deutsch u. englisch – geb. im Atlas-Großformat – € 36,80. – Der älteste Truppenteil der Waffen-SS, die „Leibstandarte SS Adolf Hitler", an allen Fronten.

OFFENSIVE GEGEN KURSK
Das II. SS-Panzerkorps als Stoßkeil im Großkampf
272 S. – viele s/w. Abb. u. farb. Karten – geb. im Atlas-Großformat – € 36,80. – Die „Operation Zitadelle" aus der Sicht der beteiligten Verbände der Waffen-SS.

„WIKING" IM OSTEN
Das SS-Panzer-Regiment 5 im Bild
200 S. – viele s/w. Abb. – geb. im Atlas-Großformat – € 29,80. – Die Einsatzgeschichte des wohl ersten multinationalen Verbandes der Welt.

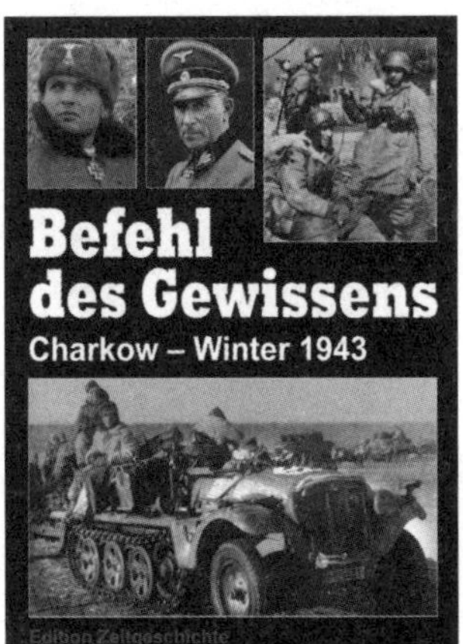

BEFEHL DES GEWISSENS
Charkow – Winter 1943
348 S. – viele s/w. Abb. und farb. Karten – geb. im Atlas-Großformat – € 36,80. – Ein unverstellter Blick auf die damaligen Ereignisse.

DIE GUTEN GLAUBENS WAREN
4. SS-Polizei-Panzergrenadier-Division im Bild
224 S. – viele s/w. Abb. – geb. im Atlas-Großformat – € 29,80. – Ein bleibendes Denkmal für Tapferkeit und Kameradschaft.

FRONTKÄMPFER
SS-Panzergrenadier-Regiment 3 „Deutschland"
320 S. – viele s/w. Abb. u. Karten – geb. im Atlas-Großformat – € 36,80. – Von Polen über den Rußlandfeldzug bis hin zu den Verteidigungskämpfen 1944/45.

EDITION ZEITGESCHICHTE

Edition Zeitgeschichte • Postfach 52 • 24236 Selent • Tel.: 04384/59700 • Fax: 04384/597040

DIE WAFFEN-SS IN WORT UND BILD

ADOLF ZUBER
STABSSCHARFÜHRER BEI „DAS REICH“ SS-Artillerist 1939–1945
160 S. – viele s/w. Abb. – geb. im Großformat – € 19,95. – Die beeindruckenden Erinnerungen von Adolf Zuber, der 1936 bei der „Leibstandarte“ einrückte und ab Sommer 1939 bis zum Kriegsende bei der Artillerie der Division „Das Reich“ seinen Dienst verrichtete.

ROLF MICHAELIS
„NORDLAND“ Die 11. SS-Freiwilligen-Panzergrenadier-Division im Einsatz
208 S. – viele s/w. Abb. – geb. im Großformat – € 22,80. – Die Anfänge der „Nordland“-Division liegen beim dänischen Freikorps. Von der Waffen-SS aufgenommen, bewährten sich die Kämpfer in den folgenden Jahren bis zum Endkampf um Berlin.

LÉON DEGRELLE
DIE VERLORENE LEGION Die Wallonische Legion und die SS-Division „Wallonien“ im Kampf. SS-Standartenführer und Eichenlaubträger
528 S. – viele s/w. u. farb. Abb. – geb. im Großformat – € 29,80. – Degrelle schildert mitreißend Motivation und Ziele der europäischen Freiwilligen im Kampf gegen den Stalinismus.

KOMPANIE-KAMERADSCHAFT (HRSG.)
DIE 7./8. KOMPANIE DER LEIBSTANDARTE Chronik 1935–45
256 S. – viele s/w. Abb. u. Karten – geb. im Großformat – € 25,95. – Die reich bebilderte Kompanie-Chronik dieses Verbandes, der stets an den Brennpunkten der Fronten eingesetzt war, wurde aus Erinnerungen und Tagebüchern ihrer ehemaligen Angehörigen zusammengestellt.

LEO WILM
MEINE DIENSTZEIT IN DER WAFFEN-SS Von der SS-Heimwehr Danzig zur 3. SS-Panzer-Division „Totenkopf“ und zur 9. SS-Panzer-Division „Hohenstaufen“
160 S. – viele s/w. Abb. – geb. im Großformat – € 19,95. – Der ehemalige Angehörige der Waffen-SS schildert seine Einsätze als Kradmelder an den Kriegsfronten ins West und Ost von 1939 bis zur Kapitulation.

RALF TIEMANN
DER MALMEDY-PROZESS Die Panzergruppe Peiper vor dem Tribunal der Sieger
352 S. – viele s/w. Abb. u. farb. Lagekarten – geb. im Großformat – € 25,95. – Das Buch dokumentiert die kriegsgeschichtlichen Ereignisse im Dezember 1944, beschreibt Haft, Verhöre sowie Folterungen der Verdächtigen und schildert den Ablauf des Prozesses in Dachau.

EDITION ZEITGESCHICHTE

Edition Zeitgeschichte • Postfach 52 • 24236 Selent • Tel.: 04384/59700 • Fax: 04384/597040